الدكتور عمر عبد الرحيم نصر الله

أستاذ التربية وعلم النفس - التربية الخاصة

تدني مستوى التحصيل والإنجاز المدرسي
أسبابه وعلاجه

دار وائل للنشر

الطبعة الثانية

2010

رقم الايداع لدى دائرة المكتبة الوطنية : (2003/11/2421)
نصر الله ، عمر عبد الرحيم
تدني مستوى التحصيل والانجاز المدرسي: أسبابه وعلاجه/ عمر عبد الرحيم نصر الله.
- عمان : دار وائل ، 2004 .
(514) ص
ر.إ. : 2003/11/2421
الواصفات: التربية والتعليم / التدريس / طرق التعلم / أساليب التدريس / الطلاب
* تم إعداد بيانات الفهرسة والتصنيف الأولية من قبل دائرة المكتبة الوطنية

****

رقم التصنيف العشري / ديوي 371.27
ISBN 9957-11-456-5 (ردمك)

* تدني مستوى التحصيل والإنجاز المدرسي: أسبابه وعلاجه
* الدكتور عمر عبد الرحيم نصر الله
* الطبعة الأولى 2004
* الطبعة الثانية 2010

دار وائل للنشر والتوزيع
* الأردن - عمان - شارع الجمعية العلمية الملكية - مبنى الجامعة الاردنية الاستثماري رقم (2) الطابق الثاني
هـاتف : 00962-6-5338410 - فاكس : 00962-6-5331661 - ص. ب (1615 - الجبيهة)
* الأردن - عمـان - وسـط البـلد - مجمـع الفحيص التجـاري- هـاتف: 00962-6-4627627
www.darwael.com
E-Mail: Wael@Darwael.Com

إهـداء ...

إلى أمي أطال الله في عمرها

إلى زوجتي وأولادنا ، مجد، أمير ونور الدين

إلى براءة المولودة التي رزقنا الله بها قبل أيام من إتمام هذا الكتاب

إلى الآباء والأمهات الذين يضحون في كل شيء من أجل نجاح وتقدم أبنائهم

إلى طلابي وطالباتي في جميع الكليات والجامعات

الفهرس

مدخـــــل

إن الحاجة إلى التحصيل من أي نوع كان تتوافر لدى جميع الأفراد على اختلاف أجيالهم وأجناسهم وأعرافهم، والحاجة للتحصيل هي مجموعة من القوى والجهود التي يبذلها الفرد (الطالب) للتغلب على العقبات حتى يستطيع إنجاز المهام والفعاليات التي تطلب منه. ويدل إنجازها على مدى المستوى المعرفي الذي يمتلكه الطالب والقدرة على الوصول إلى التحصيل المفضل. وكل طالب يمتلك مستوى مرتفع من الحاجة إلى التحصيل، ولكن توجد عوامل لها تأثير واضح على الطالب وتؤدي إلى تحقيق النجاح المطلوب، أو تعمل على عدم تحقيقه للنجاح الذي يرغب فيه وبصورة فعالة.

والسؤال الذي يطرح نفسه هنا، هل الطالب الذي يحصل على معدل عالٍ وكان إنجازه المدرسي مرتفعاً جداً دليل على أنه ذكي ومبدع ونابغة، ومن كان إنجازه المدرسي متدنياً هو بالضرورة بليد وغبي وفاشل في حياته العملية والاجتماعية أو المهنية.

لقد أكدت الدراسات التربوية الحديثة وأثبتت رفضاً ودحضاً لجميع الأفكار السابقة، كما أن الحياة العملية واليومية ضربت أفضل الأمثلة على أشخاص نجحوا في حياتهم العملية بالرغم من أنهم كانوا متدني الإنجاز أو وصفوا بالغباء خلال وجودهم في المدرسة. وعليه هل يعني تدني الإنجاز المدرسي الفشل أو الغباء؟

أولت المجتمعات منذ القدم أهمية بالغة للإنجاز المدرسي، إذ لا يزال هو المقياس الذي نستدل به على مدى ما عند الفرد من ذكاء وقدرات عقلية، فهو ذكي إذا حصل على علامات ومعدلات مرتفعة في دراسته، غبي إذا ما تدنى هذا الإنجاز، لكن هذا المقياس أصبح غير صادق في نظر الدراسات التربوية الحديثة، فكم من فرد نجح في حياته بشكل ملموس وحصل على تفوق ملحوظ في المجالات غير الأكاديمية في الحياة على اختلاف زواياها.

رغم هذا نلاحظ القلق الذي يساور الآباء والمعلمين إذا ما تعاملوا مع طالب إنجازه متدنٍ، تراهم دائماً يحثونه على الاجتهاد ويعتزون به إذا كان إنجازه عالياً، وقد يكون لهم عذرهم في ذلك فتلك هي النظرة الغالبة.

في الآونة الأخيرة أصبح الحث على التحصيل الدراسي محط أنظار الجميع ابتداءً من الأسرة والمجتمع والمعلم والطالب نفسه وأصبح هو المقياس الأساسي الذي نعتمد عليه لمعرفة نسبة ذكاء ونبوغ وتفوق الطالب، كما أنه أصبح المؤشر لنجاح الطالب في المدرسة والحياة الاجتماعية والقدرة على التفاعل والتعايش مع الآخرين في المستقبل. ومما يجدر ذكره أن الجامعات والمعاهد العليا التي تعمل على تعليم وتدريب وتخرج الطلاب تعتبر المعدل الذي يحصل عليه الطالب مقياساً لقدراته ومن ثم لقبوله في الجامعة بصورة عامة وفي بعض التخصصات بصورة خاصة حيث أنها تطلب معدلات مرتفعة جداً لدخول تخصص معين.

مقدمـــة

التحصيل achievement يعني أن يحقق الفرد لنفسه في جميع مراحل حياته منذ الطفولة وحتى آواخر العمر أعلى مستوى من العلم أو المعرفة في كل مرحلة حتى يستطيع الانتقال إلى المرحلة التي تليها والاستمرار في الحصول على العلم والمعرفة، ولذا فإن التحصيل مرتبط عادة بالتعلم والدراسة. ومستوى التحصيل level achievement نقصد به العلامة التي يحصل عليها الطالب(الفرد) في أي امتحان مقنن يتقدم إليه، أو أي امتحان مدرسي في مادة معينة قد تعلمها مع المعلمة من قبل؛ لذا فإن التحصيل المدرسي أو الاكاديمي academic achievement يقصد به ذلك النوع من التحصيل الذي يتعلق بدراسة أو تعلم العلوم والمواد المدرسية المختلفة، والعلامة التي يحصل عليها عبارة عن تلك الدرجة التي حصل عليها الطالب في امتحان مقنن يتقدم اليه عندما نطلب منه ذلك أو يكون حسب التخطيط والتصميم المسبق، وأعلى علامة يحققها أو يحصل عليها الطالب تعتبر الرقم القياسي التحصيلي الذي استطاع أن يصل إليه، واعتمد أو سجل أو رصد من قبل المعلم خلال فترة زمنية معينة.

وبالاعتماد على هذه الدرجات التحصيلية التي يحصل عليها كل طالب نستطيع معرفة نسبة التحصيل quotient achievement والتي نصل إليها من خارج قسمة العمر التحصيلي على العمر الزمني مضروبا في مائة.

وحتى نستطيع معرفة التحصيل المعرفي والعلمي يجب أن نستعمل الاختبارات التحصيلية المدرسية school achievement tests والتي تقيس قدرة الفرد على القيام بأداء عمل معين ومدى استفادته من المعلم والتعليم الذي حصل عليه في غرفة الصف، والخبرات التي استطاع أن يحققها بالنسبة لزملائه في الصف. وهذه الاختبارات التحصيلية تهدف إلى قياس استعدادات الفرد الطالب للأداء او الانجاز أو التحصيل، ويتوقف مدى التحصيل على مدى الاستعداد الموجود لدى الطالب، ولكن يجب أن نذكر أنه من المكن أن يوجد الاستعداد وبالرغم من ذلك فإن التحصيل الذي يصل إليه الطالب لا يتناسب معه بسبب ضعف وتدني الدافع إلى التحصيل والذي قد يرتفع لأسباب عدة، تتعلق بالمعلم أو المادة أو الطالب والأسرة وطموحاتها.

واختبارات التحصيل تقسم إلى عدة أقسام نذكر منها الاختبارات التي تقيس التحصيل الدراسي والمدرسي في مجال من المجالات، أو الاختبارات التي تكون معدة لقياس التحصيل المهني.

والدافع إلى التحصيل achievement drive يقصد به الحافز إلى الجد والاجتهاد والمثابرة في طلب شيء معين والذي بمقتضاه يثابر الطالب أو الفرد على التحصيل بنوع من التصميم والعزم حتى يصل إلى تحقيق الغاية أو الهدف الرئيسي الذي يسعى لتحقيقه ويعطيه العناية الخاصة والشديدة. والدوافع التي نتحدث عنها تختلف من طالب إلى آخر، ومن شعب لآخر، وتتأثر بعوامل كثيرة تختلف في مدى تأثيرها على أبناء البشر. ويمكن قياسها لدى الأفراد عن طريق استعمال الطرق المختلفة مثل الاسقاطية وذلك بإعطاء الفرد مجموعة من الصور المختلفة التي تحمل أشكالاً مختلفة من الشخصيات ونطلب من هذا الفرد أو الطالب الذي نريد قياس الدوافع لديه أن يشرح لنا عن كل صورة ذكر الصفة المميزة مع التي تحمل بطبيعة الحال صورة تقيس جانباً من جوانب الدافع ولا تقيس صورة أخرى. ومن تحليلها نستطيع أن نعرف اتجاهات هذا الفرد إلى تحقيق ما يطلب منه تحقيقه من أعمال والرغبة لديه في النجاح فيها وتأديتها على أكمل وجه.

ولقد تأكد من جميع الدراسات التي أجريت في هذا الموضوع أن عملية التشجيع الدائم والتحفيز على التحصيل الذي يعطى للطالب يؤديان إلى الرفع من شأن الدافع إلى التحصيل حتى وإن كان قبوله التشجيع بالمقاومة من جانب الفرد أو الطالب المقصود رفع مستوى دوافعه للتحصيل. ويجب أن نذكر أن هناك حاجة دائمة لدى كل فرد للتحصيل achievement need، تكون بمثابة ميل قوي ونزوع شديد للحوز على المعرفة أو المهارة التي بواسطتها نستطيع تحقيق النجاح أو إنجاز الأشياء التي بواسطتها نثبت كفاءتنا.

وحسب نتائج الدراسات نقول إنه في المجتمعات البدائية التي يترك الأطفال على طبيعتهم ينشأون نشأة استقلالية، والتي تكون فيها دوافعهم للتحصيل أعلى من دوافع غيرهم من الأطفال في المجتمعات الأخرى، التي ينشأ فيها الطفل على الدلال الزائد من قبل الوالدين، بحيث لا تكون بهم حاجات ضرورية وماسة للتحصيل، لذلك فإن دوافعهم تتدنى وتؤثر على دوافعه وتحصيله.

كما وتؤكد الدراسات التي أجريت على الطلاب أو الأفراد الذين يعيشون في نوع من الرفاهية أن ذلك يؤدي إلى ضعف دوافعهم للتحصيل لأنهم يشعرون بعدم الحاجة للدلال، كذلك الأمر بالنسبة لمن يعيشون أحوالاً معيشية صعبة، فإن الدوافع إلى التحصيل تتدنى معها. وتقوى هذه الدوافع في الأوساط التي توفر للأفراد الجو النفسي الصحيح للتحصيل وتعمل على تحفيزهم عليه.

أيضا علينا أن نتذكر أن هنالك فارقاً كبيراً وهاماً بين الإناث والذكور فيما يتعلق بالدوافع التحصيلية وقوتها. فبصورة عامة يقوى عند الإناث الدافع للتحصيل إذا كان هذا الدافع هو الشرط الأساسي الذي يجعل المجتمع يشعر بهن. والدافع ضروري للموهوب مثل غيره، حيث إن الموهبة إذا لم يشحذها الدافع إلى التحصيل فإن غير الموهوب من الممكن أن يتفوق على الموهوب. ولقد اتضح بصورة قاطعة أن الدافع إلى التحصيل يؤدي إلى شحذ الهمة ويحفز على الفهم ويسرع بصاحبه إلى حل المسائل أو صقل المهارة في وقت قصير نسبيا بالمقارنة مع الوقت الذي قد يستغرقه الفهم والتدريب عند الفرد الذي لا يكون لديه دافع للتحصيل. كما ويرتبط الدافع للتحصيل بمستوى الطموح حيث كلما زاد الطموح لدى الفرد فإن ذلك يقوي الدافع لديه، ويعجل له بأشياء ويساعده على أشياء أخرى ويحقق له فهم أشياء من الصعب عليه فهمها لولا وجود هذا الدافع القوي الذي يحثه على الطموح الشديد.

أيضا توجد علاقة مباشرة بين الظروف الاقتصادية التي يعيشها الفرد وبين التحصيل الدراسي حيث يتأثر الأفراد وطموحاتهم بالظروف الاقتصادية التي يعيشون فيها والتي تجبرهم في معظم الحالات على التخلي عن هذه الطموحات والرغبة في التحصيل، والاتجاه إلى الأعمال الأخرى التي توفر لهم إمكانيات اقتصادية أفضل وحياة كريمة.

وهكذا نرى أن التحصيل بصورة عامة والتحصيل الدراسي بصورة خاصة يتأثر بعوامل عديدة تؤثر على الفرد أو الطالب بصورة مباشرة فإما أن ترفعه إلى أعلى أو تجعله متدنياً جداً. هذا بالإضافة إلى العوامل الأخرى التي سوف تناقش بنوع من الاسهاب والتوسع حتى تكون الصورة كاملة وواضحة.

يقسم هذا الكتاب الذي يتناول موضوع تدني التحصيل المدرسي أسبابه وعلاجه إلى أربعة أبواب، تناول كل باب منها موضوعاً أساسياً يلعب دوراً هاماً في عملية التربية والتعليم ومستوى التحصيل الذي يصل إليه الطلاب.

كل باب من هذه الأبواب يقسم إلى فصول، وكل فصل يبحث في موضوع من المواضيع التي لها تأثير واضح على عملية التحصيل الدراسي المرتفع أو المتدني.

والله من وراء القصد

المؤلف

الباب الأول

الأسرة وأثرها في تدني التحصيل المدرسي

الفصل الأول : مفهوم الأسرة، أهميتها وأنواعها

الفصل الثاني: دور الأسرة في تدني التحصيل المدرسي

الفصل الثالث: أثر الأسرة في التحصيل المدرسي للطفل

الفصل الرابع: العلاقات الاجتماعية المدرسية وتأثيرها على التحصيل المدرسي

الفصل الأول
مفهوم الأسرة وأهميتها وأنواعها

البناء الأسري

الأسرة كما يراها الباحثون هي وحدة اجتماعية تتكون من مجموعة أفراد تكفل لنفسها الاستقلال الاقتصادي والمنزلي، وتتكون نتيجة للاتحاد التلقائي بين الذكر والأنثى الذي يؤدي إلى استغلال الاستعدادات والقدرات الكامنة الموجودة لدى كل فرد والتي تنزع إلى الاجتماع، أما من الناحية العلمية فإن معنى الأسرة يقتصر على نظم الزوجية، وجميع الاعتبارات المتعلقة بنظامها ومحور القرابة فيها، والأشكال الزوجية التي تحددها الحقوق والواجبات بين أفرادها.

وفيما يخص تنشئة الطفل في الأسرة فلقد تنبه العلماء والباحثون الثقافيون إلى أن لكل ثقافة إنسانية نمطها الشخصي النموذجي الذي يسمى بالشخصية النموذجية لهذه الثقافة أو تلك.

فالثقافة هنا تعتبر عاملاً مهماً في تأخير تطور الشخصية أو الاستعجال به وبذلك تحدد النوعية والمكانة التي يعيشها الأفراد بهذه الشخصيات أي أنه يوجد اختلاف بين الثقافات فلا تؤثر بنفس النسبة والمقدار على أفرادها.

ولقد تحدث فرويد بصورة مفصلة عن موضوع الآثار الثقافية في تربية الطفل حيث قسم مراحل النمو التي يمر بها الكائن البشري والتي لها أهمية خاصة وتترك أثراً في حياته إلى ثلاث مراحل أساسية تعتبر الراشد ناتجها، وهي المرحلة الفمية، والمرحلة الشرجية، ومرحلة اللذة والألم، وهذه المراحل تستمر في السنة الأولى من عمر الطفل وحتى الخامسة: وفيها تبدأ الشخصية بالتطور والتكوين ويحدد تقريباً ما سيكون عليه في المستقبل، ويعيش الطفل في المرحلة الأولى التي تلازم السنة الأولى من عمره وكل تركيزه ينصب على الطعام والشراب والتطور الجسدي، أما في المرحلة الثانية التي تلازم السنة الثانية فيكون التركيز على محاولة التخلص من فضلاته. أما المرحلة الثالثة فإنها تستمر ثلاث سنوات يتحسس فيها الطفل علاقاته العاطفية المتركزة في أمه وأبيه وما يحدث بينهم وما يحصل عليه من معاملة من جانبهم. وفي هذه

المرحلة تتعلق البنت (لا شعورياً) بالأب وتنجذب إليه، أما الولد فيتعلق بأمه وتبقى في اللاشعور المكون لديه مثل السيدة المثالية التي تشبع حاجاته وتقضي مراده، إن هذه الأسس التربوية تنطبق على جميع الثقافات الإنسانية ويعيش بها الأطفال في جميع المجتمعات على حد تعبير فرويد، وذلك حتى السنة الخامسة من العمر حيث تأخذه ثقافة مجتمعه بعدها، وتبدأ بالتأثير في سلوكه الفطري الذي تشكل في السنوات الخمس الأولى، فإن كانت هذه الثقافة الاجتماعية من النمط الذي يركز على الأخلاقيات في المكانة الأولى من اهتمامه، نجد أن هذا الطفل يعمد إلى كبت جميع المشاعر التي تكون لديه في السنوات الأولى. أما إذا كانت الثقافة تضع في مقدمة أولوياتها الجانب المادي فإنه سيستمر في التوجه نحو تنمية وتطوير ما اكتسبه في سنواته الأولى. أي أن لهذه المرحلة أهمية كبيرة في حياة الطفل لذا يجب الحرص على أن تمر بأفضل صورة وأسلوب حتى يكون تأثيرها على الطفل إيجابياً وتدفعه في المستقبل إلى الأمام مع القدرة على التعلم والرغبة في تحقيق الأهداف والوصول إلى المستوى المنشود من التحصيل العلمي.

إن الأسرة في هذه المرحلة تقوم أولاً وقبل كل شيء (هكذا يجب أن يكون) بإشباع الحاجات البيولوجية الأساسية للطفل مثل الغذاء والشراب، كما تقوم بإشباع حاجة الطفل من الأمن عن طريق احتضانه وإحاطته بالحب والعناية وبذلك يكون قادراً على التكيف السوي في المجتمع الذي يوجد فيه من خلال عملية التنشئة الاجتماعية التي تعتبر عملية مكتسبة هادفة تؤدي إلى تكيف الفرد في مجتمع معين تسهم بها عدد من المؤسسات.

وعليه فإن للأسرة أهمية كبيرة وخاصة في عملية التنشئة الاجتماعية باعتبارها المؤسسة الأولى التي يكون فيها الطفل وتتعامل معه بالطرق والأساليب المتعددة، ومن هذه الأهمية نذكر الآتية:

1. تقوم الأسرة بحضانة الطفل منذ اليوم الأول لحياته ثم تبدأ بتعليمه الصح والخطأ حسب مفاهيمها التي تعيشها، كما ويتعلم المحافظة على الأشياء من حوله الشخصية وغير الشخصية. ويتعلم الأدوار الاجتماعية، وكيف يكون أباً ومعلماً وزوجاً ورئيساً ومرؤوساً، يتعلم الطاعة والتضحية، وحب الآخرين، وكيف يحافظ على ذاته ويعمل على تنميتها وتطويرها في الاتجاه الإيجابي. ويتعلم كيف يحافظ على الوقت واستغلال أوقات الفراغ، ويتعلم الأخذ والعطاء، والالتزام بالعادات والتقاليد السائدة في المجتمع والعمل بتعاليم الدين والآداب

الاجتماعية، والالتزام والمسؤولية أثناء القيام بعمل معين وعليه أيضاً أن يتعلم كيف يتحكم في الدافع الجنسي، والكف عن السلوكيات المغايرة لعادات وتقاليد المجتمع الذي يعيش فيه، كما وتقوم الأسرة بتعليم الطفل كيف يتناول الطعام والمشي، وضبط عملية الإخراج، ويتعلم تكوين الأنا والدفاع عن نفسه وعن أسرته. هذا ويجب على الأسرة أن تراقب حاجاته النفسية الأساسية مثل الأمان والاطمئنان حتى يستطيع أن يتعلم جميع الجوانب التي ذكرت لأن فاقد الأمان والاطمئنان من الصعب أن يتعلم أي شيء كما يجب، ويكون مجدياً له وللآخرين من حوله، ولكي يكون مشبعاً بالمحبة والعطف حتى يكون سلوكه سليماً ومقبولاً في المجتمع.

2. تقوم الأسرة بتلبية حاجة الطفل إلى المغامرة وتزويده بالخبرات الجديدة اللازمة لذلك، لأن الطفل يحاول دائماً أن يكتشف كل شيء جديد أمامه حتى يتعرف على صفاته وميزاته وخفاياه وأسراره، لذلك يقوم بالعبث بكل شيء يصادفه أو تقع عليه يده. أيضاًَ هو بحاجة إلى الاستقلال عن الأهل فيحاول أن يقوم بجميع الأعمال بنفسه وعند الحرج أو الوقوع في المشاكل يحتمي بالأهل. أي أن الطفل يتدرج من الحياة الاتكالية إلى الاستقلالية، وفي أكثر الحالات يصطدم بالأهل والممانعة من جانبهم لخوفهم عليه من أن يلحق بنفسه الأذى. ومن واجبهما أن يردا على جميع استفسارات طفلهما مهما كانت مملة، وأن يهيئا له الظروف الكفيلة بانخراطه في المجتمع والتفاعل معه.

3. تهتم الأسرة بإعطاء الطفل التقدير المناسب، لأنه بحاجة إلى تقدير الآخرين له وللأعمال التي يقوم بها، كما وأنه بحاجة إلى الثناء والتشجيع على السلوكيات الحميدة التي تصدر عنه والتي على الأسرة أن تقوم بتعزيزه بعد القيام بها، كما وعلى الأسرة أن تثني على الطفل وتشجعه على المستوى التعليمي الذي يحصل عليه ويرتفع بصورة مستمرة.

4. تهتم الأسرة بتلبية حاجة الطفل إلى الحب المتبادل، حيث يشعر الطفل بالارتياح إلى شعور الأبوين بالحب نحوه فالطفل الوليد لا ينشأ على حليب الأم وحده بل يحتاج إلى صدر حنون يغذيه دائماً بالعاطفة والمحبة أكثر من أي شيء آخر، بالرغم من أنه لا يستطيع التعبير عنه، والطفل الذي لم تشبع حاجته من حنان والديه قد يحقد عليهما وعلى المجتمع الذي ينتسبان إليه ومن الممكن أن ينحرف ويميل إلى الشذوذ والإجرام في المستقبل.

وبعد كل ذلك يجب أن نتذكر دائما أن الأسر أنواع لذا فهي تؤثر في تنشئة الطفل بالطرق والأساليب المختلفة. والدور الذي يلعبه الأب أو الأم في تربية أطفالهم يختلف من مجتمع لآخر ومن أسرة لأخرى، كما ويؤثر عدد أفراد الأسرة في تفاعل وسلوك أعضائها، ويتوقف نوع وحجم العلاقة القائمة بين الأبناء والآباء على عدد أفراد الأسرة. فمثلاً الأسر الصغيرة يكون اهتمام الآباء أكثر إيجابية مع الأبناء وعلى عكس ذلك في الأسر الكبيرة، والتي يكون الأب فيها هو المسيطر والمتحكم في كل شيء. أما في الأسرة الصغيرة فتكون الأم هي المسيطرة والمتحكمة في جميع الأمور.

وتختلف أنماط السلطة المستعملة حيث ممكن أن تقوم على العقاب البدني في الأسر الكبيرة، أما الأسر الصغيرة فيمكن أن تقوم على الحب والاقناع. وطبعاً توجد شواذ عن القاعدة والأصول. والأسرة الكبيرة تكون عرضة للانهيار نتيجة لوجود المشاكل الاقتصادية من جانب، وكثرة الأطفال والانشغال بهم من الجانب الآخر. أي أن أفراد الأسر الكبيرة في معظم الحالات يعانون من الحرمان العاطفي، بسبب انشغال الوالدين بإشباع الحاجات البيولوجية ولعدم وجود الوقت الكافي للاهتمام بهم وقضائه وقتاً معهم.

أما في الأسر الصغيرة فإن الطفل يستمد الأمن والاطمئنان من الأهل وذلك على عكس الأسر الكبيرة التي يكون مصدر الأمن والاطمئنان الذي يحصل عليه الأطفال هو الأخوة الذين يشاركونهم اللعب ويقدمون لهم الحماية عند الضرورة. معنى ذلك أن الأسرة كلما كانت صغيرة استطاع الطفل أن يأخذ الحاجات الأساسية اللازمة له لكي يستمتع في حياته بهدوء وطمأنينة ويكون على أتم الاستعداد للتعلم والوصول إلى أفضل مستوى من التحصيل المدرسي.

ولقد أدرك التربويّون أهمية الوالدين الأساسية في تشكيل شخصية الطفل، وأدركوا أهمية دور المدرسة التعليمي والتربوي وما يمكن أن يسببه التقصير في هذا الجانب من أضرار على النشئ وعلى المجتمع بصورة عامة. ومن المؤكد أن هناك علاقة واضحة بين دور الأسرة وتأثيرها على سلوك الطالب داخل المدرسة، لأن المدرسة هي المكان الذي يتوجه إليه الطالب بعد البيت والأسرة، والذي يعكس فيه ما تعلمه في مرحلة حياته المبكرة، والتي تقوم فيها الأسرة بالعمل على تهيئة الطفل وتحضيره لمغادرة البيت ودخول الحياة العملية والتي قد تبدأ بالمحيط القريب الذي يتأثر به الطفل بصورة معينة، وقد يدخل المدرسة مباشرة دون التوقف عند الفترة الزمنية التي يعيش فيها مع المحيط القريب لخوفها عليه أو لأنها لا تريده أن يتأثر بما يحدث

فيه من أحداث إن الطفل تحدد ملامح شخصيته الأولى من خلال الأشياء التي يراها أو يسمعها من والديه أكثر بكثير من التعليم المباشر ومن أشكال سلوك الوالدين وأفراد الأسرة الآخرين، لذا على الأهل الاهتمام بهذا الجانب وأن يكونوا على حذر دائم في معاملاتهم وتصرفاتهم.

إن عملية تربية الأفراد وتنشئتهم تتخذ أشكالاً وصوراً عديدة ومتنوعة منها ما هو سيكولوجي أو فكري تعليمي. حيث يشمل الجانب السيكولوجي العقاب الجسدي والتخجيل، والاستهزاء، فمثلاً ضرب الطفل إذا أخطأ من الممكن أن يجبره على تصحيح الخطأ، ولكنه في نفس الوقت يشعره بالذل والألم، ولأنه لا يستطيع التحدث عما يشعر به فإنه يلجأ إلى الكبت أو يقوم بتوجيه ما يشعر به إلى من هو أصغر منه أو أضعف منه. ولقد أكد لنا الباحثون على أن العقاب الجسدي لا يُعلم الطفل أي شيء كما يتوقع الجميع، فقط يعلمه الرضوخ والاستسلام والسكوت على المذلة والقهر، وفي بعض الأحيان يجعل المعاقبون من الأطفال لا مبالين بأي شيء ويدفعهم ذلك إلى الانحراف.

ومن أساليب التعامل التي تستعمل في الأسرة مع الأطفال التحقير حيث يتعمد الأهل التحدث مع الأبناء بعبارات قبيحة، سيئة ومؤلمة أمام الأخوة والأخوات والأقارب، أو أمام الجيران والأصدقاء، مما يجعل الابن ينظر إلى نفسه على أنه حقير ووضيع، وهذا بحد ذاته يولد في نفسه العقد النفسية والشعور بالنقص والكراهية التي تدفعه إلى أن ينظر إلى الآخرين نظرة حقد وكراهية وينطوي على نفسه منهزماً من تكاليفها ومسؤولياتها، فكيف يمكن أن نتوقع منهم الالتزام بالمدرسة والتعليم والوصول إلى مستوى تحصيل تعليمي جيد، أو طاعة وامتثال واحترام واتزان واستقامة في المعاملة والأعمال التي يقومون بها، في الوقت الذي غرس الأهل في نفوسهم في مرحلة الطفولة المبكرة بذور الانحراف والتمرد وعدم الطاعة، وعدم الاهتمام بالمدرسة والتعليم والوصول إلى تحصيل علمي مقبول يفيدهم ويفيد المجتمع.

في هذا المجال تشير الدراسات إلى أهمية دور المدرسة في التنشئة الاجتماعية للطفل وخصوصاً دور الأم التي تؤثر بصورة مباشرة على تكوين شخصية الطفل وتحديد هويته والفرق بين الطفل الذي عاش مع الأم والطفل الذي عاش مع الوالدين.

تشكل الأم في مرحلة الطفولة المبكرة أهم عنصر للتفكير من جانب الطفل، لأنها هي التي يفترض أنها تحب الطفل وتقوم على تغذيته ونظافته، وتحيطه بعطفها وحنانها، لذا فهي تكون بالنسبة للطفل نموذجاً للتوحيد والتفكر، حيث تشكل علاقتها معه النموذج الذي يراه في سلوك الآخرين، أي أن الأم تلعب دوراً أساسياً في حياة الطفل، لأنه يقضي معظم وقته في هذه المرحلة معها، الأمر الذي يجعله متعلقاً بها كثيراً، وهي التي تؤثر على علاقاته الأخرى التي تؤثر عليه فيما بعد. فمثلاً عن طريق الأم يتعلم الطفل صفات كثيرة تساعد على تكوين شخصيته في نهاية الطفولة المبكرة. إن جميع هذه الجوانب المهمة تؤكد على أهمية وعي الأم وثقافتها ومستواها التعليمي الذي ينعكس على سلوك وتصرفات وتوجهات الأبناء. وفي هذا الصدد يشير بعض الباحثين إلى أن الأم التي تكون على مستوى معين من الثقافة والوعي تؤثر على طفلها بصورة إيجابية واضحة بحيث ينشأ بصورة سليمة، (هناك نسبة لا بأس بها من الشواذ عن هذه القاعدة، والتي يرى بعض الباحثين أن التنشئة السليمة للأطفال من الممكن أن تقوم بها الأمهات ذوات الثقافة المتواضعة، والتجربة أثبتت صحة هذا التوجه) الأمر الذي يتطلب الاهتمام الخاص في رعاية الأمهات والعمل على توفير الوسائل المناسبة لدعمهن نفسياً وانفعالياً واجتماعياً، حتى يكون بالإمكان تربية وتنمية الأطفال مع تمتعهم بالأمان والاطمئنان، الذي يصعب على الأم توفيرها للأطفال وهن يفقدن ذلك. إن فقدان الأمان والشعور بالأمن والاطمئنان متعلقة بأوضاع وظروف الأسرة في المجتمع الذي تعيش فيه خصوصاً الوضع الاقتصادي.

أما بالنسبة للأب ودوره في تربية الأطفال، فإنه يكون قليل الأهمية خصوصاً في مرحلة الطفولة المبكرة، لأنه يكون بعيداً عن البيت والطفل وذلك يرجع إلى طبيعة المجتمع ودور الأب فيه.

في مجتمعنا يقترن دور الأب في تربية أبنائه بالطاعة والامتثال والعقاب والسلطة والحزم. وقد يستخدم بعض الآباء نفس الأساليب التي استعملها آباؤهم معهم في تنشئتهم الاجتماعية، ويعتبرونها صحيحة والدليل على ذلك هم وما وصلوا إليه، ومنهم من يبتعد عنها لأنه يعتبرها غير صحيحة ولا تناسب الفترة التي نعيش فيها، لأنها ربما تؤدي إلى فساد وانحراف الأبناء(مثلما حدث مع الآباء في مرحلة معينة من حياتهم) لأنها تربية صعبة وقاسية ولا يريد أن يكررها مع أبنائه، وتتحدد معاملة الآباء للأبناء بمدى قبول الأب لطفل من جنس معين ورغبته به، فمثلاً قد يرغب الأب في ولد ويرزق ببنت أو عكس ذلك (مجتمعنا دائما يرغب في ولد مهما أظهر عكس ذلك)، على أي حال المهم في دور الأب أن يتعامل مع أطفاله بصورة متفهمة ومتقبلة ودائمة

وحازمة في الوقت المناسب حتى يشعر الأطفال بالاستقرار والراحة النفسية التي بدونها لا يمكن أن يصل الطفل إلى تعلم إيجابي وتحصيل مدرسي بمستوى عالٍ.

وعليه يمكن القول بأن الأسرة هي الأساس الذي تحدد عليه سلوكيات وتصرفات وصفات الطالب، ولقد دلت الدراسات على أن الأطفال الذين يربون في جو من الحب والتساهل في البيت يمتازون ويتصفون بالآتية:

1-أكثر استقلالاً في دروسهم. 2-أكثر شعوراً بالمسؤولية تجاه أعمالهم. 3-أكثر مثابرة على ومواجهة الصعاب. 4-أكثر استعداداً للتعاون مع الآخرين. 5-أكثر تحبباً في علاقاتهم مع الكبار. 6-أقل ميلاً للعداء والعدوانية.

أما الأطفال الذين يحصلون على التربية في جو من الحب والحنان والتشدد في نفس الوقت فإنهم يتصفون بالصفات الآتية:

1-يكونون في العادة اتكاليين في كل شيء. 2-أقل إبداعاً من الآخرين. 3-لا يوجد لديهم الاستعداد للتعاون مع الآخرين. 4-شديدي المثابرة في مواجهة الصعاب والأخطاء. 5- يميلون بصورة كبيرة إلى العداء والعدوانية (العناني، 1990).

التعامل الأسري مع الأبناء

بصورة عامة يعتبر دور الوالدين في تربية الأبناء من الأدوار الشاقة والصعبة جداً والتي تتطلب منهما المقدرة على فهم طبيعة الأبناء (الأطفال) على حقيقتها، بالإضافة إلى معرفة صفاتهم وميزاتهم وقدراتهم ورغباتهم وميولهم، حتى لا يفضلوا طفلاً على الآخر، أو يعاملوا أحدهم باللين والآخر بالقسوة، بالعطاء والتسامح والآخر بالرفض والعقاب، لأن الطفل الذي يفضل على غيره من الأخوة يصاب بالاستعلاء والغرور، والطفل الذي يهمل يحس بنوع من الظلم والحرمان وعدم إشباع الحاجات الأساسية، والأم التي تميل إلى الطفل الذكر أكثر من الأنثى (وهذا مسيطر على معظم الأسر العربية التي تفضل بطبيعتها الأبناء على البنات، خصوصاً الآباء الذين يشعرون بالنقص الفظيع عندما تولد لهم بنت ويتصرفون بصورة صعبة يصعب تفسيرها) فإنها تخلق بذلك الحقد بين أبنائها وتجعلهم يكرهون بعضهم البعض. إن قيام الأهل بتشجيع الابن المتفوق واجب عليهم والأخذ بيد الضعيف والعمل على مساعدته واجب أيضاً. لذا فإن العقاب الذي توجهه الأسرة للطفل يجب أن يكون موجهاً نحو الخطأ الذي قام به وليس إلى شخصه هو. فالجزاء الذي توقعه الأسرة على أحد الأبناء يجب أن يكون قائماً على تقدير موضوعي للتصرف الذي تصرفه، وهذا يتطلب من الأبوين أن يكونوا

على درجة عالية من الوعي والمعرفة بالأساليب والطرق التربوية السليمة التي لا تترك أثراً سيئاً على تربية الطفل مستقبلاً (سرحان، 1981).

إن نمو الطفل وتطوره يتأثر بصورة مباشرة وواضحة بنوع العلاقة القائمة بين الطفل والوالدين، فالطفل الذي ينشأ في أسرة يسودها الحب والحنان ينمو نمواً سوياً ويتمتع بشخصية متكيفة سوية ويملك استعدادات يطور فيها مشاعر الحب للآخرين، بينما الطفل الذي ينشأ في أسرة تسلطية يكون في العادة طفلاً عدوانياً غيوراً، لأن مثل هذه الأسرة تأمره بكل ما تريد وتفرض عليه كل ما يقوله أو يعمله. وبما أن الأسرة هي الوعاء البيولوجي الذي تنشأ فيه العلاقة الأسرية الأولية، لذا يمكن القول أن الطفل ينمو في إطار اجتماعي يبدأ بالأسرة وينتهي بالبيئة مروراً بجماعة الرفاق والمدرسة. وعلى هذا الأساس فإن العلاقة الأولية القوية تنشأ بين الطفل ووالديه وبين الطفل وإخوته كما تنشأ العلاقة بين الطفل وجماعة الرفاق في المراحل المختلفة التي يمر بها والتي تقسم إلى أجزاء ومراحل داخلية. أن الأسرة في المقام الأول تؤثر في نمو الطفل الجسدي وتزوده بالحاجات الأساسية كما تزوده بالأمن والأمان والاطمئنان والاتزان الانفعالي بالإضافة إلى النضج الاجتماعي القائم في أساسه على علاقات الطفل بأسرته، ورفاقه في المقام الثاني.

وفي هذا السياق نذكر أن الطفل الوحيد في الأسرة يشكل مشكلة كبيرة بالنسبة لوالديه لأنهم يخافون عليه من كل شيء حوله ومن كل شيء يفعله ومن كل شيء يحدث له، فمثلاً إذا بكى أو جاع يسرعان لتفقد موضع منامه وشرابه ويجلسان حوله إذا مرض أو أصابه مكروه وربما يصابان بنوع من الهلع والخوف الشديدين من هذا المرض. وقد يكرسان كل جهدهما له ويلبيان مطالبه مهما كانت. فينشأ عنيداً وصعباً لا يرضى إلا أن تلبى رغباته، وفي بعض الأحيان يكون ضعيف الشخصية متواكلاً على الآخرين ولا يستطيع القيام بعمل أي شيء، ويكون عديم الثقة بالنفس ولا يقوى على مواجهة الآخرين. أي أن الحماية الزائدة من الأسرة التي تعطى للطفل الوحيد تضر به في معظم الحالات ويكون تأثيرها على المدى البعيد سلبياً على الطفل بحيث لا يستطيع القيام بأي شيء إلا بمساعدة الوالدين.

العوامل الأسرية وتأثيرها على التحصيل الدراسي

تفكك الأسرة وتأثيره على الأبناء وتحصيلهم الدراسي

إن البيئة الأسرية الكاملة التي يسودها المحبة والاطمئنان والأمان يشعر جميع أفرادها بالهدوء والراحة النفسية والاستقرار، مما يجعلهم على أتم استعداد للعمل والإنجاز أو للتعلم والتحصيل الدراسي الجيد الذي يميزهم عن الأطفال الآخرين في كل شيء يعملونه أو يقومون به، بالمقابل الطفل الذي يعيش في بيئة أسرية صعبة لا يوجد فيها أي نوع من أنواع الهدوء ولا الراحة النفسية أو الاستقرار، فإن مثل هذا الطفل لا يمكن أن يقوم بأي عمل إيجابي وينجح فيه، ويصل إلى ما يريد من أهداف، خصوصاً التحصيل التعليمي أو حتى مكانة اجتماعية مقبولة بين الأطفال الذين يتواجد بينهم. أما الطفل الذي يعيش في بيئة انفصل والده عن بعضهما، وأصبح يعيش تحت رعاية زوجة أبيه أو زوج أمه فإن مثل هذا الطفل لا يشعر بالأمان ولا بالاطمئنان ولا يعرف معنى الحب والحنان، ولا يعرف معنى الراحة النفسية أو الاستقرار النفسي، لأنه يتعرض إلى الإذلال والإهانة والتجريح، مما يجعله في وضع نفسي صعب لا يستطيع معه القيام بأي شيء، لأنه يبقى كل الوقت مشغولاً في نفسه وما يحدث له من أحداث، التي يعيش معها وهو قلق ومتوتر الأعصاب وخائف من كل شيء، مما يجعله يصاب بالاكتئاب والانزواء وعدم الاهتمام بأي شيء من حوله، وفي مثل هذا الوضع يصعب التحدث عن التعلم والإنجاز والتحصيل الدراسي الذي إن كان فسوف يكون متدنياً جداً أو معدوماً.(يوجد بعض الحالات الشاذة التي تعامل فيها زوجات الآباء أو أزواج الأمهات الأطفال معاملة جيدة).

من ناحية أخرى قد يعيش الطفل الذي يعاني من انفصال الوالدين في مؤسسة اجتماعية بعيداً عن الجو الأسري الذي قد يكون مشحوناً بالخصام والنزاعات التي تتم أمام سمعه وبصره، فالطفل الذي يعيش في مثل هذه الظروف يغدو من الصعب عليه أن يصل إلى تحصيل مدرسي دراسي مرتفع بسبب تفكيره الدائم في الجو الأسري المشحون الذي يجعله لا ينسجم مع البيئة المحيطة به. وذلك لأن أوضاع البيت تعتبر من أهم المؤثرات التي تؤثر على مقدرة الطفل على القراءة والتعلم، والتحصيل التعليمي، ولقد دلت دراسة أجرتها فيرا أندرسون (1967) على أن الأم التي تترك بيتها لفترة طويلة بسبب العلاقات الأسرية السيئة والشجار الذي يؤدي إلى الطلاق، وترك طفلها مع إخوته أو في رعاية الآخرين مع أنه يكون في أمس الحاجة إليها، الأمر الذي

يشعره بالوحدة والشذوذ وينصب تفكيره في عودة أمه للبيت ولا يبالي بما تقوله المعلمة في الصف.

أيضاً يؤدي عدم اهتمام الوالدين بأبنائهم وعدم حثهم على المطالعة والقراءة إلى إضعاف وتقليل دافعية الأبناء للتعلم.

ولقد دلت نتائج الدراسات في هذا المجال على أن الطفل إذا كان الأول وحصل على اهتمام ورعاية وحب وحنان الوالدين طوال الفترة التي كان فيها وحيداً ثم جاء الطفل الثاني ودون إدراك ووعي من الوالدين أهمل الطفل الأول وحصل الثاني على كل الاهتمام والحب والحنان فإن الطفل الأول يصبح نتيجة لهذه المعاملة عدوانياً ويكره أخاه ويحاول أن يضربه وينتقم منه. وتؤدي هذه المعاملة السيئة غير المقصودة إلى تأثير واضح على دراسة الطفل فتقلل من اهتمامه بالقراءة وحب المدرسة، وتؤدي في نهاية الأمر إلى إحباطه وشعوره بالنقص وعدم الأهمية. ومن المحتمل أن يترك المدرسة، لأنه لم يجد من يوجهه التوجيه الصحيح والمناسب أو يرافق رفاق السوء الذين يتعلم منهم عاداتهم وأخلاقهم، فيؤدي ذلك إلى تسربه من المدرسة، وهذا بدوره يعمل على خفض أدائه وتحصيله التعليمي (شكري، 1985).

أي أن الأطفال الذين يربون في ظل أسرة تفتقر إلى الحنان والانسجام يفتقدون السعادة والدفء حتى ولو لم يحدث طلاق بين الأبوين. وتؤكد الدراسات التي أجريت في مجال الطب النفسي على الصعوبات التي يواجهها الأفراد الذين نشأوا في أسر تفتقر إلى الحنان والانسجام. وأن الكثير من الأسر التي تبدو متماسكة ظاهرياً، تمارس أثراً ضاراً على الأطفال وبأن كثيراً من الأسر التي لا يوجد فيها سوى أحد الوالدين وقد تنجح نسبياً في خلق أطفال أصحاء وسعداء.

ويبدو أن الفشل الذي يصعب أداء أحد الوالدين للدور الذي يجب عليه القيام به في الأسرة، يعتبر من العوامل المدمرة بالنسبة للأطفال أكثر مما يمثله انسحاب أحد الأبوين من العلاقة الزوجية، ولقد دلت نتائج إحدى الدراسات على أن المراهقين الذين يعانون من مشكلة سوء التكيف الشخصي ينحدرون من أسر تتعرض لصراعات زوجية ومشاكل أسرية لا تنقطع بالمقارنة مع نظرائهم الذين ينحدرون من أسر تعرضت للتفكك نتيجة للطلاق أو موت الأب.

من ناحية أخرى يؤدي الشجار الدائم بين الوالدين الذي يحدث أمام الأطفال إلى فقدانهم للشعور بالأمن والاطمئنان بسبب خوفهم على مصيرهم إذا استمرت الأوضاع بين الوالدين على هذا الشكل، أو خشية أن يتحول عدوان أحدهما عليه، أو لأنه قد يعتقد

بأنه هو سبب الشجار (في بعض الأحيان يكون ذلك صحيحاً) أو لأن كل شجار لا بد وأن ينتهي بوضع يكون فيه طرف غالب وآخر مغلوب وهذا بدوره وضع سيء وصعب، وسواء كان المغلوب الأب أو الأم فهما أشد وأقوى من الطفل، وكيف يكون الحال إذا أصبح الطفل نفسه طرفاً في خصام مع أحدهما. وهنا يجب أن نكون على يقين بأن الخصام الصامت بين الوالدين يكون أشد تأثيراً في نفس الطفل من الخصام المسموع والواضح.

وللشجار تأثيرٌ واضحٌ على التحصيل المدرسي للأطفال، فالطفل الذي يشاهد والديه يتشاجران يومياً لا يستطيع أن يركز في المدرسة ولا أن يعطي كل اهتمامه لدراسته لأن تفكيره يكون منصباً في شجار والديه وعن سبب هذا الشجار وعن نتائجه الممكنة والفرص الممكنة والمتاحة لحل هذه الخلافات والشجارات بين الوالدين، فتشغل هذه المشاكل تفكيره وعقله وبالتالي فإن دراسته لن تلاقي الاهتمام المطلوب منه، وهذا بدوره يؤدي إلى أن يكون تحصيله المدرس منخفضاً ومتدنياً.

الآثار السلبية للطلاق

تشير الدراسات الاجتماعية والعلاقات الزوجية إلى وجود علاقة وارتباط قوي بين جنوح الأطفال وعدم الاستقرار الأسري، حيث يتأثر الأطفال بانفصال الوالدين خصوصاً عندما يحدث الطلاق والانفصال النهائي، لأن ذلك يؤدي إلى حرمان الطفل من أحدهما، رغم أنه على قيد الحياة، هذا بالإضافة إلى جانب الحرمان المادي من تلبية متطلبات الحياة.

هذا بالإضافة إلى تأثير الطلاق على الأطفال الذي يبدأ من مراحل الصراع والخلافات التي تحدث من قبل الطلاق والانفصال، والذي يؤدي إلى معاناة الأطفال من تشتت الانتقال بين أسرة الأب وأسرة الأم، والذي يكون في البداية مجرد تسلية، بسبب كمية الرعاية من الجانبين والتي تكون متبوعة بنوع من الشفقة على الأطفال. كل ذلك دون أن يشعر الطفل لأنه يكون مشغولاً بالدراسة أو اللعب خارج البيت، أما المعاناة الفعلية التي يدركها الأطفال فتكون بعد حدوث الطلاق والتي تتعلق بالإقامة والإعالة وطبيعة الحياة الجديدة، التي يستقر الطفل فيها لدى أحد الأبوين، وبذلك يدخل الطفل في شبكة من العلاقات الأسرية الجديدة والتي تتعارض فيه مصادر التنشئة الاجتماعية. ويؤثر في بعض الأحيان على تنشئة الطفل بالإيجاب وفي بعض الأحيان الأخرى بالسلب. إن ذلك يتبع عدد ونوعية الأفراد المحيطين به، (مثل الأعمام أو الأخوال أو الأجداد) ومقدار الرعاية والاهتمام الذي يعطى له. أما أطفال السيدة المطلقة التي تعمل

في أعمال مختلفة فإنهم لا يحصلون على اهتمامها الكافي لكونها مشغولة بعملها، فهي في بعض الأحيان تضطر للغياب فترات طويلة أثناء النهار، وتتركهم دون رعاية إلا في نطاق محدود من جانب أسرتها، ويرتبط اهتمام المحيطين بالأطفال بمقدار ما تدفعه الأم من نقود من راتبها الشهري.

ومهما حاول الزوجان المطلقان تعويض الأطفال عن الحب والحنان المفقود لن ينجحا بذلك، لأنه لا بديل لعاطفة الأم وعاطفة الحب الحقيقي، ولا يمكن استبدال هذه العاطفة بغيرها لأنها لازمة وضرورية، وإذا نجحت بعض العائلات بذلك فإن التعويض يكون جزئياً وسطحياً، لأن الكثير من المشاكل التي توجه الطفل في المستقبل تعود جذورها إلى هذه المرحلة والحالات الاجتماعية.

وفي حالة حدوث الطلاق وكونه أصبح أمراً واقعاً يجب على الزوجين العمل على تخفيف وقعه على الأطفال قدر الإمكان حتى يستطيعوا العيش بسلام وبنوع من الهدوء والمقدرة على التعلم والوصول إلى التحصيل الدراسي المقبول. ولكي يحدث ذلك يجب إتباع ما يلي:

أ.‏ زيارة الطفل من وقت لآخر، في مكان وجوده، وممارسة بعض الهوايات، والرحلات، والنشاطات الأخرى، بهدف التعويض الجزئي له عن العاطفة التي حرم منها.

ب.‏ يجب أن لا يلجأ أحد الزوجين للتشهير بالآخر، أمام الطفل، مثل قيام الأم المطلقة بنعت زوجها السابق بنعوت قبيحة على مسمع من أطفالها، وتفريغ عبارات الحقد والكراهية، لأن جميع الأطفال يرغبون في الانتساب لأفضل أب أو أفضل أم.

ج.‏ إن قيام أحد الوالدين بحقن الطفل بالحقد على أحد الأبوين، ودفعه للابتعاد عنه وكراهيته ونبذه يتعارض مع الطبيعة الإنسانية والتعاليم والديانات السماوية التي تنادي جميعها بإكرام الوالدين، ويعتبر هذا النوع من التحريض في نهاية الأمر بمثابة قنبلة مؤقتة ربما تنفجر داخل الكيان النفسي لطفل عندما يكبر فتحطمه نفسياً وتجعله أسيراً لعقد كثيرة تجعله حائراً في انتمائه وتوجهاته ويبعده عن القيام بالأعمال التي تعود عليه بالفائدة في المستقبل مثل التعليم والتحصيل الدراسي والمعرفي العالي، ويؤدي إلى ارتفاع معدلات القلق والاكتئاب التي تؤدي بدورها إلى ضعف التحصيل الدراسي والخروج عن النظام في المدرسة.

أما الطفل الذي يعيش في جو أسري يسوده المحبة والحرية والاحترام المتبادل ويستطيع كل فرد فيه أن يبدي برأيه دون خوف أو تردد، ويناقش الآخرين من أفراد الأسرة. إن مثل هذا الوضع والجو الأسري يؤدي إلى زيادة أداء الطفل التحصيلي بشكل ملحوظ وفي بعض الحالات يرفعه إلى أعلى مستوى ممكن، لأن الأهل يتصفون بالأخلاق الحسنة والحكمة والتصرف الجيد مع أبنائهم ونادراً ما يلجأون إلى استعمال العقاب بأنواعه المختلفة والعقاب البدني على وجه التحديد يكون آخر أنواع العقاب استعمالاً. وهم في الغالب يكونون علاقة حميمة مع أبنائهم يشاركونهم في كثير من النشاطات في أوقات فراغهم، وذلك على خلاف الطفل الذي يعيش في جو تسلطي لا يسمح فيه بمناقشة أحد الأبوين في أمر من الأمور التي تخصه، وهذا يؤثر سلبياً على تدني التحصيل التعليمي في المدرسة، ومثل هؤلاء الأبناء يتصف آباؤهم بالعند والتصميم على رأيهم ولا يرجعون عنه حتى ولو كان مخطئاً ومخالفاً لمصلحة الطفل، واستخدام العقاب البدني لدى هؤلاء الآباء لردع الطفل عن القيام بسلوك خاطئ مستعمل في معظم الأحيان، مما يترك الأثر الواضح على الطفل وتصرفاته وسلوكه الذي قد يكون عدوانياً في معظم الحالات أو قد يكون إنطوائياً خائفاً من كل شيء من حوله.

إضافة لما ذكر فإن لمهنة الوالدين أثراً كبيراً وواضحاً على مستوى تحصيل الأبناء الدراسي، حيث أن الأطفال أبناء العائلات الفقيرة الذين يعيشون ظروفاً معيشية قاسية لا يقومون بتشجيع أبنائهم على الدراسة ولا يهتمون بتعليم أبنائهم ولا يعنيهم إذا نجحوا أو فشلوا وذلك لانشغالهم بأنفسهم وما لحق بهم من فشل بسبب المعاناة الصعبة التي مروا بها في حياتهم مما يجعل الأبناء ينصرفون عن الحياة المدرسية ويلتحقون بالعمل في سن مبكرة حتى يساعدوا أنفسهم وعائلاتهم أو أنهم يرافقون أصدقاء السوء مما يؤدي بهم إلى الانحراف والتدهور إلى أسفل الحياة الاجتماعية. وربما يظهر في أبناء العائلات الفقيرة ابن يتمتع بطموح عالٍ جداً أكثر من طموح أبناء الأغنياء وذلك كنتيجة مباشرة لما مر به من أحداث صعبة ومعاناة والديه الاقتصادية والاجتماعية والثقافية مما يولد لديه رد فعل معاكس يجعله يصمم على الخروج مما هو وأسرته فيه لذا يترتب عليه أن يجد ويجتهد حتى يتخلص من المعاناة الاجتماعية والاقتصادية التي يعيشها مع الأسرة. ويجعله مثل أبناء الأغنياء الذين توجد لديهم الدافعية الكبيرة للتدرج الوظيفي الأمر الذي ينعكس على الأبناء إذ ترتفع نسبة الطموح لديهم وتؤدي إلى زيادة أدائهم التحصيلي. أي أن للحالة والوضع الاقتصادي أثراً واضحاً على تحصيل أبنائهم الدراسي، حيث أن هذا الوضع يؤثر في تنشئة أفراد الأسرة التنشئة الصحيحة والسليمة لأنها لا تستطيع أو تستطيع أن توفر لوازم ومتطلبات الأبناء الأساسية والضرورية. كما

أن الحياة السهلة والبسيطة الخالية من جميع أنواع التعقيدات والاضطرابات هي التي توفر للطفل الحاجات الأساسية من مأكل ومشرب وملبس ومأوى مما يعني أنه يستطيع التمتع بمتع الحياة المختلفة مثل: الألعاب المسلية على اختلاف أنواعا داخل البيت وخارجه، واستعمال الأجهزة التكنولوجية على أنواعها المتعددة مثل الراديو والتلفاز وغيرها، وهذا بدوره يساعد بوضوح على رفع مستوى تحصيل الطالب المدرسي، ويتم ذلك في الحالات التي ينشأ فيها الطفل تنشئة سليمة تجعله يستغل هذا الجو الأسري بطريقة سليمة تعمل على رفع مستواه التحصيلي (سرحان 1981).

إن الطفل الذي يعيش حياة فقر ونقص وحرمان يؤثر ذلك على تحصيله ويحد من طموحاته في المستقبل، ويجعله عرضة للأمراض المختلفة التي تؤدي إلى الغياب عن المدرسة وتوجه إلى مرضه بدلا من انصرافه إلى دروسه والاهتمام بها. إن الكثيرين من الأطفال أبناء العائلات الفقيرة يعيشون في غرف مشتركة ويتعرضون إلى الإهمال وسوء التغذية والأمراض المختلفة والانحرافات الكثيرة التي تؤدي إلى تدنٍ في مستوى التحصيل والإنجاز المدرس لدى الأطفال بصورة عامة.

بالإضافة إلى جميع الجوانب التي تحدثنا عنها بخصوص علاقة الأسرة بالتعلم فإن هناك بعض الجوانب التي لها أهمية خاصة في هذا السياق، وتؤثر تأثيراً مباشراً على مستوى التحصيل المدرسي الذي يصل إليه الأبناء.، نذكر منه الآتية:

1. يلعب مستوى طموح الوالدين دوراً هاماً في مدى القلق الذي يصيبهم على مستقبل طفلهم ويزيد من عمق التفاعل والتواصل بين الأهل والأبناء وضرورة تخصيص وقت كافٍ للبقاء مع الطفل لكي يتم إيصال الأفكار المستقبلية التي يطمحون أن يصل الأبناء إليها، أي أن الأهل يحاولون استغلال جميع الأوقات والفرص للتواصل مع الطفل وإقامة علاقة جيدة وطيبة بينهم تساعد على تحقيق طموح الوالدين لما يريدون أن يصل إليه طفلهم.

2. إن الأهل في الكثير من الأحيان يوجد بينهم تناقض بالنسبة لتربية الطفل مما يترك أثراً بالغاً جداً بالنسبة للطفل لأنه يكون في حيرة أي الطرق والأساليب يسلك وهذه الحيرة قد تؤدي به إلى التوتر والقلق الزائد الذي يجعله طوال الوقت مشغولاً بنفسه ولا يهتم في التعلم والتعليم والتحصيل الدراسي والمستوى المتدني الذي يصل إليه. لأن العلاقة القائمة بين الزوجين إذا كانت قائمة على التفاهم تؤثر على نوعية التربية التي يريدانها لابنهما، لأن التفاهم يؤدي إلى خلق جو هادئٍ في الأسرة، يجعل الطفل يعيش حياة متزنة بعيدة عن القلق

وعدم الثقة بالنفس، وأن الأم المتعلمة الواعية لا تخفي عن زوجها شيئاً فيما يتعلق بتصرفات إبنهما، وهذا يؤدي إلى بناء سلوك سوي لأطفالهم يساعد على إشباع الحاجات الأساسية وتوفير بيئة غنية بالمواد التربوية.

3. إن مطالب الأطفال قد تكثر في بعض الأحيان داخل البيئة الأسرية خصوصاً إذا كانت الإغراءات التي تدفع به أن يطلب من والديه الكثير وهو يعرف أنهم سوف يقومون بتلبية ما يريد. وهنا نقول أن على الأسرة أن لا تستجيب للمطالب التي تشعر أنها غير ضرورية حتى لا تطور لديه الأنانية والاتكالية التي تجعل منه غير قادر على مواجهة الحياة ومشاكلها والصعاب التي قد تقف أمامه، من ناحية ثانية يجب أن لا يعمل الوالدين على حرمان الطفل من جميع الأشياء بما فيها الأساسية والضرورية. وذلك حتى لا ننمي لديه نوع من الحرمان العاطفي فيكون في المستقبل ساخطاً على أبويه أولاً والمجتمع الذي يعيش ويعمل فيه ثانياً، مما يؤدي إلى إصابته بالإحباط الذي يضعف من رغبته في الذهاب للمدرسة والتعلم ويقوي لديه عدم الإقبال على التعلم والتعليم ودافعيته إلى التحصيل الدراسي ورفع مستوى الإنجاز والتعلم.

4. إن للشجار الذي يحدث بين الأم والأب أمام الطفل أثراً كبيراً جداً على التحصيل الدراسي وقدراته على التعامل مع المعلمين والطلاب والمادة. والخلاف في الرأي داخل الأسرة أمر طبيعي يحدث بصورة دائمة ويكون له التأثير المباشر وغير المباشر على حياة الأسرة وعلى الطفل بصورة خاصة، لذلك يجب أن لا يصل الأمر بين الأهل إلى الخصام والشجار وبالذات أمام الأبناء حتى لا يترك لديهم آثاراً ضارة، فالطفل الذي يعيش في جو من المشاكل العائلية المستمرة لا يستطيع أن يركز قدراته العقلية على دراسته وتعلمه، وفي المدرسة سيكون فكره مشغولاً بمتاعبه في البيت فيؤدي ذلك غلى خفض فرص نجاحه خاصة في المدرسة إلى أدنى مستوى ممكن إن لم تكن هذه الفرص معدومة.

5. تؤثر قيم الأهل واتجاهاتهم وأهدافهم ومراكزهم تأثيراً كبيراً وواضحاً على تسرب الأبناء من المدرسة وإهمالهم للتعليم والتحصيل، ويرجع ذلك إلى العوامل الاجتماعية والثقافية والاقتصادية التي تتصف بها الأسرة. فمثلاً أبناء الأسر العاملة تزداد نسبة تسربهم من المدارس بسبب انشغال الأب في العمل لتوفير مطالب أفراد الأسرة، مما يؤدي إلى تدني التحصيل العلمي لأن الابن لا

يجد أي نوع من أنواع الاهتمام لما يعمله في المدرسة، وهذا بدوره يجعل الأب يطور وينمي لدى الأبناء قيماً سلبية تشجعهم على ترك المدرسة والخروج للعمل والاهتمام بتوفير متطلبات الأسرة، ولكن من المؤكد أن هذا لا ينطبق على جميع أبناء الأسر الفقيرة لأنه يوجد نسبة لا بأس بها من الآباء الذين يعملون كل ما في جهدهم لكي يصل أبناؤهم لمستوى تعليمي جيد، بالرغم من القيم السلبية التي يحملها الآباء، ولكن هناك عوامل عديدة ومتشعبة تحد من طموحات أبناء الفقراء وأصحاب الدخل المتدني والتي تمنعهم من مواصلة تعليمهم. إلا أن هذا لا ينطبق على جميع المجتمعات حيث توجد مجتمعات يستطيع مثل هؤلاء الأبناء مواصلة تعليمهم ويصلون إلى أعلى المستويات.

الفصل الثانـــي

دور الأسرة في تدني التحصيل المدرسي

مدخــل

التحصيل المدرسي والإنجاز يعني قدرة الطالب على التوفيق بين قدراته العقلية ومواهبه المختلفة مع مستوى التحصيل المدرسي الذي يحرزه(عدس 1999) أو يصل إليه في الحقيقة ومن خلال قيامه بتعلم المهارات المختلفة التي تؤدي إلى تعلم المواد التعليمية المتنوعة التي يجب على الطالب أن يتعلمها أثناء تواجده في المدرسة وقيامه بتحقيق مطالبها المتعددة.

كما ويعني التحصيل المدرسي حصول الطالب على العلامات والدرجات العالية في المواضيع التعليمية المدرسية...والتي تدل على قدراته الخاصة ومكانته بين طلاب صفه أو طلاب المدرسة. وفي هذا المجال بالذات نقول وبصورة أكيدة أن معظم المجتمعات أعطت أهميةً كبيرةً لهذا النوع من الإنجاز وتعتبره بمثابة المقياس الأساسي والحقيقي الذي يدل على ما يوجد لدى الطالب من قدرات عقلية وذكاء. وفي المقابل فإن الطالب الذي يحصل على علامات متدنية يطلق علية أسماء ونعوت متعددة مثل غبي، بليد، خامل، كسول، فاشل....وبالرغم من هذه الصفات فمن الممكن وبعد مرور زمن معين أن نكتشف بأن هذا الخامل أو الكسول والبليد أصبح صاحب شركة كبيرة أو مصنع أو عقارات مختلفة أو صاحب مهنة كريمة تدر عليه دخلاً أكثر من زميله الذي كان يتصف بالذكاء أو النجاح. أي أن الأول وبالرغم من تدني إنجازه المدرسي إلا أنه استطاع أن ينجح في حياته العملية نجاحاً كبيراً، أما الثاني صاحب التحصيل العالي فربما حصل على وظيفة متواضعة أو من الممكن أن تقدمه استمر واستطاع الارتقاء في سلم الوظائف الاجتماعية وأمثاله قلائل. والسؤال هنا ماذا نفهم من مثل هذه الأوضاع؟ وهل هذا هو حال المجتمع اليوم، حيث لا أهمية ولا قيمة للقدرات العقلية والذكاء والتحصيل المدرسي العالي، وما هو المعيار الذي نستطيع عن طريقه الحكم على كل فئة من هذه الفئات؟ وحتى نستطيع أن نتعامل مع مثل هذا الموضوع يجب أن نحدد أولاً ماذا نقصد عندما نقول تدني الإنجاز والتحصيل المدرسي العلمي.

ويعرف تدني الإنجاز والتحصيل المدرسي على أنه الفرق الكبير الواسع بين ما يستطيع الوصول إليه من إنجاز للفعاليات والمهام التعليمية التي تؤهله قدراته العقلية ومواهبه الفطرية له، وبين المستوى الذي وصل إليه من إنجاز فعلي وحقيقي خلال تواجده في الأطر التعليمية المختلفة. ومثل هذا التدني عند الطلاب من الممكن أن يكون في موضوع واحد فقط أو عدة مواضيع، وقد يحدث خلال فترة زمنية معينة ومحددة أو يستمر كل الوقت إلى أن ينهي الطالب تعلمه وتواجده في الأطر المدرسية. وعلى أي حال توجد لتدني الإنجاز الذي نتحدث عنه أسباب كثيرة متنوعة ومتعددة وتختلف من طالب لآخر، وذلك حسب الظروف التي يعيش فيها ويمر بها في حياته اليومية.

ومن أسباب تدني الإنجاز المدرسي التحصيلي نذكر الآتية:

1. الوضع الصحي الجسدي الذي يتأثر بسبب مرض أصاب الطفل وألحق به آثاراً سلبيةً، وأدى إلى تأخره الدراسي، وإلى تدنٍ في تحصيله المدرسي.

2. إحدى صعوبات التعلم التي قد يعاني منها الطفل في مراحل حياته الأولى وتكون السبب في تدني تحصيله، عدم دخوله المدرسة المناسبة.

3. قد تكون الأسرة هي السبب المباشر في تدني تحصيل الابن المدرسي بسبب إلحاحها المستمر وضغطها على الابن لبذل جهده خاصة لرفع مستوى الإنجاز والتحصيل المعرفي دون الأخذ بالاعتبار قدراته العقلية ورغباته وميوله الشخصية مما يؤدي إلى نتيجة عكسية لديه، أو إلى انهيار عصبي في الكثير من الحالات.

4. الظروف الاجتماعية والمادية التي تمر بها الأسرة أو تعاني منها تؤدي إلى تأثير مباشر على تحصيل الطالب بحيث يبدأ بالتسرب والتغيب عن المدرسة لكي يساعد الأهل لتحسين وضعهم الاقتصادي والمادي أو لكي يوفر للأسرة المصروف الذي يأخذه وطبيعي أن يؤدي هذا الوضع إلى تدني الإنجاز المدرسي بصورة ملحوظة.

5. في الكثير من الحالات تكون المدرسة هي سبب تدني إنجاز الطالب المدرسي وذلك من ناحية المنهاج المتبع والنظام التعليمي والأساليب، أو المعلم وشخصيته، إعداده، وقدراته، والأسلوب التدريسي الذي يستعمله، وطريقة تعامله مع الطلاب.(جميع هذه الجوانب سوف تناقش بصورة موسعة في الفصول الأخرى).

6. المواد التعليمية التي تدرس في المدرسة مستواها وصعوبتها وعدم التعامل معها بالأسلوب بسيط وسهل وجذاب يؤدي إلى عدم تفاعل الطلاب مع المادة والمعلم التفاعل المطلوب والمقصود.

7. الظروف السياسية والأسباب الأمنية تلعب دوراً كبيراً في الكثير من الحالات في تدني التحصيل بسبب الخوف والقلق والتوتر الذي يمر بها الطالب وعدم الاستقرار النفسي الذي يصل إليه نتيجة للأوضاع السياسية التي تمر بها المنطقة والتي تؤدي إلى عدم الشعور بالأمن والأمان لدى الطالب، والتي تعتبر من الحاجات الأساسية المطلوبة لكل فرد حتى يستطيع أن يقوم بإنجاز ما يطلب منه بأفضل مستوى ممكن.

8. وسائل الإعلام المختلفة التي تلعب دوراً لا يستهان به في تأثيرها على الطالب في جميع مجالات حياته، وخصوصاً إضاعة الوقت وعدم الاهتمام بالتحصيل الدراسي لأنه يقضي الوقت الطويل في مشاهدة البرامج التي يتعلم منها العنف وأساليبه بالإضافة إلى سوء الأخلاق والانحرافات على أنواعها، وإهمال الجوانب الاجتماعية الأساسية والهامة في حياته.

9. انتشار ظاهرة العنف والعقاب البدني واللفظي داخل المدرسة والأسرة والمحيط الذي يعيش فيه الطالب والتي تؤثر عليه سلباً في تعاملاته اليومية مع من هم حوله وبالتالي تؤدي لضعفه التعليمي وربما تؤدي تركه المدرسة.

10. علاقة الطالب مع الطلاب الآخرين التي تؤدي في الكثير من الحالات إلى انشغاله وانصرافه عن التعليم والإنجاز المدرسي لكونها علاقة سلبية في جوهرها تؤدي به إلى ترك المدرسة لأنه يشعر بالمعاناة فيها من أصدقائه. كذلك بالنسبة لعلاقته مع المعلمين التي من الممكن أن تكون قائمة على العنف وعدم الاحترام والعقاب البدني الذي يؤدي بدوره إلى ترك المدرسة.بصورة متقطعة أو دائمة، أيضاً يكون لعلاقة المعلمين فيما بينهم أثر سلبي على تحصيل الطلاب الدراسي لأن هذه العلاقة إذا كانت سلبية(كذلك هي في معظم الحالات) فإن الطلاب هم الذين يدفعون الثمن (عدس؛ 1999، العناني؛ 2000، نصر الله، 1999).

الأسرة ودورها في تدني التحصيل المدرسي

الأسرة:هي المؤسسة التربوية الأولى التي يعيش فيها الفرد وتهتم به وبتطوره وتعلمه وبقدراته التحصيلية المختلفة، والمستوى التي تكون عليه من قدرات علمية وقدرة على العطاء تؤثر بصورة مباشرة وواضحة في الإنجاز التحصيلي المدرسي ارتفاعه أو تدنيه، كما أن مكانتها وأهميتها ضرورية وهامة لكل طفل ومراهق وتؤثر بشكل واضح على تطور شخصيته واستعداداته المتنوعة حتى تمر هذه المراحل بهدوء وتفهم وسلام.

ويمكن القول أن الأسرة هي المجتمع الأول الذي يحصل فيه الفرد على أساليب التنشئة الاجتماعية والتطور ويتعلم من خلال تواجده فيها المعايير والقيم والعادات والتقاليد المتبعة في جو من المفروض أن تسوده الألفة والمحبة والدفء والتواصل، لكي ينشأ الفرد وهو يتحلى بهذه الصفات ذات الطابع الإنساني الاجتماعي الخاص (العناني، 2000).

والأسرة على هذا الأساس تقوم بالوظائف الأساسية التي تعمل من خلالها على توفير مطالب الفرد الخاصة إلى أن يبلغ الجيل الذي يستطيع معه الاعتناء والاهتمام بنفسه ويكون مسؤولاً عما يقوم به من أعمال وأفعال خلال تفاعله الاجتماعي.

والوظائف التي تقوم بها الأسرة يومياً وبصورة دائمة، لا تتوقف في مرحلة زمنية معينة بل تستمر حتى نهاية العمر، ولكنها تأخذ أشكالاً مختلفةً في المراحل المختلفة حيث أنها تختلف في مرحلة الطفولة المبكرة عنها في المراحل المتأخرة، ولكنها تبقى ذات أهمية كبيرة حتى في هذه المراحل. وهي:

1. <u>التربية الجسدية</u>: ونقصد بها الاهتمام بالطفل وتقدمه الجسدي منذ لحظة الميلاد، وتعتبر هذه الوظيفة من أهم واجبات الأسرة لأنها تحافظ على بقاء الطفل، عن طريق توفير الطعام والشراب والاعتناء بصحته وإكسابه عادات صحية وعادات عامة هامة وضرورية يستعملها في الأكل والملبس تؤدي إلى نمو جسمه بصورة صحيحة وقوية تمكنه من العيش السليم، وتعده وتؤهله للعيش مع الآخرين في المستقبل.
2. <u>التربية العقلية</u>: ويقصد بها أن على الأسرة القيام بواجبها تجاه الطفل وتطور قدراته العقلية بالشكل السليم، حيث يجب عليها الاعتناء بالمؤثرات التي تؤثر على تطور عقل الطفل بصورة سليمة أثناء مرحلة الحمل والتي تعتبر مرحلة

تكوين أساسية تعتمد عليها المراحل اللاحقة، لذا يطلب من الأم الاهتمام والعناية الخاصة بنفسها وبما يدور حولها لأنه يؤثر بصورة مباشرة على تكوين الطفل العقلي والجسمي، فمثلاً تناول العقاقير والمخدرات والسجائر أو التأثيرات النفسية، يكون لها تأثير سلبي على تطور القدرات العقلية للطفل، كما ويبدأ فيها تطور عاطفة الطفل وطباعه وأخلاقه وعاداته، وسلوكه، وهي أخطر مرحلة من مراحل التطور والتكوين، فإذا أهمل الطفل من قبل الأهل في هذه الفترة ولم يُعتَنَ به وبتربيته العقلية الاعتناء الجيد والصحيح فإن ذلك حتماً يؤدي إلى تأخر عقلي، وانخفاض في مستوى الذكاء.

3. التربية الخلقية والاجتماعية: إن التربية الاجتماعية السليمة تعتبر من وظائف الأسرة الأساسية والهامة لأنها تلعب دوراً هاماً في حياة الطفل ومدى تكيفه وتفاعله مع الآخرين والعيش معهم بسلام. لذا يجب على الأسرة أن تقوم بها وتعلم أبناءها من خلال التعامل الصحيح مع الآخرين، وبناء علاقات طيبة مع زملائهم، وتربي فيهم مبدأً أساسياً هاماً يقوم على أن الحياة أخذ وعطاء(تداول بين الناس) وتعامل على أساس من الاحترام المتبادل، والموازنة بين الحقوق والواجبات ومعرفة ما لهم وما عليهم. وأن يعيشوا حياةً أخلاقية تتناسب وتتفق مع قيم وأخلاق مجتمعهم وعاداته.

4. التربية الترويحية: إن هذه الوظيفة الأسرية تعتبر وظيفة أساسية في عمل الأسرة مع أبنائها، حيث يتوجب على الأسرة توفير هذا الجانب لأبنائها لأنها ضرورية للمحافظة عليهم وإبعادهم عن المؤثرات الخارجية التي قد تؤثر علهم سلباً إذا لم يحصلوا عليها بالقدر الكافي. لذا على الأسرة أن تعودهم على التمتع بأوقات فراغهم، والشعور بالسعادة بصورة دائمة، وجعل هذا الجانب جزءاً من الحياة اليومية، مع التفرقة بين اللعب المفيد واللعب غير المفيد، وعدم ترك الأطفال يعملون ما يريدون وفي أي وقت، دون أن يقوم الأهل بالتوجيه والإرشاد والتربية الصحيحة.

5. التربية الدينية: تعتبر هذه الوظيفة الأسرية من أهم الوظائف والواجبات التي يجب القيام بها وبأفضل الطرق والأساليب. حيث يقوم الأهل بتعريف الأبناء بأمور دينهم، والواجبات التي تطلب منهم لأداء العبادات والتقرب إلى الله، والابتعاد عن ما نهى الله ورسوله والعمل بما أمر به من الابتعاد عن الرذائل والمحرمات والإقبال على الأعمال الصالحة.

6. <u>الوظيفة الاقتصادية</u>: وهي وظيفة أساسية ويقصد بها التوفير المادي الذي يؤدي إلى ضمان وتوفير حياة إنسانية اجتماعية كريمة لأفراد الأسرة وإبعادهم عن الحرمان والشعور بالنقص ولكي يتحقق ذلك يجب القيام بالتخطيط الصحيح لإنفاق دخل الأسرة في جوانب حياتية تنفعها. وحتى يكون ذلك ممكن يجب على الأب والأم والأخوة الاشتراك في توفير هذا الدعم المادي حتى يكون بالإمكان تأمين مستقبل الأسرة وأفرادها. لأن هذا الجانب يؤثر على تكتل الأسرة والتي يمكن أن نقول أنها لم تعد كتلةً واحدةً.

7. <u>الوظيفة التعليمية</u>: والتي تقوم بها الأسرة منذ أقدم العصور لأنها تعتبر أساسية في حياة الفرد، حيث كانت الأسرة تقوم بتعليم الأفراد الحرف، والصناعة والزراعة والتدبير المنزلي، البيع والشراء حتى يستطيع الاستمرار في حرفة الأب ويقوم بمساعدة الأسرة على تحمل أعباء الحياة.

وهذه الوظيفة قد تغيرت مع تقدم الزمن وحدوث التعقيدات الاجتماعية التي مصدرها المطالب الزائدة من أفراد المجتمع الذي نطلق عليه المجتمع الحديث.

وما يطلب اليوم من الأسرة هو الاهتمام بالأولاد وتوفير متطلباتهم الخاصة حتى يكون بالإمكان توفير الحاجات الضرورية التي تساعد الطالب على التعلم. ولقد أصبح اليوم من الصعب القيام بالعملية التعليمية دون وجود الأسرة وتدخلها في سير العملية التعليمية التربوية.

8. <u>الوظيفة النفسية</u>: والتي تتمثل بقيام الأسرة بتوفير الدعم النفسي للأبناء، ولقد أصبحت هذه الوظيفة من أهم الوظائف التي تقوم بها الأسرة وتعمل على توفير الراحة النفسية لأبنائها قدر الإمكان(أو إذا استطاعت عمل ذلك) حيث تزودهم بالإحساس والشعور بالأمن والاطمئنان والثقة بالنفس عن طريق قبولهم في الأسرة كأفراد لهم مكانتهم وأهميتهم، وحتى يكون بالإمكان تحقيق ذلك يجب على الأسرة القيام بمناقشة جميع الأفراد حول الصعوبات والمشاكل التي تواجه الأسرة وتواجههم من حين لآخر، لأن هذا ينمي معايير الاستقلال والاعتماد على الذات والعمل على إنجاز الدور الذي يطلب منه.

9. <u>وظيفة الحماية</u>: إن مسؤولية توفير الحماية لجميع الأفراد والأعضاء في الأسرة تقوم على عاتق الأسرة وهي في المقام الأول من الواجبات التي يقوم بها الأب

وتتمثل في الحماية الجسدية، الاقتصادية، والنفسية لأبنائه، والأبناء بدورهم يقومون بهذه الوظيفة عند تقدم الآباء في السن.

وتوفير الحماية كان وما زال من المواضيع الأساسية والضرورية التي تقوم الأسرة بها خصوصاً إذا كان المجتمع في حالة صراع اجتماعي دائم. وما تزال الأسرة تقوم بها لأبنائها بكل الوسائل والطرق والامكانات الموجودة لديهم.

وبالرغم من قيام الأهل بهذه الوظائف بصورة مقبولة في معظم الحالات إلا أنه ينتابهم القلق والتوتر وعدم الراحة النفسية وهم يقومون بمراقبة أبنائهم وما يقومون به من أعمال، والتقدم الذي يحصل لديهم أو التأثيرات السلبية التي تؤثر على مجرى حياتهم. لأن الأهل يعقدون على الأبناء الآمال الكبيرة من اللحظة الأولى التي يولدون فيها، وفي الكثير من الحالات قبلها، أي في فترة الحمل حيث يقومون برسم الصورة الخاصة والمميزة لهم ولمستقبلهم ونجاحهم وتفوقهم...وقيامهم بتطبيق أحدث نظريات التربية والتعليم وعلم النفس عليه، حيث من الممكن أن تكون لذلك نتيجة حسنةً جداً كما يتوقع الأهل...وفي معظم الحالات يشعر الأهل بالراحة والسعادة من تفوق أبنائهم، ومن الممكن أن يصل ذلك إلى حد المفاخرة بالأبناء عندما يحصلون على المرتبة الأولى في تعليمهم. أو إذا حصلوا على معدلات تفوق90%؟وتستمر الأيام وتمضي بصورة متواترة ومتتالية حيث يُفَاجَأ الأهل ويصابوا بالذهول إذا حصل أحد الأبناء على علامات متدنية. أي أن أجراس الخطر تدق عند الأهل ويشعرون بأن القيامة قد قامت ويكون نصيبهم الشعور بالألم والحزن لحدوث هذا التدني في العملية التعليمية والتحصيل؟ونتساءل كيف كان ذلك أو لماذا ومتى؟ أي أن الأهل يستعملون جميع أدوات الاستفهام لعلهم يصلون إلى جواب مقنع.

وتكون النتيجة أن يتوجه الأهل بسرعة إلى المدرسة، للمدير والمعلم لمعرفة السبب وهل ما حصل لكون الابن غبي، وهل هو بليد ولا يرجى أي أمل منه.بالرغم من قيام الأهل في معظم الحالات بتوفير كل ما يستطيعون توفيره له، وكل ما يحتاج إليه!

وفي بعض الأحيان من المحتمل أن يصل الأهل إلى وضع يخجلون فيه من ذكر العلامة التي حصل عليها الابن أمام المعارف والأقارب والأهل ويكتفون بالقول أن وضعه في المدرسة ماشي والحمد لله، وهو غير مكمل في أي موضوع، وفي نفس الوقت يعانون من الألم والحيرة والقلق والتساؤل والضغط على الابن لكي يكون أداؤه أفضل وتحصيله المدرسي العلمي مرتفعاً.

ومما يجدر ذكره أن علاقة الطفل بوالديه علاقة أبدية ولا ترتبط بزمن معين أو بأي ظرف من الظروف، ولا مجال للتخلي عنها بشكل نهائي(إلا في الحالات والظروف التي لا يمكن معها الاستمرار ولا تفيد جميع المحاولات التي تبذل من الطرفين) لأنه مهما ساءت هذه العلاقة بين الطرفين فالأب يبقى هو الأب والأم هي الأم والابن هو الابن والبنـت هي البنت ولا مناص من ذلك (عدس،1999).

ولكن ما يحدث في بعض الأحيان هو قيام بعض الآباء بممارسة سلطته الأبوية بصورة شديدة وصعبة حيث يضغط ويلح على ابنه للعمل المتواصل لزيادة تحصيله ويكون هذا بشكل مبالغ فيه فتأتي النتيجة عكسية، وفي بعض الأحيان لا يكتفي الأب بذلك أو يحاول تفهم ابنه بل يذهب لتعنيفه وتحميله المسؤولية ويردد على مسمع منه قصوره ومقارنته مع إخوته وأصدقائه، مما يحول الابن من تدني الإنجاز إلى التحدي والمكر والخداع فتكون الخسارة مضاعفة.

وبالاعتماد على هذه الوظائف وأنواع التربية الأسرية فإن تنمية الأبناء في الأسرة وتحقيق ذواتهم تكون عن طريق مراعاة الأهل لحاجاتهم الأساسية المختلفة والتي سوف نذكر بعضها في هذا المجال وهي:

1. الحاجة إلى الشعور بالأمان:وهذه الحاجة من الحاجات التي تظهر عند الطفل في المراحل الأولى من حياته خصوصاً بعد الميلاد والطفولة المبكرة حيث يشعر الطفل بالميل الشديد للاستعانة بوالديه من الخطر والألم والبرد والجوع. وجميعها حاجات نفسية من الصعب غلى الآخرين القيام بها ولا يقبلها الطفل من الآخرين بسهولة.
2. الحاجة إلى الحب والحنان المتبادل:وهي أيضاً من الحاجات التي تظهر عند الطفل في مرحلة مبكرة ومنذ الميلاد وتستمر في التطور والأهمية في المراحل الأخرى، التي يشعر فيها الطفل بأنه بحاجة إلى أن يحب ويحب ويكون إشباعهم بالنسبة للطفل محسوساً ويشعر به من جانب الأهل كأن يقوم الوالدان بتقبيله وأن يرد لهم القبلات.أي أن الغذاء العاطفي لا يقل أهميةً عن الغذاء الجسدي حيث هذا يقوي الروح والنفس وهذا يقوي الجسد ويؤدي إلى استمرارية نموه وتطوره.
3. الحاجة إلى تقدير الآخرين:الطفل منذ مرحلة الطفولة المبكرة في جميع الأعمال التي يقوم بها يسعى إلى تحقيق ذاته في المقام الأول حتى يشعر

بأهميته ووجوده، ثم الحصول على تقدير الآخرين وثنائهم على الأشياء التي ينجزها ويستطيع تحقيقها بنفسه وبقواه الشخصية، ويكون ذلك بمثابة تشجيع له على متابعة الأعمال الجيدة التي يقوم بإنجازها وتحقيقها (نصر الله، 1996؛عريفج، 2000؛ناصر، 1989).

يتضح لنا مما سبق أن تربية الأسرة لأبنائها وتوفيرها لاحتياجات الطفل تلعب دوراً أساسياً وهاماً في تكوين شخصية الطفل وتزرع فيه الأسس والمبادئ والعادات والتقاليد المقبولة في المجتمع وعندما يأتي الطفل إلى المدرسة ويترك البيت ويكون مزوداً بهذه المبادئ فإن وظيفة المدرسة في مثل هذا الوضع تركز على هذه الجوانب الصالحة وإذا وجدت جوانب سلبية فإنها تعمل على إبعادها.

إن مثل هذا الوضع يعني وجود تعاون بين المدرسة والأسرة بصورة متواصلة لمصلحة الطفل وجعله عضواً نافعاً في المجتمع الذي يعيش فيه ويضمن له حياة مستقبلية أفضل.

وعلى أي حال هناك عدة حالات تكون الأسرة فيها أحد أسباب تدني الإنجاز عند الطالب مثل:

أولاً- العوامل العاطفية

مما لاشك فيه أن البيت والأسرة التي تعاني من المشاكل الداخلية والاضطرابات العاطفية تؤدي مثل هذه الاضطرابات بالطفل إلى التشويش وعدم الاستقرار في سلوكه، بحيث لا يمكن لمثل هذا الطفل الجلوس داخل الصف هادئاً مطمئناً ويركز مع المعلم في كل ما يعلمه ويستطيع أن يتعلم المادة التي تعلم له، لأنه لا يمكن أن يحدث أي نوع من أنواع التعلم إذا لم يوجد لديه استقرار نفسي، وعدم وجود الألفة والود والحنان بين الزوجين يحدث للطفل الإحباط وتدناً في روحة المعنوية، الأمر الذي يؤدي إلى توقفه عن الجد والاجتهاد وتدني الإنجاز والتحصيل في النهاية (عدس، 1999).

ومن العوامل العاطفية التي تلعب دوراً هاماً في حياة الطفل ومستقبله والتي تقف في المقام الأول من التأثير على مستوى تحصيل الطفل وتقدمه السليم والإيجابي نذكر:

1. الحرمان من الأم...والذي يكون بأنواع وأشكال متعددة منها:

أ- الحرمان من الأم في مرحلة الرضاعة أو منذ الميلاد وحتى الفطام والذي يجب أن يكون بعد العام الأول على أقل تعديل. حيث تلجأ الأم وبجهل إلى عدم إرضاع طفلها اعتقاداً منها بأن قوامها قد يتضرر أي أنها تهتم بنفسها في المقام الأول ولا تهتم بالطفل الرضيع الذي يكون في أمس الحاجة إليها وإلى حليبها حتى يقوى جهاز المناعة لديه وحتى يبدأ بالنمو الجسدي الذي تتوقف عليه مظاهر النمو الأخرى. ولقد أثبت العلم الحديث العكس حيث اتضح من الدراسات والتجارب الطبية في هذا المجال بأن الرضاعة تساعد على عودة جسم المرأة إلى ما كان عليه قبل الحمل والولادة، بالإضافة إلى أن الرضاعة تؤدي إلى خلق جو خاص بين الرضيع والأم قائم على القبول والمحبة والشعور بالأمن والأمان والاطمئنان، مثل هذا الجو لا يمكن وصفه والتعبير عنه بصورة دقيقة من زيادة العطف والحنان والمحبة هذا إذا كانت الأم تقوم به برغبة صادقة وخالية من أي انفعال أو توتر أو إكراه.

ب- الحرمان من الأم نتيجة الطلاق أو المرض أو السجن أو الموت...إن جميع هذه الأسباب تؤدي إلى وجود فراغ عاطفي مؤلم جداً بالنسبة للطفل من الصعب التعويض عنه، لذا فهو يترك لدى الطفل نوعاً من المرارة وعدم إشباع الحاجات الأساسية التي يتوقف عليها استعداده للعمل والإنجاز والذي يكون في العادة متدنياً جداً ويؤثر في جميع جوانب حياته خصوصاً في المراحل الأولى التي تتكون فيها شخصيته وتتكامل ويبدأ ببناء المستقبل والتعلم والتحصيل الدراسي الذي يكون في معظم الحالات متدنياً جداً.

ج- الحرمان من الأم نتيجة العمل...خصوصاً عندما تفرض علينا الحياة ومتطلباتها خروج المرأة إلى العمل وهذا يعني ترك المرأة لوليدها في المراحل الأولى من حياته لفترات زمنية طويلة، مما يؤدي إلى تقليص دور الأسرة. وبالذات الأم في العناية والاهتمام بالطفل وإشباع حاجاته الأساسية التي لا يمكن لأحد إشباعها بصورة تامة مثل الأم. إن مثل هذا الوضع يخلق فراغاً وهوةً عظيمة بين الأم وأولادها، لأن الأولاد في العادة يبحثون عن أمهم قبل البحث عن أي مخلوق آخر ولا يجدونها لأنها منهكة مرهقة متعبة، أو لديها من الأعمال التي يجب أن تنهيها ولا وقت لديها لأطفالها وهذه تعتبر من الحقائق الملموسة في واقعنا في الآونة الأخيرة التي يترتب عليها وجود ظواهر غريبة ومرفوضة

وسلوكيات نؤدي إلى تدني الإنجاز والتحصيل المدرسي ومن الممكن أن تتعدى ذلك إلى انحرافات أخلاقية وسلوكية.

د- الحرمان من الأم نتيجة لتعدد الزوجات...وفي مجتمعنا توجد هذه الظاهرة بنسبة آخذة في الازدياد، ومن الطبيعي أن يكون لها الآثار السلبية على الأولاد والأم واستقرارهم النفسي وقدراتهم على التعلم والإنجاز والتحصيل ليس فقط في مجال التعليم والتعلم بل في جميع مجالات الحياة. لأن الأم تنشغل عن الاهتمام بالأولاد لأنها تعمل جاهدة إلى لفت نظر زوجها أكثر من الأخرى وتستعمل الأطفال كأداة إلى حبك الخدع والحيل وهذا يستغرق منها الوقت الطويل الذي يأتي على حساب الأولاد ومتابعة تقدمهم ونموهم وتطورهم السليم والصحيح ومتابعة دراستهم وذهابهم إلى المدرسة، مما يؤدي إلى تدني التحصيل الدراسي والإنجاز الشخصي لديهم، لأن الطفل ينشغل في مشاكل أمه الأسرية تماماً كما تنشغل هي، الأمر الذي قد يسبب له الانحراف أو الوقوع في أزمات نفسية إضافة إلى تدني التحصيل.

2-<u>غياب الأب</u>

من الجوانب المؤلمة وشديدة التأثير على الأطفال والتي تترك أثراً قوياً على تطور شخصياتهم وتكاملها في الوقت المحدد، وتؤثر على سلوكهم واتجاهاتهم غياب الأب عن الأسرة وقيامه بدوره بالشكل والصورة الصحيحة والمطلوبة، ودور الأب في الطفولة المبكرة بالذات والمراحل اللاحقة مهم وأساسي لأنه يعتبر المثال والرمز الذي يقدره الطفل ويفخر به، وعدم وجوده يترك فراغاً كبيراً من الصعب التغلب عليه، وقد يؤدي إلى الانحراف والشذوذ وبالطبع يكون من الأسباب المباشرة المؤدية إلى تدني الإنجاز التحصيلي المدرسي، وغياب الأب عن الأسرة والأبناء قد يحدث للأسباب التالية:

أ- غياب الأب بسبب سفره نتيجة لظروف عمله، حيث يلجأ بعض الآباء لعدم محاسبة أبنائهم بل يفرطون في تدليلهم والإغداق عليهم بالمال ليكون ذلك تعويضاً عن غيابهم، مما يجعل من العلاقة بين الآباء والأبناء مادية حيث ينتظر الأبناء عودة الأب ليحصل على المبالغ المادية التي يعطيها لهم والهدايا التي يجلبها لهم. وهذا بحد ذاته يؤدي إلى عدم اهتمام الابن بالمدرسة والتعليم لأنه لا يوجد من يحاسبه على ذلك أو يرشده ويقدم له يد العون والمساعدة مما يؤثر على تعلمه وتحصيله الدراسي بصورة مباشرة.

ب- غياب الأب عن البيت والأسرة بسبب الهجر أو الانفصال أو الطلاق الذي قد يحدث في الأسرة ويؤدي إلى تفككها ويدفع الأطفال الثمن غالياً لأنهم يفقدون الأب في معظم الحالات، لأن السائد في مجتمعنا أن يبقى الأطفال مع الأم إذا لم تتزوج من رجل آخر...وهذا بدوره يؤدي إلى شعور الطفل بالنقص نتيجة لغياب والده ويجعله شارد الفكر ولا يستطيع التركيز في المواضيع التي يجب أن يركز فيها، الأمر الذي يدفعه إلى التفكير بنفسه ومشكلاته بصورة دائمة ومتجددة خصوصاً عندما يرى الأطفال الآخرين مع آبائهم أو يحصلون منهم على الحب والحنان والأمان وتلبية جميع مطالبهم وحاجاتهم الشخصية، ومؤكد أن مثل هذا الوضع يؤدي في النهاية إلى تدني إنجازه ويخفض من مستوى تحصيله العلمي.

ج- غياب الأب بسبب تعاطي المخدرات وشرب الكحول. حيث يلجأ مثل هؤلاء الآباء إلى ترك البيت فترات طويلة جداً للسهر مع ندمائهم ومن هم على شاكلتهم حيث يقضون الوقت في اللهو والمجون ويكون كل الوقت مخموراً أو تحت تأثير المخدرات وبحاجة للمال للصرف على إدمانه مما يجعله يتصرف تصرفات مرفوضة مثل قيامه بضرب أولاده أو زوجته على مرأى منهم مما يترك أثراً سلبياً في أنفسهم وتكون نتيجته انشغالهم بأنفسهم وبما يحدث في البيت تدني تحصيلهم التعليمي وتقدمهم العلمي وفي بعض الحالات تسربهم من المدرسة وانحرافهم وشذوذ سلوكهم.

3-المراهقة

المراهقة إحدى مراحل النمو الجسدي والنفسي ذات الحساسية الزائدة والتأثير الانفعالي من كل شيء، يمر بها جميع أبناء البشر ويتأثرون بما يحدث فيها من أحداث سارة وسيئة وما يعتريها من تخبط في التصرف والسلوك المتغير وبحق أطلق عليها مرحلة العواصف وعدم الثبات والتغير الدائم فيها ينتقل الفرد الشاب من مرحلة الطفولة ويدخل في عالم الكبار، حيث عالم النضج والبلوغ، فيصبح عصبي المزاج، يسيطر عليه التوتر والقلق الانفعالي أو التأثر بسبب المحيط الذي يعيش فيه. الأمر الذي يؤدي إلى قلق الأب من وقوع الابن في مشاكل شخصية واجتماعية يومية ودائمة مثل تعاطي المخدرات أو الانتماء إلى رفاق السوء أو الوقوع في مشاكل الجنس وما يترتب عليها من نتائج سلبية(عدس، 1999) كذلك الأمر بالنسبة للبنت حيث تطرأ عليها تغيرات

جسدية واضحة لم تكن من قبل تؤدي إلى المخاوف لديها في البداية وعدم معرفتها لما يحدث فيها.ولأنها تجعلها محط أنظار الشباب ومطاردتهم لها، مما يزيد من خوف الأهل عليها من الانحراف والتأثر بما يحدث حولها من أحداث يكون لها أثرٌ كبيرٌ سلبيٌ وإيجابيٌ على استمرارية تقدمها الشخصي ولأسري والاجتماعي. كل هذا يزيد من تشديد الرقابة عليها مما يكون له أثرٌ بالغٌ على شخصيتها وعلى نفسيتها. أي أن في حالة الشباب والبنات يكون لفترة المراهقة تأثيرٌ كبيرٌ على الشباب المراهقين، يؤدي في نهاية الأمر إلى تدنٍ في الإنجاز والتحصيل المدرسي الذي يؤثر في مستقبلهم وتقدمهم الشخصي والاجتماعي.

ثانياً-الأزمات المالية

تلعب الأوضاع الاقتصادية التي تسود الأسرة دوراً هاماً في حياة أفرادها بحيث تحدد مدى استمرارية الأولاد في التعلم والتقدم خصوصاً أن جميع الأسرة مهددة في الوقوع في أزمات مالية من شأنها تغير مجرى حياة الأسرة تغيراً واضحاً، فمثلاً إذا تعرضت الأسرة إلى أزمة مالية مفاجئة كخسارة لمبالغ مالية بحيث تؤثر على نظام حياتها وعلى مستواها الاقتصادي والاجتماعي.. أي أنها كانت في مستوى من العيش وأصبحت في مستوى آخر، فإن مثل هذا الوضع يترك أثراً نفسياً قوياً جداً على الأفراد ويجعلهم يعيشون في وضع من التوتر وعدم الاستقرار النفسي والتفكير الدائم لما حدث معهم من تغير اقتصادي اجتماعي، ومن الطبيعي أن يؤثر ذلك على الاهتمام بالمدرسة والانتباه إليها وللعملية التعليمية وهذا من شأنه التأثير على مستوى تحصيلهم ويؤدي إلى تدني الإنجاز التعليمي (عدس 1999).

أيضاً في حالات انخفاض دخل الأسرة أو فقرها. مثل هذا الوضع من شأنه أن يؤدي إلى عدم القدرة على تلبية متطلباتها الأساسية والضرورية، وهذا بدوره من الممكن أن يؤدي إلى تفككها، وبالتالي يؤدي إلى عدم قدرة أبنائها على الإنجاز والتحصيل العلمي الأساسي(العناني 2000) أي أنهم يضطرون إلى ترك المدرسة في مراحل مبكرة للعمل ومساعدة الأسرة على توفير متطلبات الحياة أو لأن انخفاض الدخل من الممكن أن يؤدي إلى الانحراف والسير في الطرق المرفوضة اجتماعياً مثل المخدرات ....

ثالثاً: سوء التغذية :

لقد أثبتت الخبرة العملية أن عدم تناول الطالب إفطاره في الصباح يؤثر على قدرته على التفكير بوضوح وصفاء وهذا بدوره يؤثر على قدرته على الوصول إلى مستوى جيد من التحصيل المدرسي والتعليمي، أي يؤدي إلى تدني إنجازه وتقدمه اليومي والنهائي إذا استمر على هذا الحال. والسبب في ذلك يرجع إلى أن الأطفال يخرجون من البيت في الصباح ويذهبون إلى المدرسة والأم ما زالت نائمة. وفي الكثير من الحالات يخرج الطفل من البيت دون تغيير ملابسه ويكون ذلك واضحاً من منظره الخارجي أو من التخلف العقلي.

أيضاً في هذا المجال يلعب الفقر وتدني دخل الأسرة وكثرة عدد أفرادها دوراً كبيراً في مدى توفير التغذية السليمة والكافية لأفراد الأسرة وخصوصاً الأطفال منهم الذين يكونون بحاجة ماسة إلى التغذية الجيدة حتى يكتمل نموهم الجسدي والعقلي النمو الطبيعي الصحيح.

رابعاً - تغير مكان الإقامة

إن تغير مكان الإقامة يؤدي بدوره إلى تغير في العادات والتقاليد وتغير في طرق وأساليب التعامل مع الآخرين حتى يكون بالإمكان العيش معهم، وتغير المثل والقيم ومظاهر الحياة العائلية والمحلية، مما يصعب التكيف معها بسهولة في البداية وخلال وقت قصير وخاصة البيئة المدرسية التي يكون فيها الطالب عرضة للتعامل مع أعداد كبيرة من الطلاب داخل الصف الواحد والمدرسة بشكل عام(عدس 1999) مما يكون له الأثر الواضح على الطالب نفسياً واجتماعياً وتحصيلياً، لأن جميع طاقته الجسدية والنفسية تنصب على التفكير بما يحدث له في المكان الجديد والتعرف على الأفراد فيه بدلاً من صرفها في التركيز على التعلم والتحصيل، صحيح أن ذلك يتبع العائلة فيما بعد حيث تؤدي مساعدة العائلة ودعمها للأولاد إلى التكيف السريع وتعويض النقص والقصور اللذين حدثا للأولاد في المدرسة بسبب تغير مكان الإقامة. ويمكن القول أن هذه الظاهرة موجودة بنسبة لا بأس بها في مجتمعنا العربي الفلسطيني بشكل خاص والمجتمع العربي بشكل عام.

خامساً: ترتيب الأبناء في الأسرة

لترتيب الأبناء داخل الأسرة أهمية كبيرة على نمو وتطور الطفل منذ مرحلة الطفولة المبكرة، حيث تؤثر المعاملة الأسرية التي تحدث بين الأهل أو من الأهل للابن على تطور شخصيته وقدراته العقلية وما سيكون عليه في المستقبل، فمثلاً:

1. <u>الابن الأول والبكر</u>

له المنزلة الخاصة عند الأهل لأنهم ينتظرونه ويرون فيه أنفسهم ويجعلهم يشعرون أنهم مثل الآخرين يستطيعون الإنجاب الكامل الذي سوف يكون امتدادهم الطبيعي المحافظ على اسم الأهل والعائلة. وهو حقل تجارب للأبوين وتعقد عليه الآمال والتوقعات، وقد يطلب منه أكثر من طاقاته ومما يستطيع القيام به الأمر الذي يؤدي إلى نتائج عكسية في الكثير من الحالات حيث يكون إنجازه متدنياً وتحصيله العلمي ضعيفاً نتيجة للصراع الذي يحدث معه بسبب طفولته وما هو مطلوب منه.

2. <u>الابن الأصغر</u>

له بعض المزايا حيث ينال من الدلال أكثر من إخوته في الكثير من الحالات، مما يؤدي إلى ضعف اعتماده على نفسه لأنه يحصل على كل شيء دون صعوبة أو عناء، الأمر الذي يترتب عليه ضعفه التعليمي وضعف شخصيته، أو قد يكون عرضة لتسلط الأبوين والأخوة الكبار ويستغل للقيام بالأعمال المختلفة التي يطلبونها. وفي جميع الحالات يؤدي مثل هذا التعامل معه إلى تدني إنجازه وتحصيله التعليمي وتطوره الاجتماعي.

3. <u>الابن الأوسط</u>

لدى معظم الأسر يكون الابن الأوسط على الهامش حيث يكون الابن الكبير مسانداً لوالديه والصغير ينال الدلال والرعاية أما الابن الأوسط فيمكن اعتباره ضائعاً بين الطرفين فتراه يكبر ويتطور منذ بدايته معتمداً على نفسه وقدراته ويأخذ حقه بيده مما يسبب بعض الإزعاج والتوتر للأهل مما يضطرهم إلى معاملته معاملة خاصة تؤثر على مستوى تحصيله التعليمي إيجاباً أو سلباً، إيجاباً لأنه يحاول إثبات وجوده وقدراته وأنه أفضل من

الآخرين وسلباً لأنه يكون مشغولاً في الحصول على اهتمام الأهل ومحبتهم مثل إخوته الآخرين.

4. **الابن الوحيد**

يكون دائماً مركز اهتمام الأسرة بشكل واضح ويعامل معاملة خاصة تأتي على حساب أفراد الأسرة جميعهم، ويتوقع من الآخرين منحه نفس الاهتمام والعناية وتلبية جميع الحاجات والطلبات، خاصة أقرانه والمعلم المربي الذي يكون باتصال دائم ومستمر معه، وقد لا يحصل على ذلك - فيؤدي إلى استيائه وشعوره بخيبة الأمل والإهمال مما يؤثر بصورة مباشرة على قدراته وتحصيله التعليمي ويجعل إنجازه متدنياً جداً لانشغاله بنفسه وما يحدث معه من أحداث، وقد يكون الوحيد بين بنات في الأسرة مما يجعله في الكثير من الحالات يتطبع بطباعهن هذا بالإضافة إلى كونه مفضلاً عليهن وجمعيهن يعملن على تلبية حاجاته ورغباته. أو من الممكن أن تكون بنت وحيدة بين الذكور في الأسرة حيث تحاول تقليدهم والقيام بالأعمال التي يعملونها، وفي هاتين الحالتين يكون إلغاء لكينونتهم والتشبه بالآخرين مما يقلل من تقديره لذاته وبالتالي يتدنى إنجازه بصورة عامة وإنجازه التعليمي بصورة خاصة.

5. **البنت**

ما زالت نسبة عالية من العائلات في المجتمع تفضل الولد على البنت لذا نراها تشعر بالأسى والحزن والرفض عندما تولد لها بنت وتزداد هذه المشاعر وتكبر كلما ولد بنت جديدة في الأسرة وفي الكثير من الحالات ويؤدي إنجاب البنات إلى المشاكل الأسرية الصعبة التي قد تصل إلى التفكك الأسري والطلاق. وطريقة تربيتنا لها تجعلنا نفرض عليها القيود الصارمة أكثر من الذكر. وكل هذا يؤدي بدوره إلى تدني إنجازها العلمي أو تسربها من المدرسة إن لم يكن حرمانها من الاستمرار في التعلم لخوص عليها أو لقناعة الأسرة بعدم أهميته مثل هذا التعليم(العناني 2000؛ عدس، 1999؛ نصر الله 2000).

سادساً – أنماط الأسرة

إن نمط الأسرة وأسلوب تعاملها وتربيتها للأبناء يلعب دوراً هاماً وأساسياً في زيادة التحصيل المدرسي للطالب أو تربيته.ففي الأسرة النووية من الممكن أن يتاح للطالب أخذ الوقت الكافي من الرعاية والاهتمام الأسري في جميع مجالات الحياة وخصوصاً التطور والنمو الجسدي والعقلي والانفعالي والتحصيل العلمي، أما بالنسبة للأسرة الممتدة والتي يعيش فيها أكثر من جيل فإن فرص إعطاء الاهتمام للطفل تكون أقل بكثير، بالرغم من إمكانية التطور اللغوي السريع فيها وبالتالي تؤدي إلى تدني إنجازه بسبب الإهمال وعدم إعطاء العناية المباشرة والقيام بتلبية الحاجات الشخصية الجسدية والنفسية، هذا بالإضافة إلى تأثير المشاكل الأسرية التي تحدث في الكثير من الأحيان لأتفه الأسباب.

ومما يجدر ذكره أن تدني الإنجاز المدرسي الذي نتحدث عنه قد لا يكون في جميع المواضيع المدرسية، ولا بنفس الدرجة ولا يستمر طوال المرحلة الدراسية. وقد يكون تدنياً تاماً وغير قابل للتغيير لعمق الأسباب التي تؤدي إليه وشدتها بحيث لا تترك مجالاً أمام الطالب للتغلب عليها.

فمثلاً بعض الطلاب قد يتدنى إنجازه في الرياضيات، أو اللغة العربية أو العلوم... ومنهم من يظهر تدني الإنجاز التعليمي عنده في المرحلة الابتدائية الأولى أو المرحلة الابتدائية الثانية أو الإعدادية أو الثانوية أو حتى مرحلة الدراسات العليا حيث يؤدي الانتقال إلى صداقات جديدة، ومواجهة مسؤوليات تجاه نفسه وغيره ويتطلع إلى أهداف بعيدة المدى ويزداد طموحه فيما يخص مستقبله المهني (عدس 1999) والطلاب متدنو الإنجاز التعليمي هم عبارة عن مجموعة من الأفراد الذين لا يجمع بينهم في الغالب أي جامع (إلا في الحالات النادرة) ولا يشكلون مجموعة متجانسة لأنهم يظهرون في كل مكان على أشكال وأعداد مختلفة، فقط الأسباب من الممكن أن تتشابه فيما بينهم وتؤدي إلى نفس النتيجة.

خصائص متدني الإنجاز

من الصعب جداً وغير الممكن أن يتوفر في الطلاب أو الأفراد الذين يتصفون بالضعف وعدم القدرة على الإنجاز العالي، وفي معظم الحالات يكون إنجازهم وتحصيلهم المدرسي التعليمي متدنياً، مثلهم لا يوجد لديهم صفتان متناقضتان في نفس الوقت، لأنه كما قلنا سابقاً لا يشكلون مجموعة متجانسة وهم من جميع الفئات، ومن أهم خصائصهم الآتية:

1. يكونون في معظم الحالات متساهلين في كل شيء حتى في الأمور الأساسية والضرورية بالنسبة لهم.

2. يقفون في جميع الحالات موقف المدافع عن أنفسهم وعما يقومون به من أعمال بسبب عدم الثقة بالنفس والقدرة على الإنجاز والعمل.

3. هؤلاء الأفراد من صفاتهم البارزة في معظم الحالات أنهم منقادون للغير ولا توجد لديهم روح المبادرة الذاتية والاعتماد على أنفسهم.

4. إمكانية استفزازهم سهلة جداً، لذا فهم يثورون في وجه الآخرين بسرعة. ويكون التغير لديهم سريعاً، حيث أنهم يتحولون من وضع لآخر بأبسط وأسرع ما يكون.

5. عدوانيين سلبيين وغريبي الأطوار ويبدو عليهم الاستياء والضجر بسرعة وهذا يعني عدم الثبات في الأعمال التي يقومون بها.

6. يهتمون بما حولهم وبغيرهم أكثر مما يهتمون بشؤونهم الخاصة.

7. يكبتون عواطفهم ومشاعرهم حتى لا يظهروا بمظهر الضعفاء.

8. يبدو عليهم الحزن والتشاؤم والقلق الزائد والتوتر لأبسط الأسباب.

9. كثرة الشك والريبة ومفكرون ومتأملون في نفس الوقت (عدس، 1999؛ نصر الله 2000).

تدني الإنجاز المدرسي وعلاجه

إن مشكلة الإنجاز والتحصيل المدرسي لدى الكثير من الطلاب تتطلب منا التفكير الجاد لإيجاد حل لها لأن تأثيرها يكون على المستوى الفردي والجماعي ويترك أثراً كبيراً في مكانة الفرد داخل المجتمع والبيئة التي يعيش فيها. وحل مثل هذه المشكلة يكمن في وجود الحافز على العمل، ووجود الدافعية له بغض النظر عن الجنس أو العائلة أو الدين أو المكان المحيط الذي يعيش فيه الطالب، أو المدرسة التي يتعلم فيها، المهم أن يأخذ جميع المحيطين بالفرد والذين لهم علاقة مباشرة معه، الأمر بالاهتمام والجدية المناسبة بالتعاون فيما بينهم على دفع الطالب إلى الأمام والوقوف إلى جانبه خلال هذه المرحلة التي تعتبر حرجة بالنسبة له وتحدد ما سيكون عليه في المستقبل.

ويتضمن الحافز على العمل أربعة عناصر هامة وأساسية هي:

1. **الفكرة**: وهي الهدف أو الصورة الذهنية التي يضعها أو يكونها الطالب لنفسه بالنسبة لما يتعلمه أو يعلمه وكيف تتواءم مع العالم الذي يعيش أو يتواجد فيه ويتكيف معه... وعدم وجود هدف خاص عند الطالب يؤدي إلى التشتت والفساد والانحراف وهذا بطبيعته يلحق به الضرر في حياته المدرسية... بينما يكون الوضع على العكس من ذلك حيث وجود الصورة الواضحة في ذهنه تساعده على الإفصاح عنها بكل فصاحة وبيان.

2. **الالتزام**: بعد وضوح الصورة أمام الطالب يأتي دور الالتزام الذي يجعل صاحبه يقف في وجه المغريات والضغوط التي قد يتعرض لها من زملائه أو المحيط الذي يعيش فيه، خصوصاً المغريات المادية والانفعالية.

3. **التخطيط**: الطالب التي تتوفر لديه الصورة الواضحة والالتزام نحوها فإن هذا يعني وجود خطة لديه مفصلة وثابتة للعمل تتصف بالواقعية وتتضمن الخطوات العملية التي يجب السير عليها.

4. **المتابعة**: في هذه المرحلة علينا إلحاق القول بالعمل التنفيذي الذي نسعى إليه من خلال القيام بجميع هذه الخطوات (عدس، 1999).

من ناحية أخرى على الأهل أخذ الموضوع بعين الاعتبار والاهتمام والسير حسب خطوات وأساليب عمل مناسبة وصحيحة حتى يكون بالإمكان التغلب على مشاكل تدني الإنجاز والتحصيل لأنها من المحتمل أن تكون مؤقتة تزول بزوال مسبباتها، وهذا يعني أن بإمكانهم الأخذ بيد الأبناء وتجاوزها، وهي:

1. على الآباء التذكر أنهم آباء ولا يوجد للأبناء غيرهم وهم ليسوا أطباء أو معالجين....

2. على الآباء اصطحاب الأبناء مع العائلة للرحلات الخاصة أيام العطل، والتي تكون خالية من عمل الواجبات المدرسية، أو المحادثات عن المدرسة وواجباتها، لأن لكل حادث حديثاً.

3. يجب أن يكون وقت للراحة والهدوء خلال الأسبوع وخلال النهار حتى يكون بالإمكان عمل التوازن بين العمل والترويح عن النفس.

4. يجب أن يتذكر الآباء بأن الابن لن يبقى طول عمره في المدرسة ولكنه سوف يبقى طول عمره ابنهم والآباء سيبقون طول العمر آباءهم.

5. يجب على الآباء السير مع التيار وليس ضده... فلا نضيع ما يمكن القيام به في طلب عمل المستحيل أو ما لا يستطيع الطالب عمله لأنه لا يملك القدرات لذلك. وما يمكن الآباء عمله هو تعزيز الشعور بالمسؤولية تجاه أنفسهم وتجاه الآخرين.

6. على الأهل التحدث عن النجاح الذي توصل إليه الابن مهما كان بسيطاً لكي نترك أثراً فعالاً في نفسه.

7. يجب أن نصغي للابن ونعطيه الاهتمام اللازم والكافي. ونشجعه على القيام بالأعمال التي من شأنها رفع مستوى تحصيله.

8. يجب إعطاء الابن الثقة وإشعاره بذلك حتى يكون بمقدوره إبراز كيانه وشخصيته والشعور بقيمته وقدره في مجتمعه.

9. يجب أن لا نطلب من الابن الوصول إلى الكمال لأننا بشر ولا نستطيع ذلك.

10. يجب أن يكون حديثنا معه قائماً على المناقشة والمحاورة وبعيداً عن التسلط والقهر لأن ذلك لا يؤدي إلى وصول المعلومات والمعرفة والحكمة إليه (عدس،2000، نصر الله؛ 2000).

وعليه فإن مشكلة تدني الإنجاز والتحصيل المدرسي هي من المشاكل المعقدة نتيجة لتداخل وتفاعل عدة أبعاد فيها، ولكن بالإمكان معالجتها إذا تضافرت الجهود بين العناصر الثلاثة الأساسية التي لها علاقة مباشرة وهي المدرسة-البيت-الطالب والذين هم أعمدة الإنجاز المدرسي التحصيلي العالي أو المتدني... حيث أن المدرسة هي المؤسسة التعليمية الرسمية القائمة على الأنظمة والقوانين، والبيت هو المؤسسة التعليمية الأولى التي تعمل على تعليم العادات والقيم والاتجاهات والخطوات التعليمية الأولى للفرد ولكنها غير رسمية ومع ذلك فهي الأساس في اتجاهات الفرد وسلوكه. والطالب هو حلقة الوصل بين هاتين المؤسستين وإن أي خلل بأي نتيجة سلبية يكون ضحيتها الطالب حيث ينعكس عليه عن طريق تدنٍ في إنجازه المدرسي وتحصيله العلمي، وأنا على ثقة تامة أنه ليس هناك طفل أو طالب ضعيف ولا رجاء منه (إلا

ضعاف العقول الذين تكون قدراتهم محدودة أو لا يستطيعون إنجاز أي شيء) وكل ما هو مطلوب إعطاء الطفل حقه من الاهتمام والرعاية والفرصة المناسبة للقيام بما يطلب منه من إنجاز أو عمل فالأطفال الضعفاء كانوا مهملين في البيت واستمرار الإهمال في المدرسة، لأن المعلم لم يستطع الوصول إلى الطالب والتعرف على مشاكله عن قرب، والتي من المؤكد يؤدي تشجيعها ومعرفتها والعمل على أساس هذه المعرفة والتشخيص الذي تقوم به بالنسبة للطالب إلى تغير جذري لدى الطالب من حيث قدراته وتعامله وتحصيله التعليمي، لأنه يجب علينا أن نتذكر دائماً أن الطفل يولد كالصفحة البيضاء يتأثر بما نخطه ونمليه عليه نحن الكبار، أي أننا نحن الذين نحدد له ما سيكون عليه في المستقبل وذلك عن طريق ما نقوم به من أعمال أمامه أو معه في مراحل حياته المختلفة، أي بمقدور الأسرة والمدرسة أن تجعل من الطفل ناجحاً جداً وله مكانته الاجتماعية أو فاشلاً جداً منحرفاً ولا فائدة ترجى منه. ويرجع سبب تدني إنجازه وتحصيله المدرسي إلى عجزنا عن فهمه أو عدم تلبية ميوله وحاجاته أو عدم إشباعها أو إتاحة الفرصة المناسبة لإثبات نفسه أو أن المناهج لا تشبع تلك الميول عنده لأنها لا تفي بمتطلبات الواقع الذي يعيش فيه ولا تواكب التطور العلمي والتكنولوجي... أو نتيجة مباشرة للظروف التي نمر بها والتي تنعكس على الطفل مثل الظروف الأسرية والاجتماعية والبيئية والاقتصادية والسياسية وهموم الحياة اليومية التي تضع الجميع في ضغوطات وتوترات نفسية مؤثرة جداً على الأطفال الذين من المؤكد أن لا يجدوا أي منفذ للخرج منها، وتعبر عن رفضهم أو احتجاجهم وعدم قبولهم إلا بتدني إنجازهم وتحصيلهم المدرسي عن قصد أو بدون قصد. لأن الطفل يعي، ويقدر، ويحس ويشعر في الكثير من الأحيان أكثر من الكبار، لذا يأتي رد فعله لما يحدث معه بطرق مختلفة مثل العصيان أو التمرد والعناد أو عدم الاهتمام بدروسه والذي يؤدي إلى تدني الإنجاز والتحصيل المدرسي، الذي من الممكن أن يكون مؤقتاً أو دائماً ولا يمكن التغلب عليه.

الفصل الثالث

أثر الأسرة في التحصيل المدرسي للطفل

يبقى الطفل متأثراً منذ مرحلة الطفولة المبكرة وما يحدث فيها من أحداث، بالقيم والدوافع والاتجاهات التي تتبناها وتتعامل معها الأسرة التي ينتمي إليها حتى يصل إلى بداية مرحلة المراهقة والتي تتغير فيها جوانب كثيرة لدى المراهق حيث ينتقل التأثير الذي نتحدث عنه من الكبار إلى جماعة الرفاق التي تبدأ لعب دور أساسي في حياة المراهق واتجاهاته وميوله ورغباته. وأهم ما يتضح فيه تأثير الأسرة على سلوك الطفل في هذه المرحلة، التحصيل الدراسي والإنجاز الدراسي والإنجاز المدرسي الذي يحدد ما سيكون عليه هذا الطفل في المستقبل. ولقد أبرزت هذه الحقيقة دراسات متعددة، فمثلاً في بحث أجراه كولمان (لدى إسماعيل) (Coleman 1966) في الولايات المتحدة الأمريكية والذي ضم ستمائة ألف طفل، توصل إلى نتائج وحقائق لا مجال للشك فيها، والتي تقول أن البيئة المنزلية، بالإضافة إلى المستوى التعليمي للوالدين ودخلهما المادي والاقتصادي، كان لها الأثر الأكبر على التحصيل المدرسي لهؤلاء الأطفال. ويأتي بعد ذلك في الأهمية ما تتميز به المدرسة من خصائص ومميزات ولقد اتضح من البيانات التي جاء بها كولمان، أنه إذا كان المنزل سنداً ودعماً قوياً للطفل، فإن مثل هذا المنزل يستطيع أن يعوض الخلل المدرسي الذي يؤثر على تحصيل الطفل خصوصاً من جانب النظام والقوانين المدرسية.

والتحدث عن البيئة المدرسية التي تعتبر مجالا أساسيا مؤثرا في التحصيل المدرسي للطفل فإن مثل هذا الحديث يتضمن عوامل متعددة، والتي ذكرنا منها المستوى التعليمي للوالدان والمستوى الاقتصادي الاجتماعي لهما، والعامل الآخر هو نوع الشخصية التي يتميز بها الوالدان والتي لها تأثير خاص وكبير جداً. أما البحث الذي قام به بيترسون وبيكر وهملر وشوميكر وكواي (لدى إسماعيل، 1989)

(Peterson, Beaker, Hellmer, Shoemake and Quay 1959) يؤكد على أنه اتضح من مقارنة مجموعتين من الأسر، حيث كان أطفال الأسرة الأولى مشاغبين، أما الثانية فكان أطفالها متوافقين، أن آباء الأطفال في المجموعة الأولى كانوا يتميزون بأنهم أقل

ديمقراطية وأسوأ توافقاً ويعانون بشكل جدي من مشكلات الضبط لسلوك أبنائهم وتصرفاتهم اليومية في المواقف المختلفة.

أما الآباء في المجموعة الثانية فكانوا على العكس من ذلك حيث لم توجد لديهم أي مشكلة من مشاكل ضبط سلوك أبنائهم وتصرفاتهم اليومية في المواقف المختلفة. هذا بالنسبة للوالدين معاً. أما فيما يخص الآباء وحدهم فقد وجد أن آباء المجموعة الأولى يتميزون بقلة الاهتمام بأطفالهم ويعاملونهم بطريقة تسلط وسيطرة، وفي نفس الوقت هم أقل حزماً في مواجهة المشاكل السلوكية التي تصدر عن أبنائهم، بالإضافة إلى كونهم يميلون ليكونوا إما منظمين بشكل متسم بالجمود والنشاط الزائد، أو على العكس، حيث يكونون غير منظمين وبحاجة إلى الدافع القوي الذي يساعدهم في تسيير أمورهم.

وتعتبر هذه النتيجة على درجة كبيرة من الأهمية لأنها تزيل الشكوك التي قد تثار أحيانا بالنسبة لقيمة وأهمية دور الآباء في تشكيل سلوك الأبناء في هذه المرحلة. (إسماعيل 1989) بالمقابل يوجد ما يؤكد على القيمة والأهمية الكبرى لدور الأمهات في التحصيل المدرسي للأطفال. فقد أثبتت الأبحاث التي قام بها هيليادر، وروث (Hilliard and Roth 1969) أن هناك فروقاً كبيرة بين أمهات الأطفال ضعيفي التحصيل وأمهات الأطفال مرتفعي التحصيل. حيث كانت أمهات الأطفال مرتفعي التحصيل أكثر تقبلاً لهم ويتعاملن معهم بأسلوب جيد ومشجع، أما أمهات الأطفال منخفضي التحصيل فكُنَّ أكثر رفضاً وكان هؤلاء الأطفال يشعرون بذلك الرفض، وغالباً ما تكون استجابتهم له بمثابة خلق الأزمات التي قد تتمثل في التوجه إلى الأعمال المخلة بالقانون مثل النشل والسرقة في المدرسة وخارجها بهدف جذب انتباه أمهاتهم إليهم والاهتمام بهم وتلبية حاجاتهم الجسدية والنفسية التي أهملت بسبب رفض الأمهات لهم.

وإذا كان الانحراف والسرقة يؤديان إلى جذب الانتباه والاهتمام، وفي نفس الوقت لا يؤدي النجاح إلى ذلك، فإن الطفل من المؤكد أن يأخذ انطباعاً ومفهوماً ذاتياً على أنه فاشل ولا فائدة ترجى منه. ولكن وبالرغم من ذلك يبقى الدافع الأولي لتحقيق الكفاءة موجوداً ولا يمكن إزالته، لأنه يعتبر المحور الأساسي الذي تدور حوله عملية النمو العام للطفل منذ اللحظة الأولى للميلاد.

وعليه فإننا نجد أن طفل هذه المرحلة من الممكن أن لا يستطيع تحقيق نجاحاً في المدرسة فيما بعد، لذا فهو يسعى جاهداً لتحقيق النجاح وإتقان أي مهارة جديدة

يستطيع من خلالها كسب تقديره لذاته، وفي بعض الحالات تقدير الآخرين له خصوصاً من يهمهم أمره أو يهمه أمرهم.

من ناحية أخرى فإن المستوى الاقتصادي الاجتماعي يعتبر أحد العوامل التي يتضمنها الجو المنزلي الأسري من حيث التأثير في التحصيل المدرسي للطفل في هذه المرحلة.

فمن الحقائق الثابتة في هذا المجال أن ارتفاع مستوى التعليم وتوفر الوقت وزيادة الدخل يساعد الوالدين ويمكنهم من توفير اللعب والمواقف التعليمية لطفلهما أكثر من غيرهم، وخاصة بالنسبة لما يتصل منها بتكنولوجيا التعليم مثل الكمبيوتر والوسائل الأخرى التي تساعد على سهولة العملية التعليمية والنجاح فيها في معظم الحالات.

وبالإضافة إلى المستوى الاجتماعي الاقتصادي المرتفع فإن استعمال اللغة واستخدامها مع الأطفال لنقل أوامر الوالدين ورغباتهم يعتبر من العوامل المهمة التي تساعد على النجاح في التعليم ورفع مستوى التحصيل المدرسي بصورة ملحوظة، لأن الكلمة لها سحر وفاعلية كبيرة جداً تؤثر في الاتجاهين. ومن الجوانب التي كانت واضحة في مجال تأثير الوالدين على تحصيل الطفل اتضح أن الآباء يختلفون من حيث الطريقة أو الأساليب التي يستخدمونها في ضبط أطفالهم باختلاف فئاتهم الثقافية. فعندما ينتمي الآباء إلى فئات ثقافية (اجتماعية واقتصادية) متدنية، فإنهم يعتمدون أساساً على الإشارات وتعبيرات الوجه والتغيير في نبرات الصوت وما إلى ذلك، ونجد أن الآباء الذين ينتمون إلى فئات اقتصادية، اجتماعية مرتفعة المستوى يستخدمون اللغة بصورة أكثر وضوحاً واستفادة ودقة، حيث يعتمدون على استعمال الجمل التي يكون تركيبها اللغوي أكثر تعقيداً، ويكون الحديث المستعمل شخصياً وموجهاً إلى كل فرد على حدة وليس بطريقة جماعية أو عن طريق استعمال جمل قصيرة متكررة كما يفعل الآباء من الفئات الأقل حظاً من الناحية الاجتماعية الاقتصادية أي الذين يكون مستواهم الاقتصادي والاجتماعي متدنياً. ولقد رأى بعض الباحثين (Bernstein 1965) أن مثل هذه الفروق تؤثر على نمو المهارات اللغوية الأساسية فيما بعد.

وبما أن جميع المعلومات التي يتلقاها الطفل في المدرسة منذ اللحظة الأولى تعتمد على اللغة والمهارات اللغوية الموجودة لديه وفهمه لما يقال من قبل المعلم والطلاب، لذا فإنه من المتوقع أن نجد فروقاً واضحة في التحصيل الدراسي بين أطفال هاتين الفئتين المختلفتين.

أيضاً يلعب طموح الوالدين دوراً هاماً فيما يخص مستقبل أطفالهم. ذلك أن الطموح يؤلف بعداً جوهرياً من أبعاد الجو الاجتماعي النفسي الذي يحيط بالطفل. ومن الممكن أن يكون هذا البعد هو أهمها جميعاً.

وقد أثبتت الدراسة التي أجراها إسماعيل، إبراهيم ومنصور(1974) أن المطالب التي تفرضها الأسرة على الطفل وموقف الوالدين منه، فيما يخص الجوانب التعليمية التي يجب أن تصل إليه أو المهنة التي يريد الحصول عليها يختلف باختلاف الفئة الاجتماعية والاقتصادية التي تنتمي إليها الأسرة. فالوالدان من الفئات المتعلمة ذات الدخل المتوسط، يظهران القلق على مستقبل الأطفال بصورة واضحة وأكبر بكثير من القلق والتوتر الذي يظهر على الوالدين من الفئات الأقل حظاً ودخلاً. مما يجعلهم يتميزون عن الوالدين الآخرين وكأنهم مهملون في هذا المجال.

ومما يجب ذكره أن الآباء من ذوي الدخل المحدود يتميزون بالتواضع في طموحاتهم فيما يخص مستقبل أطفالهم، فإن مثل هؤلاء الأطفال يمثلون الأغلبية العظمى من أطفال المرحلة الأولى في المدرسة، إن هذه الحقائق قد تفسر لنا ما يلاحظ من انخفاض في مستوى التحصيل المدرسي والذي يعتبر انخفاضاً غير عادي بين أطفال هذه المرحلة، هذا بالإضافة إلى التسرب والعودة إلى الأمية بصورة واضحة بعد انتهاء هذه المرحلة وبالانتقال إلى المرحلة الابتدائية الثانية (إسماعيل، 1989).

أي أن الفشل الذي يحدث للطفل في هذه المرحلة في التحصيل الدراسي أو الإنجاز بصورة عامة، لا يتوقف أثره على الموقف الذي فشل فيه فحسب، بل يؤثر ذلك على مفهوم الطفل من ذاته بشكل عام. لذلك فإننا نرى أن رعاية الطفل في هذه المرحلة يجب أن تأخذ في الاعتبار، بالإضافة إلى حماية الطفل من الوقوع في خبرات الفشل، أو يجب أن لا يقتصر على الوقاية وحدها بل يجب أن يتعدى ذلك إلى اتجاه إيجابي وبناء يهدف إلى تكوين مفهوم الطفل من ذاته وقدراته وأنه يستطيع أن يحقق له احترامه ومكانته وكيانه المعترف به بين الكبار مثلما هو بين زملائه أو رفاق اللعب.

وفي هذه المرحلة يكون للأسرة تأثيرٌ قويٌ في تنمية اعتبار الذات عند الأطفال لأنها هي التي ينشأ فيها الطفل ويعيش معها، وهي التي تنمي لديه الاتجاهات والميول والرغبات والقدرات، فكيفما تقوم بدورها الاجتماعي يكون لذلك تأثيرٌ على تطور الفرد وعلى شخصيته. ولقد أجرى "ستانلي كوبر سميث" (Stanley cooper smith 1967) بحثاً على 85 طفلاً في المرحلة الابتدائية الثانية الصف الخامس والسادس. وبالاعتماد على اختبارات معينة استطاع أن يقسم الأطفال إلى مجموعتين الأولى يتمتع أفرادها بتقدير

مرتفع للذات، أما الثانية فكانت على عكس ذلك حيث كان تقديرها لذاتها منخفضاً. واتضح بصورة قاطعة أن آباء الأطفال ذوي التقدير العالي للذات، تربطهم بأطفالهم علاقة تتصف بالصفات الآتية:

1. التقبل التام لأطفالهم في جميع الحاجات والأوضاع.

2. إقامة حدود واضحة لسلوك أطفالهم وما يصدر عنهم من أفعال وتصرفات.

3. الإصرار على فرض هذه الحدود، حتى ولو سمح في داخلها بحرية التعبير وبدرجة من الابتعاد عن السلوك التقليدي، أكثر مما تسمح به العائلات التي ينتمي إليها الأطفال من المجموعة الأخرى.

ومن الواضح أن وضع حدود واقعية لما يجب أن يلتزم به الأطفال يساعد على إزالة الغموض عند الطفل ويقلل بالتالي من فرص السرقة والنشل غير المقصود في الالتزام بمعايير الوالدين.

أما إذا كانت المعايير غير واضحة فإن ذلك يؤدي إلى وقوف الأطفال في مواقف لا يعرفون فيه ما الذي يطلب منهم، وبالتالي لا يستطيعون القيام بأعمالهم ومطالبهم الشخصية. أما إذا كانت هذه المعايير واضحة فإن هذا يساعدهم على اكتساب الإحساس بالكفاءة، أيضاً تؤدي المعايير المحددة التي نفرضها بإصرار، إلى جعل الطفل يشعر بالأمان والثقة من أن الوالدين لن يغيرا رأيهما دون توقع، أي أن الطفل في مثل هذه الحالة لن يكون قلقاً بالنسبة لما يمكن أن يحدث له.

ويشبه أسلوب معاملة الوالدين الذي اتضح في بحوث كوبر فيليد، الأسلوب الذي خرجت به بوميرند في الأبحاث التي قامت بها (Baumrnd,1967,71) والذي أطلقت عليه اسم أسلوب"الحزم" (Authoritative). ولقد وجدت بومريند أن الآباء الذين يتصفون بالحزم أكثر من غيرهم، كان أبناؤهم يتميزون بالكفاءة والاستقلالية في فترة ما قبل المدرسة. إن الآباء الحازمين يفرضون القواعد بثبات ويطلبون من أطفالهم مستوى عالياً من التحصيل، إلا أنهم يمتازون بالدفء العاطفي والمعقولية ويتقبلون أسئلة أطفالهم وتعليقاتهم. هذا بالإضافة إلى أن هؤلاء الآباء والأمهات يثقون بأنفسهم وبما يقومون به من أعمال.

وفي أبحاث كوبر فيلد وجدت علاقة كبيرة بين درجة احترام الطفل لذاته واحترام الوالدين لذواتهم فقد وجد معامل ارتباط مرتفع بين احترام الأطفال لذواتهم واحترام الوالدين لذواتهم.

أما في حالة شعور الطفل بالنقص فقد وجد أن البداية تكون عن طريق الوالدين اللذين يعاملان طفلهما معاملة تقوم على الرفض والابتعاد والأتوقراطية. أي أن الوالدين اللذين يتصفان بالتسامح الزائد عن الحد قد يكونان فعلاً متباعدين وغير مكترثين، إلا عندما تنشأ مشكلة، قد تؤدي إلى عقابهما الطفل بشدة لمخالفته للقواعد التي لم يصنعاها أصلاً. في مثل هذه الحالة التي يكون فيها الطفل واثقاً بما يتوقعه من الوالدين،هذا يؤدي به إلى عدم القدرة على التنبؤ بما يمكن أن يحدث في المستقبل، مثل هذا الوضع يجعله يشعر بالغباء وانعدام الحيلة والقدرة على التصرف.

أ. العوامل الاجتماعية وتأثيرها على التحصيل الدراسي

1. عوامل ترجع إلى المنزل(الأسرة)

لقد أكد الكثير من الباحثين على أن التأخر الدراسي يرجع في أغلب الأحيان إلى عوامل اجتماعية وثقافية، وهذا ما أثبتته الدراسات التي أجريت في هذا المجال.حيث اتضح أنه من المعروف والمؤكد أن الظروف التي تحيط بالطالب تؤثر تأثيراً مباشراً على تحصيله الدراسي، فمثلاً سوء التوافق الأسري الذي يحدث نتيجة لاضطراب العلاقات بين الوالدين أو انفصالهما، تجعل الجو المنزلي صعباً ومتوتراً وغير ملائم للعمل المنتج، لأنه يجعل الطالب يعيش الوضع الصعب الذي يسود بين الأهل والمنزل، كما أن لأسلوب التنشئة الاجتماعية الخاطئ أثره السلبي على تطور قدرة الطالب على التحصيل الدراسي المرتفع أو المتفوق. فمثلاً القلق الذي يبديه بعض الآباء على التحصيل الدراسي لأبنائهم سيؤثر على ارتفاع مستوى الطموح الذي يفوق في أغلب الأحيان قدرات أبنائهم، وكذلك الأمر بالنسبة لاتجاهات الآباء نحو التعليم، ومدى إسرافهم ومتابعتهم لتحصيل الطفل الطالب واتصالهم بالمدرسة والتعاون معها، ونوعية العلاقات الاجتماعية للتلميذ والمحيطين به سواء الآباء أو الأخوة أو المدرسين والأصدقاء مثل اتجاه التفرقة وإثارة الألم النفسي أو الإهمال أو التسلط....الخ.

ويلعب المناخ الثقافي الذي توفره الأسرة أو تحرص على توفيره، وحالة الأسرة الاقتصادية ومدى توفيرها لاحتياجات الطفل وإشباعها لرغباته وميوله واتجاهاته،

ومدى تنويع المثيرات التي تساعد على نمو الطفل عقلياً واجتماعياً وانفعالياً وجسمياً دوراً فعالاً في قدرة الطفل على التحصيل المدرسي التعليمي الإيجابي.

ولقد أجريت في هذا المجال العديد من الدراسات، حيث كان الاهتمام فيها منصباً على الأطفال المتأخرين دراسياً ويعانون من التحصيل المتدني، ولقد أثبتت أن نسبة الذكاء والقدرات العقلية عند هؤلاء الأطفال تميل إلى الانخفاض بسبب وجودهم في مستوى اقتصادي وثقافي منخفض سواء كان ذلك في المنزل والأسرة أو المدرسة، طلابها ومعلميها وإدارتها ومنهاجها التعليمي، وأن نسبة ذكائهم ارتفعت بعد وضعهم في بيئة ومنزل ومدرسة ذات مستوى مرتفع. في النواحي التي تؤثر تأثيراً مباشراً على تطور قدراتهم العقلية والتعليمية والتحصيل الدراسي والمعرفي.

كما أن لمستوى تعليم الآباء والأمهات واتجاهاتهم وميولهم ورغباتهم نحو التعليم ومعرفتهم لأهميته، ومدى تدعيم هذه الاتجاهات والميول والرغبات في النشء أثره في توجه الأبناء نحو التحصيل الدراسي، فمثلاً الآباء الذين لا يعيرون أي قيمة أو أهمية للتعليم ولا يهتمون به يؤدي ذلك إلى عدم خلق الدافعية القوية والكافية لتوجه الأبناء للتعلم والاهتمام بمستوى التحصيل الدراسي لأنه لا قيمة أو أهمية له لدى الطالب.

هذا بالإضافة إلى انتشار بعض العادات والقيم البالية التي ما زالت حتى اليوم تلعب دوراً هاماً في حياة الأسرة والأفراد خصوصاً لدى المجتمعات التقليدية الريفية أو المدنية، وذلك فيما يخص تعليم البنات الذي وبالرغم من انتشاره أصبح من المشاكل التي تتطلب التوقف والتفكير وإعادة النظر، لأن مثل هذه المجتمعات لا تعيره أهمية ولا تعطيه أي قيمة، بما في ذلك عدم الالتزام بقانون التعليم الإلزامي وعملهم على مساعدة أبنائهم وبناتهم على التسرب وتغيبهم عن المدرسة لمساعدتهم على العمل في الحقل أو مجالات العمل الأخرى التي من شأنها مساعدة الأسرة اقتصادياً، الأمر الذي يؤدي إلى التأخر الدراسي وعدم المقدرة على التحصيل التعليمي بسبب عدم متابعة الدراسة بصورة منظمة وكما هو متبع في جميع المدارس.

إن علماء التربية والنفس على اختلاف مذاهبهم يؤكدون على أهمية الوضع الاجتماعي والعائلي والاقتصادي لأسر الطلاب ويعملون على تحليله والوقوف على مدى انعكاسه على نوعية العلاقة المتبادلة بين المدرسة والأسرة، خصوصاً بعد أن تعقدت هذه العلاقة المتبادلة بين المدرسة والأسرة، وتعددت أزمات كل من المدرسة

والمؤسسات التربوية في الوقت الحاضر، كما هو الحال بالنسبة للأزمات التي تواجه الأسر الحضرية في المجتمعات المتقدمة أو النامية.

وفي حقيقة الأمر يعتبر الوسط العائلي والجو الذي يسود فيه، وعدد أفراد الأسرة وطبيعة السكن الذي تعيش فيه الأسرة والمستويات التعليمية للأفراد، والمستوى التعليمي والثقافي والاقتصادي للأب والأم أو أولياء الأمور، من المتغيرات التي يجب الاهتمام بها والعمل على الكشف عن المشاكل التي تواجه الطلاب في مراحل التعليم الأساسية بسببها، وتؤدي في نهاية الأمر إلى التأثير على المستوى التعليمي والتحصيلي لهم.

2. المستوى الاجتماعي

المستوى الاجتماعي للأسرة من الجوانب التي لها أهمية خاصة في حياة الأسرة والأبناء معاً، وفي الكثير من الحالات تحدد ما سيكون عليه وضع الأبناء ومستقبلهم بصورة عامة.

ومن الجوانب التي تلاحظ بصورة واضحة في هذا المجال أن الطلاب الذين يعيشون في إطار أسرة كبيرة وكثيرة الأفراد، ويوجد لهؤلاء الطلاب أخوة في مختلف المراحل التعليمية يكون اهتمام الأسرة بهم قليلاً نسبياً، الأمر الذي يؤدي إلى شعورهم بعدم الاهتمام، مما يؤدي إلى شعورهم بعدم الاهتمام، وفي معظم الأحيان إلى إهمال الدراسة والتعلم وهذا بدوره يؤدي إلى انخفاض مستوى التحصيل الدراسي ويؤثر بصورة واضحة ومباشرة على مستقبلهم واستمرار تعلمهم.

أما الطلاب الذين يعيشون داخل أسر عدد أفرادها قليل فإن ذلك يؤثر تأثيراً إيجابياً على شخصياتهم وتطورهم العام في معظم الحالات وفي بعض الحالات يكون له أثر سلبي خصوصاً إذا كانت المعاملة تميل إلى الدلال الزائد أو التطرف في المعاملة السلبية. وفي جميع الحالات يتأثر المستوى التحصيلي والدراسي لمثل هؤلاء ويكون أفضل من مستوى الفئة الأولى لأنهم يجدون الاهتمام المناسب "أو عدم الاهتمام من الأسرة" لأن عددهم قليل حتى أنه في بعض الأحيان يكون الاهتمام زائداً عن الحد المعقول والمطلوب، وعندما يجد الطالب هذا الاهتمام الخاص والمتميز به والمتابعة لدراسته والمساعدة في حل المشاكل التي تواجهه في المدرسة فإنه في غالب الأمر سوف يجتهد لكي يحصل على مستوى مرتفع في التحصيل المدرسي أو عكس ذلك تماماً. حيث تؤدي العناية الزائدة والاهتمام الخاص إلى نوع من اللامبالاة وترك كل شيء وخصوصاً المدرسة لأنه يرى فيها غير مجدية ولن تعطيه أي شيء جديد لأن

الأسرة توفر جميع مطالبه، فلماذا الدراسة والتعب والحصول على تحصيل تعليمي مرتفع.

أي أن المستوى الاجتماعي للأسرة يعتبر سيفاً ذا حدين إذا لم تنتبه الأسرة لذلك وتعطي كل شيء حقه دون زيادة أو نقصان حتى تضمن سير الابن في الاتجاه الصحيح والمطلوب والذي يؤدي إلى النتائج الإيجابية .فإنه من المؤكد يؤثر بصورة سلبية على شخصية الطالب سلوكه ومدى اهتمامه بالتعليم والتحصيل الدراسي

3. المستوى الاقتصادي لأسر الطلاب

تؤكد الأبحاث والدراسات التربوية والنفسية على وجود علاقة كبيرة بين المستوى الاقتصادي لأسر الطلاب والمستوى التحصيلي التعليمي الذي يصل إليه كل طالب حيث تلعب المتغيرات الأساسية في هذا المجال دوراً هاماً جداً وهي: مهنة الأب، وطبيعة عمل الأم، ونوعية الدخل الشهري للأسرة ومصادره وطبيعة السكن ونوعيته، وغير ذلك من متغيرات تؤثر على توجهات الطالب شخصيته ووضعه النفسي الذي إما أن يؤدي إلى الاستقرار النفسي لديه وهذا يعني الهدوء والقدرة على التعلم دون تأثير أو تشويش أو عكس ذلك حيث يعاني الطالب من عدم الاستقرار النفسي الذي لا يمكن للطالب الذي يقع فيه أن يقوم بتعلم أي شيء، لأن أفكاره وقواه النفسية تكون مشغولة ومنصبة على وضع الأسرة الاقتصادي، وكيف أن الأسرة تعاني ولا تستطيع أن توفر له أي شيء وهل يستطيع مساعدتها؟ وكيف؟ أو أنه يحقد على الأسرة وعلى كل أفراد المجتمع من حوله وتتحول جميع الطاقات لديه إلى طاقات عدوانية منحرفة تسعى إلى الإشباع عن طريق الانتقام من جميع الناس من حوله.

وعليه فإن العامل الاقتصادي يلعب دوراً هاماً ويسهم إلى حد بعيد في تكامل شخصية الفرد، فالوضع الاقتصادي السّيىء والصعب والفقر والاضطراب الاقتصادي وعدم الشعور بالأمن من شأنه أن يؤثر في تماسك الأسرة وتكاملها وبالتالي يعرض الأطفال والطلاب إلى مختلف الخبرات والتجارب القاسية والإحباط المتواصل الذي يؤثر عليهم مما يؤدي بهم إلى عدم الاهتمام في المدرسة بسبب ما يعانونه من نقص في توفير جميع الحاجات الأساسية والضرورية وبالتالي انخفاض التحصيل المدرسي الذي يصلون إليه.

لقد أظهرت الأبحاث بصورة واضحة وجود علاقة وثيقة بين تفكك البناء الأسري وقصور الأسرة في أداء وظائفها والعوامل الاقتصادية، أي أنه ممكن القول بأن العوامل الاقتصادية هي سبب الكثير من المشاكل التي يعانيها الإنسان والتي تنعكس

بدورها على الأسرة وتؤدي إلى كثير من مشاكل سوء التكيف الاجتماعي. أي أن للعوامل الاقتصادية التي تمر بها الأسرة تأثيراً ملحوظاً على مستوى تحصيل الطلاب المدرسي، حتى ولو كان ذلك بصورة غير مباشرة.

من ناحية أخرى قد تضطر الأم إلى ترك البيت وعدم والاهتمام به الاهتمام المطلوب والخروج للعمل بسبب الوضع الاقتصادي (أو بسبب الاهتمام بتقدمها الوظيفي) وهكذا تضعف رقابتها ويقل اهتمامها بشؤون الأسرة وخاصة الأطفال. فالأطفال الذين لا يجدون متابعة من الأسرة والأهل وتشجيع على أعمالهم ودراستهم فإن ذلك يؤدي بهم في نهاية الأمر إلى أن يقل اهتمامهم بالأشياء والأمور التي يعملونها ولا يجدون الثناء عليها ومن بين هذه الأشياء الدراسة والتعلم، حيث يؤدي عدم الاهتمام إلى الإهمال في الدراسة والتعلم وبالتالي يؤدي إلى تحصيل تعليمي منخفض.

وفي الكثير من الحالات تضطر الأسرة الفقيرة إلى تشغيل الأطفال في سن مبكرة الأمر الذي يؤدي إلى حرمان الطفل من فرصة الاهتمام بالدراسة والتعلم وبالتالي يكون تحصيله منخفضاً، حيث يؤدي عمل الأطفال بعد الدوام المدرسي مباشرة في شتى أنواع الأعمال الصعبة والسهلة والمنظمة وغير المنظمة والخطيرة منها مثل العمل في الشوارع كباعة متجولين وإلى ساعات متأخرة من الليل وعند عودته إلى المنزل لا يجد وقتاً كافياً للاهتمام بالدراسة وتحضير واجباته فإن ذلك يؤدي بالنهاية إلى تحصيل تعليمي متدنٍ في المدرسة. ومما يجب ذكره أنه ليس بالضرورة أن يحصل على تحصيل منخفض أو متدنٍ حيث أثبتت التجربة الشخصية في هذا المجال أن هناك نسبة من الأطفال الذين يعملون ولا يكون تحصيلهم منخفضاً وذلك لأن قسماً من الأطفال يتأثر بشكل كبير والقسم الآخر يكون التأثير عليهم أقل بسبب الرغبة في التعليم والإرادة الموجودة لديهم والتي تدفعهم إلى استعمال جميع قواهم العقلية لكي يكونوا كالآخرين.

في بعض الحالات يؤدي انخفاض دخل الأسرة ووضعها الاقتصادي الصعب إلى إحساس الطفل بمسؤوليته تجاه الأسرة فيعمل كل ما يستطيع عمله للحصول على المال اللازم لسد احتياجاتها كل ذلك على حساب تحصيله المدرسي واستمرار تعلمه وتطوره المستقبلي.

وعليه فإن المستوى الاقتصادي الذي يعيشه الأطفال داخل أسرتهم له تأثير كبير وواضح على حياتهم بصورة عامة وعلى سلوكهم وتصرفاتهم والأعمال التي يقومون بها داخل المدرسة وخلال الفترة الزمنية التي يتواجدون فيها في غرفة الصف،

فمثلاً الأطفال الذين تتمتع أسرهم بوضع اقتصادي جيد، وتوفر لهم معظم متطلبات الحياة يكونون في الكثير من الحالات على درجة عالية من التثقيف، والمرونة والقدرة على التعامل مع الآخرين وفي المواقف المختلفة بحكمة أكثر من غيرهم من الأطفال، وذلك لأن توفير الحاجات الشخصية والمتطلبات وهم يتمتعون بنسبة عالية من الهدوء النفسي والاطمئنان الاقتصادي. أي أن الأطفال الذين ينحدرون من عائلات متعلمة فإن ذلك يؤدي إلى زيادة فرص التعليم لديهم والوصول إلى تحصيل عالٍ، وليس المستوى الاقتصادي وحده هو الذي يؤثر على سلوك الأطفال ومستوى تحصيلهم المدرسي، وذلك لوجود مجموعة من العوامل المترابطة مع بعضها البعض والتي تساعد على وجود طفل متكيف مع بيئته، ويكون قادراً على ممارسة السلوك الذي يعكسه داخل أسوار المدرسة.

فمثلاً العلاقة بين الأب والأم تعتبر من العوامل المهمة جداً، حيث إذا كانت هذه العلاقة طيبة فإنها تنعكس على الأطفال فتتسم علاقاتهم بالدفء والمودة، مما يجعلهم يؤثرون في بعضهم تأثيراً سوياً، مما يكون له أثر إيجابي واضح على سلوك الأطفال وتوجهاتهم والأعمال التي يقومون بها. وحتى تصل الأسرة إلى هذا الوضع من العلاقات الإيجابية والتأثير الإيجابي على الأطفال، يجب على الوالدين القيام بوظيفتهما بالشكل الصحيح وكما يراها ويعرفها المجتمع وكما تحددها المعايير والقوانين الاجتماعية المتبعة في المجتمع الذي تعيش فيه الأسرة في وقت معين. ففي الكثير من الأحيان إذا حدث خلل في العلاقة بين الوالدين ولم تستمر العلاقة الطبيعية بينهما، فإن مثل هذا الوضع يؤثر على جوانب الحياة الأساسية للطفل (الجسدية والعقلية، والنفسية والاجتماعية) مما يكون له تأثير خاص على تقدم الطفل في التحصيل الدراسي لأن ترتيب الأولويات يأخذ بالاختلاف خصوصاً إذا كان مصدر هذا التغير والاختلاف يعود إلى المستوى الاقتصادي للأسرة والذي يجعل الطفل يعاني من التردد وعدم الوضوح، وعدم استجابته لتوقعات المدرسة.

4. المستوى الثقافي

<u>العوامل الثقافية</u>

إن ثقافة الوالدين تعتبر عاملاً مهماً يلعب دوراً هاماً في تقدم أبنائهم وتفوقهم التعليمي والتحصيلي المدرسي بصورة عامة والتحصيل القرائي بصورة خاصة، وذلك لكون الأبناء يقومون بتقليد الآباء في جميع الأعمال التي يقومون بها وخصوصاً

القرائية لأن الوالدين الذين يهتمون بالقراءة وحب المطالعة يعرفون تمام المعرفة يعطي هذا الجانب يعطي للطفل دافعاً قوياً للقيام به والمواظبة عليه.

ولقد اتضح من دراسة أجرتها ايفلين سبيشني سنة 1973 أن طلاب الصفوف الابتدائية الأولى الذين يأتون من بيئة ثقافية غنية يتفوقون لغوياً ويختلفون اختلافاً كبيراً في تحصيلهم القرائي عن الطلاب الذين يأتون من بيئة فقيرة ويفتقرون إلى الكتب وثقافة الوالدين في هذا المجال. ولقد أثبتت التجربة الشخصية في هذا المجال والتي تعتمد على العمل المباشر مع هذه الصفوف سنوات طويلة صحة النتائج التي نتحدث عنها وحتى يومنا هذا يعاني الأطفال من هذه الظاهرة بالإضافة إلى عدم الاهتمام من قبل الأهل في سير العملية التربوية التعليمية الاهتمام الكافي.

وبدون شك تؤثر زيادة نسبة الأمية بين أسر المتعلمين من الطلاب وانحدار المستويات الثقافية على ممارسة العملية التربوية التعليمية للطلاب بدون رقابة أسرية أو متابعة للتنشئة الاجتماعية التي تحدث بين الأسرة والمدرسة.

إضافة إلى ذلك فإن المستوى التعليمي والثقافي للأب والأم أو ولي الأمر يعتبر من المتغيرات الهامة التي تسهم في فهم مدى تعرف الأسرة على مشكلات أبنائهم في مؤسساتهم التعليمية وخصوصاً المرحلة الأولى الأساسية التي تقوم بعملية التأسيس الأولى لدى الأطفال والتي عليها يتوقف مدى تقدم وتطور الطفل في المستقبل.

ولقد دلت الأبحاث التي أجريت على آباء التلاميذ في المرحلة الابتدائية والإعدادية الحكومية أن المستوى التعليمي متدنٍ ومنخفض لدى نسبة كبيرة منهم بالمقارنة بآباء التلاميذ الذين يتعلمون في مدارس خاصة، فمثلاً نسبة أولياء أو آباء التلاميذ في المدارس الخاصة الحاصلين على مستوى تعليمي جامعي فما فوق تفوق نسبة الآباء في المدارس الحكومية بأربعة أضعاف تقريباً.مما كان له الأثر الواضح على تحصيل الطلاب العلمي ومستوى إنجازهم التعليمي، لأن مستوى الآباء الثقافي يؤثر ويلعب دوراً واضحاً في مدى رغبة الأبناء وتوجههم الجاد إلى التعلم والتحصيل. حيث إذا كان الأب حاصلاً على مستوى عال من التعليم فإنه من المتوقع أن يصل الابن إلى ما وصل إليه الأب أو أكثر من ذلك، إلا في بعض الحالات الشاذة التي يسير فيها الطلاب باتجاه عكس الأب وذلك بسبب القدرات العقلية والرغبة، أو بسبب المعاملة الصعبة والقاسية من جانب الأب التي تؤدي إلى زيادة الرغبة لدى الابن في عدم تحقيق رغبات الأب.

من ناحية أخرى قد يؤدي المستوى الثقافي المتدني للأب التأثير السلبي على الأبناء وعلى تحصيلهم العلمي. وهنا يجب أن نذكر أن مثل هذا الوضع قد يؤدي في الكثير من الأحيان إلى خلق روح التحدي الإيجابي لدى الابن ويدفعه لعمل كل ما في وسعه من أجل الوصول إلى تحصيل علمي عال جداً يفوق تحصيل التلاميذ الآخرين في التعليم الخاص.

وفي هذا المجال نؤكد على مدى أهمية المستوى الثقافي والتعليمي للأم لأن ذلك يؤثر بصورة واضحة سلباً وإيجاباً على طبيعة العلاقة داخل الأسرة، وبين الأسرة والمدرسة، ومدى الاهتمام الأسري بعمليات العملية التعليمية في المدرسة، ولا سيما بعد أن كثرت المقررات التعليمية وتباينت المناهج الدراسية، وتضاربت الأنماط السلوكية والشخصية للتلاميذ وضعفت الجوانب الأخلاقية والاجتماعية لديهم، وتكاثرت المشاكل لنوعية العلاقة السلبية بين المدرسة والأسرة من ناحية والأسرة والمدرسة والمجتمع من ناحية أخرى، كل ذلك بسبب اختلاف التوجهات والرغبات والحاجات والعمل على تحقيق الأهداف التي يضعها كل طرف من هذه الأطراف لنفسه ويحاول الوصول إليها بالأساليب والطرق التي يرى أنها صحيحة ومناسبة له، دون التفكير أو الاهتمام بالأطراف الأخرى.

ولقد أكدت التجربة الشخصية في هذا المجال أن نسبة لا بأس بها من أمهات التلاميذ في المدارس الحكومية، تعاني من مستوى تعليمي وثقافي متدنٍ أو أنها لا تهتم بتعليم ابنها مما كان له أثر واضح على تحصيل ابنها وتعلمه، وبالمقارنة مع مستوى الأم للأبناء في المدارس الخاصة كانت أوفر أو أكثر حظاً أو أنها كانت تهتم بصورة واضحة في تعلم وتحصيل ابنها التعليمي، ولقد وجدنا أن تحصيل تلميذ المدارس الخاصة أعلى وأفضل من تلميذ المدارس الحكومية، إلا في بعض الحالات الخاصة,

ومما لا شك فيه أن الحقائق السابقة تعكس بعض الدلالات أو المؤشرات الاجتماعية الهامة التي تؤكد مدى أهمية العلاقة بين المستوى الثقافي والتعليمي للأم وبين نوعية استجابات الأسرة نحو المشكلات الني تواجه التلاميذ في مدارسهم بعد أن تقلصت بصورة واضحة وخطيرة الأدوار الوظيفية للمدرسة، وقلت ساعات التدريس اليومية التي يتعلمها التلاميذ، مما قصر اليوم الدراسي وزاد من وقت فراغ التلاميذ وعدم قيامهم بفعاليات تعليمية مراقبة من جانب المعلمين أو الأهل. وهذا بدوره أدى إلى ضعف مستوى التعليم والتحصيل والإنجاز المدرسي للطلاب. مما أدى إلى خلق مشاكل أخرى وتزايدها مثل مشكلة الدروس الخصوصية، أو تعقد المقرارات والمناهج

المدرسية وصعوبة مواصلة التلاميذ لشرح المدرسين للمواد التعليمية بسبب تضاؤل إمكانيات لقاء المدرس مع تلاميذه أو بسبب ضعف مستوى الكتاب المدرسي وتأخر حصول التلاميذ عليه من بداية العام الدراسي، وزيادة المنافسة، وغيرها من الأمور التي تتطلب مستوى تعليمياً مناسباً للأم والأب والذي يلازم هذه المشكلات التي تواجه التلاميذ في المدرسة وتؤثر على مستويات نتاجهم وتحصيلهم التعليمي وتؤدي إلى تكوين أنماط الشخصية السلوكية غير السليمة أو السوية للتلاميذ والتي تحدد ما سيكون عليه كل وضع، ومكانة كل تلميذ في المجتمع الذي يعيش فيه في المستقبل.

وعليه فإن بعض المتغيرات الإنسانية تلعب دوراً هاماً في تكوين شخصية التلميذ وقدراته ومكانته الاجتماعية الأسرية مثل:حجم الأسرة، ونوعية تعلم وثقافة أفرادها خصوصاً الأب والأم لما لهم من أهمية في سير العملية التعليمية أو التثقيفية صحيحة ومناسبة للتلاميذ.

وعند القيام بفحص هذه الظواهر والجوانب لدى عينات مختلفة من التلاميذ الذين يتعلمون في المدارس الحكومية أو المدارس الخاصة تبين لدينا وجود فروق واضحة في المفردات بين هذه العينات من التلاميذ(كانت هذه الملاحظة من خلال القيام بمشاهدة هذه العينات المختلفة أثناء تفاعلهم في دروس متعدد في المدارس المختلفة بمدينة القدس)

ولقد أكدت على هذه الجوانب التي أشارت إليها نتائج الدراسات التي قام بها دوجلاس Douglas ووتن Wotton وهالس Halsey، ونبست Nisbet والتي ركزت جميعها على مدى أهمية العلاقة المتبادلة بين حجم الأسرة والمستوى التعليمي والثقافي للوالدين أو الوضع الاجتماعي للأسرة والتقدم والإنجاز للتلاميذ وتقدمهم في المراحل التعليمية المختلفة التي يمرون بها، والتي يجب أن يكون للأسرة فيها دور واضح وفعال حتى يشعر التلميذ أن ما يقوم به مهم له وللآخرين من حوله وأنه ليس وحده، بل يحظى باهتمام الأسرة ومساعدتها.

أثر ثقافة الأهل على تحصيل الأبناء

تؤكد بعض الدراسات التربوية على أن التحصيل الدراسي للأبناء قد يزداد إذا زادت ثقافة الوالدين، وقد يتأثر سلبياً بالمستوى الثقافي المتدني الذي يهمل الأطفال ولا يعمل على تشجيعهم ومراقبتهم أثناء تعلمهم المدرسي، فالأمهات المتعلمات وذوات المستوى العالي من التعليم من المفروض أن يعملن على تشجيع أبنائهن على المثابرة في التعليم حتى يستطيعوا رفع مستوى تحصيلهم والحصول على علامات مدرسية

عالية. إن هذا ممكن أن يحدث من خلال وضع الحوافز المختلفة لهم، من أجل أن يحققوا طموحات أمهاتهم. وفي المقابل إذا كان الطفل بين أبويين جاهلين ولكن يهتمان به ويمنحانه العناية الكافية ويحاول تغيير حاجاته قدر الإمكان فإن ذلك ولا شك سوف يساعده على تطوير قدراته المختلفة ويجعله يرفع مستوى تحصيله المدرسي ومن المؤكد أنه سوف يصل إلى تحقيق أهدافه المستقبلية أما إذا كان الطفل لا يلقى العناية الكافية من الوالدين بسبب جهلهم وعدم قدرتهم على متابعته وتوفير حاجاته الأساسية والأنشطة المدرسية التي تعطي له فهما لا يستطيعان مساعدته لأنهما غير قادرين أصلاً على هذه المساعدة مما يجعل الطالب يجد صعوبة في حل واجباته البيتية لعدم وجود التعليم الذي يؤهل أبويه ويمكنهم من مساعدته.

من ناحية أخرى يعتقد بعض الباحثين أن الثقافة العالية التي يتصف بها الوالدان من المؤكد أنها تجعل الطفل يعيش في جو أسري متعلم ومثقف فهو يناقش المواضيع العلمية التي شاهدها في وسائل الإعلام مع أهله ويقرأ من القصص والمجلات الموجودة في مكتبة بيته وهذه المواقف التربوية وغيرها تساعد الطفل على العيش في جو دراسي طبيعي يحثه على الدراسة والتحصيل. وقد يكون الوضع عكس ذلك تماما حيث أن الوضع التعليمي والثقافي للأسرة يضع الطفل في ضغوط كبيرة جدا يصعب الخروج منها وقد يجعله يكره المدرسة والتعليم ويحاول الابتعاد عنه وإهماله، لأنه لا يشعر بوجود الأهل لانشغالهم عنه في أمور خاصة بهم تجعلهم يهملون الأبناء ولا يهتمون بهم وبطلباتهم.

إن المادة الدراسية التعليمية التي يشعر الطالب أنها تفيد وتشبع رغباته وطموحاته المستقبلية يركز على تعلمها والاستفادة منها أكثر من غيرها من المواد ويشعر أنه قريب من المعلم الذي يعلمها أكثر من غيره من المعلمين حتى تحصيله فيها والمستوى الذي يتفق مع قدراتهم الخاصة ويمكنهم من توجيههم إلى المهنة التي تتفق مع إمكاناتهم ويستطيعون القيام بها أو النجاح وتحقيق أهدافهم الشخصية الأساسية المتعلقة بها.

أما الآباء الذين يطورون لدى أبنائهم درجة عالية من الرغبات والطموح في دراسة موضوع أو تخصص معين(مهما كانت مكانته الاجتماعية) دون أن يتعرفوا على قدرات ابنهم وإمكانياته الحقيقة فهم بذلك يضعونه أمام تحدٍ صعب جداً قد يؤدي إلى هدم معنوياته ويحبطه لدرجة كبيرة لأنه لا يستطيع تعلمه والنجاح فيه، مما يؤدي إلى إضاعة مستقبله دون أن يشعر بذلك لأن مستوى الطموح الذي وصل إليه الابن عن

طريق الأهل أعلى بكثير من مستوى قدراته الحقيقية وهذا بدوره يؤدي إلى القلق والإحباط اللذين قد يوصلانه إلى شكل من أشكال الانهيار أو التمرد المفاجئ على ما يريده الأهل مما يعني لهم الفشل الذي قد يؤدي إلى شعور الابن بالاكتئاب والضياع.

5. المستوى التعليمي للوالدين

من العوامل الأساسية الفعالة التي لها دور أساسي وهام في البيئة التي يعيش فيها الطالب يعتبر التعليم والتعلم في المقام الأول، بالرغم من عدم أهميته في بعض المجتمعات، وعدم الاهتمام به الاهتمام المطلوب في المجتمعات الأخرى وخصوصاً النامية ولقد ظهر هذا المفهوم بصورة واضحة عندما بدأت الأسرة تتخلى عن وظائفها الأساسية وخصوصاً الاقتصادية التي كانت تعتبر من أهم الوظائف وعليها يتوقف وجود الأسرة. فبعد أن كانت تمتلك مكاناً للعمل أصبحت الآن غير قادرة على إعداد الأبناء وتعليمهم ليكونوا محامين أو أطباء. وهكذا انتقلت وظيفة التربية والتعليم والتدريب والتوجيه المهني من المنزل إلى المدرسة، وبذلك ظهرت المدارس بمستوياتها المختلفة وتخصصاتها المتعددة. أضف إلى ذلك أن المدرسة أصبحت تشترك مع البيت في تربية الطفل لأنها هي المؤسسة الاجتماعية الرسمية التي تقوم بوظيفتها في التربية ونقل الثقافة المتطورة بصورة منظمة ومرتبة، هذا بالإضافة إلى مساعدتها في توفير الظروف المناسبة التي تعمل على نمو الطفل وتطوره بالأشكال والأبعاد المختلفة: مثل التطور الجسدي، والعقلي، والانفعالي والاجتماعي.

والطفل عندما يلتحق بالمدرسة يكون قد حصل على قدر كبير من التنشئة الاجتماعية في الأسرة ومع هذا فإنه لا ينفصل عن الأسرة عندما يلتحق بالمدرسة، وذلك لما للأسرة من تأثير فيه حتى عندما يكون في المدرسة، لذا فإن هذه تكون بداية دور المدرسة كمكملة لتنشئة الفرد.

وتتمثل مسؤوليات المدرسة تجاه الأطفال في العادة في الرعاية النفسية للطفل ومساعدته في حل مشاكله وإعطائه السبل السليمة لتحقيق أهدافه بالطرق والأساليب والتوجهات الملائمة التي تتفق مع المعايير الاجتماعية داخل المدرسة وخارجها.

وبصورة عامة يمكن القول بأن الأسرة والمدرسة لهما دور بارز وأساسي في عملية التنشئة الاجتماعية وهذا يعتمد على وضع الأب الاجتماعي، لأنه في كل وضع من الأوضاع الاجتماعية يوجد للأطفال دور محدد، ففي الوضع الاجتماعي الأعلى يقوم الآباء إلى جانب بعض الأفراد الآخرين بمسؤولية رعاية وتربية الأطفال ويهدفون من التنشئة الاجتماعية إلى نقل قيم ومعايير الوضع الاجتماعي الأعلى إلى هؤلاء الأطفال.

وفي الوضع الاجتماعي المتوسط يكون الأطفال والآباء أكثر اهتماماً ببعضهم بصورة مباشرة وتهدف التنشئة الاجتماعية إلى تعليم الطفل السلوك المناسب. كما تهدف إلى تمييز قدرة الطفل في منافسة الآخرين وتشجيعه على الاستمرار، كما تهدف إلى تمييز قدرة الطفل على منافسة الآخرين وتشجيعه على وظائف أفضل أما بالنسبة للوضع الاجتماعي المتدني فإن الطفل فيه ينشأ على النجاح أو على التمسك بأساليب السلوك الطيب، لأن الاهتمام بالأساس منصب على الطاعة والقدرة على التخلص من المتاعب.

تأثير المستوى التعليمي للوالدين على سلوك الأطفال

يلعب المستوى التعليمي للوالدين دوراً هاماً في عملية التنشئة الاجتماعية التي يمر بها الأطفال وفي السلوك الذي يصدر عنهم في المواقف المختلفة فيما بعد خصوصاً داخل الأسرة والمدرسة التي يدخلها للمرة الأولى للتعليم، ويكسب الخبرة والمعرفة فيها، ويحصل على المستوى الدراسي الذي يساعده في التخطيط لحياته المستقبلية.

إن وجود الأبوين المتعلمين القادرين على فهم طفلهم، والعمل على توفير الجو المناسب له منذ المرحلة المبكرة لحياته، ومساعدته على تطوير ذاته، من خلال الاهتمام به وتوفير الألعاب التربوية التي تساعد على تطور الذكاء لديه، أي أن خبرة الآباء وما تعلموه من علم تظهر في معظم الحالات على أبنائهم، وفي مثل هذا الوضع يظهر الدور الذي تقوم به الأم بصورة واضحة لأنها تقضي مع الطفل الوقت الكثير تهتم بجميع مطالبه وتقوم بتعليمه وتطور لديه المفاهيم، وكلما كانت على مستوى علمي عالٍ فإن ذلك يساعدها على فهم جميع مراحل النمو والتطور التي يمر بها الطفل وفي نفس الوقت فهم حاجات كل مرحلة من هذه المراحل، أي أنها تعمل على توفير الوسائل التعليمية العلمية التي تساعد على تطويره، ولقد أكدت الأبحاث والدراسات على أن الطفل الذي ينشأ في جو أسري متعلم، والذي يكون فيه الوالدان على مستوى علمي عالٍ فإن ذلك يزيد من فرصة تطوير أطفالهم التطور الواضح.

إن الطفل يعتمد في بناء أنماطه السلوكية على البيت والمجتمع القريب الذي يعيش فيه، فالوالدين يغرسان لديه القيم والمثل العليا والعادات وهذه جميعها ترافق الطفل حتى دخوله المدرسة. وإذا كانت المدرسة متفقة مع البيت في نظرتها للحياة، فإن ذلك سوف يؤدي إلى نجاحها النجاح الباهر في تثبيت القيم الموجودة عند الطفل ومستويات الشخصية التي زود البيت أفراده بها قبل دخولهم المدرسة، أما في الحالات التي يكون فيها تباين بين البيئة والمدرسة(كما يحدث في معظم مدارسنا) فإن عمل المدرسة سوف يكون صعباً جداً، والتعاون بين المدرسة والبيت سوف يكون ناقصاً في

معظم الحالات، وهذه تعتبر من أصعب المشاكل التي تواجه المعلم والطالب عند دخول الطالب المدرسة. كما ويتأثر الطالب بالمجتمع الذي يعيش فيه تأثيراً كبيراً ولا حدود له، وهذه أيضاً تعتبر من المشاكل والمعيقات الهامة التي تواجه المعلم أثناء تعامله مع الطالب ومحاولة إزالة تأثره بما يحدث في المجتمع من حوله.

إن معظم مدارسنا تعاني من ضعف تعاون البيت معها، لأن العائلة منهمكة ومشغولة أحياناً في مسؤولياتها الكثيرة تجاه أفراد الأسرة ونفسها، وفي معظم الأحيان يعمل الوالدان في أعمال مختلفة، وعندما يعودان إلى البيت ولا يوجد لديهما الوقت الكافي لتكريسه لمساعدة أبنائهما على تحضير الواجبات المدرسية التي تطلب منهم، ولا يقومان بمناقشتهم والتباحث معهم حول القيم العلمية والتعليمية، والأخلاقية التي تحاول المدرسة إكسابهم إياها، كما أن الآباء لا يقومون بفحص ما تعلمه أبناؤهم من المدرسة.

أي أن الأم والأب يكونان مشغولين في أعمالهم الشخصية لتوفير متطلبات الأسرة، ويتركان عملية التربية والتعليم للمدرسة، والمعلمين وحدهم، فقط يكتفي الآباء بالقيام بشراء احتياجات الطالب وتوفير جميع لوازمه، وذلك بالرغم من أهمية وجود التعاون بين المدرسة والبيت، ويضع البيت أمام مسؤولية تربية كبيرة لا تقل عن مسؤولية المدرسة. لكن التعاون بين البيت ومعظم مدارسنا مفقود بسبب قلة وعي الأهل بأهمية دورهم التربوي، مما يجعل من المعلم ودوره المحور الأساسي الذي تقوم عليه عملية تربية الطفل وتعليمه.

ب. الاتجاهات الأسرية وتأثيرها على شخصية الطفل وتحصيله الدراسي

تلعب البيئة التي يعيش فيها الطفل دوراً أساسياً وهاماً في عملية تشكيل شخصية الطفل وتكاملها، وتكوين الاتجاهات والميول والأفكار والمعتقدات الشخصية التي تسيطر عليه وتواجه الأعمال والفعاليات التي يقوم بها في حياته اليومية. والطفل يتعلم في مرحلة الطفولة المبكرة وبعدها الكثير من الخبرات الضرورية التي تساعده على استمرار النمو الجسدي والنفسي والانفعالي والعقلي المعرفي الاجتماعي، لذلك فإن توفير الجو الأسري الصحيح والمناسب الذي يؤدي إلى إشباع الحاجات البيولوجية والنفسية للطفل يساعد على تحقيق نموه وتطوره السليم بالإضافة إلى توافقه الشخصي والاجتماعي. أما إذا ساد البيئة الأسرية جو غير طبيعي وغير سليم وسيطرت عليه مواقف الحرمان والصراعات، فإن ذلك سوف يكون له أثر على سلوك الطفل في جميع مظاهره.

وحتى نستطيع فهم طبيعة الطفل وما تعرض له من أساليب المعاملة من جانب الوالدين خلال فترة التنشئة الاجتماعية، وفهم أثرها على تكوين شخصيته وتفسير وتشخيص اضطراباته النفسية وانحرافاته السلوكية، ويكون بالإمكان مساعدته على حل مشاكله والتغلب عليها وتحقيق لذاته الصحة النفسية التي من خلالها يستطيع القيام بالتعلم والوصول إلى مستوى تعليمي وتحصيلي مناسب يجب علينا دراسة ومعرفة الاتجاهات الأسرية ومدى تأثيرها الحاضر وفي المستقبل.

ولقد قسم علماء النفس هذه الاتجاهات الأسرية إلى عدة أقسام نذكر منه الآتية:

1. اتجاه التسلط Attitude of authority

ويقصد به المنع والرفض الدائم والمستمر لجميع رغبات الطفل والذي يبدأ في مرحلة الطفولة المبكرة التي تعتبر مرحلة التكوين الأساسية والحرجة في حياة الطفل حيث تتطور جميع الجوانب الأولية والضرورية التي تؤدي إلى تكامل الشخصية في نهاية هذه المرحلة، والتعامل الصعب من جانب الأهل مع الطفل يترك أثراً بالغاً لديه ويؤثر على تطوره المهني والمعرفي والاجتماعي. أي أن الأهل يقفون حائلاً أمام قيام الطفل بسلوك معين أو محاولة تحقيقه لرغبات معينة، أيضاً اتجاه التسلط يعني الصرامة والقسوة في معاملة الأطفال وتحميلهم مهام ومسؤوليات فوق طاقتهم من خلال استعمال أسلوب الأمر والنهي واللوم والعقاب والحرمان، وجميعها يكون لها أثر واضح على شخصية الطفل وثقته

بنفسه ورغبته في إنجاز ما يريد الأهل منه إنجازه وبالتالي يحدد مدى رغبته في تحقيق رغبات الأهل ومن ضمنها التحصيل الدراسي الذي يتأثر بصورة عامة من تسلط الأهل ويدفع الطفل إلى القيام بأعمال عكس ما يسعى الأهل إليه.

إن هذا النوع من أساليب التعامل مع الأبناء من جانب الآباء يعني الإكثار من إسداء النصح وتعظيم الأخطاء الصغيرة التي من الممكن أن يقع فيها الأطفال، هذا بالإضافة إلى الإكثار من النقد اللاذع المؤلم الذي يشعر الطفل بأنه عديم الأهمية والقدرات ولا يستطيع القيام بإنجاز أي شيء. وقد يكون السبب الذي يدفع الآباء لمثل هذه المعاملة الخبرة الشخصية التي حدثت لهم وتعرضوا لها في طفولتهم ونوع التربية التي تلقوها من عائلاتهم، والتي تركت لديهم أثراً بالغاً يدفعهم إلى تطبيقها مع أطفالهم.

ومن مظاهر التسلط التي نتحدث عنها ويستعملها الأهل مع الأبناء محاولة الآباء التدخل في جميع الجوانب والأعمال التي يقوم بها الأبناء مثل الأكل والنوم والدراسة والتعلم ومراجعة الدروس، والأصدقاء والملابس والألعاب والأنشطة التي يقومون بها، مما يكون له الأثر السلبي الكبير على شخصيات الأبناء ويحرمهم من ممارسة حقوقهم الأساسية، مثل تحديد ما يرغبون وما يميلون إليه من الأشياء والأعمال.

ولقد أكدت الدراسات في هذا المجال أن عملية إلغاء رغبات الطفل وميوله واتجاهاته تجعل منه سلبياً، خائفاً ومتردداً وغير واثق من نفسه وهذا بدوره يجعله عاجزاً عن تحقيق الأهداف المعرفية والتعليمية، كما ويؤثر على شخصيته ويجعله يشعر بالضعف وعدم القدرة على المواجهة والتعامل مع الآخرين والوصول إلى مستوى تحصيلي جيد في المستقبل، ويتصف بالميل إلى الإهمال في عمله ولا يجيده إلا إذا وجدت السلطة التي يعمل في ظلها وذلك بسبب خوفه من هذه السلطة التي لم يتعود على احترامها في المراحل المبكرة من حياته. وفي معظم الأحيان يكون الطفل الخائف من السلطة ضعيف الشخصية، ويدفعه هذا الضعف إلى إتلاف أشياء وأغراض الآخرين والممتلكات العامة في المدرسة ولا يواظب على الحضور للمدرسة إلا تحت ضغوط وتخويف من جانب الأهل، وبطبيعة الحال فإنه يلجأ إلى العدوان والعنف والتخريب والغضب كتعبير عن عدم الرضا بالسلطة وشخصيته الخائفة والضعيفة.

إن الحديث عن موضوع تسلط الآباء والأهل على أبنائهم يعني من ناحية نفسية قيام هؤلاء الآباء بإسقاط طموحاتهم ورغباتهم وميولهم على الأبناء، وهذه الطموحات الزائدة عن الحد تجعل الآباء يفرضون على أبنائهم ما يريدون لهم أن يتعلموه، وهذا يعني النوع الذي كانوا يتمنون أن يتعلموه هم بأنفسهم من قبل ولم يتمكنوا من تحقيق ذلك. وهذا يعني أن الاهتمام البالغ من جانب الآباء بتعليم الأبناء والحرص على مستقبلهم قد يكون في حقيقة الأمر رغبة الأهل في تعوض ما فقدوه من فرص التعليم التي كانوا يرغبون في الوصول إليها من قبل. لذا فهم يقومون بدفع أبنائهم إلى تعلم نوع معين من التعليم دون مراعاة لقدرات وميول أطفالهم حتى يصلوا إلى تحقيق أهداف معينة في أبنائهم، ولم يستطيعوا هم تحقيقها لأنفسهم.

وفي حقيقة الأمر فإن مثل هذه التصرفات والأعمال من جانب الآباء تجاه الأبناء تأتي في معظم الحالات بنتائج عكسية، حيث يشعر الأبناء بإرغامهم على تعلم نوع معين من التعليم أو العمل لا يميلون إليه ولا يرغبون به وليس بمقدورهم تحمل أعبائه مما يؤدي إلى زيادة الاضطراب لديهم، ويدفعهم إلى التقاعس عن أداء ما يطلب منهم ويرفضون هذه الرغبات التي يجدون فيها أي إشباع لرغباتهم وحاجاتهم ولا توجد بينها وبين ميولهم وطموحاتهم الخاصة أي صلة أو علاقة. مما يؤدي إلى وجود الصراع الدائم بين الأبناء والآباء والذي يؤدي بدوره إلى فشل الأبناء في القيام بما يطلب منهم والنجاح في الوصول إلى تحصيل علمي ومعرفي بمستوى مناسب يفيدهم في المستقبل. هذا بالإضافة إلى الشعور بالنقص أو الرغبة في العدوان والعنف الذي يسيطر على جميع تصرفات الأبناء (حسين، 1986؛ نصر الله، 2001).

2. اتجاه الجماعة الزائدة Attitude of pareutal orerprotection

لقد أجمع الباحثون على أن الحماية الزائدة مثل التسلط، حيث يسلبان الطفل الرغبة في التحرر والاستقلال، تلك الصفات والميزات التي يسعى للوصول إليها منذ فترة الطفولة المبكرة وذلك من خلال الأعمال التي يقوم بها كمحاولة من جانبه للوصول إلى الاستقلالية وتكامل الشخصية. حيث نجد أحد الوالدين أو كليهما معاً يتدخلان في شؤون الطفل بصورة دائمة ومستمرة من خلال قيامهما بالواجبات والأدوار والمسؤوليات التي يجب عليه القيام بها والتدرب عليها بصورة مستمرة حتى تصبح جزءاً من صفاته وقدراته وخبراته الشخصية. إن مثل هذه الأعمال من جانب الأهل لا تعطي للطفل فرصة لاختيار الأنشطة والعلاقات مع الآخرين والملابس التي يلبسها والأكل الذي يأكله والألعاب التي يلعب بها. وهذا بطبيعة الحال يؤدي إلى

عدم قدرته على عمل ما يريد، لأن الأم (أو الأب) تقوم بعمل ما يطلب منه عمله، حتى أنها تذهب معه إلى المدرسة وتقوم بعمل الواجبات المدرسية وغير المدرسية بدلاً منه ولا تعطيه الفرصة للقيام بأي عمل مهما كان.لذا فإن مثل هذا الطفل سوف يلقى المتاعب في المستقبل عندما يحاول اختيار نوع التعلم أو الزوجة أو الأصدقاء بصورة عامة. لأنه يعتمد تماماً على الغير في القيام بهذه الأعمال. وتشير الدراسات إلى أن مثل هذا الطفل سوف يكون عرضة للمتاعب والاحباطات المتكررة التي لا يقوى على مواجهتها. لأن شخصيته تبدو عليها مظاهر الضعف والقلق والخوف وعدم الثقة والمقدرة على اتخاذ القرار، والشعور بالفشل والإحباط، وجميع هذه المظاهر تؤثر بصورة مباشرة على التحصيل الدراسي لدى الأطفال، حيث أن الحماية من الممكن أن تؤثر بصورة سلبية أو إيجابية على مقدرة الطفل في الوصول إلى تحصيل دراسي مرتفع أو متدنٍ. كما أن الطفل الذي يتصف بهذه الصفات لا توجد لديه الدافعية للإنجاز والعمل والنجاح ويفقد لذة المنافسة والطموح ويرى أنه ليس بحاجة للتعليم والتدريب حتى يحصل إلى درجات عالية ومستوى تعليمي عالٍ. كما ويؤثر على علاقاته الاجتماعية، ونموه الاجتماعي بصفة عامة، لأنه لا يستطيع أن يتصرف بصورة مناسبة حينما يتواجد مع الآخرين، أو أنه قد ينطوي على نفسه ولا يظهر في المجتمع لأنه يشعر بالعجز والدونية بالمقارنة مع الآخرين في علاقاتهم وعاداتهم ونظمهم. ومثل هذا السلوك يظهر بمظهر اللامبالاة بالجماعة وعاداتها وقوانينها. كما أن الشعور بالعجز والدونية التي تسيطر علبيه تختلط بالشعور بالخوف والخجل وعدم الشجاعة الأدبية التي يشعر بها أمام الآخرين، لإنها تؤدي إلى فقدانه للثقة بالنفس عندما يقف أمام مشكلة صعبة والتي قد تؤثر على مصيره ومستقبله.

3. اتجاه الإهمال والتميز Attitude of Negligence

تشير الدراسات إلى وجود نسبة لا بأس بها من الآباء والأمهات الذين ينبذون أطفالهم ويهملونهم ويتركونهم دون رعاية أو اهتمام أو تشجيع للقيام بأعمال ومهام وفعاليات تؤدي إلى تطورهم الجسدي والعقلي والانفعالي والاجتماعي، وجميع هذه الجوانب ضرورية لتطوير شخصيات الأطفال ووصولهم إلى مرحلة النضج والتعلم وتكامل الشخصية. هذا بالإضافة إلى عدم إثابة الآباء والأمهات على السلوك غير المرغوب أو المحاسبة والعقاب على السلوك الخاطئ. ومن الممكن أن يكون الإهمال والنبذ للأطفال صريحاً ومباشراً أو غير ذلك.

ومن صور الإهمال والنبذ نذكر عدم المبالاة بالطفل ونظافته أو إشباع حاجاته الجسدية الضرورية وحاجاته النفسية التي يؤدي عدم إشباعها إلى الاضطرابات الجسدية والنفسية. كذلك عدم إعطائه التعزيز والثواب والمدح عندما يقوم بإنجاز الأعمال والمهام التي تطلب منه، أو السخرية منه حينما يقوم بإنجاز الأعمال والمهام التي يستحق عليها الثناء والمدح والتشجيع.

إن مثل هذا السلوك والتصرف من جانب الأهل يبعث في نفس الطفل روح العدوانية والرغبة في الانتقام وزيادة الحساسية والشعور بالذنب والقلق وعدم الانتماء للأسرة، وعدم القيام بإنجاز ما يطلب منه من أعمال البيت والمدرسة.

والطفل الذي يتعرض للكبت والإحباط بصورة مستمرة ولا تشبع حاجاته ويعاني من الحرمان الدائم يشعر أنه غير مرغوب فيه، مما يؤدي إلى انفصاله عن والديه، وهذا بدوره يشعره بالقلق وعدم الأمان والحماية، ومثل هذا الوضع يظهر في الاضطرابات السلوكية والانفعالية للطفل التي تكون سهلة الاستثارة حيث تظهر صرخات وثورات الغضب لديه لأبسط الأسباب الأمر الذي يزيد من شعور الطفل بالذنب والتهديد والرعب والتحذيرات المستمرة والنهي عن القيام بأي أنشطة والعقاب البدني والسخرية واللوم على كل شيء يقوم به وكذلك إذلاله عن طريق مقارنته بالأطفال الآخرين أفضل منه في مواضيع مختلفة. في هذه الظروف التي يمر بها الطفل في مراحل حياته المختلفة والتي يكون له أثر بالغ عليه فإنه من الصعب أو المستحيل أن يستطيع مثله التعلم والوصول إلى مستوى تحصيلي جيد لأنه لا يملك أي رغبة للوصول إلى ذلك بسبب معاملة والديه له.

ويشعر الطفل بالإهمال والنبذ بصورة واضحة وصعبة حينما يحرم من رعاية الأم، لأن هذا الحرمان يعني انفصاله عن الأم وحرمانه منها جزئياً بالرغم من أنه يعيش معها، ولكنها لا تستطيع أن تعطيه الحب والحنان الذي هو بحاجة إليهم. وذلك لأنها لا تملك القوة والقدرة على إقامة علاقات أسرية سليمة أو لعدم القدرة على توفير الجو الأسري الملائم والمناسب، أو بسبب عدم وجود أي جو أسري لأن الأم مشغولة بصورة تامة في أشغالها وأعمالها ولا تملك الوقت لأطفالها وأسرتها أو بسبب الوضع الاقتصادي الصعب والذي لا يناسب تنشئة الطفل التنشئة السوية والسليمة.

والطفل الذي يشعر بالنبذ من جانب والديه تظهر عليه أنواع من السلوك المضطرب. مثل السلوك العدواني الذي يدل على كراهيته وحقده على المجتمع والسلطة، ويدل على عدم الرضا عن الأوضاع المحيطة به وسخطه عليها. لذا فإن حدة العناد والثورة والمقاومة تزداد لديه لدرجة يصعب معها إخضاعه للسلطة التي تسود المجتمع الذي يعيش فيه مثل الأسرة والمدرسة التي يتعلم فيها.

أيضاً الطفل الذي يشعر بالنبذ والإهمال من الممكن أن يعبر عمّا يشعر به بطريقة سلبية مثل الانطواء وعدم الاهتمام واللامبالاة بما يحدث من حوله من أحداث. وقد تدفعه رغبته في جذب انتباه الآخرين إلى القيام بالصراخ أو السرقة أو الكذب أو التخريب وتحطيم الأشياء التي تدل جميعها على وجود الاضطرابات النفسية لديه. أما السلوك الانطوائي أو السلبي فهو قيام الطفل بالتمارض أو الامتناع عن الأكل، أو التبول اللاإرادي، وكأنه يقول لوالديه بأنه ما زال طفلاً وبحاجة لرعايتهم واهتمامهم.

من ناحية أخرى فإن أسلوب المعاملة الذي يعامل به الوالدان بعضهم البعض يكون له الأثر الكبير في شخصية الطفل، فمثلاً الشجار والخصام الدائم بين الوالدين يخلق جواً صعباً في الأسرة يكون مشبعاً بالخوف وعدم الأمان، ويجعل الطفل منشغلاً به طوال الوقت بدل الانشغال بنفسه وبتعليمه وحصوله على تحصيل مدرسي معرفي عالي المستوى. إن وضع الأسرة الصعب لا يستطيع الطفل تحمله لكونه ضعيف الشخصية ولا يملك القدرة على فهم واستيعاب ما يحدث بين الوالدين، وعدم قدرته على معرفة الطرف المذنب، وعدم قدرته على تحقيق الوفاق والصلح بينهما. مما يدفع الطفل إلى الهرب من هذا الوضع والجو النفسي الصعب والمضطرب عن طريق الاستسلام لأحلام اليقظة، التي من خلالها يحاول التخلص من المشاكل التي هو ضحية لها دون أن يعرف أسبابها. وهذا بطبيعة الحال يؤثر سلبياً على توجهاته الاجتماعية وعلاقاته الشخصية والمستوى التعليمي المعرفي الذي يصل إليه.

4. اتجاه القسوة Attitude of Cruelty

لقد أكد الباحثون على أن استعمال القسوة والتربية الصادقة من قبل الوالدين مع الأطفال تؤدي إلى خلق وضع صعب بالنسبة للأطفال لأنهم يحاسبون على كل كبيرة وصغيرة. الأمر الذي يولد لدى الأطفال الكراهية للسلطة الأبوية وكل ما يشبهها، ويؤدي إلى اتخاذ الطفل من المجتمع موقفاً عدائياً من الممكن أن يدفع به إلى الانحراف. وقد يستسلم الطفل للقسوة ويطيع الوالدين لكن هذه الطاعة تكون مصطنعة ومصبوغة بالحقد والنقمة، وترقب الفرصة المناسبة للقيام بالأعمال

المحظورة لكي ينتقم لنفسه فمثلاً لا يهتم الطفل بالدراسة والمدرسة لأن الأب طلب منه الاهتمام بها، لأن قسوة الأب الشديدة تعمل على أن لا ينفذ الطفل أوامر الأب، وهكذا يكون عدم اهتمام الطفل بالدراسة يعود سببه لمعاملة الأب وليس لعدم حب الطفل واهتمامه بالدراسة، وهكذا تكون النتيجة تحصيلاً دراسياً منخفضاً.

إن الآباء الذين يستعملون أسلوب القسوة والعقاب البدني والنفسي في عملية تنشئة أبنائهم ويعتقدون أن هذه الطريقة من أفضل الطرق التربوية وأنجحها. ويفهمون التربية على أنها عملية إعداد الأطفال للحياة الصعبة، لذلك يجب أن يعاملوهم بخشونة وقسوة ولا بد أن يعاقبوهم على أفعالهم بشدة وأن يتعرضوا للألم النفسي والبدني حتى يشعر الأطفال بالذنب على سلوكهم غير المرغوب فيه. إن هؤلاء الآباء قطعاً لا يعرفون بأن تعليم وتدريب الطفل في مرحلة التطبيع الاجتماعي تقوم أساساً على استعمال طريقة المحاولة والخطأ والتعزيز والمدح والثناء وإشعار الطفل بالمكانة والأهمية، وليس التأنيب والعقاب الجسدي الذي يؤدي إلى شعور الطفل بعدم الثقة بالنفس والقدرات الشخصية، وخلق شخصية إنطوائية منسحبة، تميل إلى الخوف وعدم الإقدام على المبادرة والإنجاز. وقد يؤدي أسلوب العقاب الجسدي والنفسي الذي تعرض له، أي تكون شخصية الطفل تميل إلى أعمال التخريب والتدمير لكل شيء يصادفه، أيضاً قد تكون شخصية الطفل الذي يتعرض للقسوة في المعاملة شخصية مضطربة اجتماعياً وسلوكياً أي أنها تكون خارجة على قواعد السلوك والعادات والتقاليد، والتي تكون بمثابة وسيلة للتنفيس عن أنواع العقاب الجسدي والنفسي الذي تعرض له في المرحلة التي لم يكن يستطيع فيها المقاومة. في حقيقة الأمر يؤدي الإكثار من خوف الطفل وتهديده على كل شيء يقوم به إلى هدم شخصيته، حيث نجده يخاف من حمل المسؤولية ومن السلطة والكبار دون داع لذلك، ويتحول خوفه إلى قلق دائم يؤثر على حياته ومستقبله، حيث يخاف من الفشل بصورة مستمرة في كل عمل يؤثر على حياته ومستقبله، الأمر الذي يشعره بالعجز والقصور عندما يواجه المواقف المختلفة.

ولقد أكد الباحثون على أن بعض الآباء الذين يستعملون أسلوب القسوة والصرامة مع أبنائهم فإن ذلك يعود لكون هؤلاء الآباء غير راضين عن أنفسهم وسلوكهم وإنجازاتهم، الأمر الذي يشعرهم بالنقص أو الفشل الذي تعرضوا له في حياتهم، ويضطرهم هذا الشعور إلى القسوة والصرامة مع أبنائهم لكي لا يكونوا نسخة منهم.

5. اتجاه التفرقة Attitude of discrimination

في الكثير من الحالات والمعاملات الأسرية يلجأ الآباء إلى التفرقة في المعاملة بين أبنائهم وعدم المساواة بينهم بسبب الجنس أو السن أو ترتيب الابن أو بسبب القدرات العقلية والقدرة على إنجاز الفعاليات التي تطلب منه أو بسبب قبول الابن لما يقوله الأب وتنفيذه دون نقاش أو تأخير، أو لأن الابن يشبه الأب في كل شيء. إن مثل هذه المعاملة التي تقوم على التفرقة منتشرة في جميع المجتمعات وعلى وجه الخصوص المجتمعات الريفية التي تظهر فيها التفرقة بين الابن والبنت بصورة واضحة، حيث يحصل الابن على الكثير من الامتيازات التي تحرم منها البنت، وفي معظم الحالات تقوم البنت بخدمة الأخ أو جميع الأسرة، إن مثل هذه التفرقة تؤدي إلى الإحباط والاكتئاب بين أفراد الأسرة والتي تكون غير واضحة في معظم الأحيان وتؤدي غلى كراهية الأبناء للآباء وكراهية كل شيء ويظهر ذلك بصورة واضحة في التوجه إلى المدرسة والتعلم والتحصيل الذي يكون في معظم الحالات متدنياً جداً، أو متفوقاً جداً لأن الأبناء يحاولون إثبات أنفسهم أمام الآباء وأنهم هم الأفضل.

أيضاً يؤثر اتجاه التفرقة في المعاملة بين الأطفال من جانب الآباء والأمهات على تكوين شخصيات الأطفال حيث تكون هذه الشخصيات حاقدة ومليئة بالكراهية والغيرة أو تكون لدى الطفل المميز اتجاهات أنانية ورغبة في الحصول على ما يوجد لدى الآخرين والاستمرار في الطلبات التي لا تنتهي مع عدم الاهتمام والاكتراث بالآخرين أو مراعاة لمشاعرهم وهذا بطبيعة الحال يؤدي إلى وقوعهم في الكثير من المشاكل الاجتماعية والتعليمية التي تؤدي في نهاية الأمر إلى نتيجة صعبة من جانبهم وجانب الآباء وجميع من حولهم وقد تصل بهم إلى الفشل في جميع الأعمال التي يقومون بها والتي تؤثر عليهم بصورة واضحة في حياتهم اليومية المستقبلية.

6. اتجاه التراخي والتدليل: Attitude of Landing

ويقصد به التهاون والتساهل في معاملة الآباء للأطفال بما في ذلك عدم تحمله للمسؤوليات والأعباء التي تتناسب مع المرحلة العمرية التي يمر بها. أيضا يقصد بالتدليل قيام الأهل بإشباع حاجات الطفل في الوقت الذي يريده هو وتنفيذ جميع ما يريد من مطالب مهما كانت غير مقبولة أو مشروعة، وأن يكون جميع أفراد الأسرة في طاعته وخدمته في أي وقت وأن لا يرفض له طلب مهما كان، إن مثل هذا الطفل يتعود على الأخذ فقط وعدم المقدرة على العطاء وعدم معرفة واجباته

ومسؤولياته، الأمر الذي يسبب له المشاكل والمتاعب الكثيرة في حياته خارج الأسرة، أي في علاقاته الخارجية خصوصاً في المدرسة مع الطلاب والمعلمين مما يجعله لا يستطيع الوصول إلى أي نوع من أنواع التحصيل المدرسي بالاعتماد على نفسه وقدراته الذاتية ويكون دائماً بحاجة إلى مساعدة الآخرين، المساعدة التي يحصل عليها في البيت كما يريد ولا يستطيع الحصول عليها في المدرسة إلا حسب ما يريد المعلم والطلاب الأمر الذي يجعله يصاب بالإحباط والصراعات النفسية الداخلية التي تؤثر عليه، وتفاعله وتحصيله المدرسي الذي يكون متدنياً جداً.

إن الإفراط في التدليل يؤدي إلى إحداث آثار سيئة في تكوين شخصية الطفل، مثله في ذلك مثل ما يحدث من عملية العقاب والنبذ والإهمال والحرمان من العطف والمحبة. ويمكن القول بأن زيادة التدليل والإفراط به تعود على رغبة الآباء في تعويض ما فقده من عطف وحب وحنان في مرحلة الطفولة، وذلك عن طريق إعطاء الحب والتدليل والتسامح الزائد للأبناء، والذي يؤدي في معظم الحالات إلى نتائج عكسية لما يريده الآباء، فمثلاً يكون هؤلاء الأطفال ضعاف الشخصية والقدرة على التحمل والوصول إلى تحصيل تعليمي مرتفع كما هو متوقع. وقد يؤدي التدليل والإفراط في التسامح إلى تأخر النضج الاجتماعي والانفعالي للطفل والذي بدونه لا يستطيع الطفل التعلم والوصول إلى مستوى عالٍ من التحصيل. لأنه لا يعتمد على ذاته ولا يقوم بعمل أي نشاط أو إنجاز أي فعاليات إلا إذا حصل على مساعدة من الآخرين. وهو يطلب الحماية والرعاية بصورة دائمة ويصعب عليه التحرر من الأم بسهولة، ولا يستطيع الشعور بالمسؤولية ولا يقدرها.

أي أننا نستطيع القول بأن التراخي والتدليل في معاملة الطفل ليس أقل ضرراً من التشدد والقسوة والتزمت في معاملته، وللتراخي في المعاملة عدة أشكال مثل عدم تدريب الطفل على الامتثال لأية قيمة أو نظام أو يحمل أية مسؤولية في حياته المنزلية والمدرسية، حتى في ما يتعلق بتعلمه ودروسه والتراخي في الدروس والمدرسة يؤدي إلى نتيجة حتمية تعني أن تحصيله الدراسي يكون منخفضاً جداً. أي أن التدليل هنا يؤدي إلى الشعور بالنقص وخيبة الأمل عندما يصطدم الطفل بالعالم الخارجي أو يذهب إلى المدرسة ويحتك مع الطلاب والمعلمين ويتعامل معهم فإنه يصاب بخيبة أمل ويعتقد أنهم يتحاملون عليه في معاملتهم له. مما يجعله يصطنع شتى الحيل لجلب الانتباه والأنظار إليه مثل العصيان أو الهرب أو الإهمال في الدراسة، وهذه تؤدي إلى عقابه من جانب المعلمين، ومثل هذا الطفل يفضل العقاب على الشعور بالإهمال. كما أنه يفضل أن يكون تحصيله منخفضاً بشرط أن يلفت هذا التحصيل انتباه وأنظار المعلمين

والطلاب إليه، على أن يتكون تحصيله جيداً ولا يحصل على أي اهتمام مثل الاهتمام الذي كان يحصل عليه من الأهل.

7. اتجاه التذبذب في المعاملة Attitude of hesitation

لقد أكد الباحثون على أن التقلب في معاملة الطفل بين اللين والشدة أو القبول والرفض من أشد الأمور خطراً على شخصية الطفل وعلى صحته النفسية. حيث أنه يثاب على عمل معين مرة ويعاقب على نفس العمل مرة أخرى، فمثلاً يعاقب على الكذب أو على الاعتداء على الغير مرة، ولا يعاقب من المرة الأولى، يجاب إلى المطالبه المشروعة مرة ويحرم منها مرة أخرى دون سبب معقول.

في مثل هذه الحالات يجعل التذبذب في معاملة الطفل في حالة دائمة من القلق والحيرة وعدم الاستقرار، ويؤدي إلى تشتيته بصورة دائمة ويعجزه عن تكوين فكرة ثابتة عن سلوكه وشخصيته وقدراته.

ويؤدي شعور الطفل بالقلق والحيرة من معاملة والديه له على تصرفاته إلى عدم قدرته على التركيز في الأعمال التي يقوم بها وخصوصاً في المدرسة والدراسة، ومثل هذا الوضع يؤدي في نهاية الأمر إلى حصوله على تحصيل علمي ومعرفي منخفض إن لم يكن متدنياً جداً.

إن التذبذب في معاملة الآباء للأبناء يعود في حقيقة الأمر إلى عدم قدرة الآباء والأمهات على معاملة أبنائهم بصورة مستقرة وثابتة، وذلك لكونهم لا يعرفون متى يثيبون أو يعاقبون، هذا بالإضافة إلى التناقض الذي يكون في معاملة الأب والأم بسبب تباعد وجهات النظر بينهم بخصوص التنشئة الاجتماعية للأطفال، الذين يدفعون الثمن في جميع الحالات.

وهناك بعض التصرفات والمعاملات التي يقوم بها الوالدان تؤثر بصورة مباشرة واضحة على التحصيل الدراسي للطفل في جميع مراحل نموه وتطوره ومراحل التعلم التي يمر بها داخل الأسرة والمدرسة بصورة خاصة نذكر منها الآتية:

أولاً: المكافآت التي يعطيها الوالدان على التحصيل الدراسي:

الكثيرون من الآباء يظهرون الاهتمام الملحوظ بالتقارير المدرسية التي تتحدث عن نشاطات الطفل وقيامه بالأعمال التي تستحق الاهتمام والثناء وخصوصاً في محاولات القراءة والكتابة التي ينجح بها، الأمر الذي يجعلهم يكافئونه على هذا النجاح

بمكافآت محسوسة مثل زيارة أماكن معينة أو شراء بعض الأشياء له أو إعطائه النقود. إن مثل هذا السلوك من جانب الوالدين يكون سلاحاً ذو حدين حيث من الممكن أن يدفع الطفل إلى التقدم والمزيد من الرغبة في التعلم والنجاح في الوصول إلى أفضل مستوى معرفي وتعليمي لأنه يشعر بالرغبة والحاجة إلى عمل ذلك، من ناحية أخرى قد يؤدي مثل هذا السلوك إلى عدم قيام الطفل بأي مجهود ولا تكون لديه أي رغبة في التعلم والتحصيل إذا لم يحصل على هذه المكافآت أي أنه قد يربط موضوع التعلم بالحصول على هذه المكافآت حيث غيابها يجعله يشعر بالإحباط وعدم الرغبة في القيام بأي شيء. لذا على الوالدين التفكير والتروي قبل الوقوع في هذا الخطأ.

من ناحية أخرى فإن الطفل يستطيع أن يرى بنفسه كلما تقدم بالعمر أن الإثباتات التي تعطى له على نجاحه في المدرسة ووصوله إلى تحصيل جيد على درجة من الأهلية وإن سبب حصوله عليها هو المهارات الأكاديمية التي يصل إليها. وذلك من خلال ملاحظته للدور الهام الذي تلعبه هذه المهارات في نجاح أقرب الناس إليه في الأعمال التي يقومون بها. ومن الممكن أن لا تكون هذه الإثباتات المتوقعة (بالنسبة للطفل) عن بعد فعالة في الحالات التي يعاقب فيها الطفل على خبراته الحالية. ولكن عندما تكون هذه الخبرات موجبة، فإن الإثباتات الإضافية المتوقعة في المستقبل من الممكن أن تزيد من حماس الطفل واندفاعه للإجادة في المدرسة.

أيضاً هناك احتمال في أن يقوم الآباء بتشجيع أبنائهم (أطفالهم) على العمل الجاد في المدرسة لأنهم يهتمون اهتماماً حقيقياً وصادقاً بتقدم أبنائهم من الناحية العلمية والمعرفية، ولأنهم يخافون من التهديد الذي قد يحدث لمكانتهم الاجتماعية في حال عدم استطاعة أبنائهم الحصول على العلامات والدرجات العالية والوصول إلى المستوى الدراسي المناسب، الذي يؤهل للاستمرار في التعليم والتحصيل المدرسي الذي يعتبر عاملاً ضرورياً للنجاح والتقدم في الحياة اليومية والمستقبلية.

وقد تتأثر الاتجاهات الوالدية نحو المدرسة والتعليم والتعلم والتحصيل المدرسي بالاعتبارات الاقتصادية التي تقف في الكثير من الحالات عائقاً أمام الأبناء في مواصلة تعليمهم وتقدمهم. الأمر الذي يجعل الآباء غير القادرين اقتصادياً ويخفقون في تشجيع الطفل على وضع أهداف تعليمية طموحه، إذا كانوا يشعرون بأنهم عاجزون عن مؤازرة أبنائهم لمواصلة تعليمهم في المراحل التعليمية المتقدمة. في بعض الحالات تقدم بعض الأسر من ذوات الدخل المنخفض تضحيات مالية كبيرة لكي تزود أطفالها بالتعليم، بينما قد لا ترغب بعض الأسر من ذوات الدخل المتوسط في التضحية

بالحصول على الكماليات الحياتية في سبيل تحقيق الأهداف التعليمية لأبنائها. وفي الكثير من الحالات يرى الأطفال من الأسر التي تنتمي إلى طبقات المجتمع المتوسطة آباءهم وهم يقومون بالأعمال الذهنية والعقلانية في المهن الاجتماعية الخاصة وهم يقرأون الكتب أو المجلات العلمية ويلاحظون ميلهم إلى المواضيع العقلية، أو يشاهدون الأم تقرأ كتباً وتظهر الميل للدراسة والبرامج التعليمية المختلفة التي تقدم لأفراد المجتمع الذي تعيش فيه. إن مثل هذا الوضع يدفع بالأطفال إلى الاهتمام بالتعلم والتعليم والدرس والقراءة والوصول إلى مستوى أفضل من التحصيل والمعرفة لأن مثلهم الأعلى هو الوالدان. وعلى عكس ذلك ما يحدث مع الأطفال من المستويات الاجتماعية الدنيا الذين لا توجد أمامهم فرصة لمشاهدة الوالدين مهتمين بالتفوق الذهني. أي أن بعض الآباء من هذا المستوى الاجتماعي قد لا ينجحون في تشجيع التفوق عند طفلهم لأنهم يلجأون إلى وضع يقوم على "اعمل كما أقول لك، ولا تعمل كما أفعل".

إن جميع الأطفال توجد لديهم الرغبة الخاصة في التواجد مع الوالدين لأنهما مثلهم الأعلى والرمز الذي يقومون بتقليده في جميع الأعمال التي يقومون بها، وهذه الرغبة تعتبر من أشد وأقوى القوى والدوافع والمثيرات التي تؤدي إلى التشابه السلوكي بين الآباء والأبناء، وذلك بالرغم من عدم قيام الأب من المستوى الاجتماعي المتدني بمكافأة الابن على التفوق التعليمي والأكاديمي، لذا فإن دوافعه للأداء الجيد في المدرسة لن تصل إلى أقصى حدودها إذا كان الأب لا يقوم بممارسة هذه القيمة في حياته اليومية.

أيضا جماعة الرفاق من المستوى الاجتماعي المتدني لا ترى في العلامات والدرجات التعليمية المدرسية التي يحصل عليها الطلاب في تعلمهم على أنها أمر إيجابي هام، كما هو الحال بالنسبة لجماعة الرفاق من الطبقة الاجتماعية المتوسطة.

وعليه يمكن القول بأن الطفل من المستوى الاجتماعي المتدني يواجه ثلاثة عوائق نفسية لا تسمح لأي دافع قوي أن ينمو لديه حتى لا يستطيع التفوق في المدرسة هذا بالإضافة إلى النقص في السلوك الذهني من جانب الأبوين، وتصور الأب في تشجيعه لولده على الأداء المدرسي الجيد، والقيم السائدة في جماعة الرفاق والأصدقاء. أما بالنسبة للطفل من المستوى الاجتماعي المتدني فإنه تعرض لمؤثرات ودوافع من جانب الوالدين أو جماعة الرفاق، تشجعه على الإتقان الذهني والتفوق التعليمي

والمعرفي، فإنه من المتوقع أن يزداد اهتمامه بالمدرسة والعمل المدرسي والتحصيل الدراسي والوصول إلى أفضل مستوى يستطيع الوصول إليه.

ثانياً. طموح الوالدين وتأثيره على التحصيل الدراسي

إن طموحات الوالدين المتعلقة بمستقبل أبنائهم وأطفالهم تعتبر من أهم مظاهر وجوانب عملية التنشئة الاجتماعية، لأن هذا الطموح الذي نتحدث عنه يؤدي إلى تكوين بعد جوهري من أبعاد الجو الاجتماعي -النفسي الذي يحيط بالطفل في مرحلة الطفولة المبكرة التي تعتبر من أهم مراحل تطور شخصيته. وقد تبين من خلال الملاحظات العلاجية المنظمة ومن خلال حتى الملاحظات العابرة أن الوالدين قد يثيران القلق والصراع في بعض الأحيان في نفسية الطفل وذلك كنتيجة مباشرة لضغطهما عليه لكي يحقق الوصول إلى المستوى الدراسي والتعليمي الخاص الذي يشعر معه الوالدان بالنجاح والرضا، ويبدأ هذا الضغط عندما يصل الطفل إلى جيل الذهاب إلى المدرسة. ولكن هذا الموضوع من المواضيع الهامة التي تتعلق بصورة مباشرة في حياة الأطفال ونموهم وتطورهم وتكوين شخصياتهم فقد أجريت عليه دراسات عديدة أثبتت أن المطالب التي تفرضها الأسرة على الطفل دون الاهتمام به وبرغباته وميوله وقدراته الشخصية، وموقف الوالدين منه، والطرق المتبعة والقيم المطبقة في عملة التنشئة الاجتماعية، كلها تختلف اختلافاً واضحاً من أسرة لأخرى ومن مستوى اجتماعي لآخر. حيث ظهر وبصورة واضحة أن الوالدين من المستوى الاجتماعية المتوسط يظهران درجة كبيرة من القلق والخوف على مستقبل الأطفال ويهتمون بتقدمهم ووصولهم إلى مستوى تعلمي علمي جيد، ويكون ذلك أكبر بصورة واضحة مما يظهره والوالدان من الطبقة الاجتماعية الضعيفة (الدنيا) الذين يميزون بدرجة أكبر من الإهمال وعدم الاهتمام في أبنائهم تعلمهم وتقدمهم والمستوى التعليمي التحصيلي الذي يصلون إليه (هنا يجب التأكيد على أن نسبة لا بأس بها من الأسر ذات المستوى الاجتماعي المنخفض لا ينطبق عليها هذا القول لأنهم يهتمون اهتماماً كبيراً جداً بتعليم وتحصيل أبنائهم التعليمي ويعملون كل ما في وسعهم لتحقيق هذا الهدف الذي تسعى إليه الأسرة كل الوقت، وتأكيداً على ذلك الأعداد الكبيرة من الأسر المذكورة يصلون إلى مستويات تعليمية عالية جداً وينجحون نجاحاً كبيراً في مراحل تعلمهم ويصلون إلى مراكز عالية جداً لا يصل ’ليها أبناء الأسر من المستويات الاجتماعية الأخرى). أي أن الأطفال الذين ينحدرون من أسر تهتم بهم يحصلون على تحصيل أعلى وأفضل من أبناء الأسر التي تهملهم ولا تعطيهم أي اهتمام. ولكن يجب أن نذكر أن الطموح الزائد عن الحد والذي لا يأخذ بالاعتبار الطفل، قدراته ورغباته، يؤدي إلى تأثير سلبي على الطفل

وتحصيله لأنه يؤدي إلى بعد الطفل عن المدرسة وكراهيته للتعليم والمعلمين والأهل في معظم الحالات. أما بالنسبة لطموح الوالدين من الأسر ذات المستوى الاجتماعي المنخفض فإن الاتجاه السائد هنا هي أخذهم الموضوع بنوع من البساطة مما يترك المجال مفتوحاً أمامهم ولا يجعلهم يكرهون التعلم والمعلمين بل على العكس من ذلك، فإن نسبة عالية منهم قد توجد لديهم الدوافع والمثيرات الحقيقية للتعلم والتحصيل والنجاح والوصول إلى مستوى تعليمي عالٍ. وفي الكثير من الحالات يترك الوالدان الأمر كما هو، وكل النتائج تكون مقبولة.

كما ويظهر الفرق واضحاً في طموح الوالدين بالنسبة لتعليم الأطفال الأعمال التي سيعملون بها في حياتهم المستقبلية، حيث يفترض الوالدين من المستويات الاجتماعية المتوسطة أن أطفالهما سوف يتعلمون تعليماً عالياً في الجامعات أو المعاهد العليا، وهذا بدوره يفرض عليهم أن يكون تحصيلهم الدراسي والمستوى التعليمي والمعرفي الذي يصلون إليه عالياً ويتفق مع مكانتهم، أما الوالدان من المستوى الاجتماعي المنخفض فإن طموحهما وقلقهم على المستوى التعليمي والتحصيلي الذي يصلون إليه من دراستهم المدرسية يكون منخفضاً ومتدنياً، ولكن لهذه القاعدة شواذ حيث نجد نسبة معينة من الوالدين يهتمون اهتماماً كبيراً بتعليم وتحصيل أطفالهم الدراسي (اسماعيل، 1982).

إن الأسر المتوسطة تفترض وترغب في أن يتعلم أبناؤها مواضيع مهنية مثل الطب والهندسة التي يكون مجال العمل فيها مضموناً ومؤكداً. لذلك فهم يضغطون على الأطفال منذ اللحظة الأولى لدخولهم المدرسة ويعملون معهم بصورة متواصلة ليصلوا إلى تحصيل دراسي عالٍ يؤهلهم لدخول الجامعات وتعلم المواضيع المذكورة والعمل بها في المستقبل والتي لها تأثير اجتماعي كبير جداً على الأسرة ومكانتها وتعامل الآخرين معها.

أما الأسر البسيطة فإنها في معظم الحالات تكتفي بأن يتعلم الأطفال المهن الصناعية لكي يعملوا بها في المستقبل، لأن المهم أن يعمل الإنسان في مهنة يعيش منها بكرامة واحترام، لذلك فإن معظم الآباء لا يضغطون على أطفالهم عندما يدخلون المدرسة لأول مرة وفيما بعد ليحصلوا على التحصيل العالي بل يكتفون بالتحصيل الدراسي العادي (هناك نسبة لا بأس بها من هذه العائلات التي تضغط الأطفال وتعمل كل ما في وسعها منذ اللحظة الأولى لدخول الطفل المدرسة لكي يحصل على مستوى

تحصيل دراسي عالٍ يساعده في تعلم المواضيع المهمة مثل الطب والهندسة، والقانون وغيرها).

إن طموحات الوالدين من جميع المستويات الاجتماعية التي تحدثنا عنها إذا لم تراعِ وتهتم بميول الأطفال ورغباتهم وتوجهاتهم فإنهم يتركون المدرسة والتعليم ويكرهون كل شيء له علاقة بالمدرسة والتحصيل. لذلك يجب على الوالدين مراعاة قدرات الأطفال ورغباتهم وميولهم وعدم الضغط الزائد عليهم الذي قد تكون له عواقب نفسية وخيمة جداً لم يحسب لها الوالدان الحساب الصحيح.

ثالثاً: مفاهيم الوالدين الخاطئة تؤدي إلى تحصيل دراسي منخفض

تشير نتائج البحوث والدراسات التربوية-النفسية إلى قيام الوالدين بعملية تعليم وتدريب وتمرين الأطفال على التعلم في مرحلة مبكرة من الطفولة المبكرة وقبل وصولهم إلى النضج والاستعداد الجسدي والعقلي والانفعالي والاجتماعي المطلوب الذي يمكن بعده القيام بأي عمل يستفيد منه الطفل ويؤدي إلى تطوره النفسي والشخصي، أما الاستعجال ومحاولة اختصار المراحل الطبيعية للنمو والتطور، يمكن أن نقول أنها ممكنة الحدوث ولكن نتائجها غير مضمونة في معظم الحالات، وفي الكثير من الحالات لا يمكن الحصول منها إلا على عواقب وخيمة لا تكون في مصلحة الطفل، أي أن النتائج تأتي بعكس ما نريد لأن الطفل يعيش ويمر في أول مواقف الفشل وخيبة الأمل، مما يترك لديه خبرة سيئة تؤثر بصورة واضحة عليه في المستقبل حيث يفقد الثقة بالنفس والقدرة على إنجاز أي شيء يطلب منه، وهذا بدوره يقلل من احترامه لذاته وقدراته وشخصيته ويجعله يشعر بالإحباط وعدم الحيوية والنشاط، كما ويجعله يشعر بالخوف من الإقدام على القيام بالأعمال لأنه لا يملك القدرة على الإنجاز خشية الوقوع بالفشل.

ويمكن القول بأن معظم الأطفال الذين يعانون من مشاكل دراسية بسبب ضعف قدراتهم على التحصيل والتعلم مثل الأطفال العاديين، والأطفال الذين يفشلون في الدراسة والتعلم هم في معظم الحالات طلاب لم يتلقوا أي عناية أو اهتمام بالنواحي الفكرية والمعرفية في محيط الأسرة والبيئة التي يعيشون فيها، وحرموا من فرصة التعلم في جيل ما قبل المدرسة ولم يدخلوا الحضانة ورياض الأطفال.

وعليه فإن السؤال الذي يطرح نفسه في مثل هذا الوضع، هل يجب أن نرسل أولادنا للمدرسة الابتدائية مبكراً، أي قبل بلوغهم الجيل الإلزامي والقانوني المتفق عليه في معظم دول العالم وهو جيل **6سنوات؟**. (إن هذا السؤال يرجعنا إلى ما ذكرنا من قبل بأن التعليم والتدريب والتمرين الذي يعطي للأطفال قبل وصولهم إلى النضج والاستعداد للتعلم لا يأتي بالضرورة بالنتائج التي نريد الوصول إليها مع الأطفال وهي اختصار بعض مراحل النمو والتطور).

إن الكثيرين من الآباء يسرون ويفرحون لدخول أطفالهم المدرسة مبكراً وينتابهم الحزن والأسف والألم والغضب عندما ترفض المدرسة قبول أولادهم وتأخيرهم للعام الدراسي المقبل. وذلك لأنهم يعتقدون بأن التعليم عبارة عن عملية سباق، أي كلما دخل طفلهم السباق مبكراً فإنه ينتهي منه في فترة مبكرة، ويرون بصورة دائمة بأن طفلهم لديه القدرة والاستعداد للتعلم وقد وصل إلى النضج الكافي واللازم لعملية التعليم والتقدم، في الوقت الذي لا يملك الطفل هذه الصفات ولذلك نرى أنه قد أصيب بالإحباط لعدم قدرته على التعليم مثل الآخرين وكان مصيره الفشل في نهاية العام الدراسي أو بدل أن ينهي مبكراً تأخر إلى عام آخر، أو كان ذلك مؤشراً لما سيحدث معه في المستقبل، والذي يكون في غالب الأمر هو التسرب والانحراف وترك المدرسة.

ولقد أثبتت الأبحاث والدراسات التي أجريت في مجال التحصيل الدراسي أنه كلما كبر جيل الطفل عند بداية دخوله المدرسة الإلزامية كانت فرص نجاحه أكبر في مجال التعليم والتفاعل الاجتماعي والانفعالي. من ناحية أخرى تبين أن معدلات الفشل في المدرسة الابتدائية يزداد بسبب البدء في تعليم الأطفال القراءة والكتابة والحساب في جيل خمس سنوات. لذا فإن إصرار الوالدين على دخول الأطفال المدرسة في جيل مبكر يجعلهم المسؤولين عن مستوى التحصيل الدراسي الذي يصلون إليه والذي يكون في معظم الحالات متدنياً جداً أو أنهم يفشلون فشلاً ذريعاً في الوصول إلى أي تحصيل دراسي ويكون ذلك سبباً مباشراً لعدم استمرارهم في المدرسة. أيضاً تلعب اتجاهات الآباء السلبية المقصودة أو غير المقصودة تجاه المدرسة والتعليم بصورة عامة، واتجاهاتهم نحو المعلم، جميعها تؤثر بصورة واضحة على نفسية الطفل تأثيراً بالغاً يصعب إزالته طوال الفترة التعليمية التي يقضيها في المدرسة.

إن عملية تصوير الآباء للمدرس على أنه أداة للعقاب والتعذيب أو أنه السلطة التي لا تقهر في المدرسة والتي يجب على الطفل أن يخافها، يجعل الطفل ينفر من المعلم دون أن يكون سبب لذلك ودون وجه حق، ويصل هذا الشعور إلى الكراهية للمعلم فيضم أيضاً الكراهية للمدرسة مما يجعل الطفل يتجه إلى الهروب والتسرب، الأمر الذي يكون له أثر كبير على تعلمه وتحصيله الدراسي.

أيضاً عندما ينشأ ويتطور شعور الكراهية لدى الطفل نحو المدرسة والمعلم فإن ذلك يجعل من التحصيل الدراسي مستحيلاً وإن حصل عليه فإنه يكون متدنياً جداً، لأن كراهية الطفل لشيء تؤدي إلى عدم إعطاء هذا الشيء أي نوع من أنواع الاهتمام، وان أعطى فإن ذلك يكون بسبب ضغط الوالدين أو العقاب الذي يعاقب به من جانبهما وجانب المعلم.

ج. العلاقة بين الأسرة والمدرسة وأثرها على تدني التحصيل الدراسي

الأسرة والطفل

عندما يذهب الطالب إلى المدرسة للمرة الأولى لا يكون نضجه قد اكتمل بعد، حيث يكون طوال مرحلة الطفولة المبكرة مع أسرته ويتوقف نموه النفسي والعقلي والاجتماعي الجسدي على الأسرة التي يعيش فيها بالإضافة إلى جميع الأفراد الذين تربطهم بالأسرة علاقة قرابة أو جوار.

وعليه فإن الأسرة تعتبر البيئة الاجتماعية الأولى للطفل، وهي التي تعمل على تشكيله حسب الأوضاع السائدة بين أفرادها، أي أنها عبارة عن الخلية الأساسية التي تعتمد عليها تربية الطفل، قبل انتقاله إلى المؤسسات والأطر الاجتماعية الأخرى، كما وأن الأسرة هي بمثابة الوسيط الرئيسي والأساسي بين شخصية الفرد والحضارة الاجتماعية التي ينتمي إليها.

أيضاً في مرحلة الطفولة تتكون وتتكامل شخصية الفرد من خلال وجوده مع الأسرة يؤثر ويتأثر بها، وتنتقل إليه من خلالها القيم والعادات والمعتقدات الاجتماعية والأنماط السلوكية والمهارات الحياتية، التي بالاعتماد عليها سوف يعيش ويتفاعل ويعمل مع جميع الأفراد من حوله. وفي هذا المجال يؤثر بصورة ملحوظة تعليم الأب والأم في التربية البيتية، كما يؤثر عليه بناء المنزل، وطريقة الحياة التي تعيشها الأسرة، والمستوى الاقتصادي والاجتماعي للأسرة. وتختلف التربية من بيت لآخر ومن أبٍ لآخر ومن أمٍ لأخرى ومجتمع لآخر. حتى ترتيب الطفل في الأسرة الواحدة يؤثر تأثيراً خاصاً في تربيته. فإذا كان أكبر طفل، أو أصغر طفل، أو الابن الوحيد بين عدد من الأخوات أو الأخت الوحيدة بين عدد من الأخوة، أي أن تربية الطفل تختلف باختلاف الظروف التي تحيط به.

والأسرة التي تعيش في مجتمع معين، ترتبط به ارتباطاً قوياً وأساسياً من ناحية نظمه الاجتماعية، لذا فإنها عندما تعمل على تربية أطفالها تؤدي بذلك خدمة لنفسها أولاً وللمجتمع فيما بعد. والأسرة بطبيعة الحال كانت تقوم بجميع الوظائف التربوية والتعليمية لكن هذه الوظائف بدأت تنخفض بصورة تدريجية، بسبب تعقيدات الحياة وصعوبتها. والأسرة هي الجماعة الإنسانية الأولى التي يتعامل معها الطفل، والتي

يعيش معها سنوات عمره الأولى، وتظهر أهمية الأسرة ومكانتها وخطرها في تشكيل شخصية الطفل حيث تزداد قابلية التشكيل كلما كان الطفل صغيراً.

في المجتمعات البدائية كان الطفل يتلقى دروسه الأولى في أسلوب الحياة والعيش والتفاعل مع الآخرين، من والديه وكبار الأسرة، وكأن تكيف الطفل مع الحياة من حوله يتم بمشاهدة ما يقوم به الأب والأم من أعمال يتعلم عن طريق المشاهدة والمحاكاة والتقليد ولقد بدأت التربية تصل إلى فئة من الناس أكبر وأشمل من الأسرة.

وفي عصرنا الحالي أخذت أهمية التربية البيتية تزداد، حيث يقضي الأطفال سنواتهم الأولى مع الأسرة، يتلقون دروسهم المبكرة في التربية ويتعلمون ما هو الخطأ والصواب وكيفية التعامل مع الآخرين فتتكون وتبني شخصيتهم وتتأثر حياتهم وسلوكهم اليومي نتيجة لتربيتهم الأسرية (أوبير 1977؛ بركات 1979؛ ناصر، 1989).

وفي العادة يتقمص الأبناء مشاعر واتجاهات وميول والديهم من المدرسة والتربية. فمثلاً الأهل الذين يقدرون التربية والتعليم، ويقدرون جهود المعلمين الذين يعلمون أبناءهم، فهم يشجعون الاتجاهات الإيجابية لدى أبنائهم نحو المدرسة وأهميتها. أما الأب الذي يقلل من أهمية المعلم ومكانته فإنه في نفس الوقت يقلل من اتجاهات الابن الإيجابية نحو المدرسة ويخلق بدلاً منها اتجاهات سلبية، وبالمقابل فإن الأب الذي يعطي التربية أهمية ويقلل من أهمية القراءة فإنه يؤدي إلى عدم اهتمام الابن الاهتمام الإيجابي بالمدرسة. والعكس من ذلك يحدث مع الآباء الذين يحاولون دائماً إظهار مدى أهمية التربية والتعليم والمدرسة والمعلمين لأنهم يقدرون التقدير الصحيح مكانه وأهمية كل عنصر من هذه العناصر بالنسبة للأبناء وتقدمهم وبالنسبة للمجتمع بصورة عامة. لذا فإن مثل هؤلاء الآباء يزداد تقديرهم للأبناء كلما زادت قيمة ومقدار تحصيلهم العلمي والثقافي. ولكن يجب أن نذكر أن الأهل بصورة عامة يتقبلون إخفاق بناتهم أكثر من تقبل إخفاق أبنائهم، وذلك لأن الأبناء هم المسؤولون عن الاهتمام بالأسرة وتوفير حاجاتها الأساسية اليومية من خلال قيامهم بالأعمال اليومية التي تضمن توفير الدخل المطلوب.

المدرسة والإنجاز المدرسي

المدارس بصورة عامة تشترط على جميع الطلاب الذين يلتحقون بها أن يكونوا أولاً وقبل كل شيء على خلق ويتمتعون بالصفات الأخلاقية الحسنة والسلوك الإنساني الجيد والمقبول على الآخرين الذين سوف يتعامل ويتفاعل معهم خلال اكتسابه للمهارات التعليمية الأساسية والضرورية وخلال تطويره لقدراته العقلية والتحصيلية،

وذلك من خلال المحافظة على الالتزام والانضباط في الدوام المدرسي أثناء أوقاته المعينة والمحددة من قبل. ويقوم بواجباته المدرسية والبيتية، التي لها أهمية كبيرة، فتكون ذات معنى بالنسبة للطالب ولها أهميتها عنده، ولها منهاجها الذي يبعث على روح التحدي عند الطلاب ويركز على الموضوعات الأساسية مثل اللغة والرياضيات والعلوم،كما ولها هيئة تدريسية ثابتة تعمل على بناء علاقات وثيقة مع الأهل وتشركهم في القضايا التي تتعلق بقدرات الطلاب ومواهبهم، أي أن المدرسة التي تعطي لهذه الاهتمامات مكانة واهتماماً فإن ذلك يؤدي إلى تحضير طلاب يتمتعون بالمهارات التعليمية الخاصة مما يجعل المدرسة تسبق غيرها من المدارس في المستوى المتميز، تلك المدارس التي لا تتوافر فيها مثل هذه الصفات والمميزات والخصائص وبالقدر الذي تتوافر فيه الصفات والخصائص المميزة للمدرسة فإن هذا يؤدي إلى رفع مستوى الإنجاز والتحصيل المدرسي (عدس، 2000).

وبما أن هذه الخصائص والصفات لا تتوافر في جميع المدارس وخصوصاً المدارس العامة، فإن ما نلاحظه هو تدني الإنجاز المدرسي وخصوصاً عندما لا توجد علاقة وثيقة ترتبط بين الأهل والمدرسة وجميع العاملين فيها خصوصاً الإدارة والمعلم المربي الذي يكون على علاقة قوية ومتواصلة مع الطلاب. وسوف نركز في هذا الموضوع على علاقة الأسرة بالمدرسة وما لها من أهمية تعليمية ونفسية وتأثير مباشرة على الطالب وما يحدث معه من أحداث يومية.

المدرسة وعلاقتها مع الأسرة

يعتبر موضوع العلاقة بين الطالب والأسرة والمدرسة من المواضيع الهامة التي تؤثر تأثيراً مباشراً على الطالب وبصورة عامة وعلى مدى إنجازه المدرسي ومستوى تحصيله العلمي، لأن الأسرة والمدرسة يعتبران عاملين مهمين وأساسيين خصوصاً في تربية الطلاب حيث تكمل المدرسة ما بدأته الأسرة في مراحل النمو الأولى أو في الحياة اليومية التي يتأثر بها الطالب في الأسرة ويحصل منها على الأسس الأولى. ثم تستمر الأسرة وتعمل على إكمال ما قامت به المدرسة من عمل مع الطالب بعد وصوله إليها في الصباح كل يوم والتي تعمل معه على أسس أكثر فاعلية وأساليب أفضل، حيث أن المدرسة تقوم بإضافة أشياء من العادات والأخلاق إلى ما كان قد اكتسبه الطالب من البيت، وفي بعض الأحيان تكتشف المدرسة أن الطالب قد تعلم أشياء خاطئة غير مقصودة، وأن من واجبها أن تعمل على تصحيح هذه الأخطاء قبل البدء بالتعليم والتعلم والتربية.

ولكي تصل المدرسة إلى وضع قائم على التفاهم مع الأسرة وجب تعاون المعلم والمدير وجميع الطاقم الذي يعمل فيها حتى يكون انسجام وتفاهم في عمل البيت والمدرسة اليومي من خلال قيام كلِ جانب بواجبه مع الاستمرار في المحافظة على العلاقة والاتصال بينهم، لذا فإن دور الأسرة لا ينتهي عندما يذهب الأبناء إلى المدرسة، بل على العكس من ذلك فإن أهميته تزداد، لأن المدرسة تقوم بتعليمه خلال اليوم وبالذات حينما يتواجد في المدرسة مع الطلاب الآخرين، وعلى الأسرة أن تتمم ما قامت به المدرسة من تعليم عندما يعود الطالب إلى البيت وهذا بحد ذاته لا يتعارض أو يناقض عمل المدرسة، وهذا يعني عدم ترك الولد على هواه فيؤدي ذلك إلى نسيانه ما تعلمه أو يؤدي إلى انخفاض احترامه إلى التعاليم التي تعطى له في المدرسة أو إهمال محاسبته على الأخطاء التي يرتكبها، فيؤدي ذلك إلى هدم البيت وما بنته المدرسة خصوصاً أن المدة التي يقضيها الطالب في البيت تساوى ثلاثة أضعاف الفترة الزمنية المحددة التي يقضيها في المدرسة. وهذا بحد ذاته يعني أن البيت يلعب الدور الهام والأساسي في حياة الطالب التعليمية والمدرسية، والفائدة منها تتعلق بما يقدمه الأهل للابن من مساعدة وأعمال واهتمام وتوجيه حيث على هذه الجوانب يتوقف ما سيكون عليه الطالب في المستقبل.

وعليه فإن المدرسة تقوم بالتربية الصالحة والتعليم الصحيح (هكذا يجب أن يكون دور المدرسة، التي في حالات كثيرة لا يكون دورها قائماً على هذا الأساس لأن العاملين فيها لا يقومون بالواجب المطلوب منهم كما يجب)، وتربي عقل الطالب وتقوم بنفس الوقت بالاهتمام بجسم الطالب وصحته من خلال التربية البدنية وذلك حتى يتزود بالفضائل وأفضل العادات وأحسنها وحتى يكون بالإمكان تحقيق التعاون بين الأسرة والمدرسة لا بد للأهل أن يطلعوا على حقيقة عمل المعلم ويؤمنوا به، يتبعوه ويساعدوه وإذا تم هذا التعاون والتفاهم تمكنوا من إتمام ومتابعة دروسهم والواجبات التي تفرض عليهم. ولكي يتحقق هذا التعاون على أفضل وأكمل وجه يجب أن تكون هناك اتصالات دائمة ومستمرة بين الأهل والمدرسة واتصال بين المدرسة والأهالي، أي يجب أن يكون الاتصال في مثل هذه الحالة من نوع الاتصال الذي يسير في اتجاهين ويكون إيجابي (عريفج، 2000؛ عبد الرحمن، 1996؛ فايد، 1975؛ نصر الله، 1996).

إن سير المدرسة في الاتجاه الصحيح ومقدار نجاحها في أداء رسالتها ووظيفتها في تربية الأجيال الجديدة يتوقف على مقدار المساعدة والمعونة التي يقدمها المنزل للمدرسة، وعمله معها على تحقيق أهدافها وأغراضها التربوية وعمله على تغطية

نقصها، وما يبذله من جهد في تدارك ما تخلفه أعمالها من تغيرات في شخصية الطفل وتربيته.

لذلك يجب أن تتوافق الروابط بين المنزل والمدرسة وبين الآباء والمعلمين وأن تنظم بينهم قواعد التعاون على أداء رسالة التربية للطلاب في جميع مراحل التعليم والعمر.

فيجب على المدرسة أن تعمل على وجود التعاون بين الآباء والمعلمين وأن تنظم الحفلات والاجتماعات التي يتم فيها لقاؤهم مع بعض ويتبادلون الرأي في شؤون التربية والتعلم وعلاج أوجه النقص العامة والخاصة لبعض الطلاب. كما ويجب أن تنشئ المدرسة مجلساً للآباء يقوم أولياء الأمور بأنفسهم باختياره وتكون إدارته من بينهم، وتساعد المدرسة في إدارة شؤونها بما يقدمه إليها هذا المجلس من مقترحات وتوصيات وآراء.

وعلى المدرسة أن تقوم بإرشاد الآباء إلى ما يجب عليهم القيام به والذي يخص التربية الصحيحة لأبنائهم والإشراف على أعمالهم المدرسية وغيرها في الفترات الطويلة التي يقضونها في المنزل ومع الأسرة. ترشدهم إلى أفضل الوسائل التي يمكن إشغال أوقات الفراغ بها، بالإضافة إلى الإجازات والعطل الصيفية.

وترسل إليهم في فترات متقاربة تقارير مفصلة عن أخلاقهم وسلوكهم ومواظبتهم وقيامهم بواجباتهم ومقدار نجاحهم في مواد دراستهم وما يظهر لديهم من مظاهر النقص والانحراف وما يقترح لهم من وسائل العلاج.

وعلى الآباء من جانبهم الامتثال والاستماع لجميع هذه الإرشادات وتحقيق هذه التوصيات، وتذليل السبل والوسائل أمام أبنائهم للقيام بأداء واجباتهم المدرسية على أكمل وجه والعناية بصحتهم وتقوية أجسامهم ووقايتهم من الأمراض، حتى لا يحدث لديهم أي تأخر دراسي بسبب ذلك، الأمر الذي يؤدي إلى تدني تحصيلهم الدراسي.

أي العمل على تجنب كل الأمور التي من الممكن أن تؤدي إلى إعاقة الأولاد عن المواظبة أو أداء الواجب المدرسي وكل ما يمكن أن يؤدي إلى احتقار للمدرسة أو الحط من كرامة القائمين على شؤونها.

كما ويجب على الأهل ومجلس الآباء أن لا يدخروا وسعاً في تدارك ما يمكن أن ينتج من أعمال المدرسة من تأثيرات في شخصية أولادهم وفي تربيتهم، وأن يكملوا

بجهودهم الخاصة الجوانب التي لم تستطع المدرسة عملها أو أنها قصرت في أدائها في مختلف الشؤون المتعلقة بتربية أولادهم وإعدادهم إعداداً صالحاً للحياة (الوافي).

ولقد أشارت الأبحاث في هذا الصدد على أن نسبة55,3% من أولياء الأمور لا يشاركون في هذه المجالس، وأن نسبة 44,7% من أولياء الأمور يشاركون بالفعل فيها (والواقع الفلسطيني اليوم يختلف حيث عدد المشاركين الفعالين أقل بكثير من هذه النسبة بالرغم من الحاجة الماسة إلى اشتراكهم ومساعدتهم والإجابة التي تعطي دائماً الانشغال بأمور الحياة أو بسبب عدم الفائدة من المدرسة أو من اشتراكهم لأن هذا الاشتراك لا يؤدي إلى تغير أي شيء، والمدرسة في نهاية الأمر تفعل ما تريده هي ودون الاهتمام بأولياء الأمور أو حتى الطلاب). ولقد كان اهتمام الذين استجابوا وشاركوا، منصباً على التعرف على مستوى الطلاب الدراسي، والعمل على حل المشاكل بين المدرسة والأسرة. ومن المفروض أن أبناء هؤلاء الآباء سوف يكون تحصيلهم الدراسي أفضل وأعلى من الذين لم يهتم آباؤهم بتحصيلهم وبما يحدث معهم، ومثل هؤلاء يشعرون بأنهم عديمو الأهمية والقيمة.

أما بالنسبة للأسباب التي أدت إلى عدم مشاركة الوالدين أو أولياء الأمور في أنشطة المدرسة الخاصة بمجلس الآباء، فمن الممكن أن تكون بسبب عدم اهتمام إدارة المدرسة بما للأسرة من دور في العملية التعليمية والتربوية، أو لعدم اهتمام الأسرة بالطالب والمدرسة أو بمجلس الآباء أو لانشغال الوالد أو ولي الأمر بأمور الحياة ومشاكلها.

أهمية التعاون بين الأسرة والمدرسة

إن التعاون الذي يجب أن يكون بين الأسرة والمدرسة يعتبر من المواضيع الهامة التي تؤثر بصورة إيجابية على الطالب في معظم الحالات وتؤدي إلى رفع مستواه التحصيلي والتعليمي، وتكمن أهمية هذا التعاون في كون الطالب يقضي معظم وقته في البيت وبين أفراد الأسرة يؤثر ويتأثر بهم، وينعكس ما يكتسبه من إحدى هاتين البيئتين على سلوكه في البيئة الأخرى وعليه فإن التعاون بين البيت والمدرسة ترجع أهميته إلى الأسباب التالية:

1. إن الأسرة في تعاملها مع الطفل تميل إلى التسامح وتتسامح أكثر من المدرسة، لذا فإن إهمال الأسرة متابعة استمرار دوام أبنائها في المدرسة يؤدي إلى كثرة تغيبهم، وهذا يعني في نهاية الأمر تسربهم وعدم الالتزام في المدرسة مما يفقد

الطالب الصلة والعلاقة مع المدرسة وهذا بحد ذاته يخفض من فائدة التعلم لعدم تواصله، والتواصل هو أساس العملية التعليمية في جميع مراحلها.

2. تباين أوضاع وظروف الأسر (الاقتصادية والاجتماعية والسياسية والتعليمية) التي يأتي منها الأطفال إلى المدرسة، أي الفروق الفردية التي تلعب دوراً هاماً في سير العملية التعليمية التربوية، يجب أن تؤخذ بعين الاعتبار من جانب المدرسة معلميها والقوانين التي تسير عليها، حيث يؤدي تجاهل هذه الظروف والفروق، والتعامل مع الأطفال على أنهم بنفس المستوى إلى نتائج غير فعالة، وغير مقبولة وغير حقيقية لدى الجميع.

3. إن أعداد الطلاب الكبيرة الموجودة في الصف الواحد تحول دون إعطاء الفرصة الكافية من العناية والاهتمام بكل طفل من الأطفال والعمل على تطوره الذاتي المباشر والمناسب لقدراته ومستواه، مهما حاولت المدرسة والمعلم مراعاة الفروق الفردية والعمل على خفضها بين الطلاب، لذلك يجب على المدرسة التعاون مع الأسرة والبيئة وإشراكهم بصورة مباشرة فعّالة وصحيحة حتى يكون بالإمكان تغطية الاحتياجات الخاصة لكل طفل والتي يصعب على طرف واحد تغطيتها وتوفيرها

4. إن التصورات المتناقضة للمطالب الأسرية والمدرسية من جانب كل طرف عن الآخر من الممكن إن لم يكن مؤكداً ألا تكون صحيحة. لذا فإن التعاون بين هاتين المؤسستين يؤدي إلى تحقيق نوع من الصراع النفسي لدى المتعلم والصراع النفسي بدوره يؤدي إلى عدم القدرة على التركيز والفهم وبالتالي إلى الإنجاز المتدني.

5. إن التعاون بين الأسرة والمدرسة يؤدي إلى جعل خطة العمل التربوي التعليمي مشتركة بينهما، حيث يعمل كل طرف مع الآخرين على إنجازها، وذلك على أساس اعتماد أهداف مشتركة توجه عمليات التربية في المؤسستين.

6. إن التعاون بين الأسرة والمدرسة يؤدي إلى توضيح المواقف المختلفة بشكل أفضل ويساعد الطرفين على فهم ما يجب عمله بأفضل الطرق والأساليب ويؤدي إلى عدم تشديد الآباء على أطفالهم في قضاء كل وقتهم في الدراسة، الأمر الذي يؤدي بدوره إلى عرقلة ونمو وتطور الأبناء انفعالياً وجسدياً ونفسياً واجتماعياً، وهذه هي الجوانب الأساسية التي تعتمد عليها شخصية الطفل

وتكاملها وعليها يتوقف مدى تكيف الطفل مع الآخرين من حوله ومع المجتمع بصورة عامة.

ومن الجانب الآخر أي المدرسة يوجد بعض المعلمين الذين يفرضون على الأطفال واجبات كبيرة لا تتناسب مع مستوى قدرات الطفل الأمر الذي يجعله لا يجد الفرصة أو الوقت للقيام بالنشاطات الأخرى، التي تعتبر ضرورية جداً بالنسبة للطفل مثل اللعب والحركة والتنقل من مكان لآخر.

7. من الممكن أن لا تكون المدرسة ذات مستوى عالٍ وتطور كبير، والأسرة من جانبها ليست بالمستوى الذي يجعلها تهتم بالأهداف التي تصنعها المدرسة وتسعى إلى تحقيقها بالطرق والأساليب الحديثة والمناسبة، الأمر الذي يجعل التعاون بينهما صعباً ولا يؤدي إلى النتائج المرجوة من عملية التعاون والاشتراك الفعال بين المؤسستين.

لذا فإننا نجد أن التعاون بين الأسرة والمدرسة يعتبر من المهام والجوانب الضرورية جداً من أجل التوصل إلى خطة تربوية تعليمية تؤدي إلى رفع مستوى التحصيل التعليمي للطالب، وتطور قدراته العقلية التي تتوقف عليها العملية التعليمية جميعها.

أما في حالة فشل هذا التعاون فإن ذلك يعني عمل المدرسة وحدها في اتجاه معين والأسرة في اتجاه آخر، الأمر الذي يؤدي إلى تشتّت الطفل ويغرس في نفسه شعوراً بالضياع، ويؤدي مثل هذا الوضع إلى تدني تحصيله الدراسي، لذا يجب أن يكون اتصال مثمر وإيجابي بين الأسرة ة والمدرسة يضع أمامه مصلحة الطالب تقدمه وتطوره العلمي والتربوي.

أنواع الاتصالات بين الأسرة والمدرسة

الاتصالات التي تتم بين الأسرة والمدرسة أشكال وأنواع متعددة ومتنوعة إيجابية وسلبية نذكر منها:-

1. الاجتماعات مع أولياء الأمور

تقوم المدرسة التي تعمل حسب الأصول التربوية التعليمية الصحيحة والتي تهدف إلى مساعدة الطلاب ورفع مستوياتهم التعليمية وتطوير قدراتهم ومهاراتهم، مثل هذه الدراسة تنظم في العادة وتعد الترتيبات اللازمة لعقد

اجتماعات مع أولياء أمور الطلاب عدة مرات في العام الدراسي للتداول في شؤون المدرسة بشكل عام وما يهم الطلاب بشكل خاص، وللتعاون بين الطرفين حتى يكون بالإمكان توفير احتياجات المدرسة وطلابها، وللبحث في أمور الطلاب بصورة جماعية أو فردية وكيفية العمل المتواصل والمستمر بين الأهل والمدرسة مع الطالب أثناء تواجده في المؤسستين. ويمكن تشكيل مجلس آباء ومعلمين مشترك يعمل على توفير الجوانب المطلوبة، لأنه من الصعب على كل ولي أمر طالب أن يكون على اتصال دائم بالمدرسة(بالرغم من أهمية هذا الاتصال الشخصي) للتعرف على أحوالها واحتياجاتها وأحوال طلابها بصورة عامة، وأحوال أبنائهم بصورة خاصة. لهذا يجب إرسال تقارير دورية إلى كل ولي أمر طالب، تطلعه على وضع ابنه التعليمي والاجتماعي في المدرسة والمواهب والميول والاتجاهات الموجودة لديه، وتزوده بالإرشادات اللازمة ليعمل على تنميتها وتطويرها، وكيفية التعاون المشترك مع الآخرين من أجل تحقيق الأهداف المنشودة.

2. <u>الزيارات</u>

تقوم نسبة معينة من الأهل بزيارة المدرسة من حين لآخر وكلما وجدوا حاجة إلى لذلك في الوقت الذي يجب عليهم القيام بهذه الزيارات بصورة مستمرة، حتى يكون بالإمكان بحث المشاكل التي يقع فيها أولادهم أو تواجههم يومياً أثناء تواجدهم في المدرسة، بعد أن عجزوا عن وجود حل لها، أو يكون هدف هذه الزيارة الاتصال بالمسؤول عن المدرسة(المدير) والمسؤول عن الصف(المعلم) لينقلوا إليهم بعض المعلومات الخاصة عن أولادهم والتي يجب أن تعرفها المدرسة لما في ذلك من مصلحة للأولاد والمدرسة، أو للاستفسار عن سبب تقصير هؤلاء الأولاد في الدروس ومعرفة طريقة التغلب على هذا التقصير، سواء في البيت أو المدرسة. الأمر الذي يمكن الأهل من طلب المساعدة في التعامل مع أولادهم والإرشادات اللازمة التي تعنيهم وتفيدهم في اتباع الطرق والأساليب التي يساعدون فيها أولادهم على التقدم في دروسهم وتعلمهم وإنجاز هذه المهام والفعاليات التي تطلب منهم وبالتالي على رفع مستواهم التعليمي والتحصيلي.

وفي هذا المجال يجدر بنا أن نقول أن أولياء الأمور الذين يزورون المدرسة يقومون بذلك فقط عندما يشعرون بأنهم بحاجة إلى مثل هذه الزيارة، ويكونون

في الغالب من المثقفين أو من المهتمين جداً بأولادهم، ويحاولون دائماً مراقبتهم ومعرفة ما يدور معهم ويقدمون لهم الخدمات الضرورية من تلبية الحاجات الجسدية أو الحاجات النفسية التي تعتبر هنا هامةً جداً، ويجب أن نقول أيضاً أنه من الضروري جداً أن يكون هناك اتصال بين المسؤولين عن المدرسة وبين جميع الأهالي، إلا أن الكثيرين من أولياء الأمور لا توجد لهم أي صلة أو علاقة بالمدرسة ولا بالمعلمين الذين يعملون فيها، ويعود سبب ذلك 'إلى:-

1. عدم تقديرهم لأهمية المدرسة وأثرها على مستقبل أبنائهم وذلك لأسباب تتعلق بالأهل واهتماماتهم التربوية والتعليمية أو لأسباب تتعلق بالمدرسة اسمها وسمعتها وعدم اهتمام معلميها بالطلاب والعملية التعليمية.

2. الأهل مشغولون معظم الوقت في أعمالهم الخاصة أو الاهتمام بتأمين الجانب الاقتصادي للأسرة، لدرجة تحول بينهم وبين التوجه للمدرسة للحصول على صورة عن واقع أبنائهم الدراسي ومستوى تحصيلهم الدراسي التعليمي.

3. عدم خلق الأبناء لأي مشاكل سلوكية أو تعليمية مع معلميهم أو مع الطلاب الآخرين، الأمر الذي يتطلب قيام المدرسة باستدعاء الأهل إليها لإطلاعهم على هذه المشاكل والعمل معهم على علاجها. ولكن هذا ليس بالعذر الكافي لعدم قيام المدرسة بالطلب من الأهل القدوم إلى المدرسة والتحدث عن وضع ابنهم التعليمي والاجتماعي، لأن مثل هذه الزيارات تشعر الطالب بالأهمية والمكانة الخاصة لدى الأهل والمدرسة، أي أن لها تأثيراً نفسياً كبيراً جداً يعطي الطالب دفعةً قويةً إلى الأمام.

4. المستوى الأكاديمي التعليمي للأهل لا يمكنهم من تقديم أي نوع من أنواع المساعدة إذا كان الأبناء بحاجة إلى ذلك، ولكن هذا أيضاً غير دقيق أن شعور الطالب بوجود الأهل والسؤال عنه يكون له الأثر الكبير في الكثير من الحالات ويؤدي إلى تقدم الطالب ودفعه إلى العمل الجدي ليصل إلى نوع من التحصيل المرضي، وفي بعض الأحيان يؤدي وضع الأهل التعليمي إلى تحدي الطالب لهذا الوضع ويعمل بكل الجدية ويصل إلى نتائج جيدة.

5. يتردد الأهل في الحضور إلى المدارس حتى لا يسمعوا أي معلومات صعبة لا تحمد عقباها عن أولادهم خصوصاً إذا قام أبناؤهم بعمل بعض المشاكل السلوكية أو التعليمية. والمعلومات التي نقصدها هنا فصل الطالب النهائي أو لفترة زمنية قصيرة أو إعطاء الإنذارات والتحذيرات.

6. عدم شعور الأهل بوجود الاهتمام الكافي من جانب المسؤولين للقائهم في المدرسة حتى يكون ذلك مشجعاً لهم على زيارتها.

7. في العادة يحمل الأهل عن المدرسة صورة غير مشجعة وغير إيجابية حقيقية أو غير حقيقية، تتأثر في العادة بالصورة التي حملوها هم عن المدرسة التي تعلموا فيها (عدس،2000؛ عريفج،2000؛ عبد الرحمن، 1996؛ فايد،1975).

الاتصال بين المعلم وولي الأمر

إن الجو الأسري الذي يعيش فيه الطالب يعتبر من العوامل ذات الأهمية الخاصة التي تلعب دوراً هاماً في التأثير على قدرات الطالب وتطوير مهارته التعليمية والوصول إلى تحصيل علمي مميز أو متدن. لذا فإن معرفة هذا الجو مهمة جداً للمعلم لأنها تجعله يفهم ظروف الطالب فهماً جيداً ويتعامل معه على هذا الأساس ومن منطلق أخذ قدراته ووضعه الأسري في الحساب، وهذا بدوره يسهل على المعلم التعاون والتعامل مع أسرة الطالب وخاصة ولي الأمر(هذا إذا كان يحضر إلى المدرسة).

إن التعرف الشخصي على ولي الأمر مفيد للغاية في التعامل مع الطالب خصوصاً إذا كسب المعلم صداقته وثقته لأن هذا يجعل ولي الأمر يتعاون مع المعلم بصورة أكيدة ويكون ذلك في جو من الصراحة والصدق، والتقبل والعمل المشترك الذي يهدف إلى معالجة مشكلة الطالب إن وجدت، مثل التغيب عن بعض الدروس أو عن المدرسة أو التأخر الدراسي في موضوع معين، يدعي الطالب في الكثير من الأحيان أن المعلم لم يعط أي واجب ولم يطلب القيام بتحضير أي شيء (الشلبي، 2000).

مما ذكرنا حتى الآن نرى أن التعاون بين الأسرة والمدرسة والمعلم يعتبر من الأمور المهمة جداً في العملية التعليمية، حيث أن إطلاع أولياء الأمور على مدى تقدم أو تقصير أبنائهم يساعد في تطوير هذه العملية.

إلا أن الحقيقة والواقع المسيطر على العملية التعليمية والمدرسة يعكس شيئاً آخر يظهر إلى أي مدى لا توجد لدى عدد كبير من أولياء الأمور المتابعة والمعرفة لتحصيل أبنائهم، ويرجع ذلك للأسباب التي سبق ذكرها، لذلك فإن العلاقة المتبادلة بين الأسرة والمدرسة تنعكس على العملية التربوية والتعليمية وغيرها من المشاكل المتعددة الأخرى التي تحدث مع الطالب في المدرسة. كما أن عملية المتابعة والتقويم لكل من الطالب والمعلمين والأسر هي عملية متداخلة حيث أن كل فئة من هذه الفئات لها الرؤيا الخاصة ووجهات نظر متبادلة نحو كل منهما وهذا يظهر بصورة واضحة في متابعة الأسرة للأنشطة المدرسية ولسلوكيات الإدارة المدرسية والمعلمين نحو الطلاب ونوعية مستويات التعليم والأداء التعليمي بصورة عامة.

ومما لا شك فيه أن زيادة نسبة الأمية بين أسر المتعلمين من الطلاب وانحدار المستويات الثقافية وانشغال أولياء الأمور بالعمل لتوفير الحاجيات اليومية وتأمين الدخل الاقتصادي للأسرة يفسح المجال لممارسة العملية التعليمية التربوية للطلاب بدون رقابة أو متابعة جادة بين الأسرة والمدرسة. الأمر الذي يؤدي إلى زيادة المشاكل التي يقع فيها الطلاب، دون اهتمام من أحد، وهذا بدوره يؤدي إلى بدء الطالب في التغيب عن المدرسة، مما يساهم مساهمة كبيرة في تدني الإنجاز المدرسي بشكل عام والتحصيل العلمي للطالب بشكل خاص، مما يؤدي في النهاية إلى إجبار الطالب على ترك المدرسة بصورة نهائية، أو الطالب نفسه يشعر أن من الأفضل والأكرم له أن يترك المدرسة، لأنه لا توجد جدوى من استمرار ذهابه إليها، وبدل ذلك يذهب إلى العمل وكسب المال، الشيء الذي تشجعه بعض العائلات وتسعى إليه، لأنها بحاجة إلى المال، وفي نفس الوقت لا تقدر أهمية التعلم أو لا تملك المال الكافي الذي يضمن استمرار الطالب في المدرسة والعيش بصورة مقبولة اجتماعياً.

وبالاعتماد على التجربة الشخصية في موضوع العلاقات الأسرية المدرسية والاتصالات التي تتم بينهم في هذا الموضوع، من خلال العمل في معظم مجالات التربية ومراحلها المختلفة والتي تمتد إلى أكثر من خمسة وعشرين عاماً توصلت فيها إلى أن العلاقة التي تربط بين الأسرة والمدرسة تكاد تكون معدومة لأن نسبةً عاليةً من أولياء الأمور لا يحرصون على الإطلاع حتى الجزئي منه على مجريات العملية التعليمية والتربوية لأسباب عدة نذكر منها:-

1. أن عدداً كبيراً من الأسر لا تهتم ولا تحرص على متابعة سير العملية التربوية التعليمية لانشغال رب الأسرة في أعباء الحياة اليومية وتوفير مطالب الطالب الاقتصادية الضرورية والأساسية أو لأنه مشغول بنفسه ومستقبله وتقدمه العلمي أو لأنه مشغول بتوفير الحاجات الشخصية له، مثل المخدرات أو الكحول المنتشرة بين صفوف المجتمع. ولذلك فهو لا يجد الوقت الكافي للحضور(وأفضل أن لا يحضر) إلى المدرسة والسؤال عن تحصيل ابنه الدراسي، وحتى لو حضر فهو لا يستمع باهتمام وتركيز لما يخبره به المعلم لأنه على عجلة من أمره ويريد إنهاء المحادثة بسرعة ليعود 'إلى عمله أو مشاغله الشخصية. وهذا بدوره يؤثر تأثيراً سلبياً على الطالب، عندما لا يجد أن الأب لا يعير ملاحظات المعلم أهمية مما يجعل الطالب يرى في ذلك مبرراً لعدم الدراسة والتحصيل والإنجاز، (وفي بعض الحالات الشاذة يؤدي سلوك الآباء إلى دفع الطالب للجد والاجتهاد والحصول على أعلى مستوى من التحصيل العلمي.

2. اعتقاد نسبة عالية من أولياء الأمور بأن العملية التعليمية يجب أن تقوم بها المدرسة والمؤسسات التربوية المختصة بذلك. وعليه فإنهم لا يتابعون أولادهم في البيت ولا يكملون الدور الذي تقوم به المدرسة من حيث الاهتمام بالوظائف البيتية وتقدمهم الدراسي، الأمر الذي يدفع الطالب إلى الإهمال في أداء وظائفه وتحضيرها وإنجازها، وبالتالي إلى التراجع وعدم التحصيل الدراسي المقبول أو العالي.

3. بعض أولياء الأمور لا يقدرون عمل المدرسة ويجدون أن المعلم غير أهل لتعليم أبنائهم فيتعاملون مع المعلم بشيء من الشعور بالفوقية أو بعدم اهتمام ويشجعون أبناءهم على عدم الأخذ بأقوال المعلم، مما يؤدي إلى وجود فجوة في العلاقات المهنية والإنسانية بين المعلم والطالب وبين المعلم والأسرة، وفقدان الصلة والعلاقة بينهما يؤدي إلى تراجع الطالب ويوقف تقدمه التعليمي وهذا يعني أن تحصيله الدراسي سوف يتأثر تأثيراً واضحاً.

4. المشاكل السرية التي تسيطر على الأسرة وتؤثر على جميع جوانب حياتها وعلى تصرفات وسلوك أفرادها، مثل هذه المشاكل التي لا علم للمعلم بها تعني عدم استطاعته تقديم يد المساعدة للطالب، لذا فإن الطالب يعيش فيها كل الوقت وبطبيعة الحال يكون تأثيرها سلبياً على تقدمه وتحصيله الدراسي.

5. المستوى الأكاديمي للأسرة يلعب دوراً هاماً في مدى استعدادها متابعة تعليم ابنها أو مساعدته في دروسه، فإذا كان المستوى الأكاديمي بسيطاً فهذا يعني إهمالها في متابعة الأبناء بحجة أنها لا تعرف ما يتعلمه هؤلاء الأبناء، وهذا بدوره يؤدي إلى تراجع الطالب وإهماله أداء وظائفه المدرسية لأن أمه لا تعلمه أو تساعده على التعلم وأن الأب يرجع دائماً عندما يكون هو نائماً وهذا يعني أنه لا يجد من يساعده.

6. بعض أولياء الأمور يخافون من نتيجة تحصيل أبنائهم ويشعرون بالخجل لمجرد الفكرة أنهم عندما يحضرون إلى المدرسة فإنه وبالتأكيد سوف يسمعون أخباراً لا تسرهم بسبب سلوك أبنائهم أو تحصيلهم الدراسي فيجدون أن عدم الحضور يوفر عليهم هذه المشقة، وفي مثل هذا الوضع ينشأ بعد وجفاء بين المدرسة والأسرة، إن مثل هذا الوضع يؤثر على الطالب سلوكياً وتعليمياً لأته يعرف أن والديه لن يحضرا ليبحثا موضوعه مع المعلم.

جميع هذه الأسباب وغيرها تقف وراء عدم وجود علاقة بنّاءَه بين الأسرة والمدرسة وبطبيعة الحال تؤدي إلى عدم مشاركة الأسرة في العملية التربوية التعليمية، وهذا بالإضافة إلى أن عدم وجود الاتصال والتواصل المستمر بين الأسرة والمدرسة يؤثر تأثيراً سلبياً على الطالب حيث يدفعه إلى الإهمال في إنجاز واجباته التعليمية لأن الطالب بحاجة ماسة إلى حضور الأهل للسؤال عنه والاستماع لما يقوله المعلم عنه من مديح وثناء، وعلى المعلم أن يقوم بذلك بصورة دائمة ومستمرة وعليه أن يركز على الجوانب الإيجابية الموجودة لدى الطالب، والملاحظات السلبية تترك إلى نهاية المحادثات مع الأهل، ويجب أن لا يركز عليها المعلم خصوصاً أمام الطالب.

من ناحية أخرى نجد أن الأهل الذين يسمعون مديح المعلم لأبنائهم يشجعهم ذلك على زيادة حضورهم إلى المدرسة للسؤال عن ابنهم وتقدمه المدرسي وسلوكه الاجتماعي. أما في الحالات التي تكون الملاحظات عن الطالب مخالفة لتوقعات الأسرة فإن الأهل لا يحضرون ولا يتابعون ما يحدث مع الابن في المدرسة بل يقاطعون المدرسة حتى في الأوقات التي يجب عليهم الحضور فيها مثل اجتماع أولياء الطلاب أو الأنشطة التي تقوم المدرسة بتحضيرها.

الفصل الرابع

العلاقات الاجتماعية المدرسية وتأثيرها على التحصيل الدراسي

مدخـــل

من الصعب فهم سلوك الفرد فهما تاما إلا من خلال وجوده في جماعة، وهو الأمر الذي يحدث دائما لأن الإنسان بطبيعته مخلوق اجتماعي يؤثر ويتأثر بالآخرين، وهو بحاجة لهم مثل حاجتهم إليه ومعرفة تأثير الجماعة عليه تساعد على فهم السلوك الذي يصدر عنه. فمثلا يتردد الكثيرون من الناس عن الكلام في المواقف والحالات التي يجب فيها مواجهة أعداد كبيرة من الناس والمشاركة في الأعمال والفعاليات التي يقومون بها، وهذا يعتبر دليلا على مدى تأثير الجماعة على الفرد وقدرته على التعامل معها. فنحن نتواجد في جماعات اجتماعية ويفهم سلوكنا وسلوك الآخرين في هذا الإطار الاجتماعي، كذلك الأمر بالنسبة للطلاب والتلاميذ الذين يتواجدون في مجتمعات مختلفة وتتميز عن بعضها بأنواع التوجه والتعامل والسلوك الذي يصدر عنها وتبدأ هذه المجتمعات بالأسرة والأهل والمجتمع القريب والبعيد ومجتمع الأقران والأصدقاء وفي المدرسة وغرفة الصف، ولا يمكن فهم العملية التربوية التي يمر بها الطفل إلا إذا استطعنا أن نفهم تأثير هذه المجتمعات على سلوك الطفل أو الطالب بشكل منفرد أو مترابط ومؤثر في بعضه البعض. ومن خلال الوقوف عن قرب على نوع العلاقات التي تربط هذه المجتمعات داخلياً وخارجياً.

ولما كان الأمر هاماً فقد أجريت دراسات عديدة ومختلفة على المناخ الاجتماعي لأطفال المدارس الابتدائية أثناء وجودهم في غرفة الصف، ويجب أن نذكر أن جماعات الأطفال في الصفوف المختلفة تتباين فيما بينها تبايناً كبيراً، حيث أنه وفي بعض الصفوف يتحكم المعلم في كل شيء ولا يسمح لأي طالب بالمشاركة بأي شكل من الأشكال، أي أنه هو الذي يقف في مركز الأحداث ويتحكم في كل شيء، والطلاب مجرد مستمعين ومنفذين لما يريد من أعمال وما يعطى من أوامر، وفي الصفوف الأخرى يختلف الأمر حيث يبدو وكأن الصف لا قائد له وتجرى فيه العديد من الأنشطة والأعمال في نفس الوقت، وكأنه بدون معلم أو لا يقوم المعلم فيه بعمل أي شيء. وفي نفس الوقت توجد صفوف أخرى تغطي فترات طويلة من الوقت تناقش فيه أفكار معينة

ومختلفة فيما بينها لكي تصل إلى اتخاذ قرار جماعي لموضوع يهم الجميع يكون فيه رأي الطالب مخالفاً لرأي المعلم.

وعلى هذا الأساس نقول ما هو المناخ المناسب والمفضل الذي يجب أن يتخذ في تنظيم مكان التعليم والتعلم؟ وماذا يجب على المعلم القيام به بالنسبة للطلاب؟ وهل يقومون بتوجيه طلاب كل صف حسب ما يرونه مناسباً باعتبارهم الخبراء في شؤون الصف وطلابه من ناحية القدرات والمعرفة والسلوك؟ هل يتبع المدرسون سياسة الحرية المطلقة في التعامل والعمل والتعليم، ويتركون لكل طفل أو طالب التطور والنمو بطريقته وحسب قدراته والسرعة التي يمكن أن يسير بها؟ أم هل يجب على جميع من لهم علاقة مع الطالب القيام بمساعدته على تحديد أهدافه الأساسية كفرد من مجموعة أو كمجموعات من خلال إجراءات ديموقراطية تأخذ بالاعتبار الحاجات الشخصية والعمل على تطوير الذات وفي نفس الوقت تهتم بالحاجات الجماعية والاجتماعية؟ والسؤال الذي يطرح نفسه دائماً ما هي أفضل الأساليب والطرق التي يمكن اتباعها لأجل تحقيق هذا الغرض والأهداف.

لا توجد إجابة واحدة يمكن أن نقول أنها أفضل شيء وهي التي يجب أن تتبع في التعامل مع الطلاب وتربيتهم في جميع المراحل، بل يجب أن نأخذ بالاعتبار جميع هذه الاتجاهات، ولكن بشيء من الحذر والمراقبة حتى لا يصبح الأمر فوضى ولا يمكن السيطرة عليه ويكون تأثيرها في نهاية الأمر سلبياً ولا يفيد الطلاب في أي شيء بل يضر بمصالحهم وتقدمهم العلمي والتحصيلي، ومن الممكن أن يكون له تأثير واضح على تطور شخصياتهم وثقة كل واحد بنفسه.

من ناحية ثانية هناك اتجاه يقول بأنه لا يوجد أي رأي من هذه الآراء المتطرفة مناسباً للاستعمال والاتباع في غرفة الصف. ويؤيد هذا الاتجاه أن يكون المعلم صاحب السلطة والسيطرة وصاحب الكلمة الأخيرة. أي أن المعلم يجب أن يكون صاحب القرار الأخير وأن لا يعطي أهمية كبيرة لآراء الطلاب ومطالبهم، لأنه من الصعب توفير جميع مطالبهم والسير عليها. وعلى المعلم أن يكون هو القائد الذي يختار الأسلوب المناسب والذي يساعد على التعلم الفاعل ويكون قريباً جداً من نفوس الطلاب وميولهم.

إن استعمال مثل هذا الأسلوب خصوصاً إذا كان مدعماً من جانب الإدارة، يؤدي إلى رفع مستوى التحصيل العلمي لدى الطالب لأنه يتلقى المعلومات والفعاليات من معلمين يهتمون بالعملية التعليمية ووصول المعلومات والمادة للطالب بشكل سليم ويهمهم نجاح هؤلاء الطلاب بالمقام الأول.

أما الحالات التي تكون فيها العلاقة بين المعلمين والإدارة سلبية وقائمة على الكراهية وعدم الثقة، فإن ذلك سيؤثر بشكل مباشر على الطلاب وعلى تحصيلهم الدراسي وتقدمهم العلمي والسلوك الذي يصدر عنهم في المواقف المختلفة، والسبب هو كره المعلمين للمدرسة وعدم رغبتهم في العطاء لأنهم لا يحصلون على أي نوع من أنواع التشجيع والتعزيز من جانب الإدارة المكروهة من قبلهم ولا يوجد بينهم وبينها أي نوع من أنواع العلاقات التي تقوم على الاحترام المتبادل والزمالة والأخوة المطلوبة لنجاح العملية التعليمية، من أجل مصلحة الطلاب نجاحهم وتقدمهم، وهذه العلاقات يجب أن تقوم على أساس ديموقراطي سليم، حتى يكون بالإمكان الاستفادة منها علمياً واجتماعياً.

إن ما يوجد على أرض الواقع هو كون المدير القائد المتسلط الذي يفرض سيطرته على المعلمين بشتى الأساليب والطرق، مما يجعلهم يكرهون التعليم والمدرسة من أجله وبسببه، وفي مثل هذا الوضع فإن المعلمين يكرهون التعليم والطلاب ولا يقومون بعمل أي شيء من أجلهم ولا يريدون تعليمهم، ويتواجدون في المدرسة فقط من أجل الحصول على المرتب الشهري، أي لا توجد علاقة تربط بين المعلمين والطلاب، مما يجعل التحصيل المدرسي العلمي والتعلمي الذي يصل إليه الطلاب متدنياً جداً وفي حالة تراجع مستمر إلى أن يصبح لا فائدة من ذهابه إلى المدرسة.

الأطر الاجتماعية للعلاقات المدرسية

المجتمع المدرسي ينقسم في جوهره إلى قسمين أساسيين، القسم الذي يعطي العلم بوسائل وأساليب مختلفة ، والقسم الذي يتلقى ويستقبل العلم الذي يقدم له بتفاوت نسبي بين أفراد الطلاب والمتعلمين. وهو على هذا النحو مجتمع له استقراره النسبي، وقوانينه المحددة والواضحة وتنظيمه الاجتماعي الذي يتمثل في توزيع أفراده حسب الجيل والعمر الزمني الذي يتفق عليه ويختلف بين التلاميذ والذي على أساسه تتكون الصفوف والمستويات التعليمية، من ناحيةوالمدرسون من ناحية أخرى الذين يتفاوتون فيما بينهم من ناحية الجيل والقدرات العقلية والعطاء والإعداد المسبق، أيضاً يتفاوتون من ناحية توزيعهم على أساس المراكز التي يشغلونها والأدوار التي يقومون بها ويؤدونها بأساليب وطرق مختلفة ومستويات تتلاءم مع مستوياتهم المعرفية وقدراتهم العقلية.

من هنا فإن أطر العلاقات الاجتماعية في المدارس المختلفة تتشكل على أساس هذا التنظيم الاجتماعي وما فيه من تفاعلات اجتماعية متميزة ومتعددة.

وتضم هذه الأطر جميع العلاقات القائمة بين أفراد المجتمع المدرسي على اختلاف مستوياته وتوجهاته والأعمال التي يقومون بها، كتلاميذ ومدرسين وإداريين وعاملين آخرين مثل الأخصائيين على اختلاف تخصصهم، كذلك تضم العلاقات القائمة بين المجتمع المدرسي والمجتمع الخارجي، ويمكن تلخيص هذه العلاقات وتوضيحها على النحو التالي:-

أولاً: العلاقة بين الطلاب أنفسهم

إن علاقة الطلاب مع بعضهم البعض سواء كانت داخل غرفة الصف أو خارجه تنعكس بصورة واضحة في تفاعلهم وتعاملهم مع بعض أثناء القيام بالأنشطة التعليمية المختلفة التي تطلب منهم كجزء من العملية التعليمية والتربوية، فقد يكون هذا التفاعل تفاعلاً إيجابياً يأخذ مظاهر الحب والزمالة والتعاون والمشاركة والمنافسة الشريفة والعمل النافع والمنتج، وقد يكون ما يحدث من تفاعل تفاعلاً سلبياً يأخذ مظاهر الكراهية والفرقة والتشاجر والمنافسة الهدامة، وفي كلتا الحالتين فإن العلاقات التي تنشأ بين الطلاب يكون لها الأثر الأكبر على المدى القريب والبعيد فيما سيكون عليه مستواهم التحصيلي والتعليمي الذي يؤثر بصورة واضحة على تحديد مستقبلهم وتعلمهم، حيث من الممكن أن تؤدي هذه العلاقات إلى رفع مستوى التحصيل المدرسي التعلمي، لأن الطلاب يستفيدون ويتعلمون من بعضهم البعض إذا كان توجههم في الأساس إيجابياً، ومن الممكن أن يحدث العكس، وتؤدي العلاقات بينهم إلى خفض مستوى تحصيلهم العلمي والمدرسي، وذلك كنتيجة مباشرة للتربية التي نشأ عليها كل واحد منهم، والتي تؤدي إلى كون المنافسة بينهم هدامة وسلبية.

كذلك الأمر بالنسبة لتحديد علاقات التلاميذ مع بعضهم البعض على أساس عمرهم الزمني ومراحل نموهم المختلفة وحاجاتهم العقلية والنفسية والاجتماعية والجسدية، والتي نجدهم خلال تفاعلهم مع بعضهم، يحاولون إشباع هذه الحاجات بأساليب وطرق متعددة، فهم على سبيل المثال بحاجة إلى اكتساب المعرفة عن طريق طرح الأسئلة المتعددة في مجال أو مجالات مختلفة تهمهم بشكل خاص، ثم فحص الأشياء والبحث فيها، وهم أيضا بحاجة إلى تأكيد ذواتهم والشعور بتقديرهم وتقدير الأعمال التي يقومون بإنجازها، وإلى اكتساب رضا الآخرين وإعجابهم بما يقومون به من أعمال، أيضاً هم بحاجة إلى الشعور بالأمن والأمان والطمأنينة والانتماء إلى الجماعات المختلفة وعمل الصداقات، ومن ثم هم بحاجة إلى القيام بالحركة الجسدية واللعب والانطلاق مع الآخرين. وقد يكون لهذه الجوانب جميعها تأثير إيجابي واضح

على مستوى تحصيلهم وإنجازهم التعليمي والمدرسي، إن هذا يتبع إلى ما يحدث معهم من أحداث خلال تعاملهم مع الآخرين الذين قد تختلف أو تتنوع حاجاتهم ورغباتهم وطلباتهم مع بعضهم البعض وبالتالي يكون التأثر متناسباً مع ما يكونون عليه وما يقومون به من أعمال، والتي تتأثر بالمحيط والبيئة التي يعيشون فيها من ناحية وبالمدرسة والعاملين فيها واتجاهاتهم ورغباتهم وإرشاداتهم لطلاب من ناحية أخرى، فإذا كان تأثير الأهل إيجابياً والمدرسة كذلك، فإن تأثير الطلاب على بعضهم البعض يكون إيجابياً بنسبة عالية، وإذا كان تأثير الأهل والبيئة والمدرسة سلبياً، فإن تأثيرهم على بعضهم البعض سوف يكون سلبياً بنسبة عالية جداً.

لذلك على المدرسة ومن واجبها كبيئة تربوية واجتماعية، بذل كل ما في وسعها للعمل على إشباع جميع حاجات الطلاب من خلال العمل على تهيئة بيئة تربوية وتعليمية سليمة تتمثل في برامجها التعليمية والاجتماعية والترفيهية كأنشطة تربوية متكاملة.

وتستطيع المدرسة تحقيق ذلك كما يلي:

1. أداء المدرسة لدورها التربوي والتعليمي داخل الصفوف بصورة صحيحة: ويمكن تحقيق ذلك والقيام به عن طريق إتاحة الفرصة المناسبة للطلاب بالقيام بالمشاركة الفعالة في عملية التعليم والتعلم التي تقوم بالأساس على الأخذ والعطاء والمناقشة المنظمة والهادفة التي ينبغي أن تحدث بين الطلاب من جهة وبين الطلاب والمعلمين من جهة أخرى، أيضاً عن طريق إعطائهم الفرصة للتحقق من معرفة قدراتهم واستعداداتهم المدرسية من خلال قيامهم بإنجاز الفعاليات والمهام التعليمية المختلفة التي تعطى لهم، ويجب عليهم إنجازها. إن جميع هذه الجوانب تساعد المعلم على معرفة الفروق الفردية معرفة تامة والتعامل معهم على أساسها، حتى يستطيع مساعدتهم على رفع مستواهم التعليمي وتحصيلهم المدرسي ولكي يحدث ذلك على المعلم أن يعمل على توحيد طريقة تعامله معهم وتقيمه لجهودهم التقييم الصحيح والمناسب، فلا يقسو في تعامله ولومه على أحد. وفي نفس الوقت يتساهل مع البعض الآخر من الأفراد والطلاب، ولا يبالغ في تشجيعه للبعض الآخر، أو لا يعطيه للبعض الآخر منهم، لأن ذلك يؤدي إلى حقدهم على بعضهم البعض، وغيرتهم وكراهيتهم لبعضهم البعض، وبما أن المعلم هو سيد الموقف والمسؤول الأول والأخير داخل الصف، فإنه يعتبر الوحيد الذي يملك القدرة على تكييف موقفه

التربوي وتحديد أسلوبه التعليمي والتربوي، فقط يجب أن يكون ذلك بالاعتماد على الطرق والأساليب التربوية الصحيحة، والظروف الموضوعية المحيطة به داخل الصف والمدرسة. وهكذا يساعد على جعل العلاقات الاجتماعية داخل الصف إيجابية تساعد على دفع الطلاب للعمل على رفع مستواهم التحصيلي والتعليمي.

2. زيادة مجالات النشاط التعليمي والتربوي وتنويعها: بصورة عامة يرغب الطلاب في إشباع حاجاتهم الأساسية والضرورية الجسدية والنفسية، لكن غرف التعليم والدراسة لا تسمح لهم القيام بذلك وإنجازه إلا في حدود ضيقة ومعينة، لذلك فإن تكوين جماعات اللعب والنشاطات المختلفة وإيجاد مجالات الأنشطة المختلفة مثل الرياضة والجوانب الاجتماعية والفنون والتعليم والترويح ضرورية جداً بالنسبة للطالب لأنها تساعد الطاقات والقدرات والمواهب المختلفة في الظهور بأشكال متعددة تترك أثراً على شخصية الطالب وما يقوم به من أعمال وربما تساعد على رفع مستوى تحصيل مثل هذا الطالب وتجعل منه متفوقاً بعد أن كان تحصيله متدنياً أو متوسطاً.

أيضاً تساعد زيادة مجالات النشاط التربوي والتعليمي على إتاحة الفرصة للنمو التربوي السليم، وذلك عن طريق تأكيد علاقات التعاون والمنافسة الشريفة والعمل الجماعي فيما بين التلاميذ، والتي تؤدي إلى ظهور التفوق والأعمال البطولية الفردية والجماعية، وإقامة الصداقات الشخصية الجيدة، وهذه الجوانب في جملتها علاقات سليمة وإيجابية تؤدي إلى حدوث نمو فردي واجتماعي لدى الطالب يعمل بدوره على مساعدته في التغلب على الصعوبات المدرسية والتعليمية وتدني الإنجاز والتحصيل المدرسي الذي يعاني منه.كما وتزداد فاعلية هذه الجماعات خصوصاً عندما تقوم على أساس ديمقراطي يتيح الفرصة أمام جميع التلاميذ مشاركة إدارة المدرسة ومعلميها في تحديد مجالات النشاط داخل المدرسة وخارجها، وفي وضع نظم وقواعد للقيام بممارسة هذه الأنشطة وتقييم نتائجها فيما بعد. فمثلاً الأنشطة التعاونية المدرسية المختلفة يجب أن يقوم بها الطالب مثل حفلات التعاون والتخرج وغيرها، يجب أن تقوم على جهود الطلاب مع استعانتهم بنصائح المعلمين وتوجيهاتهم وإرشاداتهم، كذلك الأمر بالنسبة للرحلات، والمسابقات، ومشروعات العمل التطوعي داخل المحيط والبيئة الخارجية والتي تتطلب تنظيم الاتصالات مع هيئات المجتمع الخارجي وإقامة العلاقات معها.

إن اشتراك الطالب بهذه الفعاليات والأنشطة يترك أثراً إيجابياً واضحاً لديه يدفعه إلى بذل الكثير من الجهود للظهور بصورة إيجابية أمام الآخرين تساعد على بذل الجهود الخاصة في عملية التعلم ورفع مستوى التحصيل والإنجاز المدرسي الذي يكون له الأثر الأكبر على تحديد مستقبله واستمرار تعلمه، وحل مشاكله على أساس من الجهود الذاتية للطلاب، وقدراتهم على تحمل المسؤولية، وولائهم للمجموعة المدرسية وتعاونهم مع إدارة المدرسة واشتراكهم في الأنشطة المختلفة فيها.

3. <u>تنشيط عملية التوجيه النفسي واجتماعي التي يقوم بها الأخصائي الاجتماعي.</u> ويمكن القيام بذلك عن طريق تعزيز عمله ومساعدته ومعاونته من قبل الراغبين من هيئة التدريس وعن طريق تكوين جهاز للتوجيه والإرشاد التعليمي والاجتماعي، وبعدها يكون بالإمكان توسيع مجال النشاط الذي يقوم به الأخصائي النفسي والتربوي والاجتماعي ليتعدى نطاق بحث المشاكل وتسجيلها في سجلات تحفظ في المدرسة، ليصل إلى نطاقها الخارجي في المنازل وغيرها من الأماكن التي لها علاقة وصلة بمشاكل التلاميذ، كما ويقوم جهاز التوجيه التعليمي والاجتماعي الذي يضم المعلمين بتوجيه وتقويم التلاميذ ذوي الاتجاهات الانعزالية والميول العدائية وتقديم العلاج اللازم لهم، والذي يساعدهم على الوصول إلى التوازن الشخصي والاستقرار النسبي الذي يساعد بدوره على دفعهم إلى الأمام في تعلمهم وقدراتهم التحصيلية.

أيضاً يعمل جهاز التوجيه والإرشاد على توزيع الطلاب على الصفوف الدراسية وجماعات النشاط المختلفة الذي يقوم على أساس من التجانس في الأعمار والميول والرغبات، لأن هذا الجهاز سيكون هو أداة الاتصال غير الرسمي مع الطلاب، وبعد ذلك علاقتهم به علاقة قائمة على المحبة والطمأنينة والثقة المتبادلة. وبطبيعة الحال يؤدي ذلك إلى الشعور بالراحة النفسية والمكانة الاجتماعية التي تؤدي إلى وجود الدافعية للتحصيل المدرسي لديه.

وبصورة عامة فإن العلاقات والاتصالات التي تحدث بين الطلاب داخل الصف هي من نوع العلاقات والاتصالات الرسمية الشفوية في جميع مراحل التعليم والتفاعل الذي يحدث بينهم أثناء القيام بإنجاز العمليات التعليمية والتحصيلية والجوانب الاجتماعية والإنسانية التي تحدث أثناء تواجدهم مع بعضهم البعض. ونفس الاتصال الشفوي يحدث بين الطلاب والمعلم، ولكنه يتحول في بعض الأحيان إلى نوع من

المحادثات الجانبية والثرثرة التي قد تصل إلى حد التشويش والضجيج. وهذا بطبيعة الحال يؤدي إلى إعاقة سير العمل داخل الصف، مما يحدث خلل في نظام الصف وترتيبه. وهذا بدوره يثير الحساسية لدى قسم من المعلمين، لأن الضجة تعكر جو الصف وتعيق سير العمل فيه، وتؤثر على عملية الاتصال والتواصل التربوي وتطور العلاقات بين الطلاب أنفسهم من جهة ومع المعلم من جهة أخرى، وعلى التحصيل المدرسي بصورة عامة، لأن عملية الاتصال تتطلب الإصغاء والاستماع والتركيز التام أثناء القيام بعملية الإرسال أو الاستقبال. ومن الضروري معرفة مصدرها، هل هي من داخل الصف أم خارجه وهل هي من الأعمال المقصودة التي يقوم بها الطلاب أم أن مصدرها المعلم وما يقوم به من أعمال. على أية حال الضجة والتشويش يعتبران من معوقات عملية الاتصال والتحصيل المدرسي، لأنهما يؤديان إلى خلق جو لا يمكن معه الوصول إلى تحقيق النجاح في العملية التربوية والتعليمية بصورة عامة(نصر الله، 2001).

وفي اعتقادي أن العلاقة التي تتكون بين الطلاب تقسم إلى قسمين علاقة إيجابية وعلاقة سلبية. حيث تتميز العلاقة الإيجابية بمظاهر الحب والإخاء والتعاون والمشاركة والمنافسة الشريفة والعمل المثمر، وجميعها تؤثر على الطالب بشكل إيجابي مما يجعله يتقدم في تعليمه ويرفع من مستوى أدائه وتحصيله المدرسي وهو المطلوب في المقام الأول والمقصود من ذهابه إلى المدرسة ووجوده فيها حتى يكون نفسه ويضمن لحد ما مستقبله، كذلك الأمر بالنسبة للجانب الاجتماعي حيث يقبل عليه الطالب بنوع من الحب والاندفاعية من دون أي ضغوطات أو خوف، والسبب في ذلك كونه يشعر بالراحة من الناحية النفسية التي تجعله يحب المدرسة والتعليم والأصدقاء، كل هذا ينبع من ارتباطه النفسي الذي يرجع إلى العلاقة الوطيدة، التي كونها مع أصدقائه والتي جعلت أصدقائه يحبونه ويرضون عنه. أما بالنسبة للناحية الثانية التي قد تحدث معه، أي العلاقة السلبية وهي عكس الأولى تماماً بالإضافة لكونها تتمثل بأخذ مظاهر الكراهية والفراق والتشاحن والمنافسة الهدامة، والتي يكون لها الأثر الكبير على الطالب وخصوصاً في تحصيله الدراسي والسلوك الذي يصدر عنه. والسب في ذلك يرجع إلى عدم شعوره وإحساسه بالراحة النفسية خلال وجوده في المدرسة بسبب الوضع العام فيها وتصرفات الطلاب الآخرين معه، والعلاقة التي تربطه بهم، وهذا النوع من العلاقات هو المسيطر في الآونة الأخيرة لأن كل طالب يهتم بنفسه فقط بسبب التوجهات الاجتماعية العامة وعدم مقدرة المعلمين على تغيير مثل هذا الوضع أو لعدم اهتمامهم بذلك أو لأن السياسة التعليمية والتربوية تحث على ذلك، وهذا بحد ذاته يؤدي إلى أن يكره الطالب

المدرسة والتعليم ولا يرغب في الذهاب إليها والاجتماع مع الآخرين، ولا حتى المعلمين بسبب عدم مراعاتهم لقدراته الخاصة وميوله الشخصية والفروق الفردية بصورة عامة. كذلك الأمر بالنسبة للمعلم وعلاقة الطالب معه حيث تصبح قائمة على الكراهية والرفض الشخصي ورفض أي شيء يتعلق بالمدرسة وعدم الرغبة في الذهاب إليها، فإذا ذهب فإن ذلك يكون لسبب معين إما بسبب الضغط عليه من جانب الأهل وإجباره على عمل شيء لا يريده لأنهم يرون في ذلك مصلحته ومستقبله، وفيما يخص عدم ارتياحه النفسي فإن ذلك يرجع إلى عدم وجود الأصدقاء كما يريد هو وربما لكونه منبوذاً من جانب الطلاب وعدم قبولهم له كصديق لهم مما يجعله لا يستطيع التقدم في المدرسة تحصيلياً واجتماعياًَ لأنه لا يستطيع الدراسة والتعلم بسبب العوامل المتعددة التي يواجهها في المدرسة وتؤثر عليه بصورة مباشرة .

ثانيا: العلاقات بين المعلمين والتحصيل الدراسي

يعتبر المعلمون في المدرسة العمود الفقري الذي تقوم عليه العملية التعليمية برمتها وأي خلل فيه يؤثر بصورة مباشرة على سير هذه العملية وتقدمها بالشكل الصحيح والمجدي لمجهود الطلاب على اختلاف مراحل تعلمهم، لأن كل معلم يعمل على تطوير جانب معين أو مهارات معينة لدى الطلاب ويأتي الآخر ويعمل على تطوير جوانب ومهارات أخرى، أو يستمر في العمل التربوي والتعليمي والتحصيل مع نفس الطالب أو الطلاب. والعلاقات المتبادلة بين المعلمين والتي تربط بينهم وبين الطلاب تبدأ من بداية السنة حيث يقوم كل معلم بتحضير الملفات الخاصة بطلابه والتقارير التي تخصهم . إن مثل هذا العمل يعطي المعلمين الفرصة ليكونوا فريقاً واحداً يعمل بصورة مشتركة في تخطيط التدريس والتعليم والقيام بالاتصال مع بعضهم البعض ومع الطلاب والعاملين الآخرين، ومن الممكن أن يحدث عكس ذلك تماماً،بحيث لا توجد علاقة عمل بين المعلمين ولا يوجد الاستعداد لديهم لمثل ذلك، بسبب المطامع الشخصية أو عدم الرغبة في العمل أو عدم المعرفة والمقدرة على العمل، ومعنى ذلك أن المتضرر الأول والأخير هم الطلاب الذين يكونون ضحية لمثل هذه العلاقات، مما يؤثر على مستوى تحصيلهم الدراسي بصورة مباشرة ويجعل تحصيلهم متدنياً جداً. وهذا بحد ذاته يكون له أثر سلبي على مستقبلهم وحياتهم الاجتماعية.

ويمكن القول أن العلاقات بين المعلمين تبنى وتقوم على الأسس والعوامل الآتية:-

1. الدور القيادي الذي يؤديه المعلمون في العملية التعليمية والاتصالية، حيث من خلال عملهم واتصالهم وتفاعلهم مع بعضهم البعض، يقدمون العلم والمعرفة والمهارات

على أنواعها للطلاب، ويزودونهم بالخبرة التربوية أثناء وجودهم داخل غرفة الصف وخارجها، وحتى تكون هذه العملية مجدية لا بد أن تكون علاقة طيبة بين المعلمين يرون في مقدمتها مصلحة الطلاب والفائدة التي يجب أن تعود عليهم من خلال وجودهم في المدرسة. أما إذا كانت العلاقة التي نتحدث عنها بين المعلمين سيئة فإن ذلك سوف يعود على الطلاب ويكون له أثر سلبي جداً عليهم وعلى تحصيلهم المدرسي، وهذا ما يحدث في معظم الحالات والمدارس. إن على المعلمين القيام خلال عملهم وعلاقاتهم المشتركة بالعمل على ملاءمة خطة الدرس والدراسة مع ظروف الطلاب وحاجاتهم النفسية الضرورية التي تلعب الدور الفعال في توجيه عملية الاتصال والعلاقات الشخصية والمهنية والتفاهم والتفاعل بين المعلمين وملاءمة هذه الخطة مع ضغوط المجتمع الخارجي على المدرسة والذي يكون له في العادة دور لا بأس به ويستطيع التأثير بصورة واضحة على ما يحدث داخل المدرسة في الحالات التي يكون فيها اتصال دائم ومباشر بينه وبين المدرسة.

وعليه نقول أنه يجب أن تكون العلاقة فيما بين المعلمين قائمة على أساس الرغبة في العمل المثمر المتمثل في التخطيط المشترك والتنفيذ السليم والعطاء الكافي لإيجاد النمو التعليمي لدى الطلاب.

2. يعتبر المعلمون خير قدوة ومثلاً أعلى عند الطلاب، لذلك يجب عليهم أن يتحلوا ويتصفوا بالصفات والأخلاق الحسنة، وأن تجمع بينهم العلاقات الشخصية والمهنية الإيجابية، حتى يقتدي بهم طلابهم وتنعكس هذه الصفات على علاقاتهم مع بعضهم البعض وعلى علاقاتهم مع طلاب المدرسة ، لأن الطلاب يشعرون بسرعة وبسهولة تامة بنوعية العلاقات التي تجمع بين المعلمين إذا كانت طيبة أم سيئة وفي بعض الأحيان يستغل الطلاب مثل هذه المواقف ويقومون بأدوار سيئة تؤثر على علاقة المعلمين مع بعضهم البعض لأن بعضهم يقع في شباك الطلاب ويصغي إلى ما يقولون وينقلون أخباراً ومعلومات محرفة ومزورة، تؤدي إلى ظهور المشاكل بين المعلمين وتقطع عملية الاتصال الإيجابية التي كانت تربط بينهم، مما يكون له الأثر السلبي الكبير على الطلاب وتعلمهم وتحصيلهم الدراسي لأن المعلمين يهملون العمل ويهتمون بأنفسهم أو لا يسألون زملاءهم عن الطلاب وحاجاتهم التي يجب أخذها بالاهتمام وإشباعها. لذلك يجب على المعلمين أن يسعوا دائماً ليقيموا علاقات ود وتعاون ومشاركة في تحمل المسؤوليات في العمل بدلاً من العلاقات التي تقوم على أساس التنافر والتنافس السلبي والعداء أمام الطلاب، والتي لا تجدي أي نفع للطلاب، بل تؤثر على تحصيلهم وتعلمهم. لذلك يجب إقامة قنوات إتصالية مباشرة

صريحة وواضحة لا تترك مجالاً أمام أي إنسان للتدخل والعمل على إفساد العلاقات الاجتماعية الشخصية الجديدة التي تجمع بين المعلمين، ومن الضروري أن نذكر هنا أن الطلاب يرون في المعلمين المثل الأعلى الذي يقتدون به في معظم الأحيان، الأمر الذي يؤثر بصورة واضحة على اتجاهاتهم وأنماط سلوكهم ورغبتهم في التعلم من مثل هؤلاء المعلمين.

3. يؤثر اختلاف المؤهلات التخصصات القائم بين المعلمين من ذوي النفوس الضعيفة الذين يعانون من عقدة عدم القدرة على التكيف والتعاون مع الآخرين الموجودين معهم في نفس المدرسة أو المؤسسة التعليمية التربوية، إن مثل هذا الاختلاف والقدرة على التكيف يعود ضرره بصورة مؤكدة على الطلاب وعلى عملية التعليم والتعلم التي تصبح قليلة الأهمية بالنسبة للمعلمين، وهذا بالطبع يؤدي إلى عدم قيامهم بالواجب مما يؤثر على تحصيل الطلاب الدراسي ومستواهم التعليمي والاجتماعي. إن مثل هؤلاء المعلمين لا يملكون القدرة على الصمود أمام الضغوط المهنية، فمثلاً نرى أن المعلمين من ذوي التخصص الواحد، توجد بينهم علاقات اتصالية تختلف عن العلاقات التي تربطهم مع معلمين من ذوي التخصصات الأخرى. كما أن المعلمين الذين يحملون نفس المؤهلات العلمية، تجمعهم علاقات واتصالات تختلف اختلافاً واضحاً وملحوظاً عن العلاقات التي تربطهم مع معلمين مؤهلاتهم العلمية أعلى أو أقل.

كذلك الأمر بالنسبة للعلاقات والاتصالات التي تكون بين المعلمين أصحاب المراكز القيادية والوظائف المختلفة والتي تجمعهم علاقات تختلف في جوهرها ومضمونها عن علاقاتهم مع بقية المعلمين، وأيضاً لهذا النوع من العلاقات أثره الخاص على عطاء المعلمين وقيامهم بوظائفهم كما يجب، مما يؤثر في نهاية المطاف على الطلاب وتعلمهم وتحصيلهم ومستواهم العلمي وتحقيق الأهداف الأساسية التي يسعون لتحقيقها.

وعليه نستطيع أن نقول أن العلاقات بين المعلمين تتباين وتتوتر إلى الحد الذي يؤثر فيه على نشاطهم وفعالياتهم العلمية. وتنعكس آثار هذه العلاقة على الطلاب، وحتى نتغلب على جميع هذه المشاكل والصعاب يجب العمل على تهيئة الفرصة للزيارات المتبادلة خارج المدرسة، وفي المناسبات المختلفة، لأن مثل هذه الزيارات والفعاليات تؤدي إلى تقوية العلاقة وتطويرها بين المعلمين مما ينعكس إيجابياً على المدرسة وطلابها ويؤدي بصورة مباشرة إلى رفع المستوى التحصيلي لديهم.

ثالثا: العلاقات والاتصالات بين الطلاب والمعلمين

إن الاتصال والتواصل وتكوين العلاقات التي تحصل وتتطور بين الطلاب والمعلمين تقوم غالباً على عملية الأخذ والعطاء التعليمي، الذي يحدث داخل الصف والمدرسة، حيث يقدم المعلم تعليمه واتصاله لطلابه بأساليب وطرق مناسبة، والطلاب بدورهم يأخذون جميع المعلومات التي يعطيها المعلم ويستقبلون جميع الرسائل التي ترسل إليهم أثناء شرح المعلم مادة الدرس التي يرسلها إليهم عبر وسيلة اتصال أو قناة، استقبال الرسالة استقبالاً جيداً، يعني أن الطلاب في معظم الحالات يفهمون مضمون الرسالة بصورة صحيحة وكاملة، وإذا حدث نوع من عدم الفهم لموضوع الرسالة يطلب من المعلم الرجوع إليها مرة أخرى، أي أن الاتصال هنا يكون في اتجاهين يحصل منه المرسل المعلم على التعزيز بصورة مباشرة تجعل تقييمه سليماً لمدى فهم واستيعاب المعلومات التي تم إرسالها، وهذا يعني إمكانية التعديل السريع، ويعني أيضاً أن العلاقة بين الطلاب والمعلمين يمكن تحديدها على أساس الاحترام المتبادل، وتعاطف المعلمين مع الطلاب. والطلاب من جانبهم لديهم الرغبة والميل إلى التعلم والاستعداد للقيام بجميع الفعاليات والمهام التي تطلب منهم ويسلكون سلوكاً إيجابياً يدل على السعي وراء المعرفة والتحصيل ويبتعدون عن أنواع السلوك السلبية والمنفرة وتجمعهم علاقات جيدة مع بعضهم البعض، ودون ذلك لا فائدة من وجودهم في المدرسة ولا تجدي تصرفات المعلم الإيجابية أي نفع لهم. والمعلم من جانبه يجب أن يكون دوره متمثلاً في العطاء التربوي، وأن يكون قائداً تربوياً وتعليمياً. والقائد الحكيم والعاقل هو الذي يكون تفاعله مع أفراد جماعته إيجابياً ويؤدي إلى تطوير قدراتهم ويعمل على تجديد الطاقات الموجودة لديهم بالإضافة إلى عمله واهتمامه بتحقيق أهدافهم. ويمكن تحقيق العلاقات المهنية التعليمية والاتصالية والاجتماعية الصحيحة بين المعلم والطلاب بطرق وأساليب متعددة نذكر منها ما يلي:

1. كثرة التفاعل والاتصال بين المعلم والطالب في غرفة الصف وذلك عن طريق استعمال المعلم أساليب تعليم واتصال تضمن اشتراك الطالب المتواصل مع المعلم والطلاب أثناء نقاش بعض الجوانب العلمية. كذلك الأمر بالنسبة للتفاعل والاتصال في ساحة المدرسة ومجالات النشاط الأخرى، حتى يستطيع المعلم متابعة نشاط الطلاب وتكون لديه المقدرة على تقدير جهودهم وتشجيعهم على الاستمرار عن طريق تقديم النصائح لهم في الوقت المناسب.

2. العلاقات والاتصالات بين المعلمين والطلاب تزداد نتيجة لزيادة فرص المحادثات والمناقشات فيما بينهم في الموضوعات الهامة التي يهتم بها جميع العاملين داخل المدرسة وخارجها، الشرط الأساسي الذي يطرح نفسه هنا تناول الموضوعات بصورة موضوعية ودون إعطاء الرأي الشخصي الأهمية، لأن الموضوعية تساعد على نمو التفكير الابتكاري والعلمي من خلال تناول الأمور والحكم عليها بأسلوب طبيعي بسيط.

3. زيادة فرص اللقاءات الجماعية والاتصالات الإنسانية والاجتماعية التي تكون من نوع الاتصالات المثمرة بين المعلمين والطلاب، وذلك عن طريق الإعداد للندوات والمحاضرات التي يشارك الطلاب في إعدادها والإشراف عليها وفي أخذ دور فعال فيها بصورة تمكنهم من الانطلاق الفكري، وتغرس في نفوسهم وشخصياتهم الاتجاه الصحيح والسليم لإجراء الحوار والمناقشة والحديث الهادف، الشيء الذي لو حدث في مدارسنا بالشكل الصحيح لأدى إلى إعداد جيل من الطلاب على أعلى المستويات العلمية والاجتماعية مع القدرة على القيام بالاتصالات الإنسانية الهامة والضرورية لجميع أفراد المجتمع، ولكان له انعكاس على جميع نواحي حياتنا. من ناحية أخرى له تأثير مباشر على التحصيل العلمي والأداء الشخصي لكل طالب ويرتفع ليصل إلى أعلى مستوى وأفضل ما يمكن أن يصل إليه الطالب من قدرات وإنجاز للمهام التي يسعى لإنجازها.

4. تؤدي زيادة فرص الاتصال والتفاعل على أنواعه المختلفة-من أعلى إلى أسفل ومن أسفل إلى أعلى-بين المعلمين والطلاب، إلى إيجاد التجاوب الاجتماعي بينهم. ومعنى ذلك الشعور بالأمان والاطمئنان والهدوء والراحة النفسية وهي جميعها حاجات ضرورية جداً لحدوث التعليم والاستفادة والوصول إلى مستوى عالٍ من التحصيل الدراسي الذي يسعى إليه الطالب والأهل والمعلم.

ويمكن حدوث التجاوب والتفاعل الذي نتحدث عنه عن طريق القيام بالرحلات المدرسية المشتركة الهادفة خلال الإجازات القصيرة أو الطويلة، لأن مثل هذه الرحلات، تعمل على تقليص الحواجز بينهم، وتؤدي إلى إظهار الشخصيات على طبيعتها وحقيقتها لحد معين، وتؤدي مثل هذه الفعاليات والعمليات الاجتماعية إلى تمكين المعلم والطلاب من التعرف على بعضهم البعض عن قرب وبعمق وتفهم، مما يعمل على تنمية الإحساس بالعلاقات الأسرية التي تقوم على احترام الصغير للكبير والعطف

عليه، ويجعل الجميع يتعاونون على تحمل المسؤولية داخل المدرسة وخارجها وأثناء وجودهم في البيت مع الأسرة.

إن العلاقات التي نتحدث عنها والتي تقوم بين المعلمين والطلاب يتوقف عليها مستقبل الطالب التعليمي والاجتماعي ومدى قدرته على الوصول إلى أفضل مستوى من التحصيل المدرسي الذي يقف في مركز تطور وتقدم الفرد الشخصي، والذي يكون عليه الاعتماد في تطور شخصيته التطور الصحيح. إن هذا الجانب يتوقف على مدى الاستعداد الموجود لدى المعلم والطالب للقيام بواجباتهم ومسؤولياتهم كل في مكانه وقدرته على الاتصال والتفاعل مع الآخرين والتعلم والتعليم، عن طريق فهم الرسائل التي ترسل بهدف الحصول على المعرفة والتطور والتقدم المعرفي العلمي، والقدرة على الاتصال الإنساني والاجتماعي المثمر، الذي يؤدي إلى التفهم والرغبة في التعاون والعيش المشترك القائم على الإفادة والاستفادة من الخبرات والمعرفة العلمية المختلفة.

وفي هذا المجال ومن خلال الخبرة الشخصية أرى أن المعلم الذي يتعاطف مع الطلاب ويتفاعل مع أفراد جماعته تفاعلاً إيجابياً يؤدي إلى تنمية قدراتهم وتجديدها، بالإضافة إلى تحقيق أهدافهم الفردية والجماعية التي تتمثل في الوصول إلى مستوى جيد من التحصيل المدرسي الذي يساعدهم على تحقيق رغباتهم وميولهم في المستقبل، أيضاً هذا المعلم يشرك الطلاب قدر استطاعتهم في تخطيط مراحل العمل وتوزيع المسؤوليات والمقررات والالتزامات المتعلقة بنشاطهم التعليمي.

كل هذه العوامل تساعد الطالب على التقدم في التعليم وتجعله يصل إلى مراحل ممتازة ومتميزة من التعليم، والفضل بذلك يرجع إلى المعلم الذي يقف بجانب الطلاب حتى يتقدموا في تعلمهم وتحصيلهم المدرسي والاجتماعي الأمر الذي يجعلهم يحبون المدرسة والتعليم أكثر فأكثر، أما المعلم المتسلط والقيادي والذي لا يشرك طلاب الصف في أي موضوع من المواضيع التي تخصهم، فقط يرى نفسه الحاكم الذي يستطيع عمل كل شيء والذي يجب أن تنفذ أوامره وعلى الطلاب الإصغاء والتنفيذ والانصياع له في كل شيء يطلبه، الأمر، الذي يجعل من حياة الطالب صعبة ومأساوية مما يجعله يكره المعلمين والمدرسة والتعليم، وخصوصاً الموضوع الذي يعلمه هذا المعلم لأنه يعاني الكثير منه ومن المدرسة. وبالطبع في مثل هذا الوضع لا يمكن أن يصل الطالب إلى أي مستوى من مستويات التحصيل الدراسي لأنه لا يعمل أي شيء بسبب شعوره الصعب الذي يبعده عن كل ما يتعلق بالتعلم والمدرسة.

رابعا: علاقة المدير بالمعلمين والطلاب

إن العلاقة التي تربط مدير المدرسة بالمعلمين والطلاب يتوقف عليها مدى تطور المدرسة وتقدمها وتحديد مكانتها العلمية والاجتماعية بصورة عامة، وتطوير المعلمين مهنياً واجتماعياً بصورة خاصة، وعمل الطلاب بصورة جدية لتطوير شخصياتهم وقدراتهم وضمان نجاحهم وسعيهم نحو مستقبل أفضل، وهذه العلاقة التي نتحدث عنها مع مديري المدارس تتكون وتتطور وتقوم على أساس مراكزهم التي يشغلونها والأدوار التي يقومون بها في المجتمع المدرسي حيث أنه من الصعب أن يكون اتصال المدير بصورة مباشرة مع جميع المعلمين والطلاب بل يأخذ أشكالاً مختلفة تكون في معظم الحالات غير مباشرة ، وهذه العلاقات تتأثر بنوعيتها في العوامل الذاتية التي يتميز بها كل مدير مثل السن والخبرة والتجربة الشخصية التي يمر بها، ويمر بها كل شخص يتعامل معه. ويجب على المدير أن لا يقلل من مكانة المعلمين وأن يقدر جهودهم وأدوارهم ومكانتهم كأعضاء في الهيئة التدريسية التعليمية، وفي المقابل يجب أن لا يقلل المعلمون من قدر المدير ومركزه وأساليبه الإدارية وألا يعرقلوا أو يضعفوا قراراته.

لذلك يجب أن تكون علاقة المدير بالمعلمين قائمة على الأخوة والمحبة وضمان حرية الجميع واحترامهم. ويجب أن يذكر الجميع وبصورة دائمة أن مدير المدرسة هو القائد التربوي وموجه المعلمين وجميع الجماعات المدرسية لذا يطلب منه أن يكون ذلك القائد الناجح الذي يسعى ويدرك جميع وظائف القيادة . والتي نذكر منها ما يلي:-

1. القيادة الصحيحة هي تلك القيادة التي تكون قادرة على تنمية القدرات المختلفة والاستفادة منها مثل البصيرة والذكاء لدى أعضاء الجماعة التي توجد معها أو تحت قيادتها، لذلك يجب على المدير أن يبذل الجهد وبصورة دائمة للكشف عن القدرات والطاقات الموجودة لدى المعلمين ويعمل على الاستفادة منها وشحنها بصورة دائمة حتى يقوموا بواجباتهم بأفضل الطرق والأساليب التي تؤدي إلى استفادة الطلاب الاستفادة القصوى والوصول إلى أفضل المستويات العلمية والتحصيل المدرسي المطلوب، كذلك يجب على المدير أن يعمل على استثمار ذكاء المعلمين من خلال تفكيرهم المبدع في تخطيط البرامج الدراسية ومحتوياتها التعليمية وفي إيجاد الحلول للمشاكل التعليمية والدراسية لدى نسبة لا بأس بها من طلاب المدرسة الذين يعانون من قدرات متدنية وعدم القدرة على التحصيل المدرسي المطلوب بسبب مشاكل شخصية أو اجتماعية سلوكية أو قدرة على التأقلم والتفاعل الجماعي.

2. القيادة التربوية الصحيحة هي تلك القيادة التي تكون قادرة على التنسيق بين جهود أعضاء الجماعة التي تعمل معها لكي تجعل منها جهوداً منتجة وخلاقة يستفيد منها الطلاب علمياً واجتماعياً وتؤدي إلى تغيير واضح في قدراتهم ومستوياتهم التحصيلية. لذلك يجب على المدير أن يعمل على تنسيق جهود المعلمين بحيث لا تتعارض مع بعضها مما يؤدي إلى إضاعة فعاليتها دون الاستفادة اللازمة والمطلوبة منها، بحيث لا تنكر هذه الجهود مما يؤدي إلى خفض قيمتها أو تتركز في مجال واحد دون غيره، الأمر الذي يؤدي إلى تعثر خطة العمل وحدوث خلل في التوازن التعليمي والاجتماعي والسلوكي.

ويستطيع المدير القيام بالوظائف التي يجب عليه القيام بها على أفضل وجه إذا تميز بالمهارات الأساسية الآتية: -

أ. مهارة تكوين العلاقات والقيام بالاتصالات التي تحقق الأهداف التي يسعى إليها المدير في المدرسة. أي أنه يجب على المدير أن تكون لديه مهارة كسب وقبول المعلمين له، والقدرة على تكوين علاقات واتصالات بينه وبين المعلمين على أساس مهني إيجابي، هذا إذا كان أهلاً لمنصب مدير مؤسسة تربوية تعليمية. كما ويجب على المدير أن يعمل على مساعدة المعلمين وإرشادهم ويسعى إلى تطورهم ونموهم المهني والشخصي إذا كان يملك القدرات المهنية التي على أساسها يساعد المعلمين والطلاب. وذلك حتى يكون بإمكان المعلمين إفادة الطلاب إلى أبعد حد ممكن، وحتى يستفيد الطلاب الاستفادة الكبيرة من عملية التعليم والتعلم التي تحدث في المدرسة.

إن ما يحصل على أرض الواقع بعيد كل البعد عن هذه المميزات، لأن المدير يعيش مع شعور دائم مضمونه أن المعلمين يعملون ضده ولا يحبونه، مما يسبب له الخوف والقلق الدائم من جميع المعلمين والعاملين من حوله، لأنه يعرف حق المعرفة أنه ليس أهلاً لهذا المنصب، ووضع فيه لأسباب لا يعلمها إلا الله، رغم أنه يحافظ على كرامة كل واحد منهم، ويعمل على تقوية العلاقة والترابط بينهم.

ب. يجب أن تكون لدى المدير المهارة التي تقوي العلاقات والاتصالات الإنسانية بينه وبين المعلمين وتجعلهم يتقبلون بعضهم البعض ويعملون ويتعاونون جميعاً على إنجاز المنهاج والفعاليات والتدريس الذي يعود بالفائدة على المدرسة ومعلميها بصورة عامة، وعلى طلابها وتقدمهم العلمي

ورفع مستوى تحصيلهم وتعديل سلوكهم بصورة خاصة. ولكن هذه المهارة تتعارض مع الواقع حيث أن مدير المدرسة لا يعمل بها إلا من أجل مصلحته وتحقيق أهدافه الشخصية وتقوية علاقته مع جماعة من المعلمين وتقريبهم منه، وفي المقابل يعمل على إبعاد المجموعة الأخرى وعلى زيادة الخلاف بينهم وبين الآخرين، أي أنه يعمل حسب المثل الذي يقول فرق تسد. الأمر الذي يكون له التأثير السلبي الكبير جداً على الطلاب ومستوى تحصيلهم وقدرتهم واستعدادهم ورغبتهم للتعلم والتواجد في المدرسة. لذا نرى الكثيرين منهم يفشلون في التعلم والبقاء في المدرسة.

ج‍. مهارة الاشتراك مع الجماعة، ويقصد بها أن على مدير المدرسة أن يكون لديه مهارة على أن يشرح للمعلمين جميع آرائه التربوية ويفسرها لهم بصورة واضحة، ويجب عليه أيضاً أن يخبر المعلمين بالتعديلات التي تكون ضرورية وتخدم مصلحة العمل. وعليه أن يساعد المعلمين في التخلص من الاتجاهات السلبية التي قد تعطل أداءهم في العمل وشرح المواد التعليمية للطلاب بأفضل الأساليب والطرق التي تراعي الفروق الفردية وتعمل على رفع مستوى التعليم والتحصيل المدرسي، كما ويجب أن تكون له القدرة الاتصالية الاجتماعية التي تمكنه من حل جميع المشاكل التي قد تنشأ بين المعلمين أو بين الطلاب أو بين الطلاب والمعلمين.

د‍. مهارة الاستفادة من إمكانيات المدرسة: وهذه المهارة تعني أن المدير يستطيع الاتصال مع المعلمين ويساعدهم على معرفة الموارد والإمكانات التي يستفيدون منها في تحقيق نشاطهم المدرسي والذي يعود بالفائدة على الطلاب ويزودهم بالمعلومات والمعرفة التي من شأنها أن ترفع من مستوى الإنجاز والتحصيل المدرسي، هذا بالإضافة إلى مساعدة المدير للمعلمين للاستفادة من الخدمات التي تقدمها الجهات والمؤسسات الأخرى للمدرسة. والتي بدورها تعود بالفائدة على الطلاب وتقدمهم التعليمي.

ه‍ـ مهارة التقييم: تعتبر هذه المهارة من المهارات الضرورية واللازمة، التي يجب أن تكون من المميزات التي يتميز بها مدير المدرسة حتى يستطيع تسجيل نمو وتطور الهيئة التدريسية من خلال متابعته جهودها. للاطمئنان على مستوى الطلاب التعليمي ومدى تقدمهم العلمي والتفكير في الوسائل التي تساعد على رفع المستوى والتحصيل. لذا يجب أن تكون التقارير التي

يكتبها المدير عن المعلمين بعيدة عن الأغراض والتوجهات والرغبات الشخصية، بل يجب أن تكون موضوعية وغير نابعة عن حقد بحيث لا تقف أمام استمرار المعلم في العطاء وبذل الجهود المطلوبة لتحقيق الأهداف التربوية والتعليمية للمدرسة والطلاب.

و. تربط مدير المدرسة بطلابه علاقة مصدرها دوره التربوي الذي يظهر بصورة واضحة في رعايته لهم، وتعاطفه وفهمه لمشاكلهم وجميع الأوضاع الاجتماعية والشخصية التي يمرون بها ولهذه العلاقة تأثير بالغ عليهم. لذلك عليه أن يجتمع معهم في مجالات النشاط التعليمي داخل الصفوف وخارجها، وأن يتبادل معهم الآراء وأن يقدم لهم النصائح بعيداً عن الاستغلال والتحكم. وكذلك يجب على مدير المدرسة أن يعمل على ربط طلاب المرحلة النهائية بالمدرسة للوقوف على أخبارهم وتقديم المساعدة لهم من أجل تطورهم العلمي، وأنني أرى أن العلاقة بين المدير والمعلمين والطلاب تقوم على اتجاهين الاتجاه الإيجابي والاتجاه السلبي، أما الإيجابي فهو تلك العلاقة التي يكونها المدير مع المعلمين والطلاب على أساس مراكزهم التي يشغلونها، حيث أن العلاقة التي تربط بين المدير والمعلمين هي علاقة أعضاء هيئة التدريس الذين يعملون سوية من أجل تحقيق هدف واحد واضح وهو مصلحة الطلاب والمدرسة ومستواهم التعليمي الذي يصلون إليه، لذلك يجب على المدير أن لا يقلل من وضع المدرسين وجهودهم والأعمال التربوية التي يقومون بها. كذلك الأمر بالنسبة للمعلمين حيث يجب أن تكون نظراتهم للمدير نظرة احترام وتقدير ويجب أن تربطهم به علاقة وطيدة تقوم على الاحترام والتقدير المتبادل، حتى يكون بالإمكان التقدم في تحقيق الأهداف المدرسية والتعليمية التي من أجلها قامت هذه العلاقات. إن العلاقة الجيدة تؤدي إلى تشجيع المعلمين على القيام بأعمال وفعاليات جيدة للطلاب وعدم قيامهم بذلك لأي سبب من الأسباب يكون تأثيره سلبياً على الطلاب ويجعلهم يتراجعون شيئا فشيئا ويجعل تحصيلهم متدنياً جداً.

خامسا: العلاقات بين المدرسة والمجتمع

تعتبر المدرسة جزءاً هاماً من المجتمع الذي توجد فيه لأنها تخدم مصالحه وتعمل على تقدمه وتطوره والوصول به إلى أعلى مستوى ثقافي تربوي إنساني ممكن،

وللمدرسة علاقة متبادلة معه، حيث أنها تقوم بوظيفة اتصالية تحضيرية ضرورية وأساسية هامة من خلال تحضير الطلاب وتطورهم علمياً واجتماعياً رفيعاً. وتؤثر المدرسة في المجتمع عن طريق تزويده بالأفراد الذين تعمل على إعدادهم وتدريبهم وتحضيرهم للعمل فيه، وأخذ دورهم في خدمته والعمل على تطويره وتقدمه التقدم الذي يتمشى مع متطلبات العصر والحياة اليومية، ومن المؤكد أن المدرسة وحدها لا تستطيع القيام بهذا الدور لذا على المجتمع بأفراده وأسرته مساعدة المدرسة في تحقيق أهدافها عن طريق المساعدة التي يقدمونها إلى أبنائهم وإخوانهم بمعنى أن يكون المجتمع والأهل استمراراً للمدرسة والأعمال التي تقوم بعملها مع الطلاب من تعليم وتربية وتعديل سلوك وتطوير للقدرات والمهارات وتوجيه للرغبات والميول والاتجاهات.

إن وجود علاقة بين المدرسة والمجتمع يعني إحداث تغيير ثقافي واجتماعي في جميع مجالات الحياة الاقتصادية والإنسانية والسياسية والتي تؤثر في نهاية الأمر على أهداف المدرسة ومضمون التعلم والأساليب التي تستعمل فيها.

والعلاقة المدرسية الاجتماعية تعني، أن القلق والصراع الذي يظهر بين أفراد المجتمع سوف تنعكس آثاره السلبية على النظام المتبع في المدرسة، وإذا كان الاتصال الوثيق القائم بين المدرسة والمجتمع ذا دلالة، فإنها تظهر بصورة واضحة في كون المدرسة تقوم بعملها، من منظور اجتماعي تحصل عليه من الثقافة الاجتماعية والعامة (نصر الله، 2001 مبادئ الاتصال).

من خلال هذه العلاقة تمتد العلاقات الاجتماعية المدرسية لتصل إلى العلاقات مع أولياء أمور الطلاب والجماعات والمؤسسات التي ترتبط مع المدرسة بعلاقات تترك أثراً على حيوية المدرسة وقيامها بدورها بصورة جيدة وكاملة. وعادةً تقوم المدرسة بالإعداد والترتيب لعقد اجتماعات مع أولياء الأمور عدة مرات في العام الدراسي، وبصورة منظمة لمناقشة شؤون المدرسة بصورة عامة والأمور المتعلقة بالطلاب بصورة خاصة، وذلك بهدف وضع نظام خاص للتعاون بين الطرفين، حتى يكون بالإمكان توفير احتياجات ومطالب المدرسة وطلابها، وحتى تكون المدرسة من النوع الفاعل ولها أهميتها عند الجميع وتكون لها صورة مميزة في نظر أولياء الأمور ونظر الطلاب معاً. وقد يختار أولياء الأمور أن يكونوا على اتصال دائم بالمدرسة للتعرف على أحوالها واحتياجاتها وأحوال جميع المتواجدين فيها، وإذا دعت الضرورة إرسال تقارير أسبوعية أو شهرية إلى ولي أمر كل طالب، ليقف على وضع ابنه في المدرسة من الناحية التعليمية والاجتماعية والسلوكية. وليقف على المواهب والميول والاتجاهات

والاهتمامات الموجودة لدية وكيفية العمل على تطويرها. بالاشتراك مع المدرسة. أي يجب أن يكون البيت مكملاً للمدرسة، والمدرسة مكملة للبيت في عملية التعامل والتفاعل والاتصال والتحضير التي يمر الطالب بها خلال مراحل التعليم، حتى يصل إلى مستوى جيد من التحصيل المدرسي التعليمي والسلوكي الذي يلعب دوراً هاماً في تحديد مستقبل الطالب العلمي ومكانته الاجتماعية.

إن نسبة كبيرة من الآباء يرغبون في الاستماع إلى أخبار جيدة وطيبة من المعلمين عن تقدم أبنائهم في المدرسة لأن التعليم بالنسبة لهم يعتبر من أهم الأشياء التي يسعون إلى تحقيقها لدى أبنائهم، لأنه يشكل بداية الطريق إلى مستقبل أفضل، وحين سماع هذه الأخبار يطور الآباء علاقات دائمة مع المعلمين والمدرسة (ليس جميعهم، هناك نسبة من الآباء الذين لا يهمهم أي شيء يتعلق بأبنائهم مهما كان)، ولكن نسبة من الآباء عندما يحصلون على عكس هذه المعلومات، بالإضافة إلى ملاحظات المعلمين السلبية التي تفيد أن حالة الابن ميؤوس منها، فإن ذلك يجعلهم ينقطعون عن المدرسة ويكرهونها خصوصاً إذا لمسوا أن المدرسة لا تهتم بتطوير الطلاب وأن المعلمين لا يقومون بواجبهم ومسؤولياتهم بالشكل الصحيح، (في مثل هذا الوضع يتوجب على الآباء زيادة اهتمامهم بالأبناء وبما يحدث في المدرسة لأن انقطاعهم عنها يزيد من سوء الوضع بالنسبة للأبناء وتطوير قدراتهم ومستوى تحصيلهم الدراسي). أما إذا لمس أولياء الأمور أن العاملين لا يبخلون على الطلاب بالعطاء فإنهم يتعاونون مع المدرسة في جميع المجالات وبخاصة مجال مشاكل الطلاب والمعلمين وتقدمهم الدراسي والتعليمي، وهذا أيضا يكون بنسبة محددة وليس جميع الآباء.

وفي هذا المجال يجب أن نذكر ونؤكد على أن نسبة عالية من أولياء الأمور لا توجد لهم أي علاقة بالمدرسة أو بمعلميها، وذلك لأنهم لا يعرفون أهمية المدرسة ولا يقدرونها حق قدرها، وما لها من آثار إيجابية على مستقبل أبنائهم، أو لأنهم مشغولون طوال الوقت في أعمالهم الخاصة لاهتمامهم في توفير مطالب الأسرة، أو لأنهم مشغولون في أشياء شخصية بعيدة كل البعد عن الاهتمام بالأبناء أو حتى مجرد السؤال عنهم في المدرسة، مما يترك أثرا سلبيا على أبنائهم وإمكانية تقدمهم التعليمي وحتى تغير سلوكهم الشخصي الذي قد يكون سلبياً بصورة واضحة بسبب عدم وجود علاقة بين الآباء والمدرسة حتى تكون استمرارية في عملية التعليم داخل المدرسة وفي الأسرة، مثل هذا الوضع يؤدي إلى إهمال الطلاب بصورة واضحة ومتزايدة لأنهم متأكدون من عدم وجود الرقيب في البيت الذي لا يقوم حتى بأبسط الأشياء مثل السؤال ما وضعكم في المدرسة وماذا تتعلمون؟ وقد توجد نسبة عالية من أولياء الأمور الذين

لا يذهبون إلى المدرسة لأنهم يعتقدون أن أبناءهم ليسوا من الطلاب الذين يعملون المشاكل أو يسيئون التصرف مع معلميهم أو مع الطلاب الآخرين في الصف أو في المدرسة. والمدرسة في الكثير من الأحيان والظروف تقوم باستدعاء أولياء أمور الطلاب إليها للتباحث معهم بشأن أبنائهم ولإطلاعهم على وضعهم التعليمي والسلوكي والعمل معاً على معالجة مشاكلهم.

وحتى يكون بالإمكان تطوير علاقات ودية وبنّاءة مع أولياء أمور الطلاب يجب على المعلمين استخدام أساليب لائقة ومناسبة خلال التعامل معهم حتى يكون بالإمكان مساعدتهم على تحقيق الأمور الآتية:

1. خلق جو إيجابي داخل الصف يساعد على التعلم والتعليم ورفع مستوى الفهم والتحصيل الدراسي الذي من أجله يحضر المعلمون والطلاب إلى المدرسة، الأمر الذي يؤدي إلى تكوين فكرة إيجابية لدى الطالب عن المدرسة، مما يجعله ينقل المعلومات التي تعلمها إلى الآخرين خارج المدرسة.

2. أن تكون المعلومات التي تصل إلى الآباء عن المعلم أو عن الأبناء في المدرسة إيجابية (هذا إذا كانت كذلك، ولكن المقصود هنا أن تعمل المدرسة كل ما في وسعها حتى يكون المعلمون والطلاب كذلك)، لأنها تشجعهم على الاتصال مع المدرسة، لأن العلاقات الحسنة والمثمرة بين المعلم وأولياء الأمور تزودهم بالآراء الموضوعية حول أوضاع أبنائهم التعليمية والاجتماعي وتدعوهم إلى تثمين ذلك والعمل على تشجيع أبنائهم لمواصلة الجد والاجتهاد والوصول إلى مستوى جيد ولائق من التحصيل، أو العمل على مساعدتهم بالطرق المناسبة لرفع مستواهم التعليمي والتحصيلي في المدرسة وتحسين سلوكهم ووضعهم الاجتماعي.

في نهاية الأمر يعتبر الاتصال بين المدرسة وأولياء الأمور هاماً جداً وضرورياً جداً، لذا يجب على المدرسة وإدارتها الحرص على وجوده وتشجيعه بصورة مستمرة والعمل على تطويره بصورة دائمة، لأنه يؤثر تأثيرا واضحاً على شخصية الطالب ومكانته بين الطلاب، ولأنه يجب على المدرسة إعطاء البيت الإرشاد والتوجيه لكيفية التعامل مع الطالب لكي تصل إلى وضع إيجابي بين الطرفين يؤدي إلى استمرار العملية التربوية التعليمية بالشكل الصحيح، وتصل إلى تحقيق الأهداف التي تسعى إليها مع الطلاب بشكل فردي وجماعي، وذلك من خلال دعم المدرسة للبيت

ودعم البيت للمدرسة والمعلمين، والذي تظهر نتيجته في مستوى التحصيل الذي يصل إليه كل طالب.

سادسا: العلاقة مع المسؤولين الآخرين

المعلم من خلال قيامه بأداء وظيفته التربوية والتعليمية داخل الصف والمدرسة يجري اتصالاً دائماً مع المعلمين والعاملين وذوي الوظائف الخاصة مثل الطبيب والممرضة، والمرشد النفسي والتربوي والاجتماعي ومفتش المدرسة أحياناً وأصحاب الوظائف الأخرى الذين لهم علاقة بالطلاب كأصحاب المهن الذين يعملون في مجالات الصحة العامة والنفسية والتربوية والإدارية. إن جميع هؤلاء يؤثرون بطريقة أو بأخرى على الطالب داخل المدرسة، ويمكن أن يكون هذا التأثير كبيراً لدرجة أنه يحدد مستقبل الطالب من الجانب التحصيلي أو السلوكي الذي قد يكون إيجابياً أو سلبياً، وتأثيرهم الذي نتحدث عنه قد يكون مباشراً وذلك من خلال التعامل مع الطلاب يومياً، أو بالاعتماد على المعلومات التي يزودهم بها المعلم عن الطالب الذي يريدون مساعدته أو اتخاذ قرار ضده والذي يعتبر مصيرياً بالنسبة له، كل واحد منهم حسب موضوعه وتخصصه، المرشد النفسي على سبيل المثال يستعين بالمعلم للحصول على معلومات عن طالب معين تتعلق بالمستوى التعليمي والتحصيلي الذي وصل إليه، والسلوك الاجتماعي الذي يصدر عنه أثناء وجوده في مواقف وحالات معينة. كذلك الأمر بالنسبة للطبيب الذي يريد معلومات عن قدرة الطالب عند قيامه بإرسال المعلومات واستقبالها بالاعتماد على فحص قدرته السمعية والبصرية والمقدرة على الكلام بشكل واضح، والقدرة على امتلاك المهارات اللغوية، والدقة والزمن المطلوب لذلك. إن جميع هذه الجوانب لها تأثير كبير ومباشر على ما يحدث مع الطالب من أحداث ومواقف اجتماعية تعليمية ومدرسية وما يستطيع الوصول إليه من تحصيل تعلمي دراسي من الممكن أن يقوم الطبيب بالمساعدة فيه إذا اتضح بصورة قاطعة إن الطالب يعاني من مشكلة في أحد الجوانب التي ذكرت أو جميعها والتي يتوقف علاجها لدى أي طالب على المعلومات المتوفرة عن الطالب وعن مشكلته التي نحصل عليها من المرشد التربوي أو الاجتماعي أو الطبيب. وهذه المعلومات والقرار الذي يتخذ بالاعتماد عليها، لا يمكن التحقق من صلاحيته إلا إذا وجدت عدة تقارير عن الطالب في هذا المجال (نصر الله، 2001، الرسالة).

إن فاعلية التعليم التي تحدثنا عنها في هذا المجال تقوم على ثلاثة محكات أساسية هي، النواتج التحصيلية للعملية التعليمية والتعلمية، التي تحدث في غرفة الصف والتي تظهر في نشاطات المعلم والمتعلم أثناء التعليم، وبعض الخصائص المعرفية وغير المعرفية التي يتمتع بها المعلم والتي تنبئ بنجاحه في الأعمال التي يقوم بها.

والخصائص المعرفية التي نتحدث عنها والتي تنبىء بنجاح المعلم وفاعليته تضم مستوى إعداده الأكاديمي والمهني، واتساع معرفته في جميع مجالات التعلم والتدريس، واهتماماته وقدرته على استخدام جميع الوسائل المتاحة لديه في خدمة الأهداف التي يسعى لتحقيقها، أما الخصائص غير المعرفية فإنها تشير إلى الاتزان والدفء والمودة والحماس والمعاملة الإنسانية التي تصدر عن المعلم ويعامل طلابه بها، والطلاب من جانبهم يحسون بها وتدفعهم إلى الأمام لإنجاز المهام والفعاليات التي تطلب منهم. من ناحية أخرى تشكل شبكة العلاقات المتداخلة التي تنجم عن تفاعل الطلاب أفراداً ومجموعات مع معلميهم أو فيما بينهم، نوعاً من نظام اجتماعي تلتئم فيه النشاطات الصفية جميعها، ويعكس طبيعة التفاعل الصفي الذي يحدث بين عناصر النظام المدرسي من معلمين وطلاب ومسؤولين آخرين أو حتى أولياء أمور.

ويتأثر هذا التفاعل بالبيئة الصفية، وبالتفاعل الذي يحدث بين المعلم والطالب، وبين الطالب والطالب. بمعنى آخر يشكل أي صف مدرسي بيئة اجتماعية بحد ذاتها تتأثر بعدد من العوامل مثل حجم الصف وكبره وعدد الطلاب الذين يتعلمون فيه، حيث إذا كان هذا العدد قليلاً فإن المناخ التعليمي فيه سوف يكون أفضل وفعالاً أكثر، والتكوين النفسي الاجتماعي للصف والذي تحدده خصائص وصفات الطلاب وميزاتهم، وأنماط التواصل الصفي اللفظية وغير اللفظية (الحركية) المستخدمة أثناء النشاطات التعليمية والتي تؤثر جميعها في نهاية الأمر بالمستوى الذي يصل إليه كل طالب من تحصيل معرفي وقدرات إنجازه خاصة. كما وتتأثر عملية التفاعل بين المعلم والطلاب بعدد من العوامل، والتي يتعلق بعضها بخصائص الطلاب وصفاتهم وتصرفاتهم، الأمر الذي يشير إلى أثر خصائص المعلمين في تحديد سلوك طلابهم الصفي، وإلى أثر خصائص الطلاب في تحديد سلوك المعلمين التعليمي. ومما يجدر ذكره هنا أن أكثر خصائص وميزات المعلمين تأثرا في هذا المجال، جنس المعلم وتكوينه الإدراكي، وطرق وأساليب تقييمه للطلاب وتحصيلهم الدراسي والسلوك الذي يصدر عنهم، وتوقعاته منهم. أما أكثر خصائص الطلاب تأثراً فهي، المظهر والشكل الخارجي لكل طالب، وجاذبيتهم الجسدية، ومستوياتهم الاقتصادية والاجتماعية والتي تلعب أهم الأدوار في عملية التفاعل الصفي لدى نسبة كبيرة من الطلاب، لأن التفاعل بين

الطلاب يلعب أهم الأدوار داخل الصف والمدرسة، والذي تأخذ فيه جماعات الأقران أهمية كبيرة جداً وتترك أثراً واضحاً في النمو النفسي الصحيح والنمو المعرفي والاجتماعي لأفراد هذه الجماعات.

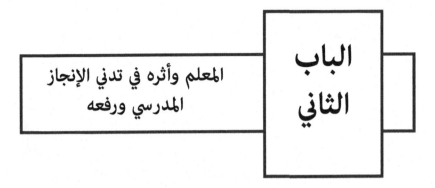

الباب الثاني

المعلم وأثره في تدني الإنجاز المدرسي ورفعه

الفصل الأول : دور المعلم في تدني الإنجاز أو رفعه

الفصل الأول

دور المعلم في تدني الإنجاز ورفعه

معنى الإنجاز، مستوياته، وخصائصه:

الإنجاز: يعني ما يحققه التلميذ أو الفرد من نجاح وتقدم من خلال تعلمه المدرسي، والمستوى التعليمي الذي يصل إليه بالاعتماد على قدراته ومواهبه الشخصية، والذي يكون له أكبر الأثر في تحديد مستقبله واتجاهاته الحياتية.

ويقسم الطلاب والأفراد من ناحية قدراتهم وإمكانياتهم وإنجازهم إلى ثلاثة مستويات، لكل مستوى من هذه المستويات خصائصه وميزاته، وإن كان هناك تشابه في بعض الأحيان بين بعض خصائص هذه المستويات ، حيث يوجد المتفوقون في إنجازهم، والمتوسطون ومتدنو الإنجاز، وفي مثل هذا الوضع تقع على المعلم نسبة كبيرة من المسؤولية وليس المسؤول الأول أو الوحيد. وتظهر مسؤوليته في مدى الاهتمام والجدية التي يعمل بها على إنجاز ما يطلب منه بالصدق والأمانة المطلوبة، والمساواة في التعامل مع جميع الطلاب، حتى لو كانت خصائصهم وصفاتهم تختلف فيما بينهم، حيث يتصف المتفوقون بتحمل المسؤولية بصورة عامة والجد والصبر، وأنهم منظمون جداً، مواظبون في عملهم وحياتهم ولا يطيقون الخلود للراحة. هذه صفاتهم بصورة عامة. أما المتوسطون في إنجازهم وتحصيلهم، فتوجد لديهم عقول جادة، يتحملون المسؤولية، مواظبون ولديهم الثقة بالنفس وزمام المبادرة في معظم الأحيان.

أما فيما يخص متدني الإنجاز والتحصيل التعليمي والعملي فهم بطبيعتهم متساهلون، منقادون لغيرهم، سريعو التغيير، ويبدو عليهم الاستياء والضجر، والحزن والتشاؤم وقدراتهم العقلية محدودة (عدس، 1999).

وعلى أساس ما ذكر يمكن أن نقول: إن تدني الإنجاز هو الفرق الشاسع الذي يوجد لدى الطالب في القدرات العقلية والمواهب الفطرية. وبين ما نستطيع الوصول إليه من مستوى في التحصيل والإنجاز في الحقيقة وعلى أرض الواقع. والذي يكون في معظم الحالات متدنياً جداً بالمقارنة مع الآخرين والتوقعات في بعض الحالات.

والطلاب والأفراد الذين يكون تحصيلهم العلمي والعملي متدنيا ينحدرون من نوعيات عديدة ومختلفة نذكر منها الآتية:

1- اللامبالي: والطالب الذي يتصف بهذه الصفة يميل إلى تأجيل القيام بواجباته التعليمية اليومية لعدم وجود دافع أو حافز للعمل والإنجاز ومبررات هذه النوعية كثيرة، وهم في العادة راضون عن أنفسهم، قانعون بما هم عليه، وما يوجد لديهم وما توصلوا إليه ولا يعبأون بمستقبلهم.

2- التلميذ القلق: يكون متدني الإنجاز (في الغالب) لأنه قد يكون متوتراً، عاجزاً عن الاسترخاء، يشتد قلقه لدرجة يصل معها إلى الخروج عن حد الاعتدال، يشك فيما عنده من قدرات وكفاءات، الأمر الذي يضعف لديه الرغبة في العمل على إنجاز ما هو مطلوب منه لأنه يعتقد بأنه غير قادر على ذلك. مثل هؤلاء الطلاب يكونون في العادة متأثرين من الوضع الأسري الذي يعيشون فيه والذي قد يكون متدنيا بحد ذاته أو ضغط أكثر مما ينبغي، مما يجعل الطالب يعيش في حالة قلق وتوتر دائم.

3- الطالب الذي يبحث عن ذاته ويستمر في البحث وقتاً طويلاً، ويستغرق وقتاً أطول في تفحص ذاته، هذا النوع يجب تقصي المعرفة التي يركز من خلالها على استقلاليته، ودائما يعيش في حالة شك في كل ما يتعلق بمستقبله، أي أنه يعيش حالة من عدم الاستقرار فيما يتعلق بمستقبله، وكيف أنه لا يستطيع الوصول إلى الإنجاز المناسب.

4- الحاذق الماكر: هذا النوع من الطلاب أو الأفراد يحب سرعة الإنجاز ولا يهتم كيف يصل إلى ذلك، وفي العادة لا يعتمد على قدراته الشخصية فقط بل يميل إلى الاعتماد على الآخرين ومساعدتهم بطرق مشروعة وغير مشروعة. وهو أيضا يقوم بأعمال متعددة في الوقت نفسه مما يكون له أثر واضح على مستوى الإنجاز والتحصيل لديه لأنه لا يعطي للعمل الذي يقوم به الوقت الكافي، وهو لا يهتم بما يؤدي إليه ذلك من تأثير على علاقاته المدرسية. مثل هذه الأعراض تبدأ في سن مبكرة لدى هذه النوعية من الطلاب.

5- الحزين الكئيب: يتصف هذا النوع من الطلاب بالكسل والخمول، وعدم الدافعية والإثارة، وقلة الجد والاجتهاد والعمل الجاد، فعندما يحصل على علامات متدنية يشعر بالحزن والكآبة، وينزوي عن الآخرين. إن هذه العينة من التلاميذ ينشأ أكثرهم في العائلات المفككة أسريا واجتماعيا.

6- الطفل المتحدي: في أغلب الأحيان يكون إنجازه قليلا؛ وذلك لأنه يرى أن كل شيء يتطلب منه أو كل أمر يعطي له هو بمثابة تحد له، إن هذه العينة من الأطفال لا يحبون الاستسلام أو الانصياع لإرادة غيرهم، لذا لا يقومون بإنجاز أي فعالية تطلب منهم حتى لا يشعروا وكأن الآخرين يتحكمون بهم ولو كلفهم هذا تحمل العقاب الذي قد يعاقبون به من قبل الأهل أو المعلمين (عدس، 1999، خبرة شخصية).

المؤثرات الخارجية وتدني الإنجاز

إن تدني إنجاز الطلاب التعليمي والمدرسي والذي يؤثر على تحصيلهم تؤدي إليه مؤثرات متعددة الجوانب والمصادر نذكر منها:

1- البيئة الأسرية: والتي تضم الوالدين والأخوة والأقارب والجيران والأصدقاء الذين يتعاملون بأسلوب معين مع الطلاب في المراحل التعليمية الأولى، ويؤثرون بصورة واضحة على اتجاهات ورغبات وتفاعل مثل هذا الطالب مع الآخرين، بالإضافة إلى تأثير العادات والاتجاهات الدينية والترابط الاجتماعي الذي له تأثير واضح على الطفل فيعمل على مساعدته أو تدهور وضعه وحالته التعليمية والتحصيلية.

2- المحيط الخارجي: الذي يعيش فيه الطالب والذي يؤثر تأثيراً مباشراً مثل: الأصدقاء، ومجموعة الرفاق، والنوادي، الملاعب والمكتبات، والمجلات، والحاسوب.

3- المدرسة والمعلم: حيث تكون المدرسة المكان الذي يجمع بين العديد من الطلاب والذي له الأسس والقوانين الخاصة، والتي يفترض أن يوجه الطالب إلى الاتجاه الصحيح إذا تعاملنا معها بصورة مناسبة. إضافة إلى المعلمين الذين يعملون ويكون لهم تأثيرهم الخاص؛ لأنهم هم الأكثر تفاعلا مع الطالب.

4- المرشد النفسي والتربوي: والذي يجب أن يتواجد في كل مدرسة بصورة دائمة ويعمل مع الطالب والمعلم في الوقت نفسه لما فيه مصلحة الاثنين وخصوصا الطالب، وبالذات الطالب الذي تبدو عليه آثار سلوكية غير عادية.

5- عوامل خاصة بالطالب نفسه تلعب دورا هاما في تحديد مستوى تحصيله التعليمي وإنجازه العلمي، مثل: الذكاء، والصحة العامة والنفسية، والمرض، والمواهب والميول، والقدرات (أبو عميرة).

ومن ناحية أخرى توجد عوامل من الممكن أن تساعد على تقليل تدني الإنجاز المدرسي، وربما تساعد على رفع مستوى تحصيل الطالب، وهي:

أولا: العوامل الموضوعية:

1- طريقة التعلم والتعليم المتبعة مع الطلاب تؤثر بصورة واضحة على تحصيل الطالب حيث يجب استعمال الطريقة المناسبة التي تؤدي إلى تحقيق الهدف المطلوب، ويمكن أن تكون هذه الطريقة كلية أو جزئية. وبصورة عامة يفضل استعمال الطريقة الكلية، أما الجزئية فيفضل استعمالها في حالات تعدد أجزاء المادة.

2- يعدّ نوع المادة ومدى تنظيمها من الجوانب الهامة التي تعمل على تقليل تدني الإنجاز؛ لأن المادة كلما كانت مرتبة ومترابطة الأجزاء سَهل على الطلاب حفظها وتعلمها والتعامل الصحيح معها.

3- إن التسميع الذاتي الذي يقوم به الطالب يعدّ محاولة لاسترجاع المعلومات والمادة التعليمية أثناء قيام الطالب بحفظ هذه المادة ويساعده على تثبيت المعلومات التي تعلمها ويحاول حفظها، واستعمالها في الوقت المناسب.

4- إن التوجيه والإرشاد الذي يعطى للطالب أثناء تواجده في المدرسة، وتعلمه للمواد المطلوبة يؤدي إلى الوصول للتحصيل الذي يكون أفضل بكثير من التحصيل دون الحصول على التوجيه والإرشاد.

ثانيا: العوامل الذاتية

1- من الجوانب التي تساعد على رفع مستوى الإنجاز والتحصيل الدراسي لدى الطالب، الخبرة السابقة التي يمر بها في مراحل العمر المتقدمة من حياته، والتي يبدأ فيها مشوار التعلم والتحصيل، والتي بمساعدتها يحاول الفرد أن يبني لنفسه مكانة اجتماعية وأسرية.

2- الذكاء يعدُّ من أهم العوامل التي يستطيع الفرد عن طريقها الوصول إلى أفضل مستوى من مستويات الإنجاز والتحصيل. حيث إن الشخص الذي يكون في العادة أقدر على الاستفادة من خبراته في عملية التحصيل والإنجاز، والوصول إلى تكوين علاقات عامة وخاصة مع الآخرين.

3- تلعب الحالة النفسية التي تسيطر على الطالب دورا بالغ الأهمية في مدى التعايش والعمل والإنجاز، لأن الفرد الذي يكون مضطرب الشخصية ومتوتر الأعصاب

ويشعر بالاكتئاب والقلق لا يمكنه الوصول إلى إنجاز بمستوى مناسب. ولذلك حتى يكون بإمكانه الحصول على مستوى تحصيلي وإنجازي يجب أن يعمل على تقليل حالات الاكتئاب والقلق ما استطاع إلى ذلك سبيلاً.

4- من الجوانب المؤكدة والتي تجمع عليها جميع مدارس علم النفس أن الحالة الجسمية تؤثر بصورة كبيرة جدا على قدرات الفرد المختلفة وعلى قيامه بإنجاز الفعاليات والأعمال التي تطلب منه. فمثلا إن الفرد الذي يعاني من الجوع والعطش والأمراض وعدم القدرة على إشباع الحاجات المختلفة، فإن لذلك تأثيرا واضحا على تحصيله الدراسي ومستوى إنجازه المدرسي والعملي.

5- إن الثواب والعقاب الذي يحصل عليه الفرد بصورة مباشرة أو غير مباشرة بعد قيامه بإنجاز فعاليات أو مهام مختلفة يعدّ أحد العوامل الذاتية التي تؤدي استعمالها وإعطاؤها إلى رفع مستوى التحصيل والتعليم في معظم الحالات، وعدم استعمالها يضعف عملية التحصيل ويؤدي إلى تدني الإنجاز والتقدم نحو الأفضل. حيث يؤدي الثواب إلى استمرار العمل والتحصيل . ويؤدي العقاب إلى التوقف عن الاستمرار بالأعمال المرفوضة.

6- أما فيما يخص الأهداف المتعلقة بالتحصيل، فمن المؤكد أنه كلما كان الفرد على معرفة ويقين ودراية بأهداف التحصيل فإن ذلك يؤدي بصورة مؤكدة إلى الاستمرار والتركيز على العمل من أجل تحقيق هذه الاهداف والوصول إلى أفضل المستويات الإنجازية والتحصيلية (عوض، 1995).

وعليه فإنه يتوجب على المعلم والمربي والمرشد في المدرسة، أو مجالات التعليم المختلفة أو الأهل من خلال وجود الطالب في البيت القيام بملاحظة عدة أمور قبل أن نصدر الأحكام على الأطفال ونصفهم بأنهم متدنو الإنجاز والتحصيل التعليمي، ومن أهم هذه الأمور:

* هل العلامات والنتائج المدرسية التعليمية التي حصل عليها متدنية بشكل ملحوظ بالمقارنة بالعلامات التي اعتاد تحصيلها في السابق؟ وما هو مدى صحة هذه العلامات وكونها حقيقية؟

* هل حصل التدني التحصيلي في جميع المواد الدراسية وبصورة مفاجئة أم لوحظ تدرجه في هذا الجانب؟

* هل تشير تقارير المعلمين (إن وجدت) إلى ما يثبت أن لدى هذا الطالب مواهب طبيعية وقدرات فطرية من الممكن أن تجعله مؤهلا للوصول إلى إنجاز أفضل وعلامات مدرسية أعلى مما حصل عليه حتى الآن؟

في حالة وجود الإجابة الإيجابية عن هذه التساؤلات فإن مثل هذا الطالب يكون من الطلاب الذين نطلق عليهم اسم أصحاب الإنجاز المتدني.

وفي مثل هذه الحالة وبالذات إذا كان الطالب في مرحلة المراهقة يجب على الأهل بمساعدة المدرسة الاستعانة بأحد الاختصاصيين التربويين لمساعدته وللوقوف على حقيقة أمره، ووضعه خصوصا فيما يتعلق بقدراته العقلية التعليمية.

أما إذا كان الطالب صغيرا فيكفي تحديد السبب ومعرفته مؤكدة والقيام بالتعامل معه بجدية. ويمكن التوجه إلى أحد الاختصاصيين لكي يساعد الأهل في توجيه الطالب بصورة صحيحة ومناسبة (نصر الله، 1998).

المعلم وتأثيره على الطلاب وتعلمهم

المعلم كان ومازال العنصر الأساسي الذي تقوم عليه العملية والتربوية والمواقف التفاعلية الصفية التي تحدث بينه وبين الطلاب، أو بين الطلاب أنفسهم، وهو المسيطر على المناخ الصفي الدراسي وما يحدث في داخله من أحداث. وهو المحرك الأول لدوافع الطلاب المختلفة، والمسؤول عن تشكيل اتجاهاتهم ورغباتهم، وذلك عن طريق استعمال الأساليب وطرق التدريس المتنوعة والتي تعتمد في أساسها وغالبيتها على الكلام والحديث والإلقاء.

وترجع مكانة وأهمية المعلم لتعدد الأدوار التي يقوم بها داخل الصف، فلا يقتصر أو يتوقف دوره على القيام بنقل المعرفة فحسب، وإنما يتبع هذا الدور ليشمل تحقيق الأهداف التربوية التي تضم إكساب الطلاب المهارات والاتجاهات والقيم، بالإضافة إلى إكسابهم للمعارف التي تساعد في بناء شخصياتهم.

والمعلم يجب أن يكون ذا شخصية قوية، أو يتميز بالذكاء الحاد والموضوعية، والعدل، والحزم، والحيوية، والتعاون مع الآخرين، وأن يكون على جانب كبير من الميل والتفهم الاجتماعي، وذا قدرة على تقدير أوضاع وظروف الآخرين ودوافعهم. ويتعامل معهم بطريقة مناسبة تقوم على الحرية والتفهم والمساواة.

كما يجب أن يكون المعلم مثقفا، وآفاقه واسعة ويهتم بالقراءة والإطلاع، وعلى جانب كبير من التذوق وفهم الفنون والثقافة. ومهم جدا أن يكون خاليا من العيوب الخلقية حتى لا تثير سخرية الآخرين وحتى يستطيع القيام بالعمل المطلوب منه على أكمل وجه دون نقصان، ويجب أن يكون حسن الصوت والأداء السليم، ويتصف بالاتزان والموضوعية.

ومن الجوانب التي تطلب من المعلم - وعليه ان يكون مستعدا لها- أن يكون متمكنا من المادة الدراسية التي يقوم بتدريسها ولديه القدرة على عرضها بصورة حسنة وجذابة، وحتى يتمكن من ذلك عليه أن يتميز بالطلاقة اللفظية واللغة السليمة الواضحة، ويستطيع تكوين علاقات طيبة مع الطلاب والزملاء والرؤساء ومع أفراد المجتمع، لأن كل هذا يعمل على رفع المستوى الدراسي والتعليمي للطالب (نصر الله: 2001) بالإضافة لكونه ناقلا للمعلومات وموصلاً لها، وقائد الصف، وحافظا للتراث، وباعثا للثقافة، ومربيا للأجيال، وقدوة لهم، ويقوم بإرشادهم في جميع الأمور والمواضيع.

1- أنماط المعلمين

إن أنماط المعلمين الذين يعملون في المدارس العربية كثيرة ومتنوعة، وهذه الأنماط هي التي تلعب الدور الأساسي في تطوير شخصيات طلابنا وقدراتهم العقلية والتحصيلية واتجاهاتهم وميولهم ورغباتهم في التعلم او الابتعاد عنه كره المعلم وكره المدرسة، والذهاب إليها لأنها تشكل بالنسبة له تجربة صعبة ومؤثرة يفضل عدم الاستمرار في المرور بها؛ لكي يحمي نفسه من تأثيرها السلبي عليه.

ومن أشهر هذه الأنماط، المعلم الجاد الذي لا يتسامح ولا يسامح، والذي تغلب عليه القسوة في تصرفاته وكلماته، وهو الذي يجلس أمام الطلاب أو يقف بصورة متغرطسة يسودها الاعتزاز الزائد بالذات والذي يصل إلى حد المرض في بعض الأحيان. يقف ويلقي على الطلاب كلامه ونواهيه. ومن المؤكد أن هذا النمط من المعلمين لا يساعد جميع الطلاب على الوصول إلى مستوى جيد من التحصيل والإنجاز لأنه لا يترك المجال أمام الطلاب لمحاولة المشاركة في العملية التدريسية لخوفهم من رد فعله ومعاملته لهم والتي تكون في أغلب الأحيان قاسية وصعبة.

وهناك المعلم المتسامح الدافئ في تعامله مع طلابه داخل غرفة الصف أو خارجها ويختلط بطلابه ويناقشهم بأسلوب يقوم على الاحترام والتشجيع، ويسيِّر النقاش والمحادثات بينهم بطرق وأساليب تربوية جيدة تعمل على تطوير شخصياتهم وقدراتهم ومعرفتهم العلمية وهذا بدوره يؤدي إلى وصولهم للمستوى التعليمي والإنجاز المدرسي

المطلوب، لأن مثل هذا المعلم يستعمل اللطف والحزم في الوقت نفسه ويحرك وعي الطلاب إلى الجوانب المعرفية والتعليمية، بالإضافة إلى غرسه للثقة في نفوسهم، والعمل على تنمية التفكير الإبداعي والنقد البناء.

أما المعلمون الذين يشتغلون بعدد من الطلاب أثناء تعليمهم لمادة معينة ويتركون الآخرين يفعلون ما يريدون دون أن يقوموا بعمل أي شيء سوى التشويش والضوضاء أو الانزواء والانعزال، فإن نسبة هؤلاء المعلمين كبيرة. وهم الذين يؤدون إلى خفض الدافعية والرغبة لدى الطلاب للتعلم والدراسة، وبالتالي إلى حصولهم على مستوى متدن جدا من التحصيل أو لا يصلون إلى أي نوع من التحصيل مما يضطرهم إلى الانحراف وترك المدرسة في مراحل متقدمة من حياتهم.

والمعلم المبدع والممثل البارع هو الذي يستطيع أن يحدث أنماطا عديدة من التعلم في جوٍّ يسوده الحب والتقبل والبهجة والحرية. لأنه يعطي للمتعلمين الفرصة الصحيحة والمناسبة لفهم العلاقة التي تربط بين أنواع المعرفة المتعددة التي يجب علينا أن نتعامل ونتفاعل معها، مثل هذا المعلم يقوي تفكيرهم المنطقي والإبداعي ويطور مهارات الاتصال لديهم، ورؤيتهم لعملية تقويم المعلومات التي يحصلون عليها أو يصطدمون بها، تقويما ناقدا من خلال تأكيد العلاقات البيئية بينه وبينهم، وذلك لاعتبار التدريس جهدا يتناول أبناء البشر وشخصياتهم المختلفة، ولا يتوقف على العلاقات الآلية التي يقوم بالاعتماد على السبب والنتيجة، بل على إثارة التفكير، وإدارة النقاش بين جميع الأطراف. بالإضافة إلى تكوين المهارات الشخصية البيئية التي تؤدي إلى تكوين العلاقات الإيجابية القوية بينه وبين طلابه، الأمر الذي يدفعهم إلى العمل في المستقبل.

بالإضافة إلى ما ذكر نجد المعلمين المتميزين الذين يتقنون استثارة الطلاب وابتهاجهم، وحماسهم واحترامهم لأنفسهم وللآخرين. إن مثل هؤلاء المعلمين يظهرون تسامحا وبهجة وسروراً أثناء القيام بالتدريس ويلتزمون بالمسؤولية، واحترام الطلاب، كذلك فهم يعرفون جيدا ما يقولون، وكيف يقولون، ولمن يقولون، ويعرفون أهدافهم ووسائلهم وأساليبهم العملية، بالإضافة إلى قيامهم بتقويم أنفسهم وأهدافهم وسلوكهم بصورة مستمرة. مثل هؤلاء المعلمين من المؤكد أن يكون مستوى طلابهم الإنجازي والتحصيل المدرسي لديهم جيدا، ومشجعا على الاستمرار في العملية التربوية والتعليمية التي يصلون من خلالها إلى صنع مستقبل فردي واجتماعي إيجابي، ونافع للفرد والمجتمع.

إن هذه الأنماط المختلفة للمعلمين وأساليب عملهم تؤدي إلى ظهور نوعين من الطلاب، المبدعين والسلبيين، والذين يتصف كل نوع منهم بصفات ومميزات خاصة نتيجة لما يحدث معهم داخل غرفة الصف والمدرسة.

وحينما نقول "طلاب مبدعون" نقصد الطلاب الذين توجد لديهم الطاقة والمرونة والجدية في أسئلتهم وإجاباتهم، ومناقشاتهم، وتعليقاتهم، وأفكارهم تقوم على الديمقراطية بعيدة كل البعد عن التفكير الأحادي، ولا يضعون حدودا للمناقشة، ويبحثون عن العلة والأسباب، ويقومون بالتفسير والربط والاستنتاج. وإذا حدث أن استخدموا أسلوب الإلقاء فإن مثل هؤلاء الطلاب يكونون معرضين للملل والضجر. ويكون سرورهم كبيرا عندما يناقشون ويطرحون حلولا غير عادية أو غير تقليدية يكون فيها نوع من التحدي الفكري والعصف الذهني والإثراء التدريبي. إن مثل هؤلاء الطلاب ليسوا بالنسبة العالية بل يتواجدون بأعداد لا بأس بها ولكنهم لا يمثلون الغالبية.

أما الطلاب السلبيون فيقصد بهم الطلاب الذين لا يجدون متعة في التعليم ولا توجد لديهم أي حماسة للمشاركة في الدرس، لأنهم يكونون مشغولين بأمور أخرى خارجة عن نطاق الدرس - شخصية عائلية، اقتصادية، عدوانية- ودائما يطلقون التعليقات السلبية الساخرة نحو المعلم والتعليم (في بعض الأحيان بصدق لأن المادة غير ملائمة لقدراتهم ولأن المعلم لا يهتم بهم ويهملهم في معظم الأوقات) ودائما يعتمدون على الآخرين في كل شيء، وهم في معظم الحالات معوقون لأنفسهم ولزملائهم من خلال تصرفاتهم وأعمالهم التي تؤدي إلى حصولهم على مستوى تحصيلي معرفي ضعيف جدا (نصر الله : 1999 شحاته 1994).

2- التدريس والتعليم وقوانينه:

من المواضيع الأساسية الهامة التي يجب أن تؤخذ بعين الاعتبار عند التحدث عن المعلم ودوره في تدني الإنجاز أو رفعه، التدريس والتعليم اللذان يعدان ركنين من أركان العملية التعليمية والتربوية واللتين بدونهما لا يمكن حدوث أي نوع من أنواع التعليم والتغيير في شخصيات وسلوك الأفراد.

والتدريس هو عملية اجتماعية يتم من خلالها نقل مادة التعلم والتي يمكن أن تكون عبارة عن معلومة أو حركة أو خبرة يقوم بنقلها المرسل الذي هو المعلم داخل غرفة الصف للمستقبل أي الطالب.أما التعلم فهو عبارة عن عملية نفسية تحدث نتيجة لتفاعل فكر الطالب مع مادة التعلم.

والتدريس بطبيعته يركز على إحداث التغيرات السلوكية التي يطلبها المجتمع، أما التعلم فإنه يهدف إلى إحداث التغيرات السلوكية التي يريدها الطالب نفسه، ويشعر أنها ضرورية جدا بالنسبة له.

ولذلك فإن التقارب والتوافق بين ما يريده المجتمع للطالب، وما يريده الطالب لنفسه يعدّ من المؤشرات التربوية والإنسانية والاجتماعية الهامة التي تسعى التربية الهادفة إلى تحقيقها بصورة دائمة. ومن ناحية التطور التاريخي فإن التعلم جاء قبل التدريس، لأن الإنسان الأول بدأ بالتعلم بصورة ذاتية بنفسه، ما رغب فيه ونفعه بتسيير حياته اليومية، وكان عن طريق استعمال الملاحظة الذاتية لما يحدث من حوله من أحداث ولما يقوم به الناس من أعمال، وملاحظة الأشياء والظواهر الطبيعية التي تظهر وتحدث من حوله.

وفي الوقت التي أخذت المجتمعات فيه بالتطور وبدأ الإنسان الأول يسكن في جماعات صغيرة بدأت الحاجة للتدريس الجماعي.

والتعلم هو القاعدة التي يعتمد عليها التدريس وهو الذي يقر ويحدد أهدافه ومادته وكيف يحدث؟ فمثلا عندما يدرس المعلم مادة معينة للطلاب فهو يقوم بذلك على أساس نوع التعلم الذي تجسده هذه المادة والرغبة لدى الطلاب في تعلمه. وهذا يعني أن التعليم هو الذي يوجه التدريس ويحدده ويقرر الاستراتيجيات المستعملة في تنفيذه مثل: المبادئ والأساليب، والطرق، والتي على أساسها يحدد المربون والمعلمون كيف سيقومون بالتدريس. من ناحية أخرى فإن التدريس يلعب دورا هاما وحاسما في مدى تحصيل الطلاب للمواد، والمعلومات التي يقررها المنهاج. والعمل على تحقيق أهداف التعلم الموجودة لديهم، وذلك عن طريق التعليم المباشر من المعلم، وغير المباشر من الزملاء والأقران، أو بصورة ذاتية.

والتدريس يلعب دورا خاصا في تحصيل الطلاب وذلك من خلال الفرضيات التي تتحدث عن هذا الموضوع وهي:

* **أولا:** التدريس الجيد (ويقصد به العلمي الذي يأخذ بعين الاعتبار جميع العوامل البشرية والنفسية والاجتماعية والتربوية والمادية التي تجعل منه عملية تربوية بناءة منتجة في جميع الظروف) فالمنهج الجيد يؤدي بالتأكيد إلى تحصيل جيد من جانب الطلاب.

* **ثانيا:** التدريس الجيد لمنهج سيء (لا يأخذ بالاعتبار مطالب البيئة والأفراد بل جاء من فوق - مفروض) يؤدي بالتأكيد إلى تحصيل متدن.

* **ثالثا:** التدريس الرديء السيء (عكس ما جاء في الفرضية الأولى) لمنهج جيد يؤدي بالتأكيد إلى حصول الطلاب على تحصيل متدن.

* **رابعا:** التدريس الرديء لمنهج رديء يؤدي بالتاكيد إلى حصول الطلاب على تحصيل رديء ينعكس بصورة سلبية على الطلاب من ناحية شخصية، ومدرسية، وأسرية واجتماعية.

وعليه فإن التدريس والتعلم هما عبارة عن عمليتين تربويتين تربطهما علاقة منطقية، نفسية وإنسانية وتربوية قوية لا يمكن بدونها أن نتصور أن يحل أحد منها مكان الآخر.

والتدريس بصورة عامة يتأثر فيما يلي:

1- البيئة الاجتماعية المحلية التي يعيش فيها الطالب مثل: البناء الاجتماعي المحلي ووضعه الاقتصادي والثقافي العام، فجميع هذه الجوانب تؤثر بصورة واضحة في عملية التدريس وتحدد مدى استمرارها وتطورها، والفائدة التي تعود على الفرد منها.

2- البيئة المدرسية وما يحدث فيها من أحداث تؤثر بصورة واضحة في عملية التدريس والتعلم، بالإضافة إلى تأثير القائمين على هذه العملية، مثل: الفنيين والإداريين، والعاملين وما يتصفون به من خلفية اجتماعية، وفلسفة تربوية. بالإضافة إلى كفاءتهم للقيام بمسؤولياتهم اليومية، والمدرسية وما يميزها من مكونات وصفات خاصة.

3- البيئة الصفية التي تؤثر بصورة مباشرة على مستوى الطالب وعلى سلوكه والمؤثرات التي تلعب دورا هاما هنا مثل: عدد الأصدقاء والأقران في غرفة الصف، وإلى أي العينات ينتمون، وما يتميزون به من مواصفات شخصية، نفسية، سلوكية، ومرونة حركة داخل الصف، وما هي درجة تعاونهم مع بعضهم البعض، وما هي الوسائل السائدة التي ينفذون بها الجوانب التربوية، والتي تعدّ جميعها من المؤثرات التي توجه عملية التدريس بصورة سلبية أو إيجابية (النفيش: 1991).

وفي هذا المجال نؤكد على أن التعلم، هو عبارة عن خاصية مزاجية تختلف من فرد لآخر مما يؤدي إلى اتساع مشكلة الفروق الفردية، الأمر الذي يجعل من عملية

التدريس صعبة جدا داخل الصف الواحد، لأن التعلم لا يحدث إلا عندما يكون له معنى بالنسبة لكل طالب. ولقد أكد جميع الباحثين على النقاط الآتية:

1- لدى الإنسان إمكانية طبيعية للتعلم، بمعنى أن الإنسان يولد ولديه القدرة على القيام بتعلم الأشياء الكثيرة من حوله والتي تتعلق في البداية بوجوده، وفيما بعد بمصيره ومستقبله الاجتماعي.

2- التعلم بصورة عامة ودائمة يحدث عندما يدرك الطالب أن المادة الدراسية أو الحياتية لها علاقة، وصلة وثيقة بأغراضه الشخصية وإمكانية تحقيقها. أي أنه لا يستطيع تحقيق هذه الأغراض إلا إذا تعلم هذه المواد والمواضيع من قبل، وأدت إلى وجود خبرة مناسبة أو خاصة لديه.

3- الطالب بطبعه يميل إلى عدم قبول ومقاومة التعلم الذي يشتمل على تغيير في نسقه الشخصي وطريقة إدراكه لها. أي أنه لا يتقبل بسهولة التعلم الذي قد يؤدي إلى تغيير واضح لديه، أو يتعارض مع ما هو موجود لديه.

4- الأشياء والمواضيع التي لا يشعر معها الطالب بالتهديد الذاتي إلا بصورة قليلة جدا تقبل من جانبه بسهولة ويسر ويتم استيعابها عندما تكون التهديدات الخارجية خفيفة التأثير عليه.

5- كل طالب يستقبل الخبرات والمهارات التعليمية المدرسية بطريقة مختلفة عندما يكون تهديدها لذاته بسيطا، ولا تؤدي إلى تغيير كبير وواضح بالنسبة له أو تؤثر على وضعه الشخصي والاجتماعي.

6- معظم التعلم المهم - والذي له قيمة بالنسبة للمتعلم - يتم عن طريق التعلم بالعمل أي قيام الفرد بالعمل الذي يحصل منه على التعلم في المواضيع التي لها طابع خاص ويتعذر فهمها بصورة شفوية، بينما يسهل إذا قمنا بتعلمها عن طريق عمل ما هو مطلوب.

7- التعلم يكون سهل الحدوث عندما يشعر الطالب المتعلم بالمسؤولية الشخصية في عملية التعليم التي يمر بها.

8- إذا بدأ التعلم من الطالب وكان مشتملاً على جميع الحاجات الشخصية فإنه لا يترك أثرا خاصا أو هماً لديه.

9- إن عملية النقد الذاتي والتقويم تعدّ الأساس في عملية التعلم والإقبال عليه، بينما يعدّ تقويم الآخرين في الدرجة الثانية من الأهمية بالنسبة للمتعلم. (في بعض الحالات والأوضاع يحدث العكس خصوصا إذا أعطى المعلم هذا الشعور للمتعلمين الذين يصبح همهم الحصول على العلامات والدرجات العالية دون أن يكون للتعلم والاستفادة منه أهمية أو مكانة لديهم).

10- إن أهم أنواع التعلم الاجتماعي الذي يكون الفرد بحاجة إليه، هو ذلك التعلم الذي يتعلم فيه كيف يتعلم، والذي يعني كون الفرد منفتحا بصورة دائمة على تلقي الخبر، واستيعاب الذات لعملية التغيير التي يمر بها كنتيجة مباشرة لهذا التعلم.

أما فيما يخص الهدف من عملية التعليم، فإننا نهدف من وراء العمل التعليمي إلى القيام بإحداث تغيرات واضحة في معارف الطالب واتجاهاته، ومعتقداته، ومهاراته، الشخصية التي تلعب الدور الأساسي في تحديد مكانته الاجتماعية الحالية والمستقبلية، بمعنى آخر ندرس ونتعلم لكي يكون بالإمكان تحقيق الجوانب الآتية:

1- أن يتعرف الطالب إلى معلومات علمية وتعليمية أساسية أكثر مما كان يعرف من قبل.

2- أن يستطيع الطالب فهم شيء أو أشياء لم يكن باستطاعته فهمها من قبل.

3- أن يطور لديه الشعور بطريقة معينة بموضوعه، لم يكن يشعر بها من قبل.

4- أن يتكون لدى الطالب إحساس بالتقدير والإعجاب الذاتي الذي لم يكن لديه من قبل.

5- أن يعمل الطالب على تنمية مهارة، أو مهارات أساسية وضرورية لم تكن لديه من قبل.

أي أننا نهدف من القيام بالعمليات التعليمية والتربوية إلى الوصول بالطالب إلى مرحلة يكون فيها مختلفا في معرفته وفهمه وأحاسيسه ومهاراته عن الوضع الذي كان عليه من قبل، بمعنى أن نعطي الطلاب الفرصة لتعلم مهارات التفكير والإحساس والسلوك وذلك حسب إمكاناتهم وقدراتهم التي على أساسها يتحدد مستوى تحصيلهم التعليمي والمدرسي، والذي هو أساس كل عملية تعليمية تربوية؛ لأنه هو المعيار الذي يحدد المستوى المرتفع، أو المتدني الذي وصل إليه كل طالب، في مرحلة من مراحل تعلمه والتي تبدأ منذ ولادة الطفل وتستمر حتى تتوقف الحياة، وتحدث في البيت المدرسة، ولكي يكون التعلم ناجحا ومثمرا يجب أن يكمل البيت والمدرسة، وتكمل

المدرسة البيت، وبدون هذا التعاون من الصعب أن يصل الطفل إلى مستوى التحصيل المطلوب (إلا في الحالات النادرة)، وحتى نتغلب على مثل هذا الوضع يجب أن يعرف الآباء والأهل معرفة تامة بأن المدرسة ليست المكان الوحيد والمفضل للتعلم، وعليهم أن لا يتقاعسوا عن تعليم أبناءهم الأسس الأولى قبل ذهابهم إلى المدرسة. فعندما يذهب الأطفال إلى المدرسة لابد من اعتقاد الآباء بأن مسؤولية التعلم والتربية تقع على المدرسة، ويهملوا المهام الأولية التي يجب على البيت القيام بها، والتي تعمل على تكوين شخصية الفرد وأنماط سلوكه ونظرته إلى الأمور بصورة عامة.

في هذا المجال نؤكد على أهمية العلاقة والصلة المتينة بين البيت والمدرسة، لأن فهم المادة التي تعلمها في المدرسة فهما صحيحا متكاملا حتى تصبح جزءا من ذات الطالب، لا يتم إذا أعطى البيت رأيه بصورة إيجابية (إن كان كذلك) في المواد التي تعلم في المدرسة، لأن ذلك يترك أثرا بالغا في نفس الطالب واتجاهاته ومواقفه من هذه المواد. وتعدّ هذه التفاعلات بين المدرسة والبيت نوعا من التعلم واكتساب الخبرات التي تستمر طوال الحياة والتي على أساسها يتحدد مستوى تحصيل الفرد التعليمي والمعرفي والاجتماعي.

إن عملية التعليم واكتساب الخبرات الذاتية التي يصل إليها الفرد تخضع لقوانين هامة نطلق عليها اسم " قوانين التعلم" التي حاول الباحثون والمربون من أمثال: (إدوارد ثورندايك) تفسير عملية التعلم وتحليلها حين يصلون إليها ويضعوا القواعد والأسس الأساسية لها. من ناحية أخرى فإن نسبة لا بأس بها من الباحثين ورجال التربية وعلم النفس انتقدوا هذه القوانين بقولهم إنها من الممكن أن تقرر حدوث التعلم لدى الطفل في وضع معين ولكنها لا تعلل ولا تفسر حدوثه.

ومن خلال محاولة تحليل قوانين التعلم التي جاء بها (ثورندايك) نرى أنه نسي أن التعلم من المواضيع التي يختص بها الإنسان الذي يمتاز عن غيره من المخلوقات بالذكاء وحرية الإرادة والتفنن في مواجهة مواقف حياته. لأن الإنسان لا يتصرف على صورة واحدة ثابتة لا تتغير في جميع الأحوال، لذلك من الصعب أن ينطبق عليه قانون واحد. وهو يستعمل أساليب وطرقاً متنوعة، وعديدة تتوافق وتتناسب مع الموقف التعليمي الذي هو بصدد تعلمه.

وعلى المعلم في مثل هذا الوضع أن لا يتقيد بقوانين التعلم، ويحاول تفسير كل موقف مع طلابه على أساس قانون واحد منها، لأنه من الممكن أن يكون هناك أكثر من قانون ينطبق على موقف

واحد. ومن الممكن أن لا ينطبق منها أي قانون على موقف آخر، وهنا يجب على المعلم أن يقوم بتفسير هذا الموقف حسب خبرته وتجربته في عمله في مجال التربية والتعليم.

وقوانين التعلم التي نتحدث عنها وتسير على أساسها معظم العمليات التعليمية هي:

1- قانون التهيؤ

يقول هذا القانون إن الفرد لا يستطيع تعلم أي شيء من الأشياء التي يجب أن يتعلمها لأهميتها، ومكانتها بالنسبة له، إلا إذا كان في وضع تهيؤ واستعداد نفسي وجسدي وعقلي. وكلما كان هذا الاستعداد أكبر وأقوى استطاع الفرد أن يعمل أو يتعلم وكان هذا العمل أو التعلم مقبولا ومرضيا ويحقق الرغبات والغايات التي يحدث من أجلها، وفي حالة الانقطاع عن هذا العمل فإن ذلك يؤدي إلى مضايقة الفرد بصورة واضحة لذا فإن الانصراف عنه يعدّ مفيدا ومريحا لأعصاب الفرد. ويوجد بين الباحثين ورجال التربية شبه إجماع على مدى أهمية هذا القانون والأثر الذي يتركه، والذي يترتب على معلم المدرسة الابتدائية فهمه والعمل بموجبه. أما فيما يخص الطالب فإنه يتعلم ويعمل بجد واجتهاد واضح إذا كانت المادة التي يتعلمها في الدرس حيوية ومفيدة له، أما إذا كانت هذه المادة جافة ويشعر أنه لا يستفيد منها، فإن ذلك سيؤدي إلى شعوره بأن المعلم شخصية غير مرغوب فيها أو مملة. لذا يجب على المعلم اختيار المواد التعليمية المفيدة للطالب والتي تثير انتباهه، واستعمال الطرق التعليمية الصحيحة لإيصال هذه المواد إلى الطلاب بأقل جهد وبأقصر وقت. حتى يكون بإمكانهم العمل على رفع مستوى التحصيل والإنجاز المدرسي والنجاح في تحقيق المهام والفعاليات التي تطلب منهم، وتشعرهم بالمكانة والأهمية والقدرة على التحصيل المطلوب.

وعليه نستطيع أن نقول، إن قانون التهيؤ هو الذي يحدد ويقرر مدى مقدرة الطالب على التعلم إذا كان متهيئا لذلك، أو عدم التعلم إن لم يكن متهيئا للتعلم. فإذا كان الطالب سليم الصحة جسميا وعاطفيا ونفسيا وعقليا، وفي الوقت نفسه يكون جو المدرسة مناسبا فإن بمقدور الطالب إتقان المهارات والمعلومات الأساسية المطلوبة واللازمة للقيام بالأنشطة الجديدة التي تعطى له كفعاليات يجب إنجازها.

إن قانون التهيؤ يلعب الدور الأساسي في مدى تعلم الطالب بصورة جدية تحقق الغاية والاهداف التي يضعها المعلم ويريد أن يصل إليها في نهاية الأمر مع جميع طلابه، ولكن يجب أن لا ننسى الفروق الفردية بين الطلاب التي تلعب دورا واضحا في مدى تحقيق الأهداف التعليمية والمدرسية والتحصيل الدراسي لكل طالب. حيث يلعب

التهيؤ والقدرات العقلية والاستعداد والرغبة دورا كبيرا في تفاعل الطلاب مع المدرسة والمادة التعليمية وأساليب المعلم التدريسية التي يعتمد عليها بنسبة كبيرة في التأثير على توجهات الطلاب ورغباتهم والعمل على إنجاز الأنشطة التي تطلب منهم.

2- قانون التكرار

يركز قانون التكرار على القيام بتكرار العمليات التعليمية والتربوية المختلفة، وذلك بالاعتماد على التجربة والخبرة الميدانية في هذا المجال، والتي أثبتت أن تكرار الشيء يساعد على حفظه وإجادة استعماله، ولقد كانت هذه آراء بعض الباحثين ورجال التربية الذين توصلوا إلى أن التكرار يعدّ طريقة جيدة للتعلم والحفظ والحصول على المعرفة المنشودة وبالتالي المكانة الشخصية داخل غرفة الصف أو في البيت. فمثلا تكرار القراءة يساعد على حفظ المادة وتطبيقها فيما بعد.

ولكن يجب أن نذكر أن التكرار الذي نقصده هو ليس ذلك التكرار الذي يفهمه المعلمون الذين يتجاهلون أبسط قواعد التربية، والتي تقول: بأن التكرار الروتيني يؤدي إلى الملل. والملل بدوره من العوامل السلبية التي تمنع عملية التعلم. فالتكرار الذي نريده ونقصد به هو ذلك التكرار الهادف، وغير الممل والمتنوع الذي يؤدي إلى جذب انتباه الطالب وتثبيت المادة المتعلمة في ذهنه. وإذا أردنا التكرار الهادف فإن ذلك سوف يؤدي إلى زيادة في رغبة الطالب في التعلم؛ لأنه يشعر في كل مرة بأنه أصبح يعرف المادة أكثر مما كان يعرفها من قبل. وهذا بدوره يعدّ عاملا محفزا على الاستمرار في التعليم الصحيح، الذي يؤدي إلى الحصول على مستوى جيد من التحصيل المدرسي العلمي، الذي يضع بدوره الطالب في مكان خاص ويشعره بالأهمية الشخصية والاجتماعية، ويدفعه إلى الاستمرار في العمل على تحصيل مناسب.

3- قانون الأثر

يعدّ هذا القانون مكملا للقانون السابق، لأنه لابد من اجتماع الجهد التعليمي المتكرر مع النتائج الإيجابية المشجعة لكي تتم عملية التعلم بنجاح. فإذا كنت نتيجة التعلم وأثره مفيدين للطالب فإن ذلك يعد تشجيعاً له إلى الاستمرار في التعلم والوصول إلى التحصيل المطلوب والابتعاد عن التدني في التحصيل. وطلابنا بصورة خاصة بحاجة إلى تعلم الخبرات التعليمية والتربوية التي لها الأثر الإيجابي والمشجع لكي يستمروا بنفس الرغبة والدافعية للتعلم، لذا يجب أن تكون المادة التي تعمل في المدرسة

هادفة وملائمة لرغبات وميول واتجاهات الطلاب وتلبي احتياجاتهم الأساسية، وذلك حتى تترك لديهم الأثر الإيجابي والحافز للتعلم.

وفي نهاية الأمر فإنني على يقين بأن أفضل قانون يمكن أن يؤدي إلى التعلم هو خبرة المعلم وجديته، واستخدامها في فهم كل طالب من طلابه وما يميزه والحاجات التي يحتاجها، ومقابلة كل موقف تعليمي وكل نشاط وكل طالب بما له أفضل النتائج العلمية والتحصيلية، ويمكن تحقيق ذلك عندما تطرح مناهج وبرامج تعلم تتفق مع رغبات وحاجات الطلاب التعليمية وتعمل على تحقيقها.

3- شروط التعلم المفضل :

التعلم كغيره من الأنشطة الإنسانية المتعددة التي يقوم بها الأفراد ويختلف في مضمونه وجودته حسب اختلاف الظروف التي يتم حدوثه فيها، وحتى يكون هذا التعلم جيدا ومفضلا يشترط أن يؤدي إلى النتائج التي ترجى منه، خصوصا رفع مستوى كفاية الفرد المتعلم، وزيادة خبرته المعرفية، والعمل على تعديل سلوكه ومن الشروط المفضلة والجيدة للتعلم نذكر ما يلي:

1- بناء التعلم على الأنشطة التي يقوم بها كل طالب متعلم بصورة شخصية. لأن الطالب لا يتعلم تعلما جيدا إلا ما يقوم به عمليا، أي الأشياء التي يقوم بعملها شخصيا؛ لأن الخبرة التي يشترك فيها الطالب هي التي تبقى آثارها لديه وتصبح جزءا من معرفته وتحصيله المباشر، وهذا النوع من التعلم يعدّ أفضل أنواع التعلم، لذا يجب أن يكون الموقف التعليمي معبرا، وله معنى بالنسبة للطالب، والمعنى الذي نقصده هنا يتوفر عندما يصل الطالب إلى إدراك أهمية العلاقة التي تربط بين ما يتعلمه ومواقف حياته خارج المدرسة (في الأسرة والمجتمع).

2- أن يتضمن الموقف التعليمي الذي يمر به الطالب (أو نريده أن يمر به) عدة عناصر تتعدد فيها الأشياء التي تشكلها عملية التعلم. لأن الطفل أو الطالب لا يتعلم شيئا واحدا في وقت واحد، ولكنه يتعلم عدة أشياء في الوقت نفسه، أي ان الموقف التعليمي يشمل هدفا مركزيا وأساسيا واحدا، تتفرع منه عدة أهداف فرعية يجب على المعلم أن لا يهملها، مثل: العمل على تقوية الروح المعنوية للطالب وروح المنافسة بين الطلاب داخل الصف الواحد بالإضافة إلى تقوية الشعور بالانتماء للمجموعة، والعمل على رفع مستواها التعليمي ومكانتها الاجتماعية.

3- أن يعمل المعلم على بناء التعلم بما يتفق مع ميول وحاجات واهتمامات ورغبات الطلاب. لأن التعلم بحد ذاته يعدّ عملية إيجابية تتطلب من المتعلم بذل جهد معين، وهذا الجهد لا يمكن أن يقوم المتعلم ببذله إلا إذا كان ذا صلة بميل من قبل المتعلم؛ لأن التعلم الجيد دائما يُدفع بدوافع الأطفال (المتعلمين) وميولهم واستخدامها في خلق ميول جديدة، والقيام بتوسيع حلقات التعلم يؤدي إلى توسيع آفاق المتعلم ويزيد من رغبته في الاستمرار بالتعلم دون إرشاد وتوجيه من المعلم، إلا في الحالات الصعبة والخاصة والتي لا يستطيع الفرد فيها القيام بالتعلم بمفرده وهو بحاجة إلى شرح وإرشاد المعلم الذي يمكنه من تحقيق الأهداف التعليمية والوصول إلى مستوى علمي ومعرفي جيد.

4- يجب أن يبنى التعلم الجيد على أساس العلاقة الحسنة بين الطالب والمعلم بحيث يقوم على الثقة والاحترام المتبادل. إن العلاقة الإيجابية بين المعلم وطلابه داخل الصف وخارجه لها أثر كبير وأهمية خاصة في تسهيل عملية التعلم ونجاحها. أما إذا كانت هذه العلاقة سلبية ولم تبن على أساس الثقة المتبادلة والاحترام الشخصي فإن عملية التعلم والتعليم في مثل هذه الحالة تؤدي إلى زيادة توتر أعصاب الطلاب والمعلم مما يؤدي في نهاية الأمر إلى فشل العملية التعليمية، وهذا بدوره يؤدي إلى تدني الإنجاز والتحصيل المدرسي، تماما كما يحدث اليوم في معظم المدارس على اختلاف أنواعها ومراحلها التعليمية (شحاته، 1999، نصر الله، 2001).

وفي هذا المجال تؤكد التربية الحديثة على أن التعلم، هو عبارة عن اكتساب الفرد خبرات الحياة لكي يستخدمها في مجالات الحياة اليومية المتعددة، وهو أيضا السلوك الذي يعود بالنفع والخير على الفرد والمجتمع في الحاضر والمستقبل، لذلك يجب على المعلم والمدرسة العمل على تبسيط التعلم والحصول على المعرفة والوصول إلى أفضل مستوى من التحصيل المدرسي. كما يُطلب من المدرسة العمل على توفير الجو المدرسي الملائم لتعلم الطلاب. وأن تبنى برامجها وطرق وأساليب عملها بما يتفق مع قدرات الطلاب، والأنشطة التي يقومون بها والتي توافق اهتماماتهم ورغباتهم ومتطلباتهم الأساسية، وفق المقبول والمعقول الذي يمكن من خلاله المحافظة على جميع الطلاب من الانحراف، والاستمرار في الحصول على مستوى مناسب من التقدم والتحصيل العلمي.

4- وظائف المعلم وأدواره التربوية

للمعلم في المدرسة -بصورة عامة والصف بصورة خاصة- أدوار هامة يجب عليه القيام بها حتى تسير العملية التعليمية في الاتجاه الصحيح، وتؤدي إلى استفادة الطلاب من تعلمهم وتساعدهم على تطوير أنفسهم وشخصياتهم، وتمكنهم من الوصول إلى أفضل مستوى ممكن من التحصيل العلمي، واستعمال القدرات العقلية الموجودة لديهم في الاتجاهات الصحيحة. ومن هذه الأمور ما يأتي:

1- يجب على المعلم القيام بتقديم المعلومات والمعارف للطلاب، وهذه العملية تعدّ من الأدوار والوظائف الأساسية الهامة التي يقوم بها المعلم، وحتى يستطيع القيام بها على أكمل وجه يجب عليه أن يقوم بما يلي:

* مساعدة كل طالب على اختيار جوانب المعرفة المناسبة للموضوع الذي يتعلمه أو المشكلة التي تواجهه حتى يستطيع التغلب عليها.

* على المعلم أن يقوم بتزويد الطالب بالمهارات والقدرات اللازمة والمطلوبة للقيام بنقد المعرفة التي حصل عليها والتأكد من صحتها ومدى سلامتها.

* القيام بتدريب الطالب على كيفية استخدام المعرفة والاستفادة منها في مواجهة المشكلة التي يقوم ببحثها.

وحتى يكون بالإمكان الوصول إلى تحقيق هذه الجوانب يجب على المعلم أن يعرف بأنه ليس المصدر الوحيد للمعرفة والمعلومات، بل هو أحد مصادر المعلومات والمعرفة الكثيرة التي يمكن أن يرجع إليها الطلاب للحصول على المعلومات والمعرفة.

2- على المعلم أن يقوم بالعمل على تنظيم وإرشاد عملية تقويم نمو الطلاب في الجوانب العقلية والاجتماعية، والنفسية، والانفعالية؛ لأنه هو المسؤول عن تكوين وتطوير شخصية الطالب داخل المدرسة. وعملية تنمية شخصية الطالب تتطلب من المعلم القيام بالأمور الآتية:

أ- فهم خلفية الطالب والظروف الاجتماعية والاقتصادية، والثقافية التي مرّ وما زال يمر بها ، يساعد المعلم في تقديم التعليم المنفرد الذي يستجيب لظروف كل طفل وكل طالب. والعمل على إيجاد الملاءمة بين جميع المستويات.

ب- معرفة قدرات الطالب العقلية وتقدير احتياجاته، يساعد المعلم في تنظيم وتخطيط الخبرات والمهارات التعليمية المناسبة لحالة كل طالب.

ج- على المعلم القيام بمسؤولياته تجاه عملية التكامل التي يجب أن تحدث بين البيت والمدرسة من أجل مصلحة الطالب ومساعدته المساعدة المطلوبة. وفي هذا المجال يجب أن يتعاون مع المشرف الاجتماعي والاختصاصي التربوي والنفسي والطبيب، والممرضة - إن وجدوا في المدرسة- .

3- للتدريس فنونه وأساليبه وطرقه الخاصة، التي يجب على المعلم، أن يكون متمكنا منها ويعرفها تمام المعرفة، بالإضافة إلى معرفته للمهارات الفنية التي تساعد على تفسير المعلومات التي يعلمها أو يطرحها الطلاب، كما تساعده على غرس القيم الاجتماعية والإنسانية لدى الطالب، ثم قيامه بتعديل سلوك هذا الطالب في الحالات التي تتطلب منه ذلك.

4- على المعلم العمل على توفير درجة مقبولة من الضبط الاجتماعي والسلوكي داخل غرفة الصف وفي المدرسة. حتى يكون بالإمكان القيام بتنظيم الأنشطة المدرسية والتأكد من دوام الطلاب أثناء العملية التربوية. وذلك كي يستطيع المعلم تحقيق الأهداف المنشودة التي يعدّ الضبط الاجتماعي أحد أركانها الأساسية.

5- على المعلم القيام بتقييم تحصيل الطلاب وتقدمهم في العملية التعليمية؛ لأن الطلاب بحاجة إلى معرفة مدى تقدمهم العلمي والمعرفي، والمستوى التحصيلي والدراسي الذي وصلوا إليه . وحتى تتحقق الفائدة من وجودهم في المدرسة أم لم تتحقق. وهذا يفيد الأسرة في اتخاذ القرارات التي تتعلق باستمرار تعلم ابنها أو ماذا يجب أن يفعلوا في هذا الاتجاه؟ وكذلك المعلمون أنفسهم بحاجة إلى معرفة مدى تحقيق أهدافهم من العمل التربوي ومعرفة مدى مناسبة الوسائل والطرق والأساليب المستعملة لهذه الغاية، بالإضافة إلى الإجراءات المختلفة التي يستخدمها المعلم، مثل الكتب والوسائل التعليمية والإيضاحية، وأساليب التدريس، والأنشطة والقوانين والأنظمة المدرسية، ومدى مناسبتها لمستوى الطلاب وقدراتهم؟

6- يجب على المعلم أن يعمل على تنمية نفسه مهنيا وعلميا وألا يبقى دون تطور، وهو يستطيع القيام بذلك عن طريق الاشتراك في الدراسات والورشات والندوات والمؤتمرات التي تناقش قضايا التعليم وتطوره، وقضايا المجتمع الاجتماعية والاقتصادية والثقافية؛ لأنها تؤثر بصورة واضحة على عملية التعلم ومدى الاشتراك الاجتماعي فيها.

7- على المعلم أن يحرص بصورة دائمة على تقوية الثقة بالنفس والأمل لدى الطلاب حتى يبعدهم عن اليأس والاستسلام الذي يؤثر تأثيرا ملحوظا على حياة ومستقبل من يقع فيه، وحتى يستمر البناء والإعمار يجب أن نكون دائما متفائلين بالمستقبل وبالحياة الفضلى.

8- يجب أن يكون المعلم متمكنا من معرفة وسائل التربية والتدريس ، لأن ذلك يساعده على تقريب الأفكار المجردة وشرحها بصورة محسوسة وملموسة لكي تكون الفائدة التعليمية مجدية ونافعة بأفضل ما يكون.

9- القدرة على التدريس حسب أساليب وطرق مناسبة لقدرات الطلاب ومستواهم المعرفي والتحصيلي، تتطلب من المعلم أن يكون متمكنا من المادة العلمية والقدرة على توصيل المعلومات للطلاب، والتعبير عن أفكاره بأسلوب واضح سهل وذلك عن طريق استخدام أساليب التدريس الحديثة، واختيار الأنشطة التعليمية التي يصل إليها الطلاب في نهاية كل مرحلة تعليمية يمرون بها، ليكون لها الأثر الخاص في المراحل القادمة.

وحتى يكون للواجبات المدرسية المنزلية أهمية وفاعلية في رفع مستوى التحصيل الدراسي وزيادته يجب أن نأخذ بعين الاعتبار مدى ارتباط الواجب المنزلي ومدى مراعاة المعلم وتقديره لجهود الطلاب التي يبذلونها في أداء الوظائف المنزلية، لكي يكون لهذا الأداء أهمية في رفع درجات التحصيل الدراسي، وكذلك يستطيع المعلم مساعدة الطلاب عن طريق اقتراح مهارات دراسية أخرى تكون أفضل من المتبعة، مثل حصر المادة عن طريق قراءة عنوان الدرس، واستدعاء المعلومات والخبرات السابقة التي لها علاقة مباشرة مع موضوع الدرس، مع مراعاة أهمية هذا الموضوع بالنسبة للطالب والتعرف إلى العناوين الرئيسة والفرعية والأشكال. كما ويمكن أن يقوم المعلم بتحويل المادة التعليمية إلى أسئلة، يمكن الإجابة عنها بوساطة مضمون المادة التي يعالجها كل عنوان فرعي. كما يجب عليه قراءة الأنشطة المتعلقة بالمادة العلمية لكي يحصل على إجابات للأسئلة التي طرحت من قبل. ويستطيع المعلم أيضا القيام بوضع المادة العلمية المتعلمة في الصيغة التي سيحتاجها الطالب فيما بعد حتى يستطيع الإجابة عن الأسئلة دون الرجوع إلى الكتاب واستعماله (فارعة، 1991).

ومن العناصر الهامة جدا التي يجب على المعلم الاهتمام بها في جمع مراحل التدريس، والتي لها أثر واضح على التعلم والتحصيل الدراسي، هي طريقة التدريس التي يستعملها المعلم داخل الصف لتوصيل المادة المتعلمة للطلاب، وطرق التدريس تختلف

وتتباين بين المعلمين في المراحل التعليمية المختلفة. فمثلا، هنالك الأسلوب التقليدي، وأسلوب المحاضرة، وطريقة المناقشة وطرح الأسئلة، واستعمال كل أسلوب من هذه الأساليب يتوقف على شخصية المعلم وإعداده المهني واتجاهاته وقدراته الشخصية بالإضافة إلى عدد الطلاب داخل الصف الذي يعدّ عاملا أساسيا في العملية التعليمية وتحقيق الفائدة منها. ويمكن للمعلم استخدام أكثر من طريقة أو أسلوب في التدريس وذلك حسب ظروف صفّه الذي يعمل فيه، وحتى يتغلب على هذه الظروف أو يسير معها يستطيع المعلم أن يخلط بين عدة طرق وأساليب تدريس لملاءمة جميع المستويات المختلفة في صفه. وعلى المعلم أثناء عملية التدريس أن يشرك جميع الطلاب (قدر المستطاع) في العملية التعليمية، وذلك عن طريق طرح الأسئلة عليهم بشكل شخصي، ولقد أثبتت الدراسات والتجارب أن اختيار المعلم للطلاب الذين توجه إليهم الأسئلة يؤثر تأثيرا إيجابيا على تحصيلهم الدراسي. لذلك يفضل أن يطرح المعلم الأسئلة على الطلاب بالترتيب وليس بصورة عشوائية، لأن ذلك يخفض من نسبة القلق والتوتر عند الطلاب.. وفي الوقت نفسه يتجنب المعلم الوقوع في مشاكل وأخطاء خصوصا إذا فضل الطلاب ذوي القدرة العالية على الطلاب الأقل قدرة في توجيه الأسئلة، لأن الطلاب ذوي القدرة المحدودة بحاجة إلى وقت أطول للتذكر والإجابة التي تحقق أهداف المناهج، وتراعي الفروق الفردية الموجودة بين الطلاب في القدرات العقلية ومستوى التحصيل، ويجب أن تكون لدى المعلم القدرة على جذب انتباه الطلاب وإثارة تفكيرهم، وإعطائهم الوقت المناسب وحرية التعبير عن الرأي. والتقويم الذاتي للجوانب التعليمية المختلفة لديهم، وتحديد المستوى التحصيلي الذي وصلوا إليه.

10- القدرة على إدارة الصف، والتي تضم جوانب كثيرة ومتعددة، مثل، التعاطف والتفاهم مع الطلاب، والقدرة على التوجيه والإرشاد الجماعي، والفردي، واحترام مشاعر وقدرات وحرية الطلاب، والمحافظة على النظام والقوانين في المدرسة والصف من خلال التقيد بها كونه قدوة حسنة، والعدل في معاملة الطلاب.

11- على المعلم أن يكون قادرا على إقامة العلاقات الإنسانية، والتي يقصد بها القدرة على التعاون مع زملائه المعلمين في الإدارة المدرسية والأقسام الأخرى في التخطيط والتدريس، والقدرة على التفاهم الفعال والنقد البناء مع أفراد المدرسة والتفاعل الإيجابي مع أولياء الأمور والحرص على مشاعر الآخرين وتقبلها واحترام آرائهم، وكذلك القيام بمساعدة الطلاب بمحبة وصدر رحب.

12- المقدرة على الربط بين المدرسة والمجتمع وذلك عن طريق القيام بالتطبيق النظري والعلمي في التدريس من خلال توظيف البيئة المحلية وإعطائها الفرصة للمشاركة في تخطيط الأنشطة والخبرات المدرسية، وجذبهم في إنجاز هذه الأنشطة، وتنمية الشعور وتقويته بالانتماء الحقيقي للمجتمع وإبراز المدرسة وإظهارها كمؤسسة تربوية رائدة في المجتمع. وبالتالي فإنه يعمل على رفع المكانة الاجتماعية للمعلم.

13- على المعلم أن يكون مخلصا وجديا في تعامله مع طلابه، ويقوم بتحضير الدروس والمواد التي يريد أن يعلمها، ويبذل الجهد في التدريس داخل غرفة الصف، لأن الإخلاص يعدّ ثمرة الإعداد الروحي والتعامل الحسن مع الطلاب، والتواضع واحترام آرائهم والإصغاء إليهم، والحديث المؤدب معهم والقيام بنقدهم، وتربيتهم وتعليمهم بأفضل ما يكون دون انتقاص لقدراتهم.

14- على المعلم أن يكون ملما بالاتجاهات المختلفة الموجودة في الحياة الصحيحة والخاطئة منها، والمبادئ والأنظمة المتبعة والسائدة، ويستطيع القيام بتحليل معانيها وغاياتها ووسائلها. وذلك حتى لا يعيش على هامش الحياة دون أن يعرف أو يدري عن واقعه شيئا (شحادته، 1994).

15- يجب على المعلم أن يعمل على تشجيع عملية النمو والتطور الذاتي للطلاب إلى أقصى مدى ممكن، حيث يجب أن يدفعهم للعمل على تحري الحقيقة بمفردهم والوصول إلى تفسيراتهم الخاصة لها، وحتى يحدث ذلك عليه أن يلقنهم أقل قدر ممكن من المعلومات ، ويبقي لهم الفرصة الكافية للقيام بالاكتشاف بأنفسهم. ولكي يصل إلى تحقيق هذا الهدف عليه توصية الطلاب بالتعلم والدراسة الذاتية، من خلال القيام بإنجاز الواجبات المدرسية التي تعطى لهم يوميا من المواضيع التعليمية المختلفة. إن إنجاز الواجبات المدرسية التعليمية خلال فترات زمنية مختلفة يساعد على رفع مستوى التحصيل الدراسي، كما يجب على المعلم عدم استعمال أسلوب طرح الأسئلة على من يتطوع من الطلاب للإجابة بأكثر من 10-15% من العدد الكلي للطلاب؛ وذلك حتى يكون بالإمكان إتاحة الفرصة أمام الطلاب جميعهم للمشاركة في التفاعل مع المعلم أثناء الدرس. وفي الحالات التي يستجيب فيها بعض الطلاب دون إذن المعلم فإن عدد هذا النوع من الاستجابات يكون له أثر سلبي على التحصيل الدراسي للطلاب.

المعلم ودوره في علاج مشاكل الطلاب السلوكية

إن المشاكل السلوكية التي تظهر لدى الطلاب داخل المدرسة بشكل عام والصف بصورة خاصة تنشأ نتيجة لوجود عدة عوامل تؤثر تأثيرا ملحوظا في الطلاب من خلال تفاعلهم مع هذه العوامل وهي:

1- **العوامل الاجتماعية**: وهذه العوامل عبارة عن انعكاس المشاكل الاجتماعية العامة للبيئة أو المحيط الذي يعيش فيه الطالب على سلوكه، ومن المؤسسات الاجتماعية التي لها تأثير واضح على سلوك الطالب نذكر ما يأتي:

أ- وسائل الإعلام التي تظهر العنف والجريمة وتأكد عليهما في معظم الأوقات ومعظم البرامج حتى في برامج الأطفال التي يمكن القول بأن 90% منها تؤكد على العنف وتظهره بأساليب وطرق متعددة، مما يؤثر بصورة مباشرة وواضحة على سلوك الأطفال والكبار معا.

ب- الاتجاهات الأسرية المختلفة والتي تظهر من خلالها نظرة الآباء لأبنائهم سواء أكان ذلك بالتدليل أو النبذ، وكلاهما يؤديان إلى النتيجة نفسها تقريبا من حيث توجه الابن في المستقبل، لأنها تؤثر سلبيا وإن اختلفت التصرفات.

ج- المستوى الاجتماعي الاقتصادي للأسرة مثل الفقر والحرمان، والخلافات الأسرية التي تؤثر على سلوك الطالب وتحدد اتجاهاته ميوله ورغباته.

د- الإحباط وعدم وجود الاستعدادات القوية، والرغبة، والدافعية عند الطلاب للدراسة والتعليم والتحصيل الدراسي بسبب الظروف التي يمر بها، والتي جعلته يشعر بالإحباط والعجز وعدم القدرة على القيام بإنجاز أي شيء.

2- **العوامل المدرسية**:

هناك كثير من العوامل المدرسية التي يكون لها تأثير سلبي على سلوك الطلاب وتجعلهم يتصرفون تصرفات تدخلهم في مشاكل شخصية مع المعلم والطلاب والإدارة وهي:

أ- النظام المدرسي الذي يجبر الطلاب على تعلم مقررات، ودراسة مواضيع معينة ومحددة لا تعني لهم شيئا في كثير من الحالات، ربما قد يؤثر في سلوك الطالب داخل غرفة الصف وأثناء تفاعله مع الطلاب والمعلم؛ لأن ما يتعلمه لا يثير لديه

الرغبة في التعلم الجاد ذلك أنه خال من المثيرات، وبعيد عن إمكانية إشباع الحاجات النفسية للطالب.

ب- عدم قدرة الطلاب على متابعة بعض المقررات الدراسية لأسباب تتعلق بالقدرة على التركيز والانتباه أو القدرات العقلية العامة، إذ ربما يؤدي إلى التأثير في مفهوم الطالب لذاته وقدراته.

ج- أسلوب وطريقة تقسيم الطلاب في الصفوف وعملية تصنيفهم حسب قدراتهم التحصيلية والتعليمية (ضعاف ومتوسطون، ومتفوقين) تعدّ طريقة إيجابية وسلبية في الوقت نفسه، إيجابية لأنها تعطي كل طالب حقه من إمكانية التعلم حسب قدراته الخاصة، وسلبية لأنها تضع وصمة اجتماعية على مجموعة الضعفاء بالذات، مما يجعلها تعيق عملية التعلم والتقدم لديهم بسبب الضغوط النفسية عليهم.

د- زيادة عدد الطلاب في المدرسة والزحام الناتج عن ذلك مع قلة الإمكانيات التي توفر الأنشطة الكافية لشغل أوقات الطلاب الحرة، أما داخل الصف الواحد فإن زيادة عدد الطلاب تؤدي إلى نقص في فرص وصول المعلم لكل طالب وإعطائه الاهتمام المناسب الذي يجعله يشعر بنوع من المكانة والثقة بالنفس، وبالتالي يدفعه إلى العمل الجاد للوصول إلى أفضل مستوى تحصيلي ممكن.

هـ- ضعف العلاقة بين البيت والمدرسة، في معظم الحالات لا توجد علاقة بين البيت والمدرسة، وانعدام هذه العلاقة يؤدي إلى شعور الطالب بعدم الاهتمام من قبل البيت والمدرسة، بما يحدث معه من أحداث. ومشكلة ضعف العلاقة يعود سببها لإهمال الطرفين: البيت والمدرسة.

و- قلة السلطة الموجودة في يد المعلم وحريته في القيام بمساعدة الطلاب الذين يكونون بحاجة إلى مساعدة ورعاية واهتمام من جانبه ومن جانب المدرسة.

ز- عدم وجود القيادة المدرسية الجيدة التي تتمثل في الإدارة المدرسية واتباع أساليب إدارية ديمقراطية، وتعامل مناسب مع كل مشكلة.

ح- البيئة المدرسية العامة، وما يحكمها من قوانين وما يحدث فيها من أحداث بين الطلاب أنفسهم والطلاب والمعلمين، والبيئة الصفية الخاصة وما يدور فيها من تصرفات وسلوك من جانب الطلاب مع بعضهم بعضاً، وتوجههم إلى العملية التعليمية التي يقوم بها المعلم خلال تعامله مع المادة الدراسية.

3- العوامل الاقتصادية والسياسية:

إن العوامل الاقتصادية والسياسية التي تسيطر على البيئة والمحيط الذي يعيش فيه الطالب تؤثر تأثيرا واضحا في سلوك الطلاب على المستوى العالمي والمستوى القومي والمحلي، وتؤدي هذه العوامل إلى خلق ظروف وشروط تسبب الحرمان وعدم الاطمئنان، ويمكنها أن تضع قيودا خاصة وواضحة على سلوك الأفراد وتصرفهم بصورة عامة والطلاب بصورة خاصة، وتجعلهم يميلون أو يتوجهون إلى العدوان، والعنف وفي كثير من الحالات تنتابهم الاضطرابات والتوترات النفسية، والقلق والاكتئاب التي تصاحب جميعها عملية الكبت التي يخضع لها الطالب، ومن هذه العوامل نذكر : الفقر، الكوارث، وعوامل الجذب التي تهدف إلى الربح، مثل: اهتمام وسائل الإعلام خصوصا التلفاز بتقديم البرامج والإعلانات التي يسيطر عليها العنف، أو تدعو إلى العنف بصورة واضحة، وتعدّ من أخطر الأشياء التي تؤثر في الأطفال في المراحل المبكرة من حياتهم؛ لأنهم يقومون بتقليدها في معظم الحالات.

والسؤال الذي يطرح نفسه ويبحث عن إجابة بصورة واضحة، ما الدور الذي يستطيع المعلم القيام به في مواجهة هذه المشاكل السلوكية التي يعاني منها الطلاب؟

ولكي نستطيع الإجابة عن هذا السؤال يجب أن نقوم بتحديد المشاكل السلوكية على مستويات، مثل: قلة السلوك المرغوب فيه، وكثرة السلوك المرفوض، ومن خلال هذا التقسيم نجد أن النوع الأول من المشاكل يعود إلى الأسباب الآتية:

1- فشل أصحاب الشأن في جذب انتباه الطلاب لما يقومون به من أعمال.

2- عدم قدرة المعلم والأهل على إظهار الرغبة في الدراسة لدى الطالب.

3- ازدياد الإحساس والرغبة لدى الطالب بالاستقلال الذاتي.

4- عدم المقدرة لدى الطلاب على التفاعل السليم والصحيح مع الآخرين من الطلاب أو المعلمين داخل الصف وخارجه.

5- عدم انتظام الطلاب في الحضور إلى المدرسة.

أما النوع الثاني من المشاكل السلوكية لدى الطلاب فيعود إلى الأسباب الآتية:

1- استعمال العدوان الجسدي ضد الآخرين.

2- الزيادة الواضحة في استعمال العدوان والعنف داخل الصف، وعدم القدرة على الاستقرار في مكان واحد يجلسون فيه.

3- القيام بالأعمال المزعجة للزملاء في الصف بسبب كثرة الكلام والتشويش.

4- القيام بنقد الزملاء والأصدقاء بطريقة هدامة وأسلوب شخصي صعب.

5- زيادة الشعور بالظلم من زملائهم والتوجه بالشكوى للمعلم.

ولكي نستطيع القيام بعلاج هذا النوع من المشاكل التي تنتج عن السلوك غير المرغوب فيه، يستطيع المعلم اتباع الخطوات الآتية:

1- أن يقوم بوضع القوانين الخاصة التي تمكنه من ضبط الصف والسيطرة على ما يحدث فيه، بشرط أن تكون هذه القوانين عملية ويمكن تنفيذها.

2- أن يأخذ المعلم بعين الاعتبار حاجات الطلاب ويعمل على مراعاتها، وأن يستمر في متابعة مشاكلهم ويحاول التعرف إلى أسبابها.

3- أن يقوم المعلم بإعطاء تعليمات واضحة وبيانات مفصلة عن كل موضوع يقوم بتدريسه للطلاب خلال العملية التعليمية اليومية التي يقوم بها داخل غرفة الصف.

وهنا يستطيع المعلم القيام بوضع خطة لعلاج المشاكل السلوكية التي تنتج عن سلوك الطلاب غير المرغوب فيه والتي تضم ما يأتي:

1- القيام بمنع هذا السلوك عندما يحاول الطالب القيام به أو بعد القيام به.

2- على المعلم أن يحاول القيام بتعديل السلوك المرفوض.

3- أن يقوم بمعاقبة الطلاب الذين يصدر عنهم مثل هذا النوع من السلوك.

4- أن يعمل المعلم على تجاهل مثل هذا النوع من السلوك عندما يصدر عن الطلاب ويحاول تشجيع السلوك المرغوب فيه.

5- على المعلم الا يتعامل مع الطالب الذي يصدر عنه السلوك المرفوض.

6- يعمل المعلم على تغيير المثير الذي يؤدي إلى حدوث مثل هذا السلوك أو يعمل على تغيير الموقف الذي يحدث السلوك غير المرغوب فيه (منسي، 1991).

المعلم وإكساب السلوك الجيد للطلاب

حتى يستطيع المعلم العمل على زيادة السلوك الجيد، والمقبول، والمرغوب فيه لدى طلابه يجب عليه القيام بعمل ما يأتي:

1- أن يقدم لطلابه النموذج الجيد والقدوة في جميع الأعمال التي يقوم بها.

2- أن يعمل على تدعيم وتعزيز السلوك المرغوب فيه، ويشجعهم على القيام به.

3- أن يحدد مسبقا استجابات الطلاب بحيث تكون إطاراً مرغوباً فيه.

4- على المعلم أن يقوم بتطبيق المبادئ التي يمكن أن تشكل السلوك الناجح الذي يقوم به الفرد في المجالات والمواضيع المختلفة.

5- على المعلم القيام بمناقشة الطلاب وإقناعهم بالسلوك المرغوب فيه، والذي يحقق الأهداف المنشودة .

وحتى يستطيع المعلم القيام بضبط الطلاب داخل غرفة الصف يجب عليه أن يقوم بالخطوات الآتية:

1- أن يقف أثناء تفاعله مع الطلاب داخل غرفة الصف في منتصف الغرفة. بحيث يستطيع مشاهدة جميع الطلاب وما يقومون به من سلوك وتصرفات، وفي الوقت نفسه يشعر جميع الطلاب بأن المعلم قريب منهم ويراقب سلوكهم، الأمر الذي يكون له أثر واضح على ضبط سلوكهم وما يصدر عنهم من أعمال.

2- يجب على المعلم أن يوازن بين جميع الطلاب أثناء تفاعله معهم في مناقشة موضوع الدرس والتعلم، أو أية مواضيع أخرى.

3- يجب أن يأخذ المعلم بالاعتبار أن التفاعل مع الطلاب الذكور يختلف عن التفاعل مع الطالبات، لذا عليه أن يتعرف عليه بالشكل الصحيح والمناسب.

4- المعلم خلال تفاعله مع الطلاب ذوي المظهر الجيد يتفاعل بطريقة وأسلوب يختلفان جذريا عن تفاعله مع الطلاب الذين يكون مظهرهم سيئا أو رديئا.

5- المعلم خلال تفاعله مع الطلاب الذين يتمتعون بالقدرات المرتفعة يتفاعل معهم بطريقة تختلف عن طريقة تفاعله مع الطلاب الذي يتصفون بالقدرات المنخفضة.

6- المعلم يتعامل خلال تفاعله مع الأقليات بطريقة تختلف عن التعامل مع الطلاب الذين ينتمون إلى الغالبية.

أما فيما يخص دور المعلم في عملية اتخاذ القرارات داخل غرفة الصف، فإن هذه العملية تعدّ من مهارات التدريس الأساسية والتي يجب على المعلم معرفة عدد من الوسائل البديلة المتنوعة، وعدد من طرق وأساليب التدريس المختلفة؛ لأنه بدون هذه الأساليب لا يستطيع أن يقوم باتخاذ أي قرار في أي موضوع من المواضيع التعليمية أو التربوية.

وحتى نساعد المعلم في الحصول على هذه البدائل نذكر له وجود ثلاث مهارات تخطيطية أساسية يجب عليه معرفتها وهي:

1- استنتاج واختراع وتأليف طرق وأساليب تدريس وتعامل بديلة للتعلم.

2- معرفة القيم البديلة معرفة تامة، والقدرة على التعامل معها.

3- تغيير الظروف الراهنة إلى مواقف تعليمية؛ لمساعدة الطالب في التغلب على الصعاب التي تواجهه.

أما فيما يخص سلوك المعلم أثناء التدريس اليومي للمواد المختلفة فيجب عليه:

1- القيام بمراجعة الأفكار الأساسية التي وردت في الدرس الماضي، وهذه المراجعة يجب عملها في نهاية كل درس وبداية الدرس اللاحق له (الجديد).

2- على المعلم القيام بعملية صياغة الأهداف في أول الدرس، وهذه العملية تعدّ أهم عنصر من عناصر الدرس؛ لأن كل ما يحدث داخل غرفة الصف يدور حولها.

3- على المعلم أن يقوم بتلخيص مضمون ومحتويات الدرس في نقاط على السبورة، وذلك بهدف مساعدة الطلاب على معرفة هذه النقاط معرفة تامة.

4- على المعلم أن يقوم بتوضيح النقاط الأساسية والهامة في الدرس. بالإضافة إلى قيامه بتلخيص الأجزاء الرئيسة الموجودة في الدرس.

تأثير استخدام المعلم لأسلوب النقد

أثناء قيام المعلم بالعمل مع الطلاب داخل غرفة الصف أو خارجها على إنجاز المهام والفعاليات التي يطلب منهم القيام بها، يستخدم المعلم مصطلحات وعبارات النقد التي يهدف منها إلى تغيير سلوك الطلاب من سلوك مرفوض وغير مقبول إلى سلوك مرغوب فيه أو مقبول من قبل الآخرين الذين يتواجدون معه، أو من قبل المعلم نفسه وما يتفق مع قوانين المدرسة. فمثلا إذا قام المعلم بطرد أحد الطلاب من الصف فإنه

يعتقد أن هذا الأسلوب يساعده في ضبط الصف، وضبط سلوك الطلاب الآخرين. وفيما يزداد النقد من جانب المعلم، هذا يعني أن هناك خللا في المنهج أو البرنامج المدرسي، أو في تنظيم المدرسة وإدارتها.

وقد يؤثر النقد الزائد المستعمل داخل الصف في خفض المستوى التحصيلي للطلاب، لأنه يؤثر بصورة واضحة على شخصية الطالب وثقته بنفسه مما يجعله لا يقوم بعمل أي شيء ولا يبادر بأي شيء خشية نقد المعلم له أمام الطلاب جميعهم. لذا يجب على المعلم أن يكون حريصا وحذرا عند استخدامه لعبارات نقد الطلاب، وعندما يعطي الطلاب إجابات خاطئة لأسئلة المعلم أو عندما يتصرفون تصرفات غير مرغوبة، فإن بإمكان المعلم - بدل استعمال النقد- أن يتبع ويستعمل البدائل المناسبة مثل:

1- إعادة توجيه السؤال لطالب آخر بقوله ما رأي فلان في هذا الموضوع، أو من يريد مساعدة فلان في الإجابة عن السؤال.

2- على المعلم القيام بالتعقيب على إجابات الطالب، وتلخيص أهم ما جاء فيها من عناصر.

وحتى لا يستخدم المعلم أسلوب النقد نفسه الذي يستعمله داخل الصف مع جميع الطلاب، منخفضي التحصيل الدراسي أو الذين يعانون من تدن في التحصيل والإنجاز العلمي فإن عليه (المعلم) أن يسير حسب الخطوات الآتية:

1- على المعلم الانتظار فترة زمنية أطول للحصول على استجابة الطالب ذي التحصيل المنخفض بالمقارنة مع الفترة الزمنية التي يحددها للحصول على استجابة الطالب المتفوق.

2- يجب على المعلم أن يكون مستعدا لإعادة طرح السؤال مرة أخرى في حالة عدم فهمه من جانب الطلاب، أو يقوم بصياغة سؤال جديد يناسب قدرات الطلاب منخفضي التحصيل الدراسي، وسؤال آخر يناسب القدرات التحصيلية للطلاب المتفوقين.

2- على المعلم إعطاء عبارات ومصطلحات تشجع الطلاب الضعفاء الذين يعانون من مستوى تحصيلي منخفض، ويقوم بإلقاء العبارات نفسها على الطلاب المتفوقين.

4- على المعلم أن يمتنع عن نقد الطلاب الضعفاء وذوي التحصيل المتدني، أكثر من نقده للطلاب المتفوقين، لأنه بذلك يؤثر على استعدادهم للاشتراك الفعال والقيام بإنجاز الفعاليات والمهام التعليمية التي تطلب منهم خوفا من التعرض للنقد أمام الجميع.

5- على المعلم تشجيع الإجابات الصحيحة التي يعطيها الطلاب الضعفاء مثلما يشجع الإجابات الصحيحة التي يعطيها الطلاب ذوو القدرات التحصيلية العالية.

6- على المعلم أن يقوم بالإعلان أمام طلاب الصف عن الإجابات الصحيحة التي يعطيها الطلاب ذوي القدرات التحصيلية المنخفضة، تماما كما يفعل عندما يعلن عن الإجابات الصحيحة الصادة عن الطلاب المتفوقين.

7- يجب على المعلم الاهتمام بالطلاب الذين يعانون من صعوبات التعلم بصورة خاصة وواضحة أكثر من الاهتمام بالطلاب العاديين والمتفوقين دراسياً.

8- يجب على المعلم التعامل مع الطلاب جميعهم، بنفس الأسلوب دون تفضيل بين الضعفاء والمتفوقين.

9- على المعلم أن يقوم بترتيب جلوس الطلاب متدني التحصيل الدراسي بالقرب منه، أكثر من جلوس الطلاب المتفوقين في التحصيل الدراسي. حتى يضمن بصورة قاطعة استفادتهم من المادة التعليمية التي قام بتدريسها ويضمن إنجازهم للمهام التي تطلب منهم.

ويستطيع المعلم الاستفادة من ملاحظاته لعملية التدريس في أي صف، وذلك عن طريق تعديل وتصحيح أدائه في أي صف آخر، وهذا بدوره يؤدي إلى تعديل سلوك المعلم اللفظي عندما يقوم بعملية التدريس في الصفوف الدراسية المختلفة التي يدرِّس فيها. وهذا ما يقصد به التغذية المرتدة التي تعني: تعديل سلوك المعلم من خلال عملية التدريس ذاتها، والتغذية اللفظية للمعلم والتي يحدث التعديل فيها نتيجة للتدريس، ويمكن الاستدلال عليها من الملاحظات الشفوية التي يعطيها المعلمون، والتي تنعكس على مدى فعالية تصحيح مسار التفاعل مع الطلاب أو القيام بمحاولات لتطوير المادة العلمية أو طرق وأساليب التدريس. ويتأثر سلوك المعلم نتيجة لهذه التغذية المرتدة، ويظهر هذا الأثر بصورة واضحة على المعلومات التي يقدمها المعلم لطلابه والتي تؤدي إلى تحسين في أدائهم (فوكس 1983).

قيمة المعلم وأهميته

التربية والتعليم رسالة إنسانية هامة ومقدسة، تعمل على تهذيب العقول البشرية والسلوك الذي يصدر عن أبناء البشر في المواقف الإنسانية والاجتماعية والتعليمية المتعددة، وعند ذكر التعليم لابد من ذكر المعلم الذي تظهر أهميته ومكانته في عطائه وما يقدمه للطلاب الذين يقوم بتعليمهم من خدمات ومساعدات، كذلك الأمر بالنسبة للعلاقة بين المعلم والمربي حيث لا نستطيع أن نفرق بينهم، ويجب أن لا نفعل ذلك، لأن المربي الحق هو الذي يعمل كل ما في وسعه، وجل جهده ليساعد الطالب للوصول إلى المعرفة، والصفات الإنسانية الإيجابية التي تعود بالفائدة عليه وعلى المجتمع الذي يعيش فيه (مرسي 1993) .

وإذا كان المعلم لا يفعل ذلك فمن المؤكد سيؤدي إلى تدني إنجاز الطالب وضعف تحصيله التعليمي. أي أن المعلم يؤثر بصورة مباشرة على مستوى تحصيل الطالب وإنجازه التعليمي؛ لأنه هو المسؤول عن العلاقات التي تنشأ بينه وبين الطالب ويتحكم فيها ويحددها كما يريد في معظم الحالات، لذلك عليه أن يكون حريصا على مصلحة طلابه ويعمل كل ما بوسعه من أجل نجاحهم واستفادتهم، ويكون عمله من منطلق الصدق والمسؤولية والمعرفة والقدرة الموجودة لديه. إذاً على المعلم أن يكون الأسوة والقدوة الحسنة في كل شيء خصوصا في الأخلاق، والنظام وحسن التعامل، لأنه هو المسؤول عن بناء الطفل وشخصيته، وما سيكون عليه في المستقبل (نصر الله، 1998).

وعليه فإن المعلم يستطيع القيام بهذا الدور إذا شعر الطالب منه بالعطف الحنان والقبول والاهتمام. (وفي بعض الحالات حتى لو كانت معاملة المعلم قائمة على نوع من القسوة العادلة فإن الطالب حتما سيتقبلها ويشعر بالحب والاحترام لمعلمه). وهذا الحب الذي نقصده هنا هو الميل الخاص بفئته العمرية، ومساعدته للوصول إلى المرتبة الجيدة والمعرفة الواسعة، ويمكن تحقيق جميع الجوانب التي ذكرت إذا استطاع المعلم الوصول إلى فهم ردود أفعال الطلاب التي تصدر عنهم في المواقف التعليمية أو الاجتماعية المختلفة، لذلك عليه الاهتمام بجميع النشاطات وعدم رفض ما هو غريب عنه ولا يتفق مع ميوله واتجاهاته (1996 ميلادية).

أما إذا كان المعلم يعاني من أزمة في الضمير الحي، والمعرفة العلمية الإنسانية ليست من الصفات المميزة له، كما لا توجد لديه أي قدرات تعليمية ومعرفة في أساليب التدريس وبناء العلاقات الإنسانية، فإنه لن يستطيع القيام بأي دور فعال إيجابي بل على

العكس فإن جميع ما يقوم به من أعمال سوف يؤدي إلى إضعاف قدرات الطلاب وإمكانيات حصولهم على مستوى مناسب من التحصيل الدراسي. هذا بدل استغلاله لمكانته بصورة إيجابية، لأنه يعدّ بالنسبة للطلاب أسوة حسنة في الأخلاق والنظام وحسن التعامل واستعمال الطريقة الإنسانية في التعامل مع الآخرين أو في تعليمهم (نصر الله، 1998).

صفات وشروط المعلم الناجح

التربية عبارة عن حدوث فعل وانفعال، أو اتصال فعال ومنظم بين طرفين، المتعلم والمعلم، لذلك يجب أن تكون أمرا مدروسا وقائما على هدف معين ومحدود نابع من صميم المجتمع ومتطلبات أفراده.

ونسعى لتحقيقه بوساطة استعمال طرق وأساليب خاصة تلائم الطرفين. ومعلم اليوم لا يقوم بنقل المعلومات إلى المتعلمين فحسب، وإنما يقوم بدور هام في تطوير الهوية الشخصية للأفراد (من المفروض أن يفعل ذلك) وفي نهاية الأمر فإنه يترك بصماته بصورة واضحة (من المفروض) في الشخصية القومية، لذا فإن اختياره لهذه المهنة يستلزم مراعاة مواصفات معين، وبما أن هذه الصفات كثيرة ويصعب الوقوف على جميعها لذا سوف نذكر بعضها:

1- بما أن العمل الذي يقوم به المعلم يعدّ عملا قياديا ورسالة سامية لذا يجب أن يكون المعلم من أسرة طاهرة ونقية ونسب نقي، ويتمتع بصفات كريمة.

2- يجب أن يكون المعلم سليما من الناحية الجسمية والنفسية حتى يكون في المستوى المطلوب من النشاط، لأن العمل الذي يقوم به يحتاج إلى جهد وقدرة على تحمل الإحباط. وعليه أن يكون دقيقا في أقواله وأعماله، حاد الذكاء، ورحب الصدر ومتزنا نفسيا وعقليا لكي يستطيع أن يفرق بين الأحداث، ويسيطر عليها وخصوصا أثناء تعامله مع المتعلمين والطلاب على اختلاف مستوياتهم العلمية والعقلية.

3- يجب على المعلم أن يكون قادرا على التواصل الاجتماعي الناجح لأن مهنته تتطلب منه التعامل اليومي مع عدد من الأفراد من مستويات عمرية ومعرفية متباينة وأوساط ثقافية متعددة.

4- يجب أن يكون المعلم قادرا على إدارة الصف والطلاب الذين يتعامل معهم، ويقوم بتزويدهم بالمعارف في جميع المراحل التعليمية، ويستطيع جذب الطلاب إليه والانجذاب إليهم دون تهديد أو وعيد.

5- يجب أن تكون شخصيته متزنة ويلتزم بالنهج الديمقراطي فيترك للتلاميذ الذين يقوم بتعليمهم فرصة لتنمية ميولهم وتكوين اتجاهاتهم وفقا لرغباتهم، ودون أن يفرض عليهم رغباته وميوله.

6- يجب أن تتوفر لدى المعلم صفة الإحاطة، والمعرفة الواسعة بالموضوع الذي يعلمه بالإضافة إلى المعلومات العامة الواسعة في المجالات التعليمية والتربوية المختلفة. أي أن يكون واعيا لمادة تخصصه، وطرق تدريسها، ولديه الاستعداد للتعلم والتطور الشخصي حتى يتمكن من معرفة أساليب التربية والبناء؛ لأنه سوف يقوم بتربية وتعليم طلاب من مختلف الفئات والتي تختلف فيما بينها من ناحية القدرات العقلية والأدائية، والسلوك، والرغبات، والميول والإقبال على عملية التعلم.

7- على المعلم أن يتصف بالالتزام الديني الصادق والمسؤولية مع نفسه ومع الآخرين؛ لأن عدم وجود هذه الصفات يعود على التسيب وعدم الانضباط والقيام بإنجاز الفعاليات المطلوبة. بالإضافة لكونه مؤمنا بما يقوم به من أعمال، وفي نفس الوقت نفسه يكون بعيدا عن الشك والغش والخداع والكذب.

8- ينبغي أن يكون المعلم صادقا وعزيز النفس، ومتصفا بالصفات الأخلاقية الحسنة وبعيدا عن الشبهات واستغلال المواقف، وبعيدا عن الأنانية والذاتية الزائدة التي تجعله يعاني من المشاكل النفسية وعدم الثبات النفسي والأخلاقي والصدق في المعاملة. كما يجب أن يكون قادرا على الحياد والإنصاف والمساواة بين الطلاب والابتعاد عن استغلال المواقف لمصالحه الشخصية.

9- يجب أن يكون المعلم قادرا على التعامل مع زملائه المدرسين، وأن يمتاز بسعة الصدر والفطنة، وأن تبقى عناصر الاحترام والمحبة متبادلة بين تلاميذه وزملائه المدرسين.

10- يجب أن يتصف المعلم بالانشراح الروحي، وحب العمل، وطلب الطاعة المنطقية التي يمكن للطلاب القيام بها دون حدوث أي تأثير نفسي واجتماعي عليه.

والمعلم الجيد والمستقيم يحمل روح العفو والتسامح والإيثار والملاحظة، ويحاول استغلال كل فرصة وكل وقت لتوجيه الطلاب وإفادتهم ولا يعمل على إضاعة وقتهم على أمور لا علاقة لها بالمواضيع المطروحة للمناقشة والتعلم حتى يكون بإمكانهم الوصول إلى تحصيل تعليمي مرتفع ومستوى معرفي مناسب (نصر الله، 1998، عريفج، 2000).

ولكي يكون المعلم فاعلا يجب عليه أن يظهر البشاشة والحيوية والحماسة والعدالة والأمانة والذكاء والتحلي بالأخلاق الحميدة والصبر، والاحتمال أثناء قيامه بالعملية التعليمية والتربوية مع طلابه، وخلال تعامله مع جميع المحيطين به في مكان العمل والمؤسسة التربوية التي يعمل فيها. لأن هذه الصفات تساعده على أن يكون منجزا ويستطيع العمل على تطوير المناهج والواجبات المدرسية المختلفة، وأن يكون متمكنا من المادة التي يعلمها، وقادرا على مواجهة المواقف الطارئة، ولديه القدرة على اتخاذ القرارات المناسبة في الوقت المناسب.

وبصورة عامة تعرف فاعلية المعلم بمدى ما أحرزه الطلاب من تقدم خلال العمل على تحقيق الأهداف التربوية. وفي هذا المجال يقول (Medly) إن علينا لتحديد فاعلية المعلم أن نقوم بقياس سلوك طلابه وليس سلوكه الشخصي (عدس، 2000).

ولكي يؤمن الطلاب بالمعلم ويميلوا إليه يجب عليه أن يعمل بالشكل الذي يستميلهم ويجذبهم؛ لأن هذا يجعلهم يشعرون بأنهم ملزمون قلبا وروحا على طاعته، وإنجاز الفعاليات التعليمية والتربوية التي تطلب منهم؛ لأن العلاقة بين الطرفين يجب أن تقوم على أساس من السيطرة من جانب، وعلى أساس الرأفة والتضحية والمساعدة والتفهم من جانب آخر. لذا يجب أن يكون كلام المعلم وسلوكه وموقفه أمام الطلاب كحلقات متواصلة ومترابطة بحيث يستطيع أن يرتكز عليها بصورة مستمرة (نصر الله، 1998).

أخلاق المعلم

يعدّ هذا الموضوع من المواضيع الهامة والأساسية والتي تأخذ طابعا خاصا عندما نتحدث عن المعلم؛ لأنه يتوقف عليها نجاح جميع الفعاليات والمهام التربوية والتعليمية التي يقوم بها المعلم والطالب.

فالأخلاق التي يتصف بها المعلم تقف في المكان الأول عندما يقوم المعلم بالعمل مع الأطفال والطلاب والشباب حيث يجب أن تكون العلاقة معهم قائمة على

الاحترام المتبادل والإنساني. لذا عليه الابتعاد عن الصفات السيئة لكي يكون تأثيره إيجابيا على طلابه ويؤدي إلى النتائج والأهداف المقصودة ، والتي تعود في نهاية الأمر بالفائدة والإيجابية على المجتمع والأسرة التي يعيش فيها.

أما إذا كان المعلم عديم الأخلاق فمن المؤكد أن تأثيره على طلابه سيكون سلبيا وليس أخلاقيا، وبعيدا عن الصفات الإنسانية، ويتأثر به جميع الطلاب والمتعلمين في كل المراحل، وهذا بحد ذاته سوف يؤدي إلى الانشغال عن التعلم وتحقيق الهدف الأساسي من وجود الطلاب في المدرسة، وبالتالي يؤدي إلى حصولهم على تحصيل علمي متدن لا يؤهلهم لشيء سوى الانحراف وتعلم الأشياء السيئة، مما يجعلهم في المستقبل عالة على المجتمع (نصر الله، 1998).

إن المعلم يبقى محترما في نظر طلابه وذا مكانة كبيرة وخاصة، يقبلون عليه جميعهم بعقولهم وقلوبهم ولكنه إذا أساء معاملتهم بسبب ضعفه العلمي أو سوء أخلاقه اهتزت شخصيته أمامهم ويؤدي ذلك إلى فقدانه احترامهم وثقتهم، عند ذلك سيقفون منه موقف اللامبالاة وعدم الاهتمام بما يصدر عنه من قول أو عمل أو قد يصبح في نظرهم موضع السخرية. وبالتالي فإن مثل هذا الوضع يؤدي إلى تدن واضح في مستوى تحصيلهم التعليمي مما يترك أثرا بالغ الأهمية على مستقبلهم.

بالإضافة لما ذكر فإن نوع العلاقة السائدة بين المعلم وطلابه داخل الصف أو خارجه لها أثر كبير على نوعية التعليم وسير العملية التربوية بصورة عامة، فإذا كانت نتائجها سلبية وعكسية على العملية التربوية بصورة عامة وعلى مستوى التحصيل العلمي لكل طالب بصورة خاصة.

ومما يجدر ذكره في هذا الصدد أنه في بعض الأحيان تصدر عن المعلم تصرفات خاطئة تؤثر على نوعية ما يجري داخل غرفة الصف، حيث يقوم المعلم بإظهار الاستهانة بقدرات الطالب، وأحيانا يقوم بهدرٍ لكرامته الإنسانية دون مبرر وأحيانا بسبب ضعف القدرة على التعبير وإبداء الرأي عنده، وفي بعض الأحيان يقوم بطمس مواهب الطلاب بدلا من العمل على تنميتها.مما يؤدي إلى اهتزاز ثقة الطالب بنفسه وانعدام الشجاعة الأدبية لديه، وفقدان الجرأة في الاحترام والرغبة في المخاطرة واكتشاف الجوانب المجهولة.

كل هذا لأن العلاقة القائمة بين المعلم والطالب في معظم المؤسسات تقوم في حقيقة الأمر على القهر والتسلط والخوف، فالمعلم هو المصيب وإن كان مخطئا والطالب هو المخطئ وإن كان على صواب (في الآونة الأخيرة انعكست الصورة

وأصبح الطالب هو المصيب والمعلم على خطأ مما ساعد أكثر في التسيب وعدم التعلم وانخفاض وتدني التحصيل العلمي إلى أسوأ حال) والمعلم أيضا نادرا ما يسمح لطلابه بمناقشته والاعتراض عليه، حيث يعدّ هذا النوع من النقاش إضاعة للوقت ومن الممكن أن تعدّ وقاحة من جانب الطالب يدفع ثمنها، إذا أصر على النقاش ومن المؤكد أن المعلم سيسخر من هذا الطالب، وقد يتهمه بالبلادة وعدم المقدرة على التفكير، وتؤدي مثل هذه التصرفات إلى امتناع الطالب على إبداء رأيه، وتفقده الجرأة على المناقشة والحوار وبالتالي تؤدي إلى موت الرغبة عنده في السؤال والاستفهام الذي هو المحور الأساسي الذي " تقوم عليه العملية التربوية جميعها، وهو أساس لتنمية الجانب المعرفي عند الطالب وتنمية قدرته على الاستكشاف ، وبالتالي الوصول إلى الإبداع، وإلى التحصيل العلمي العالي والمطلوب، ولكن هذه التصرفات والمعاملة تؤدي في حقيقة الأمر إلى تدني مستوى الإنجاز والتحصيل عند الطالب (عدس، 1995).

وفي اعتقادي أن العبء الأكبر في عملية التربية والتعليم يقع على المعلم؛ لأن الأهل في كثير من الحالات يجهلون حقيقة ابنهم ولا يعرفون كيفية التعامل معه، لأنهم لا يهتمون ولا يسألون إلا في الحالات النادرة أو الحرجة، وذلك لانشغالهم في أمور حياتية يومية أخرى أو لمجرد عدم الاهتمام واللامبالاة من جانبهم، إذن الدور الذي يقوم به أو يجب أن يقوم به المعلم في هذا المجال هو أساسي هام وكبير جدا، لذلك على المعلم أن يعرف تمام المعرفة أنه يتعامل مع مخلوق بشري معقد يحتاج إلى القيام بملاحظة ما يظهر عليه من مظاهر وأمارات سلوكية خاصة ومميزات ذات دلالات.

وملاحظة المعلم للطفل في المدرسة تبدأ من خلال معاملته بصورة عادية، مثل باقي الأطفال ودون تمييز حتى نلاحظ أنه من ذوي الإنجاز المتدني بشكل طبيعي، عندها يجب أن يحاول المعلم التعرف إلى الفئة التي ينتمي إليها، ومن خلال القيام بتشخيص وضعه الذي قد يكون قريبا من الواقع أو قد يكون بحاجة إلى رأي آخر من أصحاب التخصص، الذي من الممكن أن يعزز وجهة نظر المعلم أو يرفضها، وعلى هذا الأساس يمكن وضع الخطة للعمل مع مثل هذا الطالب، وعلى المعلم عندما يتعامل مع طالب معين أو يصدر عليه حكما معينا أن يعرف أن هذا الحكم غير ثابت، وأنه قابل للنقاش، كما يجب عليه أن يفرق بين الطفل متدني الإنجاز، والطفل الذي يعاني من صعوبات في التعلم، لأن الطفل الذي يعاني من صعوبات تعلم إذا لم يعالج فيحتمل أن يكون متدني الإنجاز.

تقع على المعلم مسؤولية القيام بإقناع الطالب الذي يعاني من تدني الإنجاز أن هذا التدني لا يعني شعور الطالب بالفشل والإحباط، لأن المعلم يجب أن يتذكر دائما وجود الموهبة لدى كل طالب، ولكنها لا تضمن أن يكون مستوى الإنجاز والتحصيل العلمي عاليا وحدها، لذا فإن الذكاء يعدّ أحد العوامل المتعددة التي تؤدي إلى ارتفاع مستوى الإنجاز والتحصيل العلمي لدى الطالب.

وعليه يجب على المعلم العمل على مراعاة اهتمامات الطفل ومواهبه والعمل على تنميتها بشكل إيجابي، عن طريق إعداد الأعمال الأكاديمية التي تبعث فيهم التحدي وتحفزهم على العمل بما يتناسب مع مواهبهم وقدراتهم (نصر الله، 1998).

ومما يجدر ذكره أن الزمن يعلب دورا هاما بالنسبة للطفل حيث إذا طال الوقت وهو في حالة تدني الإنجاز والتحصيل فإن ذلك يثقل عليه الحمل، ويزيد من قصوره في دراسته، مما يقلل من انضباطه التعليمي وبالتالي يؤدي إلى قلة مهاراته التعليمية والتحصيلية. في مثل هذا الوضع يستطيع المعلم أن يقوم بمساعدة الطفل متدني الإنجاز عن طريق القيام بما يلي:

* **أولا:** على المعلم أن يكون قريبا من هذا الطالب (الطفل)، وأن يقوم بتعليمه الأسلوب السليم والمناسب للدراسة، لأنه لا يعرف كيف يقوم بذلك، ولا كيف يستعد للدراسة، ويتعلم أي مقرر، ويقوم بتدوين ملاحظاته عند الدراسة، وكيف يحدد لنفسه الأجزاء الهامة التي يتناولها الدرس والأجزاء الأقل أهمية.

* **ثانيا:** على المعلم أن يقوم باختيار الأسلوب والطريقة التي تعرض فيها المعلومات أو الذي يجب أن يكون مناسبا لمستواه التعليمي وقدراته الشخصية، وأن يستهويه ويستميله، كما يجب أن يشعر المتعلم بالفائدة مما يقدم له من معلومات، حتى لو كان لا يستطيع أن يتجاوب بالشكل المطلوب مع هذه المعلومات رغم فائدتها الكبيرة له.

* **ثالثا:** على المعلم أن يلتزم جانب الاعتدال في تعامله مع الطالب (الطفل) متدني الإنجاز، أي أنه لا يكفي أن يعرف المعلم فئة الطلاب متدنيي الإنجاز بل يجب عليه القيام بحثهّم على بذل الجهد والاجتهاد خاصة اتقان المهارات الأساسية اللازمة للموضوعات الأساسية مثل: الرياضيات، والعلوم، واللغات. وفي هذه الحالة يجب عدم التشديد الزائد عن الحد؛ لأن الطالب لا يستطيع فهم وحفظ المعلومات التي تعطى له جميعها في الوقت نفسه، لأنه لا يستطيع التعامل معها إذا زدنا عليها أو قمنا بتعديلها حتى ولو كانت ذات أهمية في حياته اليومية. إن عملية الإلحاح على الطالب والإصرار على متابعته وملاحقته في جميع أموره المدرسية، وخاصة

مستواه الإنجازي، تعدّ من الأمور التي لا تبعث على الارتياح ولا تؤدي إلى نتائج حسنة، لذلك على المعلم أن يتعامل معه في جوٍّ من الراحة بعيدا عن الإرهاق والتعب والضغط، لأن كثرة الضغط عليه تجعله يعيش في جوٍّ من الرفض والضيق والألم، مما يؤدي إلى ابتعاده عن المعلم وتأثره عليه، وعدم التعلم منه أو قبول أي شيء يقوم به (عدس، 1999).

* **رابعا:** على المعلم أن يضع أهدافا مرحلية للتعامل مع مثل هذا الطالب (متدني الإنجاز) وهذه الاهداف يجب أن تسير حسب المرحلة التي يمر بها الطالب، وعلى المعلم أن يحاول تطبيقها دون ضغط، بل التعامل الجدي في بعض الأحيان الأخرى، لأن هذا الطالب يعاني من مشكلة خاصة لا يفيد فيها الضغط والجدية الدائمة. والأهداف يجب أن تكون عامة بعيدة المدى، إذ يجب العمل على جعل الطالب يحاول تطبيقها دون مناقشة دائمة لها.

* **خامسا:** على المعلم أن يتوقع حدوث المشاكل مع الطالب متدني الإنجاز، حيث من الممكن أن يكون وفاق تام بينه وبين الطالب في جميع الأمور المدرسية، والتي يشعر معها أن المعلم يحدّ من حريته، ولكنه لا يستطيع أن يمنعه من اتخاذ القرارات حتى لو كانت غير صحيحة أو دقيقة، ولا يستطيع أن يتصرف بها. في مثل هذا الوضع على المعلم أن يحاول التمسك بهدوئه ويحاول مناقشة الطالب، حيث من الممكن أن تسير الأمور في البداية بشكل سيء وصعب، ثم بعد ذلك حتما ستسير نحو الأفضل، لأن ذلك لابد أن يؤدي إلى تحسين مستوى تفكير الطالب وتعامله في المستقبل، ويعود إلى الإمساك بزمام الأمور (عدس، 1999).

الفصل الثانـــي

شخصية المعلم وأثرها على التحصيل الدراسي للطالب

مدخل وتعريف

إن شخصية المعلم عبارة عن مجموعة من العادات والأفعال التي يظهرها أثناء تفاعله مع الآخر وقيامه بإنجاز مهام وفعاليات مختلفة تترك أثرها واضحاً في سلوك الطلاب وأعمالهم، وإقبالهم على هذه الأعمال والتعلم منه أو رفض ما يقوم به من تعليم وعدم الرغبة في تعلم المواد التي يقوم بتعليمها.

وهذا يعني أن هناك علاقة قوية بين المظهر الخارجي للمعلم والعلاقة التي تربطه بالطالب، حيث كلما كانت شخصية المعلم هادئة ومحفزة أدى ذلك إلى إقبال الطلاب عليه وتعلقهم به وتقوية علاقاتهم معه، مما يؤدي إلى دفع المسيرة التعليمية إلى التقدم والنجاح ورفع مستوى التحصيل الدراسي، وعكس ذلك صحيح تماماً.

وبما أن كل طالب من طلاب الصف يتفاعل مع المعلم وشخصيته من وجهة نظره هو، فإن ذلك يظهر لنا أن على المعلم العمل على إيجاد الشكل الذي يتلاءم مع جميع وجهات نظر الطلاب حتى يكون باستطاعته أن يتعامل مع الجميع دون ترك أي طالب جانبا أو إهماله، وعلى هذا الأساس فإن شخصية المعلم تظهر كمثير، الأمر الذي يؤثر في جميع الطلاب على اختلاف درجات تفاعلهم وقدراتهم العقلية والمعرفية.

هذا بالإضافة إلى كون الطالب نفسه لا يستجيب دائماً بنفس الاستجابة، حينما يواجه نفس المثير، بل تختلف درجة الاستجابة في كل مرة، ومن الممكن أن يستجيب طالبان مختلفان في القدرات والمهارات والشخصيات بنفس الاستجابة ولكن لأسباب مختلفة. وفي بعض الأحيان عدم الثبات في استجابة الطالب الواحد يكون مشابهاً لاستجابات الطلاب المختلفين في أحيان أخرى.

إن الفرق يرجع إلى مدى التأثير الذي يحدثه المعلم لدى طلابه، وكأنه يريد الاحتفاظ بالميزة العلمية ثم يقوم بالتعديل أو الإضافة في المزايا العلنية للاتجاه الذي

يرتبط بالسلوك ويمكن إخضاعه للمسيرة التعليمية في مراحلها المتنوعة (غنيم، 1982).

الشخصية: عبارة عن مجموعة من الصفات الجسدية والعقلية والخلقية والنفسية والوجدانية التي يتصف بها الإنسان وتميزه عن غيره من الأفراد، وتظهر لنا بمقدار معين عند الفرد في جوانب الاستقلال الفكري، وحضور البديهة، وسرعة الخاطر وقوة الإرادة، واستقامة التفكير، واعتدال الجسم وسلامة السلوك، فهي جميع ما لدى الفرد من صفات جسدية نفسية ومزاجية موروثة وغير موروثة، أي أنها عبارة عن عدد من الصفات والعادات والأفكار والدوافع والعواطف والنـزاعات والقدرات.

وعليه فإن الشخصية تشمل الشكل الظاهر للإنسان وصحته وما يوجد لديه من استعدادات ومواهب فطرية ومكتسبة ودرجتها من التقدم والتطور ومقدار ما يستفيده الفرد منها ومدى تكيفه مع البيئة الطبيعية والاجتماعية، وتضم أيضاً المثل العليا التي يهدف إليها الفرد والعادات والمهارات والخبرات التي اكتسبها والمبادئ التي اتخذها لنفسه وسار عليها وما لديه من تجارب وأفكار وآراء.

ويمكن القول أن العناصر الأولية التي تتكون منها الشخصية هي:

1. الاستعدادات الفطرية المختلفة وما يتكون منها من عواطف وعادات وما يُسبب عدم التنفيس عنها من عقد تؤدي بدورها إلى عدم قدرة الفرد على التفاعل والتعامل مع الآخرين بصورة إيجابية تساعده على الوصول إلى المستوى التحصيلي والاجتماعي المطلوب.

2. النـزعات الفطرية العامة مثل المشاركة الوجدانية والاستهواء والتقليد والتي عن طريقها يستطيع الفرد تطوير قدرته وإنجاز المهام التي تطلب منه.

3. الحاجات النفسية الموروثة مثل الحاجة إلى النجاح في إنجاز المهام والأعمال التي يقوم بها خصوصاً التعلم والوصول إلى مستوى تحصيلي مناسب، والحاجة إلى الحرية حتى يستطيع التحرك في الوقت المناسب وأن يعمل الأعمال التي يريدها هو، والحاجة إلى الطمأنينة والمحبة والتقدير والتي من شأن جميعها تشجيعه على القيام بالفعاليات والمشاركة في الأعمال التي يقوم بها الآخرون من حوله، هذا بالإضافة لممارسة السلطة الضابطة والموجهة وما ينشأ من عدم تحقيق ذلك من انحراف في السلوك.

4. الصفات الجسدية الناتجة عن قيام الغدد بوظائفها كاملة في نمو الجسم نمواً كاملا متزناً.

5. القدرات العقلية المختلفة مثل الذكاء وعوامل طائفية وعوامل نوعية.

6. الصفات المزاجية الموجودة لدى الأفراد تؤثر تأثيراً كبيراً في بناء شخصياتهم، وعلى ما يبدو أن شخصيات الناس تختلف باختلاف هذه العوامل والمقومات وباختلاف كل منها في درجة النمو، وتختلف أيضاً على قدر ما يوجد بين هذه المقومات من تضامن وتآزر وتآلف وانسجام.

أي أن التقارب والتآلف بين العناصر التي تتكون منها الشخصية يؤدي إلى ما نسميه بتكامل الشخصية، والذي يعني أن الفرد يملك القدرة والاستعداد على القيام بجميع العمليات الأولية التي تطلب منه، أما إذا تفرقت هذه العناصر وتناثرت ولم تتفق فيما بينها بهدف تحقيق غرض معين أو دافع معين فإن ذلك يؤدي إلى الانحلال في شخصية الفرد وهذا الانحلال أو التفكك يعني عدم قدرة الفرد على القيام بعمل أي شيء لنفسه أو للآخرين.

قوة شخصية المعلم وزيادة انسجامه نتيجة لإعداده وتطوره

من المواضيع التي لا شك فيها أن التعليم يعتبر عملية معقدة ومتداخلة تضم الطلاب والمعلمين والموادّ التعليمية التي تقوم عليها العملية التعليمية برمتها وجميع هذه العناصر تكون في تفاعل دينامي دائم تؤثر ببعضها البعض. وتجمع غالبية الدراسات النفسية والتربوية التي أجريت في هذا المجال على أن المعلم هو العنصر الأساسي في العملية التعليمية. ولقد ثبت بصورة قاطعة من نتائج الدراسات المعاصرة أن نجاح عملية التعليم يعتمد على المعلم وحده بنسبة تفوق ال 60% والنسبة الباقية ترجع إلى المناهج والكتب والإدارة والأنشطة التعليمية الأخرى التي تحدث في المدرسة. أيضاً دلت الأبحاث على أن نسبة عالية جداً مما يحدث داخل الصف يقوم به المعلم. أي أن المعلم هو مفتاح العملية التعليمية ولا يمكن الاستغناء عنه بأي شكل من الأشكال. وهذا بالطبع ما اتفقت عليه النظريات والمدارس التربوية والنفسية التي تضع المعلم في مقدمة عناصر العملية التعليمية حيث هو أكثر فعالية وتأثيرا.

لذا فإن مهنة التعليم والتدريس تعتبر من أكثر المهن فنية ودقة، وتحتاج إلى الإعداد الجيد لأنها مهنة لها أصولها وعلم له مقوماته، وفن له مواهبه الخاصة، وهي أيضا عملية تعليمية تربوية تقوم على أسس وقواعد ونظريات، وهي فضلا عن ذلك عملية

بناء وتكوين الأجيال المتعاقبة. وعليه نقول أن مهنة التدريس التي يقوم بها المعلم مسؤولياتها كثيرة وكبيرة، ويجب على من يمارسها أن تكون لديه الكثير من الإمكانيات والصلاحيات، لذلك يجب أن يكون معدا إعدادا كاملا ومتكاملا، مهنا وفنيا ووظيفيا وثقافيا ونفسيا واجتماعيا، وذلك حتى يستطيع القيام بدوره في الحياة بنجاح. أي أن إجادة المعلم لمادة تخصصه، وسعة أفقه وعمق إدراكه للأمور وقدراته الفعلية ونضج فكره، وقدرته على التصرف السليم ورحابة صدره واتزانه النفسي، وقدرته على أن يكون القدوة الحسنة للآخرين وخصوصا طلابه، ومعلوماته الزائدة والجدية وفهمه لطبيعة عمله، والتعرف على الصعوبات التي من الممكن أن تواجهه، جميعها من الخصائص المميزة للمعلم الجيد الذي يستطيع العمل مع طلابه ورفع مستوى تحصيلهم المدرسي، ومن الجوانب الأخرى التي يجب أن تتوفر لدى المعلم كونه متجدداً بصورة مستمرة ودائمة بحيث يقرأ باستمرار ويشترك في الندوات وورشات العمل التي تقام في مجال عمله، لكي يكون متجددا ويستطيع إفادة طلابه من كل جديد يتوصل إليه الباحثون ورجال التربية وعلم النفس (زايد، 1990).

أثر شخصية المعلم على الطالب

حينما نتحدث عن هذا الموضوع ومدى تأثيره على الطالب وتحصيله المدرسي فلا بد لنا من التحدث عن مسألة إعداد المعلمين وتأهيلهم للقيام بالعملية التعليمية والتربوية فيما بعد، والتي تعتبر من المسائل التربوية المهمة، التي أعطاها رجال التربية والباحثون في هذا المجال على اختلاف توجهاتهم، أهمية كبيرة لأن نجاح العملية التربوية يرتكز على المعلم بصورة واضحة وبنسبة كبير. لذلك يجب القيام بإعداد المعلمين إعداداً متكاملاً حتى يكونوا قادرين على تحمل المسؤوليات والقيام بالواجبات الملقاة على عاتقهم، بأفضل الطرق والأساليب التربوية والتعليمية.

وفي هذا المجال تلعب شخصية المعلم وقدرته على التواصل والاتصال مع الآخرين دوراً خاصاً ويكون في ذلك تأثيراً إيجابياً على الطلاب، وعلى قيامه بالأدوار التربوية والتعليمية المطلوبة منه، لأن دوره لا يتوقف على الجانب المعرفي فقط والذي يتلخص بتعلم الطلاب المعارف على اختلاف أنواعها، بل يتعدى ذلك ويطلب منه العمل عل تحقيق الأهداف التربوية أثناء العمل مع الطلاب على الجوانب المعرفية. أي أن المعنى الذي نقصده من كلمة معلم لا يتوقف على معلم المدرسة بل يقصد به أي إنسان يقوم بتعليم الآخرين في أي مهنة أو موضوع. ولكن عندما نتحدث عن المعلم فالقصد الأول يكون معلم المدرسة أكثر من غيره، لأن التعليم يعني نقل المعارف والمهارات

والخبرات والتوجيه والتحضير للقيام بعمل معين كما ونقصد العلاقة بين المعلم وطلابه من حيث المقدرة على تحقيق النتائج التربوية والتعليمية التي نرغب فيها، لذلك يجب توفير المقومات الخاصة التي تساعد على بناء هذه العلاقة على أسس علمية صحيحة ومناسبة نذكر منها الآتية:-

1. **تعزيز هيبة المعلم من خلال شخصيته**

لكي تفهم الآثار التربوية التي تتركها شخصية المعلم، يجب الربط بين هذه الآثار وهيبة المعلم حتى يمكن الوصول إلى نشاط ناجح ومثمر يعود بالفائدة على الطالب والتي ظهر في مدى إقباله على التعلم وتحصيله الدراسي في نهاية الأمر، ويؤدي غياب هذه الهيبة من جانب المعلم إلى انعدام العلاقات المتبادلة الصحيحة بين المعلم والطالب، وهذا يعني انعدام الشروط الطبيعية الملائمة لإعطاء النشاط التعليمي والتربوي الذي يعود بالفائدة على شخصية الطالب. والهيبة التي نتحدث عنها تتجسد من خلال مهارات المعلم وقدراته في إرغام الطلاب على العمل، والسؤال هنا هل من يفرض النظام في الصف، ويرغم الطلاب على القيام بإنجاز الفعاليات والواجبات التي تعطى لهم، هو من يمتلك الهيبة.

من الواضح أن هيبة المعلم من هذا النوع قد تكون مؤشراً على مجرد انضباط ظاهري داخل الصف، وإنجاز شكلي للفعاليات والواجبات، حيث نرى للوهلة الأولى أن كل شيء يتم بنجاح، ولكن مثل هذا يؤدي إلى غياب الأمر التربوي الذي يتركه المعلم على تلاميذه. لأن هيبته تكون مثل هيبة الأهل التي تكون في العادة مزيفة لكونها تتجسد عن طريق القمع والكبت وتعتمد على العقاب وتكون في نهاية الأمر قائمة على الخوف دون أن تترك أي أثر تعليمي أو تربوي.

2. **أثر شخصية المعلم على نجاح الطالب**

لكي نستطيع تحقيق النجاح في مجال تربية الطلاب يجب التركيز على تطوير نشاطهم ومبادراتهم وشخصياتهم ومثل هذا التطوير لا يمكن أن يحدث بصورة فجائية، بل يجب أن يأخذ الوقت المناسب له مع اعتبار الفروق الفردية بين هؤلاء الطلاب، لأن التسرع والتكوين المصطنع للشخصية لا يؤديان إلى النتائج التي نريدها، لأنه يوجد طلاب يعانون من الخجل ولا يستطيعون التعبير عن ذواتهم مباشرة لكنهم يبدأون بتقديم آرائهم واقتراحاتهم بثقة أكبر وتدريجياً

إذا ما أعطيناهم الوقت والفرص المناسبة، لأن إتاحة الفرصة للطلاب لممارسة الذاتية هو شرط ضروري يجب أن يكون لدى الإدارة التي تمتلك أهمية كبيرة في حياة الإنسان، لذلك فإن المعلم الذي تقتصر مهمته على تقديم المعرفة الجاهزة للطلاب يتفاعل مع الشروط الهامة والمصادر الأساسية التي تساعد على تكوين قوة الإرادة لديهم. وفي هذا المجال تشير نتائج بعض الدراسات التربوية إلى أن قيام الطلاب بتحديد الأهداف، ووضع خطط العمل وتصميمه ذاتياً يؤدي إلى وجود دافع قويّ لديهم لتذليل الصعوبات التي تواجههم عند قيامهم بإنجاز الأفكار التي تدور في خواطرهم، وهذا بحد ذاته يؤدي إلى اكتسابهم للمهارات والخبرات الضرورية وتجاوزها، وهي بحد ذاتها عبارة عن تدريب على تحمل المسؤولية وقوة الإرادة، لأن إعطاء الطلاب استقلالية يعمل على تعزيز هيبة المعلم، هذا بالإضافة إلى وجود العوامل الأخرى التي تعتبر مصدراً أساسياً لهيبته الحقيقية والتي يقف في مقدمتها مدى اهتمامه أثناء العمل، بالعمل والطلاب معاً. وفي هذا الصدد يشير

بعض الباحثين والمعلمين والعاملين في التربية إلى أن هذا الاهتمام يتحدد من خلال حبه للعلم ولمهنته واستيعابه للمعرفة العلمية، كما ويتجسد الاهتمام من خلال القدرة على التواصل الروحي والوجداني الذي يحدث بين المعلم والطلاب بصورة قوية.

فمثلاً عندما يدخل المعلم غرفة الصف فيجد الطلاب على جانب كبير من اللامبالاة تجاه الدرس والتعلم وهو نفسه بحالة نفسية صعبة تزيد من سوء الوضع، فإن ذلك يجعل من عملية إغناء معارف الطلاب ورفع مستواهم مهمة صعبة جداً.

أي أن القيام بإحداث استجابات حية لدى الطلاب يرتبط بصورة مباشرة وأساسية بالمعلم ونشاطه وحيويته والعلاقة التي تربطه بالطلاب، حيث من الممكن جذب اهتمامهم وانتباههم إلى المادة الدراسية بصورة مؤقتة فقط في بعض الحصص الدراسية، ولكن هذا يمكن أن يتحول إلى حالة عامة ودائمة إذا استطاع تكوين مناخ ملائم من الحماس الإبداعي، الذي يتوافر خصيصاً عندما يقوم المعلم بتعزيز محاولات الطالب لاكتشاف المعارف الجديدة، والذي يساعده في إغناء وإثراء معلوماته، ويعمل على تنميته وجدانياً، مما يجعله يظهر نوع من التنسيق المتبادل والاحترام والصداقة، وهذا بدوره يساعد على تحقيق

الأهداف التعليمية من جهة والأهداف التربوية من جهة أخرى، الأمر الذي يعتقد بعض المسؤولين أنه من الممكن أن يؤدي إلى خلل في النظام داخل غرفة الصف، والذي يمكن تلافيه من خلال الإشراف الدقيق والدائم والمباشر للمعلم على طلابه، ولا نقصد هنا بالإشراف إعطاء الأوامر دون قبول اعتراض أو محاولة تقليل لأن ذلك يؤدي إلى خفض حالة الحماس الإبداعي التي تحدثنا عنها من قبل. وحتى يتمتع المعلم باحترام طلابه يجب أن يكون الإشراف ناجحاً، لأنهم لا يرون به مجرد إنسان يمتلك المعرفة بل إنساناً يسعى بكل ما لديه من قوة ومقدرة ومهارة للعمل على إثراء معلوماتهم، ومربياً وصديقاً في نفس الوقت، يقوم بالإشراف عليهم بمجموعة وأفراد، وذلك دون أي تطرف باستخدام الأمر في تهديد كل خطوة من خطواتهم.

إن كل ما يقوم به المعلم من أعمال إيجابية خلال العملية التعليمية والتربوية سوف يكون له الأثر الأكبر والمساهمة الواضحة في رفع مستوى التحصيل الدراسي لدى الطلاب، أما إذا كانت هذه الأعمال والفعالية تتصف بالصفات السلبية وفي أرض الواقع لا يقوم المعلم بعمل أي شيء مجد فإن ذلك من المؤكد أن يدفع الطلاب للتراجع والابتعاد عن التعلم والتحصيل ويجعل تحصيل معظمهم متدنياً ولا فائدة ترجى منه.

وتلعب شخصية المعلم دوراً هاماً في الإدارة الصفية التي تعتبر ذات أهمية خاصة في نجاح العملية التعليمية والتربوية لأنها تحاول توفير جميع الأجواء والمتطلبات النفسية والاجتماعية التي تساعد على حدوث عملية التعلم بصورة فعالة ومجدية، لأن التعليم هو عبارة عن عملية تنظيم وترتيب وتهيئة جميع الشروط التي تتعلق بعملية التعليم مثل الشروط التي لها علاقة بالبيئة المحيطة بالمتعلم خصوصاً أثناء حدوث عملية التعلم. إن هذه الشروط والأجواء لها عناصر عديدة متشابكة ومتداخلة ومتكاملة مع بعضها البعض.

وإدارة الصف التي نتحدث عنها تعرف على أنها مجموعة النشاطات التي يقوم بها المعلم وتساعد على تأمين النظام داخل غرفة الصف والمحافظة عليه، أي أن إدارة الصف تتوقف هنا على المعلم وشخصيته وقيامه بحفظ النظام فقط داخل غرفة الصف . أي أنه يلجأ إلى التسلط حتى يستطيع إدارة الصف. من ناحية أخرى فإن الإدارة الصفية تعرف على أنها: مجموعة من النشاطات التي يؤكد فيها المعلم على حرية التفاعل بين الطلاب داخل غرفة الصف. وفي مثل هذا الوضع لا بد من حدوث الفوضى داخل الصف بين الطلاب، لذلك فإن المذهب السلوكي في علم النفس يرى أن إدارة الصف

يجب أن تقوم على مجموعة من النشاطات التي يسعى المعلم من خلالها إلى تعزيز السلوك المرغوب فيه ورفض غير المرغوب فيه لدى الطلاب أي أن إدارة الصف هي تلك العملية التي تهدف إلى توفير التنظيم الفعال داخل غرفة الصف، ويتحقق ذلك بالاعتماد على شخصية المعلم والأثر الذي يتركه على طلابه من التفاعل والتعامل معهم خلال القيام بالعملية التعليمية وتحقيق الأهداف المقصودة منها.

وحتى نفهم تأثير شخصية المعلم على الإدارة الصفية وضبط السلوك والقيام بالعملية التعليمية على خير وجه يجب أن نتوقف عند مقومات هذه الشخصية ومعرفة مدى تأثيرها على عملية التعليم والتعلم ومستوى التحصيل الذي يصل إليه الطلاب وذلك من خلال معرفة المهام التي يتوجب عليه القيام بها أثناء قيامه بعمله التعليمي والتربوي.

إن المعلم الجيد هو الذي يهتم بإدارة شؤون صفه من خلال ممارسته للمهمات التي تشتمل عليها العملية التعليمية والتربوية، بأسلوب حر يقوم على مبادئ العمل التعاوني والجماعي بينه وبين طلابه حتى يكون بالإمكان تحقيق الغاية والهدف منها. وهذه المهمات التي نتحدث عنها وعن أهميتها هي:

أولاً - المهمات الإدارية العادية لإدارة الصف

توجد مجموعة من المهمات العادية التي يجب على المعلم القيام بها وممارستها والإشراف على إنجازها وذلك حسب تنظيم يتفق عليه مع طلابه منذ البداية، مثل:

أ. فحص الحضور والغياب .

ب. القيام بتوزيع الكتب والدفاتر في كل حصة إذا لزم الأمر.

ج. إحضار الوسائل والمواد التعليمية لكل حصة.

د. ترتيب جلوس الطلاب بصورة مناسبة والمحافظة عليه كل الوقت.

هـ. الاهتمام بنظافة الصف وتهويته وإضاءته خلال جميع ساعات اليوم.

إن هذه المهمات تظهر وكأنها سهلة وبسيطة ولكنها مهمة وأساسية وإنجازها كما يجب من شأنه أن يضمن سير العملية التعليمية بسهولة ويسر، ويوفر على المعلم والطلاب الوقت والمشاكل ويشعرهم بالمسؤولية والمكانة عندما يأخذون قسماً من المحافظة على النظام وبالتالي يدفعهم إلى مضاعفة الجهود في جميع المجالات.

ثانياً: المهمات التي لها علاقة بعملية التفاعل الصفي

تعتبر عملية التعليم والتعلم عملية تواصل وتفاعل تحدث بصورة دائمة متبادلة ومثيرة بين المعلم والطلاب من جهة وبين الطلاب أنفسهم، وبما أن التفاعل الصفي مهم جداً في عملية التعليم فإنه يأخذ المكان المركزي والأساسي في جميع مجالات الدراسة والبحث التربوي التي تجري في هذا المجال والتي أكدت جميعها على مدى أهمية إتقان المعلم لمهارات التواصل والتفاعل الصفي، لأنها تؤدي إلى شعور الطلاب بالأهمية وتدفعهم إلى مواصلة التعلم بالقوة والاجتهاد، والمعلم الذي لا يتقن هذه المهارات لا يستطيع النجاح في أداء واجباته التعليمية، ويكون تأثيره سلبياً على الطلاب وتحصيلهم الدراسي. لذلك فإن نشاطات المعلم داخل غرفة الصف تقوم بالمقام الأول على نشاطات لفظية تصنف فيها الأنماط الكلامية التي تستعمل في غرف الصف إلى: كلام تعلمي يتعلق بالمحتوى، وكلام مؤثر عاطفياً، ويهدف استخدام هذه الأنماط من جانب المعلم إلى إثارة اهتمام الطلاب بتعلم وتوجيه سلوكهم وتوصيل المعلومات لهم (غنيم 1982؛ عبد العظيم 1993؛ عدس 2000؛ جابر عبد الحميد، 1986).

من ناحية أخرى فقد قام بعض الباحثين بتصنيف سلوك المعلم داخل غرفة الصف إلى عدة أقسام نذكر منها:

1. الكلام وينقسم إلى قسمين:

أ.   الكلام الذي يصدر عن المعلم

ب.   الكلام الذي يصدر عن الطالب(الطلاب).

وهذا الكلام يصنف إلى:

أ.   كلام مباشر من المعلم.

ب.   كلام غير مباشر من المعلم والطالب.

فعندما يكون الكلام مباشراً فيقصد به كل ما يصدر عن المعلم من قول دون أن يعطي للطلاب الفرصة للكلام والتعبير عن آرائهم فيما قاله، أي أنه يحد من حرية الطلاب ويوقف تقدمهم ويمنعهم من الاستجابة، وهذا يعني أن المعلم يقوم بدورٍ إيجابيّ فيما يكون دور الطلاب سلبياً، أي ما يسمى في لغة الاتصال، اتصال إيجابي ← سلبي والذي يكون في العادة اتصالاً في

اتجاه واحد ومن أنماط هذا النوع من الكلام، التعليمات التي تصدر عن المعلم للطلاب.

أمّا الكلام غير المباشر الذي يصدر عن المعلم فيضم الأنماط التي تعطي للطلاب الفرصة للاستجابة والتحدث بنوع من الحرية داخل غرفة الصف، ويحدث مثل هذا النوع عندما يستخدم المعلم عبارات مثل ما رأيكم؟ هل توجد إجابة أخرى؟ إن مثل هذا التوجه يترك أمام الطلاب المجال للاشتراك وأخذ دور فعال في العملية التعليمية وهو ما نطلق عليه في العادة اتصال في اتجاهين ويكون إيجابياً ⟷ إيجابياً، أي يحدث فيه تغير للأدوار بحيث يصبح المرسل مستقبلاً والمستقبل مرسلاً وهذا النوع يعتبر من أفضل أنواع الاتصال والتعلم المثمر والفعال.

أما فيما يخص كلام الطلاب فإنه قد يكون عبارة عن استجابة لسؤال يطرحه عليهم المعلم، وقد يكون الكلام صادراً عن الطلاب في الأصل، أي أنهم هم الذين يقومون بالعمل والشرح. كما ويجب منع الكلام الذي يؤدي إلى الفوضى والتشويش وانقطاع الاتصال بين الأطراف (نصر الله، 2001).

2. المعلم الذي يتقبل أفكار الطلاب ويشجعها، هذا يعني أنه يستخدم أنماطاً كلامية من شأنها أن تؤدي إلى توضيح أفكار الطلاب وتسهم في تطويرها، وبالتالي يؤدي هذا الإسهام إلى الشعور بالثقة والرغبة في مواصلة القيام بالمهام التعليمية والتحصيلية.

3. المعلم الذي يطرح الأسئلة على الطلاب، وهذه الأسئلة تكون في الغالب من النوع الذي يستطيع الطلاب التنبؤ بالإجابة عليها وهي ما نسميه بالأسئلة محددة الإجابة والتي لا تتطلب استخدام مهارات التفكير العليا، مثل هذا السلوك من جانب المعلم يعمل على دفع الطلاب للاستمرار في إنجاز المهام التعليمية والاشتراك في الإجابة عن الأسئلة دون تردد أو خوف.

4. طرح الأسئلة المتشعبة، والتي نقصد بها الأسئلة التي تتطلب الإجابة عليها استخدام مهارات تفكير متعددة مثل التحليل والتركيب والاستنتاج والتقويم والتي يعبر الطلاب فيها عن أفكارهم واتجاهاتهم ومشاعرهم الشخصية. وهذا أيضاً من الصفات والسلوكيات التي يجب أن تكون لدى المعلم حتى

يؤدي عمله إلى تطوير شخصيات طلابه ويرفع من معنوياتهم وتحصيلهم العلمي .

في نهاية الأمر نقول أنه يجب على المعلم أن يعمل على إثارة الدافعية للتعلم لدى الطلاب لأنها تؤدي إلى بذل الجهد لتحقيق الأهداف التعليمية المنشودة في الموقف التعليمي؟ وحتى نستطيع زيادة دافعية الطلاب للتعلم يجب على المعلمين القيام باستثارة انتباه طلابهم والمحافظة على استمرارية هذا الانتباه حتى يكون بالإمكان تحقيق الأهداف التعليمية التي نسعى إلى تحقيقها.

ثالثا: مهمة التخطيط للعملية التعليمية داخل الصف.

التخطيط يقصد به من منظور الإدارة المدرسية والصفية وضع التدابير المتخذة مسبقاً من أجل بلوغ أهداف الدرس وتحقيقها، وهذا يعني أن التخطيط في الإدارة الصفية يأخذ بالاعتبار الأمور التالية:-

أ.   وضع الأهداف التي نريد الوصول إليها وتحقيقها من خلال العملية التعليمية.

ب.   تباين الأساليب التي سوف تستعمل في الدرس والأنشطة التي سوف تمارس من أجل بلوغ الهدف.

ج.   اشتراك الطلاب في وضع الأهداف وممارسة الأنشطة(مفضل ومطلوب).

د.   التنويع في الوسائل التعليمية التي سوف تستخدم من قبل المعلم في الدرس.

ه.   تحديد وسائل التقييم التي سوف تستعمل في عملية تقييم التعلم والتحصيل. من الواضح أن قسماً من هذه الأعمال يتم داخل غرفة الصف والقسم الآخر يتم قبل دخول المعلم إلى غرفة الصف، ولكن يجب وضعها جميعها حتى ينجح المعلم في تعليمه وإدارته لصفه، لذلك يجب أن تكون أهدافه واضحة تماماً حتى يستطيع تحقيقها، حيث كلما كانت واضحة في ذهنه وذهن طلابه فإن ذلك يجعل من تعليمه مجدياً ويكون طلابه أقدر وأكثر شوقاً إلى التعليم والدراسة ومتابعة التحصيل، أيضاً عندما تكون الأهداف واضحة فإن باستطاعة المعلم تصميم النشاطات الصفية التي يجب عليه ممارستها داخل غرفة الصف وتنظيم هذه النشاطات بحيث تحقق الأهداف المرسومة والمحددة. وإشراك الطلاب في عملية التخطيط للدرس يعمل على إثارة اهتمامهم ورغباتهم ويشد انتباههم للدرس، ويعمل على رفع روحهم المعنوية وينمي القدرة على الإبداع والابتكار

لديهم، إلا أنه يجب أن لا يفهم من هذا أن المعلم يستطيع أن يوكل إلى المتعلمين موضوع التخطيط للدرس تخطيطاً كاملاً وشاملاً وأن يعتمد المعلم على هذا ويعفي نفسه من هذه المسؤولية الأساسية التي يتوقف عليها بشكل رئيسي نجاح المعلم أو فشله في الوصول إلى تحقيق أهدافه الإدارية الصفية. بل عليه أن يقوم بالتخطيط مسبقاً لدرسه وأن يضع تصوراً واضحاً للأعمال التي سوف يقوم بها مثل الأساليب والطرق والوسائل والأنشطة أي ما يتناسب مع طبيعة الدرس وأهدافه ومستوى الطلاب العقلي والتحصيلي وأعمارهم، ثم يقوم بتعميم الوسائل التي تساعده على النجاح في درسه وتحقيق أهدافه، وأن يحسن استعمال هذه الوسائل لكي يستفيد منها لأن الوسيلة لا تعتبر غاية بحد ذاتها بل هي تستعمل للوصول إلى الغاية المنشودة وهي تحقيق الأهداف، وعلى المعلم أن يقوم بتعين الأنشطة التي سوف يطلب من الطلاب ممارستها ويكون ذلك بإشرافه على تنفيذها. بالإضافة إلى أنه يفترض أن يقوم المعلم بإعداد الأسئلة إعداداً جيداً، مع مراعاته للفروق الفردية بين الطلاب ومستوياتهم، لذا عليه أن ينوع في هذه الأسئلة ويتدرج فيها من السهل إلى الصعب، حيث من المفضل أن لا يعتمد المعلم على الارتجال في صياغة الأسئلة وطرحها على الطلاب.

بالإضافة إلى كل ما ذكر فإنه يتعين على المعلم توضيح وسيلة التقييم التي سوف يستعملها في جميع مراحل الدرس وخطواته، وذلك لأنها عملية مستمرة تبدأ مع بداية الدرس وتنتهي عندما ينتهي الدرس، والمعلم بدوره يقوم بتقييم كل مرحلة، لذلك يجب أن يعين وسائل التقييم في كل المراحل حتى يستطيع أن يشخص قدرات الطالب وتقدمه ويقف على نقاط الضعف والقوة في جميع خطوات تدرسيه، لكي يدعم نقاط القوة ويبتعد عن نقاط الضعف ويعمل على إزالتها ومعالجة أسبابها أولاً بأول. وعليه نقول أنه حتى يستطيع المعلم التخطيط لدرسه تخطيطاً جيداً وفعالاً، يجب عليه أن يكون متمكناً من المادة التعليمية التي سوف يقوم بتعليمها، وهكذا يكون مستعداً للإجابة عن أي تساؤل من جانب الطالب خلال الدرس، كما أن تمكن المعلم من المادة يشعره بمزيد من الثقة بالنفس وثقة الطلاب به (مصلح، 1980).

رابعاً: التنفيذ:

إن مهمة التنفيذ كما تراها الإدارة المدرسية أو إدارة المؤسسات على اختلافها، من المهام الأساسية التي تأخذ مكانة خاصة في العملية التعليمية، والتي يجب على المعلم القيام بها، وهي تضم الأمور التالية:-

أ. العمل على إثارة الدافعية لدى الطلاب وتشويقهم للقيام بالمهمة التعليمية وإنجازها بأفضل ما يمكن والوصول إلى مستوى تحصيلي جيد.

ب. على المعلم استخدام أساليب التدريس المناسبة التي تعمل على مراعاة جميع الجوانب الجديدة التي تتعلق بالموقف التعليمي والعمل على إحداث ما يجب من التعديل في الأسلوب المتبع.

ج. على المعلم القيام بمناقشة طلابه وإدارة هذه المناقشة بالشكل الذي يخدم مصلحة الطلاب ويعمل على رفع مستواهم التعليمي والتحصيلي.

إن أهم المهمات والفعاليات التي يجب على المعلم القيام بها داخل غرفة الصف ومع طلابه العمل على تشويق الطلاب للدرس والتعليم وإثارة الدافعية لديهم لكي يقبلوا على التعلم ويعملوا من أجل التحصيل، لأن المعلم بدون القيام بهذه المهمة لا ينجح في تدريسه وفي إدارته لصفة يكون ضعيفاً ولا يستطيع إدارة صفه بشكل فعال. لأن التشويق والدافعية للدرس تؤدي إلى انتباه الطلاب للدرس والإقبال عليه، لأن للانتباه أهمية كبيرة أثناء إعطاء الدرس أو ممارسة النشاط حيث يؤثر على قدرة الطالب الإنجازية والوصول إلى تحقيق الأهداف. والمعلم بدورة يعرف مدى قدرته على تشويق الطلاب للدرس من خلال الأعمال والممارسات التي يقومون بها داخل الصف أثناء الدرس والتي تدل على عدم تشوقهم ورغبتهم في هذا الدرس وعدم الإقبال عليه إن أكثروا من القيام بها. ونذكر منها انشغال الطلاب باللعب أو النظر إلى أماكن مختلفة من الغرفة أو خارجها وإحداث صوت وضجة والنظر إلى المعلم باستمرار وعدم توجيه الأسئلة في أثناء الدرس وكذلك عدم الاشتراك في الإجابة عن الأسئلة التي تطرح وعدم محاولة الاستفسار عن المواضيع والنقاط الهامة التي تثار في الدرس وإجابات الطلاب غير المتصلة بأسئلة المعلم وموضوع الدرس، وعدم إنجاز الطلاب لما يطلب منهم وعدم مشاركتهم في الأعمال والأنشطة التي تطرح عليهم أو محاولة اقتراحهم أنشطة بديلة لما يطرحه المعلم، أو شكوى الطلاب من أن الدرس كان مملاً واستياءهم من القراءة في موضوع الدرس.

إذا لاحظ المعلم جميع الأمور التي ذكرت فإن عليه أن يقوم بمحاولة التعرف على الدوافع وراء عدم الإقبال على الدرس وعدم الانتباه والرغبة في الاشتراك فيه، ومن خلال ذلك من الممكن أن يتوصل المعلم إلى أن ذلك عائد إلى عوامل عدة نذكر منها:-

1. عدم استغلال المعلم الصحيح والمناسب لميول الطلاب والذي يشجعهم على العمل بجدية، بالإضافة إلى عدم استغلاله لحاجاتهم العقلية والاجتماعية والنفسية والعاطفية، ويكون ذلك بسبب تفرد المعلم في وضع أهداف درسه وفي سيطرته على التعلم الصفي.

2. عدم وجود جو مناسب داخل غرفة الصف يؤدي إلى إقبال الطلاب على التعلم، بالإضافة إلى عدم قبول جميع الطلاب أثناء الدرس كمشاركين فعالين من قبل المعلم، أي أن المعلم يهمل قسماً من الطلاب ولا يعمل على إشراكهم في فعاليات الدرس المختلفة لضعفهم المعرفي أو لعدم انضباطهم وامتثالهم لما يطلب منهم.

على المعلم عندما يتعرف على هذه العوامل أن يقوم باستعمال وسائل مختلفة تساعد على التشويق وإثارة الدافعية للتعليم والتعلم من جانب الطلاب وهذه الوسائل تقسم إلى قسمين هما:-

أ. وسائل داخلية، ويقصد بها الوسائل التي سوف تستعمل في الموقف التعليمي من حيث مراعاة أهداف الدرس واشتراك الطلاب في وضع هذه الأهداف وتوضيحها لهم واستخدام الأساليب المناسبة والوسائل التعليمية استخداماً سليماً وتغيير نمطها من فترة لأخرى ومراعاة رغبات وميول الطلاب، بالإضافة إلى خلق جو منظم وهادئ للتعلم وإثارة حب الاستطلاع عند الطلاب وتقديم المثيرات المناسبة لهم والتي تؤدي إلى جلب انتباههم.

ب. وسائل خارجية ويقصد بها تلك الوسائل التي لم يحسب لها حساب وبأنها سوف تستعمل في الموقف التعليمي وتقوم استخدام المعلم للثواب والجوائز والمغريات الأخرى الخارجية التي لم تكن ضمن الموقف التعليمي من بدايته.

خامساً: متابعة الطلاب والإشراف عليهم

إن مهمة متابعة الطلاب والإشراف عليهم التي يجب على المعلم القيام بتنفيذها تعتبر من المهام الخاصة والتي يتوقف عليها استمرار الطالب في تعلمه بصورة صحيحة وقانونية، ويتوقف عليها مدى تقدم الطالب في تعلمه ورفع مستواه التعليمي إلى أفضل ما يمكن. وتشتمل هذه المهمة بالنسبة لإدارة الصف وكما تراها الإدارة العناصر الآتية:-

أ- ضبط الصف والمحافظة على النظام فيه طوال اليوم وأثناء الدروس.

ب- مراقبة حضور الطلاب وغيابهم منذ ساعات الصباح الأولى وخلال اليوم.

ج- توجيه الطلاب وإرشادهم خلال ساعات الدوام المدرسي وخارجه إن أمكن.

تعتبر عملية الضبط من أهم العمليات والشروط الأساسية التي يجب أن تحدث وتتوفر داخل غرفة الصف والتي على أساسها يتمكن المعلم من القيام بعمله، فعندما يكون الصف في حالة انضباط ومحافظ على النظام فإن المعلم يستطيع البدء في عملية التدريس والتعليم، أما إذا حدث عكس ذلك فإن المعلم لا يستطيع البدء في عملية التدريس، وهذا يعني الفوضى والتشويش وإضاعة الوقت.

إن انضباط الطلاب الذي نتحدث عنه يعني إخضاع رغباتهم وميولهم ودوافعهم من أجل تحقيق الأهداف التي نسعى لبلوغها والوصول بها إلى أفضل ما يمكن. والانضباط بهذا الشكل يقسم إلى قسمين هما:-

1. انضباط ينبع من الطالب نفسه ونطلق عليه "داخلي" يعمل على المحافظة على النظام والهدوء داخل غرفة الصف وذلك كنتيجة مباشرة لاتجاه الطالب ورغبته في العمل والتعلم وانشغاله فيها وتقبله لزملائه ولمعلمه وما يقوم به من أعمال تربوية وتعليمية تهدف إلى إفادة الطلاب ورفع مستواهم التحصيلي.

2. انضباط خارجي يقوم الطلاب فيه بالمحافظة على النظام داخل الصف عن طريق استخدام وسائل خارجية مثل الثواب والعقاب أو ما يفرضه المعلم عليهم حتى يستطيع أن يقوم بالأعمال التربوية والتعليمية التي تعود بالفائدة على الطلاب وتؤدي إلى رفع مستواهم التحصيلي.

ومن الملاحظ والمؤكد أن الانضباط الداخلي الذي يعمل على مساعدة الطفل على ضبط دوافعه وعواطفه وميوله بصورة ذاتيته، هو الذي يكون أفضل وأكثر تأثيراً من الانضباط الخارجي الذي يعمل على المحافظة على النظام خوفاً من العقاب وطمعاً في الثواب، لذا فإن على المعلم في مثل هذا الموقف أن يعمل على تنمية عملية الانضباط الذاتي عند الطالب لأنه يرتبط بالتربية الخلقية التي تعمل على منع الفرد من القيام بعمل غير أخلاقي بدافع ذاتي نتيجة لتنمية اتجاهات وأنماط سلوك مرغوب فيها ومقبولة عند الطالب. لأنه يجب على المعلم أن لا يكتفي بالعمل على تزويد الطلاب بالمعارف والمعلومات، بل يجب عليه الاهتمام بالقيام بأهم واجباته وهي العمل على تربية الطلاب تربية أخلاقية تؤدي إلى انضباطهم انضباطاً ذاتياً، ويستطيع المعلم القيام بعدة أعمال تؤدي إلى خلق الانضباط الذاتي عند طلابه مثل:- استخدام الثواب والعقاب وإعطاء الطلاب الفرصة المناسبة للمشاركة في الأنشطة الاجتماعية، بالإضافة إلى القيام بالحكم وتقويم التصرفات التي يقومون بها، والقيام بتوضيح الأنماط السلوكية المقبولة والمرغوب فيها. وكلما استطاع المعلم قيادة الصف وإدارته فإن ذلك سوف يؤثر على انضباط الطلاب، كما وأن العلاقة التي تربط بين المعلم وطلابه لها أثر كبير في انضباط الطلاب وإمكانية تنظيم الأنشطة التعليمية داخل غرفة الصف وخارجها .

ويجب أن نذكر وبصورة واضحة أن الطلاب عندما يفقدون الرغبة في التعلم والدافعية للإنجاز والتحصيل العلمي والمعرفي فإنهم يتجهون إلى القيام ببعض الإجراءات التي تشجع على النظام والمحافظة عليه، مثل إيجاد بيئة تعليمية يسودها الجد والعمل، وتوفير الظروف الملائمة لتحقيق الأهداف التربوية المنشودة، والابتعاد عن إحداث الاضطراب والإزعاج، وعدم الانزعاج إذا حدث إخلال بالنظام وقام المعلم باتخاذ موقف حازم ضد ذلك والمحافظة على توفير علاقات جدية بينه وبين طلابه مع ملاحظة عدم احترام الطلاب للمعلم المتشدد وعدم تقديرهم للمعلم المتساهل معهم أكثر من اللازم، لذا فإن على المعلم أن يظهر دائماً بمظهر المتحمس لعمله والذي يقبل عليه بجد ونشاط ولا يظهر الملل والسأم والتثاقل، وعليه أن ينوع في استخدام الأنشطة الصفية وتحديد الأعمال البيتية التي تعطى للطلاب.

ومن الظواهر المدرسية ذات الأهمية والمكانة التي يجب أن يراعيها المعلم وينتبه لها لأنها ترتبط ارتباطاً وثيقاً بقدرة الطلاب على التعلم والتحصيل الدراسي الجيد وهي ظاهرة الغياب التي إذا تكررت وكثرت تؤدي إلى عدم قدرة الطالب على التعلم

ومتابعة التحصيل والنجاح في المدرسة، وفي حالة وجودها يجب على المعلم ومدير المدرسة المبادرة إلى معالجتها مباشرةً عند حدوثها ودون تأخير لأن التأخير قد يؤدي إلى حرمان هذا الطالب من التعليم وتركه المدرسة، ولذا فإنه يجب على المعلم أن يعرف أسباب الغياب بصورة صحيحة وواقعية، لكي يستطيع أن يقوم بعلاج هذه المشكلة بصورة ناجحة تؤدي إلى التخلص من الغياب حيث يمكن أن تكون من هذه الأسباب أسباباً قسرية وأخرى اجتماعية اقتصادية نفسية، ومن أمثلة الأسباب القسرية المرض وفي بعض الأحيان يؤدي الفقر إلى الغياب كذلك الأمر بالنسبة لعدم التكيف الاجتماعي للطالب في المدرسة مع زملائه والمعاملة الصعبة التي يعامل بها منهم ومن المعلم تؤدي بالطالب إلى التغيب عن المدرسة، كما أن كره الطالب لموضوع دراسي معين وعدم مقدرته على التحصيل المناسب يؤدي به إلى التغيب عن هذا الدرس.

بعد معرفة المعلم لأسباب الغياب عليه العمل على علاجها والقضاء عليها حتى يعود الطالب إلى الانتظام في المدرسة والحضور إليها، ويستطيع عمل ذلك باستعمال الاتصال المستمر مع الأهل لمعرفة الظروف الاجتماعية والاقتصادية واتجاهاتهم نحو المدرسة وأهميتها والبرامج المتبعة فيها، أو تحويل الطلاب الذين يتغيبون باستمرار إلى المرشد النفسي في المدرسة أو عدم تلبية المدرسة لحاجات الطالب وشعوره بالقلق وعدم الاطمئنان في البيت والمدرسة.

وكذلك فإن على المعلم كمسؤول عن الصف ومدير لكل ما يحدث فيه أن يقوم بإرشاد الطلاب. وتوجيههم إلى القيام بالأعمال التي تفيدهم في علاج المشاكل التي يعانون منها ومساعدتهم على حلها. ومسؤولية المعلم هذه تزداد في حالة عدم وجود مرشد نفسي واجتماعي، إذ عندما يصبح هذا الإرشاد من الواجبات الهامة التي يجب على المعلم القيام بها فسوف يقوم بإرشادهم إلى أساليب الدراسة الجيدة وإلى أنماط السلوك المرغوبة والمرفوضة في المدرسة، وإلى نوعية العلاقات التي يجب أن تكون بين الطلاب أنفسهم وبينهم وبين المعلمين، وإلى الأنشطة التي يستطيع أن يمارسها وإلى نوع الدراسة التي يجب عليه أن يقوم بها.

سادساً: التقييم

إن مهمة التقييم التي يجب على المعلم أن يقوم بها بصورة دائمة ومستمرة خلال القيام بالعملية التعليمية والتربوية في المراحل المختلفة، هي من نوع المهمات التي تتطلب التواصل والدقة والموضوعية لأنها هي التي تحدد مصير ومستقبل الطالب، لذا على المعلم أن يكون حذراً جداً عندما يقوم بها.

والتقييم يمكن تعريفه على أنه عملية تشخيصية علاجية تعاونية مستمرة وهذا يعني أن على المعلم عندما يقوم بتقييم الطلاب أن يقوم بتشخيص نقاط الضعف التي يعانون منها حتى يستطيع تلافيها وعلاجها، ونقاط القوة التي يتصفون بها حتى يتمكن من تدعيمها وتقويتها، ومن المؤكد أن المعلم لا يستطيع القيام بهذه المهمة وحده بل يجب أن يتعاون مع مدير المدرسة وباقي أعضاء الهيئة التدريسية التي تعمل في صفه.

أما بالنسبة للمعلم كمدير للصف فإنه يقيّم عمل الطالب ويعرف درجة تقدمه ومدى استفادته من الدرس منذ بداية الحصة وحتى نهايتها، لأنه هو الذي يلاحظ ما يحدث معه أثناء عرض الدرس وتقديم المعرفة حتى الانتهاء من الدرس. ويستخدم في عملية التقييم أساليب متعددة ومتنوعة مثل الأسئلة والاختبارات الشفوية والكتابية والملاحظة والمقابلة.

وعند القيام بعملية التقييم على المعلم أن ينطلق من:-

1. النظرة الشمولية لوضع الطالب التربوي، حيث من الممكن أن يكون الطالب ضعيفاًَ في مادة معينة وقوياً في المواد الأخرى، وعليه فمن الأفضل لمعلم المادة التي يعاني الطالب من ضعف فيها أن يعرف سبب ذلك وأن يعرف من المعلمين الآخرين ما هو وضعه في المواد الأخرى، لأن ذلك يساعد على معرفة جوانب الضعف والقوة لدى الطالب، الأمر الذي يساعده في معالجة نقاط الضعف ودعم نقاط القوة.
2. تقييم عمل الطالب من خلال إنجازاته هو وليس من خلال المقارنة مع إنجازات غيره من الطلاب.

أنماط شخصيات المعلمين وآثارها على الطلاب

يعتبر المعلم عنصراً أساسياً في العملية التعليمية-التعلمية، وتلعب خصائصه المعرفية والانفعالية دوراً هاماً في فعالية هذه العملية، لأنها تشكل أحد المدخلات التربوية الهامة التي تؤثر في الناتج التحصيلي على المستويات النفسية والحركية والانفعالية والمعرفية لديهم، والمعلم القادر على أداء دوره على نحو فعّال، والذي يكرس جهوده لإيجاد الفرص التعليمية الأفضل لطلابه يستطيع أن يؤثر في مستويات تحصيلهم وأمنهم النفسي، من أجل ذلك يجب أن تتوافر في المعلم أنماط تعليمية سلوكية محددة يؤدي القيام بها إلى إنجاز العمل التعليمي بأفضل ما يمكن، وذلك من خلال تحديد الطرق التي تمكن الطلاب من اكتساب المعلومات وتحقيق الأهداف التعليمية

المرغوب فيها. فالمعلم فرد له خصائصه الشخصية المميزة التي تؤثر في كيفيات وفعاليات الطلاب من حيث أداءآتهم التعليمية ونشاطاتهم المدرسية المختلفة.

ويمكن تقسيم المعلمين إلى ثلاثة أنماط تترك أثراً واضحاً في التحصيل الدراسي والسلوك الذي يصدر عن الطلاب وهي:-

1. <u>المعلم التسلطي</u>

الاعتقاد السائد أن هذا النمط من المعلمين يكون أكبر سناً من الطلاب وأكثر منهم خبرة وحكمة ويتوقع منهم الطاعة المطلقة والولاء الشخصي له، ويهتم بالمحافظة على الوضع التعليمي كما هو متعارف عليه، ويقاوم أية محاولة للتغير،(ولكن يجب أن نذكر أن الجيل لا يعتبر مكوناً أساسياً لأن الواقع يقول أن الجانب التسلطي يوجد وبصورة واضحة لدى صغار السن وخصوصاً الذين لم يعدوا الإعداد المناسب لمهنة التعليم، فيجبروا على استعمال السلطة وبصورة زائدة عن الحد حتى يستطيعوا ضبط الصف والتعامل معه).ومن سمات هذا النوع من المعلمين أنه يفرض على الطلاب ما يجب فعله، كيف، ومتى وأين يقومون بفعله. وهو مستبد برأيه ولا يسمح للطلاب بالتعبير عن آرائهم التربوية والمعرفية.ويستخدم أساليب الإرهاب والتخويف ضد الطلاب في جميع المناسبات حتى يستطيع تنفيذ ما يقول ويحقق غاياته.وهو في العادة ينعزل عن طلابه ولا يحاول التعرف عليهم(هذا جيد في بعض الحالات التي لا يعرف الطلاب فيها الحدود) ولا إلى مشاكلهم ولا يؤمن بإقامة العلاقات الاجتماعية والإنسانية معهم.ومن المؤكد أن هذا الجانب بالذات يؤدي إلى رفض التعلم وعدم الإقبال عليه وبالتالي إلى الحصول على تحصيل علمي متدنٍ.

المعلم المتسلط يتوقع من الطلاب التقبل الفوري لكل أوامره. ولا يعطي الثناء والتعزيز والثواب إلا بصورة قليلة جداً لأنه يعتقد أن ذلك يؤدي إلى إفساد أخلاق الطلاب وسلوكهم. ويعتقد أنه لا يمكن الوثوق بالطلاب إذا ما تركوا لأنفسهم. وبذلك يحاول دائماً جعل الطلاب يعتمدون عليه شخصياً (نشواني، 1985، مرعي 1986).

إن هذا النمط من المعلمين يترك آثاراً واضحة على الطلاب، مثل الخنوع والشرود الذهني وعدم الاطمئنان للمعلم، مما يؤدي إلى عدم الرغبة في التعاون والإقبال الجاد على التعليم والتعلم وفي معظم الحالات يؤدي إلى تدني تحصيل

نسبة عالية من الطلاب، لأنهم يركزون على عمل ما يجب أن يعمل حتى يصلوا إلى لفت انتباه المعلم لهم.

2. **المعلم الفوضوي**

إن هذا النمط من المعلمين يترك انطباعاً لدى الطلاب بأنه يترك لهم الحرية الكاملة في تقرير وتحديد أنواع الأنشطة التي يريدون القيام بها خلال العملية التعليمية، وهو يحاول دائماً أن يعطي الطلاب المعلومات المفصلة الإضافية والتي من غير المفروض أن يطلعوا عليها أو يعرفوها. وهو يظهر لطلابه بصورة دائمة أنه مستعد لتقديم يد العون لهم في أي وقت يطلبون منه ذلك.

إن مثل هذا المعلم لا يقوم بتقديم المبادرات أو الاقتراحات التعليمية والتربوية للطلاب إلا بصورة قليلة، تكاد لا تذكر،كما أنه لا يقوم بتقويم سلوكهم سواء كان إيجابياً أو سلبياً، مما يتركهم في وضع صعب من عدم معرفة الصح من الخطأ والاستمرار فيما هم عليه من سلوك وأعمال. ويزداد هذا الوضع صعوبة عندما لا يقوم هذا المعلم بإعطاء أدنى قدر من التشجيع والتعزيز، على إقبالهم على التعلم والتعليم وإنجاز المهام والفعاليات التي تطلب منهم بأفضل ما يكون، أو عقابهم على عدم قيامهم بإنجاز الفعاليات والمهام، والإقبال على التعليم والتعلم ومحاولة رفع مستواهم التعليمي والتحصيلي.

إن مثل هذا النمط من المعلمين يؤدي إلى جعل الطلاب قليلي الإنتاج التحصيلي العلمي والمعرفي. لأن الطلاب يقضون معظم الوقت في السؤال عن المعلومات الأساسية والمهمة بدلاً من إنتاج أي عمل فعلي (مرعي، 1986؛ قطامي، 1993). لأنهم لم يعتادوا على القيام بالعمل المنظم الذي يقوم على أسس علمية واضحة ومحددة تؤدي في نهاية المرحلة إلى محصلة معينة من المعرفة، والتحصيل الدراسي، لأن الطلاب في جميع الحالات بحاجة إلى الشخصية المعلمة والموجهة والمرشدة التي تسير في خطوات منظمة وثابتة نحو تحقيق أهداف محددة مسبقاً.

3. **المعلم الديموقراطي**

هذا النمط من المعلمين يختلف عن غيره من الأنماط، اختلافاً واضحاًَ لأنه ينطلق من منطلق المساواة والحرية في العمل، فهو يقوم بإعطاء الفرص بصورة متساوية لطلابه ويتيح أمامهم الفرص للمشاركة في المحادثة أو النقاش

التعليمي أو العام، وتبادل الرأي والقيام باتخاذ القرارات المختلفة التي لها علاقة بالعملية التعليمية أو المشاكل التي تواجه الطلاب في المدرسة والصف.

إن مثل هذا المعلم يقوم بتنسيق العمل المشترك بينه وبين الطلاب. ويحاول العمل على إشراك الطلاب في عملية التخطيط للتعلم والتعليم. كما ويتصف هذا النمط من المعلمين بأنه يحاول أن يجعل الطلاب يشعرون أنهم يتواجدون في جو من الراحة والطمأنينة التي تمكنهم من القيام بالأنشطة وإنجاز الفعاليات التعليمية المطلوبة. وهو يشجع الطلاب على بذل أقصى جهد لديهم في سبيل التعلم والتعليم والوصول إلى أفضل النتائج وأعلى مستوى من التحصيل الدراسي. كل ذلك من خلال احترامه لمشاعر الطلاب وتطلعاتهم وآرائهم، ودون أن يشعرهم بأي نوع من التعالي، ولكنه في نفس الوقت لا يتهاون ويتساهل معهم أكثر مما يجب أن يكون أو يتطلبه الوضع والحاجة.

ويترك هذا النمط أثراً على طلابه من الناحية التحصيلية العلمية والتربوية بحيث يكون إنتاج الطلاب أكبر على المدى البعيد. هذا بالإضافة لكونه يعمل على أن يسود جو من الحب والتعاون والعمل بين الطلاب(لحد معين) وفي معظم الحالات تؤدي توجهات المعلم ومعاملته لطلابه إلى حبهم لبعضهم البعض وحبهم للمعلم، وهذا يعتبر من أفضل المؤشرات التي تؤدي إلى الهدوء النفسي والاستقرار لدى الطلاب وبالتالي يعمل على رفع مستواهم التحصيلي المدرسي الذي يكون أثره المستقبلي واضحاً ومؤكداً (نشواتي،1986).

خصائص المعلم وتأثيرها على تحصيل الطلاب

للمعلم دورٌ أساسيٌ هامٌ في عملية التحصيل المرتفع أو المتدني الذي يصل إليه كل طالب، هذا بالإضافة إلى مدى فاعلية التعليم ونجاحه. ولقد أكد الباحثون على وجود علاقة بين خصائص المعلمين والتحصيل الدراسي للطلاب والنجاح في العملية التعليمية. واتفقوا على تحديد هذه الخصائص في فئتين: معرفية وشخصية. وسوف نتحدث عن هذه الخصائص ونتوقف عند آثارها على عملية التحصيل لدى الطلاب.

الخصائص المعرفية

إن الحصيلة المعرفية التي يتمتع بها المعلم، وقدراته العقلية، والأساليب التي يتبعها في استثارة طلابه وتحفيزه لهم على إظهار اهتماماتهم هي من العوامل الهامة التي يجب أخذها في الحسبان عندما نتحدث عن الخصائص المعرفية للمعلم الفعّال،

لأنها تكشف قدرات المعلم في العمل على رفع مستوى التحصيل للطلاب، وهذه الخصائص المعرفية الموجودة عند المعلم يمكن تصنيفها في عدة عوامل مثل:-

1. الإعداد المهني العالي: يتوقف إعداد المعلم مهنياً وعلمياً بصورة إيجابية على فاعلية التعليم الذي يتعلمه خلال المراحل التعليمية والجامعية التي يمر بها. فقد دلت نتائج بعض الأبحاث التي أجريت في هذا المجال، على وجود ارتباط إيجابي بين مستوى التحصيل الجامعي للمعلمين وفعاليتهم التعليمية، وذلك بالاعتماد على تقدير الإداريين والموجهين والتربويين، ومن خلال إعداد الخطط الدراسية والتعامل مع الطلاب أثناء عملية التعليم التي يقومون بها. أي أن المعلم المتفوق في مجال تخصصه والمؤهل مهنياً بصورة جيدة يكون أكثر فعالية في عملية التعليم، وهذا بالطبع يؤدي إلى رفع مستوى تحصيل طلابه.

    وعليه يمكن الاستنتاج بشكل عام بأن فعالية التعليم ترتبط إيجابياً بعدد من العوامل المعرفية، مثل القدرة العقلية العامة التي يتمتع بها المعلم، بالإضافة إلى القدرة على حل المشاكل المختلفة التي من الممكن أن تواجهه، ومستوى التحصيل العلمي الأكاديمي والمهارات الخاصة التي تتعلق بعملية إعداد المادة الدراسية، والقيام بتنفيذها، والمعلومات التي لها صلة وعلاقة بالنمو والتطور والتعلم، أيضاً يمكن استخدام هذه العوامل كمنبئات للوقف على عملية التعلم الفعّال ومعرفة المدى الذي وصلت إليه (مرعي، 1988).

2. زيادة المعرفة والاهتمامات: تشير الدراسات التي أجريت في هذا المجال إلى أن التعليم الناجح والفعّال هو ذلك التعليم الذي لا يتوقف أو يرتبط عند تفوق المعلم في ميدان تخصصه فقط بل يرتبط بمدى اهتماماته بالمواضيع الأخرى المتنوعة التي يتعامل معها يومياً.

    إن المعلمين الذين يعتبرون الأكثر فعالية توجد لديهم اهتمامات متعددة في جميع المواضيع والمسائل الإنسانية والاجتماعية والأدبية والفنية، التي من الممكن أن يتطرقوا إليها أثناء العملية التعليمية. وتفيدهم معرفتها في عدم الوقوف أمام الطلاب كعاجزين على الإجابة عن الأسئلة التي قد تطرح من قبلهم، هذا إضافة إلى كونهم يتمتعون بمستوى خاص ومميز من الذكاء اللفظي، الذي يجعل المعلم أكثر فعالية في عملية التعليم ورفع المستوى التحصيلي للطلاب (نشواتي، 1985).

3. <u>معرفة المعلم لطلابه:</u> تشكل كمية المعلومات التي تتوافر لدى المعلم الفعال عن خصائص طلابه المعرفية وميولهم واتجاهاتهم وقيمهم ومستويات نموهم المعرفي والتحصيلي، والتي تعتبر جميعها متغيراً هاماً من متغيرات الخصائص المعرفية للمعلم الناجح، فقد تبين أن هذا النوع من المعلومات يرتبط ارتباطاً وثيقاً بفعالية التعليم واتجاهات الطلاب نحو الدراسة والمعلمين، فمثلاً معرفة المعلم لأسماء طلابه وخلفياتهم الاقتصادية والاجتماعية والثقافية تجعله أكثر فعالية في عملية تواصله وتعامله معهم، هذا بالإضافة إلى أنها تساعد الطلاب على تكوين اتجاهات إيجابية نحوه ونحو المادة الدراسية التي يعلمها لهم، وبالتالي فإن هؤلاء الطلاب يمتازون بوصولهم إلى مستوى تحصيلي أعلى من تحصيل الطلاب الذين يتعلمون مع معلمين لا يعرفون عنهم إلا القليل من المعلومات.

الخصائص الشخصية

ينزع المعلمون مثل غيرهم من فئات المجتمع المتعددة، لأنهم متباينون في الكثير من الخصائص والسمات والميزات الشخصية، إلى إثارة مناخات صفية مختلفة أثناء تفاعلهم وتواصلهم مع طلابهم، وذلك لأن المتغيرات الإنفعالية والشخصية التي يتصف بها المعلم تعتبر أكثر أهمية من المتغيرات المعرفية الموجودة لديه، لأنها هي التي تعمل على تحديد مدى فعاليته التعليمية مع طلابه، وهي التي تؤثر تأثيراً واضحاً على مستواهم التحصيلي (قطامين، 1993؛ نشواتي، 1985).

ومن أهم الخصائص الشخصية التي لها علاقة بالتعليم الناجح وتؤثر عليه:-

1. **الدفء والمودة والاتزان الشخصي للمعلم**

إن الطلاب يفضلون المعلمين الذين يتمتعون بالتعاطف والدفء والمودة والاهتمام والتعاون، هذا بالإضافة لكون خصائص شخصياتهم تؤثر في سلوك الطلاب التحصيلي وغير التحصيلي. فقد تبين أن الأطفال والمراهقين الذين يواجهون بعض الصعوبات المدرسية والمنزلية، قادرون على التحسن السريع عندما يقوم برعايتهم معلمون قادرون على تزويدهم بالمسؤولية، كما واتضح أن التلاميذ الموجودين في صفوف

معلمين يتصفون بالاتزان الشخصي والانفعالي يظهر عليهم مستوى من الأمن الانفعالي والصحة النفسية التي تكون في العادة أعلى من المستوى الذي يظهره التلاميذ الموجودون في صفوف معلمين يتصفون بالتوتر وعدم الاتزان الشخصي والانفعالي والسلوكي في بعض الأحيان.

ولقد أشارت الدراسة التي قام بها Ryans 1960 [لدى مرعي 1986]، على أن المعلمين الأكثر فعالية يمتازون بالتسامح تجاه سلوك طلابهم ودوافعهم ويعبرون عن مشاعر ودية تجاههم، ويفضلون استخدام الإجراءات التعليمية غير الموجهة كما ينصتون لطلابهم ويتقبلون أفكارهم ويشجعونهم على المساهمة في النشاطات الصفية المتنوعة (مرعي،1986، قطامي، 1993). وعليه فإن المعلم الذي يتمتع بالود والمحبة والتعاطف والمودة والاتزان الشخصي الانفعالي يعتبر من المعلمين ذوي القدرة الكبيرة على الإنجاز والوصول إلى مستوى مقبول من الصحة النفسية الجيدة لدى طلابه، هذا بالإضافة إلى توليد الثقة في أنفسهم الذي يؤدي إلى رفع مستوى تحصيلهم المدرسي.

ولقد قام ويتي(Witty,1967 لدى نشواتي 1985) بإجراء دراسة مسحية صنف فيها السمات الشخصية للمعلم الفعال تماماً كما أدركها الطلاب أنفسهم، ولقد أسفرت نتائج هذه الدراسة عن وجود السمات التالية وذلك حسب تفضيل الطلاب لها وهي:

1. التعاون والاتجاهات الديمقراطية.

2. التعاطف ومراعاة الفروق الفردية.

3. الصبر وتحمل المصاعب.

4. سعة الميول والاهتمامات الشخصية.

5. المظهر الشخصي والمزاج السعيد.

6. العدل وعدم التمييز بين الطلاب.

7. الحس الفكاهي والمرح.

8. السلوك الثابت والمنسق.

9. الاهتمام بمشكلات الطلاب الشخصية والجماعية.

10.المرونة في التعامل مع الآخرين.

11.استخدام الثواب والتعزيز في الوقت والمكان المناسب.

12. الكفاءة غير العادية في تعليم موضوع معين(نشواتي، 1985).

ومما يلفت الانتباه هنا أن الطلاب يفضلون وجود سمات التعاون والتعاطف لدى معلميهم ويضعونها في المقام الأول من حيث الأهمية في حين يضعون الكفاءة النادرة في القيام بتعليم موضوع معين في المقام الأخير، مما يوضح لنا بصورة قاطعة أن توافر بعض الخصائص المعرفية لديهم، مثل المهارة في تعليم مادة معينة، وذلك كما يعتقد المتعلمون في الغالب.

2.   الحماس

تشير بعض الدلائل إلى أن مستوى حماس المعلم أثناء أداء مهمته التعليمية الصفية يؤثر في فاعلية التعليم تأثيراً إيجابياً على نحو كبير. وقد تبين أنه يوجد ارتباط إيجابي بين حماس المعلم ومستوى تحصيل طلابه، والطلاب يكونون أكثر استجابة نحو المعلمين المتحمسين، ونحو المواد التي تقدم بصورة حماسية، وهذا يعني أن حماس المعلم بصفه شخصية يؤثر في فاعلية التعليم، ويساهم في تباين الطلاب من حيث مستوى التحصيل الذي يصل إليه كل طالب، ومن حيث اتجاهاتهم نحو المادة الدراسية ومدرسيها.

أما المعلم الذي يظهر اللامبالاة وعدم الاهتمام فإنه يترك انطباعاً سلبياً لدى طلابه مما يؤدي إلى إصابتهم بالإحباط والاكتئاب في بعض الأحيان، وتكوين اتجاهات سلبية نحو التعلم والنشاطات المدرسية، كما يؤثر بصورة واضحة على مستوى التحصيل والإنجاز لديهم.

3.   الإنسانية

إن عملية تحديد من هو المعلم الفعّال أو غير الفعّال بالاعتماد على بعض سمات الشخصية أو خصائصها، يفسح أمامنا المجال لنقول أن المعلم الفعال هو ذلك المعلم الإنسان الذي يتصف بما تنطوي عليه هذه الكلمة من معنى، لأن المعلم الإنسان هو الذي يملك القدرة على: التواصل مع الآخرين، المتعاطف، الودود، الصادق، المتحمس، المرح، الديمقراطي، والمنفتح على الجميع، وفي كل الاتجاهات والمواضيع والذي يقبل

النقد الشخصي والموضوعي مهما كان صعباً، وهو في العادة متقبل للآخرين كما هم ومع صفاتهم الخاصة والمميزة.

ومن الممكن أن تكون بعض السمات الشخصية مناقضة، مثل التزمت والديكتاتورية والعصبية والانغلاق وعدم تقبل الآخرين والحساسية تجاه النقد، تجعل من المعلم أقل فعالية، إلا أنه يجب أن يكون واضحاً ومعروفاً لنا أنه لا يوجد معلم يمتلك جميع هذه الخصائص الحميدة، فقد يتصف المعلمون بعدد من الخصائص الشخصية التي لا علاقة لها بفعالية التعليم ولا ترتبط معها. ومع ذلك فإن الطلاب يتقبلون مثل هذه الخصائص، لأنهم لا يعيشون ولا يطلبون الكمال في المعلم. وينزعون إلى التسامح في اتجاهاتهم نحوه، فقد يقدرون فاعلية المعلم ومهارته بالرغم من قسوته عليهم، إن الطالب لا يتوقع من المعلم أكثر من المساعدة ومد يد العون في الوقت المناسب، والتفهم والتعاطف على المستوى السلوكي، وإذا لم تتجسد هذه الخصائص والميزات في سلوك تعليمي من جانب المعلم فإنها لن تكون مفيدة ولن تؤدي إلى إحداث تغيير في العلاقات الصفية والتفاعل الصفي، بين المعلم والطلاب وبين الطلاب أنفسهم، تفاعل يؤدي إلى رفع مستوى التحصيل الدراسي الفردي والجماعي(نشواتي،1985؛ نصر الله، 2002).

الإدارة وتأثيرها على المعلم

القيادة التربوية التي تتمثل بالإدارة تلعب دوراً بارزاً في عمل المعلم وقيامه بأداء واجباته التربوية والتعليمية، وفي تحقيق هذه العملية لأهدافها المنشودة والوصول بالطلاب وحاجاتهم وقدراتهم إلى أفضل مستوى ممكن الوصول إليه، فمثلا لها دور كبير في دفع المعلمين وتحفيزهم على القيام بالعمل المطلوب منهم بأعلى كفاءة ومستوى ممكن، وبإبداع وتعاون بناء حتى يكون بالإمكان تحقيق الأهداف التربوية والتعليمية التي تسعى المدرسة والإدارة جاهدة لتحقيقها، كل ذلك من خلال الدعم والتسهيل الذي يقدم للمعلمين حتى يتمكنوا من العمل بهدوء واستقرار نفسي يعتبر من الحاجات الأساسية التي يجب أن تتوفر للمعلم حتى يكون قادرا على العمل والإبداع.

من ناحية أخرى فإن هذه القيادة التي نتحدث عنها من الممكن أن تلعب دورا بارزا سلبيا في عمل المعلم وقيامه بأداء واجباته التربوية والتعليمية، حيث أنها من الممكن أن تدفع المعلمين للإهمال وعدم العمل على التطوير المهني، والشعور بالاضطراب والقلق وعدم الراحة والاستقرار النفسي، والشعور بالتوتر بصورة دائمة من خلال الأعمال التي تقوم بها ضد هؤلاء المعلمين، أو المضايقات التي تضايقهم بها،

لا لشيء سوى عدم رغبة الإدارة في وجودهم في المدرسة لأنهم يكشفون عيوبها، الأمر الذي يؤثر على عمل المعلم و إمكانية تحقيقه للأهداف التربوية ورفع مستوى تحصيل الطلاب، وهذا بدوره ينعكس بصورة مباشرة على الطلاب وقدراتهم ومستوى أدائهم وتحصيلهم المدرسي (سمعان، 1975؛ نصر الله، 2002).

ولقد عرف بول هرسي (لدى إلياس،170:1984) القيادة أنها:عملية تأثر في نشاطات فرد أو مجموعة خلال سعيهم لتحقيق الأهداف المحددة في موقف محدد. ويرى كيمبل وايلز (لدى إلياس170:1984) أن القيادة عبارة عن كل مساهمة في بناء أهداف الجماعة وتحقيقها. وهذا ما لا ينطبق على الإدارة والقيادة في الكثير من المؤسسات التي لا تضع تحقيق الأهداف التعليمية والتربوية في مقدمة سلم أولوياتها، لأنها تكون مشغولة في العادة بالمحافظة على وظيفتها وتعيش في حالة خوف وعدم أمان من جانب المعلمين، لذلك نراها تعمل المستحيل لتقف أمام محاولات المعلمين للقيام بأي عمل تشعر أنه ضد مصالحها. وعند دراستنا للقيادة التربوية والأعمال التي تقوم بها نجد أن لها أنماطا عديدة، ولكل نمط منها إيجابياته وسلبياته وتأثيره المباشر على المعلمين ومدى قيامهم بإنجاز المهام والفعاليات التي تطلب منهم خلال عملهم، ومن ثم تؤثر بصورة غير مباشرة على الطلاب وتعلمهم وقدراتهم على الإنجاز والتحصيل المطلوب، ولهذه القيادة التربوية أنماط عديدة نذكر منها :النمط التسلطي والنمط الديمقراطي ولكل واحد منها صفات ومميزات خاصة تجعله منفرداً ومؤثراً.

1. النمط التربوي التسلطي

هو ذلك النوع من التربية التي تقوم على تدرج السلطة من أعلى إلى أسفل، أي أنها تبدأ بالمدير الذي يقف في رأس سلم السلطة التربوية، وتنتهي بالطالب الذي يعتبر الركن الأضعف في هذه السلطة. إن هذا النمط من أنماط القيادة التربوية لا يسمح للمعلمين الذين يعتبرون جزءاً أساسياً من العملية التربوية والتعليمية في المدرسة، بالمشاركة في عملية التخطيط والإسهام في رسم سياسات المدرسة أو وضع الأهداف الأساسية لها. فقط يجب عليهم القيام بتنفيذ ما يطلب منهم تنفيذه، وهذا يعني حرمانهم من تقييم نتائج التخطيط وتحقيق الأهداف بالرغم من كونهم الأقدر على القيام بهذه العملية.

ومن السمات المميزة لهذا النمط أنه يجب على المعلمين اتباع التعليمات والتوجيهات بغض النظر عن مدى الملاءمة أو عدم الملاءمة لتحقيق الأهداف التربوية، أي أن هذا النمط يعتبر الخضوع واتباع الأوامر التي تعطى للمعلمين من المعايير التي

تؤدي إلى النجاح أو الفشل، وهذا بدوره يؤدي إلى إهمال المعلمين لتطورهم ونموهم الوظيفي، وهذا بطبيعة الحال يعود بالضرر الواضح والمباشر على الطلاب وتعلمهم ومستوى تحصيلهم العلمي.كما أن هذا النظام لا يحترم المعلمين وقدراتهم ومهاراتهم وشخصياتهم ويستعملهم فقط كوسائل يصل عن طريقها لبلوغ غايات وأهداف محددة.الأمر الذي يؤدي إلى إضعاف شخصية المعلم ويسبب له الاضطرابات والقلق والإحباط والتوتر الذي لا يستطيع معه فعل أي شيء بصورة مفيدة، ويشعر المعلم بأنه مجبر على اتباع هذا النظام والاستمرار في اتباعه حتى عندما يكون على ثقة تامة أنه خطأ وغير مناسب لتحقيق الأهداف التي يسعى لتحقيقها. وأي اقتراحات من جانب المعلمين تهدف إلى تطوير وتنمية البرامج التعليمية المدرسية لا تقبل لأنها من الممكن أن تكون خارجة عن سياسة هذا النظام والروتين الذي يعيش فيه. وإن قبلت فإنها تظهر وكأنها صادرة عن القيادة التربوية والإدارة، وليس عن المعلمين الذين وضعوها، والتجربة تقول إن مثل هذا الوضع يتكرر لدى نسبة عالية من الإدارات المدرسية التسلطية التي تتحكم بنسبة عالية من المدارس، والتي تركز على أداء المعلمين وعطائهم وإتقانهم لتعليم المواد الدراسية للطلاب، وفي نفس الوقت تهمل هذه الإدارة تطوير المعلم لنفسه وقدراته إهمالاً تاماً (سمعان 1975؛ نصر الله 2002).

وعليه نستطيع القول إن الإدارة التربوية التسلطية تقوم على أساس الاستبداد والتصلب في الرأي ولا تترك أي مجال من الحرية أو المرونة في القيام بأداء العمل للمعلمين الذين يقومون بذلك. أي أن هذا النظام يقوم على توجيه الأعمال عن طريق الأوامر والتعليمات، والتعصب، والتي يجب أن تطبق بشكل أعمى من جانب المعلمين، واتباع أساليب الإكراه على إنجاز العمل والفعاليات التربوية التعليمية المختلفة دون أي اهتمام بالمعلمين أو إعطائهم أي اعتبار. الأمر الذي يجعلهم لا يستطيعون الارتقاء بكفاءتهم ومستوى أدائهم ولا يشجعهم على الابتكار والبحث والتجريب.وهذا يعني أنهم يعيشون داخل المدرسة بجو من الإحباط والكبت والعدوانية فيما بينهم أو ضد الطلاب، وذلك كنتيجة مباشرة لعدم احترام الذات والاضطراب والقلق الدائم الذي يعيشون فيه(سمعان 1975؛ الياس 1984).

وبطبيعة الحال فإن هذا النظام والتحكم والتصرفات الإدارية التسلطية تؤدي في نهاية الأمر إلى قيادة المعلمين لطلابهم بنفس الروح والطريقة والأسلوب والتوجه والمعاملة التي يعاملون بها من جانب الإدارة. مما يؤدي إلى ظهور الآثار السلبية على مستوى التحصيل لدى الطلاب وعدم تقدمهم ونموهم وبالشكل الصحيح والمطلوب في

جميع النواحي الميدانية والروحية والفعلية وعدم الأخذ بالاعتبار الاختلاف بين الطلاب في الميول والاتجاهات والاستعدادات اللغوية والعقلية.

2. النمط التربوي الديمقراطي

هو ذلك النوع من أنواع القيادة التربوية المدرسية الذي يقوم على إعطاء الحرية للمعلمين للقيام بعملهم وواجباتهم التعليمية والمدرسية واختيار الطرق والأساليب التي تؤدي إلى تحقيق الأهداف التربوية، بالإضافة إلى تشجيعهم وإتاحة الفرص أمامهم للنمو والتقدم والتطور المهني والإبداعي والابتكاري وتنسيق العمل والجهود بينهم، وإسهامهم في تخطيط ورسم سياسة المدرسة الداخلية والخارجية والتي تقف، في مركزها مصلحة الطالب وحقوقه وتحصيله التعليمي وتطور شخصيته التطور الصحيح. وهذا بحد ذاته يجعل كل معلم يشعر بأنه جزء من القيادة والعملية التربوية التي لها أهمية كبيرة.

ومن سمات هذا النمط الإداري القيادي أنه يشارك المعلمين في تنفيذ الواجبات والخطط والأهداف التي توضع للعملية التعليمية والتربوية وتفسح أمامهم المجال للقيام بتقييمها. أيضا تعمل هذه الإدارة على تنمية الثقة بينها وبين المعلمين من خلال وجود العلاقة التي تقوم على الاحترام المتبادل. وبدورها تقوم بالتعرف على القدرات والاستعدادات والمواهب الخاصة الموجودة لدى المعلمين، وتعمل على تشجيعها واستثمارها في الاتجاهات المناسبة والصحيحة، التي تؤدي في نهاية الأمر إلى الرقي بالمدرسة وطلابها ومستواها التعليمي والتربوي، وذلك من خلال إعطائهم الفرصة للقيام بالأعمال التي تساعد على إبراز وإظهار هذه القدرات والاستعدادات والمواهب الخاصة. هذا بالإضافة إلى قيامها بتحديد الوظائف والواجبات والمسؤولية التي تقع على كل معلم، مما يؤدي إلى عدم الاضطراب والضيق ووجود المشاكل بين المعلمين، بسبب النزاعات على السلطة. أي أنها تحدد منذ البداية واجبات ومهام كل معلم، وتطلب منه التركيز على إنجازها بأفضل الوسائل والطرق. وهذا يعني تشجيع المعلم على القيام بدوره من خلال التعاون وترك الأنانية وحب الذات في تعامله مع المعلمين(من الصعب التغلب على هذا الجانب لأن حب الذات يقف دائما في مكان الصدارة لدى كل إنسان)، ومشاركتهم في عملية التخطيط ووضع الأهداف وتنفيذها وتقييمها ، وهذا بدوره يؤدي إلى تعاون فعال لتحقيق الأهداف التربوية وتحسين النظام في المدرسة. أي أن هذا النوع من الإدارة يشعر المعلمين بالمسؤولية، ويرفع من روحهم المعنوية، ويظهر قدرات المعلم المختلفة، مما يساعد على خلق جو من الأمن

والاستقرار والشعور بالأمان والاطمئنان الذي يؤدي إلى التعاون والاحترام بين جميع الفئات التي تعمل في المدرسة من أجل مصلحة الطلاب ومستقبلهم.

إن مثل هذه القيادة تؤدي إلى قيام المعلمين بقيادة طلابهم بنفس الروح والهدوء النفسي في كافة النواحي الدراسية، والنمو والتطور في كافة النواحي، مما يؤثر على الطلاب تأثيراً إيجابياً ويشجعهم ويدفعهم إلى العمل الجاد على رفع مستواهم التحصيلي وتقدمهم العلمي والاجتماعي (سمعان، 1975؛ إلياس، 1986)

وفي اعتقادي أن هذا النمط من القيادة التربوية يعتبر الأمثل والأفضل والأقدر من بين جميع الأنماط على تمثيل التربية التمثيل الصحيح وتكون فيه العلاقة التي تربط بين القيادة والمعلمين قوية ووثيقة، وإن مثل هذه الأجواء تؤثر على عمل المعلمين وعلى قدراتهم في رفع المستوى التحصيلي لطلابهم.

ومن العوامل التي تؤثر على رفع المستوى التحصيلي للطلاب نذكر الآتية:

أولاً: سلوك المعلم وأثره في التحصيل الدراسي

إن السلوك الذي يصدر عن المعلم في العادة يكون مصدره السلوك الذي يصدر من جانب طلابه، وكثيراً ما نرى تطابق بين سلوك المعلم وأدائه، وسلوك طلابه. ومن ناحية أخرى فإن الطلاب في العادة يمتصون من المعلمين اتجاهاتهم وقيمهم وأفكارهم، وكذلك الحال بالنسبة لانحرافاتهم وتحيزاتهم، فالمعلم بكل ما يقوم به من أعمال وسلوك يعتبر قدوة لطلابه. وتنعكس شخصيته شعورياً ولا شعورياً عليهم وذلك بالقدر الذي يكون فيه المعلم سوياً من وجهة النظر النفسية، وبنفس القدر الذي نتحدث عنه عند المعلم نتوقع السواء بين الطلاب. وإذا بُعد المعلم في تصرفاته وسلوكه وما يقوم به من أعمال عن السواء، فإن ذلك يكون له أثراً واضحاً على طلابه. لذا يجب أن نعمل على انتقاء من يعد لمهنة التعليم من خلال مقابلة شخصية خاصة يقبل على أثرها المناسب الذي يتصف بالشخصية السوية والتوافق وعدم الاضطراب ويستبعد من القبول في كليات ومعاهد إعداد المعلم الذين يعانون من اضطرابات شخصية ونفسية، كذلك يجب أن يكون المعلم نظيفاً مهنياً، متواضعاً ومبتسماً دائماً وانفعالاته ثابتة وكرامته عالية(زايد، 1990).

ومن خلال إعداده مهنياً ينمو المعلم في جميع الجوانب الأكاديمية والتربوية المهنية، هذا إذا كان مجداً ومجتهداً ويقوم على إعداده معلمين أكفاء ومهنيين على درجة عالية جداً، والنمو في هذه المرحلة يعتبر هدف التربية، أما التعلم فيعتبر وسيلة

النضج الجسدي والعقلي والانفعالي، والذي لا يمكن أن يصل الفرد إلى أي تطور وتقدم وتعلم بدونه.

يجب أن يشعر المعلم الطالب بأنه قريب منه جداً ويهتم به بصورة شخصية، ويثق به وبما يقول، وبقدرته على إنجاز الفعاليات التي تطلب منه، حتى يفتح الطالب قلبه للمعلم ويكون معه عقلياً وبصورة دائمة، وهذا بدوره يسهل على المعلم توجيه الطالب وقيادته ويجعل الطالب يحترمه وبصورة دائمة، وحتى يستطيع المعلم كسب احترام الطلاب له، عليه أن يحترمهم أولاً ولا بد له أن يتعاطف معهم، يجتمع بهم ويتحدث معهم ويهتم بأفكارهم وسماعهم عندما يرغبون في التحدث. لأن ذلك يكون له الأثر الأكبر والواضح في مدى استجاباتهم للتعلم والإقبال على المدرسة والتعليم والوصول إلى أفضل مستوى تمكنهم قدراتهم من الوصول إليه. لأن أهم ما يعني المعلم ويهتم به هو التحصيل المدرسي الذي يصل إليه الطالب أو نجاحهم أو فشلهم في أي عمل مدرسي يقومون به. إن أشكال النجاح التي يصل الطالب إليها حتى ولو كانت في تمرين أو وظيفة صغيرة واحدة تعتبر بمثابة محصلة لقدرات عديدة موجودة لدى الطالب ويستطيع استغلالها في العملية التعليمية المتعددة الجوانب. ومما لا شك فيه أن هناك عوامل خارجية يمكن أن تؤثر في أشكال التحصيل الدراسي مثل البيئة الاجتماعية التي يعيش فيها الطالب، وعلى ضوء أشكال التحصيل المدرسي الذي يصل إليه الطالب نستطيع أن نقوم بتقييم أنواع التحصيل العقلية، أي الأنواع التي تعتمد على الذكاء أو القدرة أثناء القيام بعملها في فترة معينة.

وعليه يمكن القول أن التحصيل المدرسي الذي يحصل عليه الطالب يكون دائماً محصلة لقدرات إضافية موجودة لديه ويستعملها، وعوامل مزاجية تسيطر عليه وتوجهه إلى القيام بالأعمال المدرسية التي تطلب منه.

ثانياً: البيئة وتكييف الشخصية

إن البيئة المنزلية التي يعيش فيها الطفل تعمل على تكوين شخصيته منذ السنوات الأولى. هذا بالإضافة إلى عمل المحيط الذي يعيش فيه وتأثير المدرسة والمجتمع اللذين يعتبران من أكثر الجوانب تأثيراً على شخصية الطفل وقدراته العقلية وقدراته على الإنجاز والتحصيل المدرسي وهما:

1. **البيئة المنزلية**

تعتبر على جانب كبير من الأهمية في تكوين شخصية الطفل لأنها هي المؤسسة الأولى التي ينشأ فيها وتحدد معالمه الأساسية في مراحل تطوره لأنه يكون عرضة للتأثر المباشر والدائم من جانب جميع أفراد الأسرة التي يعيش معها، هذا بالإضافة إلى التأثر بالمحيط الأولي القريب منه والذي يكون تأثيره واضحاً على شخصية الطفل، لذلك يجب أن تقوم التربية المنزلية على الأسس السليمة والخاصة التي تميز كل مرحلة من مراحل النمو التي يمر بها الطفل منذ اللحظة الأولى لتواجده في هذه الحياة، وخصوصاً المرحلة الأولى للنمو التي أكد علماء التحليل النفسي على أنها تعتبر من أهم المراحل التي يمر بها الطفل وأبعدها أثراً في شخصيته، لذلك يجب العمل على توجيه استعداداته وميوله توجيهاً صحيحاً وسليماً، لأن له أثراً كبيراً في تكوين شخصيته وميوله واستعداداته وقدراته على التعامل مع جميع الأشياء من حوله، وخصوصاً التعامل مع التعليم والتعلم والتحصيل الدراسي الإيجابي والوصول به إلى المستوى الجيد الذي يفتح أمامه الطريق للاستمرار في النمو والتطور النفسي والشخصي الصحيح والوصول إلى مكانة اجتماعية مناسبة.

ويجب أن نذكر دائماً أن الغرائز المختلفة الموجودة لديه مثل حب الاستطلاع والملكية والحل والتركيب والتقليد والتمرد والاستقلالية، جميعها تلعب دوراً هاماً جداً في حياة الطفل، نموه وتطوره واستمرارية اندفاعه إلى الأمام. وجميعها تظهر في مرحلة الطفولة المبكرة ولأنها مهمة يجب العمل على توجيهها وترقيتها والاستفادة منها حتى يكون بالإمكان الحصول منها على أقصى درجة ممكنة من تطوير للجوانب الإيجابية الموجودة في شخصية الطفل، لذلك يجب العمل بصورة جادة على تحقيق حاجات الطفل النفسية وإشباعها في حدود المقبول والممكن ومقدرة الأسرة على ذلك، أيضاً يجب أن نذكر أن الطفل في هذه المرحلة توجد لديه القابلية الشديدة للمشاركة الوجدانية والاستهواء والتقليد والرغبة في اللعب الذي يعتبر إحدى المميزات الواضحة لمرحلة الطفولة المبكرة. وفي هذه المرحلة يقوم الطفل بمشاركة الكبار من حوله في الانفعالات التي يمرون بها فيتأثر بها وتستهويه أفكارهم وآراؤهم التي يطرحونها خلال المداولات بينهم فيؤمن بها وتعجبه الأعمال التي يقومون بها فيقلدها وذلك من خلال اللعب الذي يقوم به ويردد ما يقولون، وحتى تكون هذه الأعمال مؤثرة إيجابياً على الطفل وتعمل على تقوية الاستعدادات لديه وتؤدي

إلى تقوية قدراته ومهاراته المختلفة، يجب أن يكون الجو المنزلي الذي يعيش فيه الطفل سليماً خالياً من كل شيء ممكن أن يؤثر في شخصيته تأثيراً سلبياً وضد مصلحة الطفل. من ناحية أخرى البيئة المنزلية يجب أن تكون المهتم الأول في صحة الطفل الجسدية وتعمل على توفير جميع لوازمه الأساسية من الغذاء والكساء الصحي والرعاية الطبية لأن لهذه الجوانب أثراً كبيراً في تكوين شخصيته التكوين الجيد والمطلوب حتى لا يشعر بالنقص والضعف الجسدي الذي يكون له تأثير على الجوانب الأخرى الانفعالية والعقلية والاجتماعية، مما يؤدي إلى نقص وضعف في شخصيته.

والبيت هو الذي يضع الأساس والمعايير الأساسية للسلوك الاجتماعي والخلقي اللذين لهما أهمية وأثراً كبيراً في تكوين شخصية الطفل، ويجب أن لا يكون ذلك عن طريق التلقين والنضج، بل يتعلمه الطفل من الجو العام الذي يعيش فيه، عن طريق التقليد والمشاركة الوجدانية والاستهواء، لذلك يجب أن تكون البيئة المنزلية بيئة جيدة وإيجابية مبنية على أفضل الأسس والأجواء، كما ويجب أن لا تبنى المعاملة الأسرية على التردد وعدم الثبات لأن ذلك يجعل الطفل يتصف بالحيرة ويجعل من شخصيته ضعيفة ومترددة وغير ثابتة، ولا يستطيع أن يحكم على قيمة أي شيء من الأشياء الحكم الصحيح في الوقت المناسب، مما يؤدي إلى تعويده على النفاق والرياء واستعمالهما لتحقيق ما يريد دون عناء، أو قد تظهر هذه الصفة لدى الطفل وهو ما زال في المرحلة الأولى من حياته، ويعتمد عليها في الحصول على مطالبه التعليمية والشخصية والاجتماعية، دون أن تكون لديه القدرة والمهارة التي تؤهله للحصول على هذه المطالب والرغبات الخاصة. وحتى يكون بإمكان الطفل الوصول إلى تحقيق غاياته وأهدافه على أفضل وجه يجب أن نبتعد عن المعاملة التي تقوم على العنف والشدة والقهر والضغط والحرمان الدائم، لأن استعمالها يؤدي إلى خلق الكراهية والحقد والتمرد لدى الطفل، ويبعده عن العمل الجاد لتحقيق الأهداف الإيجابية من عملية التعليم والتعلم والتي يسعى لتحقيقها، وهذا بدوره يخلق من الطفل شخصية فاسدة لا فائدة منها لنفسها أو للمجتمع من حولها، ويؤدي إلى خيبة الأمل والصدمة الكبيرة لدى الأهل، ويشعرهم بالنقص والعجز بالمقارنة مع الآخرين، الذين تطورت شخصيات أبنائهم إلى أفضل ما يكون، واستطاعوا تحقيق رغباتهم الشخصية ورغبات الأهل التعليمية والاجتماعية، وذلك من خلال حصولهم على المستوى الجيد من التحصيل الدراسي. ومما يجدر ذكره

أن المعاملة المنزلية الأسرية يجب أن لا تبنى على اللين والتساهل، وترك الطفل لميوله ونزعاته ورغباته، لأن ذلك يخلق الشخصية الضعيفة المدللة والتي لا يكون بمقدورها تحقيق أي شيء يطلب منها، لأنها لا تملك المؤهلات والقدرات اللازمة لذلك، فمن المؤكد أن هذه النوعية من الأطفال لا يستطيعون الوصول إلى أي تحصيل دراسي مرضي.

2.   **المدرسة وتأثيرها في تكوين الشخصية**

المدرسة هي المؤسسة الرسمية الثانية التي يتعامل معها الأطفال في مرحلة متقدمة من حياتهم وتعمل خلال جميع المراحل التي يتواجد فيها الطلاب في المدرسة ويعملون على تطوير جوانب مهمة جداً لديهم، مثل الشخصية والثقة بالنفس واكتساب المعارف والمهارات التعليمية العملية، تهذيب السلوك الذي يصدر عن الطفل في المواقف المختلفة التي يتواجد فيها، كيفية التصرف مع الآخرين الذين يعيش معهم ويتواجد معهم لفترة زمنية لا بأس بها يومياً وعلى مدار سنوات طويلة. أي أن المدرسة تأخذ الأطفال من البيت وتعمل على إعدادهم للحياة الاجتماعية الفعلية من خلال تكوين شخصياتهم السوية والاعتماد عليها في العيش مع الآخرين والتفاعل معهم. والمدرسة بأساليبها الخاصة تستطيع أن تعمل (إذا كان العاملون فيها على اختلاف وظائفهم يجدُون في عملهم ويفيدون الطلاب الإفادة المطلوبة) على تكوين شخصيات الأطفال وإصلاح الجوانب التي حدث فيها نقص معين بسبب معاملة الأسرة المتشددة أو المهملة للأطفال في المرحلة الأولى من حياتهم، وهذا ممكن الحدوث بصورة مقصودة أو غير مقصودة لأن الأهل في الكثير من الحالات ينشغلون عن أبنائهم وعائلاتهم لاهتمامهم بأنفسهم وتقدمهم الوظيفي والاجتماعي، وفي السنوات الأخيرة نلاحظ ازدياداً مستمراً في هذه الظاهرة، التي قد تدفع الأبناء إلى الانحراف أو الانتحار، لعدم مقدرتهم على تحمل ما يواجهونه في حياتهم اليومية، ولكونهم لا يجدون من يساعدهم أو يهتم بهم ويصغي إليهم ولمشاكلهم، مما يشعرهم باليأس والعجز وعدم المقدرة على المواجهة، لذا يصابون بالحزن والاكتئاب والإحباط أو يلجأون إلى العنف والعدوانية ضد أنفسهم أو الآخرين. لذلك يجب أن لا تكون المدارس مجرد أماكن للاستماع وتلقي المعلومات والدروس من المعلمين على اختلاف شخصياتهم وأساليبهم، بل يجب أن تكون بيئة اجتماعية مثل البيئة الخارجية التي يتواجد فيها الطفل ولكن بصورة أفضل. وحتى يكون بالإمكان الوصول إلى هذا الهدف يجب أن تكون المناهج الدراسية

التي تسير عليها المدارس وتحاول تطبيقها وتحقيق أهدافها من خلالها، أداة لتكوين شخصيات الطلاب من خلال جميع الجوانب والمواد التي تحدد للمعلم إعطاءها، أي أن غاية المنهج يجب أن تكون العمل على تربية الفرد تربية كاملة تضم جميع النواحي لديه، وحتى يكون بالإمكان تحقيق ذلك يجب أن تكون مرنة لدرجة كافية، يستطيع المعلم تشكيلها بما يتفق مع الفروق الفردية والقدرات العقلية والمهارات والحالات المزاجية والجسدية التي تظهر على الطالب أو لديه، بحيث لا تؤدي إلى شعور الطلاب المتفوقين بالغرور، فيؤدي ذلك إلى نشأتهم وهم على جانب كبير من الغرور وعدم الشعور مع الآخرين، وفي نفس الوقت يشعر الطلاب الآخرون بالعجز فيفقدون ثقتهم بأنفسهم واحترامهم للأهل، أيضاً يجب أن نأخذ بالاعتبار طرق وأساليب التدريس وأن لا نغفل أثرها وأهميتها في تكوين شخصية الطالب، لذلك يجب أن تتمشى هذه الطرق والأساليب حسب الاتجاهات التربوية الحديثة وتعمل على تحقيق الأهداف المحددة التي يصفها المنهج لكل جيل ومرحلة تعليمية. لأن الاتجاهات التي نتحدث عنها وضعت خصيصاً للاهتمام والعناية بشخصية الطفل، لأنه كائن حي له ميوله ورغباته وقدراته واستعداداته الخاصة، لذلك يجب أن يشترك في التحصيل اشتراكاً فعلياً وأن يجابه المشاكل التي تصادفه ويحاول التغلب عليها بمفرده، وعليه أن يكتسب الخبرات الشخصية بنفسه، بمعنى أنه على الطفل عدم الوقوف متفرج على الأمور التي تدور من حوله لأن ذلك يعوده على التواكل والتواني، مما يؤثر على شخصيته تأثيراً واضحاً يجعله لا يقدر على القيام بأي شيء.

أما فيما يتعلق بالحياة الاجتماعية داخل المدرسة وطوال الفترة اليومية على امتداد جميع المراحل التي يمر بها الفرد خلال وجوده في المدرسة، فإن لها أثراً كبيراً وعميقاً في تكوين الشخصية، لأنها تعد وتحضر الأطفال للحياة في المجتمع الذي سوف يعيشون فيه خلال المرحلة المدرسية وبعد ذلك، ومن أجل تحقيق هذه الغاية دعت التربية الحديثة إلى أن تكون المدرسة نموذجاً كاملاً لمجتمع صغير، ومن هذا المنطلق فإن المدرسة في نهاية الأمر يطلب منها أن تمد المجتمع بالأفراد والشخصيات الصالحة للحياة، والتي تعمل على النهوض به وجعله كاملاً متكاملاً من جميع الجوانب، ويحدث ذلك عن طريق تركيز المادة التي يتعلمونها والانتفاع بها في حياتهم، واكتساب مهارات مختلفة تساعد في عملية إعدادهم وتكوين شخصياتهم، والوصول بها إلى أعلى درجة من التحصيل والإنجاز المدرسي.

المعلم ومقوماته الأساسية:

إن مقومات المعلم الأساسية التي نقصدها تتمثل في الشخصية الجيدة والتمكن من المادة ومعرفتها معرفة جيدة، واستخدام الطرق والأساليب الملائمة لعرض الموضوع الذي يقوم بتعليمه، بالإضافة إلى معرفة خصائص الطلاب الذين يعلمهم معرفة جيدة، والتعرف على ميولهم ورغباتهم واتجاهاتهم والفروق الفردية الموجودة بينهم والتي تتوقف عليها فاعلية العملية التعليمية وفعّالية المعلم داخل الصف والتي تلعب الدور الأساسي في مستوى التحصيل الدراسي.

1. <u>المقومات الشخصية</u>

الشخصية بصورة عامة تعرف على أنها "مجموعة خصائص الفرد الجسمية والعاطفية والانفعالية والعقلية التي تمثل حياة صاحبها، وتعكس نمط سلوكه الذي يتكيف مع البيئة التي يتواجد فيها ويؤثر ويتأثر بها، أما المعني الواسع للشخصية، فهو التنظيم المنسق والدينامي لصفات الفرد الجسمية والعقلية والأخلاقية كما تظهر للآخرين خلال عملية التفاعل والتبادل للآراء داخل الحياة الاجتماعية.

لذا فإن شخصية المعلم هي عبارة عن جميع الصفات التي تدل عليه وتؤدي للتعرف عليه، مثل الهيئة الخارجية، أي الصحة والنظافة وسلامة المظهر، ووضوح الصوت والنشاط والحيوية وما يتمتع به من حماس للعمل، وعقل وحكمة في معالجة الأمور والمشاكل، ومهارة في القيام بإدارة الصف وضبط سلوكياته، وذلك من خلال تفاعله مع الطلاب، وتقبله لمهنته ومحافظته على المواعيد والالتزام بقوانين الأخلاق العامة المتبعة في المدرسة وغرفة الصف.

والمعلومات الشخصية للمعلم التي نتحدث عنها تعتبر أولى مقومات المعلم وأكثرها تأثيراً على نجاحه في مهنته وعلاقاته مع الآخرين. ومن الصعب على المعلم تعويض النقص الذي يوجد في شخصيته بأي شكل آخر من أشكال التعويض ، ولن يستطيع حتى أقدر العلماء أن يكون معلماً جيداً، إذا لم توجد لديه الصفات الشخصية التي تمكنه من إقناع الآخرين والتأثير عليهم.

2. <u>معرفة المادة معرفة جيدة والإعداد للدرس بصورة سليمة</u>

معرفة المادة بصورة سليمة والكفاءة فيها تعتبر من الأمور الضرورية التي يجب على المعلم أن يتمكن منها حتى يستطيع المحافظة على مركزه ومكانته

كمعلم وإكسابه الثقة بنفسه، وقدرته على توصيل المعلومات للطلاب. فالمعلم الجيد يجب أن يكون إنساناً متخصصاً لا يكتفي بالإلمام بمحتويات ومضمون الدرس الذي يقوم بتعليمه، بل يحيط بمادته من جميع الجوانب، ويكون ملماً بها إلماماً تاماً يمكّنه من إثراء الدرس والعملية التعليمية، وإثارة عقول الطلاب بالمعلومات الجيدة، ويتمكن من الإجابة على استفساراتهم. فالمعلم الذي تقتصر معرفته على ما هو ضروري للحصة فقط، فإنه من المؤكد يفقد الكثير من فاعلية الدرس ويقوم بأداء عمله بصورة ناقصة.

3. **اكتساب المهارة في توصيل المعلومات**

تعتبر علمية الاتصال الذي يحدث بين الأفراد في المواقف الإنسانية والحياتية والمدرسية، عملية فنية لها خصائصها وأساليبها وهي من نوع العمليات التي تتعدد الآراء والاتجاهات حولها وتتنوع أشكالها حسب الهدف والموقف الذي تحدث فيه، وطبيعة الطلاب الذين يتصلون فيما بينهم، وطبيعة مادة الدرس، وعادة يبدأ المعلم المبتدئ باستعمال أحب الطرق إلى نفسه، وأيسرها بالنسبة له وفي نفس الوقت أكثرها ملاءمة للموقف التعليمي الذي يكون بصدد شرحه، وتتنوع فيما بعد أي مع اكتساب الخبرة، حيث يجد نفسه بعد فترة من ممارسة العمل التربوي، وقد غلب عليه استعمال أحد الأساليب الذي أصبح جزءاً من مهارته الأساسية التي تتطلب بدورها انفتاحاً من المعلم على جميع الطرق المناسبة والأساليب الجيدة، بالإضافة إلى سعة الأفق عند التجريب، وجرأة في الإقدام على المحاولة وقبول التحديات، ودقة في اختيار الطريقة المناسبة، لأن الطرق كثيرة ومتنوعة، وتحمل كل منها وجهة نظر معينة ولها أساليبها الخاصة لتلائم ظروفاً معينة، ولا توجد لدينا طريقة واحدة صالحة لكل المواقف أو تلائم كل المواد، أو تناسب جميع الطلاب، أي أن تنوع الطرق يعتبر متطلباً أساسياً لإحداث التوصيل الجيد للمعلومات.

إن الطريقة الجيدة تفتح الأبواب وتتيح الفرص الكثيرة أمام الطلاب للاستفادة منها، وذلك عن طريق الاستخدام الأمثل لحواسهم مثل الملاحظة، والاستماع والحديث والقراءة والكتابة ومعالجة الأخطاء، وتبرز نشاطاتهم وتتيح أمامهم حرية التعبير والاستقلال في الرأي، وتشجعهم على التفكير والعمل الجماعي والتعاون، وهي التي تثير اهتمام الطلاب وميولهم، وتحفزهم على العمل الإيجابي والنشاط الذاتي والمشاركة الفعالة في الدرس، بعيداً عن صعوبات

ومعاناة الحفظ الغيبي أو التلقين، والطريقة الجيدة هي التي تحقق هدف الدرس في أقل وقت وأيسر جهد وبأقل التكاليف، ويؤدي استعمالها إلى تقوية ثقة الطلاب بأنفسهم، ويساعد على العمل الجاد الذي يرفع مستواهم التحصيلي بصورة واضحة.

4. دراسة خصائص الطلاب

الطالب أولاً وقبل كل شيء إنسان له ميزاته واحتياجاته ورغباته، وهو فرد مستقل له كيانه الخاص والمميز، وهو كذلك خاص في مراحل نموه العقلي والاجتماعي، وبالإضافة إلى كل ذلك عُهد به للمدرسة لإعداده لمستقبل متطور ليرفع من شأنه وشأن المجتمع والأمة ويساهم في ازدهارها، وهذا يتفق مع المقولة المشهورة التي تقول "بأن التربية عبارة عن عمل تمارسه الأجيال الراشدة على الأجيال التي لم تنضج بعد من حيث الحياة الاجتماعية".

وغرض التربية الأساسي التي تسعى للوصول إليه وتحقيقه هو خلق وتطوير بعض القدرات الطبيعية والعقلية والروحية عند الطفل، حسب شروطه الخاصة التي تتلاءم مع قدراته وما يريد لنفسه، وشروط المجتمع والمحيط الذي يعيش فيه.

لذا يجب على كل من يتفاعل مع الطالب أن يفهمه فهماً جيداً، حتى يستطيع الوصول إلى إمكانية تعليمه بالطريقة التي تناسبه وتتفق مع قدراته ورغباته، ومن خلالها يستطيع غرس الروح الاجتماعية لديه، وفي المقابل يجب أن نبتعد عن استعمال أساليب الضغط قدر الإمكان، (مع أن هذا من الممكن أن يكون العامل الذي يساعد على تسيب الطلاب وعدم جديتهم في القيام بالمهام التعليمية التي تطلب منهم في إطار المدرسة والصف والمنهاج) وأن نعمل كل ما في وسعنا في تنمية وتطوير مواهبه بالطرق الملائمة، حتى يستطيع الحصول على مستوى تعليمي جيد.

ويجب أن لا ننسى أن هناك حاجات فطرية توجد لدى الطلاب، تلح وتضغط عليهم بالقيام بتقليد عالم الكبار بكل ما يحدث فيه من أحداث تترك أثراً خاصاً على الكبار والصغار، وهناك نسبة لا بأس بها من الأطفال الذين يعيشون في أجواء لا يشعرون فيها بالطمأنينة، مما يؤدي إلى إصابتهم بالأمراض الجسدية والنفسية المختلفة، الأمر الذي يؤدي إلى تعثرهم في مراحل نموهم المتعددة،

ويترك أثراً واضحاً عليهم وعلى مستوى تحصيلهم الدراسي وإمكاناتهم الاجتماعية المستقبلية.

وكل الوقت الذي يوجد للطالب تطلعات، وقدرات ويخضع للتأثر العام لثقافة المجتمع ويتفاعل معه، فإن ذلك يفرض علينا أن نعرف القوانين التي يسير عليها نموه في مراحله المختلفة، وأن نقوم بدراسة خصائصه الاجتماعية والنفسية والطبيعية في كل مرحلة من هذه المراحل، حتى نستطيع توصيل المعلومة إليه بالطريقة التي تناسبه وتتماشى مع توجيهه الوجهة الصحيحة التي يستطيع من خلالها تطوير قدراته التعليمية والتحصيلية المدرسية والاجتماعية (الطشاني، 1998).

عنف المعلم وأثره على تدني الإنجاز المدرسي للطالب

العنف هو الاستجابة التي توجد لدى الفرد وتكون وراء رغبته في إلحاق الأذى والضرر المادي أو المعنوي (في معظم الحالات المادي) بالآخرين، أو هو عبارة عن السلوك الذي يصدر عن الفرد ويهدف إلى إيذاء الآخرين وذلك كتعويض عن الحرمان الذي يشعر به أو يعيش فيه، أو هو عبارة عن القسوة واستخدام القوة لإحداث الضرر للآخرين، والذي يهدف إلى السيطرة على الطرف الآخر (العناني،1997؛ حوار، 1999).

وعلى هذا الأساس فإن المعلم الذي يستعمل العنف مع طلابه فإنه سوف يحظى بعدم القبول والرفض من جانبهم، وهذا يعني عدم القدرة على التعليم وعدم القدرة على التعلم والابتعاد عن كل ما يقوم به المعلم من أعمال حتى لو كانت لمصلحة الطلاب. لذا وحتى لا يقع المعلم بمشكلة من هذا القبيل عليه أن يعتني بطلابه ومصالحهم ويعاملهم معاملة جيدة تقوم على القبول والاحترام والمحبة بدل استعمال العنف والقوة والقسوة معهم، وعليه أن يصبر على الأخطاء التي يقعون فيها ويحاول إرشادهم إلى ما فيه خير لهم بلطف ودون عنف أو تعسف، إن مثل هذا التصرف والإرشاد الذي يقدمه المعلم لطلابه يشعرهم بالحب تجاه المعلم والمدرسة والموضوعات التعليمية التي يتعلمونها، وهذا بدوره يؤدي إلى رفع مستوى تحصيلهم المدرسي ويزيد من مستوى تحضيرهم لكل ما يطلبه المعلم أو يقوله. ويجب أن لا ننسى أنه من الممكن ارتباط حب أو كراهية الطالب للمدرسة أو للموضوعات التعليمية بالمعلم، ويبقى هذا إلى فترة طويلة من الزمن، يتذكر فيها الطلاب معلمهم وما كان يقوم به من أعمال. لأن القسوة والعنف والمحبة والقبول ترتبط في الذاكرة إلى فترة زمنية طويلة، وتترك آثاراً سلبية أو إيجابية

على شخصية الطفل ويكون لها أثراً بالغاً على مدى تطور هذا الفرد في المجتمع والمكانة التي يصل إليها.

وحتى نستطيع أن نحد من استعمال العنف في المدارس يجب على المعلمين الاطلاع والتعرف على التشريعات التربوية التي تتحدث عن هذه الظاهرة، وذلك من خلال الرجوع إلى ما يصدر عن المراكز التربوية، وعن أصحاب الوظائف الذين لهم علاقة مباشرة مع المدرسة والطلاب وما يحدث لهم، مثل المشرفين والمرشدين التربويين والأخصائيين النفسيين (حوار، 1999).

وأهم من هذا كله الرجوع إلى الشريعة الإسلامية، وخير مثال على ذلك، قول الرسول الكريم عليه الصلاة والسلام "ما دخل الرفق في شيء إلا زانه وما دخل العنف في شيء إلا شانه". إن هذا لدليل قاطع على ما يمكن أن يؤدي إليه العنف الذي يستعمله المعلم مع طلابه. وبدل استعمال العنف مع الطلاب يجب على المعلم أن يعرف طلابه حق المعرفة، من حيث البيئة والظروف التي يعيشون فيها، والتي لها علاقة كبيرة مع وضعهم الاجتماعي والسلوك الذي يصدر عنهم، مثل ممارسة الطالب للعنف (الجسدي) ضد الآخرين، والذي تأثر به من خلال قيام المعلم بهذا العنف ضده. لذا يجب أن لا ننسى أن المعلم أولاً وقبل كل شيء إنسان، ويمكنه أن يتعامل مع طلابه بشكل إنساني، لأن الطلاب يقلدون المعلم في كل شيء، والمعاملة الإنسانية تؤدي إلى تقليد الجوانب الإنسانية الإيجابية، وحتى يبتعد المعلم عن استعمال العنف عليه أن يقلب الدرس إلى مرح وفرح (للحظات) خصوصاً إذا شعر بالملل وفقدان الأعصاب، أي عليه أن يعمل على تغيير الجو ويهدئ الموقف.

وحتى يكون عمل المعلم مجدياً يجب عليه أن يقوم بعقد الاجتماعات العامة والخاصة مع الآباء والأمهات والتحدث معهم بشأن ابنهم، وضعفه التعليمي والسلوكي والاجتماعي والمشاكل التي يعاني منها إن وجدت، حتى يكونوا على معرفة دائمة وعلى اتصال مع المعلم والمدرسة، الأمر الذي يساعدهم على معرفة مدى تقدمه أو تأخره الدراسي والتحصيلي، وفي نفس الوقت يشعر الطالب بالأهمية والمكانة لديه ولدى المعلمين الذين يعلمونه، لأن مجرد هذا الاهتمام يرفع من معنويات الطالب، ويجبره بصورة أو بأخرى على الحضور الدائم إلى المدرسة، والعمل الجاد لرفع تحصيله التعليمي ومكانته المدرسية.

من ناحية أخرى يجب أن نذكر دائماً أن جميع الباحثين في هذا المجال يؤكدون على أن استعمال المعلم لأساليب تعامل أخرى مع الطالب، مثل العقاب البدني

والاستهزاء والشتم، وجميعها تؤدي إلى نتائج سلبية في جميع المجالات، وتدفع الطالب إلى التصرف والسلوك السلبي والمنحرف، وهذا بدوره يؤدي إلى تدني التحصيل والإنجاز بصورة واضحة، ويؤدي في الكثير من الحالات إلى الانقطاع عن المدرسة شيئاً فشيئاً حتى يتركها بصورة نهائية في مرحلة مبكرة.

أما في حالة إلغاء هذه الكلمات والمعاملات من قاموس المعلم وتعامله مع طلابه، أي إذا تحدث المعلم بالأسلوب الحسن البعيد عن الشتم والتحقير والإهانة العلنية، وعمل على تزويد الطلاب داخل غرفة الصف بالأشياء التي تعني لهم إشباع رغباتهم وتساعدهم على تحقيق ذواتهم وتعطيهم الثقة بالنفس، والقدرة على التقدم والتحصيل والإنجاز والتفوق، فإن هذا يدفع الطالب إلى البدء في العطاء والإبداع ويجعله يهتم بالإصغاء التام للمعلم والدرس والتعلم، ويجعله يحترمه ويقدره وينتظر دروسه بشيء من الرغبة والصبر، أما الأهل فتقع عليهم مسؤولية تربية الطفل في المرحلة الأولى من حياته تربية جيدة تقوم على التعليم والتوجيه والإرشاد والمراقبة لجميع الأعمال التي يقوم بها، أو الألعاب التي يلعب بها، أو البرامج التي يشاهدها والتي يجب أن تكون بعيدة كل البعد عن العنف حتى لا يتعلم منها ويتصرف أو يسلك نفس السلوك، الأمر الذي يجعله يقع في مشاكل لا يريدها، وتؤدي إلى نتائج سلبية تؤثر على مستقبله تأثيراً كبيراً. وبالمقابل على الأسرة أن تعمل على تنشئة الطفل على التسامح والإصغاء والاحترام المتبادل (دبابنة، 1984).

<u>الإدارة المدرسية والعنف</u>

عندما تلاحظ الإدارة المدرسية وجود تدنٍ في التحصيل والإنجاز المدرسي لدى الطالب، لا بد لها من البحث في أسباب مثل هذا الوضع الصعب والخطير، الذي يؤثر بصورة مباشرة على شخصية الطالب ومستقبله، ويؤثر بصورة واضحة على المدرسة، سمعتها ومكانتها والنظرة الاجتماعية إليها. وقد يكون السبب المباشر لتدني الإنجاز والتحصيل، العنف الذي يستعمله المعلم مع طلابه والذي يؤدي إلى كره الطالب للمعلم وللمدرسة والتعلم وبالتالي الهروب من مثل هذا الوضع. وفي الكثير من الحالات نجد أن عنف المعلم مع طلابه هو نتيجة مباشرة للعنف الذي تستعمله الإدارة مع المعلم من خلال تعاملها معه بصورة عنيفة وصعبة في جوانب شخصية ومهنية واجتماعية. وحتى لا يحدث مثل هذا الوضع يجب أن تتفهم الإدارة مطالب ورغبات المعلم، وتعمل على توفير جميع مطالبه، حتى يكون راضياً ومستقراً نفسياً، لأنه دون الاستقرار النفسي لا يمكن القيام بالعمل بصورة صحيحة تؤدي إلى الوصول للتحصيل والإنجاز المرتفع.

ونصل إلى هذا الوضع الإيجابي إذا كانت الإدارة تتصف بالديمقراطية والتعامل الصحيح مع أفراد الهيئة التدريسية الذي يضمن لهم الطمأنينة والاستقرار.

من ناحية أخرى تؤثر الإدارة على العملية التعليمية من خلال العلاقات المميزة الموجودة بين المدير والمعلمين والتي من الممكن أن تكون إيجابية أو سلبية، خصوصاً في توزيع البرامج والوظائف الأساسية، أو من خلال العلاقات اليومية الروتينية التي تؤدي إلى عدم الرضا والحقد والكراهية بين الإدارة والمعلمين وبين المعلمين أنفسهم، وهذا بدوره يؤدي إلى انتشار العنف بين المعلم والإدارة وبين المعلمين مع بعضهم وبين المعلم والطلاب والمعلم والمجتمع من حوله (نصر الله، 2001).

ومن الأفضل للجميع -الإدارة والمعلمين- أن يكونوا قدوة حسنة لطلابهم وللأهل، وأن يتحلوا بمكارم الأخلاق، ويتصفوا باللباقة والحزم، وصدق العزيمة، والنـزاهة والمرونة، التي بدونها لا يمكن أن تكون لدى المعلم والإدارة، القدرة على التكيف وتفهم الطلاب ورغباتهم واتجاهاتهم وقدراتهم العقلية والتحصيلية، أيضاً على المعلم والإدارة أن يتصفوا بالعلم الواسع والمعرفة، والتمكن من جوانب العلم المختلفة والإلمام بها ومعرفة طرحها وتدريسها للطلاب، بأسلوب سهل ومشوق يدفع الطلاب إلى الإقبال عليه بنوع من الرغبة والمحبة، وإلا فلا فائدة من نزاهته ومرونته، ولا من جودة علمه، الذي لا يصل إلى الآخرين ولا يستفيدون منه، فإذا لم يكن جيد التوصيل للعلم والمعرفة وما اختص به من صفات حسنه، فإن هذا يعني عدم استفادة الطلاب وعدم مقدرتهم على الإنجاز والتحصيل المتفوق، أي أن هذا الوضع يؤدي إلى فشل المعلم في عمله وفشل الطالب في رفع مستواه العلمي والمعرفي، لأن جودة التوصيل هي الأساس والهدف المنشود لعملية التعليم والتعلم التي تحدث بين المعلم والطالب.

وعليه فإن الأخلاق تعتبر من الجوانب والصفات الأساسية التي يجب أن يتصف بها المعلم، ويجب أن توضع في أول سلم الأولويات عندما نريد أن نوكل وظيفة المعلم لأي إنسان، والأخلاق تؤدي بالشخص أن يسلك سلوكاً يتصف بالانتظام والثبات والصدق والاستمرارية، من أجل تحقيق غاياته وأهدافه، بصورة يمكن معها التنبؤ بتصرفاته وسلوكه في المواقف المختلفة، وفي المعتاد على المعلم أن يكون منفتحاً وواضحاً مع طلابه، ويتحلى بسعة الصدر، ويبتعد عن النظرة الفوقية، وأن يقوم بإبداء النصح والإرشاد للمتعلمين في أي أمر تربوي أو تعليمي أو مهني أو في الحياة اليومية

ومشاكلها، أو أي موضوع يكون الطالب بحاجة إلى نصح وإرشاد وتوجيه المعلم فيه (نصر الله، 1998).

ولكي يكون بمقدور المعلم تعليم وتربية الطلاب ورفع مستواهم التحصيلي وإبعادهم عن تدني الإنجاز عليه أن يكون على اطلاع تام ومعرفة شاملة لأوضاع وأحوال طلابه النفسية والسلوكية والاجتماعية وحاجتهم الضرورية للعناية التربوية الحيوية، التي تعمل على استكمال نموهم العقلي والنفسي، ولا تقل أهمية عن حاجتهم للطعام الضروري لاستمرار النمو الجسدي، في جميع مراحل حياتهم. وذلك حتى يستطيع التعامل مع كل طالب بصورة صحيحة وسليمة، وحتى يتعامل معهم بشكل عادل ويعطي كل واحد حقه من الاهتمام والرعاية والمعاملة الحسنة، وحتى يستطيع التعامل مع الأهل تعاملاً سليماً يخدم مصلحة الطالب وتقدمه التعليمي ويرفع من مستوى أدائه وتحصيله العلمي.

وهنا يجب علينا أن نذكر أن الطلاب يقسمون حسب قدراتهم العقلية والمعرفية إلى عدة أقسام ولكل قسم صفاته وميزاته الشخصية وقدراته ومستواه المعرفي والتحصيلي، وهي كما يلي:

1. طلاب متفوقين (عاديين): هم في العادة ليسوا بحاجة إلى الإصلاح لأن أمورهم تسير على أكمل وجه ولأن تحصيلهم جيد ودائماً في تقدم، فقط هم بحاجة إلى الدعم وإعطاء التعزيز المناسب الذي يحثهم على الاجتهاد المستمر، والتحلي بروح المنافسة والإقدام، ومساعدة الآخرين في عمل الواجب وتحفيزهم على التقدم والاجتهاد.

ومن الصفات التي يتميز بها هؤلاء الطلاب نذكر الآتية:

1. القدوم إلى المدرسة بنشاط وثقة، في الموعد المحدد أو قبله في بعض الأحيان مع إحضار جميع لوازم الدرس والمدرسة، ومع تحضير جميع الواجبات والقيام بإنجاز جميع ما يطلب منهم دون شعور بالخجل أو الرفض، والتواجد في المكان المناسب لكل طالب، كل ذلك دون طلب أو حث من المعلم لعمل ذلك.

2. المواظبة والاجتهاد وحسن الخلق، وقلة الثرثرة ودخول الصف بهدوء والجلوس باعتدال في المكان المخصص، والبدء بمواجهة الواجبات استعداداً للدرس.

3. توجد لدى هؤلاء الطلاب الميول القيادية التي تكون في العادة ظاهرة للعيان والتي يحاولون من خلالها ضبط سلوك الزملاء في الصف، فبل دخول المعلم حتى لا يضيع الوقت عليهم دون استفادة وتعلم، ودون عرض واجباته التي قام بتحضيرها في البيت مسبقاً.

4. يتصف هؤلاء الطلاب بالنجابة وصفاء الذهن وجودة الاستماع والمشاركة الفعالة في الدرس وسرعة المبادرة للقيام بإنجاز المهام التي تطلب منهم على يد المعلم، مثل: مساعدة الزملاء المتأخرين والضعفاء، هذا بالإضافة إلى القيام بالإجابة على الأسئلة بروّية، وفي الوقت المناسب حرصاً منهم على استمرارية فاعلية الدرس حتى نهايته.

5. يعرف أمثال هؤلاء الطلاب بحبهم للعلم والتعلم والمعلم والمدرسة، والمحافظة على كرامتهم وكرامة المعلم.

6. يمتاز هؤلاء الطلاب بالإقدام والمثابرة وحب الاستطلاع والتعرف على جميع الطلاب والمعلمين وجميع جوانب المدرسة. (في بعض الأحيان نجد بعض هؤلاء يفضلون العمل الهادئ والبعيد عن أي محاولة خاصة للتعرف على الآخرين).

7. يحاول هؤلاء الطلاب التأثير على الطلاب ذوي السلوك السيئ والألفاظ البذيئة مع بعضهم ومع المعلمين، المحاولات تكون عن طريق استعمال أساليب خاصة تمتاز باللطف والمحادثة الهادئة البعيدة عن التهديد والتأنيب والتي تتمركز حول أهمية التعليم ومكانة المعلم والدور الذي يقوم به، وفي حالة فشله معهم يحاول إشراك المعلم المربي أو المدير لقناعته أن ما يقوم به هو من أجله وأجل مصلحة الطلاب.

3. طلاب متوسطون في قدراتهم وتحصيلهم: وهم الأكثرية، وهم بحاجة دائمة إلى المراقبة والمساعدة لإصلاح أوضاعهم التعليمية والسلوكية، ويلزمهم الحزم الدائم والمتابعة المستمرة والتركيز على الجوانب الأخلاقية والانضباط أثناء تواجدهم مع الآخرين وخلال عملية التعليم التي يقوم بها المعلم داخل غرفة الصف، هذا بالإضافة إلى حثهم على التقدم والاقتداء بالطلاب المتفوقين وإقامة علاقات معهم، والتعاون معهم في عمل الواجبات المدرسية.

4. طلاب ضعفاء تحصيلياً وعقلياً وخلقياً: إن هذه الفئة من الطلاب من الصعب العمل على تعلمهم وتطورهم وتقدمهم وتحسين أوضاعهم عن طريق استعمال الأساليب التربوية الحديثة، ولكن هذا لا يمنع قيام المعلم بالمحاولة في بداية الأمر، ثم محاولة استعمال أساليب تعامل وتعليم خاصة بهم ومناسبة لقدراتهم العقلية والمعرفية، مثل استعمال الأسلوب الفردي في التعلم "كلٌّ حسب قدراته،" أو عن طريق إعطائهم الاهتمام المناسب الذي لم يعطي لهم من قبل، سواء في البيت أو في المدرسة، مما يجعلهم يشعرون بأنهم مهملون ولا أهمية لهم، وهذا بدوره جعلهم يتوجهون إلى أعمال أخرى بعيدة عن التعلم والتحصيل مثل التشويش والانحراف والفوضى. وبعض المعلمين والمسؤولين يعتقدون أن الأسلوب الأفضل للتعامل مع مثل هؤلاء الطلاب هو استعمال العقاب النفسي، مثل التوبيخ أمام جميع الطلاب أو الإيقاف في زاوية من زوايا الصف لفترات مختلفة وفي أوضاع مختلفة يعذب بها الطالب، أو إهماله في التعليم وعدم إشراكه، أو حرمانه من أشياء كثيرة مهمة بالنسبة له، وإذا لم تفيد هذه الأنواع فيعتقد مثل هؤلاء المعلمين أنه يجب استعمال العقاب الجسدي من قبل المربي أو مدير المدرسة. إن استعمال مثل هذه الأساليب لا يمكن أن تؤدي إلى النتائج المطلوبة ولا يجدي مع جميع الطلاب، بل العكس من ذلك، فإنه يؤدي إلى الإحباط والاكتئاب وعدم الرغبة في الذهاب إلى المدرسة وربما تركها فيما بعد، ومن المؤكد أنه لا يؤدي إلى رفع مستوى الإنجاز والتحصيل المدرسي.

5. طلاب جنحوا سلوكياً وخلقياً وعقلياً: بسبب المعاملة القاسية من الأهل وربما بسبب ضعف قدراتهم العقلية نتيجة مباشرة لتأثير الوراثة أو عوامل اجتماعية يمرون بها يكون لها أثر واضح على قدراتهم وسلوكهم.

إن الاتجاه السائد لدى المعلمين وربما الأهل هو أن مثل هؤلاء لا أمل في إصلاحهم وتعليمهم وتغير أوضاعهم بأساليب التربية النفسية الحديثة، والتي ترفض استعمال أنواع العقاب النفسي المذكورة، كما ولا يمكن إصلاحهم باستعمال أساليب العقاب البدني المتبع في بعض المدارس، والأهل في البيت، والذي يأخذ أشكالاً متعددة تؤدي إلى إيقاع الأذى الشديد، كما لا يجدي نفعاً فصلهم من المدرسة لفترات زمنية متراوحة، والأفضل أن يحول مثل هؤلاء الطلاب إلى مدارس التربية الخاصة التي تعمل على تعليمهم كلٌّ حسب قدراته، وتبدأ من الأشياء الأساسية الضرورية له وبمقدوره القيام بها، الأمر الذي يشعره بالأهمية والمكانة لأنه استطاع إنجاز المهام التي تطلب منه. كما ويجب أن تقوم المدرسة بتعليم مثل هؤلاء الطلاب الحرف التي تناسب

قدراتهم، وتنفعهم في حياتهم اليومية وتجعلهم يشعرون أنهم جزء من هذا المجتمع، يعتمدون على أنفسهم في إنجاز مطالبهم الأساسية. وهذا بدوره يبعدهم عن الانحراف والانضمام إلى فئات اجتماعية سلبية، لأن مثلهم من السهل التأثير عليهم واستغلالهم وجعلهم خطراً على المجتمع.

الأسرة وتأثيرها على شخصية المعلم

الأسرة هي البيئة الأولى والأساسية وذات الأهمية الكبرى التي ينشأ فيها الطفل وتؤثر عليه تأثيراً واضحاً وفي جميع جوانب حياته، حيث يتعلم العادات والتقاليد السائدة فيها وتسير أمور حياتها على أساسها سواء كانت إيجابية أو سلبية، فهي التي تتطور وتتبلور فيها شخصية الطفل في المستقبل. وبما أن طفل اليوم هو رجل المستقبل، وطالب اليوم هو معلم المستقبل في معظم الحالات، فإن المعلم بما لديه من صفات وميزات وسلوك عنيف أو مسالم هو حصيلة مباشرة لما كان عليه في الصغر وبالتأكيد سوف ينعكس على من حوله من الناس أو على الطلاب الذين يتعامل معهم مباشرة.

وعلى حد تعبير بعض الباحثين في محال التربية فإن دور العائلة في منع العنف لدى الأطفال الصغار والكبار يبدأ من لحظة اختيار شريكة/ شريك للحياة الذي يحمل صفات اجتماعية وتربوية صالحة، فإن ذلك ينعكس على الأطفال والناس من حولهم. فإذا كان المعلم هادئاً نفسياً ومرتاحاً في بيته وبعيداً عن المشاكل، فإن مثل هذا الوضع يكون له تأثيراً إيجابياً عليه ويدفعه للعمل والعطاء برغبة ومحبة ونفسية طيبة وحسنة، وهذا بحد ذاته ينعكس على طلابه، ومن المؤكد أن يكون له تأثيراً إيجابياً عليهم، الأمر الذي يدفعه للعمل بحب ورغبة ويرفع من مستوى تحصيلهم، لأن جو التفاؤل والمرح والمحبة يدفع الطالب إلى العطاء والإنتاج الإيجابي. من ناحية أخرى إذا كان المعلم تعساً في عائلته ولا يشعر بالراحة أو الأمان فإنه سوف يحمل هذه التعاسة معه إلى المدرسة، ويتعامل مع الطلاب وهو في مثل هذا الوضع، مما يكون له الأثر الكبير والواضح عليهم وعلى رغبتهم ومحبتهم له وللمدرسة، والتحصيل الدراسي يكون في أسوأ مستوى.

وطبيعي أن يكون لمثل هذا الوضع أسباب تؤثر على المعلم وسلوكه إلى هذا الحد، وفي الغالب تكون هذه الأسباب اقتصادية صعبة لا يستطيع المعلم معها أن يكون في وضع نفسي مستقر وهادئ.

وقد يعاني من القلق الكبير بسبب عدم الرضا عن ظروفه، فهو دائم الشكوى وعصبي المزاج، وهذا بدوره يؤثر على أسلوب تعامله مع طلابه داخل الصف وخارجه.

وقد يستعمل العقاب البدني مع طلابه لأتفه الأسباب، والعقاب البدني يعني الألم الذي يلحق بالمعاقب فيصيبه في جسده والذي يصل إلى درجة الحرمان من الحياة، دون أن يقصد ذاته أو يفكر في الوصول إليه ولكن الظروف الصعبة والقلق والتوتر يجعلان المعلم يتصرف دون وعي، وفي جميع الحالات يؤثر وضع المعلم هذا على إقبال الطالب على المدرسة والسير في التعلم كما يجب، أي أنه يبدأ بالابتعاد عن المدرسة، وهذا الابتعاد يؤدي إلى تدنٍ واضح في التحصيل والإنجاز والتعلم.

ومثلما أن الأسرة هي البيئة الأولى والأساسية التي تلعب دوراً هاماً وبالغ الأهمية في حياة الطفل، فإن المدرسة تعتبر البيئة الخارجية الأولى التي يفوق أثرها وأهميتها الأسرة في تأثيرها على شخصية الطفل وتحديد معالم حياته المستقبلية. وهي تقوم في إعداد أفراد صالحين ملتزمين بالمجتمع وقيمه، إذ كان العمل فيها يسير في اتجاه صحيح ويعمل جميع العاملين والمعلمين كما يجب أن يعملوا، لأن المدرسة في بعض الأحيان هي التي تؤدي إلى انحراف الأحداث كنتيجة مباشرة للمعاملة الصعبة التي يعامل المعلمون الطلاب بها، والتي تؤدي إلى عدم الرغبة لديهم في الذهاب إلى المدرسة والاستمرار في التعامل مع معلميها.

وعليه نقول بصورة قاطعة أن أهمية التربية تكمن في عملية ضبط سلوك الأفراد، ووضع معايير خاصة لا يتجاوزها المعلم أثناء قيامه بالتعليم أو في التعامل مع الطلاب، ولا يتجاوزها المتعلم أثناء تعلمه وتواجده في المدرسة وداخل غرفة الصف. فهناك أسس خاصة بالعقاب تقوم بوضعها الإدارة وتسري على الجميع دون تمييز أو إجحاف بحق الطالب (حوار، 1999).

إن سلوك المعلم العنيف تجاه الطالب يؤدي إلى ابتعاده عن المدرسة وكرهها وتدني تحصيله في نهاية الأمر، بل قد يؤدي إلى استعمال الطالب نفسه للعنف ضد الطلاب الذين يتعلم معهم دون سبب في الغالب فقط كرد فعل لأسلوب التعامل الذي يستعمله المعلم.

ومن العوامل التي تؤدي إلى استعمال الطالب للعنف والتي معها يصبح وضعه التعليمي صعباً جداً سواء من جانب المدرسة، أو من ناحية تدني إنجازه وتحصيله الدراسي الذي يؤثر على مستقبله وعلى علاقاته مع الأسرة التي تتوقع منه أن يكون

طالباً ناجحاً ومستوى تحصيله عالٍ يجعل الأسرة تفخر به أمام أفراد البيئة التي يعيش فيها. من هذه العوامل نذكر الآتية:

1. تقدير المعلم للطالب الناجح فقط، وعدم إعطاء أي اعتبار لشخصية الطالب الذي يفشل في دروسه ويكون تحصيله في الامتحانات متدنياً جداً.

2. عدم الأخذ بالاعتبار الفروق الفردية أثناء إعطاء الامتحانات، مما يشعر الطلاب بالإحباط لعدم قدرتهم على أدائها، لأنها أصعب من مستوى فهمهم ومعرفتهم.

3. في حالات عدم إعطاء الطالب إمكانية التعبير عن نفسه وعدم استماع المعلم أو المسؤولين لآرائه ورغباته، يجعله يشعر بخيبة أمل واحتقار ذاته، مما يدفعه إلى استعمال العنف في معظم الحالات وعدم الاهتمام بالمدرسة والتعلم والتحصيل العلمي بصورة عامة.

4. عدم احترام المعلم أو الإدارة والمسؤولين لشخصية الطالب وكيانه، الأمر الذي يجعل الطالب يشعر بعدم القيمة والأهمية والمكانة في الصف والمدرسة.

5. إن إكثار المعلم من انتقاده للطالب والتركيز على نقاط ضعفه يؤدي إلى عدم الانتباه أثناء عملية التعليم والتعلم ويجعله يميل أو يرغب في ترك المدرسة. لأن عدم الانتباه يؤدي إلى عدم الفهم، وعدم الفهم يؤدي إلى عدم المعرفة، وبالتالي يكون التحصيل الدراسي منخفضاً جداً أو معدوماً.

6. الطالب الذي يشعر بأنه مرفوض بصورة دائمة من قبل زملائه ومعلميه، يميل إلى استعمال العنف حتى يثأر لنفسه ولكرامته، واستعمال العنف يؤدي إلى الوقوع في المشاكل مع المعلم والإدارة المدرسية، وقد يؤدي إلى عقابه وإخراجه من المدرسة لفترات زمنية متراوحة، أو إخراجه بصورة نهائية.

7. إن أساليب التعليم المستعملة في معظم مدارسنا تعتمد على التلقين، ولا تتعامل مع الطلاب كأفراد بل كمجموعة، ودون أن تأخذ بالاعتبار الفروق الفردية بينهم وإعطاءهم الفرصة الكافية للتعبير عن أنفسهم وقدراتهم العقلية والمعرفية، التي تظهر بعد إعطائهم الاهتمام المناسب ووضعهم في مركز الأحداث. مما يؤدي إلى شعورهم بشكل عام والطالب الضعيف بشكل خاص بالإحباط والفراغ وعدم الأهمية، وهذا بدوره يدفع بالكثير منهم إلى استعمال العنف

كوسيلة للتنفيس عن النفس، ويؤدي في نهاية الأمر إلى إهمال المدرسة الذي يظهر بصورة واضحة في مستوى التحصيل الذي يصل إليه، ويكون في معظم الحالات متدنياً جداً.

8. شعور الطالب بالظلم في علاقاته مع المعلم، والذي يظهر بصورة واضحة بالنسبة له عندما يحاول مراجعة المعلم والتحدث معه بأمور تعليمية تحصيلية تعتبر هامة بالنسبة له، ومؤشراً خاصاً يؤكد له مكانته لدى المعلم، خصوصاً عندما لا يستجيب له ويقوم بإسكاته أو يتجاهله بصورة تامة.

9. عندما يتعامل المعلم مع طلابه بعنف، فإن ذلك يولد عنفاً مضاداً، حيث أن كل ما يشاهده الطالب أو يكتسبه من خلال الأساليب التي يستعملها المعلم، يقوم بتقليدها، مما يؤدي إلى ضعف العلاقة بين المعلم والطالب ويدفعه إلى كره المادة والمعلم، وهذا بدوره ينعكس بصورة واضحة على تحصيله المتدني (حوار، 2000 :8).

10. الجو التربوي والتعليمي الذي يسود المدرسة يحدد مدى العلاقة بين الطلاب والمعلمين، فإذا قام على الاحترام المتبادل بين جميع الأطراف، فإن ذلك يؤدي إلى خفض استعمال العنف بينهم وهذا بدوره يدفعهم إلى التوجه نحو الإنجاز والتحصيل.

11. توجد علاقة واضحة ومخفية بين عدد الطلاب في الصف، وبين انتشار ظاهرة العنف، حيث دلت التجارب والخبرة على أنه حينما يكون عدد الطلاب في الصف قليلاً، فإن ذلك يتيح للمعلم الفرصة الكافية للتعرف على طلابه والتعامل معهم بشكل فردي، يضعهم في مركز الاهتمام والأحداث، ويمكن المعلم من القيام بمراقبتهم وتوجيههم وإرشادهم، للقيام بالمهام والفعاليات التي تطلب منهم، وتساعد على تقدمهم وترفع من مستوى إنجازهم التعليمي (الرفاعي، 1982).

إن الكثير من هذه الظواهر وما يحدث مع المعلم من أحداث تؤثر عليه، وعلى طلابه بصورة مباشرة، مصدرها في معظم الحالات توجه الكثير من المعلمين إلى مهنة التعليم دون رغبة أو دافعية، ودون أن تتوفر فيه الصفات أو الميزات الخاصة المناسبة لمهنة التعليم، وسبب هذا التوجه يعود لعدم وجود البدائل المناسبة لدى المعلم، أو لعدم وجود القدرات الشخصية التي تأهلهم للعمل في ميادين أخرى. لذلك فإن مثل هؤلاء يحدث لديهم التآكل والشعور بالملل، وعدم الرغبة والقدرة على الاستمرار في العمل

والعطاء، لأنهم لا يملكون المعرفة الكافية للاستمرار في العطاء، مثل هذه الصفات والجوانب تساعد على إضفاء سلبي على المدرسة وطلابها الذين يتسمون بالإحباط واليأس، مما يؤدي إلى استعمال العنف كوسيلة للخروج من هذه الجوانب.

والأمر الذي يزيد من صعوبة الوضع هو كون المعلم لا يقدر ذاته حق قدرتها ويشعر بالنقص يوماً بعد يوم، لذا فهو يعتقد أن كل سلوك سلبي يصدر عن الطلاب موجه ضده، ويرى به نوعاً من التحدي الشخصي، الأمر الذي يتطور إلى نوع من العنف فيما بعد بينه وبين طلابه. ولقد أصبحت هذه الظاهرة مسيطرة في غالبية المدارس وهي بالطبع أحد أسباب تدني الإنجاز والتحصيل الدراسي الذي يصل إليه الطلاب.

إن استعمال العنف من جانب بعض المعلمين يأتي نتيجة لإيمانهم بأنه وسيلة أو أسلوب للتأديب والتربية والتعليم، الذي من الصعب الوصول إليه دون ذلك، لأن طبيعة الأسر والطلاب قائمة عليه. ولأنهم لا يستطيعون قبول الفكرة التي تقول أن للطالب حقاً في التعبير عن رأيه وما يشعر به من مشاعر وميول ورغبات. من ناحية أخرى يحاول بعض المعلمين استعمال أساليب أكثر مرونة وتوجه إيجابي للطلاب والتعامل معهم، ولكنهم سرعان ما يتخلون عن هذه الأساليب عندما يشعرون بعدم القدرة على السيطرة وضبط الطلاب داخل الصف، لأنهم يفضلون الطلاب المطيعين والممتثلين لمطالب المعلمين، وأفضل الأساليب التي يستطيع بواسطتها المعلم تحقيق ذلك هي استعمال العنف الذي يؤدي إلى نتائج سريعة.

هناك نسبة لا بأس بها من المعلمين الذين يلجأون إلى استعمال العنف، لأنه هو أسلوب التعامل الناجح مع الطلاب في المدرسة، ويؤدي إلى نتائج إيجابية. لذا فإن المعلم يتصرف حسب المجموعة ومعاييرها المتعبة، لأن أي محاولة تغيير من جانبه تلقى معارضة واستهتار ورفض من قبل زملائه، مما يجبره على التراجع، الأمر الذي يساهم في هبوط مستوى المدرسة تعليمياً وسلوكياً لأنها بعيدة عن جو الأمان والاطمئنان والأمن والحرية في التعبير والعمل.

وفي بعض الأحيان لا يقبل من المعلم أسلوب تعامل وتعليم يقوم على الحرية والمساواة والاحترام، حيث يرفض الطلاب مثل هذا الأسلوب، لأنهم اعتمدوا استعمال العنف كمقياس للمعلم القوي المسيطر (الرفاعي، 1982؛ نصر الله، 2001).

وتلعب العوامل البيئية والخارجية دوراً كبيراً في استعمال المعلم والطلاب للعنف، وتكون في العادة خارجة عن نطاق السيطرة أو التحكم بها، مثل درجة الحرارة

والمكان، التي من شأنها أن تؤثر على سلوك المعلم العنيف. كما ويمكن أن يكون عدم وجود الطعام سبب لتوتر المعلم وشعوره بالغضب وبالتالي إلى سلوكه وتصرفاته بصورة عنيفة مع طلابه أو زملائه.

واليوم تلعب العوامل السياسية أخطر دور في توجه المعلم والطالب لاستعمال العنف، وذلك كنتيجة مباشرة لتعرضه إلى مثل هذا العنف يومياً وفي مواقف مختلفة، أثناء ذهابهم إلى المدرسة أو الرجوع منها، ويتعرضون فيها لشتى أنواع العنف من قبل القوات العسكرية المتواجدة على الحواجز في جميع الطرق، والعنف هنا يمكن أن يكون جسدياً أو نفسياً يتعرض له الكبار والصغار ويترك أثراً قوياً جداً على الجميع، يبقى فترات طويلة من الزمن يلازمهم، وفي بعض الأحيان يلازمهم طوال العمر. وهو أكثر أنواع العنف تأثيراً على مجالات الحياة المختلفة وخصوصاً التحصيل الدراسي لدى الطلاب والمعلمين. (السابق).

بعض النظريات التي تفسر العنف

لقد ظهرت نظريات متعددة اهتمت بظاهرة العنف وتفسيرها، والوقوف على الأسباب التي تؤدي إليها. وكانت هذه النظريات إما مكملة لبعضها أو مناقضة لبعضها، لأسباب موضوعية أو غير موضوعية، أو لأسباب بيئية اجتماعية. وهي من الظواهر المنتشرة في مدارسنا العربية سواء بين الطلاب أنفسهم أو بين المعلمين والطلاب، أو بين المعلمين أنفسهم أو بينهم وبين الإدارة. وأياً كان نوع العنف المستعمل فهو في نهاية الأمر يؤدي إلى عدم الرغبة في الذهاب إلى المدرسة، وعدم الرغبة في الاشتراك في التعلم والتعليم من جانب جميع الأطراف، وحتى لو كان من جانب طرف واحد، فإنه يؤدي إلى هبوط مستوى الطالب التعليمي والتحصيل الدراسي، ومن هنا تكون الطريق مفتوحة لترك المدرسة أو الانحراف الاجتماعي. وبما أن نتائج هذه الظاهرة صعبة فسوف نتناول بعض النظريات التي اجتهد أصحابها في تحليل أسباب هذه الظاهرة والوقوف عليها عن قرب.

أولاً: نظرية الدوافع

تؤكد هذه النظرية على أن الإحباط الذي يمر به الطلاب والمعلمون في حياتهم اليومية يعتبر الدافع الأساسي الذي يؤدي إلى العنف، لأن الفرد الذي يشعر بالعجز وعدم القدرة على إثبات وجوده ومكانته في المجال الذي يوجد به، يستطيع عن طريق العنف وبواسطته أن يثبت قوته وقدراته الجسدية في المقام الأول، والتي يستعملها في البداية ضد زملائه الطلاب الضعفاء جسدياً أو الأقوياء عقلياً وتحصيلياً، لأنه لا

يستطيع القيام بالأعمال التي يقومون بها، أو لأنه يشعر بالإحباط الشديد بسبب تفضيل المعلم لهم وعدم الاهتمام به، أي يحدث مثل هذا العنف كنتيجة مباشرة للمنافسة والغيرة ونتيجة للضغط الدائم الذي يمر به الطلاب بسبب الرغبة في الحصول على علامات أعلى.

من ناحية أخرى فإن الإحباط لدى قسم من الطلاب يحدث بسبب استعمال العنف من جانب المعلم ضد الطلاب، والذي يحدث في الكثير من الحالات التي يشعر فيها المعلم بالإحباط نتيجة لمروره في أحداث صعبة، أو لأنه يعمل كل ما في وسعه من أجل طلابه وتكون النتيجة الاستهتار من جانبهم وعدم أخذ الأمور بالجدية المطلوبة، الأمر الذي يؤدي إلى فشلهم وعدم قدرتهم على إنجاز المطلوب، مما يدفع المعلم إلى ضربهم وعقابهم جسدياً، وهؤلاء يقومون بصب غضبهم على طلاب آخرين ويحقدون على الطلاب وعلى المدرسة والمعلمين. وفي مرحلة متأخرة ربما يقومون بضرب المعلم أمام الطلاب، انتقاماً لأنفسهم وكرامتهم، ويأتي ذلك كمرحلة أخيرة، يشعر معها الطالب أنه لم يعد يوجد شيء يخيفه أو يخاف عليه، أو يهمه فهو طالب ضعيف ومتدني الإنجاز ولا فائدة ترجى منه علمياً.

ثانياً: النظرة السلوكية

تعتبر هذه النظرية العنف مكتسباً، تماماً مثل جميع الأشياء التي يكسبها الفرد منذ مرحلة الطفولة المبكرة، التي يتفاعل فيها مع الأسرة والأهل، ويتعلم منهم الجوانب الأساسية والضرورية لتطوره الإنساني والاجتماعي، فهو يتعلم من الأهل كل شيء عن طريق التقليد أو الملاحظة، وكذلك الأمر بالنسبة لما يحدث معه في المدرسة، حيث أنه يتفاعل مع زملائه الطلاب ويتعلم منهم الأشياء الجديدة والكثيرة، ويتعلم من المعلم جوانب هامة وأساسية في حياته.

ومن الأشياء التي يتعلمها الطلاب من جميع هؤلاء استعمال العنف، الذي يقومون باستعماله في مواقف مختلفة كوسيلة تعامل مع بعضهم البعض، أو مع أبنائهم أو مع طلابهم في المدرسة، مما يترك أثراً بالغاً عليهم ويجعلهم يستعملون نفس أسلوب التعامل مع بعضهم البعض في المستقبل، ويؤدي في معظم الأحيان إلى نتائج صعبة ومرفوضة شخصياً واجتماعياً.

والاكتساب هنا يعود بالدرجة الأولى إلى المجتمع الذي يعيش فيه الطفل، والذي يكون في العادة (مجتمعنا) مبني على السلطة والسيطرة الأبوية، والقيم والمعايير (كان هذا سابقاً أما اليوم فالوضع يختلف حيث لم تعد السلطة الأبوية هي المسيطرة، بل

عوامل أخرى تعود إلى التقدم والتطور المزعوم) السائدة هي التي تعطي السلطة المسيطرة (الأب، الأخ، المعلم) الحق في استعمال العنف على أنواعه، والذي يعتبر حسب اعتقادهم وإيمانهم أفضل الطرق والأساليب التي تؤدي إلى تهذيب الطالب وتجعله يسير في الطريق الصحيح الذي يضمن مكانته الاجتماعية ومستقبله الشخصي والاجتماعي (نصر الله، 2001).

الفصل الثالث

كفاءة المعلم وتأثيره على التحصيل المدرسي

إن التحصيل الدراسي المدرسي يعني مدى قدرة الطالب على استيعاب المواد الدراسية المقررة له في كل مرحلة من المراحل التعليمية، ومدى قدرته على تطبيقها بعد نقلها من المعلم في فترة زمنية معينة، يطلب منه بعد تعلمها أن يقوم بتطبيقها حتى يستطيع المعلم معرفة المستوى المعرفي الذي وصل إليه من خلال القيام بإنجاز الفعاليات والمهام التي تعطى له،. والتي يدل إنجازه لها على المستوى الذي بلغه.

إن هذا يعتمد بصفة رئيسية على مدى مهارة المعلم وكفاءته في التعامل مع الطلاب والمادة بنفس الوقت بحيث يجعل منها سهلة ومشوقة وجذابة تجعل الطلاب يقبلون عليها برغبة. ومحبه، لأن المعلم في المدرسة له تأثير واضح على الطلاب يستطيع ممارسته في الوقت المناسب والشكل الصحيح الذي يعود بالفائدة على طلابه أو عكس ذلك. أي أن نوعية هذا التأثير تتحدد سلباً أو إيجاباً وفق نوعية المعلم نفسه من حيث القيم والوظائف والتأثير النفسي.

يجب أن نعرف أن المعلم أولاً وقبل كل شيء إنسان يحمل في نفس الوقت مسؤوليات متنوعة ومتعددة وله التزامات يجب عليه القيام بها، فهو مسؤول عن طلابه وما يحدث معهم من أحداث ومشاكل، تقدم أو تأخر في الجانب المدرسي الدراسي والسلوكي، وهو مسؤول بنفس الوقت عن نفسه وعن عائلته والعمل على سد حاجاتها ومتطلباتها.

وعلى هذا الأساس يجب أن تتوفر في المعلم خصائص ومميزات من الصعب توفرها في كل إنسان، فهو يتعامل مع بشر لكل فرد منهم خصائصه صفاته، ومميزاته، وقدراته ومواهبه واتجاهاته ورغباته وميوله، أي توجد بينهم فروق فردية يجب على المعلم أن ينميها ويعمل على تطويرها لدى كل فرد، حسب قدراته الخاصة. أي أن مهارة المعلم وكفاءته بالإضافة إلى توفير الجو والظروف المناسبة لممارسته لعمله تلعب دوراً أساسياً في مستوى التحصيل المدرسي. وكلما زادت كفاءة المعلم وقدرته على القيام بالتعلم والتعامل مع الطلاب فإن ذلك يزيد من مستوى التحصيل الذي يصل

إليه الطلاب، وكلما قلت كفاءته أو انعدمت فإن ذلك يؤدي إلى خفض مستوى التحصيل المدرسي لدى الطالب، بالإضافة إلى إمكانية توجه الطالب للقيام بأعمال غير مقبولة وسلوكه سلوكاً مرفوضاً شخصياً واجتماعياً، وهذا يعني أن المسؤولية التي تقع على عاتق المعلم كبيرة جداً ومؤثرة جداً وعليه أن يكون مستعداً لها، لتكون إيجابية وبعيدة عن السلبية .

كفاءة المعلم في إدارة الصف

إن العملية التعليمية تقوم على تفاعل عدة عناصر مع بعضها البعض للوصول إلى تحقيق الأهداف الأساسية التي تعمل جميعها لتحقيقها عن طريق القيام بإنجاز كل ما هو مطلوب منها، وهذه العناصر تضم المعلم والطلاب والمنهج ومكان الدراسة وجميعها لها شأن وأهمية في نجاح عملية التعلم، وأن أي ضعف يحدث لأحد هذه العوامل يؤثر بصورة مباشرة على العوامل الأخرى.

فمثلاً حتى يستطيع المعلم القيام بإدارة الصف إدارة صحيحة وإيجابية يجب عليه أن يفهم الطلاب مجموعة من الأحكام والقواعد العامة والقوانين التي يجب العمل بمقتضاها لأنها تنظم حركتهم داخل المدرسة والصف، بالإضافة إلى كيفية تعاملهم مع بعضهم البعض، وتحديد الأنواع المقبولة والتي يمكن القيام بها من السلوك التربوي والاجتماعي، فإن وجود مجموعة من الأحكام والقوانين والأنظمة الصفية يساعد على توفير بيئة تعليمية مستقرة وآمنه، والتي يعي ويعرف تمام المعرفة كل طالب ما هو المتوقع منه من أعمال وسلوك وإنجاز المهام والفعاليات، إن على المعلم القيام بالتأكيد على هذه الأنظمة والإصرار بصورة دائمة على الطلب من الطلاب القيام بها وممارستها والالتزام بها منذ اليوم الأول لبداية السنة، ويجب أن لا تكون هذه الأحكام كثيرة حتى يكون بالإمكان جعل الطلاب يقبلونها ويستوعبونها وينفذونها، وحتى لا ينفروا منها إذا تجاوزت الحدود المقبولة التي يستطيع الطالب فهمها، لذا يجب أن تكون واضحة من ناحية اللغة المستعملة سواء في صياغتها أو في معانيها.

وهنا لا بد لنا من ذكر حقيقة ثابتة تتعلق بالناحية النفسية وتأثيرها حيث أن اشتراك الأشخاص (الطلاب) في اقتراح مواضيع أو مشاريع معينة وجعلهم يقومون بتطبيق ما يقترحون فإن هذا يكون بمثابة دافعية وحافز قوي للعمل من أجل إنجاح هذه المشروعات أو الأفكار، لذلك فإنه يفضل قيام الطلاب أنفسهم باقتراح الأحكام والقواعد التي يخضع لها هذا النظام في الصف وحتى تعطي هذه الأحكام أثرها يجب أن تتصف بالجدية في التطبيق والبعد عن المحاباة في ممارستها، ومن أهم الشروط التي يحب أن

تتوفر حتى تعطي نتائجها أن يلتزم الطالب والمعلم بها من حيث السلوك أو الكلام. أي أننا نلقي هنا مسؤوليات كثيرة على عاتق الطلاب، بالإضافة إلى إشراكهم في لجان مختلفة، لها أهداف متنوعة تتعلق جميعها بالصف وما يحدث مع طلابه، مثل لجنة النظافة ولجنة عرض اللوحات، وترتيب وسائل الإيضاح، ولجنة تقسيم الصف بما يتفق مع الصيغة التي تتطلبها عملية التعلم، ولجنة لتنظيم الرحلات والمناسبات الترفيهية المختلفة، ولجنة للتعرف على مشاكل الطلاب في الصف والمدرسة والتشاور بخصوصها، هل مع المعلم والمربي ثم المعلم الأخصائي. إن جميع هذه اللجان من الممكن أن تحقق نجاحا كبيرا في مساعدة المعلم للسير بالعملية التعليمية إلى الأمام ورفع مستوى تحصيل الطلاب الدراسي إذا قمنا بتفعيلها كما يجب وطورنا شخصيات الطلاب التطور الصحيح. لكن وعلى أي حال فإن المعلم الذي يمتلك الكفاءة المناسبة يستطيع عمل ذلك وجعل الطلاب عاملا أساسيا في العملية التعليمية والتربوية.

وحتى يكون بالإمكان رفع مستوى تحصيل الطلاب وتطوير شخصياتهم وقدراتهم والوصول بهم إلى التمكن من إنجاز المهام والفعاليات بأنواعها المختلفة التي تطلب منهم يجب أن نعطيهم الفرصة للشعور بأنهم يعيشون في جو صفي اجتماعي متفاهم ومنفتح، ويسيطر على الطلاب فيه سلوك التسامح والمحبة والابتعاد عن الحسد والغيرة والعدوانية. وفي هذا المجال يقوم المعلم بدور أساسي حيث يتوقف عليه توفير خبرات صفية اجتماعية متعاونة تتم من خلال العمل الجماعي المشترك لطلاب الصف، وعليه القيام بصورة دائمة ومستمرة بتشجيع السلوك الاجتماعي للطلاب وتعزيزه لديهم ليكون جزءاً من سلوكهم وتصرفاتهم الدائمة. أيضاً المعلم هو الذي بإمكانه أن يمنع التنافس غير التربوي بين الطلاب عندما يلاحظ ذلك داخل غرفة الصف والعملية التعليمية، ويمنع أيضاً المنازعات الفردية ويقوم بإرشاد الطلاب على إقامة علاقات موضوعية تقوم على أساس التفاهم المتبادل، والحرص على عدم إهمال أي طالب، بل على المعلم أن يعمل على إشعار كل طالب بقدرته على أداء دور مُجدٍ ومفيد في التربية الصفية.

والمعلم الذي يتمتع بالكفاءة والقدرة على التعليم والعمل مع الطلاب، عليه أن يتجنب الوقوع في مواقف صعبة ومحرجة أثناء العمل مع الطلاب، فيما لو حدث مثل ذلك فيجب عليه العمل على حل المشكلة بموضوعية وحكمة، خصوصاً المشاكل التي تؤثر على وضع الطلاب النفسي في البداية ثم على مستوى تحصيلهم الدراسي، مثل مشكلة الازدحام داخل الصف إلاّ أنه لا يوجد للمعلم سيطرة عليها ولا يستطيع حلها بصورة جذرية، لذلك عليه التغلب عليها عن طريق تقسيم الصف إلى مجموعات،

حسب ما يناسبه ويستطيع التعامل معه، مثل تقسيمهم إلى مجموعات حسب قدراتهم التحصيلية أو قدراتهم العقلية أو الاستعدادات المختلفة الموجودة لديهم (قطامي، 1993؛ نصر الله، 1998).

إن مستوى التحصيل لدى الطلاب يرتبط بصورة مباشرة بإمكانية المعلم وقدرته في المحافظة على انتباه الطلاب وتركيزهم معه خلال الحصة الصفية وتعليمه للمادة المطلوبة فيها، أي أن على المعلم أن يتأكد دائماً من انتباه الطلاب التام له قبل بدء الدرس وحتى نهايته. وحتى يجذب هذا الانتباه عليه أن يبدأ الدرس بذكر حادثة أو واقعة مشوقة تجعل الطلاب ينتبهون له ويشعرون ببدء الدرس، ويتمهل ليتأكد من فهمهم لذلك ثم يبدأ بإعطاء لمحة مختصرة عن أهداف وموضوع التدريس. وعندما يشعر بانتباه الطلاب وأنهم مهيئون نفسياً للعملية التعليمية يبدأ بالدرس دون توقف أو انقطاع، لأي أمر أو موضوع جانبي لا يخص الصف والدرس، وفي حالة ملاحظته لأحد الطلاب غير منتبه عليه إشعاره بذلك بصورة محدده مثل: ذكر اسمه، ومن أجل هذه الغاية يجب أن يستعمل المعلم الأسئلة بصورة فجائية مع الطلاب غير المنتبهين وذلك دون مضايقتهم بسبب عدم معرفتهم الإجابة (كما يحدث في معظم المدارس ولدى معظم المعلمين الذين يتصرفون بصورة صعبة جداً مع طلابهم عندما لا يستطيعون الإجابة عن سؤال يطرحه عليهم المعلم، حيث يسمعونهم المسبات والشتائم وأنواع التحقير التي لا حصر لها، مما يكون له الأثير الأكبر على شخصية الطالب ومستوى تحصيله فيما بعد) بل يعمل على تشجيعهم على الإجابة الصحيحة، ويستطيع المعلم إشراك أكبر عدد من الطلاب في الإجابة عن الأسئلة والنقاش حتى يحافظ على استمرارية تركيزهم، وفي نفس الوقت يجب أن لا يعتمد أي طالب على أنه اشترك وانتهى ولن يطلب منه الإجابة مرة أخرى بل يجب أن يبقى متوقعا الرجوع إليه بالسؤال مرة ومرات. ويستطيع المعلم أن يطلب من بعض الطلاب تكرار إجابات زملائهم أو إعطاء رأيهم فيها من حيث مدى صحتها أو التعليق عليها والإضافة إذا كانت ضرورة لذلك.

ويجب على المعلم الاستمرار في الشرح والتقدم فيه بشكل يلائم ويناسب قدرات الطلاب على الفهم والاستيعاب إلى أن يصلوا حد التعب من المتابعة وفقدان التركيز، وإذا لاحظ المعلم أن اهتمام الطلاب لم يعد كما كان رغم المحاولات لجذب اهتمامهم عليه التوقف عن التدريس. ولكي يستطيع المعلم القيام بعملية الدرس كما يجب عليه أن يعمل كل ما يستطيع عمله حتى يسود الحصة الدراسية النظام والترتيب من اليوم الأول لبدء العام الدراسي، وذلك حتى يسود غرفة الصف والحصة مناخ مناسب للتدريس،

ويجعل الطلاب يقومون بالتعلم ويقبلون عليه بجدية ونشاط وحيوية كل الوقت، والمعلم من جانبه يجب عليه العمل بكل الطرق والوسائل التي تؤدي إلى جلب انتباه الطلاب أثناء شرحه للدرس وتطبيقه. أي أن مهمة المعلم ومسؤوليته داخل غرفة الصف مهمة صعبة وليست سهلة كما يعتقد البعض من العاملين في مجال التربية والتعليم، لأن عملية التدريس تتطلب التعامل مع الطلاب على مستويين (اتجاهين) المستوى الاجتماعي للصف، والمستوى الفردي للطالب، وهذه المستويات يجب أن تؤخذ بالاعتبار عند قيام المعلم بالتخطيط للدرس والتعليم بصورة عامة، والتي يقوم بتنفيذه على مستوى جميع طلاب الصف، وعلى مستوى كل طالب فيه بصورة خاصة (هذا ما يجب أن يكون لكن الواقع شيء آخر مختلف تمام الاختلاف حيث في معظم الحالات لا يكون أي اهتمام من قبل المعلم بالأفراد أو العكس يكون الاهتمام بالأفراد ويترك جميع طلاب الصف، مما يترتب عليه ردود فعل مختلفة).

وعلى المعلم أن يتذكر دائما أن التعليم بحد ذاته يعتبر نشاطا فرديا ويستفيد الطالب من عملية التدريس بقدر ما يوجد لديه من خبرات واتجاهات وعادات ومهارات اجتماعية، وخلقية، وثقافية، والمعلم يستطيع استعمال الأسلوب الذي يرى أنه مناسب للتدريس في هذه الحصة أو الموضوع التعليمي، فمن الممكن أن يكون الأسلوب المستعمل الحوار أو المحاضرة أو أسلوب استعمال الوسائل التعليمية المعينة المختلفة. فقط على المعلم أن يراعي مستويات الطلاب المعرفية وقدراتهم من حيث الاستيعاب والمتابعة، وفي نهاية الأمر عليه أن يكون قادرا على حفظ النظام حتى عندما يكون مشغولا مع أحدى المجموعات من الطلاب أو مع أحد الطلاب، وفي مثل هذا الوضع فإن الطلاب متدني المستوى يكونون بحاجة إلى عناية خاصة أكثر من باقي الطلاب، وهذا النموذج يعتبر أفضل نموذج يصلح للتعامل مع الطلاب، في جميع الأوقات والمواقف الصفية المختلفة وفي جميع المواد الدراسية، لذلك من الصعب على المعلم أن يقرر ما هو الأسلوب الأمثل إذا كان يريد أن يكون معلماً فاعلاً ومؤثراً على طلابه وتحصيلهم.

فالمعلم الفاعل يعتبر أهم عنصر في العملية التعليمية الذي يعمل على رفع مستوى التحصيل لدى طلابه، أما المعلم الخامل وغير الفاعل فإنه ولا شك يؤدي إلى تدني مستوى التحصيل المدرسي لطلابه، لأن المعلم الماهر والذي يملك المعرفة يقوم بتشكيل الصف والطلاب الذين يعمل معهم ويعلمهم أفضل تشكيل يعود بالفائدة عليهم، ويختار الأسلوب المناسب الذي يتعلمون به والذي على أساسه توضح الأهداف التعليمية التي يسعون لتحقيقها، من خلال قيامهم بالمسؤولية النبي تكون فردية وجماعية في نفس

الوقت. ويمكن أن يكون هذا الأسلوب أسلوباً تعاونياً أو تنافسياً تقليدياً، حيث يقوم المعلم في الأسلوب الأول بتقسيم الصف إلى مجموعات وكل مجموعة تضم ثلاثة مستويات، متفوقاً، متوسطاً وضعيفاً والهدف من هذه المشاركة الاستفادة من بعضهم البعض، واستيعاب المادة الدراسية وفهمها بصورة جيدة، وهذا الأسلوب يستخدم بهدف تعلم حقائق أساسية واستيعاب المفاهيم، وهو مجدٍ أكثر عندما يقوم بعمل الموازنة بين الجوانب المختلفة والمقارنة بين الآراء والأفكار المتعددة وحل المسألة وتطبيق ما يتم تعلمه من حقائق وأفكار. أيضا عندما يستعمل المعلم هذا الأسلوب للتعليم فإن ذلك يعطي الطالب الشعور والإحساس بالقيمة والأهمية والمكانة ويجعل له كيانا بين زملائه وقدرته على مساعدة الآخرين وتشجيعهم للسير والتقدم في طريق الإنجاز والتحصيل، كما وأنه يشجع الطلاب على معرفة المسؤولية وتقديرها وتحمل تبعاتها تجاه المجموعة والصف وذلك من خلال المسؤولية عن الأعمال التي يتطلب من أفراد المجموعة إنجازها وعرضها على الآخرين، وهذا بدوره يساعد على العمل الجماعي وامتلاك مهارات قيادية، واتخاذ القرارات، وبناء الثقة في النفس والقدرة على الاتصال مع الآخرين.

أما فيما يخص أسلوب التنافس، فإن العمل في هذا الأسلوب يكون قائما على عمل كل طالب بصورة منفردة، حيث يشعر وكأنه في حالة سباق مع الآخرين من الطلاب، لأنه يحاول دائما الوصول إلى هدفه قبل الجميع (ليس جميع الطلاب بل نسبة معينة منهم خصوصا المتفوقين) ويهدف إلى التعلم بصورة أسرع وأكثر صحة من الطلاب الآخرين، حيث يعتبر الطالب الأول الذي ينهى العمل هو الفائز (هذا بالنسبة لمن يقوم بإنجاز العمل المطلوب) ويتوقف باقي الطلاب عن الاستمرار في العمل.

أما الأسلوب الفردي الذي بإمكان المعلم استعماله حينما يرى ضرورة لذلك، فهو فعال لأن وضع الطالب ومستواه ومصلحته تتطلب ذلك، هذا الأسلوب يقول إن لكل طالب (فرد) الواجب الخاص به وله أهدافه الخاصة التي تحدد كل يوم. والإنجاز الذي يصل إليه يقاس بالمقارنة مع الإنجازات السابقة التي وصل إليها ولا يقارن مع إنجاز الآخرين، لأن الطالب هنا يعمل بصورة مستقلة وبعيداً عن غيره من الأفراد ويعطى المجال ليعمل بمفرده، ولكنه يستطيع الاستعانة بالمعلم عندما يكون بحاجة لذلك. ولكن يجب أن نذكر أن الطالب عندما يدخل المدرسة فإنه يأتي ولديه الاتجاه التنافسي الذي خلقه لديه الأهل عن طريق الضغط الذي يضعونه فيه، والمعلم من جانبه يحاول أن يبعد الطلاب عن بعضهم البعض سواء كان ذلك في الأسلوب الفردي أو التنافسي (حمدان، 1997؛ نصر الله، 1998).

أسباب عدم انضباط الطلاب داخل الصف

لعدم انضباط الطلاب داخل غرفة الصف وأثناء العملية التعليمية أسباب عديدة لها علاقة بكفاءة المعلم ومهنيته وقدرته على التعامل والتفاعل الصحيح مع الطلاب أو لا علاقة لها بذلك وترجع إلى وجود عوامل أخرى، وأهم هذه الأسباب:-

أولا-المعلم غير الفعال

إن المعلم غير الفعال مؤكد أنه سوف يكون السبب الذي يؤدي إلى حدوث الكثير من المشاكل السلوكية والاجتماعية لدى الطلاب الذين يقوم بتعليمهم مواضيع مختلفة، إن مثل هذا المعلم تكون لديه مشاكل عديدة ودائمة ومتكررة في ضبط الصف والتعامل معه، أو إتقان المادة الدراسية المقررة، أو تكون لديه مشاكل في الحصول على نتائج مرغوبة ومرضية ومقبولة من جانب الأطراف المعنية، أو أن مثل هذا المعلم يواجه مشاكل في إقامة علاقات اجتماعية جيدة تقوم على الاحترام المتبادل مع طلابه في الصف، إن مثل هذا المعلم الذي قد يعاني من جملة المشاكل التي ذكرت يكون هو السبب المؤكد في السلوك المرفوض وغير الملائم لدى الطالب والذي لا يتفق مع قوانين وأنظمة المدرسة، لأنه أي المعلم يخاف من القيام بمعالجة مثل هذا السلوك لأن ذلك قد يؤدي إلى فقدانه لمحبة الطلاب له، وإلى كشف وضعه للمسؤولين، وفي بعض الأحيان لا يقوم المعلم بمعالجة السلوك المرفوض الذي يصدر عن الطلاب لأنه لا يدري ولا يعرف كيف يفعل ذلك فهو لا يملك القدرة ولا المهارة ولا الكفاءة المطلوبة لمثل هذا الوضع. وفي معظم الأحيان يعتقد هذا المعلم أن إهمال الفوضى والتشويش وما يحدث داخل الصف من سلوك وتصرفات مرفوضة سوف تنتهي وحدها ودون عناء.

ثانيا-المعلم البديل

إن جميع المدارس تعمل حسب القوانين والأنظمة المتبعة في جميع المؤسسات التي تقوم بتشغيل معلم بديل في حالة غياب المعلم الدائم الذي يعمل مع صف معين أو يعلم موضوعاً معيناً، والمعلم البديل هو معلم مثل غيره من المعلمين موافق عليه للعمل في مجال التربية والتعليم بغض النظر عن تأهيله وكفاءته وملاءمته الشخصية والمهنية للقيام بتعليم هذا الموضوع أو غيره من المواضيع، المهم أن لا يترك الطلاب بدون معلم فترة زمنية طويلة.

إن المعلم البديل بحد ذاته يعتبر سببا فعليا لعدم انضباط الطلاب داخل المدرسة أو غرفة الصف بشكل خاص، وذلك لأنه يعبر دائما عن اهتمامه الكبير ورغبته وحاجته الضرورية في السيطرة على الصف حتى يثبت أنه قادرٌ على القيام بالوظيفة التي أعطيت له، وهذا ما يجعله يقع في مشاكل كثيرة نتيجة لتوجهاته الخاطئة لضبط الصف، ولعدم معرفته بالمشاكل الشخصية للطلاب، وعدم معرفة القوانين والإجراءات المتبعة داخل غرفة الصف، وعدم قدرة مثله على التمييز بين الطالب الذي بحاجة إلى لفت الانتباه والطالب الذي قرر القيام بالفوضى والتشويش داخل الصف.

إن المفاهيم السابقة عن التعليم والتعلم وإدارة الصف والفرق الكبير بين النظرية وأرض الواقع والتطبيق، جميع هذه الجوانب تجعل المعلمين الجدد يمرون بصعوبات كبيرة وكثيرة أثناء قيامهم بالتعليم داخل الصف، لأنهم متفائلون بشكل مبالغ فيه، ويعتقدون أن النجاح في اليوم الأول لمزاولة المهنة سوف يؤدي إلى النجاح طوال السنة الدراسية، لأن ضبط سلوك الطلاب الذين يتصرفون بصورة سيئة في بداية السنة سوف يؤثر على سلوكهم فيما بعد لأنهم يمثل هذا السلوك يحاولون أن يختبروا قدرات المعلم على إدارة الصف، ولفت انتباهه إليهم أو يهدفون إلى تقليل عملية التعليم داخل الصف.

ومما لا شك فيه أن بداية العام الدراسي تعتبر أكثر وقت ملائم ومناسب لبدء المعلم بتحقيق عملية الضبط الصفي، لأن الطلاب في هذه الفترة يبدون اهتماما خاصا بمعرفة شخصية معلمهم وكيف سيعاملهم وكيف سيكون وضع العلامات لهم في بداية السنة، لذلك يجب على المعلمين الحرص على الاهتمام باليوم الأول وما يحدث فيه من أحداث وما يعامل به الطلاب من معاملة لضبط سلوكهم وتصرفاتهم والاستمرار بهذا الاهتمام خلال الأسابيع الأولى، لأنهم يعتقدون أنها مهمة جدا في تحقيق الضبط السلوكي والاجتماعي داخل الصف (الحروز، 1995).

ثالثا- <u>قوانين وأنظمة المدرسة والمنهاج</u>

إن المدرسة والعاملين فيها على اختلاف درجاتهم ومناصبهم والأعمال التي يقومون بها والمسؤوليات الملقاة على عاتقهم وتصرفاتهم وسلوكهم، كل هذه الأمور والجوانب قد تكون سبباً مباشراً في السلوك الذي يسلكه الطلاب داخل المدرسة وغرفة الصف، وهذا السلوك يؤدي إلى تدني التحصيل الدراسي للطلاب لأنهم يتنافسون فيما بينهم بصورة طردية (السلوك وتدني الإنجاز) وتشير الدلائل إلى أن الكثير من الطلاب الذين كان سلوكهم سيئاً أثناء وجودهم في المدرسة بعد تركهم المدرسة اختفى هذا السلوك السيئ ولم يعد جزءاً من تصرفاتهم وحياتهم اليومية. وهذا يعطي وبصورة

واضحة أن المدرسة وقوانينها وأنظمتها كانت السبب في هذا السلوك بصورة مباشرة أو غير مباشرة.

أيضا يؤدي عدم وجود اتفاق بين المعلمين على أسلوب العمل وطرق التعامل، والقوانين التي يعامل حسبها الطلاب في المدرسة، إلى المشاكل السلوكية عند الطلاب، فمثلا الطلاب الذين يستاءون من القوانين التي فرضتها المدرسة من الممكن أن يتصّرفوا تصرفات غير مقبولة ويُسيئوا السلوك خصوصاً عندما يشعرون بأن هذه القوانين غير عادلة أو أنها تطبق بشكل غير متساو مع جميع الطلاب.

لذا فإن أي نقص في التنسيق مع وجود نظام غير حازم في المدرسة، يعتبران من العوامل الرئيسة والأساسية التي تؤدي إلى سلوك الطلاب سلوكاً غير السلوك المقبول والذي يؤدي بدوره في جميع الأحوال إلى نتائج سلبية مدرسية وشخصية، ولأن طلاب المدرسة الحاضرة يعتبرون أكثر تنوعا من الطلاب في السابق وأن عدد الطلاب الذين يعانون من مشاكل ذات علاقة مباشرة بالتحصيل العلمي يزداد كل الوقت. أيضا يجب أن لا ننسى تأثير الملل الذي يشعر به الطلاب نتيجة لاستعمال أساليب تدريسية تعتمد على حشو الدماغ الزائد بالمعلومات وعدم وجود أي ترابط في المقررات الدراسية، وعدم تغيير المنهاج بالنسبة لاهتمامات الطلاب وتوجهاتهم وميولهم، والذي يؤدي بدوره إلى عدم الانضباط السلوكي، مما يؤدي إلى العمل على تطوير المناهج حتى تصبح أكثر ارتباطا في حياة الطالب المدرسية واليومية، وأكثر تنوعا لأنه لا يمكن بأي شكل من الأشكال حشو معلومات في رؤوس الطلاب وهم لا يرغبون بها، أو يشعرون أنها لا تفيدهم بشيء وبعيدة كل البعد عن واقعهم اليومي والعام.

رابعا- أسباب عدم الانضباط التي تتعلق بالطلاب

إن العديد من أسباب عدم انضباط الطالب داخل الصف والمدرسة وقيامه بتصرفات مزعجة ومرفوضة ترجع إلى عوامل تنتج عن البيئة الصفية التي يتعلم فيها، والتي قد تكون مشجعة على القيام بمثل هذه الأعمال سواء من جانب المعلم أو الطلاب أو القوانين المدرسيّة المعمول بها، أو من الممكن أن ترتبط بالعوامل المتعلقة بالحياة الأسرية التي يعيشها الطالب، وهي بحد ذاتها مشجعة على عدم انضباط الطالب وسلوكه السلوك المرفوض، فعدم اهتمام الوالدين الاهتمام الكافي بأبنائهما لأسباب عديدة منها انشغال كل واحد منهما بأموره الشخصية أو الأمور المعيشية للأسرة أو لعدم القدرة على العطاء أو معرفة العطاء أو نتيجة للمشاكل التي تحدث بينهما، ومن الممكن أن تكون القيمة المتدنية والضعيفة التي تعطى للتعليم من جانب الأهل كنتيجة مباشرة

لصعوبة الحياة اليومية وسيطرة الجانب المادي عليها، إن هذه الجوانب جميعها تعتبر من الأسباب التي تؤدي إلى عدم اهتمام الأبناء بالتعليم، وتؤدي في نهاية المطاف إلى عدم الاهتمام والانتباه لما يقوله المعلم وما يعلّمه داخل الصف، وبالتالي إلى تدني مستوى التحصيل والإنجاز حتى ولو كان المعلم يتمتع بالكفاءة المطلوبة لذلك.

ومما لا شك فيه أن المعلم يستطيع المحافظة على النظام والسير حسب القوانين المدرسية داخل الصفوف التي يعلم بها وتكون لدى الطلاب الرغبة والاهتمام بالتعلم والدراسة، في مثل هذه الصفوف تكون الاستفادة من عملية التعلم كبيرة وواضحة، لأنها تؤدي إلى مستوى عالٍ من التحصيل الدراسي، أما في الصفوف التي تسودها الفوضى والسلوك والتصرف المرفوض البعيد كل البعد عن الجوانب التربوية التي نسعى إليها، فإن الطلاب الذين يريدون التعلم ويعملون من اجل ذلك كل ما في وسعهم لا يستطيعون الحصول عليه، بسبب الفوضى والأحداث التي تحدث في الصف، في مثل هذا الوضع فإن رأي المعلم بتصرفات الطلاب المزعجة وعدم موافقته عليها، ليس لهما أهمية تذكر، وذلك لكون الطلاب الذين لديهم مثل هذا السلوك، أعدادهم كثيرة ويتصفون بقلة التقدير والاحترام للتعليم والمعلم. ويعتبر السلوك الذي يصدر عن الطالب في المواقف التعليمية المختلفة سلوكاً مزعجاً إذا لم يشارك في إنجاز المهام التعليمية التربوية التي تعطى له من قبل المعلم، ويكون في العادة السلوك الذي يسلكه ملفتاً لنظر الآخرين ومؤثراً عليهم بصورة واضحة.

والطالب الذي يعاني من عدم الانضباط داخل الصف والمدرسة يحتاج إلى اهتمام المعلم أو أي طرف مسؤول ينتبه إليه ويهتم بما يحدث معه من أحداث أو مشاكل مدرسية أو أسرية، لأنه يحاول دائماً إثارة انتباه الآخرين إليه. لأن الطلاب المزعجين والذين يتصرفون تصرفات مرفوضة في العادة يكرهون المدرسة والدراسة ويريدون إشعار المعلم بالذنب، لذا فهم يقومون بتصرفات مزعجة بصورة دائمة، كما وأنهم يشعرون بالإحباط والنقص، الأمر الذي يدفعهم إلى تطوير أساليب دفاعية خاصة تساعدهم على حماية تقدير الذات الضعيفة التي تسيطر عليهم.

وعليه نستطيع القول إن الطلاب الذين لا يستطيعون التكيف شخصياً وبصورة مقنعة يظهرون تصرفات وسلوكاً يرتبط ارتباطاً مباشراً بالعمل على تحقيق الأهداف الآتية: انتباه المعلم إليهم وإلى ما يقومون به من أعمال، استعمال القوة والقدرة لديهم على ذلك، قيامهم بالانتقام الذي يعبر عن الشعور بالنقص لديهم ويؤدي إلى تجنبهم الشعور بالفشل.

أما بالنسبة للطلاب الذين لا يستطيعون التساوي مع أقرانهم في الجانب العلمي الأكاديمي، واستيعاب ما يقدم لهم المعلم من معلومات خلال العملية التعليمية الصفية، مثل هؤلاء يتجهون إلى استعمال وسائل أخرى مثل الهروب الذهني عن طريق عدم الانتباه لما يقوله المعلم أو الطلاب من حوله، أو السّرحان أو القيام بإثارة الفوضى أو حتى عن طريق ترك الحصة والخروج من الصف وعدم العودة إليه حتى نهاية الدرس أو اليوم.

من ناحية أخرى علينا أن نأخذ بالاعتبار الزمن والتوقيت الذي يقوم به الطالب بالسلوك والتصرفات المزعجة داخل الصف، فمثلا المشاكل التي يقوم بها الطالب في الصباح من الممكن أن تنتج عن حدوث مشاكل في البيت بين الأهل تؤدي إلى عدم تناوله للإفطار، أو من الممكن أن يكون سبب هذه المشاكل حدوث بعض الاضطرابات بين الطالب وأحد الوالدين قبل الخروج من البيت. أما بالنسبة للمشاكل التي قد يحدثها الطالب خلال اليوم أو وقت الظهر، فقد تنتج عن المعاناة التي يمر بها الطالب بسبب عدم قدرته على التعامل مع الضغط الذي ينتج من وجود برنامج دراسي يومي مكثف، أو بسبب زملائه الذين يسببون له الإرهاق أو الضغط ثم يعززون ما يقوم به من سلوك غير مقبول (صالح، 1997؛ نصر الله، 2000).

أثر الوراثة والبيئة في تكوين المعلم الكفء

لقد اختلف علماء النفس والتربية فيما بينهم عن مدى أهمية عامل الوراثة أو البيئة في تقرير وتحديد سلوك الإنسان وتكوينه، حيث قال قسم منهم بأن سلوك الإنسان وصفاته وقدرته تقررها وتحددها العوامل الوراثية أي أن التدريس يعتبر عملية وراثية يرثها الفرد عن أسلافه، تماما مثلما يرى أي قابلية جسمية أو عقلية أخرى، (ولكن هذا الموضوع بالذات من المواضيع التي كان وما زال حولها جدل عميق وطويل ولم نصل إلى أي اتفاق أو قرار بالنسبة له) ومثلما يرث الفرد القابلية للموسيقى أو الرياضة أو اللغة، كذلك فإنه يرث القابلية والقدرة على مواجهة الطلاب والوقوف أمامهم وتدريسهم، تربيتهم وإرشادهم، (أيضا هذا الموضوع كان موضوعاً للجدل بين الباحثين ولم يتفق عليه أو يؤكد من جانبهم) وتؤيد هذه الفئة التي تؤكد على أثر البيئة والوراثة على كفاءة المعلم رأيها بالعدد الكبير من المعلمين الذين يفشلون في تدريسهم من جهة، وبأولئك الناجحين في هذا المضمار، من حيث قدرتهم على إدارة الطلاب وجلب انتباههم وإثارة رغبتهم وتحفيزهم للعمل. أما الفئة الثانية فترى أن المحيط والبيئة هما اللذان لهما الأهمية الكبرى في تكييف الفرد ونموه وتكوين سلوكه وصفاته ويؤكد

هؤلاء في مجال التعليم أن باستطاعة المربين والمعلمين أن يكونوا نوع الأفراد الذين يريدونهم ويكيفوا شخصياتهم بالشكل الذي تتطلبه ضروريات الحياة وتجبر عليه ظروف المجتمع الذي يعيشون فيه ويتأثرون بما يحدث فيه من أحداث وتطورات، والسلوك الذي يصدر عن الأفراد يعتبره أنصار هذا الاتجاه آلة في يد المربين والمسؤولين عن تربية الأجيال الجديدة وإعدادهم الإعداد الاجتماعي الصحيح، يوجهونها إلى الاتجاه الذي يريدونه وكيفما يريدون.

إن الفئة السلوكية البيئية من العلماء والمربين تعتبر أن التدريس فن مكتسب وليس صفة طبيعية، مثلما يقول الوراثيون. ولعل الأفضل والصحيح هو محاولة الجمع بين وجهات نظر الفئتين من العلماء، حيث يعتبر التدريس "فناً مكتسباً إلى حد بعيد"وهو لا يتم بصورة كاملة إلا إذا توافرت لدى الطالب أو المتعلم الذي يريد أن يتأهل لمهنة التعليم بعض الاستعدادات الفطرية والصفات الوراثية التي تساعده على اكتساب هذا الفن وتعلمه بشكل صحيح وبدون صعوبة.

وحتى يكون بالإمكان اعتبار التدريس فنا مكتسبا يجب أن تتوفر في المدرسة الاستعدادات الفطرية الموروثة والتي تشمل عدة أمور يجب أن تؤخذ بعين الاعتبار حينما نتحدث عن هذا الموضوع وهي:-

1. يجب أن توجد طريقة منظمة للتدريس، بالإضافة إلى التصميم الدائم للمواضيع المتعلمة والتي يقوم بها المعلم، ونحن لا نتحدث عن طريقة واحدة فقط، لأنها توجد طرق متعددة يمكن إتباعها، لأن الفن المكتسب من المفروض أن يوضع موضع التطبيق بواسطة استعمال إحدى الطرق المستعملة في التدريس، فكما أن للفنون المختلفة مثل البناء والتصوير والنحت وغيرها من الفنون طرقها وأساليبها التي يتعلمها القائمون عليها فإن لفن التدريس طرقه وأساليبه التي يجب أن يتعلمها المعلمون في مؤسسات الإعداد الخاصة بالمعلمين.

2. أيضاً يترتب على اعتبار التدريس فناً مكتسباً إمكانية قيامنا بعملية تصنيف للمعلمين في جميع المراحل التعليمية، إلى أربعة أصناف وذلك بالاعتماد على القيام بالتصميم والتخطيط للتعليم والتدريس، وهي كما يلي:

   أ- المعلم الجبان أو الخائف، ونقصد به ذلك المعلم الذي لا يستطيع القيام بتصميم أي نوع من التصميم المدرسي اليومي للمادة التي يريد أن يعلمها بسبب خوفه وعدم ثقته بنفسه، لأنه يخشى الخروج عن التصميم

الذي قام به وبالتالي يقع في منزلق ومشاكل هو في غنى عنها عندما يدخل غرفة الصف ويبدأ بإعطاء طلابه ما يدور بخاطره من أفكار ومعلومات حول الموضوع الذي يبحث فيه، ويرجع بعضهم الجبن أو الخوف الذي يسيطر على المعلم إلى عدم رغبة هؤلاء المعلمين في القيام بالتجديد والتعبير المتواصل اللذين يُطلبان بصورة دائمة في التربية الحديثة نتيجة للتقدم في هذا المجال الذي تشير إليه الأبحاث بصورة مستمرة.

ب‌- المعلم المهمل، ونقصد به ذلك الصنف من المعلمين الذي لا يعير أي اهتمام أو عناية للتصميم أو الإعداد اليومي للمواد الدراسية التي سوف يقوم بتدريسها في كل يوم، فقط بسبب إهماله في القيام بواجبه تجاه عمله وطلابه وعدم شعوره بالمسؤولية الكبيرة المطلوبة منه لذلك نرى أنه يدخل غرفة الصف لقضاء وقت وواجب فرض عليه فرضاً وحتى يستطيع الحصول على الراتب الشهري.

ج‌- المعلم الذي ينتهز ويستغل الفرص، ويقصد به ذلك الصنف من المعلمين الذي لا توجد لديه في العادة أي خطة تعليمية ولا يقوم بتصميم أي شيء، بل نرى أنه يستغل كل فرصة ليقوم ببعض التصميم، ولكنه عندما يجد أي شيء يعتقد أنه أهم من إعداد الدرس والتصميم له فإنه سوف يكون كافياً لإهماله التصميم وتركه لكي يقوم بتنفيذ الأمر المطلوب، والتدريس الذي يقوم به هذا المعلم يكون في العادة متقطعاً ولا يوجد به أي نوع من أنواع الإنسجام والاستمرار، والتسلسل الذي هو أساسي لتكوين الأفكار والوصول إلى النتائج المطلوبة.

د‌- المعلم المفكر والذي يعتبر أفضل نوع من أنواع المعلمين، لأنه لا يرى أي أمر آخر أهم من تخصيص الوقت المناسب والكافي في كل يوم للقيام بوضع الخطة والتحضير اللازمين لما سيقوم به من فعاليات مع طلابه داخل غرفة الصف. إن هذا النوع من المعلمين هو النوع المطلوب للعمل في مجال التربية والتعليم لأنه يؤدي إلى رفع مستوى الطلاب وتحصيلهم، ولأن مثل هؤلاء المعلمين الذين يحرصون على واجبات مهنتهم هم الذين يرفعون مستوى التعليم ويعطون الأهمية

اللازمة لهذه المهنة التي تعتبر الأساس في بناء نهضات المجتمعات والشعوب وتقدمها ورقيها إلى المستويات الإنسانية العليا.

3. إذا اعتبرنا التدريس فناً مكتسباً يجب علينا أن نحرص على أن التدريس الحديث يعتمد على فهم الطالب ومعرفة قدراته العقلية والمعرفية ومعرفة فروقه الفردية ومستوى تفكيره، لأنه لا يمكن القيام بتطبيق أي فن من الفنون بدون معرفة الظروف التي تحيط به والتي من المحتمل أن تؤثر في هذا التطبيق. وحتى يستطيع المعلم النجاح في عمله والحصول على نتائج جيدة يجب عليه أن يفهم طلابه ويدرس طباعهم ويتعرف على ميولهم ورغباتهم.

إن فهم المعلم لطلابه وتعرفه عليهم يعتبر من الأمور الضرورية جداً التي يجب عليه القيام بها وإعطاؤها الأهمية الخاصة في المدارس الابتدائية لأن العادات والاتجاهات لدى طلاب هذه المرحلة تتكون قبل أن يبلغوا جيل المراهقة، ثم تتبلور وتستقر وتتركز في سن المراهقة، الذي يوازي المرحلة الثانوية من ناحية تعليمية، وهذا ما يجعل دراسة ميول الطلاب ومعرفة رغباتهم ذات أهمية وضرورة كبيرة وخاصة، تماماً مثل أهميتها في المدرسة الابتدائية، أي إذا استطاع المعلم أن يفهم طلابه في مرحلة الطفولة وأن يتعرف على فروقهم وميولهم، فإن ذلك يساعده على تنمية الطمأنينة والمحبة في نفوسهم للإقبال على الدراسة والمدرسة، بالإضافة إلى مقدرته على تكوين روح الضبط الذاتي الذي يعتبر من الجوانب الأساسية التي على كل معلم في أي مرحلة من مراحل الدراسة أن يعمل كل ما في وسعه من أجل تحقيقها. لأن لفهم المعلم لطلابه ومعرفتهم حق المعرفة علاقة وثيقة بالإرشاد وحرية التعلم والعمل، فهنالك الطلاب الذين لا يتعب المعلم في إرشادهم وإعطائهم الحرية الكافية لتحديد وتقرير شؤونهم وهو مطمئن لعدم انحرافهم أو شذوذهم عن الخطة التي تسعى المدرسة لتحقيقها، وبالمقابل يوجد الطلاب الذين يكونون مصدراً للقلق والتوتر والإزعاج للمعلم والطلاب الآخرين داخل غرفة الصف بشكل خاص والمدرسة بصورة عامة. ومثل هؤلاء يحتاجون إلى المراقبة الخاصة والمستمرة وإلى إعطائهم التدريب الخاص، ومن المؤكد أنهم يشكلون خطراً على أنفسهم وعلى الآخرين في المدرسة إذا أعطيناهم حرية العمل والتصرف.

4. إن اعتبار التدريس فناً مكتسباً يترتب عليه إجبار المعلمين أن يضعوا أمامهم وفي المقام الأول وجوب توجيه العناية إلى التربية الأخلاقية في التدريس، والمقصود هنا توجيه الاهتمام في كل درس إلى تنمية روح المثابرة والدقة والصدق والأمانة

والحب والإخلاص، والعطف على الآخرين، أي أنه يجب عدم الاكتفاء بالاعتناء بالتربية الأخلاقية من خلال الدروس التي توضع لهذا الغرض في جدول الحصص الأسبوعي كما يفضل الكثير من المعلمين.

5. إن اعتبار التدريس فناً مكتسباً يتطلب من المعلم اعتباره طريقة اجتماعية لأنه يقوم فقط على التعليم الشفوي الذي يقدمه المعلم للطلاب، ولكنه عملية تتضمن الاعتماد على جميع مرافق المجتمع ومؤسساته، أي أن عملية التدريس في جوهرها لا تتوقف داخل المدرسة أو تقتصر عليها، ولكنها عملية أوسع من ذلك بكثير، لذا يجب أن تدخل إلى المجتمع وتتغلغل فيه، فيعمل المعلم على تحسين الحياة الاجتماعية عن طريق طلابه وتوجيههم لخدمة مجتمعهم، من خلال قيامهم بالفعاليات الاجتماعية المتعددة التي تخدم أفراد المجتمع وتعمل على تقدمهم مثل: حملات النظافة ومساعدة الفقراء والمشاريع الخيرية بأنواعها.

6. إن اعتبار التدريس فناً مكتسباً يتطلب من المدرس أن ينظر إلى نفسه على انه معلم ومتعلم في نفس الوقت. فالخبرات الموجودة لدى الطلاب والتي يحضرون بها إلى المدرسة، ومعرفة المعلم لما يوجد في المحيط الذي يعيشون فيه من إمكانيات وتراث اجتماعي وممارسة فعلية للمهنة، جميع هذه الجوانب والأمور تجعل المعلم في وضع المتعلم المقتبس، ونظرة المدرس إلى نفسه من هذا المنطلق تساعده على النمو والتطور المهني وتعمل على توسيع آفاقه وتفكيره وتجعله يبدع في عمله، أما المعلم الذي لا يحاول الأخذ والتعلم من المحيط الذي يعيش فيه أو من خبرات طلابه، فهو يعتبر مدرساً جامداً ويبقى كل فترة عمله يقوم بتلقين الطلاب نفس المعلومات ويُردّد على مسامعهم نفس الأفكار والعبارات دون تغيير أو تبديل. إن مثل هذا المعلم الجامد يعتبر خطراً على مهنة التعليم التي تتطلب التجديد والتبديل والسير حسب متطلبات العصر والظروف والأحوال المتبدلة والمتغيرة بصورة سريعة، لذا على المعلم أن يتعلم من خبرات الآخرين وألاّ يكتفي بكونه معلماً (عدس، 1996).

شخصية المعلم وكفاءته

يعتقد الباحثون في مجال التربية وعلم النفس والشخصية بالذات أن شخصية المعلم المثالي تتوفر فيها مزايا كثيرة مثل الجرأة والكفاءة والطاقة والإخلاص والتصميم، وجميعها مقومات تعتبر كافية لنجاح عملية التدريس التي يقوم بها المعلم. وإذا أمعنا النظر بهذا الموضوع نجد أن الكثير من المعلمين لا يملكون هذه الصفات،

لأن المعلم أولاً وقبل كل شيء هو إنسان، له إيجابيات وسلبيات لذلك يمكن أن نقول إن هذه المزايا هي عبارة عن صفات أساسية منشودة. وتوجد ثلاث طرق وأساليب أو مناحٍ يمكن النظر من خلالها إلى المدرس، وهي المنحى النوعي، والموقفي، والوظيفي، وكل واحدٍ منها يمثل طريقةً أو أسلوباً مختلفاً للنظر إلى نفس المشاكل وهذا بدوره لا يعني صحة إحداها وخطأ الأخرى. بل يعني أن كل طريقة من هذه الطرق تطبق أبعاداً جديدة للمشاكل وهي كيف يمكن الوصول إلى المدرس الناجح.

الطريقة الأولى: المنحى النوعي

إن هذه الطريقة تركز اهتمامها على المعلم الجيد ونوعيته، ولكن المعلم صفاته ونوعيته مثل باقي المواضيع التربوية التي لا يوجد عليها اتفاق أو اجتماع بين الباحثين. خصوصاً فيما يتعلق بالصفات التي يجب أن تتوافر في المعلم، ولكن نستطيع أن نقول بأن أكثر هذه الصفات انتشاراً هي: الذكاء، الصوت الجيد والمميز الذي باستطاعة صاحبه جذب الطلاب إليه دون عناء أو مشقة، أيضاً الخط الواضح، المظهر الحسن، الطريقة والشخصية المنظمة والمنسجمة والحماس للعمل والتعليم، جميع هذه الصفات لها أهمية ودورٌ خاصة في إنجاح العملية التعليمية والتربوية واستعمالها الصحيح يدل بصورة واضحة على مدى كفاءة المعلم وقدرته على القيام بإنجاز المهام والمطالب التربوية. كما وتوجد صفات عديدة أخرى تعتبر من مميزات المعلم الجيد، مثل الفهم، والصبر وتحمل المسؤولية والمبادرة والقدرة على اتخاذ القرار المناسب والصحيح في الوقت المناسب والأسلوب الحسن في المعاملة والقدرة على إقامة علاقات مع الآخرين، والصدق والثبات، ولكن المشكلة الكبيرة التي تظهر دائما في هذا المجال أن الكثير من المعلمين الذين تتوافر فيهم معظم هذه الصفات هم معلمون ضعفاء مهنيا أو شخصيا، أي أنه لا يمكن الاكتفاء بوضع قائمة محددة ومحكمة تتلاءم مع جميع الناس في جميع جوانب التعليم.

من ناحية أخرى فإنه وبالرغم من عدم وجود اتفاق واضح على كيفية سلوك المعلم الجيد أثناء عمله مع الطلاب أو تعامله مع العاملين، ولكنه يوجد اتفاق واضح على كيفية سلوك المعلم الطبيعي أو العادي، حيث توجد أشياء يجب على مثله الابتعاد عنها أثناء عمله التربوي أو بصورة عامة لأنها تؤدي إلى نفور الطلاب والناس من حوله وعدم الاقتراب منه والتعلم منه أو العمل معه، مثل الغرور على جميع أنواعه، القيام بنقل المشاكل الشخصية والعالم الخاص إلى داخل غرفة الصف وإشراك الطلاب بها وإتاحة الفرصة لهم للتدخل في شؤونه الخاصة، ومحاولة التقليل من شأن ومكانة

المتعلم أو المعلمين الآخرين، البدء بالدرس متأخراً وإنهائه متأخراً أو قبل الوقت المحدد، إضاعة وقت الدرس على أمور لا علاقة لها بالموضوع المتعلم، فقدان احترام وتقدير الطلاب والمعلمين والإدارة، المبالغة في رفع الحواجز أو الكلفة العلمية بينه وبين الطلاب. وأهم جانب هو البعد عن التحكم والتسلط. وعلى أي حال توجد صفتان يجب أن تتوافرا عند المعلم حتى يكون ناجحا ويستطيع أن يساهم بشكل فعال في العمل على رفع مستوى الإنجاز المدرسي لطلابه وهما:

1. معرفة المعلم للموضوع الذي يقوم بتعليمه لطلابه.
2. إيمان المعلم بأهمية وقيمة الموضوع الذي يقوم بتعليمه.

وهذا يعني أن التدريس لا يمكن أن يكون معزولا عن الإلمام الواسع بالمادة التي نريد أن نعلمها، وفي نفس الوقت لا يكفي أن يعرف المعلم معرفة جيدة المادة التي يعلمها بل يجب عليه أن يكون ملماً بما هو مطلوب وغير مطلوب في التدريس، لأن التعليم والتدريس يعتبران عملية إنسانية واجتماعية يسيطر عليها التواصل والاستمرار بمختلف اتجاهاته، لذلك مهم جدا أن تتأسس هذه العملية على الاحترام المتبادل والتفاهم، كما وعلى المعلمين أن يقتنعوا بإيمان قاطع بأهمية وقيمة ما يقومون به من عمل تعليمي تربوي. أما في الحالات التي يكره فيها المعلم ما يعلمه فإن هذا الشعور ينعكس على الطلاب ويكون من السهل كشفه ومعرفته لأنه يظهر وبصورة واضحة حيث يفقد المعلم الحيوية التي يتوقف عليها الدرس من البداية، والتي لا تأتي إلا بالاهتمام العميق بالموضوع. وفي حالة كره المعلم للمادة فإن ذلك يعني أنه يكون في حالة تذمر دائم، أما المعلم الذي يقوم بتعليم نفس المادة بصورة مستمرة فإن ذلك يؤدي إلى فقدانه للحماس اللازم لإنجاح العملية التعليمية، لأن ذلك يشعر الطلاب بالملل والاستياء. أما في الحالات التي يكون فيها المعلم مهتما وحيويا فإن ذلك يؤثر بصورة واضحة على نشاطه ونشاط الطلاب أثناء العملية التعليمية.

وعليه يمكن القول بنوع من الثقة أن التدريس عبارة عن نشاط إنساني يضم عملية الاحتكاك المباشر والتعامل المتبادل مع الناس وخصوصاً مع الطلاب لمساعدتهم على الإحاطة والمعرفة والتمكن من المادة والمعلومات التي يتعلمونها. ومما لا شك فيه أن هذا الاحتكاك يضم القيام بالعمل مع نماذج إنسانية تتفاوت فيها القدرات والخبرات أي توجد بينهم فروق فردية واضحة، تلعب دوراً واضحاً في القدرة على القيام بالعمل وإنجاز المهام والفعاليات المختلفة، لذلك فإن إقامة علاقات ملائمة يعتبر من الأمور الأساسية والهامة التي يجب القيام بها، حتى يستطيع المعلم أن يعرف أسماء جميع

الطلاب ويجب أن تكون لديه المقدرة على مشاهدة ورؤية جميع الطلاب من خلال التنظيم المناسب لهم، وذلك حتى يستطيع مراقبة رد الفعل لدى كل واحد منهم أثناء قيامه بالعملية التعليمية حتى يستطيع الوقوف على مدى استيعابهم وفهمهم للموضوع المتعلم (علاونة 1995؛ نصر الله 1998).

<u>الطريقة الثانية: المنحى الموقفي</u>

إن هذه الطريقة ترتكز بصورة خاصة على المهارات الفنية اللازمة للاستعمال في العملية التعليمية والتي تكون في صلب الموضوع المعالج من قبل المعلم والطلاب، لذا فإن المفاهيم الأساسية هنا تتركز على الاهتمام بمهارتين تشكلان محور العملية التعليمية وهما:

1. المهارات الفنية اللازمة للاستعمال خلال القيام بالعملية التعليمية.

2. المهارات الفنية اللازمة للاستعمال خلال القيام بموضوع التعلم والدراسة.

وعندما يصبح المعلم متمكناً من العملية التدريسية (التعليمية) ومن موضوع الدراسة والتعلم، فإن هذا يعني أنه يصبح جاهزا ومستعدا ويستطيع أخذ دور التدريس والتعليم، أي يمكن القول أنه يصبح معلماً كفؤاً ومؤهلاً للتعامل مع ظروف وأوضاع التدريس.

وعلى هذا الأساس يجب أن نذكر وجود التداخل بين الاتجاه أو المنحى النوعي وبين المنحى أو الاتجاه الموقفي، واللذين يكون الفارق الأساسي بينهما مبنياً على الاعتقاد الذي يقول بأن وجود صفات معينة مثل الحماسة، وروح المرح، وحب الناس يُعتبر من الصفات الثانوية التي تقل أهميتها عن باقي الصفات وحتى لا تؤخذ بالاعتبار والحسبان في بعض الأحيان، بينما تكمن الأهمية الكبرى في القدرة على استعمال المهارات الفنية اللازمة.

وتشير الأبحاث التي أجريت في هذا المجال إلى أن المعلمين الضعفاء وغير المتمكنين يستخدمون الطرق والاستراتيجيات والأساليب المماثلة للطرق والأساليب والاستراتيجيات التي يستعملها المعلمون الأكفاء غير أن أسلوبهم جاف ومتسلط. هذا بالإضافة إلى تكيفهم القليل والضعيف مع الاحتياجات المتفاوتة لظروف التدريس الكثيرة والمتعددة التي تؤثر على نوعية التدريس الذي يقوم به المعلم.

ومن الصفات المميزة للمدرس الكفء أنه يقوم بتبديل وتغيير أساليبه التعليمية والتربوية بصورة دائمة حيث يستعمل أساليب جديدة وبديلة أخرى، حسب حاجات ومتطلبات الطلاب والمادة لمتعلمة، أي أن هذه النوعية من المعلمين تكون على جانب كبير من التمكن من الأساليب ومعرفة المادة والمرونة الكافية للقيام بتبديل أساليبهم حسب الظروف اللازمة.

الطريقة الثالثة: المنحى الوظيفي

إن المعلم الجيد وصاحب الكفاءة العالية يجب أن تكون الصفة المميزة له أنه على درجة عالية من الذكاء ولديه القدرة على القيام بالاتصال والتواصل والتخاطب مع الآخرين وخصوصاً الطلاب والمعلمين الذين يعمل معهم وأن يكون حسن النية بالآخرين، ويحب الناس ولديه الدافعية القوية والجيدة ويمتاز عن المعلمين الآخرين بالقدرة على التنظيم والرؤية البعيدة والدقيقة للأمور والتصرف في جميع الجوانب بدرجة كبيرة من الوعي والانتباه والحذر والحكمة. وعلى هذا الأساس نستطيع القول إن المعلم الناجح هو ذلك المعلم الذي يمتاز بقدرته على التكيف من خلال العمل على ثلاث مجموعات ضرورية من الحاجات التي تتعلق بالعملية التعليمية والطلاب، مثل: حاجات الموضوع التعليمي، والحاجات الفردية للطلاب، ثم حاجات المجموعة العامة أو الكلية.

أولا: حاجات مهمة التعليم

إن المادة التعليمية الني يجب على المعلم التعامل معها مع الطلاب تتطلب أشياء كثيرة ومتفاوتة فيما بينها، لذلك على المعلم الكفء والفعال أن يقوم بعمل الخطوات الأساسية الآتية:

- عليه أن يقوم بتحليل حاجة عملية التعلم حتى يستطيع تحضيرها والتعامل معها.
- عليه أن يقوم بتحضير خطة عمل لكل حصة يعلمها يومياً.
- عليه أن يقوم بتشجيع الطلاب وتحفيزهم على الاشتراك الفعال في الدرس عن طريق التعزيز.
- على المعلم أو يقوم بتحديد أهداف العملية التعليمية ككل وأهداف كل درس بصورة خاصة.

- على المعلم أن يقوم بتنظيم وترتيب وتحضير المراجع والأنشطة التي سوف يقوم الطلاب باستعمالها وإنجازها في كل درس.

- على المعلم القيام بتقييم مدى نجاح عملية التعلم التي قام بها الطلاب خلال الدرس.

ثانيا: حاجات الطلاب الفردية

بالإضافة إلى الحاجات الجماعية العامة في كل صف، توجد حاجات فردية مهمة يتوقع الطلاب أن تلبي، لذلك فإنه من الضروري أن يعمل المعلمون الأكفاء على الاهتمام بالأمور الآتية:

- الانتباه للطلاب كأفراد لهم حاجات خاصة يجب الاهتمام بها.

- على المعلم مكافأة طلابه عندما يتعلمون وينجزون المهام التي تطلب منهم بصورة صحيحة.

- على المعلم العمل على خلق الدافع لدى طلابه خلال التعلم الذي يقوم به وتشجيعهم على الاشتراك الفاعل فيه.

- على المعلم التخطيط لخلق الفرص للعمل الفردي الحر الذي يجب على الطلاب القيام به لما له من مكانة وأهمية تعليمية.

- على المعلم تحضير العمل التعليمي لطلابه على أساس الفروق الفردية.

- على المعلم التأكد أن الطلاب يختبرون الإحساس بالتحصيل لديهم بمدى الاستفادة والتطور الذي يحصلون عليه من عملية التعليم والتعلم.

ثالثا: حاجات المجموعة

على المعلم الاهتمام بتأمين وتوفير حاجات المجموعة الطلابية الصفية، لأنه من الطبيعي أن يؤدي إهمال هذه الحاجات إلى ضعف وضآلة فعالية عملية التعليم والتعلم، وحتى نستطيع تحقيق هذه الحاجات من الضروري والواجب أن يهتم المعلم الناجح الذي يتمتع بالكفاءة ويسعى إلى النجاح في عمل ما يلي:

- على المعلم وضع معايير محددة يجب العمل على تحقيقها.

- على المعلم أن يحافظ على الإدارة والنظام الصفي المناسب.

- على المعلم أن يُنشِىء هوية خاصة ومميزة لصفه تجعله يختلف عن الآخرين.
- على المعلم أن يمدح ويشجع طلاب الصف بصورة جماعية وفردية.
- على المعلم أن يؤسس قدرات وإمكانيات تخاطب واتصال بين أفراد المجموعة.
- على المعلم أن يشرك جميع أفراد المجموعة الصفية بالعمل على إنجاز بعض المهام والفعاليات التي تعطى لهم في الدروس المختلفة.

في نهاية الأمر يمكن القول إن تلبية الحاجات الطلابية تؤدي إلى تطور الرغبة والدافعية لدى هؤلاء الطلاب ليستغلوا قدراتهم الفردية اللازمة لإنجاح عملية التعليم والتعلم.

إن هذا الهدف (تلبية الحاجات) ليس من السهل على المعلم العادي تحقيقه وتأمينه للطلاب وعلينا أن نضحي بإحدى الحاجات بالرغم من أنه ليس لجميع الحاجات الأهمية والأولوية الضرورية.

فمثلا إذا كان موضوع التعلم صعباً فإن ذلك يؤدي إلى شعور بعض الطلاب بالإحباط الشديد والقلق، وهذا بدوره يؤثر بصورة تلقائية على فاعلية عمل المجموعة كلها. وإن هدم الروح المعنوية للصف جميعه يؤدي بدوره إلى إضعاف قدرة الأفراد على إدراك الهدف والوصول إلى الغاية المنشودة.

في بعض الأحيان تسود حاجة المادة التعليمية، لذلك يجب أن تبرز هذه الحاجة بوضوح، ومن الممكن أن تسود حاجات الأفراد الأخرى في نفس الوقت الذي تكون فيه حاجة المهمة أقل أهمية. ويجب أن نتذكر دائما أن المبالغة في إعطاء الأولية للموضوع التعليمي أو للأفراد قد يؤدي إلى نتائج سيئة.

لذلك يجب أن يعمل المعلم على تحقيق التوازن بينها لأن هذا الموضوع يعتبر جوهر العملية التعليمية، وأساساً في التدريس الجيد.

وجميع الحاجات التي نتحدث عنها تشترك مع بعضها لإنجاز مهمة خاصة وهي تحسين أداء الطالب وتحصيله الدراسي، لذا فإن جميع العوامل الصفية ومتغيرات المعلم الشخصية تهدف جميعها في نهاية الأمر إلى مساعدة الطلاب في إحداث تغيير أو تعديل في سلوكهم وأدائهم التحصيلي (عدس 1999).

شخصية المعلم وأداؤه حسب الدين الإسلامي

من الملاحظ والواضح والمؤكد(حسب الدراسات) وجود قصور في شخصية المعلم العربي، وقصور في أدائه وعطائه، وهذا بدوره يؤدي إلى عدم سيره حسب التوجهات الإسلامية في التربية ومواكبته لها.

ومن المؤكد أن بعض التوجهات الإسلامية في التربية مرتبطة ارتباطاً قوياً بشخصية المعلم وقدرته على العطاء والتعامل مع الآخرين من خلال مهارات الاتصال والتعامل مع الطلاب والعاملين الآخرين بالإضافة إلى ما ذكر فإن بعض التوجهات الإسلامية في التربية ترتبط ارتباطاً وثيقاً بأداء المعلم الذي يلعب الدور الفعال والأساسي في نجاح العملية التعليمية ووصولها إلى تحقيق الأهداف الأساسية التي تسعى لتحقيقها، ألا وهو رفع مستوى التحصيل الدراسي والمعرفي لدى الطلاب وتعديل سلوكهم الاجتماعي وضبط تصرفاتهم داخل المدرسة وخارجها وإعدادهم الإعداد المناسب والمطلوب ليكونوا أفراداً صالحين في المجتمع.

لذلك فإن العمل على تنمية شخصية المعلم وأدائه في ضوء التوجهات الإسلامية تعتبر أفضل الطرق والوسائل المجدية في تقوية شخصية المعلم ونجاحه في مجال التربية والتعليم في جميع الأوقات وعلى امتداد جميع المراحل العمرية والتعليمية (راشد، 1993).

وفي هذا المجال نذكر بعض الصفات والجوانب التي يجب أن يتصف بها المعلم الناجح حتى يستطيع الوصول إلى الهدف المنشود من العملية التعليمية وهي:

أولاً: تعتبر القدوة الحسنة والصالحة في العملية التربوية التي يقوم بها المعلم في مراحل التعليم والتعلم على اختلاف الأجيال فيها (وخصوصاً الابتدائية) من أنجح الوسائل التي لها تأثيرٌ كبيرٌ في إعداد المتعلم من الناحية الخلقية والتكوين النفسي والاجتماعي، وهذه الجوانب تعتبر أساسية في تكوين شخصية الفرد وعلى مدى النجاح فيها يتوقف ما سيكون عليه هذا الفرد في المستقبل. لأن المعلم يعتبر المثل الأعلى والرمز الذي يعرف كل شيء في نظر المتعلم والأسرة الصالحة في عينه. حيث يقوم بتقليده في سلوكه ويحاكيه خلقياً سواء كان ذلك شعورياً أو لا شعورياً، لأنها تنطبع في نفسه ومشاعره وإحساسه، صورته من ناحية القول والفعل ومن الناحية الحسية والمعنوية، من حيث يدري أو لا يدري.

وعليه فإن القدوة من هذا المنطلق عاملاً كبيراً وهاماً في صلاح المتعلم أو فساده، فإن كان المربي صادقاً أميناً كريم النفس وشجاعاً يتسم بالخلق الصالح، فإن ذلك يؤدي إلى أن ينشأ المتعلم أو الطالب على الصدق والأمانة والخلق والكرم والشجاعة والطهارة...ويمكن الاعتماد عليه اعتماداً تاماً في عملية التربية والتعليم والاهتمام بالطلاب وما ينشأون عليه من صفات مميزة والوصول إلى مستوى خاص ومميز من التحصيل المدرسي والتعليمي. أما إذا كان المربي والمعلم كاذباً خائناً جباناً ونذلاً ولا يملك أي نوع من أنواع القدرات والمهارات، فإن ذلك يؤدي إلى أن ينشأ المتعلم وهو متأصل في الكذب والخيانة والجبن والنذالة، وبالطبع فإنه لا يستطيع أن يفيد المتعلم في أي جانب من الجوانب التعليمية واكتساب المعرفة والمهارات، وسوف يكون مصير طلابه في نهاية الأمر الفشل وعدم القدرة على الاستمرار في التعلم والتواجد في المدرسة، وهذا بدوره يؤدي إلى تركه للمدرسة والذهاب إلى الأعمال الأخرى، أو يكون مصيره الانحراف واستعمال الطرق والأساليب المرفوضة اجتماعياً مثل السرقة أو استعمال المخدرات واستعمال العدوانية والعنف، وجميع هذه الأعمال والاتجاهات تؤدي إلى المصير المحتوم رفض المجتمع له ودخوله السجن.

ثانياً: يجب على المعلم إتقان عمله التربوي الذي أسند إليه على أكمل وأتم وجه وأن يعمل بما يتفق مع مطالب الطلاب وحاجاتهم الأساسية، وأن يخلص النية والعمل لله في كل عمل تربوي يقوم به مهما تعددت جوانبه سواء كان ذلك أمراً أم نهياً أم نصحاً أم ملاحظة أو عقوبة أو حتى إعطاء مكافأة وتقدير على ما قام به، على عمل مهام أو فعاليات قام بإنجازها بصورة جيدة تستحق الانتباه والاهتمام.

قال الرسول صلى الله عليه وسلم "إن الله يحب إذا عمل أحدكم عملاً أن يتقنه" أي أن جانب القيام بالعمل والإخلاص به هو مطلب رباني يجب الانصياع له وإنجازه بدقة ودون نقصان أو توهيت لما له من أهمية ومكانة خاصة وأثر يتركه القائم بالتعليم على المتعلم في الحاضر والمستقبل. أيضاً يطلب من المعلم الإخلاص في القول والعمل حينما يقوم بذلك أو يقول شيء للآخرين. لأن الله تعالى لا يقبل العمل الذي يقوم به إلا بهما، قال تعالى:"وما أمروا إلا ليعبدوا الله مخلصين له الدين حنفاء ويقيموا الصلاة ويؤتوا الزكاة وذلك دين القيمة" صدق الله العظيم (سورة البينة الآية5). وهنا أيضاً تحث الآية الكريمة على الإخلاص في ما نعمله من أعمال يقف في مركزها ، ولا يمكن أن تقبل هذه الأعمال أو تؤدي الغاية منها إذا لم تَقُم على الإخلاص.

قال الرسول عليه السلام أيضاً في هذا المجال "إن الله عز وجل لا يقبل من العمل إلا ما كان له خالصاً وابتغى به وجهه" صدق الرسول الكريم.إن هذا الحديث الكريم يؤكد على وجوب الإخلاص في الأعمال التي نقوم بها والتي نرجو بها وجه الله ونبتغي عفوه ورضاه.

ثالثاً:يجب على المعلم أن يبذل كل ما في وسعه وكل ما في جهده عندما يقوم بعمل تربوي تعليمي وأن يكون مخلصاً في أدائه لهذا العمل حتى يستطيع الطلاب الاستفادة منه الاستفادة المطلوبة. وفي نفس الوقت يجعل المعلم عمله فريضة يتقرب بها إلى الله ووسيلة لمرضاته وأن يكون على وعي بقيمة الأنشطة والأعمال والمهام الصفية التي يعملها مع الطلاب أو يطلب من الطلاب القيام بها. كذلك الأمر بالنسبة للأنشطة والفعاليات والمهام اللاصفية التي يطلب من الطلاب القيام بها وإنجازها خارج الصف والتي تهتم في تربية الطلاب والأداءات التربوية التي يقوم فيها، ويسعى لتحقيقها بقدر ما يستطيع من جهد وتحمل الصعاب ويكون بذلك قاصداً سبحانه وتعالى بهذا العمل والجهد.

ويجب أن نذكر دائماً أن الله سبحانه وتعالى بعث الرسول الكريم محمد عليه الصلاة والسلام ليكون مصلحاً ومنقذاً وبشيراً للمسلمين على امتداد تاريخهم والقدوة الصالحة والحسنة وليكون للبشرية قدوة في كل زمان ومكان وليكون الهادي والبشير والسراج المنير ويحقق المنهاج الإسلامي تحقيقاً محسوساً واقعياً.

قال الله تعالى "لقد كان لكم في رسول الله أسوة حسنة لمن كان يرجو الله واليوم الآخر" صدق الله العظيم (الأحزاب الآية:21).

ومن المؤكد أن الرسول عليه الصلاة والسلام كان بشخصه وشمائله وسلوكه وتعامله مع الناس بمثابة ترجمة عملية بشرية حية لحقائق القرآن وتعاليمه وآدابه وتشريعاته، ولما فيه من أسس تربوية إسلامية وأساليب تربوية قرآنية (راشد 1993).

رابعاً: يؤكد لنا الدين الإسلامي متمثلاً بالقرآن والسنة ما للعلم من أهمية ومكانة وأنه فريضة على كل مسلم، لذا يجب على المعلم أن يكون قدوة لطلابه في الاجتهاد وفي طلب العلم والحث عليه بصورة دائمة، وأن على المعلم العمل على تبصر طلابه بالحقيقة التي تقول أن العلم هو شعار الإسلام وهو وسيلة المسلم في القيام بواجباته تجاه نفسه وتجاه الآخرين من حوله. وبما أن طلب العلم يعتبر فريضة في العقيدة الإسلامية، فإن طالب العلم يعتبر مجاهداً في سبيل الله تعالى.

يقول الله تعالى:"الذين يذكرون الله قياماً وقعوداً وعلى جنوبهم ويتفكرون في خلق السماوات والأرض، ربنا ما خلقت هذا باطلاً سبحانك فقنا عذاب النار" صدق الله العظيم (آل عمران، الآية 191).

وهذا يعني أن التفكير في خلق الله تعالى والتدبر في كتاب الكون المفتوح وتتبع يد الله المبدعة وهي تحرك هذا الكون وتقلب صفحات هذا الكتاب هو عبادة الله في صميم العبادة وذكر الله وتسبيحه في صميم الذكر والتسبيح. والمعلم إذا صمم على النجاح في عمله وتعليمه فيجب عليه أن يتزود بالعلم والمعرفة إلى أبعد الحدود، فلا يكتفي بالقليل إذا استطاع التمكن من الكثير.ومن المؤكد أن المعلم إذا اعتاد على البحث والتقصي وصمم على تحصيل مهارات هذه المواضيع والجوانب فإن ذلك يمكنه من جعل درسه ومادته ممتعة، واستطاع أن يقدم موضوعات مادته بطرق وأساليب شيقة تبعد عن الطالب الملل والشعور باليأس لعدم قدرتهم على الفهم والإدراك للمادة التي تعلم وتقدم لهم، ويؤدي ذلك إلى تقوية ومضاعفة ميل طلابه للمادة التي يعلمها وله، وهذا بدوره يزيد من محبتهم وإعجابهم به وإقبالهم عليه عندما يجدون لديه الغزارة العلمية وحسن التصرف والمعاملة.

ومن المواضيع التي تلعب دوراً هاماً في عملية التعليم والتعلم المعاملة التي تصدر عن المعلم مع طلابه أثناء تفاعلهم معه ومع بعضهم البعض، ومع التعامل مع المادة التعليمية، والتي لها أثر كبير على مستوى الطالب التحصيلي والقدرات العقلية والتأثير على الشخصية نذكر الأمور الآتية:

1. <u>العدالة في معاملة المعلم لطلابه:</u>

إن الطلاب في أي صف دراسي وأي مرحلة من مراحل التعليم، إنما هم رعية والمسؤول الأول عنها هو المعلم الذي يعمل معهم في الصف والمدرسة، وذلك عملاً بحديث الرسول عليه الصلاة والسلام:"كلكم راعٍ وكلكم مسؤول عن رعيته".

ومما لا شك فيه أن العدالة تعتبر صفة مهمة جداً يجب على الراعي أن يتصف بها حيث ينبغي أن يمارسها مع جميع أفراد رعيته، وعلى هذا الأساس والمنطق فإن المعلم مطالب بأن يتعامل مع جميع الطلاب الذين يعمل معهم ويدرِّسهم على أنهم متساوون ويعاملهم من هذا المنطق بغض النظر عن أوضاعهم الاجتماعية المتفاوتة والمختلفة والتي من الممكن أن يعرفها معرفة جيدة وعن قرب في الكثير من الحالات، لذلك يجب عليه أن لا يجامل أي طالب بسبب وضعه الاقتصادي الجيد وكونه ثرياً أو

بسبب المركز الذي يشغله والده اجتماعياً، ومن ناحية أخرى يجب أن لا يحط المعلم من قدر الطالب وقيمته ومكانته بين أصدقائه بسبب فقره أو لوضع والده في المجتمع.

ونفس الشيء بالنسبة للفروق الفردية التي قد تسود وتظهر بصورة واضحة بين الطلاب في النواحي العقلية والقدرات الخاصة التي تظهر بين الطلاب في الجوانب العلمية والتحصيلية التي فد تكون واضحة ومؤثرة بين الطلاب، فالمعلم يعلم وبصورة قاطعة(وإن لا فيجب أن لا يكون معلماً) أن في صفه يوجد الطالب سريع الفهم والتعلم والتفاعل أي الطالب المتفوق، ويجلس مع طالب آخر بطيء الفهم والتعلم أو مع الطالب البليد، ودور المعلم في مثل هذا الوضع يجب أن يظهر بصورة واضحة في تشجيع الطالب المتفوق على الاستمرار بالتفوق والفهم والتعلم السريع أي يدفعه نحو المزيد من التقدم من خلال العمل الدائم، من ناحية أخرى على المعلم أن يقوم بتحفيز الطالب المتوسط والأخذ بيده حتى يستطيع الوقوف على قدميه والتقدم والتعلم فيكون بإمكانه اللحاق بالركب وعدم التخلف عنه، فإذا قام المعلم بهذا الدور بالشكل والصورة الصحيحة فإن ذلك يعني أنه معلم عادل ويعمل بنوع من المساواة مع الطلاب من الطرفين كل قدر استطاعته، كما ويظهر العدل لدى المعلم عندما يقوم بتقييم تحصيل طلابه وإعطاء كل واحد منهم ما يستحقه من العلامات والتقدير حسب مجهوده وقدراته وليس حسب معطيات أخرى ويجب أن لا يكون لها أهمية أو وجود في العملية التعليمية. أيضاً تظهر عدالة المعلم من خلال تشجيع الطالب المجتهد من بين طلابه وذلك باستعمال جميع وسائل التشجيع والتعزيز المعنوية والمادية كلٌ في الوقت المناسب حتى يكون لها الأثر المطلوب على الطالب واستمراره في التقدم والوصول إلى التحصيل المطلوب. وفي بعض الأحيان يجب على المعلم فرض العقوبة المناسبة على الطالب المقصر مستخدماً في ذلك الوسائل المختلفة التي تستعمل في مثل هذا الوضع والتي تكون بمثابة نوع من التعزيز السلبي لطلابه معنوية أو مادية وذلك حسب ما يرى أنه مناسب للموقف الذي يوجد فيه الطالب، في نهاية الأمر نقول أن العدالة في المعاملة تعتبر من أهم المواضيع التربوية التي إن طبقت بالشكل الصحيح تشعر الطالب بأنه مثل الآخرين في المكانة والأهمية ويتميز عنهم في القدرات العقلية والمستوى التحصيلي الذي يصل إليه، إن مثل هذه المعاملة تساعد على تخريج أفراد أصحاء نفسياً وتربوياً للعمل مع أفراد المجتمع الآخرين. وإذا كان الفرد لا يشعر بالنقص وعدم الأهمية فإنه من المؤكد سيكون فرداً إيجابياً في المجتمع الذي يعيش فيه.

2. الثقة بالنفس:

ويقصد بها شعور المعلم بالقدرة على المواجهة والوقوف أمام جميع الصعاب وفي جميع الحالات، وأنه قادر على تجاوز واقتحام كل ما يعترضه من مشاق وصعوبات في عمله وفي الحياة اليومية وتعامله مع الآخرين وفي مجالات الحياة على اختلاف جوانبها ومتطلباتها العقلية والنفسية ما دام يعتمد على الله في الدرجة الأولى، ويحاول وبصورة دائمة الأخذ بجميع الأسباب المشروعة للوصول إلى الأهداف المنشودة، حتى يصل إلى تحقيق الأفضل والأحسن لأهداف العمل التربوي أو الأعمال التربوية التي يقوم بها داخل المدرسة وخارجها من جميع جوانبها.

والثقة بالنفس تعني أيضا المقدرة على مواجهة المشاكل والصعاب والوقوف أمام الطلاب والمعلمين دون خوف أو تردد أو خجل، وهذه الصفات يجب أن تكون لدى المعلم حتى يستطيع الوصول إلى تحقيق ما يريد وينجح في عمله ويصل إلى المستوى التعليمي والتحصيلي المفضل مع جميع الطلاب والذي يجب على كل معلم الوصول إليه لما له من أهمية ومكانة خاصة يتوقف عليها نجاح الطالب والعملية التعليمية بكاملها.

ومما يجدر ذكره هنا أن هذه الصفة غير موجودة لدى جميع المعلمين، والدليل على ذلك فشل الكثيرين منهم في أداء المهام المطلوبة منهم، والمشاكل التي تحدث بين المعلمين والطلاب بصورة دائمة والتي ترجع إلى عدم قدرة المعلم وعدم وجود الثقة لديه في التعامل معهم وحل مشاكلهم بصورة جذرية وإيجابية، أي الثقة بالنفس يجب أن يتحلى ويتصف بها المعلم تعتبر عصباً لروافد كثيرة تغذيها العقيدة الصحيحة، وصدق الله العظيم إذ يقول في كتابه العزيز"ومن يتوكل على الله فهو حسبه" (الطلاق، الآية:3) ومن أبرز الروافد التي نعنيها هنا الآتية:

1. الإيمان بالله الكامل رباً وخالقاً ورازقاً وضاراً ونافعاً.

2. حسن الاعتماد العميق على الله والتوكل عليه حق التوكل في جميع الجوانب الحياتية التي يتعامل معها.

3. الاقتداء برسول الله صلى الله عليه وسلم وجعله نبراساً يهتدي بنوره ويتبع خطواته ويسير على هديه ويقتضي بعمله وبسنته.

4. السير حسب التربية الإسلامية الحقة والصحيحة التي ينشأ المعلم عليها طفلاً وشاباً وتتأصل فيه العقلية والنفسية الإسلامية التي تنظر إلى المعلم والكون بأسره والحياة جميعها من منظور إسلامي.

5. الاعتزاز والافتخار بالإسلام منهجاً ودستوراً ومبدأً أساسياً للحياة الدنيا التي نعيش فيها، والحياة الآخرة التي سوف نحياها بعد أن يبعث الله من في القبور.

6. إتباع الحق دائما قولاً وعملاً والبعد عن الباطل قولاً وعملاً في كل مكان وزمان، وترتبط الثقة بالنفس والشجاعة والثبات على المبدأ الذي كان خلقا أصلاً من أخلاق الرسول عليه السلام، والتي يجب أن تكون صفات يتصف بها المعلم خلال عمله التربوي التعليمي لأنه يتعامل مع الآخرين وبصورة دائمة ويطلب منه اتخاذ القرارات العديدة والمتنوعة والوقوف أمام المشاكل والصعاب التي قد يجبر على الوقوف بها حتى يستطيع الاستمرار بعمله وبصورة ناجحة، ولأنه يجب عليه أن يكون الرمز والمثل الذي يقلده الطلاب وخصوصاً الصغار منهم في جميع الأعمال التي يقوم بها. أي أنه يؤثر وبصورة مباشرة على جميع من حوله من الطلاب والمعلمين والعاملين في الصفات والميزات التي يتصف بها وتميزه عن الآخرين، وعلى سبيل المثال ما حدث بين رسولنا الكريم وعمه أبي طالب حينما جاءه يطلب منه التخلي عن الدين الذي جاء به كما أرادت قريش، فقد أجاب الرسول بقوله" والله يا عم، لو وضعوا الشمس في يميني والقمر في يساري على أن أترك هذا الأمر ما تركته حتى يظهره الله أو أهلك دونه"، فقد كان الرسول عظيماً شجاعاً وثقته بنفسه أكبر وأقوى من أي تحدٍّ وثباته راسخاً كالجبال على المبدأ الذي جاء به لقناعته التامة به ولأنه مؤمن به كل الإيمان، هذه هي الصفات التي يجب أن نقتدي بها والقناعات التي يجب أن نقتنع بها حتى نستطيع تحقيق الأهداف التي نسعى إليها وننجح في الأعمال التي نقوم بعملها سواء التربوية أو العامة التي نقوم بها يومياً، ولكن هل هذا ما يحدث في الحقيقة والواقع؟ والإجابة هنا قاطعة وبالنفي، حيث أن النسبة العالية من المعلمين لا يسيرون على هذا النهج ولا يتبعونه، لذا فإن الفشل مصير الأعداد الكبيرة من الطلاب وحتى المعلمين أنفسهم. وإن الله لا يغير ما بقوم حتى يغيروا ما بأنفسهم، أي أن الفشل وعدم النجاح في جميع الأعمال التي نقوم بها سوف يكون النهاية الدائمة بالنسبة لنا حتى نطيع أوامر وتعليمات القرآن والسنة.

3. **التواضع**

يعني الشعور بأنك مثل الآخرين وليس أفضل منهم إلا بالأعمال التي تقوم بعملها بصورة ناجحة وجيدة ومميزة عن الآخرين، وحتى في مثل هذا الوضع يجب على الإنسان أن لا يشعر بالتالي بالأفضلية على الآخرين، كذلك الأمر بالنسبة للمعلم الذي يجب أن لا يتعالى على طلابه أو غيرهم من الناس بعمله أو بماله أو بحسبه أو نسبه أو عمله أو معرفته العلمية وخبرته وتجاربه الحياتية والميدانية، وعليه أن يتخذ من رسول الله عليه الصلاة والسلام قدوته الأولى والأخيرة بصفة التواضع، تلك الصفة المميزة والجليلة التي ينفرد بها الرسول دون غيره من البشر، حيث كان التواضع متجسداً في شخصيته وأعماله ومعاملته وتوجهاته وحديثه وفي كل ما يقوم به من أعمال، وإذا أردا المعلمون النجاح في عملهم وعلاقاتهم مع الآخرين فيجب عليهم أن يتصفوا بصفة التواضع في كل شيء حتى يستطيعوا أن يجسدوا هذه الأخلاق العالية والمميزة في نفس المتعلمين، والسؤال هنا أين نحن اليوم من هذه الصفات والمعاملات والتصرفات؟ في اعتقادي إن أحد أسباب فشل المعلمين والتربية والتعليم في تحقيق أهدافها والوصول بالطلاب أفضل مستوى تعلمي وتحصيلي واجتماعي هو عدم تواضع المعلمين في التعامل مع الآخرين وخصوصاً الطلاب.

4. **استخدام الأساليب المتنوعة في التدريس**

لكي يستطيع المعلم تقوية شخصية طلابه داخل الصف وخارجه وحتى يصل الطلاب إلى الثقة بالنفس والمقدرة على التعامل مع المواد التعليمية المختلفة والتعامل مع الطلاب لآخرين يجب على المعلم عدم استعمال أسلوب واحد للتدريس، بل استعمال أساليب عدة تناسب المادة المتعلمة ومستوى الطلاب التحصيلي والقدرات العقلية والفروق الفردية الموجودة بينهم، وتسود داخل الصف الواحد. واستعمال هذه الأساليب ممكن أن يكون في الدرس الواحد، بحيث تلائم هذه الأساليب والطرق كل مجموعة من الطلاب وتتناسب مع عقولهم ومداركهم واستعداداتهم، وهكذا يمكن تحقيق أهداف الدرس لدى جميع الطلاب دون استثناء، كما يحدث في أرض الواقع، حيث يتعامل المعلم مع عدد من الطلاب ويترك الباقين لعدم قدرتهم على السير معه في السرعة والمقدرة والأسلوب المستعمل، وهكذا يترك معظم الطلاب دون اهتمام أو عناية في المستوى الذي يصلون إليه، ومن هنا تكون الطريق إلى الانحراف وترك المدرسة والتسرب والعدوانية قريبة جداً. ومن

الأساليب المتنوعة التي يمكن استعمالها في الدرس والصف الواحد، المناقشة والحوار، والإعادة والتكرار، طرح الأسئلة والأمثلة، التشويق والإثارة والاستكشاف والعمل الجماعي التعاوني والأسلوب التقليدي الذي يعطي الطلاب الفرصة للتعبير عن الذات وأخذ دور أثناء الدرس وعدم الاكتفاء بالاستماع.

مكانة التربية في الإسلام

بالاعتماد على القرآن والسنة والشرائع الإسلامية التي جاء بها الخلفاء الراشدون والفقهاء وعلماء الدين، نرى أن الإسلام يهتم اهتماماً خاصاً ويعطي العانية اللازمة للطفل ويضعها في مقدمة الأمور التي يهتم بها، وهذه العناية والاهتمام بتربية الطفل وإعداده الإعداد الصحيح والمناسب والصالح تبدأ من اللحظة الأولى التي تبدأ العناية فيها بالعلاقة التي تجمع بين الأبويين ومن لحظة بدء الحمل، حيث أن الرعاية والتربية الكاملة والتي تكون عن طريق التمهيد وإعداد الأجواء والظروف اللازمة لولادة الطفل المرتقب والذي نريد أن يكون مثل الآخرين سوياً وعادياً تقر به أعين والديه، وفي كل مرحلة من مراحل تكوينه ونموه واكتماله يحصل على العناية والرعاية قدر المستطاع.

وبما أن التربية بالنسبة للطفل تبدأ من لحظة ولادته، لذلك فقد أوصى الإسلام بأن يؤذن في أذن الطفل اليمنى، وتكون إقامة الصلاة في أذنه اليسرى، وحتى تكون أول كلمة تقع على أذن الطفل ويسمعها على هذه الأرض هي كلمة التوحيد التي تذكره بميثاق الفطرة التي ينشأ عليها كل طفل والتي قد تكون بدايتها عندما انعقدت عليها نطفته، ومن المبادئ الأساسية التي يعتني بها الإسلام في التربية هي الاهتمام بتربية الروح المعنوية وإشعار الطفل بقيمته وكرامته، وهذا ما تنادي به التربية الحديثة على اختلاف مذاهبها واختلاف الباحثين فيها.

ويواصل الإسلام العناية بالطفل ويحث الأم على رعاية رضيعها، ورضاعة الولد من حليب الأم يعتبر الغذاء الطبيعي المتوازن الذي يحفظ للطفل صحته ونموه، ويصون جسده وجهازه الهضمي من الإصابات والأمراض.(الكليني: الفروع من الكافي، ج6).

ثم تستمر العناية التربوية بالطفل وهو في مرحلة الطفولة والصبا والمراهقة، فيأتي التوجيه الإسلامي عن الإمام جعفر الصادق(عليه السلام) "أمهل صبيّك ست سنين، ثم ضمه إليك سبع سنين، فأدبه بأدبك فإن قبل وصلح، وإلا فخل عنه" وقول

آخر(بادروا أولادكم بالحديث قبل أن يسبقكم إليه المرجئة). والمرجئة هم فرقة من الفرق الكلامية التي قالت آراء مخالفة للعقائد الإسلامية الصحيحة.

ويهتم الإسلام بالتربية النفسية، فيعمل على توفير الأمن والحب والحنان للطفل، لكي ينشا سوياً خالياً من التعقيد والحقد والكراهية، لذلك أوصى الرسول عليه السلام وقال" من قبّل ولد كتب الله عز وجل له حسنة، ومن فرّحه فرحه الله يوم القيامة، ومن علمه القرآن دُعي بالأبوين فيكتسيان حليتين تضيء من نورهما وجوه أهل الجنة".

والأبوين هما المسؤولان عن تربية أبنائهما تربية إسلامية سوية، وإن تقصير الأبوين يعد عقوقاً من قبل الأبوين وتضيعاً لأبنائهما وجناية عليهم(السابق).

ولقد اهتمت التربية بشكل عام والتربية الإسلامية بشكل خاص بنقل القيم والعادات وطرق الحياة الاجتماعية المقبولة في المجتمع على الطفل لتحويله من كائن بيولوجي تسيطر عليه الأنانية وحب الذات ويهتم بالحصول على حاجاته تحت أي ظرف من الظروف، دون الاهتمام بالآخرين وما يحدث معهم في نفس اللحظة، إلى كائن اجتماعي له مكانته وأدواره داخل النسق الاجتماعي الذي يوجد فيه ، وذلك من خلال مروره بجوانب وخطوات تربوية تعمل على إحداث التغير في الجوانب الخلقية والاجتماعية والسلوكية، وإدراك ما يدور حوله من أحداث، فهي بذلك تهدف إلى إعداد الطفل للحياة في مجتمع معين وهذا يتضمن عمليتين أساسيتين، الأولى اكتساب الطفل لمهنة معينة أو الاستعداد للدخول في مهنة معينة ومن هنا نقول أن هذه العملية تعتمد إعداداً وتوجيهاً للحياة المختلفة التي تشمل المناقشة والإقناع، والشعور بالذنب والعقاب الجسدي الذي يعاقب به الأطفال (عثمان، 1992).

أما من ناحية المسؤولية والمسؤولين عن التربية، فإن تطور الحياة المدنية للإنسان وتشابك العلاقات الاجتماعية والإنسانية بين الأفراد، وتعدد أنواع التفاعل والتأثير الاجتماعي والثقافي، بالإضافة إلى تعدد العوامل والوسائل المؤثرة في تربية الإنسان والتي هي في العادة دينامية ومستمرة في التغيير، ولكنها تعمل على توجيه سلوكه أو صياغة شخصيته وتشعب المسؤوليات والمهمات التي يجب عليه القيام بها. لذا فإن مراكز الإعداد والتربية والمسؤوليات التربوية تتخطى حدود الأسرة والأبوين لتشمل المدرسة والمجتمع والدولة ووسائل التوجيه وقيادة الرأي العام. ومن هنا يأتي تنوع المسؤولية التربوية بين المؤسسات والجهات التالية:

1. الأسرة. 2. المدرسة. 3. المجتمع. 4. الحكومة. 5 الإنسان نفسه.

وتعتبر الأسرة ذات الأهمية الأولى والأساسية في حياة الطفل لأنها هي المحيط التربوي الأول الذي يولد فيه الطفل وينشأ في ظلاله فمنه يكتسب ويتعلم وفي أجوائه ينمو ويترعرع، واختلاف الأطفال والفروق بينهم في القدرات والعادات والقيم يأتي من اختلاف الأسر الذي يكون له الأثر الكبير على وجود الطفل بين الأطفال في الأطر الأخرى ووصوله إلى المستويات التحصيلية المختلفة الإيجابية والسلبية.

إن الطفل من بداية حياته يكتسب من الأسرة عاداتها وطبيعة حياتها، واتجاهها الفكري والسلوكي، ويتشبع بكل ما يحدث داخلها، أي أن تأثير الأسرة في مرحلة الطفولة والتطور المبكر يؤثر تأثيراً بالغاً وبصورة فعالة في شخصية الطفل ونشأته، لذا فقد ألقى الإسلام بالمسؤولية الأساسية في تربية الأطفال على الوالدين واعتبرهما مسؤولين عن تربية أبنائهما، والاهتمام بهم وبما يحدث لهم من أحدث، وخلال القيام بهذه المسؤولية والتربية نرى أن البعض منهم يستعمل طرق وأساليب القسوة وإنزال العقوبات الصارمة المؤذية والمؤثرة على شخصية الطفل ونموه الانفعالي، وفي معظم الحالات تكون هذه العقوبات زائدة عن الحد الممكن، ويكون تأثيرها على الطفل سلبياً ويدفعه إلى القيام بأعمال منحرفة وشاذة عما هو مقبول ومتبع، وهذا بدوره يزيد من قسوة الأهل على الأبناء ويدفع الأبناء أكثر فأكثر إلى السلوك المنحرف وإهمال كل شيء من حولهم. إن الأهل من خلال تصرفاتهم هذه يعتقدون أن التربية تكون عن طريق إظهار واستعمال القوة من جانبهم والخنوع والاستسلام من جانب الأبناء، وبعض الآباء والأمهات تسيطر عليهم عواطفهم مما يجعلهم يستسلمون للطفل ويلبون مطالبه، بسبب إصراره على إشباع رغباته فيتركونه يعمل ما يريد، فينشأ وهو يحمل مفاهيم طفولية ويسلك سولكيات غير مسؤولة وخالية من ضبط النفس ومعرفة الحدود، لذلك يعمل الأعمال التي اعتاد عليها في أسرته عندما يتواجد مع المجتمع الخارجي الأمر الذي يجعله يصطدم بالواقع المختلف عن الوضع الذي نشأ عليه ويصبح عرضة للإحباطات والاضطرابات النفسية.

وعليه فمن واجب الآباء العناية بتربية أبنائهم، والحرص على سلامة توجيههم، لأن التربية الإسلامية تقوم على الصيانة والتحصين للأبناء من الانحراف والوقوع في السلوك الشاذ. إن الأب الذي يهمل في تربية أبنائه يساهم في دفعهم إلى الانحراف والشذوذ، وهذا يعني أنه شريكٌ لهم ومساهمٌ فعالٌ فيما يصلون إليه من أوضاع شاذة وحالات سلوكية مخزية، من هنا جاءت قوانين الجزاء الإسلامية وحملته مسؤولية

تقصير ابنه غير البالغ، وذلك حتى يتم التنسيق الكامل بين القوانين والمسؤوليات، هذا بالإضافة إلى المسؤولية الجزائية الكبرى الملقاة على عاتق الأب أمام الله عز وجل يوم الحساب.

الفصل الرابع

العوامل العامة المؤثرة في تحصيل الطلاب

يرجع علماء النفس والباحثون التربويون في علـم الادارة تـأخر الطالـب وضـعفه التحصيلي إلى ثلاثـة عوامل أساسية تلعب دوراً فاعلاً في مدى تحصيل الطالب وقدراته على الوصول إلى أفضـل صـور العطـاء الـذاتي والتحصيل الدراسي، نذكرها ونتوقف بالشرح والتفصيل على العامل الإداري الـذي هـو محـور هـذا الفصـل. أمـا العوامل الأخرى فهي:

أولاً- العوامل الذاتية أو الشخصية والتي تقسـم إلى:-

1. عقلية.

2. جسمية.

3. انفعالية.

ثانياً- العوامل الأسرية المنزلية مثل:

1. مستوى الأسرة الاقتصادي.

2. المستوى الثقافي للأسرة.

3. العلاقات التي تربط بين أفراد الأسرة.

ثالثاً- العوامل المدرسية وهي كثيرة منها:

أ- تنقلات الطالب من مدرسة إلى أخرى.

ب- تنقلات المعلمين وعدم استقرارهم.

ج-تصرفات المعلمين ومعاملاتهم.

د- جاذبية التلاميذ إلى المغريات الحياتية خارج المدرسة بسبب قلة جاذبية المدرسة وعدم قدرة الطالب على التكيف مع المدرسة وقوانينها ومطالبها التنظيمية، والسلوكية والعلمية التحصيلية.

أما العامل الذي نخصه بالشرح والتحليل والذي يلعب دوراً أساسياً هاماً في التأثير على تحصيل الطالب فهو مدير المدرسة (دبابنة، 1984). وحتى نستطيع إعطاء هذا الموضوع حقه من الشرح والتحليل يجب أن نعرِّف الإدارة التربوية والتعليمية وأنواعها.

الإدارة التربوية:

تعرّف على أنها تنظيم جهود العاملين وتنسيقها حتى يكون بالإمكان تنمية الأفراد تنمية كاملة وشاملة تضم جميع الجوانب، وذلك في إطار اجتماعي متصل بصورة مباشرة وعائلته والبيئة التي يعيش فيها. ويتوقف مدى نجاح هذه الإدارة على المشاركة في اتخاذ القرار والأسلوب الذي يستعمل لذلك والذي يعدّ عاملاً أساسياً لنجاح أي نوع من أنواع الإدارة المستعملة في المدارس المختلفة (سليمان 2001).

ويمكن تعريفها أيضاً: بأنها عملية تنظيم موظفي المؤسسة التربوية جميعهم وتنسيق أعمال العاملين فيها وتوجيههم التوجيه الصحيح والمناسب، لتكوين السياسة التي تؤدي إلى تحقيق أهداف فعالة وصحيحة تعكس فلسفة المجتمع ورغباته، لكي يتم الوصول إلى التطور المطلوب في العملية التربوية.

الإدارة التعليمية:

تعرّف على أنها الطريقة التي تقوم بإدارة التعليم في مجتمع معين فيها. وذلك حسب أيدلوجية ذلك المجتمع وأوضاعه، والاتجاهات الفكرية والتربوية الموجوده فيه، حتى يستطيعوا الوصول إلى أهدافه وتنفيذ السياسة المرسومة له، ليحقق هذا التعليم أهدافه المرجوة (عرفات، 1987).

الإدارة المدرسية:

هي تلك الجهود التي يتم تنسيقها بين العاملين الذين يقومون بإنجازها في الحقل التعليمي، حتى يتم تحقيق الأهداف التربوية داخل المدرسة بالشكل الذي تهدف إليه الدولة من تربية أبنائها، التربية الصحيحة التي تقوم على الأسس السليمة، السابقة ذكرها. ويعرفها الباحثون الآخرون على أنها:"كل نشاط تتحقق من ورائه الأغراض التربوية بصورة فعالة وإيجابية. ويتم توجيه الخبرات المدرسية والتربوية حسب نماذج مختارة ومحددة من قبل هيئات عليا خارجية أو هيئات داخل الإدارة المدرسية (الشويكي،1990).

ويعرفها الباحث على أنها حصيلة العمليات التي يتم بوساطتها وضع الإمكانات والقوى البشرية والمادية في خدمة أهداف عمل من الأعمال، والإدارة هنا تؤدي وظيفتها من خلال التأثير في سلوك الأفراد والوصول إلى رفع مستوى تحصيلهم الدراسي والوصول بهم إلى أفضل المستويات التي تساعدهم على أخذ أماكنهم في المجتمع مستقبلاً، وذلك من خلال توفير جميع العناصر التي تعمل من أجل ذلك.

إن هذه التعريفات تتفق على أن هاتين الإدارتين تقومان على مشاركة العاملين من المعلمين والطلاب في صنع القرار الذي يهدف لتحقيق الهدف الأساسي السامي وهو التعليم والتربية في الوقت نفسه، لذا فإن الإدارة التعليمية هي وسيلة لتحقيق أهداف الإدارة التربوية من خلال تنظيم المدرسة ويمكنها من تحقيق الرسالة التي يجب عليها تحقيقها في تربية الأجيال الجديدة، أي أنه يعدّ أكبر هدف من أهداف الإدارة التربية.

وفي الوقت نفسه يختلف التعريفان في مدى نفوذ كل إدارة من الإدارات المذكورة، فالإدارة التربوية هي عبارة عن نظام تربوي على مستوى الدولة والمجتمع بما في ذلك المدارس والمؤسسات التربوية والخدمات التعليمية المختلفة مثل الصحافة والإعلام وما يحكم ذلك كله من تشريعات وقوانين تقع تحت مسؤولية الوزير المختص.

أما الإدارة التعليمية فإن نفوذها يكون فقط داخل سور المدرسة، ولا يتعدى ذلك إلا في بعض الأحيان، لأنها نظام تربوي على مستوى مصغر فقط، والمسؤول عن القيام بدور الإشراف والتوجيه في هذه الإدارة مدير المدرسة، لذا يجب أن يكون على وعي تام بالقواعد والأصول التربوية ليتسنى له القيام بدوره القيادي بدرجة عالية من الكفاءة.

أنواع الإدارة التعليمية (التربوية)

لهذا النوع من الإدارة أنواع فكل مدير يختلف عن المدراء الآخرين في قيادته لمدرسته وتعامله مع ما يحدث فيها من أحداث ومستجدات، ويكون له نظامه الخاص وسلطته التي يدير بها مدرسته، ويسير جميع الأمور فيها، ومن هذه الأنواع:

1. الإدارة الأتوقراطية:

تؤثر هذه الإدارة بصورة واضحة على جميع العاملين والمتواجدين فيها وخصوصاً على الطلاب ومستوى تحصيلهم الدراسي؛ لأن المدير في هذا النوع من الإدارة يكون قد رسم في مخيلته مسبقاً الخطط والسياسات التربوية التي يريد أن يحققها، ويسعى لذلك بكل الطرق والأساليب. والمعلمون في هذه الإدارة يعرفون تمام المعرفة مواقعهم من المدير والوظائف التي يجب أن يقوموا بها. لأن المدير يقوم

وبصورة واضحة بإظهار الحب والود لمن ينسجم مع تصرفاته ويظهر وبصورة واضحة ودون تردد العنف والجفاء والابتعاد لمن يقف أمام تحقيق رغباته وأهدافه الشخصية. وفي الحالتين ينعكس الأمر على المدرسة والطلاب وتعلمهم، ومكانتهم، ومستوى تحصيلهم التعليمي الذي يتأثر بصورة واضحة من كلا الجانبين المعلمين والطلاب.

وهناك بعض الأسس التي تقوم عليها مثل هذه الإدارة وهي:

1. السلطة في هذه الإدارة تكون من الأعلى إلى الأسفل حيث يأمر المدير المعلمين بالقيام بأمر معين فيتم تنفيذه حتى ولو اختلفت الآراء، وبدون مناقشة، لأنه لا يوجد أي مجال لمناقشة مثل هذا المدير الذي لا يعطي أية فرصة لذلك. (في بعض الأحيان يعارض بعض المعلمون ويقومون المدير وسياساته ولكنهم يدفعون الثمن) وإذا أمر المعلم الطلاب بأي أمر فيكون هذا الأمر فرضاً عليهم ويجب تنفيذه، ومن لا ينفذ يعاقب.

2. مثل هذه الإدارة تفصل بين التخطيط والتنفيذ، أي أن المدير ومن هم حوله أو من يريدهم يقومون بعملية التخطيط للمدرسة في جميع المجالات دون مناقشة المعلمين أو الاستماع إلى آرائهم، وفي معظم الحالات فإنه لن ينفذ منها أي شيء في نهاية العام، وذلك لعدم اقتناع المعلمين والطلاب في مثل هذه الخطط، ولكنهم مجبرون على تنفيذها.

3. في هذا النوع من الإدارة يكون ولاء الجميع للمدير، لأنه يجب على الجميع تقديم الطاعة والولاء له وقول "أمر حضرتك دائماً، وفي كل الحالات" لأنه بدون ذلك سوف يوضع الذي لا يفعل ما يجب فعله في قائمة المرفوضين وغير المرغوب فيهم. أو من يشذ عن هذه القاعدة سوف ينزل عليه الغضب من جميع الجوانب والجهات، حتى ولو كان صادقاً أو على حق.

4. عملية التوجيه والإرشاد في هذا النوع من الإدارة تأخذ طابع الديكتاتورية، لأن المدير يعمل ما يريد دون تنسيق أو طلب مسبق، فمثلاً يدخل ليشاهد درساً لمعلم معين، فيبدأ بالتدخل في تعليم الدروس، ويفرض رأيه دون الرجوع إلى المعلم أو مناقشته في ذلك، ويقيم المدير المعلم بنجاح أو فشل الطلاب، مما يترك أثراً بالغاً على شخصية المعلم وثقته بنفسه.

5. في هذا النوع من الإدارة يكون اهتمام المدارس منصباً على الناحية المعرفية، وعلى إتقان الطلاب لمعرفة المواد الدراسية والمقررة للإنجاز والتحصيل الدراسي العالي (دسوقي، 1980).

وعليه يمكن القول بأن الإدارة الأتوقراطية هي تلك الإدارة التي يقف في مقدمتها أو على رأسها شخص يكون هو الآمر والناهي، وعلى الجميع من حوله الالتزام والاستجابة لقراراته التي يصدرها مهما كانت تتعارض مع أفكارهم ومعتقداتهم وآرائهم التربوية، كما أن مثل هذا المدير يهتم بمدى التحصيل المعرفي للطلاب، ولا يهتم بمدى التقدم والتطور الاجتماعي والجسدي والانفعالي للطلاب بالرغم من أن هذه الجوانب هي التي تساعد بدرجة كبيرة على التحصيل المعرفي الجيد.

وهذا النوع من الإدارة له عدة مستويات، وكل مستوى له صفاته ومميزاته الخاصة التي تظهر بصورة واضحة في إدارته للمدرسة التي هو مديرها، ومن هذه المستويات نذكر:-

- **القائد الأتوقراطي،** أي المتسلط والمتحكم والذي يتميز بما يلي:

- تركيز جميع السلطات في يده مع المحافظة على كل صغيرة وكبيرة لنفسه حيث يقوم عليها بمفرده دون اشتراك أحد.
- يصدر الأوامر والتعليمات التي تتناول جميع التفاصيل ويصرعلى إطاعة المعلمين والطلاب له.
- لا يعطي سلطاته لأي فرد حتى لو استطاع ذلك.
- بصورة دائمة ومستمرة يسعى إلى زيادة سلطاته وصلاحياته حتى تكون جميع الأمور تحت سيطرته الشخصية وتصرفه الشخصي.
- لايسمح لأي فرد يعمل تحت إمرته أن يتصرف دون موافقة خاصة منه.
- بسبب عدم ثقته بالعاملين معه يتبع معهم أسلوب الإشراف الوثيق والمحكم.
- لا يعدّ نفسه وكيلاً يعمل باسم من يعمل معه بل آمراً لهم.
- خلال قيامه بالمهام الإدارية يعتمد على التعليمات والأوامر التي تتصف بالجمود والصرامة وتكون غامضة، وذلك بدلا من التعاون مع العاملين حتى يتم إنجاز العمل بأفضل ما يكون.

- لا يهتم بأي حال من الأحوال بالظروف التي يمر بها العاملون مهما كانت صعبة.
- لايشرك العاملين معه في المهام المختلفة مثل، وضع القرارات التي تخص المدرسة والطلاب.

- المدير الأوتقراطي الصالح:

هذا النوع من المدراء يتصف بالصفات والمميزات الآتية:

- ثقته بنفسه وطرق وأساليب أدائه لعمله، تكون متميزة دائماً.

- يعمل على خلق جو خاص يساعد على التخفيف من ظهور السلوك العدواني ضده من جانب العاملين معه.

- يحاول أن يكون رقيقاً في تعامله مع العاملين معه، ويرضى عنهم عندما يقومون بواجبهم وينجزون الأعمال التي تطلب منهم، ولكنه يكون قاسياً بصورة خاصة عندما لايؤدون عملهم.

- يؤمن بالمشاركة في الإدارة النابعة من أسفل، أي أنه يحاول أن يبين للعاملين معه مزايا وحسنات القرارات التي يقرها حتى يخفف من معارضته له، ويحثهم على تقديم التقاريروالاقتراحات بخصوص المشكلة المتعلقة قبل أن يقرها.

- يكون في معظم الأحيان شخصاً له طموحات من خلالها توصل إلى المراكز الذي يوجد فيها بصورة تدريجية، وهو في العادة يعرف وظيفته تمام المعرفة ويقوم بتنفيذ أعماله بكفاءة عالية، ويؤدي عمله بإخلاص ويعطيه كل وقته، إلا أن اتجاهاته وسلوكياته استبدادية بطبيعته.

- المدير الأتوقراطي اللبق:

- يمتاز باللباقة عندما يُتعامل معهم، ويتصل بهم بصورة شخصية لإنجاز العمل المطلوب منهم، ويكون مرناً في معالجة المشكلات التي تواجهه في العمل.

- إن مشاركة العاملين له في أداء المهام التي تطلب منه، وفي عملية اتخا القرارت تعدّ بنظره وسيلة غير عملية ولا فائدة منها، لذلك يحاول خلق

الإحساس لدى العاملين بأنهم يشاركونه، لذا فهو بما توصل إليه من حلول يحاول الحصول على موافقتهم على ما يريد اتخاذه من قرارت.

- يحاول إعطاء العاملين نسبة بسيطة من الحرية من خلال مشاركتهم في تحمل المسؤولية.
- إن هذا النمط في جوهره هو أقل درجات السلوك الأتوقراطي تسلطاً وأكثرها اقتراباً من السلوك الديمقراطي. والمدير فيه يحاول الاحتفاظ لنفسه بالحق في أخذ آراء العاملين واقتراحاتهم أو عدم الأخذ بها.

2. الإدارة الديمقراطية

إن تأثير هذا النوع من الإدارة على جميع العاملين الذين يعملون معه على تحقيق الخطط والأهداف التي يرسمها للمدرسة بمساعدتهم ومناقشتها معهم حتى يكون تأثيرها إيجابياً على الطلاب ومستواهم المعرفي والتحصيلي، إن الإدارة والمعلمين يسعون لتحقيق هذه الأهداف بكل الطرق والأساليب التي يقوم في أساسها على الديمقراطية والحرية الشخصية. وإن المعلمين في مثل هذه الإدارة يعرفون حق المعرفة مواقعهم من المدير الذي يعمل في سياسة الباب المفتوح في معظم الحالات ويعرفون الوظائف التي يجب أن يقوموا بها، لأن المدير يقوم بإظهار المحبة والقبول والمعاملة الحسنة لجميع العاملين والمعلمين، ويجعلهم يتصرفون تصرفات مرفوضة تؤثر سلباً على الطلاب وتحصيلهم وعلى المدرسة بصورة عامة.

ومن الأسس والصفات التي تقوم عليها مثل هذه الإدارة ما يأتي:-

1. تنمية شخصية الطالب والمدرس والمحافظة عليها حتى يكون باستطاعته القيام بتحقيق الأهداف والغايات المطلوب منه تحقيقها بالمستوى المطلوب.
2. العمل وبصورة جدية على تنسيق الجهود بين فئات العاملين في المدرسة، لأن مثل هذا المدير يؤمن بالعمل الجماعي التعاوني، والمبدأ الذي يقوم عليه هذا التنظيم هو أن عمل المدرسة يجب أن يكون متكاملاً ومتناسقاً.
3. المشاركة في تحديد السياسات والبرامج المدرسية الداخلية أو الخارجية وذلك بإشراك المعلمين والطلاب في وضع محددات البرامج والسياسات التي تسير عليها المدرسة.

4. دور المـدير في الإدارة الديمقراطيـة يقـوم عـلى إعطـاء التوجيـه للمعلمـين والطـلاب بأفضـل الطـرق والأساليب التي تؤدي إلى زيادة في الديمقراطية والرغبة في التعلم ورفع المستوى المعرفي والتحصيلي.

5. في الإدارة الديمقراطية تحدد الأعمال بحيث لا تتداخل ولا تتضارب فكل معلم يعـرف عملـه الـذي سيقوم به والوقت المحدد لذلك (الدويك1980).

إن الإدارة الديمقراطية التي تستعمل في المدارس لو تمسك بها جميع المدراء وعملوا بجميـع الأسـس التـي ذكرت فإن ذلك يؤدي لجعل المدرسة نموذجية؛ لأنها تهتم براحة المعلم وتوفير ما يلزمه من احتياجات ومطالـب أساسية وضرورية، براحة الطالب كذلك وكل ما يتعلق به من جميع الجوانب الجسـدية والمعرفيـة والاجتماعيـة والانفعالية، حتى يستطيع القيام بإنجاز جميع الفعليات والمهام التي تطلب منه وهـو يتمتـع بالراحـة النفسـية والاستقرار الذي يساعده على التعلم والوصول إلى التحصيل الجيد.

<u>3. الإدارة البيروقراطية</u>

يؤثر هذا النوع مـن الإدارة بصـورة واضـحة عـلى العـاملين والمعلمـين بصـورة مبـاشرة ، وعـلى مـدى استعدادهم للعمل والعطاء، كما يؤثر على مستوى تحصيل الطلاب وجـديتهم في التوجـه لـلتعلم والإقبـال عـلى التعلم، لأن طبيعة هذا النظام تقوم على أسس محددة تجبر الجميع وتحـدد لهـم مسـؤولياتهم والأعـمال التـي يقومون بها بصورة واضحة.

وتقوم الإدارة البيروقراطية على الأسس الآتية:

1. مدير المدرسة يترك للمعلمين الحرية في الأمور جميعها، مثل مواعيد الدوام وتسـيير برنـامج المدرسـة، مما يؤدي – برأيي- إلى الفوضى وعدم الالتزام، وأخذ ألأمور بنوع مـن عـدم الحريـة والاهـتمام الـذي يـؤثر في نهايـة الأمـر عـلى المعلمـين أنفسـهم ودافعيـتهم، وعـلى الطـلاب ومـدى الجديـة والدافعيـة والاستعداد والرغبة في التعلم لديهم.

2. يترك البيت ليقوم بحل المشاكل التي تصادف الطـلاب، ولمـن يعنيـه الأمـر دون اسـتخدام المشـورة أو الحزم في كثير من الأحيان.

3. الاجتماعات التي تعقدها مثل هذه الإدارة تكون في العادة لفترات زمنية طويلة، بحيث يستطيع كل عضو أن يبدي رأيه مما يسبب للجميع الراحة، وتكون القرارات التي يتم اتخاذها ذات أثر في تسيير العمل السير الصحيح أو الفاشل (دسوقي).

وعليه يمكن القول إن هذا النظام عبارة عن نظام يؤدي إلى الفوضى في المدرسة لأنه يعتبر نظام السياسة الترسلية الذي يترك فيها الحبل على الغارب، أي أن كل موظف تخطر بباله فكرة جديدة ويريد تنفيذها في عمله يستطيع القيام بذلك، ولو سبب للآخرين الأذى أثناء تنفيذه مشروعه. أي أن المدير في هذا النظام يعدّ صورة، ويكون في العادة ضعيف الشخصية ولا يوجد لديه أية صفة من الصفات التي يجب أن يتحلى بها المدير حتى يستطيع أن يقود مدرسته القيادة الصحيحة التي تصل من خلالها إلى بر الأمان، وأفضل ما يمكن من المستوى التحصيلي التعليمي.

إن المتفحص للأنماط الثلاثة التي تحدثنا عنها يجد أن لكل إدارة حسناتها التي تميزها عن الإدارات الأخرى، فمثلاً الإدارة الأتوقراطية يكون المدير فيها حازماً في عملية اتخاذ القرار في الأمور المختلفة، وشخصيته تكون في العادة قوية لدرجة أنه يحصل على إعجاب كثير من الناس في بعض الأحيان، ولكن هذه الصفة صفة واحدة جيدة. وفيما يخص القائد أو المدير الديموقراطي نجد أنه لو استطاع كل مدير أن يسيرحسب الأسس العامة لهذا النوع من الإدارة أو القيادة لكانت المدرسة التي يقوم بإدارتها من أحسن المدارس وأفضلها، أو طلابه ومعلّموه يكونون من المتميزين في المجتمع، لأنهم عاشوا في نظام اتخاذ القرار الذي يكون للجميع، وتنفيذه يكون بتعاون الجميع. وهذا ما لايوجد في الإدارة الترسلية التي تترك لكل موظف وطالب حرية عمل ما يريد وكيفما يريد، مما يسبب الفوضى والبلبلة في المدرسة بشكل خاص والمجتمع بشكل عام.

وبالاعتماد على ما ذكر سوف نحاول التعرف إلى المدير الفعال الذي يقود مدرسته حسب الأصول التربوية. ما هي مميزاته وصفاته وأساليب العمل التي يعمل بها؟ والمهارات الموجودة لديه ويستعملها في مجالات عمله المختلفة ويكون لها أثر واضح على العملية التعليمية والتربوية، وتساهم مساهمة كبيرة في رفع مستوى تحصيل الطالب المدرسي ومستوى المدرسة بشكل عام.

أثر مدير المدرسة في تحصيل الطلاب

التحصيل يعني مدى قدرة الطالب العقلية على استيعاب المواد التعليمية المقررة التي يتعلمها في المدرسة والبيت، ومدى قدرته على تطبيقها والاستفادة منها في المواقف التعليمية والحياتية اليومية التي يمر بها. ولقد أشارت مدارس علم النفس التي اهتمت ببحث ودراسة عملية التعليم والتحصيل العلمي إلى مدى أهمية الدوافع في تشجيع التعلم، فكلما كانت إدارة المدرسة واعية ومستنيرة وتتعامل مع الطلاب من هذا المبدأ، فإنها تؤثر تأثيراً كبيراً وواضحاً في تحصيل الطلاب، وذلك من خلال استعمالها طرق عدة ذات أهمية على الطلاب مثل:

1- تشجيع الطالب على الدراسة في البيت والمدرسة للمواد التي يتعلمها والتي تتطلب مراجعتها يومياً ودون تأجيل حتى يستمر في السير مع زملائه بنفس المستوى والتقدم. بالإضافة إلى المطالعة الخارجية، وهذا يعني إيجاد مكتبة مدرسية تفي بمتطلبات الطلاب وتلائم مستوياتهم، والاستمرار بمتابعتها، وتزويدها بكل ما يجد من المؤلفات المناسبة لميولهم، ومستوياتهم العقلية، وذلك لزيادة تحصيلهم، وتنمية قدراتهم على الإبداع، وخلق روح ناقدة ثاقبة لديهم، وعدم حصرهم في الكتاب المدرسي وحده كما يحدث في معظم المدارس اليوم، حيث لايترك المعلم الكتاب ولا يستطيع الابتعاد عنه لكونه مجبراً على إنهائه في نهاية العام الدراسي مما يجعله لا يفكر في أي مادة خارجية أو الاهتمام بالمواضيع الحديثة. ومثل هذا التصرف والتعامل سببه إدارة المدرسة بصورة مباشرة، لأنها لا تترك مجالاً مفتوحاً أمام المعلمين للاهتمام بالإبداع الشخصي لكل طالب، بل الاهتمام في إنهاء المقرر. ويجب أن نذكر أنه كلما زاد إقبال الطالب على المكتبة فإن ذلك يعني أن تصبح لديه القدرة على البحث والتعلم والميل إلى الدراسة، وهذا بدوره يؤدي إلى زيادة في تحصيله.

2- يتعاون المدير مع معلمي المواد المختلفة لمعرفة أسباب ضعف الطلاب في تحصيلهم، وذلك لوضع الخطط المناسبة لعلاج هذا الضعف. حيث من الممكن أن يكون سبب تأخر الطالب ناجماً عن ضعف في صحته أو اضطراب نفسي، يرجع إلى أسباب ومؤثرات خارجية، في مثل هذا الوضع، يعمل المدير بالتعاون مع المدرسين بوجه عام، ومربي الصف، والمرشد التربوي بوجه خاص، لمساعدة الطالب والأخذ بيده، وتوجيهه وإرشاده، وذلك لأن تحصيله مرتبط بصحته

الجسمية والنفسية، فإذا عمل جميع أفراد الطاقم على علاجها، تحسن تحصيل الطالب، وإن أهملنا في علاجها تدهور حال الطالب الدراسي، تماماً كما يحصل في المدارس التي تتصف إدارتها بالتسيب أو اللامبالاة وعدم الاهتمام.

وقد يحدث التأخر الدراسي لدى طلاب المدرسة بسبب الإدارة التي تتصف بالديكتاتورية التي لا يعنيها من الطالب أو المعلم، أو حتى العاملين سوى التقيد والالتزام بالأنظمة والقوانين، وفي الوقت نفسه يحذر عليهم إبداء الرأي أو المعارضة، وهذا بحد ذاته يؤدي إلى ذوبان شخصية الطالب وكرهه للمدرسة، وعلى رأسها الإدارة، مما يكون له الأثر السلبي على دراسته وتحصيله، وقد يؤدي إلى تسربه من المدرسة.

3- يظهر أثر المدير في تحصيل الطالب من خلال متابعته المستمرة للامتحانات المدرسية في المواد المختلفة، ومدى ملاءمة أسئلتها للطلاب، ومن ثم الاطلاع على نتائجها وعددها، لأنها الوسيلة التقييمية الوحيدة للطالب المعتمد عليها في مدارسنا بالرغم من وجود الوسائل التقييمية البديلة الكثيرة التي يمكن استعمالها بصورة ناجحة ومفضلة والتي تظهر بصورة حقيقية قدرات الطالب التحصيلية ومستواه التعليمي الدقيق.

4- اتصال المدير الدائم والمستمر مع المعلمين والمربين وحثهم على الاتصال الدائم والدوري مع ذوي الطلاب (وفي بعض الأحيان يقوم هو بنفسه بالاتصال مع الأهل خصوصاً في الحالات الصعبة التي لايفيد اتصال المعلم بل يتطلب اتصال المدير مباشرة)، واطلاعهم على نتائجهم، إن ذلك يؤثر على تحصيلهم الدراسي لأنه يشعرهم بالأهمية والاهتمام من قبل المعلمين والمدير والأهل، ومن جانبه أي المدير الناجح يشعر الطلاب بأن المدرسة هي بيتهم الثاني، وأنها ذات صلة وعلاقة وثيقة ودائمة ببيته وأسرته، والملجأ الآمن الذي يحتضنه حتى لو قست عليه أسرته في في بعض المواقف والأحيان. وإنني على ثقة تامة بأن الطالب إذا استطاع التكيف مع المدرسة، والمعلمين والطلاب والعاملين وعلى رأسهم المدير، واعتبرها أسرة ثانية أو أولى في الكثير من الحالات التي تعاني الأسرة فيها من التفكك الأسري والمشاكل الأسرية على اختلافها. وبالطبع لايتم مثل هذا إلا بوجود إدارة تنظر إلى الطالب على أنه أغلى ما تملك، ومن أجله تعمل على توفير كل شيء، تتألم لألمه وتشعر بما يحدث معه وتحنو عليه وتشد أزره وتساعده وتعطيه التعزيز المناسب في الوقت المناسب فإنه من المؤكد أن مثل هذا

الطالب سيحاول جاهداً التفوق في تحصيله وتعليمه ويتصف بالصفات الإنسانية الحسنة، ويقوم بتنفيذ ما يطلب منه من جانب المعلمين أو المدير دون تردد أو إحجام بل يكون ذلك برغبة وسرور.

5- يهتم المدير بنوعية المعلمين الذين يدرسون الطلاب، فهو يوزعهم على أساس تخصصاتهم وكفاءاتهم، ويقوم بمراقبة طرق وأساليب التدريس التي يتبعونها ومدى مناسبتها لمستوى الطلاب وقدراتهم، ويوجههم عن طريق النصح والإرشاد وتبادل الآراء وليس الإجبار وفرض السيطرة والسلطة، وفي حالة عدم نجاح هذا الأسلوب فعلى المدير أن يتبع الأساليب المناسبة التي تعود بالفائدة على الطلاب وتعلمهم وتحصيلهم الدراسي. وهذا بدوره يدفع المعلم على العمل للاقبال بكل جد ونشاط ودافعية، مما سينعكس على الطلاب ويكون له ألأثر الأكبر على تحصيلهم ورفع مستوياتهم، لأن المعلم بالنسبة للطالب يعدّ بمثابة المثل والرمز الذي يقوم بتقليده في جميع الأعمال التي يعملها والتصرفات التي تصدر عنه.

6- يعمل المدير عن طريق المعلمين والمربين على تهيئة الفرص لقيام الطلاب بمزاولة الأنشطة المدرسية المختلفة، مثل: الإذاعية الصباحية، الندوات، التمثيليات، الرياضة بأنواعها، عمل البرامج الثقافية المتنوعة، مما يؤدي إلى التغير في البرنامج المدرسي اليومي، ويجدد نشاط الطالب، وبالتالي يكون له أثر واضح الأهمية في العمل على زيادة اهتمام الطالب بالجانب التعليمي ورفع مستوى تحصيله الدراسي وما يصل إليه من نتائج عالية.

7- إذا كان مدير المدرسة فظاً غليظاً ينظر إلى الطلاب نظرة استكبار ويعمل على تحقيرهم عن طريق استعمال الأساليب القهرية، الكلامية والجسدية فإن مثل هذه الأعمال والتصرفات تدفع بالطلاب إلى التسرب البطيء من المدرسة مما يؤثر بصورة واضحة على تقدمهم التعليمي وتحصيلهم الذي يكون متدنياً جداً لعدم الاهتمام والمتابعة، بالرغم من وجود القدرات العقلية التي من الممكن أن تجعلهم يحصلون على تحصيل دراسي عال جداً. ومن الممكن أن يكون التسرب تاماً أي أن الطالب يترك المدرسة بصورة نهائية. ونتيجة ذلك أصعب من التسرب الجزئي، حيث يدفع بالطالب إلى الشارع ويترك للتأثر بما يحدث فيه، مما يجعل مثل هؤلاء الطلاب ينهجون طرقاً مناهضة للدين والعقل والتقاليد الاجتماعية المتبعة.

لذا يجب على المدير أن يعي مدى أهمية المسؤولية التعليمية التي يقوم بالعمل على تنفيذها تجاه هؤلاء الطلاب، ويعمل على مراعاة مشاعرهم وأحاسيسهم واحترامها وتقديرها، ويقوم بإرشادهم في حالة الانحراف والابتعاد عن الطريق الصحيح، بهذا العمل يستطيع المدير والمدرسة تخريج الأجيال الناجحة التي تعمل بصورة إيجابية لمصلحتها ومصلحة المجتمع بصورة عامة، وتتمتع بالصحة الجسدية والنفسية والعقلية السلمية والسوية.

أي أنه إذا توفر الحزم والعطف والفهم والتقدير تجاه الطلاب فإن هذا يؤدي إلى تفاعلهم وتكيفهم وزيادة تحصيلهم الدراسي الذي هو الغاية المنشودة.

8- إضافة إلى ما ذكر هناك طرق وأساليب عديدة يتبعها المدير الناجح والمسؤول لزيادة تحصيل الطلاب التعليمي والتي تعتمد عليه مباشرةً أو عن طريق اتصاله مع المعلمين نذكر منها:

أ- إعداد برامج خاصة تراعى فيها قدرات الطلاب وحاجاتهم وميولهم ورغباتهم والفروق الفردية بينهم، وذلك عن طريق التنويع في أساليب التدريس والمعاملة الإنسانية التي يعامل بها المعلمون والطلاب.

ب- يحث المعلمين على تبسيط المادة، وعرضها للطلاب بطريقه مشوقة جذابة تثير اهتمامهم وانتباههم وتحببهم بالمادة ومعلمها فيؤدي ذلك إلى زيادة تحصيلهم العلمي.

جـ- يعمل على تخصيص حصص إضافية للطلاب الذين يعانون من بطء التعلم والاستيعاب مع متابعتهم باستمرار، وعدم إشعارهم بالمشكلة التي يعانون منها، مثل هذا العمل من شأنه أن يرفع من مستواهم التعليمي ويزيد من تحصيلهم العلمي.

د- يعمل على تصحيح الأخطاء التي تحدث عن طريق استعمال طرق التدريس غير المناسبة وتقويم مسار التعليم بالتعاون مع المعلمين.

هـ- يهتم بدراسة مشكلات الطلاب، ومعرفة أسبابها ودوافع سلوكهم المضطرب بتقديم العون والمساعدة لهم وهذا بدوره يؤدي إلى نوع من الشعور بالهدوء والاستقرار اللذين يضمنان وصول الطلاب إلى تحصيل دراسي ذي مستوى لائق.

و- لعل مما يزيد من مستوى التحصيل هو توجه المدير للوالدين والاتصال المباشر الدائم معهما للعمل على كيفية التعامل مع أبنائهما وإبعادهم عن الاضطرابات الانفعالية النفسية.

ز- اتباع المدير طرقاً علمية في علاج مشكلات الطلاب، مثل: عملية تشخيص المشكلة، وتحديد نوعها، والبحث عن أسبابها ثم تحديد نوع العلاج اللازم لتخليص الطلاب منها.

ح- يعمل بصورة واضحة على زيادة النشاط والاهتمام، وبالتالي رفع مستوى التحصيل والنجاح (حسين، 1982).

ولكي يكون المدير ناجحاً في عمله وإدارته للمدرسة ويكون أثره واضحاً في العملية التعليمية وتحصيل الطلاب الدراسي والمستوى العلمي الذي يصلون إليه، يجب أن تتوفر الصفات الآتية:

1- القدرة على فهم الطبيعة الإنسانية حق الفهم

إن المدير التربوي الحكيم وصاحب الخبرة يجب أن تكون لديه القدرة على فهم الطبيعة الإنسانية، ويعرف كيف يتعامل معهم، ويبعد عن الأمور التي تؤلم شعورهم وتجعلهم في حالة غير عادية، كما عليه أن يحترم أراء الآباء ومبادئهم ومعتقداتهم، حتى ولو كانت تتعارض مع رأيه أو مبدئه وعقيدته الشخصية، وعليه أن يعتاد على الصبر والحلم وضبط النفس حينما يتعامل مع الجهلة أو الحمقى والمتعصبين منهم طلاباً كانوا أو معلمين أو أهالي. لأن لهم صلة مباشرة مع الطلاب ويؤثرون على استعداداتهم وقدراتهم ورغباتهم في التعلم والاهتمام بالعلم والتحصيل.

2- يجب أن يكون المدير التربوي صاحب خيال ابتكاري وإبداعي واسع

إن المدير التربوي الماهر يجب أن تكون لديه قوة وقدرة خاصة على الخيال بصورة عامة والخيال الابتكاري والإبداعي بصورة خاصة، بحيث يرى بوضوح ما يريد القيام به وفعله مع كل عنصر من العناصر المتواجدة في المدرسة وتلعب دوراً خاصاً فيها، ويرى ما تتطلبه المدرسة بصورة عامة من متطلبات يجب العمل على توفيرها لأهميتها، ويرى ما يتطلبه الآباء من متطلبات تتعلق بمستقبل الأبناء وتطورهم العلمي والتعلمي وتؤثر إيجابياً على مستوى تحصيلهم الدراسي والتطور الواضح في شخصياتهم، وما يلائم الطلاب خلال وجودهم في المدرسة ويقومون فيها بالتعلم والعمل على إنجاز ما يطلب منهم من فعاليات، وما يحتاج إليه المجتمع من احتياجات خاصة

يجب على المدرسة العمل على توفيرها والمشاركة في إعطائها له. وعليه يمكن القول إن مدير المدرسة يعدّ مثل المهندس الذي يجب عليه أن يقوم برسم المنزل أو البيت أو أي بناء رسماً جيداً ودقيقاً قبل أن يضع أساسه، أو مثل القائد الذي يجب عليه أن يقوم برسم خطته قبل الشروع في مهاجمة عدوه، أي إن مدير المدرسة يجب أن يكون بعيد النظر، فيرى النتيجة تماماً كلما تحدث ويدرك ما هو الممكن وغير الممكن من الأشياء والأمور التي تتعلق بالمدرسة والطلاب وتطورهم التعليمي، لذا فهو يقوم بوضع الهدف الأعلى للمدرسة التي تسعى للوصول إليه وتحقيقه، ولاينظر للمدرسة نظرة محدودة في تحركها وعملها، بل ينظر إليها نظرته إلى مجتمع قابل للنمو والرقي والتطور والوصول إلى ما هو أفضل بصورة دائمة.

وخلال قيام المدير بعمل داخل المدرسة وإدارتها يجب عليه ألا يفكر بنفسه أو منفعته الشخصية ويضعها في المقام الأول ويسعى لتحقيق أغراضه الشخصية حتى ولو كان ذلك على حساب الآخرين، بل عليه أن يفكر أولاً وقبل كل شيء في طلابه وتعلمهم وتطورهم ووصولهم إلى أعلى مستوى تحصيلي ممكن، هذا بالإضافة إلى عمله الدائم لراحتهم ومنفعتهم، وأن ينظر نظرة جادة إلى ما يلائم وما لايلائم، ما ينفعهم وما يضرهم على المدى القريب والبعيد، ويضحي بكل شيء في سبيلهم حتى يكون الوصول إلى المثل الأعلى الذي يقصد الوصول إليه من خلال وجود الطلاب في المدرسة وقيامهم بالتعلم، ولكن هذا يتعارض مع الواقع ويصعب الوصول إليه، لأنه ليس من السهل أن نجد هذه النوعية من المدراء في مدارسنا، بسبب الذاتية الزائدة وعدم الكفاءة الشخصية للقيام بهذا المنصب الهام والأساسي الذي يتوقف عليه مستقبل جميع الطلاب والأبناء من خلال جميع الأعمال التي يقوم بها المدير، والقرارات التي يقوم باتخاذها بحق المعلمين والطلاب.

<u>**3- يجب على مدير المدرسة أن يكون عملياً وحكيماً وحازماً خلال قيامه بإدارة المدرسة والتعامل مع جميع العناصر التي تعمل فيها.**</u>

إن مدير المدرسة الذي يقوم بالإدارة بصورة حسنة جيدة ومقبولة، يكون في العادة رجلاً عملياً يعمل أكثر مما يقول، يتأنى في عمله حتى لايقع في الأخطاء أو لا يظلم الآخرين من حوله، ولايحاول عمل المستحيل لأنه يدرك أنه لن يصل إلى شيء جدي، وإن استطاع فإن ذلك لن يجدي نفعاً على المدى البعيد، ويكلفه ثمناً باهظاً دون أي مبرر لذلك. بالمقابل فهو يقوم بتنفيذ ما يكون واثقاً من صوابه وصحته من التجارب والأساليب الحديثة، ويبتعد عن الطفرة، ويميل إلى التدرج في عمل الأشياء وهو لايمكن

أن يتغاضى عن الحقيقة أو الواقع حتى لو كان محباً للنظام. وفي العادة هو لايعتقد أنه معصوم عن الخطأ، أي أنه كغيره عرضة للوقوع في الخطأ، وهو عادة ليس من الأفراد الذين يكون تأثيرهم شديداً، ولاينظر إلى الذنب الذي يرتكبه الطلاب على أنه متعمد ويقصد به إيلامه وخلق المشاكل من حوله.

4- يجب أن يكون مدير المدرسة إدارياً واسع الأفق وبعيد النظر والرؤية

وتجاربه وخبرته بحيث يستطيع الاعتماد عليها في تعامله الآخرين من حوله. هذا بالإضافة إلى مقدرته على إدراك الصلة القائمة بين المدرسة والمجتمع، وما يحتاج إليه المجتمع والعمل على تلبيته من خلال المدرسة والدور الذي تقوم به كمؤسسة تربوية وتعليمية لها أثرها الفعال في التأثير فيما يحدث داخل المجتمع. وعلى المدير أيضاً أن يعمل ليبعث في المدرسة روحاً مليئة بالأمل وإصلاح المجتمع، ويجتهد في تربية الأطفال تربية جيدة كاملة تؤدي إلى ترفيه الحياة الاجتماعية والخلقية والصحية والعقلية لدى الأمة. وذلك عن طريق رفع المستوى التعليمي والتحصيلي لأفراد المجتمع.

في هذا المجال يجب أن نذكر أن المدير الناجح الجيد والذي يقوم بإدارة المدرسة بالشكل والصورة الصحيحة مثل هذا المدير أو الإدارة يجب أن تتمثل فيه الأمور الآتية:

أ- القدرة على إحداث التفاعل بين متطلبات العمل والعاملين واتباع النمط القيادي الذي يتناسب مع تحقيق الأهداف العملية والتعليمية.

ب- أن يكون واعياً ومدركاً لدوره ومركزه، فيعمل على إحداث التغيير والتجديد والتطوير من خلاله.

جـ- أن يكون قادراً على تحقيق العلاقة وتوجيهها بصورة هادفة إلى أعمال وأفعال بدلاً من الأقوال والشعارات، وهذا بدوره يتطلب وجود صفات خاصة في شخصية مدير المدرسة، بالإضافة إلى وجود المهارات الإنسانية والمهنية والفنية والإدارية المناسبة التي يستطيع من خلالها تنفيذ جميع الخطط والمشاريع والأهداف التي تؤدي إلى تنمية قدرات الطلاب ومهاراتهم وترفع من مستواهم التعليمي والتحصيلي، وتساعد على تطوير المدرسة بشكل مستمر.

ومثل هذا المدير الناجح تربطه علاقات عمل مهنية مع جميع العاملين في المدرسة مثل: المعلمين والسلطة التعليمية وأولياء الأمور والمجتمع المحلي. وسوف نتناول هذه العلاقات بشيء من الشرح والتوضيح.

علاقة المدير بالمعلمين

إن المدير الناجح يسعى دائماً إلى تكوين علاقات مهنية وإنسانية جيدة وطيبة مع المعلمين في المدرسة، تقوم على الاحترام المتبادل والثقة والتعاون فيما بينهم، وذلك من أجل مصلحة المدرسة، والطلاب أولاً وحرصاً منه على تقدمهم التعليمي والإنساني الاجتماعي الدائم، كما عليه أن يسعى دائماً إلى تطوير هذه العلاقة بالشكل الصحيح الذي يمكن كل واحد منهم من الشعور بما له من أهمية ومكانة وقيمة خاصة للجهد والعمل الذي يقوم فيه. وحتى يكون بالإمكان تحقيق ذلك يجب على المدير أن يحرص على سير العمل بروح الفريق الواحد المتكامل الذي يعمل بنوع من الحرية حتى يكون بمقدورهم الوصول إلى التنمية والتطوير الذي يلائم عطاءهم والوصول من خلاله إلى رفع المستوى التعليمي والتحصيلي للطلاب والمدرسة. كل ذلك مع الأخذ بالاعتبار الفروق الفردية لديهم التي يكون لها تأثير كبير وواضح على عطائهم وتوجهاتهم التعليمية.

هذا بالإضافة إلى أهمية كون المدير على مستوى خاص من الوعي والإدراك والفهم للمشاكل التي من الممكن أن تواجه المعلمين أثناء قيامهم بعملهم اليومي والتي تتطلب منه أن يكون مشرفاً وقائداً تربوياً ومستمعاً جيداً وصبوراً حتى يستطيع الاستماع إليهم وفهمهم ومساعدتهم على حل هذه المشاكل وتحملها، لأن هذا يدعمهم ويقوي من معنوياتهم ويدفعهم إلى المزيد من الجهود والإخلاص في العمل. لأن مشاكل الحياة اليومية التي تواجه المعلمين كغيرهم من الناس كثيرة، تؤثر على الراحة النفسية لديهم وتزيد من التوتر والقلق الذي يؤدي بدوره إلى عدم الاستقرار النفسي، مما يجعل المعلم عاجزاً تماماً عن العطاء، إضافة إلى ما يعانيه من ضغط المدير عليه وعدم فهمه لهذه الحقيقة يزيد من صعوبة الوضع الذي يخسر- منه - في نهاية الأمر - الطلاب، لأن عطاء المعلم ينعدم مما يؤثر على مستوى تعلم الطلاب، وتحصيلهم الذي قد يصل إلى أدنى درجة له، بسبب عدم استفزاز المعلم نفسياً.

من ناحية أخرى يجب على المدير أن يعمل دائماً على إشعار المعلمين بالمساواة في المعاملة والعدل في الحكم، وإعطاء كل معلم حقه كما هو، ودون تفرقة، لأي سبب من الأسباب، حتى يستطيع أن يقوم بواجبه على أفضل ما يكون. وليس كما

يحدث اليوم في معظم المدارس والتي تدار وكأنها ضيعة أو مزرعة أو عزبة خاصة، يعمل فيها المدير ما يشاء، لأنه صاحبها والآخرون أجيرون لديه، وكل شيء فيها يقوم على المحسوبية والواسطة دون أي اهتمام بالقدرات والكفاءات والقدرة والرغبة في العطاء، ودون أدنى اهتمام بالطلاب ومستقبلهم وبمستواهم التعليمي الذي من المؤكد سوف يصلون إليه على أيدي معلمين عينوا على أساس غير تربوي أو مهني.

كما يجب على المدير ألا يكفر أنه السيد المطاع (كما يحدث اليوم في جميع المدارس) الذي يصدر القرارت ويعطي التعليمات ويجب أن تنفذ دون مناقشة أو إبطاء، أي أنه هو الذي يأمر وغيره يخضع وينفذ، لأن هذه الروح الاستبدادية وتدعيم سوء التفاهم والنفور في النفوس، مما يؤدي إلى زيادة النزاع والمشاكل في المدرسة.

علاقة المدير بالطلاب

يعدّ الطلاب في المدرسة محور العملية التعليمية التي تقام المدرسة من أجل نموه وتحقيق أهدافه الخاصة والعامة. وهم بمثابة الناتج النهائي الذي نستطيع عن طريقه معرفة فعالية المدرسة ونجاحها في تحقيق الأهداف التعليمية والتربوية التي تعمل من أجل الوصول إليها أو يجب عليه أن يكوّن علاقات خاصة ومميزة مع الطلاب تقوم على رؤية وتوجه واضح، وتهدف إلى مساعدتهم على الارتقاء والتطور مع جميع المستويات، السلوكية والمعرفية والنفسية والجسدية والاجتماعية والثقافية والتربوية، كما يجب عليه أن يحس ويلمس المشكل التي تواجههم ويحاول مساعدتهم على حلها حتى يجنبهم التوتر والقلق والاكتئاب، ليصل بهم إلى أعلى مستوى شخصي يؤدي إلى استفادة المجتمع منه. إن ما يحدث اليوم في معظم المدارس قائم على عكس ذلك، حيث تسلط المدير واستعمال العنف الجسدي والمهني يؤدي إلى جعل نسبة كبيرة من الطلاب يتسربون من المدرسة في جيل مبكر، أو يجعل منهم أو منحرفين وعدوانيين لا فائدة منهم لأنفسهم ولا فائدة للمجتمع منهم. لأن المدير لم يحاول أن يعرف الطالب وأحواله وميوله ومواطن ضعفه ووسائل علاجه، حتى يعمل على تقوية الضعف وتهذيب ما يجب أن يهذب ويشجع من يستحق ذلك، فهذه الأمور جميعها يجب على المدير معرفتها والعمل بها.

علاقة مدير المدرسة بالسلطات التعليمية

إدارة المدرسة في العادة تخضع للسلطات التعليمية التي تكون مسؤولة عن كل شيء في المدرسة بما في ذلك وضع المدرسة ووضع طلابها، وتعيين المعلمين وما تقوم به الإدارة من أعمال ومشاريع تعليمية وتربوية، لذا يجب على إدارة المدرسة أن تحرص على تكوين علاقة جيدة مع السلطات التعليمية تقوم في أساسها على الاحترام والتفاهم والتعاون المشترك لتحقيق الأهداف التربوية التعليمية للطلاب. وحتى يتم ذلك يجب إيجاد وسيلة تواصل مستمرة بين الإدارة والسلطة التعليمية، حتى يكون بالإمكان تقديم الإرشادات والتوجيهات والمقترحات التي تساعد على رفع مستوى الأداء وتحسينه، ورفع الكفاءة الإدارية، والناتج النهائي الذي تصل إليه من خلال عملها في المدرسة ومع الطلاب.

علاقة المدير بأولياء الأمور والمجتمع

إدارة المدرسة الناجحة تحاول دائماً العمل على توثيق العلاقات والاتصالات والتعاون مع أولياء أمور الطلاب، لأنهم يعدّون الشريك الآخر المباشر في إنجاح العملية التعليمية أو فشلها (تماماً كما يحدث في معظم مدارسنا لأن دور أولياء الأمور محدود أو شبه معدوم، لأن الإدارة لا تمكنهم من المعرفة والعمل والتدخل إلا في الأمور التافهة، مما يؤدي إلى إبعادهم عن المدرسة حتى ولو زيارتها لمرة واحدة. وتصل الحالة في بعض الأحيان إلى عدم معرفة الأهل في أي المراحل يتعلم أبناؤهم).

والحقيقة إن إدارة المدرسة الجادة من الصعب عليها أن تعمل بفعالية ونجاح دون دعم حقيقي مباشر من أولياء الأمور من حيث متابعة ومراقبة ما يحدث مع أبنائهم والعمل على تصحيح الأخطاء إن وجدت، هذا بالإضافة إلى التواصل المستمر مع الإدارة لمناقشة جميع الجوانب التي من شأنها أن ترفع مستوى تحصيل الطلاب وتعلمهم.

وبما أن المدرسة جزء لا يتجزأ من المجتمع لذا يجب على مدير المدرسة أن يضع خطة واضحة تهدف إلى تفعيل هذه العلاقة ووضعها في إطارها الخاص حتى يكون بالإمكان تحقيق أهداف المدرسة الأساسية والتي تنسجم مع أهداف المجتمع بصورة عامة.

وحتى نستطيع القول إن فعالية الإدارة المدرسية ناجحة، يجب أن تتوفر فيها المعايير الآتية:

1. تتميز الإدارة المدرسية الناجحة بتفويض واضح للسلطة، وتعيين محدد للمسؤوليات التي يقوم بها وتتناسب معها ومع إمكانياتها وقدراتها في العمل على رفع المستوى التحصيلي الدراسي لطلابها.

2. إذا كانت الإدارة المدرسية تهدف من أعمالها خدمة العملية التعليمية فيجب أن تحدد وظائفها وتنظيمها ووسائل تنفيذها بما يتفق مع أهداف المدرسة التي يقف في مقدمتها مستوى تحصيل الطلاب ونجاحهم التعليمي.

3. يجب على إدارة المدرسة أن تعكس العمل الذي تقوم به، بالإضافة إلى عكسها لخصائص المعلمين الذين يقومون بهذا العمل.

4. يجب أن تستعين الإدارة في عملها حتى ينجح، بكل أنواع التنظيم والوسائل الت تساعد على حل المشكلات التي تقف أمامها لكيلا لا يتأثر تحصيل الطلاب الدراسي.

أما فيما يخص المهام والواجبات التي يجب على مدير المدرسة القيام بها فقد ذكرها رو Roe و دريك Drake وأكد عليها بلومبرج Blumberg وجرينفيلد Greenfield في دراستين مستقلتين، أظهرتا بعدين متكاملين هما:

أولاً: التركيز على العمل الإداري

حتى يضمن مدير المدرسة سير العمل المدرسي واستمراره بصورة سهلة تساعد الطلاب على الوصول إلى تحقيق أهدافهم التعليمية والسلوكية يجب عليه القيام بالمهام والواجبات الإدارية التي تتعلق بصورة مباشرة مع عملية التعليم والتعلم والتحصيل المدرسي وتحقيق الأهداف وهي:

1. الإشراف على إعداد السجلات المدرسية المختلفة والمحافظة عليها.

2. إدارة شؤون الأفراد على اختلاف أدوارهم وأعمالهم.

3. متابعة سير العمل وكتابة التقارير ورفعها للإدارة التعليمية.

4. الإشراف على حفظ النظام بين الطلاب والمعلمين (اليوم).

5. إعداد الجداول المدرسية التي تتناسب مع الأوضاع العامة وأجيال الطلاب.

6. إدارة مرافق المدرسة، والعمل على تزويدها بالأدوات والتجهيزات اللازمة حتى يستفيد الطلاب منها استفادة كاملة، وتتم عملية التعلم على أحسن وجه.

7. مراقبة برامج وإجراءات التدريس المحددة من قبل الإدارة التعليمية حتى تكون الاستفادة منها كبيرة.

ثانياً: التركيز على القيادة التربوية

إن هذه الوظيفة التي يجب على مدير المدرسة القيام بها تتضمن جميع المهام المرتبطة بتغيير سلوك الطلاب الذين من حولهم جميع من لهم علاقة بالعملية التعليمية، مثل: المعلمين وأولياء أمورهم، وذلك حتى يتم تحقيق الأهداف التي تسعى المدرسة لتحقيقها وهي:

1. تحفيز المعلمين على القيام بأقصى جهد حتى يتم على أكمل وجه.

2. العمل مع المعلمين على تطوير وتنمية وتحسين الأنشطة المدرسية التي يقومون بها.

3. اشتراك المعلمين في وضع خطط تقويم وتسجيل التقدم الدراسي للطلاب.

4. تشجيع إجراء الدراسات لتطوير المناهج وأساليب التدريس.

5. إعطاء المعلمين الفرص للتطور والتقدم والنمو المهني؛ لأنه يعود بالفائدة على المدرسة وطلابها.

6. القيام بالتقويم والتوجيه المستمر للمعلمين خلال العملية التعليمية لما في ذلك من مصلحة وفائدة الطلاب وتقدمهم.

وفي مجال التوجيه والإرشاد التعليمي والسلوكي للطلاب، توجد مهام خاصة يجب على مدير المدرسة أن يطلع عليها مثل:

1. تهيئة الجو المناسب والبيئة التربوية المناسبة لميول الطلاب واستعداداتهم واهتماماتهم، وحل مشاكلهم، والقيام بالتمهيد للانتقال من مرحلة تعليمية إلى أخرى بسهولة ودون عناء.

2. توفير الامكانات اللازمة لإنجاح عملية التوجيه والإرشاد التي تقدم للطلاب في المدرسة والاستفادة من الكفاءات المتاحة لديهم من أجل هذا الغرض.

3. دعم وتشجيع المرشد الاجتماعي الذي يعمل مع الطلاب، وعدم مطالبته بالقيام بأعمال إدارية أخرى من شأنها أن تعيق قيامه بعمله.

4. رئاسة لجنة التوجيه والإرشاد الطلابي في المدرسة.

5. مشاركة المرشد الذي يعمل في وضع خطة إجرائية لتنفيذ برنامج للتوجيه والإرشاد الطلابي بالمدرسة.

6. متابعة خطة توجيه الطلاب وإرشادهم في المدرسة، وتقويم الأعمال التي يقوم بها المرشد.

7. المشاركة المباشرة من قبل مدير المدرسة في توجيه الطلاب وإرشادهم في المدرسة، لأنه يعدّ القائد التي تقع على عاتقه جميع المسؤوليات.

8. متابعة وملاحظة الظواهر السلوكية غير المقبولة التي تصدر عن الطلاب أثناء تواجدهم في المدرسة حتى يكون بالإمكان وضع حد لها وعلاجها.

9. الاتصال والتنسيق مع السلطات العليا والجهات المختصة لتأمين الاحتياجات اللازمة لإنجاح برامج التوجيه والإرشاد.

10. توفير المناخ المريح والمناسب للمرشد حتى يقوم بعمله على أتم وجه، وذلك بتخصيص غرفة مستقلة تتناسب مع طبيعة عمله ومتطلباته.

11. الاتصال بالأهالي والتحدث معهم بشأن تعاونهم مع المدرسة لتحقيق احتياجات البرنامج الإرشادي التوجيهي الذي تقدمه المدرسة لطلابها.

12. حث المعلمين وتشجيعهم على رعاية الطلاب وحل مشاكلهم والتعاون مع المرشد المتخصص لتقديم المساعدة المطلوبة حتى يكون بإمكانهم الوصول إلى مستوى تحصيلي علمي عالٍ ومناسب.

وحتى يستطيع المدير القيام بجميع هذه الوظائف وجميع ما يطلب منه كقائد تربوي عليه أن يكون متمكناً من الآتية:

1. مهارة تكوين علاقات إيجابية تحقق الهدف المنشود

وحتى يكون بالامكان تحقيق الأهداف المدرسية يجب أن يتصف المدير بمهارة كسب ثقة المعلمين وقبولهم لديه، وتكوين علاقة مهنية إيجابية بينه وبينهم. وحتى يصل إلى تكوين العلاقة معهم يجب أن يعمل على استمرار النمو والتطور لدى جميع العناصر في المدرسة ويساعد في عملية الإرشاد والتوجيه بالإضافة إلى عمله على زيادة خبرة المعلمين وإثراء كفاءتهم التي تعود في نهاية الأمر بالفائدة على الطلاب وتقدمهم الدراسي.

2. مهارة الاشترك مع الجماعة

المدير الذي يسعى إلى النجاح والتقدم في مستوى تحصيل طلابه ومدرسته يجب أن يكون لديه مهارة في تحديد الفروض والتفسيرات والتعديلات التي تتصل بصورة مباشرة بدوره في الجماعة المدرسية، كما يجب عليه إطلاع الجماعة التي يعمل معها على التعديلات التي يراها لازمة لصالح العمل، وأن يشجع الجميع على تحمل المسؤولية في أداء العمل الدراسي.

3. مهارة الاستفادة من إمكانات المدرسة

حتى يكون باستطاعة مدير المدرسة الاستفادة من إمكانات المدرسة المختلفة عليه أن يساعد المعلمين في التعرف إلى جميع الموارد والإمكانات التي تكون ذات فائدة لهم في تحقيق نشاطهم، ويساعدهم في عملية الاستفادة من الخدمات التي تقدمها المؤسسات الخارجية.

4. مهارة التقويم

في العمل التربوي والإدارة المدرسية لابد أن تكون لدى مدير المدرسة المهارة اللازمة، حتى يستطيع القيام بواجبه خير قيام ويستطيع تسجيل نمو عمل أعضاء الهيئة التدريسية، وذلك من خلال متابعته لجهودهم أثناء قيامهم بعملهم، وأن يقدم لهم المساعدة والعون في الوقت المناسب. وفيما يقوم بكتابة التقارير عن سير عملهم يجب أن تكون هذه التقارير موضوعية وغير متجنية بل تعطي كل ذي حقٍ حقه (سرحان،1981).

5. المهارات المعرفية والفكرية

وتعني هذه المهاره قدرة المدير على رؤية التنظيم الـذي يقوده وفهمه للـترابط بـين أجزائـه ونشاطه. ومن هذه المهارات ما يلي:

أ‌- توفر المعلومات والأفكار (لدى المدير) التي تتصل بخصائص المنظمة أو المؤسسـة التـي يعمل فيها، وأهدافها ووسائل الاتصال وقنواته، ونظام المعلومـات والحقـائق المتعلقـة بكيفية سير العمل وتطويره وتقويمه.

ب‌- يجب أن تكون لدى المدير المعرفة بخصائص نمو الأطفال وكيفية بناء المناهج الدراسية وطرق إثرائها وتطويرها وطرق التعليم والتعلم.

ج‌- قدرة المدير على حفظ السجلات والمعلومات المتوفرة عن الطلاب بصورة خاصة وعـن المدرسة بصورة عامة.

د‌- قدرة المدير على القيام بعملية الاتصال والتواصل مع الرؤساء والمرؤوسين.

إن هذه المهارات تعطي المدير التربوي الفرصة لفهم الفلسفة المدرسية التي يعمل علـى قيادتها، مما يمكنه من التقابل مع أهدافها وطرائقها، ومـع طلابهـا ومعلميها إلى أن يصبح عضواً فعالاً في المدرسة في نهاية الأمر.

6. المهارات الإنسانية

تعني قدرة المدير أو المدرس على التعامل مع مرؤوسيه وتنسيق جهودهم وخلق روح العمل الجماعي والتعاون فيما بينهم من أجل مصلحة الطلاب وتقدمهم وهذا الأمر يتطلب:

أ- وجود الفهم المتبادل بين المدير وجميع العناصر العاملة في مدرسته ومعرفته لآرائهم وميولهم واتجاهاتهم.

ب- قدرة المدير في التعامل مع الأفراد، وتعدّ هذه المهارة من أكثر المهـارات صعوبة لأنها تعكس رغبـة المدير في التعامل مع الأشياء،

لأن كل ما يدخل في مجالات العلاقات الإنسانية يعدّ من أكثر الأشياء تعقيداً وتغيراً وتنوعاً بسبب الفروق الفردية التي تؤثر على كل شيء وفي كل شيء (دسوقي، 1974).

وترتبط هذه المهارة بعدة سمات أساسية مثل:

1- الاستقامة وتكامل الشخصية، وهذه السمة تعني توافر الانسجام والاتزان في سلوك المدير سواء في سلوكه أو أخلاقه، لأن الشخصية المتكاملة تتطلب توافر سمات الأمانة والإخلاص، والخلق الطيب (الشنتاوي، 1976). وتعرف الاستقامة على أنها احترام الأنظمة، وسلامة النهج والهدف والتطلع إلى المثل العليا والقدوة الحسنة لجميع من يتعامل معهم من معلمين وطلاب.

2- إن الأمانة والإخلاص والخلق الطيب تساعد الإداري لدى مرؤوسيه وطلابه والاطمئنان إلى أن مصالحهم مصونة ومحفوظة لديه.

إن المهاره الإنسانية بطبيعتها تتطلب أن يكون المدير قادراً على:

- بناء علاقات جيدة وحسنة مع جميع مرؤوسيه دون استثناء أو تفرقة.
- إدراكه التام لميول واتجاهات مرؤوسيه والعمل على إشباعها وإرضائها.
- قدرته على فهم مشاعر مرؤوسيه وتقوية ثقته بهم.
- قبوله للاقتراحات التي يقدمها مرؤوسيه في إطار أعمالهم وانتقاداتهم البناءة لما يحدث في المدرسة.
- إعطاء الفرصة المناسبة لمرؤوسيه لإظهار روح الابتكار لديهم، لما يحدث في ذلك من مصلحة لهم وللمدرسة والطلاب.
- خلق الشعور بالاطمئنان لدى مرؤوسيه وذلك من خلال تلبية طلباتهم وإشباع حاجاتهم (الدويك، 1980).

من الواضح أن المهارات الإنسانية جميعها تتحدث عن النواحي والجوانب الانفعالية حيث إن أبسط الأشياء التي يقوم بها المدير أمام مرؤوسيه مثل الابتسامة تؤدي إلى محبتهم له وتقربهم منه، أو إذا أقام علاقات احترام مع جميع العاملين فإن ذلك يؤدي إلى حدوث احترام متبادل مع جميع العاملين وإلى احترام وولاء الجميع له.

أما إذا توقفت هذه العلاقات على عدد معين (كما يحدث اليوم في جميع المدارس) من العاملين وإهمال الآخرين أو معاملتهم معاملة صعبة وقاسية، فإن ذلك سيسبب له الكراهية من قبل الجميع وعدم احترامه، أو يوصلهم إلى عدم الرغبة في العمل وإهمال الطلاب وتعلمهم. إن مثل هذا الوضع سوف يؤدي إلى عدم تطبيق أوامر وطلبات المدير حتى لو كانت فيها منفعة لهم ولمدرستهم ولطلابهم، وسيبقى له وجه واحد في كل تصرفاته، وهو عدم الإنصاف، أو ما نسميه بالمدير الظالم المتحيز المهمل للمصلحة العامة وغير العادل لأنه يوكل جميع المهام التي تعود بالفائدة العلمية على الطلاب والمدرسة وبالفائدة الاقتصادية إلى أصحابها المقربين. أما المعلمون الآخرون فيعطيهم التهديد والوعيد والإنذارات بالرغم من قيامهم بالأعمال على أكمل وجه، ومساعدة الطلاب في الوصول إلى المعرفة والمستوى التحصيلي العالي الذي على ما يبدو لا يهمه بأي حال من الأحوال.

من ناحية أخرى فإن شعور المدير بمشاكل معلميه يساعده على معاملتهم معاملة خاصة، لذلك يجب أن يكون مطلعاً على جميع المشاعر التي يمر بها المعلم، لأن المدير الناجح يستطيع أن يعرف متى يشعر معلمه بضيق من خلال ملامح وجهه فيحاول تقديم ما يحتاج إليه حتى لو كان بالخفاء، إن مثل هذا العمل يجعل المدير يحظى بمحبة عالية واحترام كبير.

وعليه يمكن القول إن الصفات الإنسانية للمدير والتي تقع في مجال الاستقامة تجعله مثل الخط المستقيم يعامل جميع المرؤسين معاملة متساوية ودون فرق أو تفضيل إلا بالأعمال التربوية الإيجابية التي يقومون بها، والصفات الأخرى التي يتحلى بها مثل الأمانة التي تقف في مكان الصدارة في العمل التربوي لأنه يعرف معظم أسرار موظفيه، ويجب أن يكون أميناً عليها ولا يفشيها مهما كانت الأسباب، وأميناً على طلابه وعلى مستوى التحصيل الذي يجب أن يصلوا إليه في تعلمهم، أما صفة الخلق الطيب فإنها تساعده على أن يكون بشوشاً ، سريع البديهة، يعرف الخطأ عن بعد ويصوبه دون أن يحدث للآخرين أي تشويه.

وإذا شعر بضعف في عمل أي معلم فإنه يأخذه بشكل فردي ويناقش معه الأسباب التي أدت إلى هذا الضعف دون تهديد ووعيد وخلق أي علاقات سيئة مع هذا المعلم، حتى لا يتسبب في استمرار المعلم في الضعف وعدم العمل. إن مثل هذه الأعمال والتوجهات من المدير تؤدي إلى إقامة علاقات سيئة بينه وبين المعلم، فيشعر المعلمون بأنه يحاول اصطياد الأخطاء للتشهير بها (تماماً كما يحدث في معظم مدارسنا

مع المدراء الذين يصلون إلى هذا المنصب دون أن يكون لديهم الكفاءة والقدرات المناسبة لذلك)، لكن مثل هذه الأعمال لا تحدث مع المدير الناجح الذي يتحلى بالإنسانية والاستقامة والإخلاص والتفاني بأداء عمله حتى لو كان ذلك على حساب راحته الشخصية، لأنه يملك القدرات والمؤهلات المناسبة للقيام بمثل هذه الوظيفة.

7- المهارات الذاتية

ويقصد بها جميع القدرات الضرورية واللازمة لبناء شخصية الأفراد ليصبحوا شخصيات إدارية تقوم بعملها بنجاح، وهي السمات الجسدية والقدرات العقلية، والمبادرة والابتكار وضبط النفس.

أولاً: السمات الجسدية

يقصد بهذه السمات القوة البدنية والعصبية، والقدرة على التحمل والنشاط والحيوية، لأنها تساعد القائد على زرع الحيوية والنشاط في مرؤوسيه حتى يتم تحقيق الأهداف التربوية والتعليمية التي تسعى إدارة المدرسة إلى تحقيقها.

ومما يجدر ذكره أن القوة العصبية والجسدية ترتبط ارتباطاً وثيقاً بالصحة الجيدة، وتوفرها ضروري لدى مدير المدرسة حتى يستطيع القيام بالعمل الشاق الذي تتطلبه وظيفة المدير. بالإضافة إلى قيامه بعملية اتخاذ القرارات التي تتطلب صحة نفسية جيدة حتى يقرر القرارات السليمة والصحيحة والخالية من الأخطاء، لأنها تتعلق بمستقبل كل طالب من طلاب المدرسة وتؤثر عليه إيجابياً أو سلبياً.

ثانياً: القدرات العقلية

ويقصد بها مجموعة الاستعدادات الفكرية والعادات الذهنية والاعتقادات الأساسية لدى فرد من الأفراد. ويعدّ الذكاء من أهم القدرات العقلية اللازمة للإدارة ولقد أثبتت الدراسات والأبحاث التي أجريت في هذا المجال أن هناك علاقة مباشرة بين سمة الذكاء والنجاح في الإدارة المدرسية بالذات.

لقد أكّد الباحثون على وجود سمتين مميزتين للذكاء وهما:

أ-   القدرة على التصور.

ب-   التمتع بروح المرح والدعابة.

والقدرة على التصور تمكن الفرد من التعرف إلى المشاكل التي توجد في المدرسة بين الطلاب أنفسهم أو الطلاب والمعلمين، أو أي مشاكل من أي نوع، ومواجهة هذه المشاكل. كما تساعد المدير على الفهم العميق والشامل الذي يضم جميع التفاصيل، كما تساعده على سرعة البديهة والتقدير الشخصي السليم وتقبل الأفكار الجديدة. أما بالنسبة لروح المرح والدعابة فإنها - إن وجدت لدى مدير معين - تجعله بعيداً عن الصرامة والتزمت والشدة في المعاملة، وتساعده على إقامة علاقة جيدة مع مرؤوسيه، وتمكنه من التأثير فيهم واستمالتهم في الاتجاه الذي يجعلهم متأثرين بها، ويخلق لديهم الإحساس بعدم وجود بُعد اجتماعي بينهم.

ثالثاً: المبادرة والابتكار

المبادرة ، يقصد بها الميل والرغبة التي تدفع الفرد إلى تقديم الاقتراح أو البدء في العمل قبل الآخرين، والمبادرة تعدّ من السمات والمميزات الهامة التي يجب أن تكون لدى المدير، لأنها تمكنه من الكشف عن عزيمة كل موظف وقيامه بعمله. كما تمكن المدير من تقوية عزيمة الموظفين وشحنها على أداء العمل المطلوب منهم، ويعدّ المدير الذي لا توجد لديه هذه الصفة متسلطاً سريع الغضب وغير مخلص في عمله، والمبادرة تساعد المدير أو القائد على اتخاذ القرارات الصحيحة والصائبة دون تردد بخصوص التعليم والتعلم ومصلحة المدرسة والطلاب والمعلمين.

وفي هذا المجال يقول الباحثون، إن المبادرة والابتكار ترتبط بثلاث سمات رئيسية وضرورية بالنسبة لمدير المدرسة لأنه يتعامل مع طلاب ومعلمين وأولياء أمور، وهي الشجاعة- القدرة على الحسم- سرعة التصرف، والقدرة على توقع الاحتمالات وابتكار الوسائل الكفيلة بمواجهتها.

ومثل هذه الأمور تحدث يومياً مراراً وتكراراً داخل المدرسة ومع جميع العاملين فيها.

ومما لاشك فيه أن هذه الصفات يقصد بها التعامل مع الأحداث، حيث لايمكن أن يقصد بالشجاعة التهور والاندفاع وعدم التروي والتفكير، بل مواجهة المواقف الصعبة بنوع من الشجاعة المصحوبة بهدوء الأعصاب. أما القدرة على الحسم فإن كفاءة المدير تعتمد عليها في المواقف الاستثنائية التي تتطلب سرعة اختيار البدائل وسرعة التصرف وحسنه.

والقدرة على التوقع يقصد بها: قدرة المدير على تفهم الموقف الذي يمكن أن يحدث في المستقبل.

رابعاً: ضبط النفس

ويقصد به: القدرة على ضبط الحساسية وقابلية الانفعال والتحكم في العواطف والتسرع في ردود الأفعال. أي أنها تعني الاتزان بحيث يكون الفرد قادراً على التحكم بنفسه وإدارتها في جميع الجوانب قبل إدارة الآخرين، وهذه القدرة ضرورية بالنسبة للمدير، ومدير المدرسة بالذات كونه يقوم بإدارة الأعداد الكبيرة من الأفراد في مراحل عمرية مختلفة ومجالات عمل متعددة. إن هذا يتطلب منه الهدوء والقدرة على مقابلة الأزمات أثناء العمل والسيطرة على الأعصاب والتحكم فيها.

وضبط النفس أثناء العمل والتعامل مع الآخرين لايعني بأي حال من الأحوال أن يتجرد المدير من مشاعره وعواطفه (كما يحدث في هذه الأيام) ولكن يقصد بذلك التحكم فيها.

وعليه يمكن القول إن المهارات الذاتية التي يجب أن يتصف بها المدير الناجح يجب أن تترابط مع بعضها بعضاً حتى يستطيع المدير أن يدير مدرسته بحزم وشجاعة وسرعة بديهة دون كلل أو ملل، فمثلاً عندما يتصف المدير بضبط النفس فإن ذلك يساعده على الاتزان في إصدار الأوامر ومعاملة معلميه معاملة إنسانية، وليس معاملة المدير الأتوقراطي الذي ينظر إلى المعلمين والعاملين والطلاب كأنهم عبيد يعملون في مزرعته الخاصة وعليهم الطاعة في جميع ما يأمر بدون أية مناقشة أو إبداء الرأي، أما من يتحلى بضبط النفس فإن ذلك يجعله يحترم ويقدر من حوله من العاملين على اختلاف أعمالهم.

كما أنه من خلال ضبطه لنفسه يستطيع أن يبادر في ابتكار أشياء جديدة لم تكن موجودة أو معروفة في مدرسته مثل طاقات معلميه، وتوجيهها نحو نشاطات ترفع من مستوى المدرسة ومستوى تحصيل الطلاب التعليمي والمعرفي، وذلك من خلال التوجيه الذي يأتي بقرارات صائبة يقتنع بها العاملون ويعملون على تنفيذها بحماس وجدية، وطبيعي أن يرتبط هذا الجانب مع القدرات العقلية التي يتصف بها المدير فمثلاً المدير الذكي تكون لديه القدرة على التصور الذي يساعده على توجيه المعلمين إلى الأنشطة المناسبة لكل واحد منهم، ويستغل في ذلك روح الدعابة والمرح الذي يجعل المعلمين يقتنعون برأيه دون أي تأثير أو ضغط. وجميع هذه الجوانب لن يتم منها أي شيء إلا إذا كان المدير قدوة للمعلمين والعاملين جميعهم من حيث القوة الجسدية والنشاط

والحضور المبكر إلى المدرسة والقدرة على تحمل الأعباء المطلوبة منه دون تركها لأي أحد.

المدير مشرفٌ تربويٌّ

إن مدير المدرسة كقائد تربوي تكون مهمته الأساسية القيام بالتنسيق بين جميع العناصر التي تعمل في المدرسة والجهود التي تبذل من كل جانب، ثم توفير جميع التسهيلات والإمكانات اللازمة لتحقيق أهداف المدرسة التي يقوم بإدارتها ويفرض عليه هذا العمل والمركز الحساس أدواراً متعددة يجب عليه كمدير للمدرسة أن يكون على اطلاع ومعرفة بها حتى يستطيع تحقيق الأهداف المنشودة. ومن أهم أعمال مدير المدرسة أن يكون على اطلاع ومعرفة بها حتى يستطيع تحقيق الأهداف المنشودة. ومن أهم أعمال مدير المدرسة قيامه بمساعدة المعلمين الجدد والقدامى والطلاب على العمل الجاد والمتواصل والمتعاون من أجل الوصول إلى الهدف المنشود وهو تعليم الطلاب والوصول بمستواهم إلى أعلى وأفضل ما يكون، هذا بالإضافة إلى أخذه بيد المعلمين خصوصاً الجدد منهم الذين هم في أشد الحاجة إلى مساعدته ووقوفه بجانبهم في المرحلة الأولى لقيامهم بالعمل التربوي المدرسي، ولتطوير أساليبهم التدريسية حتى تكون أكثر جاذبية ونفعاً للطلاب، ومساعدتهم في كيفية التعامل مع الطلاب داخل الصف وخارجه، هذا بالإضافة إلى التفاعل مع البيئة المحلية من خلال استخدام إمكاناتها المادية والبشرية لصالح الطلاب والمدرسة. ولذلك يعدّ الجانب الإشرافي من أكثر الأعمال أهمية وخطورة من الناحية الإدارية، لأنه يتطلب وجود المهارات والكفاءات الخاصة التي تتطلب إعداداً وممارسة وتنمية مستمرة حتى يستطيع المدير الاستمرار في تأديتها بفعالية وكفاية واضحة.

وحتى يستطيع المدير السير بالمدرسة إلى الأمام وتحقيق أهداف العملية التعلميمة والوصول بالطلاب إلى المستوى التحصيلي الجيد، يجب أن يحرص دائماً على توجيه العناية الكافية للمهام الآتية:

1. القيام بإعداد خطة تتفق واحتياجات المدرسة، تتضمن نقاطاً مهمة مثل مواعيد المدرسة، وتوزيع الطلاب الجدد على الصفوف...، بالإضافة إلى إعداد خطة تشتمل على إجراءات ونشاطات وبرامج ينوي عملها خلال السنة الدراسية، وكذلك يجب عليه القيام بتوزيع العمل المدرسي وتنظيم عمل اللجان المدرسية المختلفة.

2. المدير الناجح هو الذي يشارك المسؤولين في إعداد المناهج وتقويمها، ويعمل على إثرائها، وذلك عن طريق تحليل بعض الوحدات الدراسية وتوضيح الأهداف التي تتطلب التوضيح ويحددها مع المعلمين، بالإضافة إلى إجراء بعض التعديلات في الأهداف والأساليب وذلك من خلال الاعتماد على التجربة والتطبيق.

3. على المدير الاهتمام بالنمو المهني وذلك من خلال:

1- الاطلاع على أحدث المعلومات والأساليب التربوية.

2- توصيل المعلومات والأساليب الحديثة إلى المعلمين بأساليب إشراف مختلفة.

3- تشجيع إعطاء الدروس التوضيحية لتبادل الخبرات بين المعلمين.

4. قيام المدير بإدارة المدرسة من خلال:

أ- كل ما يتعلق بالتنظيم المدرسي من حيث الأهداف المثلى للمدرسة وارتباطها بأهداف المجتمع الكبير الذي تخدمه.

ب- الفهم التام للرسالة المدرسية (من قبل المدير) حتى يستطيع أن ينقل هذا الفهم الواضح للآخرين.

ج- المشاركة في تقويم أعمال المعلمين وتقديراتهم السنوية.

المهام الإشرافية لمدير المدرسة

توجد عدة مهام فنية يجب أن تتوفر في مدير المدرسة، حتى يستطيع القيام بعمله وإنجاز جميع الفعاليات والأهداف بنجاح تام، والمهام الإشرافية التي نتحدث عنها تقسم إلى:

1- المهام التي تتعلق بالتعلم والعملية التعليمية وتطوير المناهج، لذا يجب على المدير:

❖ التعرف إلى الاتجاهات الاجتماعية والسياسية والاقتصادية الهامة في مجتمعه.

❖ القيام بتشكيل المناهج لتقابل احتياجات الطلاب.

❖ تقدير الخدمات التربوية والاجتماعية التي يحتاج إليها الطلاب جميعهم.

❖ تقدير فعالية الإشراف في تطوير التدريس وأساليبه.

2- المهام التي تتعلق بالطلاب وما يحدث معهم داخل المدرسة والصف:

❖ القيام بالاتصال مـع أوليـاء أمـور الطـلاب للعمـل عـلى تهيئة الأطفـال الـذين سيلتحقون بالمدرسة في المستقبل (ميدانياً لا يحدث مثل هذا).

❖ القيام بتحليل نتائج تحصيل الطلاب المدرسي وتفسيرها ومعرفة مستواهم التعليمي.

❖ العمل على تكييف البرنامج التعليمي للظروف المتغيرة في المجتمع حتى لايحدث التصادم بين المدرسة والمجتمع نتيجة للأحداث السريعة التي تحدث وتتغير كل يوم.

❖ ربط الخدمات الإشرافية مع البرنامج الكلي للمدرسـة وتقـويم فعاليـة الخـدمات الإشرافيـة بالنسبة للطلاب.

3- المهام التي تخص هيئة العاملين:

❖ التعبير عن حاجات العاملين والعمل على قضائها لهم في الوقت المناسب ودون تأخير.

❖ القيام بتحليل وتفسير التوصيات التي تصدر عن العاملين.

❖ التعرف إلى مظاهر الرضا عند العمل أو السخط، الذي يوجد بين العاملين بسبب ما يحدث معهم من أحداث والمعاملة التي يتعاملون بها.

❖ القيام بتقدير مستوى كفاءة أداء العاملين للواجبات المختلفة التي تطلب منه.

❖ تقويم التغيرات في الكفاءة والاتجاهات المهنية بين العاملين.

4- التنظيم المدرسي وما يتطلبه من مهارات خاصة يجب أن تتوفر في المدير:

❖ المهارة في تفويض الآخرين بالسلطات والمسؤوليات.

❖ المهارة في استعمال القدرات الشخصية لتفسير الاحتياجات التربوية بالاعتماد على الخدمات المتاحة أمام الإدارة والمدير.

❖ المهارة في إعداد وتقويم وعرض التقارير على السلطات التربوية المركزية.

❖ المهارة في توقع وتحديد الجوانب الإيجابية والسلبية في العمل المدرسي في اتخاذ التدابير لمواجهتها.

❖ المهارة في اكتشاف أي خلل في الاطار التنظيمي والتعرف إليه بسرعة للمحافظة على استمرار المدرسة في أداء وظيفتها بالشكل الصحيح والمطلوب.

❖ المهارة في تقديم المشورة المهنية للمجموعات غير المهنية من المعلمين والعاملين.

مهارات المدير الفنية بعدّه مشرفاًَ تربوياً

حتى يستطيع مدير المدرسة النجاح في عمله بصورة كبيرة وظاهرة للجميع يجب أن تتوفر لديه مجموعة من المهارات، التي تتعلق بصورة مباشرة بالجوانب المختلفة للعمل الذي يقوم به مثل المناهج والتعليم أو العاملين الذين يقومون بالعمل معه، أو الطلاب الذين يتعلمون في المدرسة، أو التنظيم المدرسي الذي يسير عليه جميع العاملين فيها، وهي:

1- المهارات التي لها علاقة بالتعليم وتطوير المنهج:

❖ المهارة في تقدير القيمة التربوية الحقيقية للخبرات التي يمر بها الطلاب، والأنشطة التي يقومون بممارستها في الأوقات والمناسبات المختلفة.

❖ المهارة في إعداد الأنشطة الخاصة لتقابل أنواعاً معينة من احتياجات المنهج، لكي تتحقق الأهداف التي يسعى المنهج إلى تحقيقها.

❖ المهارة في تقدير مدى فعالية الإشراف التربوي في التنمية المهنية للمعلمين والتدريس.

❖ المهارة في إثراء المناهج الدراسية بشكل عام، ومراحل التعليم المختلفة بشكل خاص والحكم على مدى مناسبة المواد التعليمية.

- المهارة في تقرير الخدمات التي يحتاج إليها الطلاب في مراحل التعليم المختلفة.
- المهارة في التعرف إلى الاتجاهات الاجتماعية والسياسية والاقتصادية الهامة في مجتمعه.
- المهارة في تشكيل المناهج لتقابل احتياجات الطلاب.
- المهارة في الترتيب والتنسيق بين الأنشطة التي يقوم بها الطلاب بحيث لا يحدث تعارض بينها.
- المهارة في الاتصال بالإدارة المركزية والتحدث معها بشأن البرنامج التعليمي للمدرسة، وطلب كل ما يلزم الطلاب والمدرسة من أشياء.

2- المهارات المرتبطة بالطلاب ووجودهم في المدرسة:

- المهارة في مراقبة بيانات الطلاب وإرساء طرق جمعها مثل: الحضور والغياب ومعرفة الأسباب المؤدية لذلك وتسجيلها.
- المهارة في الاتصال بأولياء أمور الطلاب الجدد، واختيار الزمن الملائم للعمل على تهيئتهم للمدرسة.
- المهارة في التنسيق والربط بين الخدمات الإشرافية والتوجيهية للبرنامج التعليمي للمدرسة، وفي تقويم فعالية الخدمات التوجيهية التي تقدم للطلاب.
- المهارة في دراسة نتائج وتحصيل الطلاب، وتحليلها وتفسيرها، وماذا يعني بالنسبة لبرنامج المدرسة؟ ووضع الخطط العلاجية المطلوبة.
- المهارة في تحديد مضمون الخطط القومية الكبيرة بالنسة للبرنامج التعليمي.
- المهارة في تكيف البرنامج التعليمي للظروف المتغيرة في المجتمع.

3- المهارات المرتبطة بهيئة العاملين في المدرسة.

- المهارة في التعبير عن حاجات العاملين وتقصيها وتوفيرها.

❖ المهارة في فهم وتحليل وتفسير التوصيات والمطالب التي تصدر في مجالات العمل المختلفة.

❖ المهارة في التعرف إلى مظاهر الرضا عن العمل أو السخط عليه بين جميع العاملين أو قسم منهم.

❖ المهارة في تقدير مستويات الكفاءة في أداء العاملين للواجبات والمطالب المختلفة التي يطلب منهم عملها.

❖ المهارة في توضيح الواجبات والوظائف التي يطلب من العاملين القيام بها دون المس بالأحاسيس بل احترامهم.

❖ المهارة في في تحليل البيانات الخاصة بالعاملين، والحكم على قيمة جميع المعلومات الخاصة بهم.

❖ المهارة في التعرف إلى احتياجات النمو المهني للعاملين ومجالات التطور الممكنة الموجودة أمامهم.

❖ المهارة في تنظيم مجموعات على أساس الميول والاهتمامات والربط بين أغراض هذه المجموعات والأهداف المهنية التي نسعى لتحقيقها.

❖ المهارة في تقويم التغيرات في الكفاءة والاتجاهات المهنية بين العاملين.

4- المهارات المرتبطة بالمدرسة بصورة عامة:

❖ المهارة في تنظيم وجمع وإعداد المتطلبات التربوية بالاعتماد على المعلومات الاجتماعية والاقتصادية، والمهارة في تقويم أية خطة تربوية من خلال وجود برنامج فعلي وحقيقي.

❖ المهارة في ترجمة البرنامج التربوي إلى خطة واقعية يمكن العمل على تنفيذها والاستفادة منها.

❖ المهارة في تطوير وتطبيق المعايير والمقاييس المناسبة التي يمكن استعمالها والاعتماد عليها عند القيام باختيار العاملين في الخدمات المدرسية المختلفة، مثل خدمات الصيانة بأنواعها.

❖ المهارة في الإشراف على برنامج الصيانة العامة للمدرسة.

❖ المهارة في إعداد برنامج للأمن داخل المدرسة للمحافظة على سلامة الطلاب وجميع الموجودين فيها، ويجب أن يكون هذا البرنامج عملياً يمكن تطبيقه.

5- المهارات المرتبطة بالتنظيم المدرسي:

❖ المهارة في مراقبة واكتشاف أي خلل يحدث في التنظيم المدرسي والذي من شأنه أن يؤثر على سير العملية التعليمية، والتعرف السريع عليه لضمان استمرار المدرسة في أداء وظيفتها التعليمية والاجتماعية والسلوكية.

❖ المهارة في تفسير ومعرفة الاحتياجات التربوية من خلال الخدمات والإمكانات الموجودة في المدرسة.

❖ المهارة في عمل الترتيبات التنظيمية التي تسهل عملية الخطة التربوية الموضوعة للمدرسة.

❖ المهارة في تقدير أي جانب تنظيمي بالاعتماد على الأغراض التربوية المدرسية أو ما يتفق معها (الدويك، 1973).

❖ المهارة في إعداد وتقديم وعرض التقارير على الإدارة التعليمية المركزية.

❖ المهارة في بعد النظر وترقب الجوانب الإيجابية والسلبية وفي اتخاذ التدابير لمواجهتها.

❖ المهارة في إعطاء السلطة والمسؤولية للأشخاص الذين يتمتعون بالصفات والقدرات الخاصة والمميزة وبإمكانها تنفيذ ما يطلب منهم على أكمل وجه.

❖ المهارة في تقديم المشورة المهنية للمجموعات غير المهنية حتى تستطيع القيام بواجباتها أحسن قيام (سمعان، 1975).

إن هذه المهارات الفنية التي تحدثنا عنها لايمكن للإداري التحلي بها إلا عن طريق الدراسة والخبرة والتدريب، فالمدير الذي لم يؤهل التأهيل العلمي الصحيح الذي يقف من خلاله على أساليب ووسائل الإدارة وكيفية القيام بها، وإنما تم تعيينه بسبب المصالح الشخصية، مثل هذا المدير سوف تكون إدارته إدارة سيئة ولن يتصف أو

يتحلى بأية مهارة من المهارات الفنية المذكورة. لذا فهو دائماً يقوم بالأعمال التي لاتعود بأية فائدة على المدرسة والطلاب بل تعود عليه وعلى الأشخاص القريبين منه، مما يكون له أثرٌ سلبي جداً، على عملية التعليم والتربية والتحصيل الدراسي للطلاب. لذلك فإن المهارات الفنية ضرورية جداً ويجب أن يتحلى بها كل مدير لكي يكون مديراً ناجحاً يعمل من أجل مدرسته ومعلميه ويكون المثل الأعلى للطلاب والمعلمين.

وفي الآونة الأخيرة تطور مفهوم الإدارة بحيث أصبح يعني توجيه نشاط مجموعة معينة من العاملين في مجال التربية والتعليم باتجاه تحقيق الأهداف المشتركة المعينة مسبقاً، وذلك من خلال القيام بتنظيم هؤلاء العاملين والمتعلمين والتنسيق فيما بينهم والعمل على استغلال واستثمار قدراتهم إلى أقصى ما يمكن، للحصول على أفضل النتائج التعليمية والتحصيل الدراسي بأقل جهد ووقت ممكنين.

ولقد حدث هذا التغير الذي نتحدث عنه كنتيجة مباشرة لتطور مناهج الإدارة وتغيير النظرة العامة لمهمة المدير وصفاته ومؤهلاته وواجباته المهنية.

ولقد شمل التغير النظر إلى الطالب الذي كان في السابق يزود من قبل المدرسة بأكبر قدر ممكن من المعلومات التي يجب عليه أن يحفظها ويرددها دون استخدام قدراته العقلية الاستخدام الصحيح والواسع النطاق، بل كان الاستخدام محدوداً جداً كما كان الأمر عليه بالنسبة للاهتمام بشخصية الطالب واجتماعياته وسلوكياته... أما اليوم فلقد أصبح الاهتمام في تنمية شاملة للطالب في جميع الجوانب وبصورة متكاملة، هذا بالاضافة إلى العمل على اكتشاف المعلم مواهب الأطفال وميولهم ورغباتهم، للعمل على تنشئتها وتقويتها للاستفادة منها في رفع مستوى الطالب التحصيلي.

وعليه فإن المهام التي يقوم بها المدير لا تقتصر على تنفيذ التعليمات والأعمال التي ترسل إليه من قبل السلطة التعليمية، بل تعدت ذلك وتمركزت حول الطالب والعمل على توفير الإمكانات اللازمة والظروف المناسبة التي تساعده على النمو والتطور الشامل والمتكامل جسدياً وعقلياً وانفعالياً واجتماعياً. بالإضافة إلى دوره في تحقيق الأهداف الاجتماعية التي يسعى إليها المجتمع، وعلى المدرسة المشاركة في تحقيقها.

مدير المدرسة الفعّال

يعرّف المدير الفعال: على أنه ذلك المدير الذي يتخذ القرارات الهامة ويجعلها على أعلى مستوى من الفهم الإدراكي، ويحاول إيجاد الثوابت في موقف معين، والتفكير ملياً فيما هو استراتيجي وعام أكثر مما يفكر في إيجاد حل المشاكل، وهو بذلك لا تؤثر عليه السرعة عند اتخاذ القرار، بل تعدّ البراعة الفائقة في معالجة عدد كبير من المتغيرات عرضاً من أعراض التفكير الطائش. ويسعى إلى التأثير على من حوله أكثر من سعيه إلى استخدام الأساليب للإقناع. ويريد أن يظهر دائماً بمظهر الحصين وليس بمظهر الذكي (بيترغف دكر وفن الإدارة).

ومن مميزات من يقوم بدور المدير (القيادة) أنه يجب أن يتفوق على من حوله من حيث الذكاء والقدرة العقلية والاستقلال في تولي المسؤولية. وحتى يكون المدير ناجحاً يجب أن يتمتع بالصحة الجيدة الجسدية والنفسية، لأن ذلك يزيد من فرصة النجاح للمدرسة والطلاب، حيث تساعده هذه الصفات على تحمل ضغط العمل الشديد لفترة طويلة وتساعده الصحة النفسية على الاحتفاظ بأعصابه سليمة وبقدرته على التركيز في التفكير وإصدار الحكم.

كما يجب عليه الاهتمام بمظهره الخارجي حتى يستطيع التعامل مع من حوله وهو في قمة كونه قدوة لهم، ويجب أن تتوفر لديه الطاقة اللفظية والقدرة على التفكير لنقل الأفكار الموجودة لديه للآخرين وكسب ثقتهم به والتي تعدّ من الصفات الهامة اللازمة لنجاح مدير المدرسة في عمله والذي يعدّ نجاحاً للمدرسة وطلابها.

إن مدير المدرسة يقوم بعدد من الوظائف الإدارية التي يقوم بها (أو يجب أن يقوم بها) مثل عمليات التخطيط والتنظيم والرقابة والإشراف والتقويم... وكل ذلك يتعلق بالكفاءة والانتاجية والخطط والعمليات والأهداف والسياسة والمشكلات، وما يتصل بالتغيرات التي تحدث في المدرسة.

إن الوظيفة الأساسية التي تقوم بها إدارة المدرسة، هي العمل على تحقيق أهداف المرحلة التي تنتمي إليها المدرسة، والإدارة الحكيمة هي التي تحقق أكبر قدر من الأهداف بأقل قدر ممكن من الجهد والتكلفة، وبما أن الإدارة المدرسية لم تعد مجرد تسيير شؤون المدرسة بالشكل الروتيني المتبع، ولم يعد الهدف مدير المدرسة مجرد المحافظة على النظام والتأكد من سير العمل والمدرسة على قيام الطلاب بإتقان المواد الدراسية، الذي أصبح بدوره محور العمل الذي تقوم به كل إدارة والذي يدور حول الطالب وتوفير جميع الظروف والإمكانيات التي تساعد على توجيه نموه العقلي

والجسدي والانفعالي والنفسي، وتحقيق الأهداف الاجتماعية لكل فرد من الأفراد (الهواشي، 1984).

وحتى نصل إلى تحسين العملية التربوية للطلاب يجب أن لا نكتفي أو نهتم بطرق التدريس وحدها بل يجب العناية في جميع المجالات التي لها علاقة واتصال مباشر أو غير مباشر بهذه العملية، وهذا بدوره يتطلب من المدير أن يكون قادراً على تنمية البرامج التعليمية والعمل على تقدمها، وأن يقوم بتنظيم العمل بطريقة تتضمن سيره لتحقيق الأهداف، فتقع على المدير مسؤولية تنمية القيادة لدى أعضاء هيئة المدرسة، لتحسين البرامج التعليمية حتى نضمن نجاح العمل الذي تقوم به الجماعة.

ومن أجل ذلك فإن الخطوة الأولى التي يقوم بها مدير المدرسة، هي وضع وتحديد الأهداف التي تسير عليها سياسة المدير، والتي يجب أن تتفق مع الأغراض الاجتماعية للمدرسة والطلاب وهذه الخطوة تعدّ بداية تحسين برنامج المدرسة، وهي تتطلب التحفيز والتهيئة للفرص المناسبة أمام أعضاء هيئة التدريس حتى تستطيع المشاركة في الأفكار والآراء وفي بحث طرق العمل وتدبير الوسائل لتنفيذ هذا العمل. ولتنفيذ هذا العمل على مدير المدرسة أن يقوم بتزويد أعضاء هيئة التدريس بالأفكار والمصادر اللازمة لعملها، وأن يعد نفسه مصدراً من هذه المصادر، كما يجب عليه أن يعمل بالطريقة التي تجعل زملاءه من أعضاء هيئة التدريس يسعون إليه لطلب المساعدة في حل المشاكل والتغلب على صعوبات العمل، وأن يرشد المدرسين إلى الأشخاص الموجودين في المجتمع المحلي للمدرسة. ولهذه الغاية يجب على المدير أن يكون ملماً بالتطورات الحديثة في التربية وبعلاقتها بالأوضاع الاجتماعية ولا يكفي للنجاح في تحسين العملية التربوية أن يكون ملماً بالنظريات والنظم التربوية التعليمية، بل عليه أن يشترك في المؤثرات واللجان وتوفير الوقت لأعضاء هيئة التدريس للتقابل فيما بينهم للعمل على تنمية جوانب معينة من البرنامج المدرسي. إضافة إلى ضرورة إشراك المدرسين في القرارت والبرامج التي من شأنها أن تطور العملية التعليمية، وهذا بدوره يزيد من قدرة المدرس على الإبداع والخلق الذي يعود بالفائدة وينعكس من خلال تطورهم الدراسي، كما على المدير احترام المدرسين والطلاب حتى يشعر كل واحد منهم أنه جزء من البرنامج المدرسي. بالإضافة إلى المعاملة العادلة التي يجب على المدير أن يعامل الطلاب بها مع إعطائهم الإحساس أن جهودهم وقدراتهم لها أهميتها وموضوعها الصحيح في نشاط المدرسة وفي الخبرات التي تقدمها إليهم.

وحتى يستطيع المدير القيام بتوجيه الطلاب التوجيه الصحيح عليه أن يستمع لرغباتهم ولشكواهم وأن يخلق وسائل الاتصال التي يمكن من خلالها سماع آراء الطلاب.

وإذا أراد مدير المدرسة تحقيق أهدافه المدرسية ونجاحها فيجب أن تكون شخصية متكاملة واجتماعية، وأن يكون شجاعاً في عمله ومخلصاً في أغراضه وأن يتميز بالقدرة على كسب ثقة الآخرين من حوله. كما يجب أن يكون قادراً على خلق الموقف الذي يستطيع الناس العمل بطريقة تعاونية لأن التعلم الصحيح والناجح يحدث عن طريق إعادة بناء الخبرات التي توفر لهم الفرص للتفكير والتخطيط والعمل معاً.

وعلى المدير أن يكون خبيراً في توزيع المسؤوليات وتقويم الخطط ومراجعتها لأنه لايستطيع النجاح في عمله بدون هذه المهارات التي توفر له الفرص الكافية لذلك. لأن أهم مجالات عمل المدير تهيئة الظروف الملائمة التي تساعد على تقدم وتحسين العمل المدرسي ورفع مستوى تحصيل الطلاب وتقدمهم، والذي يمكن الوصول إليه عن طريق الوصول إليه عن طريق تشجيع أعضاء الهيئة التدريسية في المدرسة على الإحساس بالانتساب لهذه الهيئة، وأن الجهود التي يقوم بها موضع التقدير من الجميع.

والمدير الناجح الذي يعمل من أجل المدرسة وطلابها يسعى جاهداً إلى زرع الثقة بينه وبين المعلمين، ويعمل على تقويتها بصورة دائمة، لأن الثقة تعدّ حجر الأساس للتعاون بين الناس، الذي يؤدي بطبيعة الحال إلى التقدم والنجاح. من ناحية أخرى عليه أن يعدّ القرارات والأفكار التي تقترح لتحسين وضع المدرسة والطلاب والهيئة التدريسية هي بمثابه ملك للجميع، حتى لا ينتشر الشك والحقد داخل المجتمع المدرسي، والذي يؤدي في نهاية المطاف إلى النتائج المتدنية في كل شيء.

على مدير المدرسة أيضاً العمل على تطوير أساليب الأداء والتدريس بالإضافة إلى تطوير البرامج والأنشطة التعليمية التي من شأنها مساعدة الطلاب في عملية التعلم ورفع المستوى المعرفي والتحصيلي لديهم، ومساعدة المعلمين القدامى على زيادة مستوى كفاءتهم وتطوير أنفسهم مهنياً حتى يبعدهم عن الشعور بالروتين والملل ويحافظ على قدراتهم وعطائهم، ومساعدة المعلمين الجدد على الاندماج في أسرة المدرسة والأخذ بيدهم في أول خطواتهم المهنية حتى يكونوا لأنفسهم المكان والاعتبار، ويقدموا من معرفتهم التي ما زالت في أوجها ولم تتأثر بأية مؤثرات بيئية خارجية أو مادية اقتصادية. أن مشكلة المشاكل مع المعلمين الجدد عدم حصولهم على المساعدة والإرشاد في بداية عملهم في المدرسة وتحملهم لمسؤولية إدارة الصف الذي يعملون فيه،

خصوصاً إذا كانت المدرسة خالية من أي نوع من أنواع التعاون والعلاقات الاجتماعية بين أعضاء الهيئة التدريسية، تماماً كما يحدث في معظم مدراسنا في مراحلها المختلفة والذي يدفع ثمنه الطلاب والعملية التعليمية والمستوى التعليمي الذي يصلون إليه، والنتائج دليل واضح على ذلك بالرغم من كل المساعدات التي تقدم للطلاب في الامتحانات التي تقرر مصير الطالب ومستقبله، والتي تقوم نتائجها على التزوير والغش الذي يفوق كل تصور، وبأشكال متعددة ومختلفة.

1. الصفات الشخصية للمدير الفعال

للمدير الفعال نوعان من الصفات التي تلعب دوراً هاماً أساسياً في كل الأعمال التي يقوم بها، وتحدد مدى نجاحه في تحيق أهدافه التربوية، والوضع التربوي والاجتماعي الذي يسيطر على الحياة داخل هذه المؤسسة التي تتعامل مع المئات من الطلاب والعشرات من المعلمين والعاملين، وهي:

1- الصفات المهنية

2- الصفات الشخصية

أما الصفات فإنها تتصل بالمجال الوظيفي لكونه عملا تربوياً يتطلب القيام به وجود صفات معينة تؤهل صاحبها لممارسة عمله بصورة ناجحة، وتتمثل هذه الصفات في الآتية:

- إيمانه الراسخ بمهنة التربية والتعليم ومدى أهميتها بالنسبة له وللآخرين، طلاباً وأهالي ومعلمين والاعتزاز بهذه المهنة مع الإيمان المطلق بالعمل المدرسي، وتدعيم التقاليد المدرسية.
- إدراكه التام والكامل لأهداف التعليم في مراحل التعليم الأولى التي يعمل بها، وتعدّ أساسية وذات أهمية خاصة، وعلاقة ذلك بالأهداف الجماعية.
- إلمامه ومعرفته التامة والكاملة للوسائل التي تؤدي إلى تحقيق الأهداف وتنفيذ المناهج والاتجاهات التربوية الحديثة والمعاصرة وهي كثيرة جداً.
- معرفته لمميزات وخصائص وصفات الطلاب في جميع مراحل النمو التي يمرون بها ومدى تأثيراتها عليهم وتأثرهم بما يحدث فيها من

أحداث تخصهم بصورة مباشرة أو غيرمباشرة، هذا بالإضافة إلى معرفة متطلبات هذا النمو ومراعاته في العملية التربوية.

- قدرته على العمل مع الآخرين بطريقة بناءة هو تعاون مستمر، دون إشعارهم بأنـه هـو الذي يأمر وعلى الآخرين التنفيذ.

- قدرته على التنسيق بين جهود جميع العاملين، مع إتاحة الفرصة للتشجيع والابتكار.

- معرفته لاتجاهات أعضاء هيئة التدريس من خلال الاجتماعات والمناقشات.

- قدرته في التعرف إلى البيئة المحلية، وفهـم مشـاكلها ومحاولـة العمـل علـى حلهـا لمسـاعدة الآخرين في التغلب على الصعوبات التي تواجههم (إبراهيم، 1988).

2. صفات المدير فعال الشخصية

إن الصفات الشخصية للمدير الفعال ترتبط بالتكوين العام المفرد الذي يقوم بممارسة هذه الإدارة فكرياً ووجدانياً واجتماعياً، من حيث المسؤولية عن إعداد وتحضير عمل كامل لجميع العاملين، الأمر الذي يمكنه من القيام بالواجبات المطلوبة منه على أكمل وجه، ومن هذه الصفات نذكر:

- إحساسه بحجم المسؤولية الملقاة على عاتقه وانعكـاس ذلـك عـلى جميـع العـاملين معـه مـن معلمين، وإداريين، وفنيين وطلاب.

- مراعاته للعدالة التامة وحرصه عليها وعلى تنفيذها في التعامل مع المرؤوسين، دون محاباة أو تحيز أو تمييز.

- اتخاذ القرارات بصورة واضحة وعلنية بعد مناقشة وإقناع.

- اتصافه بالخلق الحسن والقدوة الحسنة والطيبة لجميع أفراد المدرسـة، وهـي مـن الصـفات الخاصة والمميزة للمدير الجيد الواثق من نفسه ومن الأعمال التي يعملها.

- التواضع من منطلق القوة وبعيداً عن الضعف، والحزم دون تعسف، والمرونة الواثقة البعيـدة عن التراخي، والبعد عن موقف العداء والشك.

- القدرة على إعطاء الملاحظات البناءة في الوقت المناسب، والمواقف التي تتطلب ذلك دون سخرية أو انتقاص من قدرة العاملين معه.

- القدرة على اكتساب الصداقات والاستفادة من آراء الآخرين.

- القدرة على حل المشاكل التي تحدث بصورة طارئة وفجائية في العمل المدرسي.

- سعة آفاقه وقدرته على حسن التصرف في المواقف المختلفة.

- الاستعداد والرغبة والقدرة على بذل الجهود والتضحية والتعاطف مع الآخرين في المواقف التي تتطلب ذلك. (السابق).

وعليه يمكن القول إن الصفات الشخصية والمهنية للمدير الفعال مترابطة فيما بينها ترابطاً يجعلها في بعض الأحيان تتصف بالوحدانية التي تتعدى إيمان المدير بمهنة التعليم واعتزازه بها، فإنه وبدون أن يشعر يستطيع أن يتحمل المسؤولية الملقاة على عاتقه، ويعكس هذه المسؤولية الملقاة على عاتقه، ويعكس هذه المسؤولية على جميع العاملين معه، وكذلك فإن المدير الفعال يتصف بإدراكه التام للأهداف التعليمية التي يعمل بها في مدرسته، مما يجعله يقوم بعملية اتخاذ القرارات بصورة علنية وبعد مناقشة وإقناع حتى يتم تنفيذ الأهداف التي يرضاها الجميع.

كما وأن المدير الفعال يتصف بقدرته على معرفة خصائص وصفات الطلاب النمائية، الأمر الذي يساعده على اكتساب صداقات طلابه، والقدرة على حل مشاكلهم، بالإضافة إلى قدرته على العمل مع الآخرين بالأساليب والطرق البناءة، وذلك من خلال سعة أفقه وقدرته على حسن التصرف في المواقف المختلفة والمتعددة التي تحدث معه، حيث يبذل جهوده جميعها (أو يجب ذلك) أثناء تعامله مع الآخرين طلاباً أو معلمين أو أهل، وذلك لخدمة المدرسة والعملية التربوية بأكملها حتى تصل إلى هدفها المنشود.

الإعداد المهني لمدير المدرسة

إن الوظيفة التي يقوم بها مدير المدرسة تعدّ من الوظائف المهنية الهامة جداً إن لم تكن أهم الوظائف في مجال التربية والتعليم، خصوصاً في المرحلة الابتدائية، لأن لها خصوصياتها وخطورتها، والأهمية الخاصة للدور الوظيفي والمهني الذي تتطلبه هذه المرحلة. لذا فإن مدير المدرسة يجب أن يتصف بالصفات الخاصة ويكون على مستوى كبير من التأهيل والكفاءة والخبرة التي تمكنه من القيام بالدور المعطى له تجاه

جميع عناصر العملية التعليمية كل منهم في مكانه ومجال عمله، والواجبات التي تطلب منه، وهم: الطلاب، المناهج المدرسية، المعلمين وجميع الأختصاصيين، الأهل والمجتمع المحلي. لذا فإن المدير غير المؤهل لمثل هذا العمل يكون مثل ربان السفينة الذي يبحر بها في المحيط، ولايعلم أو يعرف كيف يصل إلى بر الأمان.

وعليه فإن الإعداد الذي يجب أن يعطى للمدير قبل بدء العمل والخدمة، يهدف إلى تزويد المعلم أو الطالب بالمعلومات والمعارف اللازمة والضرورية واكتسابه المهارات التي تساعده وتمكنه من احتراف مهنة التدريس وهو يشعر بالثقة العالية والفعالية. بالإضافة إلى ذلك فإن التدريب الذي يمر به المدير أثناء الخدمة يقصد به تطوير المهارات المختلفة الموجودة لديه، وتجديد المعلومات التي تعزز مسيرة العملية التعليمية، ويجب أن يتم إعداد مدير المدرسة للقيام بهذه الوظيفة الحساسة حسب أسس ومبادئ ومعايير تضمن كفاءته وصحة اختياره.

وإعداد مدير المدرسة الناجح والمناسب يتم في مرحلتين:

أولاً: الإعداد قبل العمل

وتضم هذه المرحلة التي تسمى بمرحلة الإعداد للمدراء جانبين أساسيين:

أ‌- <u>الإعداد الأكاديمي</u>

يجب على كل فرد (معلم) يتقدم للحصول على وظيفة إدارية في مجال التربية والتعليم أن يكون قد حصل على الإعداد الأكاديمي التربوي في إحدى الجامعات المؤهلة لمثل هذا الإعداد والتي من خلال تعلمه فيها أخذ قسماً كبيراً من المساقات التربوية والإدارية التي يستطيع بمساعدتها الوصول إلى التأهيل المناسب لأداء وظيفة المدير إلى المهارات التي تساعده في حل المشاكل التعليمية والسلوكية التي نتحدث عنها مثل: الإدارة التربوية والتعليمية والمدرسية، المناهج وطرق التدريس، الإدارة التربوية والتعليمية والمدرسية، المنهاج وطرق التدريس، الإدارة العامة، العلاقات الإنسانية، التوجيه والإرشاد، الأنشطة المدرسية، علم النفس التربوي، علم نفس النمو، علم النفس العام، مدخل للتربية، الإدارة المدرسية والتربية الحديثة، الاتصالات التربوية والإنسانية.

إن جميع هذه المساقات تساهم مساهمة كبيرة وواضحة في تكوين خلفية تربوية وتعليمية ومعرفية سلوكية لدى مدير المدرسة، وتساعده على التعامل مع جميع العناصر

العاملة في المدرسة حتى يستطيع الوصول إلى تحقيق الأهداف والغايات التربوية التعليمية المنشودة.

ب- الإعداد العلمي

ويقصد به كون مدير المدرسة قد عمل في مهنة التدريس لفترة طويلة حيث بدأ عمله مدرساً ومر في جميع مراحل التدريس حتى اكتسب الخبرة الكافية والمعرفة التامة في كيفية العمل مع كل مرحلة ومرحلة، لأن كل مرحلة لها صفاتها ومميزاتها ومتطلباتها التي تختلف عن المراحل الأخرى ويجب التعامل مع الطلاب من هذا المنطلق حتى يستطيع الشعور بالأمان والاطمئنان والرغبة في التواجد في المدرسة والتعلم الجاد الذي يؤدي إلى رفع مستواهم التعليميم والتحصيلي.

وحتى تكون الخبرة كبيرة وذات فائدة فيجب أن يكون المدير قد تقلّد منصباً إدارياً معيناً قام فيه بمساعدة المدير عن قرب، مما أدى إلى تمكنه من امتلاك الخبرة الكبيرة، وجعله على اطلاع واسع بأهداف التعليم وخصائص وميزات العملية التعليمية بأبعادها المختلفة.

ويجب أن نذكر دائماً أن إدارة المؤسسة التعليمية والتربوية هي مسؤولية قيادية وإدارة وإشرافية كبيرة جداً ومتميزة والتي تفرض على جميع العاملين القول والثقة والاستعانة بها واحترامها إذا كانت جديرة بالاحترام وتملك القدرات التي يمكن الاستعانة بها.

وفي الحالات التي يكون فيها مدير المدرسة أقل كفاءة وتأهيلاً وخبرة. ومعرفة علمية واجتماعية من العاملين الذين يعملون تحت قيادته، فإن ذلك يؤدي إلى فقدانه ثقة الآخرين به وبكل ما يقوم به من أعمال ويشعرهم بخيبة الأمل والإحباط من كل شيء تربوي.

ثانياً: التدريب خلال العمل

إن التدريب الذي يمر به المدير خلال قيامه بالعمل، يعدّ الركيزة الأساسية التي تساعد على نمو وتطوير العمل الإداري في جميع المجالات، ويضم هذا النوع من التدريب العملي جانبين أساسيين:

الجانب الأول: يركز العمل على علاج القصور في مستوى الأداء الإداري أو القيادي لبعض عناصر القيادة التربوية، والتي يجب العمل على حلها بصورة سريعة، أي أنها غير قابلة للتأخير بسبب ما قد يحدث من أضرار نتيجة لعدم حلها بصورة سريعة.

الجانب الثاني: يهتم هذا الجانب باستمرار نمو وتطوير القيادات التربوية فكرياً ووظيفياً، أي أنه يجب العمل على إتمام تدريب القادة التربويين بصورة شاملة لإعدادهم وتنمية قدراتهم، وتشارك في عملية التدريب والإعداد التي نتحدث عنها جميع المؤسسات المؤهلة لذلك، والتي تملك القدرة والمهارات التي تستطيع إنجاز هذا التدريب، مثل الجامعات والكليات التربوية. فمثلاً يمكن إلحاق المدراء والمساعدين بدورات تربوية وتنشيطية تأهيلية بصورة دائمة، الأمر الذي يساهم على رفع مستوى أدائهم من خلال اكتسابهم لمهارات جديدة ومعلومات متنوعة، مما يؤدي إلى إثراء العملية التعليمية، التي تعود بالفائدة على المدرسة وطلابها ومستوى تحصيلهم التعليمي والسلوكي، حيث دون ذلك يبقى المدير جامداً وغير فعال، ويكون أثره على المدرسة وطلابها سلبياً ويؤثر على سلوكهم وتحصيلهم. كما وتعطي الدورات التعليمية مفعولها في حالة امتلاك المدير مهارات وخبرات متميزة، حيث يقوم بإشراك الآخرين بها ويساعدهم على الانتفاع بها وماكان ذلك بدون اشتراكه في هذه الدورات.

من ناحية أخرى إذا كان المدير يقوم بممارسة بعض الأساليب المرفوضة والتي هي أساسها عامل هدّام إذا لم يشترك مع الآخرين ويستمع إليهم، فإنه لن يجد الفرصة المناسبة لتقويمها وإصلاحها، وهذا لا يأتي إلا من خلال التواصل والاتصال مع الآخرين والتجديد المستمر للقيادات التربوية من خلال الاشتراك في الدورات التربوية القصيرة، التي تعود فائدتها على المدرسة والطلاب والمعلمين.

الباب
الثالث

العوامل المدرسية المختلفة
وأثرها على تدني التحصيل

الفصل الأول : المنهاج ومشكلة تدني التحصيل المدرسي

الفصل الثاني : اتخاذ القرارات المدرسية وتأثيرها على الطالب وتحصيله الدراسي

الفصل الأول
المنهاج ومشكلة تدني التحصيل الدراسي

تعتبر المدرسة إحدى المؤسسات الاجتماعية التي أسسها المجتمع لكي تقوم بالدور الفعال والأساسي في نقل التراث الثقافي والاجتماعي والعلمي والحضاري من الجيل الحالي والسابق إلى الأجيال القادمة، كما وأن المدرسة هي التي تكفل وتضمن إتاحة الفرص أمام الطلاب لاكتساب المفاهيم والعادات والقيم الاجتماعية اللازمة بل الضرورية لهم في حياتهم اليومية.

إن طبيعة الحياة التي نعيشها في هذه الفترة تعتبر على جانب كبير من التقدم والحضارة، وتظهر أهميتها في النواحي الاقتصادية والسياسية، والثقافية والفكرية والاجتماعية، حيث في الناحية الاجتماعية نميل إلى تربية أفضل من التربية التي حصلت عليها الأجيال السابقة، في الناحية الجسدية والقدرة على تحمل المسؤوليات الاجتماعية وفهم القيم الجديدة التي نعيش فيها.

وعليه فإن المعلومات بحد ذاتها لا تعتبر غرضاً من أغراض التعليم الأساسية بالرغم من مكانتها وأهميتها في العملية التعليمية. فمثلاً معلم اللغة يهدف من قيامه بتعليم النصوص الأدبية أو الأشعار إلى فهم المعاني والتشبيهات التي ترد فيها وذلك حتى يستطيع الطالب استعمالها في الحياة اليومية استعمالاً عادياً، من هنا يجب أن يكون هدف المسؤولين عن وضع المناهج ليس حشو عقول الطلاب بكمية من المعلومات والمعارف التي لا يوجد ترابط بينها، بل يجب على المسؤولين عن المناهج وضعها وتنظيمها بالاعتماد على المعاني والمفاهيم التي سوف يتعلمها ويحتاجها الطالب في هذا الصف الدراسي أو الصف الذي يليه، حتى يخرج إلى المجتمع وهو مزود بكمية من المعاني والمفاهيم التي تساعده على التوافق العقلي لما يحدث في المجتمع من أحداث وتطورات، لذا فإن عملية فهم المعاني الجديدة التي يتعلمها الطالب، تعتبر عملية أساسية في هذه المرحلة الهامة من حياته، التي يتعلم فيها الأفكار حتى يستطيع القيام بتفسير بعض الأحداث التي تحدث معنا وتحيط بنا، والمعلم الذي يستطيع الوصول بطلابه إلى الدرجة العالية من الفهم والتفسير، يمكن أن نقول أنه يعد طلابه لسلوك الصواب في المستقبل أثناء تعاملهم مع الآخرين.

وحتى يكون باستطاعة الطالب أن يتعلم المفاهيم والقيم والاتجاهات ويقدر على تفسيرها وتفسير الأحداث التي تحدث معه أو من حوله يجب أن تنمو وتتطور لديه القدرات المختلفة مثل النمو العقلي، والانفعالي والاجتماعي والتي تلعب أهم الأدوار في حياته بل هي أساس أي نمو يحدث لديه.

ويقصد بالنمو العقلي، نمو الوظائف المختلفة مثل الذكاء العام والعمليات العقلية العليا مثل الإدراك والحفظ والتذكر والانتباه والتخيل والتفكير والتي تؤدي جميعها إلى رفع مستوى التحصيل.

وتلعب البيئة بظروفها المختلفة دوراً هاماً في تحديد الصورة النهائية لذكاء الفرد بعد أن جاءت الوراثة بالمكونات الأساسية نتيجة للتفاعل مع البيئة والمحيط الذي يعيش فيه الفرد، ويؤدي الاختلاف في البيئة والمحيط إلى ظهور الفروق الفردية بين الأطفال والأفراد، لذا يجب مراعاتها وأخذها بعين الاعتبار. فمثلاً الحالة الاجتماعية والاقتصادية المتدنية والضعيفة والاضطرابات الانفعالية والإهمال في الرعاية التربوية تؤدي إلى منع الطالب أو الفرد من استقبال المثيرات العقلية التي تساعد على نمو العقل إلى أقصى الحدود الممكنة.

أما النمو الانفعالي فنقصد به ذلك النوع من النمو للانفعالات المختلفة لدى الطفل. مثل الحب والكراهية والتهيج والانشراح والبهجة والحنان والانقباض والغضب والتقزز والخوف والعنف والعدوانية... إلخ لذا يجب العمل على توفير جو مشبع بالحب داخل الأسرة حتى ينشأ الطفل سعيداً وبعيداً عن التوتر والقلق ويستطيع التفاعل مع الآخرين ويقوم بإنجاز ما يطلب منه إنجازه ويعمل على تطور ذاته وقدراته.

ويقصد بالنمو الاجتماعي تلك العملية التي نطلق عليها اسم التنشئة والتطبيع الاجتماعي للطفل أو الفرد التي تبدأ في الأسرة حيث يحصل الطفل على جميع الأسس الاجتماعية ويستمر في المدرسة والمجتمع وجماعة الرفاق حيث يتعلم أسساً هامة جداً تفيده في تطوير شخصيته-مثل المعايير الاجتماعية، الأدوار الاجتماعية-الاتجاهات الاجتماعية-القيم الاجتماعي-التفاعل الاجتماعي القيادي، والتبعية. أي أن الاهتمام بالتنشئة الاجتماعية ضروري جداً ويجب أخذه بعين الاعتبار منذ بداية تفاعل الطفل مع الآخرين.

أيضاً يجب على الطفل (الفرد) العمل على تحصيل أكبر قدر ممكن من المعرفة والثقافة العامة وعادات التفكير الواضح والمشاركة والمسؤولية في الأسرة والجماعات الأخرى، وتوسيع دائرة الميول والاهتمامات والهوايات، وتنمية المهارات الاجتماعية

التي تحقق التوافق الاجتماعي السوي، وتحقق الدوافع للتحصيل والبلوغ والتفوق وإشباع الحاجات الأساسية مثل الأمن والانتماء والمكانة الاجتماعية والتقدير والحب والمحبة والتوافق والمعرفة وتنمية القدرات والنجاح والدفاع عن النفس والضبط والتوجيه والحرية (زهران، 1985).

أما بالنسبة لمطالب النمر العقلي في مرحلة المراهقة فهي لا تتوقف عند القدرة على دراسة بعض المواد، ولكنها تتعداها إلى القدرة على القيام بتوضيح المواقف المستقبلية التي من الممكن أن يصطدم بها الشاب في حياته المستقبلية. لذا يجب العمل على تنويع المادة الدراسية وطرق تدريسها وتقديمها حتى تتفق مع الفروق الموجودة بين الأفراد من حيث القدرة على التعلم، والإنجاز والوصول إلى مستوى عالٍ من التحصيل المدرسي.

وحتى يكون بالإمكان تحقيق ذلك يجب أن يراعي القائمون على وضع المناهج والمعلمون الفروق الفردية بين الطلاب ويعرفوا مدى انتشارها وتأثيرها على الطالب بالشكل الخاص والطلاب داخل الصف الواحد بصورة عامة، وأن يراعوا بالإضافة إلى ما ذكر عدم وجود التجانس التام بين مجموعات الطلاب مما يكون له أثرٌ كبيرٌ على عملية التعلم والتعليم والتحصيل الفردي والجماعي-فمثلاً الصف الدراسي الواحد يوجد فيه أفراد يتفاوتون فيما بينهم من ناحية قدراتهم العامة مما يضع المعلم في أغلب الأوقات بمشكلة مع الطلاب سريعي التعلم وبطيئي التعلم وحسب أي مجموعة يعلم وأي مجموعة يعطيها اهتماماً أكثر.

وفي حقيقة الأمر فإن المعلم إذا أراد مراعاة مطالب النمو العقلي التي تظهر بصورة واضحة في الفروق الفردية بين الطلاب فإنه يستطيع تخطيط نشاط الصف الدراسي بطريقة تسمح للطلاب جميعهم تحقيق أهداف الدرس، وذلك لأن تنوع المادة في الصف الدراسي الواحد لا يُعتبر من الأمور الصعبة أو العسيرة، إنما يستطيع المعلم القيام بذلك من خلال تنظيم المادة التي يعلمها بصورة تتفق مع المجموعات الموجودة في الصف الواحد (حسين، 1982).

مناهج التعليم

يقصد بها جميع المواد التي تحدد لتعليم الطلاب في المراحل التعليمية والزمنية المختلفة وهي تضم الكتب التي يمكن استعمالها وتعود بالفائدة على المتعلمين وتراعي فيها قدرات الطلاب العقلية والفروق الفردية الموجودة بينهم، ولقد أجمع علماء النفس والتربية على ضرورة ملاءمة هذه المناهج للبيئة والمحيط الذي يعيش فيه الطلاب حتى

يسهل عليهم فهمها والاستفادة منها، لذلك من الضروري أن يأتي جميع المسؤولين والمنفذين لهذه المناهج التعليمية من الحقل نفسه لأنهم يعرفون تمام المعرفة متطلبات الطلاب وقدراتهم وميولهم ورغباتهم واتجاهاتهم وهذا بحد ذاته يضمن مع العوامل الأخرى تحقيق المناهج للأهداف التي توضع من أجلها، وليس كما يحدث في معظم الحالات التي يقوم بها متخصصون بوضع الأهداف وهم بعيدون كل البعد عن العمل التربوي أو لم يعلموا يوماً واحداً في حياتهم، أي لا صلة ميدانية لهم بالتعلم، صحيح أنهم متعلمون وعلى مستوى عالٍ من التعلم ولكن الخبرة الميدانية لها حقها وتفوق كل شيء في الرؤية الحقيقية الواضحة لما يجب أن تضمه المناهج التعليمية في كل مجتمع وكيف يكون تحقيق هذه المناهج. وما مدى مناسبتها لعمر الأطفال والطلاب وتوجهاتهم ومطالبهم الفردية والجماعية، لأنها تؤثر بصورة واضحة على مستوى تحصيلهم الدراسي بمعنى آخر يقصد بالمنهج التربوي كل ما يقدم للطفل من خبرات ومعلومات أكاديمية وغير أكاديمية كما ويضم أيضاً طرق التدريس والوسائل التعليمية وأنواع الأنشطة المختلفة التي تساعد الأطفال على النمو والتطور الجسدي والعقلي والانفعالي والاجتماعي.

ويؤدي المنهج الدراسي الذي تقدمه المدرسة لطلابها إلى تحديد الجو الانفعالي داخلها وبين طلابها. فمثلاً يوجد منهج يعتمد على قيام المعلم بتلقين الطلاب الصغار أنواعاً متراكمة من المعارف وحفظها واختزانها ثم استدعاؤها عند الضرورة دون الاستفادة التطبيقية منها ودون توظيفها في الحياة العامة. من الطبيعي أن هذا النوع من المناهج لا يؤدي إلى إشباع حاجات الطلاب ولا يراعي ميولهم واتجاهاتهم ولا يتمشى معها، لذلك يعتبر بعيداً عن الطلاب لأنه غريب عنهم.

من ناحية ثانية يوجد المنهج الحر الذي يقوم ويعتمد على التنويع والإثراء في الخبرات والمعلومات وأنواع الأنشطة المختلفة التي تلائم الطلاب وتتناسب مع الفروق الفردية بينهم. الأمر الذي يحقق إشباع حاجاتهم وميولهم، وهذا المنهاج يعتبر هادفاً وموجهاً ويؤمن بالفروق الفردية بين الأفراد ويهدف إلى تحقيق نوع من النمو المتكامل لجميع جوانب شخصية الفرد. ويؤمن أيضاً بالتوجيه والإرشاد النفسي والتربوي الذي يقوم على الفهم الواضح لحاجات الطفل واهتماماته في كل مرحلة من مراحل نموه وتطوره المختلفة. إن هذا النوع من المناهج يكون على درجة عالية من المرونة تجعله يعطي النشاط الحر والعقلي قدراً كبيراً من الحرية، والفرصة المناسبة للتغيير والتطوير، كما ويعطي المجال الفرصة لمساعدة الطفل على النمو الاجتماعي.

وعليه فإن المادة التي تدخل في إطار المنهج الدراسي يجب أن تكون ذات معنى بالنسبة للطلاب وتدور حول مشاكلهم وتشبع حاجاتهم الفردية والنفسية. هذا بالإضافة إلى تمشي المنهاج مع أهداف واهتمامات الطالب للتحصيل وسرعته وتراعي الفروق الفردية التحصيلية بين الطلاب. أيضاً يجب أن يكون المنهاج متصلاً اتصالاً وثيقاً بحياة الطالب خارج المدرسة ويتصل بواقعهم ويسندهم من الناحية العقلية والانفعالية. إن مثل هذا المنهاج يخلق الأفراد الناضجين جسدياً وعقلياً وانفعالياً واجتماعياً، ولا يضعهم في مواقع وقوالب جامدة تجعل منهم شخصيات متسلطة معارضة لكل شيء من حولهم. وهذا بالطبع يرجع إلى المدرسة وما تؤمن به وتتبعه والذي يكون له الأثر الأكبر في تكوين شخصية الطالب (حسين، 1986).

وهناك نوعان من المناهج يختلفان في المضمون ووسائل العلاج والتوجه. فالنوع الأول هو المنهاج التقليدي والذي يضم مجموعة من المواد الدراسية المقررة لكل صف ومرحلة تعليمية، والتي يتعلمها الطالب ويجب عليه أن ينجح في الامتحان النهائي فيها. ويركز هذا النوع على الجانب المعرفي والعقلي

للطالب، أي على المعلومات التي يتعلمها الطلاب في الصف الواحد ويتجاهل الجوانب الأخرى الروحية والجسدية والنفسية والاجتماعية والتي يؤثر بصورة واضحة على مستوى تعلمه وتحصيله ورغبته في التعلم (راشد، 1993؛ فالوقي، 1994).

ومن خصائص ومميزات هذا المنهاج نذكر الآتية:

- التركيز على المادة التعليمية التي تعتبر العنصر الوحيد للمنهاج.
- يهتم بالكثير من المواد والمواضيع الدراسية التي تعتبر نوعاً من التراكم المعرفي.
- يجعل من اكتساب المعلومات والمواضيع التعليمية وحفظها غاية بحد ذاتها ويتجاهل أهمية تطبيقها في الحياة اليومية وهذا يعني أنها غير مهمة في حياة الطفل.
- يهتم بنقل المعلومات المقررة إلى عقل المتعلم ويعتبر هدفاً أساسياً.
- يهتم بتقديم المعلومات والمواد التعليمية جاهزةً وفقط على الطالب أن يحفظها ويرددها دون إعطائه فرصة للتأمل والتفكير والبحث فيها.
- لا يهتم في حاجات الطالب بأنواعها وحاجات المجتمع الأساسية.
- يرفض جميع الأنشطة التي من الممكن أن تتم خارج غرفة الصف.

❖ يستبعد جميع الأنشطة التي تنمي مهارات حركية أو تنمي الاتجاهات النفسية السليمة لدى الطالب، كما ويستبعد تنمية الشخصية السوية بجوانبها المتعددة والأنشطة التي تساعد على اكتساب طرق التفكير العلمي.

❖ لا يهتم بالفروق الفردية ويهمل استعدادت المعلم وقدراته وميوله.

❖ يستبعد أي عمل على توجيه سلوك الطلاب ويفترض أن المعرفة تؤدي إلى الفضيلة (كما يقول سقراط).

❖ يركز على الجانب المعرفي الذي يقتصر على الناحية العقلية فقط، ويعتمد في الوصول إلى ذلك على استعمال الأسلوب التلقيني، الذي يضع المادة التعليمية والمعرفة في مركز الاهتمام.

❖ يساعد على انعزال المدرسة وابتعادها عن المجتمع مما يؤدي إلى انفصال الطالب والمعلم عن البيئة والواقع الاجتماعي الذي يعيشون فيه.

❖ يعتمد على التقييم الذي نحصل عليه عن طريق الامتحانات التقليدية، ويركز على القياس الكمي لقدرات الطالب (السابق).

إن هذا النوع من المنهاج يترك أثراً سلبياً واضحاً في العملية التربوية لأنه يجعل كل اهتمام الطالب ينصب على حفظ المعلومات التي يلقنه إياها المعلم أو يقرأها من الكتاب المدرسي ويقوم بترديدها فيما بعد. أي أن دور المعلم التعليمي داخل المدرسة والصف ينحصر في عملية تلقين المعلومات للطالب وحشو عقله بها، وهذا يظهر واضحاً من خلال نوع الامتحانات التي تستعمل في عملية التقييم والتي تكون في جميع الحالات تقليدية وتهتم بحفظ المعلومات وترديدها دون فهم أو رغبة أو قدرة على التطبيق، ومثل هذه المعلومات لا توظف في حياة الطالب اليومية، وفقط يكون حفظها من أجل اجتياز الامتحانات المقررة، وحصول الطالب على الشهادات الرسمية التي تثبت مدى تعلم الطالب. وبعد الانتهاء من الامتحانات تنسى المادة بصورة جزئية ومستمرة بسبب عدم استعمالها وتوظيفها في الحياة اليومية.

هذا بالإضافة إلى التقليل من أهمية الأنشطة اللامنهجية على أنواعها، الثقافية، أو الاجتماعية، أو الدينية، أو الرياضية والفنية... واعتبارها مواضيع ثانوية يمكن الاستغناء عنها ودون حدوث أي نقص أو خلل، لأن المواد الدراسية كثيرة، وفي معظم الأحيان تكون فوق طاقة الطلاب وقدراتهم مما يؤدي إلى شعورهم بالإحباط والملل

، ويؤدي إلى نتائج سلبية حيث يكون تحصيلهم الدراسي متدنياً جداً. وقد يؤدي إلى تسربهم من المدرسة في البداية ثم تركها فيما بعد.

ونستطيع أن نحدد بعض النتائج السلبية التي تنعكس على الطالب من هذا المنهاج فيما يلي:

1. الطالب يحفظ المعلومات التي يلقنها له المعلم دون الحاجة إلى بذل المجهود النفسي البسيط في البحث أو التفكير، مما يترك عليه أثراً واضحاً في المستقبل حيث يريد الحصول على متطلباته بسهولة ودون عناء أو تعب.
2. ميول واهتمامات الطالب لا تحظى بأي اهتمام لأنه مجبر على تعلم هذه المواد ولا توجد لديه الحرية للاختيار، هذا بالإضافة إلى عدم الاهتمام بإشباع حاجات الطالب المختلفة.
3. ما يتعلمه الطالب في معظم الحالات لا يساعده على حل مشاكله البيئية.
4. يفقد الطالب القدرة على التعلم الذاتي لأنه اعتاد الاعتماد على الغير.
5. تتكون لدى الطالب اتجاهات سلبية نحو العلم والتعلم والمعلم والمدرسة وما يحدث فيها.
6. تقييم الطالب يقوم على قياس قدراته على تذكر المعلومات أولاً و يهمل قياس نموه في الجوانب الأخرى (راشد، 1993).

أما النوع الثاني من المنهاج الذي نتحدث عنه فهو المنهاج الحديث والذي يقصد به جميع ما تقوم المدرسة بتقديمه لطلابها من خبرات تربوية وتعليمية داخلها أو خارجها والتي تساعدهم على نمو وتطور شخصياتهم في جوانبها المتعددة: الروحية والعقلية، والجسدية، والاجتماعية، كما وتساعدهم في تحقيق الأهداف التعليمية إلى أبعد الحدود وأقصاها، وذلك حسب ما تسمح به قدراتهم واستعداداتهم، والتي تعتبر وسيلة المدرسة التربوية التي تستعمل كأساس لتخطيط المنهاج. والمنهاج الذي يراعي خصائص نمو وتطور الطلاب، وطبيعة المواد التي تدرس، وطبيعة المجتمع، وإمكانات المدرسة وبيئتها. ومثل هذا المنهاج يتكون من الأهداف التربوية، والمقررات المدرسة، الكتب والمراجع، طرق أساليب التدريس، الخبرات التعليمية، الأنشطة المختلفة الصفية واللاصفية، أساليب التقييم من اختبارات وامتحانات وبطاقات، الإدارة المدرسية، المرافق والمباني وكل ما له علاقة بالتعلم والتربية ويخدم مصلحة الطلاب ويساعد على رفع مستوى التحصيل العلمي الذي يسعون إليه (راشد، 1993؛ خالوفي، 1994؛ بدران، 2000).

ومن خصائص ومميزات المنهج الحديثة نذكر الآتية.

1. محور العملية التعليمية هو الطالب، والأساس الذي يقوم عليه المنهاج هو خبرات الطلاب والعمل على تنميتهم في جوانبهم المختلفة.

2. يعمل على توفير مجموعة خبرات تربوية تساعد على عملية التعلم واستخدام ما يتم تعلمه بصورة إيجابية، والخبرات التي نتحدث عنها معرفية، وحركية نفسية، ووجدانية عاطفية.

3. التعلم يقصد به تعديل السلوك نتيجة لاكتساب الخبرة والمعرفة التي لا تقتصر على المدرسة وحدها، بل يمكن التعاون مع المؤسسات الأخرى التي لها علاقة بعملية التربية والاهتمام بالطلاب مما يؤدي إلى زيادة حدوث التعلم والمشاركة في النشاطات الاجتماعية.

4. يهتم المنهاج الحديث بالنمو والتطور لدى الطلاب في جميع الجوانب العقلية، الجسدية، الروحية، الأخلاقية والنفسية.

5. يهتم المنهاج في الأهداف التربوية وتنوع طرق وأساليب التدريس والعلاقات الإنسانية داخل غرفة الصف وخارجه بالإضافة إلى تنوع أساليب التقييم، وتعدد الأنشطة المدرسية التي تلعب دوراً هاماً في رفع المستوى التعليمي.

6. المنهاج يعتبر بيئة تعليمية متخصصة ومنظمة مقصودة لتوجيه اهتمامات الطلاب وقدراتهم على المشاركة الفعالة في الحياة المدرسية وإكسابهم المعلومات والمهارات والقيم الإيجابية لإثراء حياتهم والإسهام في تحسين مجتمعهم.

7. تكامل الفرد والمجتمع، للحد الذي تصبح معه المدرسة جزءاً لا يتجزأ من المجتمع، يعتبر من الجوانب الأساسية التي يؤكد عليها هذا المنهاج.

ومن النتائج الإيجابية للمنهاج الحديث نذكر:

أولاً: النتائج التي تخص حياة الطالب

1. الطالب بكون إيجابياً ونشيطاً ويقوم بالمهام والأنشطة الصفية التي تهدف إلى تطوير الجوانب المختلفة لديه: الروحية، العقلية، الجسدية، النفسية والاجتماعية.

2. يشجع الطالب على القيام بالعمل الجماعي والاشتراك مع زملائه والتعاون معهم على إنجاز جميع ما يطلب منهم، بالإضافة إلى تدريبه على النقد البنّاء وكيفية الحكم على الأشياء، وتحمل المسؤولية والاعتماد على النفس والثقة بها.

3. يخلق ظروف لتنمية روح الإقدام والاكتشاف والبحث والاستقصاء والابتكار والإبداع على تنمية استعدادات ومهارات ومواهب الطلاب.

4. يأخذ بالاعتبار ميول ورغبات واتجاهات واهتمامات وحاجات ومشكلات الطلاب، ويعمل على تنمية استعدادات ومهارات ومواهب الطلاب.

5. يهتم هذا المنهاج في تقييم الطلاب من عدة جوانب وذلك من خلال توفير أدوات ووسائل قياس مناسبة ومتنوعة مثل المقابلات الشخصية والملاحظات والتقارير على أنواعها.

6. يهتم بتكوين اتجاهات وآراء إيجابية وصحيحة لدى الطالب نحو المعلم والتعلم والعلم والحياة المدرسية بصورة عامة، الأمر الذي يؤدي لتكوين دافعية داخلية للتعلم، وتدفع الطالب للإقبال عليه برغبة واستمتاع، مما يؤدي إلى رفع مستوى التحصيل الدراسي الذي يصل إليه الطالب في كل مرحلة تعليمية.

ثانياً: النتائج التي تخص الحياة المدرسة

1. إن الوظيفة الأساسية هي العمل على تنمية جميع الجوانب لدى الطالب بنوع من الشمول والتكامل والاتزان، وإعداده للحياة المستقبلية الفعالة والنشطة والإيجابية.

2. إن المعلومات والمهارات والخبرات التي اكتسبها الطالب في مدرسته لها أهمية كبيرة ووظيفة فعلية في حياته الحالية والمستقبلية ودور المدرسة هو إعداده للحياة ليتحمل المسؤوليات والمشاركة في حل مشكلات البيئة التي يعيش فيها.

وحتى نستطيع معرفة موضوع المناهج التعليمية وما يدور فيها عن قرب يجب أن نذكر الآتية:

1. إعداد المناهج

إن القيام بإعداد المناهج التعليمية المدرسية يعتبر من العمليات الصعبة والشاقة والتي ليس بمقدور أي شخص القيام بها، لأنها تتطلب العمل على إقامة التوازن بين الفترة الزمنية المخصصة للتربية والتعليم وما يحتاج إليه الطالب من معلومات تلائم التطور العلمي والنفسي والجسدي الذي يحدث لدى الطالب، وتراعي في نفس الوقت حاجاته وميوله وقابليته الخاصة وحاجات الحياة الاجتماعية والوضع الاقتصادي الحالي وفي المستقبل والتي تؤثر بصورة واضحة في سلوك وتصرفات وقدرات الطالب والمستوى التعليمي وما يحصل عليه من معلومات.

وبما أن وقت المدرسة محدودٌ وكذلك طاقاتها، فلا يمكنها تعليم كل شيء، لذلك تحاول اختيار المعلومات التي يستفيد منها أكبر عدد ممكن من الطلاب إن لم يكون جميعهم، وتحاول الابتعاد عن إدخال أي معلومات محدودة الفائدة للمنهاج خصوصاً للمرحلة الأولى التي يبدأ فيها الطفل التعليم.

ولكي يقوم المربون وعلماء النفس بوضع المناهج الصحيحة والمناسبة عليهم الاستعانة بثلاثة مقاييس هي:

أ.   قيمة كل مادة من مواد التدريس في تكوين شخصية الفرد وإعداده الإعداد الصحيح والمناسب للحياة الاجتماعية.

ب.   متوسط قدرات الطالب في مرحلة معينة من العمر وقابليته وميوله وحاجاته حتى يكون بالإمكان أخذها بالاعتبار والعمل على إشباعها وتطويرها.

ج.   المنفعة الفردية والاجتماعية التي يرجى الحصول عليها من أتباع من منهج معين، بالرغم من أن هذه المنفعة تختلف من فرد لآخر.

إن هذه المقاييس يكمل بعضها بعضاً، ولا توجد لأي مقياس منها قيمة أو أهمية خاصة بدون الآخرين، أي لا نستطيع الاستغناء عن أي مقياس منها بالرغم من اهتمام بعض الباحثين والعلماء بالمقياس الأول والاعتماد عليه أكثر من الآخرين، لأنهم أعطوا بعض مواد التدريس أهمية خاصة مثل الرياضيات والقواعد واللغات القديمة وهذه الأهمية تجعل من هذه المواد ركنا أساسياً وضرورياً لتدريب العقل على التفكير المنطقي المنتظم.

من ناحية أخرى فإن الكثيرين من المربين وعلماء النفس انتقدوا هذا التوجه بصورة قاسية واعتبروه تابعاً للأفكار التي كانت سائدة بالنسبة للقدرات العقلية.

ورغم النجاح الذي حققه بعض المربين وعلماء النفس في دحض هذا التوجه إلا أننا لا نستطيع أن نقول أن الأبحاث التي أجريت بالنسبة لها والنتائج التي توصلت إليها تعتبر نهائية. لذلك يجب على من يعمل على إعداد المناهج التعليمية أن لا يهمل هذا التوجه عندما يقوم بإعداد المناهج وعليه أن يأخذه بالاعتبار، لكن بقدر معقول وبصورة غير مبالغ فيها (هندي، 1983).

المواضيع التي تتضمنها مناهج التعليم

على القائمين بإعداد المناهج التعليمية الاهتمام بأن تتضمن الأمور الآتية:

1. تحديد مراحل التعليم التي نعد لها منهجاً معيناً وما الفترة الزمنية التي سوف تستغرقها.

2. كيف سيكون نظام امتحانات الشهادات الرسمية أو الحكومية في هذه المناهج أي ما هي طرق تقييم التحصيل الدراسي للطلاب.

3. ما هي المواد التعليمية التي تدخل في جميع مراحل التعليم والساعات الأسبوعية التي تخصص لكل مادة وهل تفي بالغاية المطلوبة منها.

4. ما هي النبذات التربوية والتوجيهية التي تتناول أهداف كل مرحلة من مراحل التعليم وكيفية تدريس كل مادة من المواد المقررة وما الهدف والغاية من تعليمها.

5. ما هي الموضوعات التي يجب أن تتضمنها المواد التعليمية في كل سنة من سنوات التعليم المقررة. وما الفائدة منها الفردية والجماعية، وهل تفيد في تطوير شخصية الطالب وتساعده على رفع المستوى التحصيلي الدراسي.

إن تحديد هذه المواضيع بصورة دقيقة والحرص على تنفيذها بدقة يعود بالفائدة على الطالب بصورة خاصة والمدرسة والمجتمع بصورة عامة. وعدم الحرص على الدقة والتنفيذ يؤثر بصورة مباشرة على جميع الأطراف الذين تربطهم علاقة بصورة أو بأخرى بالعملية التعليمية والتربوية وحتى تكون النتائج العلمية الميدانية إيجابية يجب أن يعمل الجميع بصورة جدية ومتواصلة ودون توقف أو استخفاف.

أهمية المناهج التعليمية

كلمة المنهاج في اللغة العربية تعني السبيل أو الطريق الواضح المعالم والذي يمكن السير فيه بسهولة ويسر والوصول بأمان إلى الغاية المنشودة إذا كانت معالم هذه الطريقة واضحة. وهذا ينطبق على المناهج التعليمية التي كلما كانت واضحة المعالم كان الوصول إلى تحقيقها سهلاً والنجاح في الوصول إلى الغاية المنشودة مؤكداً، وحتى يكون ذلك مؤكداً يجب أن يشرف على تخطيط المناهج وإعدادها كبار المربين من ذوي الخبرات العلمية والميدانية وعلماء النفس، ممن لهم علاقة مباشرة مع التربية والتعليم.

وعليه فإن مناهج التعليم لم توضع بدون أهداف، بل وضعت بالاعتماد على الأبحاث والدراسات الدقيقة التي تستهدف إعداد المواطن الصالح، من النواحي الخلقية والعقلية والجسدية، أي أن هذا الإعداد يجب أن يكون كاملاً ويضم جميع الجوانب، لذلك فقد تم توزيع مواد التدريس على الصفوف المختلفة بصورة يكون فيها هذا التوزيع مناسباً مع جيل الطفل وإدراكه كما وحددت لكل مادة ساعات أسبوعية مناسبة.

وبهذا الشكل أصبحت المناهج تخدم المدرسة، حيث وجد أن أهداف التعليم ضمنت حسن التوجيه، وعملت على التقارب بين مستوى الصفوف الواحدة في المدارس المختلفة، ووفرت على المعلم صعوبة اختيار المواد والموضوعات التعليمية التي يجب أن يعلمها في كل صف وفي كل مرحلة من السنة، مما جعل الطفل خلال كل الفترة الزمنية لوجوده في المدرسة بمأمن من محاولة الاختيارات المتواصلة أو تكون دون مدراكه فلا تنفعه ولا تفيده في شيء، وأحياناً تستهدف معلومات لا تتفق مع ميوله فتؤدي إلى نفوره من المدرسة والابتعاد عنها، لأنها لا تؤدي إلى رفع مستوى التحصيل التعليمي والمعرفي لديه، بل على العكس من ذلك حيث تؤدي في بعض الأحيان إلى انحرافه عن المقبول سلوكياً واجتماعياً. مما يؤدي بدوره إلى تركه للمدرسة والخروج إلى المجتمع للعمل، وفي معظم الحالات لا يستطيع التأقلم والعيش بسلام وأمان لأنه لا يملك المؤهلات أو المهارات أو القدرات التي تساعده على ذلك.

وهذا يعني أن المناهج تكون دائماً صادقة ودقيقة ويمكن تحقيقها، وهي تعتبر كأي عمل إنساني من الممكن أن يكون ناقصاً ولا تؤدي إلى الفائدة المطلوبة منها، لذلك فإنه يجب العمل على تعديلها بعد كل فترة زمنية وذلك حسب متطلبات ومقتضيات العصر والبيئة التي نعيش فيها حتى تتلاءم مع هذه المتطلبات وتحقق ما يسعى إليه الفرد والمدرسة والمجتمع وهي الفائدة العلمية والتحصيلية المناسبة.

لذلك يجب أن لا ننظر إلى المناهج كشيء مقدس لا يمكن تغييره بعد تقييمنا له التقييم الدقيق بل ننظر إليه نظرة فاحصة ومتأملة نسعى من خلالها إلى بلوغ الغاية وتحقيق الأهداف المنشودة، لأنه يجب علينا دائماً أن ننظر إلى المستقبل ونخطط له التخطيط الصحيح والمناسب الذي يعود علينا بالفائدة العلمية والتحصيل المدرسي المناسب.

علاقتنا بمنهاج التعليم

لقد قام المعلمون والمربون ورجال التربية وعلماء النفس بتقسيم المناهج إلى ثلاثة أقسام وهي:

أولاً: يضم القسم الأول مواد التدريس والتعليم التي يجب أن يتعلمها كل صف من الصفوف وعلى جميع القائمين بالتربية والتعليم وخصوصاً الإدارة التقييد بهذا القسم تقيداً تاماً وتنفيذه دون إهمال أي جزء أو حذف أية مادة من مواد التدريس مهما كانت الأسباب، لأن هذه المواد لم توضع في المنهاج عبثاً، بل وضعت لتحقق غاية أو هدفاً من شأنه أن يفيد الفرد في تطور مهارات وقدرات خاصة موجودة لديه وتؤدي إلى رفع مستوى تحصيله الدراسي وتساعد على تطور شخصيته.

ومما يجدر ذكره أن عمل التربية لا يقتصر أو يتوقف على السعي إلى اكتمال الإنسان روحاً وجسداً وعقلاً، بل يمتد إلى الكشف عن مواهبه وميوله واتجاهاته التعليمية ومحاولة رفع المستوى التعليمي والتحصيلي الذي يصل إليه ويستفيد منه بصورة شخصية، بالإضافة إلى الاستفادة العامة الاجتماعية. لذا يجب العمل دائماً على تهيئة الفرصة المناسبة للطلاب لإبراز ميولهم نحو الاتجاه المؤهل له بصورة طبيعية، لأن إهمال أية مادة تعتبر ثانوية، أو لا يوجد في نفس الفرد ميلٌ لها، فإن ذلك قد يؤدي إلى دفن مهارة أو عدة مهارات كامنة في نفوس الطلاب إلى الأبد كان بإمكان المعلم أن يهيئ لها الفرصة المناسبة للظهور والتطور والتكامل. لأن المعلم بطبيعة عمله يربي ويعلم ليعد الطالب إعداداً طبيعياً حتى يكون مرآة لنفسه هو، ولكي يظهر ذاته كشخصية مستقلة عن المعلم وعن غيره وحتى لا يكون مرآة للمعلم نفسه.

والحكم على شخصيات الأولاد يعتبر من المواضيع الصعبة بسبب الفروق الفردية بينهم حيث يوجد أولادٌ لا تظهر ميولهم وتوجهاتهم في المرحلة الأولى من الطفولة وبصورة سريعة، ومن الممكن أن نحكم على أحداهم بأنه غير قادر على إنجاز العمليات الحسابية وأنه غير ماهر في هذا الموضوع أو ذاك ولكن سرعان ما نكتشف نبوغه وقدراته ومهاراته المميزة الخاصة التي اعتقدنا منذ اللحظة الأولى للعمل معه

على أنه لا يميل إليها ولا يحبها، وهذا يعني أن علينا القيام بتعليم جميع المواد بلا استثناء لأن قدرات الأولاد لا تظهر إلا إذا عملنا على إظهارها بالوسائل والأساليب المناسبة التي تساعد على ظهورها وتطورها في الوقت المناسب والصحيح. ويجب أن يؤخذ ذلك في الحسبان عندما توضع المناهج التعليمية للمراحل المختلفة حتى يكون بالإمكان مساعدة الأطفال على النمو والتطور في جميع القدرات والميول والاتجاهات ونساعدهم على رفع المستوى التحصيلي التعليمي ونزيد محبتهم للمدرسة والمعلمين بدلاً من زيادة كرههم لها وتركها والانحراف بسببها.

ثانيا: يتضمن هذا القسم الساعات الأسبوعية المخصصة لكل مادة من المواد التعليمية الأساسية والفرعية والتي يجب أن يأخذها واضعو المناهج التعليمية بكل الاهتمام والجدية لأنه يتوقف عليها مدى نجاح المعلم في تحقيق الأهداف التي يسعى إلى تحقيقها مع الطلاب من خلال التعامل معها وتعليمها إياهم. كما ويجب على المسئولين عن المدارس التقييد بالساعات المحددة في المنهاج عند تنظيم جدول الدروس الأسبوعي، مع الاحتفاظ بحق التغيير البسيط الذي لا يؤثر تأثيراً واضحاً على تعلم الطلاب ومستوى تحصيلهم الدراسي، والحقيقة أن هذا الموضوع بالذات يتم التلاعب فيه والتغيير يكون كبيراً ومؤثراً وبصورة واضحة على تقدم الطلاب ومستواهم التعلمي، وعادة يتم التغيير بسبب المصالح الشخصية للمسئولين التي تتطلب إجراء مثل ذلك بالزيادة أو النقصان بما يخدم احتياجاتهم حتى ولو كان في ذلك ضرر واضح للطلاب.

أما التغيير الذي يفرض على المسئولين بسبب المستوى التعلمي للطلاب والذي يخدم مصلحة الطلاب فإنه مطلوب ومبارك إذا كان مدروساً. لأنه يعود بالفائدة على المتعلمين ويساعدهم على تطوير أنفسهم وقدراتهم ومهاراتهم المختلفة مثل زيادة الحصص لموضوع معين مثل الخط أو المحادثات الشفوية التي تقوي الثقة بالنفس.

ولكن يجب أن يتذكر المسئولون أن الحق الذي يعطي لهم للتغيير ليس مطلقاً بل هو محدود ويأخذ بالاعتبار بالمقام الأول الفائدة التي تعود على الطلاب وما هو مدى تأثير مثل ذلك التغير على المواد المختلفة التي يتعلمها الطلاب.

ثالثاً: يتضمن هذا القسم معالجة القدر المطلوب تعليمه في كل مادة والموضوعات التي يجب أن تناقش خلال الدروس في كل صف من الصفوف وفي كل مرحلة من المراحل. أي أنه يجب على واضعي المناهج التعليمية الاهتمام بتوضيح هذه الجوانب حتى يتم التعامل معها من جانب المعلمين بما يتفق وقدرات الطلاب ويخدم مصالحهم التعليمية وتحصيلهم الدراسي.

كذلك الأمر بالنسبة للموضوعات المفروضة في المناهج والتي توجد فيها عناوين كبيرة وواضحة والتي يجب التقييد بها والعمل على تنفيذها، والاهتمام بالتعليمات الثانوية التي ترشدنا إلى معرفة نوع الموضوعات التي يفضل أن تعطى للطلاب.

ويجب أن يذكر القائمون على تنفيذ المناهج، النتائج الصعبة التي يؤدي إليها العبث بالمناهج، فمثلاً إذا أراد كل معلم أن يعمل ما يريد ويسير حسب رغباته في التعليم فإن ذلك سوف يؤدي إلى حدوث أضرار كبيرة يدفع ثمنها الطلاب، هذا بالإضافة إلى الفوضى التي تنتج عن ذلك وتؤدي إلى تعطيل التعلم والاستفادة من التعليم.

هذا لا يعني أننا نريد أن يكون المعلم مجرد شخص يقوم بتنفيذ المنهاج دون مناقشة أو إبداء للرأي، لأن المناهج وضعت حتى تخدم المعلم والطالب حقاً، وليس لاستعبادهم، والمعلم الذكي والحكيم يستطيع أو يوفق بين رغبته في الاختيار بالاعتماد على البيئة التي يعيش فيها ويعرف متطلباتها بالإضافة إلى معرفته لمستوى طلابه ورغباتهم وتوجهاتهم، وبين احترامه وقبوله للمناهج والاعتماد عليها في خطوطها الكبيرة .

من ناحية أخرى يجب عدم قياس صعوبة المناهج وتشعباتها وسيئاتها بالاعتماد على الكتب المدرسية التي نتعامل معها، لأن هذه الكتب يجب أن لا تجعل منها مقياساً أساسياً وصحيحاً للمناهج، لأن أكثر المؤلفين يقومون بالشرح المفصل والمطول وبذلك يصعبون الأمور على الطلاب، كما وأنهم يكثرون من الحواشي التي تعقد الدروس بدلا من توضيحها، وهم أيضاً يدخلون في تفاصيل لا علاقة لها مع المنهاج، لذلك يجب على المسئولين عن تنفيذ المناهج أن لا يأخذوا المعلومات الموضوعة في الكتب على علاتها بل يجب عليهم أن يأخذوا منها ما يناسب مستوى طلابهم ويتفق مع روح المنهاج حتى تتم الاستفادة منها ويشعر الطلاب أنها تعود عليهم بالفائدة الشخصية.

ولكي تكون الفائدة التي نسعى لحصول الطلاب عليها كافية ومناسبة يجب علينا أن نقوم بدراسة المناهج دراسة كاملة ومتمعنة حتى نستطيع القيام بتنظيم وتوزيع موادها وموضوعاتها الكثيرة، توزيعاً متناسباً مع زمن التعلم والأحداث التي يمكن أن تحدث خلال هذه الفترة الزمنية، وحتى لا يمر الوقت المحدد فيتأخر المعلمون عن إعطاء الطلاب ما يمكنهم أن يستوعبوه من المعلومات. أيضاً على المعلمين معرفة قدرات الطلاب ومدى استيعابهم للمواد التعليمية حتى يحددوا لأنفسهم البطء في التعليم

بما يتفق مع قدرات الطلاب أو الإسراع فيه والاكتفاء باستعراض المعلومات بصورة سريعة لأن استيعاب الطلاب يتطلب ذلك.

وقد أكد المربون والباحثون على وجوب النظر إلى المناهج نظرة جدية وجديدة تتفق مع الفلسفة التربوية الحديثة التي تهتم بالفرد وتعتمد عليه، وتريده أن يكون في مركز الأحداث التربوية التعليمية ويسهم بقواه الذاتية في البناء الاجتماعي وكواجب من الواجبات التي يجب عليه القيام بها، وفي نفس الوقت يطلب حقه من التربية في إعداده حتى يكون فرداً نافعاً وإيجابياً في كل سلوك يتطلب منه ذلك كما ويجب أن يكون هذا الفرد غرضاً بحد ذاته من النظام التربوي الذي يجب أن يعمل على تحقيق تكامل شخصية الطالب من بداية مرحلة الطفولة مروراً بالمراحل الأخرى التي يمر بها في حياته. لذلك رأى المربون والباحثون من الضروري الاهتمام بالأمور الآتية:

1. أن لا يكون المنهاج غرضاً بخد ذاته بل وسيلة لتحقيق هدف وغرض أسمى وأكبر وهو التربية الشاملة التي تأخذ بالاعتبار جميع قوى الطالب وقدراته وشخصيته، وذلك حتى لا يقتصر المنهاج ويتوقف على المعلومات العقلية للطلاب بل يضم جميع جوانب النشاط والتعليم.

2. أن تتناسب المناهج مع حاجات الطلاب الحالية والتي لها تأثيرٌ على المدى البعيد وبصورة عامة، حيث ترضى اهتماماتهم وتلبي تطلعاتهم للمعرفة وتنفيذها ويجيب على تساؤلاتهم، وهذا يعني ارتباطه بالحياة الواقعية ويجعل من المدرسة جزءاً من هذه الحياة.

3. يجب أن يكون المنهاج مرناً لدرجة يسمح بها في التغيير والتبديل والتعديل الذي يلائم كل بيئة وكل مجتمع ويكون هو سيد المنهاج وليس عبداً له، بحيث يقوم بعمل ما يرى أنه مناسب لتعليم الطلاب.

4. يجب أن يكون توافق المنهج والمنطق الموجود لدى الأطفال وليس منطق المادة نفسها، أي أن يراعي المنهج سيكولوجية الطالب وأساليب وطرق تفكيره، وليس أن يخضع الطالب لمنطق يناقض طريقة تفكيره في مراحل نموه المختلفة.

5. يجب أن يلبي المنهاج حاجات الطالب والمجتمع العصرية والحضارية، وأن لا يهتم فقط في الأفكار والقيم القديمة والمعارف التي لم تعد توجد حاجة لها.

6. يجب أن يراعي المنهاج قدر المستطاع تدريب الطالب على القيام بالبحث والاطلاع ومحاولة الحصول على المعلومات والوصول إليها بنفسه، لأن ما يصل إليه بنفسه يعتبر من أنواع التعلم الذي يبقى في الذاكرة طويلة الأمد وتكون الاستفادة منه أكثر من غيره.

7. يجب أن يلاحظ المسئول عن المنهاج عملية ربط المعلومات ببعضها وعدم الفصل بين المواد الدراسية فصلاً أكاديمياً وإمكانية الحصول على معلومات أكثر أو أقل مما ينص عليه المنهاج بما يتفق مع استعداد الطلاب وإمكانيات البيئة التي يعيشون فيها.

8. يحب أن يستعمل المنهاج الخبرات التي يستطيع الطلاب الحصول عليها من خارج المؤسسة أثناء تواجدهم مع الأسرة أو أفراد المجتمع الآخرين، أو وسائل الإعلام المتعددة التي يكون الطالب معرضاً للتأثر بها، وأن تربط بما يحصلون عليه داخل المدرسة والعمل على إزالة التناقض الذي قد يكون بينهما إن وجد.

9. يجب أن يراعي المنهاج القيام بتدريب الطلاب على التفكير الذاتي السليم وعلى مناقشة الأفكار الداخلية التي لا أساس لها من الواقعية والصحة ورفضها، وأن يشعر الطلاب أن ما يتعلمونه في المدرسة يقصد به الامتحانات التي يقوم بها الطلاب والتربية الشخصية وتطوير شخصياتهم، مما يؤدي إلى أن ينمو لدى كل طالب وعي قوي وخاص بأثر المدرسة وأهميتها في نموه المتكامل (الوكيل 1997).

المنهج وحاجات الطلاب الأساسية

لقد أكد الباحثون على مدى أهمية الحاجات الأساسية بالنسبة للأطفال منذ مراحل حياتهم الأولى التي يعيشونها داخل الأسرة وما لتوفير هذه الحاجات وإشباعها من أهمية في حياة الطفل الحاضرة وفي المستقبل وكيف أنها تؤثر تأثيراً واضح المعالم على نمو شخصياتهم وتكاملها، وبالتالي تؤثر بصورة كبيرة على استعداد الطفل للتعلم والاستفادة والفهم وتكون الخبرات الذاتية لديه من هذا التعليم. من ناحية ثانية ما يؤدي إليه عدم إشباع هذه الحاجات في الوقت المناسب والصحيح من تأخر في النمو والتطور والتكامل في الشخصية وبالتالي عدم القدرة على التكيف الاجتماعي وعدن القدرة على التعلم والاستفادة مما يتعلمه خلال وجوده في المدرسة.

ولقد أدركت الإدارات المدرسية الحديثة بالاعتماد على رجال التربية وعلم النفس مدى أهمية إشباع الحاجات الأساسية في حياة الطلاب وتأثيرها على تعلمهم ومستوى تحصيلهم الدراسي وتكيفهم الاجتماعي. لذا وضعت لها هدفاً واضحاً وهو مساعدتهم على إشباع هذه الحاجات وذلك من خلال استعمالها الأساليب المختلفة، ففي المناهج التي تدور حول المادة الدراسية تحدد موضوعات الدراسة والتعلم أولاً، ثم يطلب من المعلم أن يبين صلاتها وعلاقاتها بحاجات الطلاب في كل فرصة تتوفر لديه، وذلك بهدف إعطاء المادة الحيوية المطلوبة والمناسبة، من ناحية أخرى ينادي فريق آخر من المعلمين والباحثين بضرورة تحديد حاجات الطلاب أولاً، وبعد ذلك يقوم المعلمون باختيار المادة المناسبة التي تساعد الطلاب على إشباع هذه الحاجات حتى يكون بإمكان الطالب القيام بإنجاز المهام التعليمية التي تطلب منه وهو بصدد تحقيقها لأن لها أهمية كبيرة وخاصة في تمكنه من الوصول إلى المستوى التحصيلي الشخصي المطلوب.

حاجات الأطفال النفسية الأساسية

إن الحاجات الأساسية التي يحتاج إليها الأطفال والأفراد على اختلاف أعمارهم، وهي الجسدية والنفسية والاجتماعية والانفعالية تتشابه عند جميع الأطفال، حيث يسعون جميعهم وبصورة دائمة وفي جميع الوسائل والطرق إلى إشباع هذه الحاجات لأنه لا يستطيع التقدم والاستمرار في العيش بدون إشباعها والعمل على توفيرها، وهي مثل الطعام والشراب والنوم والراحة والجنس، والأمن والاطمئنان، والانتماء، والتقبل والكفاءة، والسيادة والحب وتحقيق الذات والعيش بسلام، وغيرها. وتوجد فروق واضحة وبسيطة بين الأطفال العاديين وغير العاديين والأفراد الكبار، وهذه الفروق التي نتحدث عنها تظهر واضحة في بعض الحاجات النفسية والاجتماعية.

وفيما يلي عرض موجز لبعض الحاجات النفسية الأساسية عند الأطفال:

1. **الحاجة للتقبل والتفاعل الاجتماعي**

إن هذه الحاجة تعد من الحاجات النفسية الأساسية والضرورية والمهمة جداً بالنسبة للطفل العادي والمتخلف، لأنه بالاعتماد عليها يستطيع التقدم والانخراط مع الآخرين في الأطر الخاصة مثل الأسرة والمدرسة والأطر العامة مثل المجتمع. وهذه الحاجة أعلى وأهم عند المتخلفين من العاديين، وعند المتخلفين

عقلياً الذين يعيشون في المؤسسات المختلفة أعلى منها عند المختلفين عقلياً الذين يعيشون مع أسرهم وبين الأخوة والأخوات.

إن شعور الطفل بالقبول يجعله يشعر بالهدوء والاطمئنان والرغبة في العمل والإنجاز وتطور ذاته لأن ذلك يعود بالفائدة المباشرة عليه ويؤدي إلى قبول الأسرة له أكثر فأكثر ويدفعها إلى تلبية حاجاته الأخرى التي يطلبها. أما في حالة شعور الطفل بعدم القبول من قبل أفراد الأسرة بالذات والآخرين بصورة عامة فإن ذلك يدفعه إلى الابتعاد عنهم والانزواء والاكتئاب والشعور بالضعف وعدم الدافعية ويقضي على الرغبة لديه في العمل والإنجاز لأنه يرى لذلك أي فائدة أو معنى، مما يؤدي إلى ضعف تقدمه وإنجازه التعلمي وبالتالي يجعله يعاني من تدني المستوى الدراسي والتحصيلي. وعلى حد قول الباحثين فإن ذلك يحدث بسبب الحرمان الاجتماعي الذي يعيش فيه الطفل العادي أو المتخلف عقلياً. حيث يشعر الأطفال أنهم غير مقبولين اجتماعياً في البيت من جانب الأهل والإخوة أو قسم منهم ومع أصحابه أو قسم منهم مما يجعله يضيع الوقت الطويل في محاولة الوصول والحصول على التقبل الاجتماعي مما يؤدي إلى التأثير على تطور الجوانب الأخرى لديه.

2. الحاجة إلى الإنجاز

إن جميع أفراد المجتمع الذين يعملون ويتفاعلون ويعيشون مع بعضهم البعض في الأسرة أو المدرسة أو أماكن العمل والمجتمع بشكل عام بحاجة إلى الشعور الشخصي النفسي بأنهم يملكون القدرة على التفاعل مع الآخرين والقيام بالأعمال والفعاليات وإنجاز ما يطلب منهم في أماكن عملهم أو تواجدهم المختلفة، لأن ذلك يعني أن لديهم القدرة والإمكانيات الجسدية والعقلية والاجتماعية مثل غيرهم من الأفراد. ولقد أكد الباحث ماك كليلان ومساعدوه على مدى أهمية الحاجة للإنجاز في حياة الإنسان والتي تتعلق بالذكاء والقدرات العقلية. وهذا يعني أنه كلما زاد الذكاء زادت الحاجة للإنجاز وزادت القدرة على الإنجاز، وتم إشباع هذه الحاجة حتى ولو إشباعاً جزئياً. أيضاً أكدت بعض الأبحاث الأخرى التي أجريت في هذا المجال على ارتباط الحاجة للإنجاز بظروف التنشئة الاجتماعية أكثر من ارتباطها بالذكاء، فقد تفوق أطفال الأسر الغنية ثقافياً واقتصادياً واجتماعياً على الأطفال من الأسر الفقيرة المتخلفة ثقافياً، وهذا ما نجده اليوم على أرض الواقع خلال تعاملنا مع الأطفال

الموجودين في المدارس والذين جاء كل واحد منهم من بيئة خاصة تختلف عن الأخرى.

أي أن إشباع هذه الحاجة أمرٌ ضروريٌ جداً بالنسبة للأطفال لأنه يؤدي إلى تقدمهم وتطورهم في التحصيل المدرسي والإنجاز التعليمي إذا تم إشباعها في الوقت المناسب أو كان بالإمكان إشباعها. أما إذا لم يكن بالإمكان إشباعها فإن ذلك سوف يكون له الأثر السلبي الكبير على الطفل نفسياً واجتماعياً وبالطبع يؤثر على قدراته التحصيلية والإنجاز يكون متدنياً جداً (نصر الله، 2002: 72-74). وتأتي الحاجة إلى الإنجاز أو تحقيق الذات من ناحية الأهمية في قمة الترتيب الهرمي للحاجات النفسية، وتفترض أن الإنسان قد استطاع إشباع وتحقيق حاجاته الأخرى، بمعنى أن إشباع جميع الحاجات النفسية يساعد على ظهور هذه الحاجة حيث يحاول الفرد أن يجد نفسه في مجال العمل الذي اختاره أو الذي يقوم به ويشعر بالنجاح في أدائه وإنجازه والرغبة في الاستمرار فيه لا يتفق مع ميوله ويلائم قدراته واستعداداته الخاصة، وإذا كان الوضع عكس ذلك فإنه يعني أن الفرد غير متوافق في عمله ويحاول البحث عن المجال الذي يلائمه ويستطيع القيام به.

ولكي يستطيع الفرد أن يحقق ذاته، لا بد أن يقوم بممارسة الأعمال والأنشطة التي تتفق مع استعداداته وقدراته وإمكاناته التي يستطيع توظيفها للوصول إلى معرفة نتيجة عمله. وهنا يأتي دور الآباء والمربين في العمل على توفير الأنشطة المناسبة للأطفال والشباب التي تساعدهم على تحقيق ذواتهم. كما ويجب إتاحة الفرص لهم لممارسة جميع الأنشطة التي تناسبهم وتمكنهم من تحقيق ذواتهم وتشجعهم على العمل والإنجاز والتحصيل بأساليب وطرق تربوية إنسانية سليمة تقوم على الاستحسان والإثارة والمدح والتعزيز والتشجيع وتقدير الأعمال والجهود وتقبلها وإعطائهم الشعور والإحساس بالنجاح والثقة بالنفس. لأن إشعار الطفل أو الفرد بالنجاح يشجعه على بذل المزيد من الجهود في العمل لكي يستمر في النجاح، وإشعاره بالفشل يؤدي إلى إقعاده عن العمل وبذل الجهد ويشعره بعدم الأمان وعدم الثقة بالنفس ويدفعه إلى الشعور بالقصور والنقص، مما يؤدي إلى تكوين مفهوم سلبي عن ذاته.

الحاجة إلى الأمن والأمان

إذا استطاع الإنسان إشباع الحاجات الجسدية والضرورية في المرحلة الأولى يستطيع فيما بعد أن يفكر في كيفية إشباع الحاجات الأخرى النفسية والاجتماعية التي بدون إشباعها من الصعب القيام بإنجاز أي عمل يطلب منه وإذا استطاع فإن ذلك يكون في أضعف وأضيق ما يكون وبصعوبة تامة. وليس من المعقول أو المنطقي أن يحاول الفرد إشباع حاجاته الثانوية قبل أن يشبع الحاجات الأولية الضرورية لأن الوضع الذي يكون فيه لا يؤهله أو يعطيه الفرصة لذلك. بمعنى آخر تتبع الحاجات النفسية والاجتماعية الحاجات الفسيولوجية في الترتيب والإشباع والأهمية. فمثلاً بالرغم من أهمية الحاجة إلى الأمان والاستقرار والحماية والتحرر من الخوف في تحقيق التوافق الشخصي إلا أنها تأتي في المكان الثاني بعد الفسيولوجية تماماً كما تسبق الحاجة إلى الأمن والاطمئنان الحاجة إلى الحب في الأهمية.

والحاجة إلى الأمن والاطمئنان تعتبر من أهم الحاجات النفسية للإنسان والتي يحاول بكل الجهد والطرق والطاقات الموجودة لديه إشباعها حتى يستطيع أن يتجنب كل ما يمكن أن يهدد كيانها أو يحول دون تحقيقها. وعندما يشعر الفرد بخطر يهدد حياته مادياً كان أو معنوياً، فإنه يؤدي إلى اضطراب في شخصيته وسلوكه بنفس درجة الخطر الذي يهدده، ولذلك على الفرد أن يعمل كل ما في جهده ليسيطر على هذا الخطر أو يبعده من طريقه لكي يعود الاطمئنان إلى نفسه. فمثلاً الطفل الذي يفقد الشعور بالأمان عندما تغيب عنه الأم أو يغيب الأب فهو يبكي ويضطرب انفعالياً، تماماً كما يحدث مع الطفل الذي يهدده أبوه بصورة دائمة ويعاقبه أو يهمله يشعر بالأمان والاستقرار ولا يستطيع القيام بإنجاز أي نوع من أنواع الفعاليات البيتية أو المدرسة التي تطلب منه لعدم شعوره بالأمان والاطمئنان على نفسه وعقابه من قبل الأهل أو المعلمين وليس الطفل فقط يحتاج للأمن والأمان والاستقرار، بل يحتاجه الطالب في المدرسة وكذلك الأمر بالنسبة للمراهق والراشد. فمثلاً الطالب الذي لا يشعر بالأمن داخل المدرسة يؤدي به ذلك إلى الشعور بعدم الأمان والاستقرار في دراسته مما يؤثر على قدرته على التحصيل الدراسي وبالتالي إلى شعوره بسوء التوافق، وحتى إلى شعوره بالفشل الدراسي. وهنا يأتي دور المربين والمعلمين والآباء معاً للعمل على توفير سبيل الأمان والاستقرار لأبنائهم ومساعدتهم على الوصول والحصول على الخبرات وتحصيل المعلومات بنجاح.

الحاجة إلى الانتماء

كل فرد من أفراد المجتمع الإنساني الذي نعيش فيه يشعر بحاجته أن يكون عضواً تابعاً منتمياً إلى جماعة تقف لجانبه وتساعده من بداية حياته تهتم به وتعمل كل ما في وسعها من أجله. أيضاً هو بحاجة للشعور بأنه قادرٌ على مساعدة الآخرين ومد يد المعونة لهم حينما يكونون بحاجة له ويستطيع فعل ذلك وهذا يعني أن الإنسان مخلوقٌ اجتماعيُ بطبيعته ويسعى دائماً إلى تكوين علاقات اجتماعية تقوم على مبدأ الأخذ والعطاء والتقدير المتبادل والعمل الجماعي والتعاون والمشاركة الاجتماعية والوجدانية، ولا بد للمنهاج أن يهتم بهذه الصفات ويحاول العمل على توفيرها داخل المدرسة، ونستطيع أن نقول بالاعتماد على ما ذكر أن عملية الانتماء تعتبر من العمليات الضرورية جداً في حياة الفرد، منذ بدايتها. لأنه يتوقف عليها النمو النفسي والاجتماعي في مرحلة الطفولة المبكرة. لأن الطفل يشعر في هذه الفترة بقيمة اهتمام الآخرين به والسهر على راحته ومدى الألم النفسي الذي يعاني منه حينما يهمل من جانب الأهل أو إذا انفصل عنهم لفترات طويلة، مما يؤثر على نموهم النفسي وتوافقهم الشخصي وقدراتهم الصحية، الآن وفي المستقبل الأمر الذي يجب أن يؤخذ بكل الجدية والاهتمام ويدخل في صميم المنهاج الدراسي لما لهذه الحاجة من أهمية وتأثير على مستقبله وحياته، لأن أداءه في جميع الجوانب يتوقف على مدى شعوره بالانتماء والاهتمام من قبل الآخرين.

الحاجة إلى الحب والحنان

بعد شعور الإنسان بالانتماء والاطمئنان يبدأ بالبحث عن الحب المتبادل بينه وبين الآخرين. والذي بدوره يتطلب الأخذ والعطاء. وعلى هذا الأساس فإن الحاجة إلى الحب تعني رغبة الإنسان في أن يحب وأن يكون محبوباً من جانب من يحب. وهذا بدوره يعني قمة السعادة التي يأمل الإنسان الوصول إليها. والأسرة التي توفر لأفرادها الحب والحنان والعطف والتفاهم تشبع بذلك رغبة أفرادها الضاغطة في تحقيق هذه الحاجات ومن بعدها تحقيق التوافق النفسي والاجتماعي. أما في الحالات التي يكون فيها الجو الأسري قائماً على علاقات جافة وجامدة ولا توفر الحب لأعضائها فإن ذلك يؤدي إلى شعور الأفراد بالمعاناة والجوع العاطفي وسوء التوافق مما يؤدي إلى عدم تعلمهم للحب والأخذ والعطاء. وعليه فإن الأطفال الذين يعرضون للحرمان من أسرهم أو الانفصال عن الأهل لفترة طويلة يتعرضون للحرمان من الإحساس بالحب وتجدهم أقل توافقاً في سلوكهم وأكثر قلقاً واضطراباً، وأكثر عرضة لفقدان الشهية والنوم وأقل

ثقة بالنفس، ويكونون في العادة أكثر شعوراً بالوحدة والتعاسة والاكتئاب. مما يكون له الأثر الكبير على قدراته بصورة عامة والقدرات التحصيلية المدرسية بصورة خاصة، وهذا يعني أن على المسئولين والقائمين بوضع المنهاج أخذ ذلك بالاعتبار والاهتمام بتوفيره لحد كبير.

وتأخذ الحاجة إلى الحب والحنان في مرحلة المراهقة طابعاً خاصاً يجعلها ضرورية وهامة جداً ويجب العمل على توفيرها حتى يشعر المراهق بالتقدير والتقبل الاجتماعي. لأن شعوره بحب الآخرين له يدفعه للعمل والإنجاز بنفسية هادئة ومطمئنة يشعر معها أن لديه القدرة والقوة الكبيرة والرغبة البالغة للتعلم والإنجاز. لذلك يجب الحرص الدائم على حب وتقدير الآخرين سواء من الأهل أو المعلمين أو مجموعة الرفاق.

الحاجة إلى تقدير الذات

من الصفات المميزة للإنسان والتي تظهر في جميع مجالات الحياة حاجته إلى الشعور بالتقدير من الأفراد الذين يعيش معهم أو يتواجد معهم في مجالات الحياة المختلفة مثل المنزل أو المدرسة أو جماعة اللعب أو العمل. والحاجة إلى تقدير الذات تبدأ من البحث عن مركز اجتماعي أو مكانة اجتماعية يشعر الفرد من خلالها بالأهمية والاحترام من الآخرين ل وتقديرهم له. حيث من خلال المركز الاجتماعي يستطيع الفرد أن يشبع حاجته إلى الاعتراف والاستقلال والاعتماد على النفس وقدرته على السيطرة على بيئته وإظهار السلطة على الغير أو تزعمهم وقيادتهم. مما يجعل الفرد يشعر بالثقة بالنفس ويزيد من قدرته على الإنجاز والتحصيل ويشعره بأهمية ومكانته وقوته في المجتمع.

فمثلاً الطفل الذي يحاول تأكيد ذاته ويقدرها، يعمل كل ما في جهده لإرضاء الوالدين والمعلمين أو من هم أكبر منه سناً، ويحب من يهتم به ويقدر رغباته وحاجاته، وحينما يرى تفضيلاً في المعاملة من جانب الأهل أو المعلمين لأخيه أو لزميله يغضب، ويحاول كل ما في جهده لينال إعجاباً وتقديراً ومدح الآخرين له.

والمراهق من جانبه يعطي أهمية كبيرة لتقدير الآخرين لشخصيته واحترامهم لإرادته وأفكاره والأعمال التي يقوم بها، وفي نفس الوقت يغضب ممن يوجه له الانتقاد أو ينتقص من شخصيته أو إرادته الخاصة التي يعتز بها أمام الآخرين خصوصاً إذا قام بإنجاز مهام مميزة(حسين 1986، نصر الله 2002).

الحاجة إلى الحرية والاستقلال

يسعى كل طفل منذ ولادته وفي جميع مراحل نموه وتطوره الجسدي والعقلي والانفعالي والاجتماعي وما يقوم به من أعمال موفقة وناجحة أو غير ذلك في البداية إلى تحقيق هدف خاص وأساسي وهو الوصول إلى الاستقلال والاعتماد على النفس في كل شيء فمثلاً نلاحظ أنه يحاول الزحف والحبو والوقوف والمشي والأكل بمفرده ودون مساعدة الأم حتى ولو أدى ذلك إلى زجره وتوبيخه عندما يحاول الأكل ويؤدي إلى خراب وإتلاف ملابسه والأدوات المنزلية، المهم أنه هو الذي يقوم بهذه العملية بنفسه، لأنه يشعر بالحاجة إلى تحمل بعض المسؤولية ثم تحمل المسؤولية الكاملة، كما ويحتاج إلى الشعور بالحرية والاستقلال في جميع الأشياء التي يقوم بها، وهنا يجب أن لا ننسى الميزة الأساسية للطفل هي اللعب والانطلاق بحرية ودون اعتراض من أحد، ودون معونة من الآخرين الأمر الذي يؤدي إلى زيادة ثقته بنفسه، لذلك يجب القيام لتشجيع التفكير الذاتي المستقل لدى الطفل ومعاملته على أنه صاحب شخصية مستقلة ووجهة نظر خاصة.

الحاجة إلى التحصيل والنجاح

من بداية مرحلة الطفولة المبكرة ومن خلال جميع الأعمال التي يقوم بها الطفل والني تؤدي إلى تطوير ونمو جوانب مختلفة لديه، يسعى إلى الوصول للتحصيل والإنجاز في جميع ما يقوم به من أعمال ومحاولات، وهذا السعي يظهر واضحاً عن طريق حب الاستطلاع الموجود لديه والمحاولات الدائمة التي يقوم بها لاستكشاف جوانب وأشياء جديدة، والبحث الذي يقوم به وراء المعرفة الجديدة لكي يتعرف على البيئة المحيطة به وحتى ينجح في الإحاطة بالعالم من حوله. وهذه الحاجة في جوهرها أساسية لتوسيع إدراك الطفل وتنمية شخصيته، لذلك فهو بحاجة إلى تشجيع الكبار الدائم، لكي يصل إلى التحصيل والنجاح المطلوب، والذي يكون له معنىً كبيرٌ جداً لديه ويدفعه إلى الأمام ويقوي من انطلاقته، ويجعله يعرف بصورة قاطعة مدى أهمية الإنجاز والنجاح والتحصيل في الأعمال التي يقوم بها. وهذا بدوره يدفعه إلى الاستمرار بقوة في هذا الاتجاه في معظم الحالات، حيث يكون تحصيله كبيراً ومميزاً بالمقارنة مع الآخرين ومع نفسه مع مرور الزمن.

لذلك تعتبر الحاجة إلى التحصيل والنجاح من الحاجات الهامة جداً والضرورية التي تحدد مستقبل الطفل وما يكون عليه من قدرة على الإنجاز والتحصيل أو عدم الإنجاز والتحصيل المتدني الذي يصل إليه، لذا ضروري جداً أن يهتم المسؤولون عن

المنهاج لهذه الحاجة وتوفير جميع الإمكانيات التي تؤدي إلى إشباعها والنجاح فيها، لأنها بمثابة إما أن يكون أو لا يكون من الناحية العلمية والمعرفية وحتى السلوكية، وحتى نصل إلى النجاح فيها يجب على المعلمين والأهل التعاون فيما بينهم وبصور جدية ودون إحباط أو شعور باليأس وعدم الجدوى من الأعمال التي يقوم بها الطالب ومن قدرته العقلية وإمكانية نجاحه في المهام التي تطلب منه.

وبما أن الحاجات وإشباعها تعتبر من المواضيع الأساسية في حياة الطالب يجب على الوالدين والمعلمين والمربين مراعاتها وإشباعها سواء كانت النفسية أو الجسدية أو العقلية أو المعرفية والانفعالية أو الاجتماعية، لأن لجميعها أهمية كبيرة في حياة الفرد.

كما ويجب أن تتناسب التربية مع هذه الحاجات وتعمل على إشباعها حتى يستطيع الطفل أن ينمو نمواً نفسياً صحيحاً (زهران 1985).

وعليه فإن المدرسة الحديثة تسعى في أهدافها الأساسية إلى مساعدة الطلاب على حل مشاكلهم، وتدريبهم على أسلوب التفكير السليم، حتى يدركوا مزاياه ويحبوه ويصير جزءاً من مقومات حياتهم، وحتى يكون بالإمكان تحقيق ذلك فإن المناهج الحديثة أصبحت تتضمن المشاكل المشتركة للطلاب في كل مرحلة من مراحل التعليم.

المنهاج ورغبات واتجاهات الطلاب

إن عدم الاهتمام بميول ورغبات الطلاب وإهمالها وترك العمل على تطويرها وأخذها في الاعتبار خلال العمليات التعليمية المختلفة التي يقوم بها المعلمون خصوصاً في المراحل الابتدائية من حياتهم وتواجدهم في المدرسة يؤدي إلى أضرار تربوية متعددة خصوصاً إذا كانت المدرسة تقليدية، ومن هذه الأضرار نذكر كراهية الطلاب لما يقوم المعلمون بتعليمه من مواد تعليمية وانصرافهم عنه لأنه لا يعني بالنسبة لهم شيئاً ولا يجيب على أي مطلب من مطالبهم الفردية أو الجماعية. أيضاً قد تؤدي مخالفة المسؤولين والمعلمين لميول الطلاب خلال تعلمهم للمواد المختلفة إلى تشتت اهتمامهم بين محاولاتهم إرضاء المعلم ورغباته وبين قيامهم بإشباع ميولهم التلقائية. لذا فالطالب من ناحية يجد نفسه مضطراً لأن يستذكر دروسه لكي يجتاز الامتحان بنجاح أو حتى يرضي معلمه أو والديه، ولكن المادة بأشكالها الجافة وكونها بعيدة عن مشاكل الطالب الحياتية وبعيدة عن ميوله ورغباته الشخصية التي يسعى إلى إشباعها وتحقيقها، لا تستطيع أن تجذب اهتمامه لفترة طويلة، حيث نرى أنه عاجز عن تركيز انتباهه إليها، مما يجعله يغرق بنوع من أحلام اليقظة أو يشرد ذهنه بعيداً يبحث لنفسه عن حلول مناسبة لوضعه يستطيع العيش معها.

وحتى يستطيع المعلم والمربي الاستفادة من دراسة ميول ورغبات الطلاب وفهمها الفهم الجيد والمطلوب يجب عليه أن يراعي الأمور التالية:

1. يجب على المعلم أن يبحث في موضوع الحاجات الأساسية ومعرفة سبب كون الميول تنشأ لخدمتها، كما ويجب عليه أن يراعي كون الميول تتكون خلال تفاعل الفرد مع بيئته بقصد إشباع حاجاته المختلفة الني تتوقف عليها حياته، ومن الممكن أن تؤدي الحاجة الواحدة إلى اكتساب الفرد عدداً كبيراً من الميول، التي تختلف في أنواعها وشدتها ومدى تأثيرها، ومن الممكن أن تترتب على ذلك آثار مختلفة، وتعتبر الميول مقبولة إذا كانت متفقة مع مصالح الجماعة، أما إذا كانت تضر بصاحبها أو بالمجتمع الذي يعيش فيه، فتعتبر شاذة مخالفة لما هو مقبول، وهنا واجب المربي أن يقوم بتشجيع الميول الصالحة وأن يعمل على تقويتها وتطويرها، أما إذا كانت ميول الطلاب من النوع السلبي الضار أو الشاذ الذي لا تقره التربية، فمن الواجب على المعلم والمسؤولين التربويين العمل على تعديل الظروف المحيطة بالطلاب وتهيئة الفرص أمامهم لإشباع حاجاتهم باكتساب ميول مناسبة تقرها التربية وتعمل على تنميتها وتطويرها وإشباعها.

2. يجب على المعلم أن يعمل على تنمية الميول المناسبة لدى الطلاب حتى يكون بالإمكان تكوين ميول جديدة يكون أثرها واضحاً على تطور الفرد وتقدمه في مجال تعلمه وحياته المختلفة. لأننا ننظر إلى ما اكتسبه الطلاب من ميول في ضوء إمكاناتهم المتعددة، ثم نعمل من كل ذلك أداة لتشخيص جوانب الضعف أو القوة الموجودة بين هؤلاء الطلاب أو التي توجد لدى كل طالب من هؤلاء الطلاب، فإذا تبين لنا أنهم فشلوا أو أخفقوا في اكتساب بعض الميول الضرورية أو المناسبة التي لها أهمية تربوية، عندها يجب على المعلمين والمربين العمل على تهيئة الظروف لهم والتي تساعدهم على اكتسابها. إذا وعلى هذا الأساس تقع على المنهاج مهمة تنمية ميول الطلاب، وغرس الميول الجديدة منها ثم القيام بتوجيهها بدلاً من مجرد السير ورائها والتقيد بها.

3. يجب على المعلم العمل على تنمية ميول كل طالب في اتجاه الأعمال التي توفر لديه الاستعداد والقدرات اللازمة لممارستها بنجاح. فمن الملاحظ أن القدرة أو الاستعدادات لا تظهر لوحدها وبصورة عفوية، بل تحتاج إلى تهيئة الظروف المساعدة التي تساعدها وبصورة طبيعية عفوية، فمثلاً الطفل الذي يوجد لديه

موهبة معينة بالرسم مثلاً لا ينتظر أن يظهر ميلاً إلى الرسم إلا إذا توافرت لديه الظروف الشخصية والاجتماعية والأسرية المناسبة لإظهار موهبته والعمل على تنمية قدرته فيها.

ولكن يجب أن نذكر أن عدم وجود ميل لدى الطفل أو الفرد، لا يمكن أن يعتبر دليلاً مؤكداً على عدم استعداده في هذه الناحية، أو عدم توافر القدرة الكافية لديه لاكتسابها في هذا الجيل، وعلى المنهاج أن يهتم ويعتني بالكشف عن استعدادات كل فرد لمساعدته على تنمية الميول المناسبة لها.

والمنهاج الصالح والجيد والمناسب هو الذي يهتم بالطلاب ويساعدهم في الكشف عن استعداداتهم في الوقت المناسب، وفي تكوين ميول مناسبة لهم وبذلك تتم الملاءمة بين الميول والاستعدادات.

4. يجب على المعلم أن يوفر فرص النجاح أمام الطلاب حتى يستطيعوا تكوين الميول. وذلك لأن النجاح له تأثير واضح وملحوظ في تكوين الميول لدى الطفل أو الفرد، فمثلاً الفرد الذي يقوم بعمل من الأعمال للمرة الأولى، دائماً يترقب ويتوقع نتيجته ثم يقوم بتأمل شعوره عندما يمارسه، فإذا كان الشعور يدعو إلى السرور فإن ذلك يعني أن عمله كلل بالنجاح، وذلك يدعوه إلى تكرار العمل طمعاً في المزيد من النجاح، ويؤدي ذلك بدوره إلى زيادة الإتقان واكتساب المهارة وبالتالي إلى مزيد من النجاح، وهكذا يتكون لدى الطفل أو الفرد ميل نحو هذا العمل.

ويتوقف نجاح الفرد في أي عمل من الأعمال التي يقوم بها أو فشله فيها، على بعض العوامل الهامة نذكر منها على سبيل المثال: استعداده وشعوره بأهمية العمل الذي يقوم به، ومدى استفادته منه، وما يقدمه له من عون على حل مشاكله. وفي هذا المجال أكد طلاب المدارس الذين أجريت عليهم دراسة خاصة على أن أسباب كراهيتهم لبعض المواد الدراسية أو الموضوعات التي تقدمها المدارس، ترجع إلى كون المناهج جافة وتخفق في معالجة مشاكلهم أو ربطها بحياتهم وحاجاتهم، لذلك يجب أن تقوم المدرسة بتهيئة فرص النجاح للطلاب، حتى تساعدهم على كسب ميول جديدة ودعم الثقة بالنفس لديهم.

5. يجب على المعلم أن يتذكر دائماً أن الميول التي يكونها الطلاب تجاه مادة معينة تتأثر بشخصيته تأثيراً كبيراً، وبالعلاقة التي تربطه مع طلابه. لأن لشخصية

المعلم وعلاقاته مع طلابه تأثيراً كبيراً في توجيه ميولهم، وفي الكثير من الحالات نجد أن بعض الطلاب يحبون مادة معينة من المواد الدراسية، أو يكرهونها، بسبب حبهم للمعلم الذي يدرس هذه المادة أو لكرههم له. وهذه الظاهرة تظهر واضحة في المرحلة الثانوية حيث يحب الطلاب بعض المواد أو يكرهونها بسبب العلاقة التي تربطهم مع معلم هذه المادة، لذلك يجب على المعلم أن يحاول دائماً فهم طلابه ويعمل على تحسين علاقته معهم ويقدم لهم المادة بأفضل الأساليب والطرق مع الاحترام والتقدير لهم ولجهودهم التي يبذلونها في عملية التعلم (حسين، 1982).

المناهج والكتب والمقررات الدراسية

إن المراحل التعليمية التي يمر بها الأطفال والطلاب متعددة ومختلفة بحيث لكل مرحلة ميزاتها ومتطلباتها وجوانب النمو الخاصة فيها ويجب العمل على تطوير الصفات والقدرات الأساسية فيها للطلاب، والنجاح في المرحلة الأولى يعتبر تمهيداً للانتقال إلى المراحل الأخرى التي تزداد فيها المتطلبات وتختلف مع اختلاف متطلبات هذه المرحلة. لذلك يجب وضع المناهج الدراسية المناسبة والملائمة في كل نظام تعليمي في مختلف المراحل التعليمية المتتابعة التي يمر بها المتعلمون وهي كالآتي:

1. المرحلة الأولية، والتي تضم مرحلة الطفولة والمرحلة الابتدائية.

2. المرحلة الثانوية، والتي تضم المرحلة الإعدادية والثانوية.

3. المرحلة الجامعية، والتي تضم مرحلة المراهقة ومرحلة الشباب.

إن لكل مرحلة من هذه المراحل متطلباتها الخاصة والمواد التعليمية التي تعلم فيها والكتب والمناهج والمقررات الدراسية التي يجب أن تكون معروفة ومتفقاً عليها بين جميع المسئولين وتخدم مصلحة الطفل والطالب في الدرجة الأولى وتؤدي إلى تطوره وتقدمه في جميع مجالات التعليم وتحقق الأهداف الموضوعة لهذه المرحلة وتلك. وعند وضع المناهج والمقررات والكتب يجب أن نتأكد بأنها نابعة من المحيط والبيئة التي يعيش فيها الطالب وأنها تتفق مع قدراته العقلية وعمره الزمني، لأن عدم التوافق يؤدي إلى عدم القدرة على التعلم مما يصيب الطالب بالإحباط والملل ويجعله يرفض المادة والمدرسة والمعلم سوية. كما ويجب أن نأخذ بعين الاعتبار عندما نقوم بوضع جميع الموضوعات والمواد مثل الأدبية والعلمية والفنية والمهنية والزراعية

والتجارية والاقتصادية والتكنولوجية والصناعية والاجتماعية والإنسانية والتربوية والدينية. وفي نفس الوقت يجب مراعاة الجوانب الآتية.

1. على المسئولين والقائمين على وضع المناهج المدرسية الأخذ بالاعتبار أن يشمل المنهاج الدراسي فلسفة المجتمع وقيمة ومثله وفضائله واتجاهاته وأفكاره، هذا بالإضافة إلى مراعاة متطلبات العصر والتقدم الحضاري والاقتصادي في المجتمع في شكل كتب تعليمية مكتوبة ومقررة لكل مرحلة حسب اعتبارات أكاديمية ونفسية تخص الطلاب وقدراتهم المختلفة التي يجب العمل على مراعاتها وعدم إهمال الفروق الفردية بين الطلاب.

2. يجب على المسئولين عن المنهاج مراعاة الاختلاف بين مستويات الطلاب العمرية والعلمية والثقافية والبيئة المحلية والعالمية في كل مجتمع إنساني، لأن عدم الاهتمام بذلك من شأنه أن يعيق التقدم والاستفادة التي يسعى كل طالب للوصول إليها من خلال وجوده في المدرسة.

3. يجب على المسئولين عن إعداد المنهاج لكل مرحلة أن يأخذوا بالاعتبار كونه قابلاً للتقويم في كل فترة زمنية، وذلك حسب متطلبات المجتمع المادية والاجتماعية والاقتصادية والثقافية والفكرية والتعليمية السائدة وإذا لم يكن المنهاج كذلك فهذا يعني أنه غير ملائم لهذه المرحلة من مراحل التعلم ولهذه البيئة التي يتعلم فيها الطلاب وعدم ملاءمته تعني عدم إمكانية الاستفادة منه ويمكن أن يكون تأثيره على الطلاب سلبياً ويؤدي على سلوك وتصرفات غير مقبولة.

4. يجب أن يتضمن المنهاج ثقافة وعادات وقيم ورغبات وميول وأنماط المجتمع المحلي الذي يعيش فيه الطالب وتتأثر المدرسة بكل ما يحدث فيه من أحداث سواء في الحضر أو الريف والبداوة، كما ويجب أن تؤخذ بالاعتبار القيم الدينية والروحية والأخلاقية والاتجاهات العلمية والفنية والتكنولوجية والخبرات المهنية واليدوية والحرفية. كل ذلك يجب أن يهتم به المسئولون عند التخطيط بتأليف الكتب في مختلف التخصصات الأكاديمية منها أو الثقافية والتي تعود بالفائدة على الطالب وتساعده على توسيع آفاقه ورفع مستوى تحصيله العلمي (سليمان، 1984).

مشاكل المناهج الحالية واتجاهات الطلاب

إن المناهج تعتبر من المواضيع الأساسية التي تقوم عليها المدرسة والتي بدونها من الصعب أن تصل المدرسة إلى تحقيق الأهداف التي تضعها أمامها والتي تحاول الوصول إليها مع طلابها ومعلميها لذلك يجب على المسئولين أن يتعاملوا معها بصورة جدية وأن يأخذوا بالاعتبار كل كبيرة وصغيرة حتى لا تكون حائلاً دون الوصول إلى الأهداف جميعها.

وفي الآونة الأخيرة تشير جميع الآراء والتقارير إلى أن المناهج الحالية تعتبر سيئة جداً ولا تفيد في تطوير الطالب بصورة شخصية ولا تؤدي إلى الاهتمام في جميع الجوانب الأساسية والضرورية بالنسبة لكل طالب، لذلك أصبح من الضروري العمل على تطوير المناهج وتغييرها بصورة كلية أو تطوير جوانب مختلفة فيها حتى تصبح مجدية للطلاب وتعمل على تقدمهم الشخصي والمهني بما يتفق مع قدراتهم ومهاراتهم وميولهم الشخصية.

وحتى نستطيع أن نحكم على المناهج الحكم الصحيح والموضوعي يجب علينا أن نأخذ بالاعتبار الأمور الآتية التي تعتبر من المعايير الأساسية والضرورية:

1. نتائج الامتحانات والاختبارات المختلفة التي يؤديها الطلاب على مدار السنة الدراسية والتي على أساسها يتم الحكم على مستوى الطالب وأدائه المعرفي والسلوكي والتي يكون لها الأثر الأكبر على مستقبله وتقدمه. أيضاً تعتبر نتائج الامتحانات الشخصية مؤشراً هاماً جداً يدل على نوعية المناهج المتبعة في المدارس، بحيث تشير النتائج السيئة إلى الحاجة الضرورية والماسة إلى تطوير هذه المناهج حتى تصبح مناسبة لمستوى الطلاب وقدراتهم وحاجاتهم ورغباتهم، وفي النهاية يصلون إلى نتائج إيجابية. وحينما نتحدث عن النتائج لا نقصد النسبة المئوية للنجاح أو الرسوب بل يجب القيام بالتحليل العلمي الدقيق لها، والذي يفيدنا في معرفة أوجه القصور والضعف في الجوانب المختلفة للمناهج.

2. تقارير الخبراء والفنيين والموجهين على اختلاف قدراتهم وتحصيلهم وعملهم يجب أن تكتب بصورة متواصلة من بداية السنة وحتى نهايتها ومن خلال التعامل المباشر مع الطلاب وفحص أوضاعهم التعليمية وتقدمهم فيها وإقبالهم عليها أو مدى نفورهم منها والأسباب المؤدي لذلك. فإذا أجمعت نسبة كبيرة من

التقارير من المصادر المختلفة على سوء جوانب المنهاج المختلفة نتيجة للزيارات الميدانية التي يقوم بها الأخصائيون على اختلاف وظائفهم إلى المدارس وخاصة إذا تمت صياغة هذه التقارير بموضوعية تامة فإن ذلك يتطلب القيام بعملية تطوير في المدرسة والمنهاج لأن هذه التقارير تتعرض في معظم الأحيان إلى نوعية المدرسين وإعدادهم للأنشطة التي يقومون بها وطرق التدريس التي يتبعونها، هذا بالإضافة إلى المقررات الدراسية وما بها من ضعف وغموض وتغيرات وكذلك للمستوى العام للطلاب الذي يتأثر بالمنهاج وبالمعلمين وأساليب تدريسهم وقدراتهم على التدريس والعطاء.

3. هبوط وتدني مستوى تحصيل الخريجين من الطلاب بصفة عامة، والذي يلاحظ بصورة واضحة في جميع مجالات التعلم وجميع المدارس وجميع التخصصات والذي يرجع إلى أسباب عديدة أهمها المنهاج والمواضيع التي تحددها. إن هبوط مستوى التحصيل الدراسي بحد ذاته يعتبر دافعاً قوياً لإعادة النظر في المناهج وتخطيطها من جديد أو تطويرها بحيث تصبح مناسبة للطلاب وميولهم الشخصية ورغباتهم وتعمل على تطوير قدراتهم العقلية وتكون دافعاً لهم للتعلم والتحصيل.

4. نتائج الأبحاث التي يقوم بإجرائها الأخصائيون المختلفون أو المعلمون الذين لديهم القدرة والخبرة المناسبة للقيام بمثل هذه الأبحاث والتي تهدف إلى معرفة مدى وملاءمة ومناسبة المناهج للطلاب في مراحل تعلمهم المختلفة. إن مثل هذه الأبحاث التي تجري على جوانب المنهاج المتعددة تعتبر من نتائجها مؤشراً على مدى ملاءمتها أو عدم ملاءمتها وتعني لنا بالضرورة العمل على تطوير هذه المناهج. وحتى يكون ذلك ممكناً فإنه يتوجب على القائمين على إجراء الأبحاث التأكد من كونها قائمة ومبنية على أساس علمي وتجرى حسب خطة عامة ومدروسة ومتفق عليها من المسؤولين.

5. الرأي العام السائد في المدارس وبين أفراد المجتمعات والطلاب والعاملين في مجالات التربية والتعليم على اختلاف درجاتهم ووظائفهم وعملهم المباشر أو غير المباشر مع المناهج. حيث إذا ظهر أن الرأي العام الذي نتحدث عنه يشكو بمرارة وأسى من المناهج الحالية المستعملة في جميع قطاعات التعليم وخاصة إذا دعمت هذه الشكوى بالحجج والبراهين والدلائل فإن مثل هذا الوضع يؤدي إلى الإسراع في القيام بعملية تطوير للمنهاج وتغيير أجزاء منها ويمكن حتى

تغيير أهدافها وأساليب العمل على تحقيقها، خصوصاً إذا دخلت وسائل الإعلام المختلفة في الموضوع مثل الإذاعة والتلفاز والصحافة والمؤسسات الأخرى التي لها علاقة بالموضوع بشرط أن تدعم شكوى الرأي العام عن طريق المتخصصين وذوي الفكر والمهتمين بالعملية التربوية بأداء دور خاص ومميز في هذا الموضوع (الوكيل، 1997).

في نهاية الأمر نستطيع أن نقول بصورة مؤكدة أن هدف المسؤولين عن وضع المناهج وتحديدها لا يمكن أن يكون بأي حال من الأحوال حشو عقول الطلاب وأذهانهم بمجموعة من المعلومات والمعارف التي لا يوجد أي ترابط أو علاقة بينها بل يجب أن تكون هذه المعلومات مترابطة ومتسلسلة وتسعى جميعها إلى تحقيق الأهداف المحددة منذ البادية، لأن المناهج يجب أن تنتظم اعتماداً على تحديد مجموعة من المعاني والمفاهيم التي يستفيد منها الطالب في هذا الصف الدراسي أو في الصف الذي سوف يترفع إليه فيما بعد، وهكذا حتى يخرج على المجتمع وهو مزود بمجموعة من المعاني والمفاهيم والمعارف والمعلومات التي تساعده على التوافق العقلي والتمشي مع متطلبات العصر. لذلك يجب الاهتمام النمو العقلي والوظائف العقلية لدى الفرد مثل الذكاء العام والقدرات العقلية المختلفة، والعمليات العقلية العليا مثل الإدراك والحفظ والتذكر والانتباه والتحليل والتفكير والتي تعمل جميعها على وصول الطالب إلى مستوى تحصيل دراسي مناسب ومقبول، إن لم يكن أكثر من ذلك ويصل حد التفوق. أيضاً إن إعداد المناهج يعتبر مهمة شاقة وصعبة ودقيقة على أبعد الحدود لأنها تتطلب العمل على إيجاد التوازن بين الفترة الزمنية المخصصة للتربية والتعليم وما يحتاج إليه الطالب من معلومات تلائم تطوره العقلي والنفسي والجسدي وتراعي حاجاته المختلفة وميوله وقابلياته الخاصة وحاجات ومطالب الحياة الاجتماعية والاقتصادية الحاضرة والمستقبلية. وحتى توضع المناهج الملائمة والمناسبة للطلاب وقدراتهم وميولهم يعتمد المربون وعلماء النفس على ثلاثة مقاييس خاصة لها أهميتها ومكانتها وهي:

أ. القيمة والأهمية التي تشكلها كل مادة من مواد التدريس في تكوين الفرد وإعداده الإعداد الصحيح والملائم لقدراته الشخصية.

ب. متوسط قدرات الطالب في كل مرحلة معينة من مراحل العمر ومدى قابليته وميوله ورغبته وحاجاته للتعليم والتعلم والاستفادة.

ج. مدى المنفعة الفردية والجامعية والاجتماعية التي نأمل الحصول عليها من أتباعنا لمنهاج معين.

ومما يجدر ذكره هنا أن هذه المقاييس تكمل بعضها البعض، وأن مناهج التعليم التي نتحدث عنها تتضمن أيضاً ما يلي:

1. تحديد مراحل التعليم ومدتها بالاعتماد على مراحل العمر والقدرات العقلية للطلاب ومدى تلاؤمها.

2. نظام الامتحانات المتبع في المدارس أو المؤسسات العليا والتي على أثرها يقرر مدى إنهاء الطالب للمقرر المطلوب للحصول على الشهادات الرسمية أو الحكومية التي تقر مدى نجاحه أو فشله.

3. مواد التدريس التي يجب على الطالب تعلمها في جميع مراحل التعليم والعمر، والساعات الأسبوعية التي تحدد كل موضوع وكل مرحلة.

4. نبذات تربوية وتوجيهية تتناول أهداف كل مرحلة من مراحل التعليم وأساليب تدريس كل مادة من المواد المطلوبة والغاية التي تقف من وراء تعليمها.

5. الموضوعات التي يجب أن تتضمنها المواد التدريسية التي تحدد لكل سنة من السنوات والتي يجب أن تتفق مع إمكانيات وقدرات الطلاب وميولهم وحاجاتهم الخاصة.

كما اتضح أن مناهج التعليم وضعت وحددت أهدافها بالاعتماد على الدراسات الدقيقة التي أجريت في هذا المجال، وتدور جميع الأهداف حول إعداد المواطن الصالح خلقاً وعقلاً وجسداً، ويجب أن يكون هذا الإعداد كاملاً ومكتملاً، لذلك يجب أن توزع مواد التدريس على مختلف الصفوف والسنوات توزيعاً يتناسب مع جيل الطالب وإدراكه، ويجب أن يحدد لكل مادة الساعات الأسبوعية المناسبة والكافية لتحقيق الغاية الأساسية، وبهذا تكون المناهج في خدمة المدرسة والطلاب، وعليه يمكن تقسيم المناهج التي نتحدث عنها إلى ثلاثة أقسام:

القسم الأول: يتضمن مواد التدريس لكل صف من الصفوف وكل مرحلة من المراحل ويجب التقييد في هذا التقسيم تقيداً تاماً. مع الأخذ بالاعتبار إمكانية الشذوذ في بعض الأحيان واستعمال مواد أخرى في صلب الموضوع.

القسم الثاني: يتضمن الساعات الأسبوعية المخصصة لكل مادة من المواد التعليمية المحددة، وفي اعتقادي أن المعلم يستطيع إجراء التغيرات المناسبة حسب الحاجة الميدانية.

القسم الثالث: يتضمن القدر المطلوب تعليمه في كل مادة من المواد التعليمية والموضوعات التي يجب أن تدور الدروس على محورها في كل صف من الصفوف. ويجب عدم التقييد بإنهاء هذه المواد لأن ذلك يدخل المعلم والطالب في حالة من القلق الدائم الأمر الذي يجعلهم في حالة من الشعور المستمر بالإحباط والتوتر مما يؤدي إلى عدم الشعور بالثقة من عملية التعلم.

ومن خلال التأمل والفحص للمواضيع التي يحددها المنهاج نجد موضوعات فيها عناوين كبيرة وواضحة يجب التقييد بها وبالتعليمات الثانوية التي نستعين بها في معرفة نوع الموضوعات التي يفضل أن نعطيها للطلاب.

أيضاً من خلال التأمل في المناهج والمواضيع التي توضع وتحدد للطلاب نرى أن العبث بالمناهج يؤدي إلى عواقب وخيمة، حيث إذا أراد كل معلم أن يفعل ما يريد ويسير على هواه في التعليم والمواد التي تعلم فإن ذلك يؤدي إلى أضرار كبيرة وفوضى لا مثيل لها. لذلك نرى أنه من المفضل أن لا نأخذ المعلومات الموضوعة في الكتب على علاتها بل نأخذ منها ما يناسب مستوى طلابنا ويتفق مع روح المنهاج. كما ويجب أن ننظر إلى المناهج نظرة جديدة تتفق مع التربية الحديثة التي تعتز بالفرد وتعتبره مركز الأحداث والعملية التعليمية والتربوية وتريده أن يسهم بقواه وبصورة واضحة في البناء الاجتماعي كواجب عليه والذي يتطلب من التربية أن تعد له حقه حتى يكون إيجابياً في كل سلوك يتطلب منه الإيجابية، ويجب أن يكون هذا الفرد هدفاً بحد ذاته من النظام التربوي الذي يجب أن يعمل على تحقيق تكامل الشخصية للطالب.

وفي اعتقادي أن المنهاج يجب أن يلبي حاجات ومتطلبات الفترة الزمنية التي وضع فيها ويخدم الطلاب فيها بدل أن يكون قائماً على الأفكار القديمة ومعارف لا حاجة للطالب بها، لذلك يجب على المسؤولين عن وضع المنهاج أن يأخذوا بعين الاعتبار تلبية الحاجات للطلاب ومنها حاجات الأطفال النفسية مثل الحب والمحبة والحرية والاستقلال والحنان والاطمئنان والأمن والأمان والتحصيل والنجاح والمكانة وتحقيق الذات واحترامها والتي من الضروري جداً أخذها بالاعتبار والعمل على إشباعها في المراحل المبكرة بالإضافة إلى إشباع ميول ورغبات الطلاب.

وعليه نرى أن المنهاج يعتبر المرآة التي تعكس واقع المجتمع وفلسفته وثقافته وحاجاته ورغباته وتطلعاته، وهو بمثابة الصورة التي تنفذ بها سياسة الدولة في جميع أبعادها السياسية والاجتماعية والثقافية والاقتصادية والتربوية. وعلى هذا الأساس فإن المنهاج المدرسي لا يفي بالمقررات التعليمية وحدها بل يعتني بجميع المعلومات

والمهارات والخبرات العلمية، والقيم والاتجاهات، وطرائق التفكير وأساليب التصرف والأنشطة المختلفة التي توفرها عملية التعلم، أي أن المنهاج الجيد يساعد الطلاب على النمو السوي حتى يكون متوافقاً مع نفسه أولاً ثم مع المجتمع والأفراد الذين يعيش معهم، ومنسجماً مع الأفراد والجماعات من حوله بنوع من الشعور بالرضا والسعادة.

وأخيراً يمكن القول أن المواضيع التي يحددها المنهاج لها علاقة مباشرة بمشكلة تدني التحصيل العملي للطلاب وإكسابهم المفاهيم الاجتماعية والاقتصادية والسياسية اللازمة. أي أن المنهاج في أبسط تعريف له هو عبارة عن مجموعة من الخبرات التعليمية المباشرة وغير المباشرة التي يعدها المجتمع لتربية الأفراد، وإعدادهم يتم في ضوء ظروف البيئة الاجتماعية، وما يهدف إلى تحقيقه من آمال وإنجازات مستقبلية.

الفصل الثاني

اتخاذ القرارات المدرسية وتأثيرها على الطالب وتحصيله الدراسي

مدخـل

لقد انصبت جميع الجهود التربوية والإدارية والتعليمية في جميع المؤسسات التي تعمل في هذا المجال من أجل تحقيق هدفها الأساسي تنشئة وتربية الطالب الذي يعتبر أساس العملية التربوية التعليمية، وإعداده ليكون رجل المستقبل وحتى تتم هذه العملية بأفضل ما يكون فإن المفكرين والباحثين والإداريين قد ضاعفوا من جهودهم الفكرية للوصول إلى الآلية والأسلوب الأمثل الذي يضمن إدارة المعلومات والعملية التربوية حتى يكون بالإمكان الوصول إلى أعلى مستوى من إنجاز الأهداف المنشودة والمحددة.

والإدارة المدرسية عبارة عن منظومة مترابطة من العمليات التي يتم إنجاز العمل المدرسي بها إنجازاً تتحقق به أهداف العملية التعليمية على أتم وجه، وبأقل جهد وفي وقت قصير جداً. وأن العمليات التي تقوم بها الإدارة المدرسية هي: القيادة، والتنظيم، والتخطيط، واتخاذ القرارات، والرقابة، والتوجيه، وجميعها عمليات تؤثر ببعضها البعض، وتهدف إلى جعل العمل المدرسي أجود ما يمكن، والارتقاء به إلى المستويات المطلوبة لتحقيق الأهداف التربوية. وبالرغم من الاختلاف في وجهات النظر بين العاملين والباحثين والمعنيين بالإدارة المدرسية فيما يخص اتخاذ القرار واعتباره إحدى عمليات الإدارة، فإن الكثيرين من العاملين بالإدارة في مجالاتها المتعددة والمختلفة يؤكدون على أن عملية اتخاذ القرار تعتبر جوهر العملية الإدارية، ومحور جميع الجوانب الضرورية للتنظيم الإداري، لأنه يعتبر نقطة البدء بالنسبة لجميع الإجراءات وأوجه النشاط والتصرفات التي تتم في المنظمة وتوقف اتخاذ القرارات اليومية البسيط والهام منها يؤدي إلى تجمد العمل وشلل النشاط وإضعاف المؤسسة واضمحلالها.

ولا تنتهي مهمة اتخاذ القرار بصدوره، لأن فعاليته لا تتحقق إلا عن طريق القيام بالمتابعة المستمرة لتنفيذه، لأن هذا يساعد الإدارة في التأكد من صحة القرار

وسلامته وتحقيقه لهدفه. وعملية متابعة تنفيذ القرار تتم بصورة عامة من الداخل والخارج، مما يضمن تحقيقه تحقيقاً كاملاً ومثالياً. والمتابعة تتم عن طريق العاملين والاستشاريين والباحثين ونتائج البحوث والدراسات.

وعملية اتخاذ القرار تعتبر من العمليات المعقدة والمتشابكة خصوصاً عندما تكون في مجال ومستوى الإدارة المدرسية، وحتى تتحقق أهدافها لا بد من أن تكون الإدارة قادرة على اتخاذ القرارات الحكيمة والرشيدة، لأنها تنعكس في نهاية الأمر على شخصية الطلاب الذين هم هدف العملية التربوية الأول والأخير. وتعتبر عملية صنع القرار المدرسي من العمليات الإدارية المهمة التي يتوقف عليها نجاح العملية التعليمية التربوية برمتها، لأنه يتوقف عليها نجاح أو فشل العملية التعليمية والطلاب وتحصيلهم الدراسي، أي أن عملية صنع القرار تنعكس إيجابياً أو سلبياً على الطلاب وتعليمهم وتحصيلهم وقيمهم واتجاهاتهم وعلى مستقبلهم.

ويرتبط اتخاذ القرار بجميع الأعمال والوظائف التي تقوم بها الإدارة مما جعله في المقام الأول من حيث الأهمية، وبمثابة المحك الحقيقي لقدرة الإداريين والمدراء على القيادة والإدارة والتوجيه، وفي الإدارة المدرسية يواجه المدير مواقف ومشاكل كثيرة ومتنوعة يومياً، أو خلال العام الدراسي بصورة عامة. وتختلف المواقف والمشاكل التي تواجه المدير باختلاف كبر المدرسة وعدد الطلاب والمعلمين ومرحلة التعليم فيها (ابتدائي، إعدادي، ثانوي) وموقعها الجغرافي ونوع الطلاب وجنسهم ومدى اهتمام الأهل وتدخلهم بما يحدث ويدور فيها، ومدى تدخل الإدارة التربوية والتفتيش في تحديد ورسم معالمها التربوية وتوجهاتها العامة والخاصة.

وقد تكون المواقف والمشاكل البسيطة التي نتحدث عنها متكررة تحتاج لاتخاذ قرارات بسيطة روتينية تنفيذية ولا تحتاج إلى قدر كبير من التفكير والمناقشة، ولا إلى البدائل المتنوعة (مثل: تحديد موعد اجتماع أو معالجة تأخر معلم أو غيابه عن المدرسة) أو قد تكون هذه المواقف والمشاكل معقدة وتتطلب التفكير، والمناقشة، والتروي واستدراج البدائل والتمييز بينها، مثل: تدني دافعية المعلمين للقيام بأداء عملهم، أو عدم رغبة الطلاب وانصرافهم عن المشاركة في الأنشطة التعليمية والتعلمية، أو نقص المرافق والتجهيزات المدرسية.

عملية اتخاذ القرارات المدرسية

مفهوم القرار

القرار هو إصدار حكم معين بخصوص ما يجب أن يفعله أو فعله الفرد في موقف معين. وذلك بعد الفحص الدقيق للبدائل المختلفة التي يمكن استعمالها وإتباعها، وتؤدي إلى تحقيق الأهداف المطلوبة. أو هو الخطة التي يتم فيها اختبار بديل معين بعد تقييم البدائل المختلفة المتوفرة لدى صانع القرار ووفقا لتوقعاته المعينة.

وعليم يمكن القول بأن القرار هو عبارة عن عملية ذهنية عقلية بالمقام الأول، تتطلب أن يكون على قدر كبير من التصور والمبادرة والإبداع، وعلى درجة عالية من المنطق والابتعاد عن التعصب أو التحيز أو الرأي والأغراض الشخصية، حتى يستطيع اختبار البدائل المتاحة التي تحقق الهدف في أقصر وقت، وبأقل تكلفة ممكنة، وذلك حتى يكون القرار حكيماً ورشيداً وبعيداً عن العواطف والمصالح الشخصية، ومن المؤكد أن أي قرار خاطئ يتخذ فإن ذلك يعود إلى النقص في المعلومات التي تجمع حول الموضوع ولم تكتمل، ووضوح الأهداف وعدم تحديدها، والنقص في الوقت المعطى للتعرف على البدائل الموجودة.

وهناك فرق بين عملية صنع القرارات، واتخاذ القرارات حيث تعتبر الأخيرة مرحلة من مراحل صنع القرارات وهي المرحلة الأخيرة والتي تعني تنفيذ القرار. وعملية صنع القرارات في جوهرها عملية جماعية تضامنية أي أنها ناتج جهد مشترك قام به العديد من العاملين لأن الواقع العلمي يحتم على التنظيم الإداري اشتراك جميع أعضاء المنظمة في المراحل التي يحضر ويعد فيها القرار قبل اتخاذه.

أي أنه يجب عدم النظر إلى عملية صنع القرارات على أنها عملية فردية يقوم بها شخص معين مهما كانت وظيفته وموقفه وموقعه أو مكانته في الهرم الإداري حتى لو كان هذا القرار قد صدر في صورته النهائية من قبل هذا الفرد (عاشور، 1991).

خطوات اتخاذ القرار:

إن عملية اتخاذ القرار في جميع الأعمال والوظائف التي تقوم بها الإدارة جعلت أهميته كبيرة جداً لدرجة أنه يعتبر المحك الحقيقي الذي يظهر قدره الإداريين والمسؤولين في القيام بالقيادة والإدارة والتوجيه داخل المدرسة ومع جميع العاملين والمتواجدين فيها.

والإدارة المدرسة خلال قيامها بواجبها اليومي تواجه مواقف ومشكلات عديدة ومختلفة بحجم المدرسة ومراحل التعليم الموجودة فيها، وموقعها الجغرافي، ومتغيرات أخرى مثل نوعية الأهل ومدى اهتمامهم وتعاونهم والعلاقة التي تربطهم بالمدرسة. وقد تكون هذه المواقف والمشاكل بسيطة ومتكررة، وتحتاج اتخاذ قرارات بسيطة روتينية تنفيذية، لا تحتاج إلى قدر كبير من لتفكير والمناقشة، ولا تحتاج إلى البدائل المتنوعة، كتحديد موعد للاجتماع أو معرفة أسباب تأخر أحد العاملين أو غيابه عن المدرسة، من ناحية أخرى من الممكن أن تكون المواقف والمشاكل اليومية معقدة ومتعددة وتتطلب التفكير، والمناقشة والاتزان والتروي، واستدراج البدائل والتمييز بينها، مثل معرفة أسباب تدني دافعية العمل والرغبة في الإنجاز والفعاليات لدى المعلمين، أو ترك الطلاب للأنشطة التعليمية والتعلمية وعدم المشاركة فيها أو نقص المرافق والتجهيزات المدرسية الضرورية لقضاء الحاجات اليومية التي لا يمكن الاستغناء عنها.0

وعليه فإن عملية اتخاذ القرارات ليست عملية اعتباطية تقوم على البداهة والحدس الشخصي، بل هي عملية رشيدة تقوم على أسس ومبادئ عملية، لذا فإن على الإدارة الالتزام بالخطوات الآتية حتى يكون بالإمكان الوصول بها إلى قرار يكون قريب جداً إلى الصواب والدقة والموضوعية ويخدم مصلحة جميع العاملين والمتواجدين في المدرسة وعلى رأسهم الطلاب والمستوى التعلمي العملي الذي يجب أن يصلوا إليه:

1. <u>تحديد المشكلة</u>: ويقصد بها التعرف على المشكلة من جوانبها وأبعادها المختلفة والإحاطة بالمتغيرات والعوامل التي لها علاقة وصلة بها، والقيام بأبعاد كل ما لا يتعلق بها، ويساعد هذا على فهم الهدف الذي نسعى إليه.

كما يجب على المدير دراسة جميع الظروف المحيطة بالمشكلة عندما يحددها لأن القرار الذي يقرره لعلاج مشكلة معينة لا يكون هو نفسه الذي يستعمل لعلاج المشكلة إذا تغيرت الظروف. لذا فإن المدير الناجح والنبيه هو الذي يتعرف على المشاكل ويعيها قبل حدوثها، بدلاً من تجنبها وإهمالها. أيضاً فإن عملية التخطيط الفعال الذي يحدد الأهداف، والسياسات، والطرق والإجراءات، والقواعد بوضوح يسهم إلى حد كبير في مساعدة المدير الذي يتخذ القرار وهذا الأمر يتطلب جمع المعلومات الشاملة والكاملة وفهمها ومعرفتها وتحديدها بشكل واضح.

2. <u>الحصول على المعلومات</u> والبيانات التي لها علاقة بالمشكلة ودراستها مع البحث، والتي تعتمد على سرعة الحصول عليها على مدى توافرها وأماكن وجودها.

إن اتخاذ قرار بخصوص مشكلة محددة، يفرض على المدير القيام بجمع المعلومات عن حقيقة هذه المشكلة، لأن الوصول إلى البيانات والمعلومات والحصول عليها يقلل من مدى الجوانب المجهولة حينما يقوم بإعداد خطة مستقبلية. لذلك يجب الاهتمام بتحديد البيانات والمعلومات المطلوبة وتعريفها وتعيين ومصادرها، والتأكد من صحتها وعدم وجود تعارض فيها، وكلما قلت المسافة بين مصدر البيانات والفرد الذي يقوم باتخاذ القرار أدى ذلك إلى زيادة فعالية القرارات وتوفير الوقت والجهد، كما أن هذه البيانات يجب أن توفر الفهم الصحيح للأمور.

ومن خلال دراسة البيانات وتحليلها تتضح المشكلة وأبعادها وهذه الدراسة لا تخلو من التقديرات الشخصية لمن يقوم بها، وعملية التفسير تختلف باختلاف وجهة نظر الشخص المفسر. لذلك يجب القيام بعرض جميع التفسيرات على الشخص الذي سوف يقوم باتخاذ القرار لكي يدرسها جيداً قبل اتخاذ القرار، لأن اتخاذ القرار يتطلب القدرة على التصور والخيال والثقة بالنفس لكي يكون تفسير البيانات التي على أساسها يتخذ القرار أقرب إلى الحقيقة.

4. <u>تطوير الأساليب والحلول البديلة</u>: أي العمل على إيجاد عدة حلول وطرق بديلة ممكنة للمشكلة التي حددناها وحصلنا على المعلومات الكافية المتعلقة بها. وهذا يعني أن لكل مشكلة عدة بدائل ولكل واحدٍ منها مزاياه وعيوبه، ومن صفات المشكلة أن تتباين الآراء حولها، والمشكلة التي لا يوجد لها إلا حل واحد لا يمكن اعتبارها مشكلة. وبما أننا نتحدث عن اتخاذ القرارات التربوية على وجه الخصوص، فإن لكل مشكلة في هذا المجال أكثر من حل، لذا فإن وجهات النظر تختلف ويكون لكل حل مؤيدوه أو رافضوه من المعلمين أو الطلاب أو الأهل. وحينما نتحدث عن البديل فإن المقصود هو الحل أو الوسيلة المتاحة أمام الفرد الذي يتخذ القرار في التفتيش عن الحل الأمثل لكل مشكلة تقف أمامه، أي أن الحل أو البديل هو عبارة عن إمكانية محتملة يمكن أن يعتمد عليها متخذ القرار في عملية بحث المشكلة، وحتى يتعرف متخذ القرار على البدائل يجب عليه فحص مكونات المشكلة وإشراك مجموعة أو أكثر من شخص في بحث

المشكلة حتى يفسح المجال لظهور آراء ومقترحات بديلة أكثر، فيكون هناك فرصة لظهور قرار سليم وحكيم يخدم الهدف الذي اتخذ من أجله. وفي نفس الوقت يجب علينا أن لا نهمل الرأي والتقدير الشخصي للمسؤول عن اتخاذ القرار، لأن المسؤولية تقع على عاتقه وحده بالرغم من كون المصلحة الشخصية والاتجاهات والخبرات الذاتية لها تأثير واضح على عملية اتخاذ القرار في الوقت الذي يجب فيه عدم التحيز والابتعاد عن النوايا الشخصية المذكورة. لذلك يجب على متخذ القرار عندما يقوم بوضع الحلول البديلة أن يراعي الآتية:

أ. البحث عن حلول بديلة من خلال خبرته السابقة وتجاربه الإدارية لمواقف مماثلة وهذا أمر يعود إلى ذاكرته الشخصية

ب. اقتباس حلول ناجحة من الآخرين في مواقف متشابهة مع إجراء بعض التعديل عليها بما يتفق مع الموقف الذي يمر به.

ج. الاستعانة بالخبراء والمتخصصين في هذا المجال والذين لهم حلول جاهزة في بعض الأحيان.

د. القيام بابتكار الحلول بالاعتماد على الخبرة الشخصية والممارسة العملية.

في الكثير من الأحيان يصطدم متخذ القرار بالاعتبارات السياسية التي تقف أمامه وتفرض عليه اتخاذ قرارات ربما تكون ضد مصلحة العاملين والمتعلمين. وفي بعض الأحيان الأخرى يواجه متخذ القرار موقفاً الذي يفرض عليه اتخاذ قرار لأن ذلك قد يكون هو الحل الأفضل في حينه. وبالرغم من أن هذا يعني بصورة معينة اتخاذ قرار. وهذا النوع من التوجهات يحدث في الكثير من الحالات التربوية حيث يكون عدم اتخاذ القرار لمصلحة المعلم أو الطالب ويبعدهم عن الخطر أو التعرض لمواقف صعبة وتترتب عليها نتائج سيئة بالنسبة لهم.

5. تقييم البدائل: بعد توفير البدائل المناسبة لدينا، لا بد لنا من إجراء مقارنة بينها من حيث حسنات وسيئات كل بديل فيما يخص إمكانية اختياره كحل للمشكلة التي نحن بصددها. ومدى مناسبة هذه البدائل للوضع الذي نتعامل معه ونعمل على إيجاد حل له.

5. اختيار البديل الأفضل:يحدث ذلك عن طريق القيام باختيار البديل الأكثر ملائمة وتحقيقاً لهدفنا المنشود من وراء القرار الذي نريد اتخاذه، ويجب مراعاة مدى تحقيق هذا البديل الذي سنختاره للفائدة منه التي ربما تكون في الأمد البعيد أو القريب.

وتعتبر هذه المرحلة من أصعب المراحل التي تقابل من يقوم باتخاذ القرار (المدير في المؤسسات التربوية التعليمية) قبل قيامه باتخاذ القرار المطلوب. ويجب القيام بمقارنة البدائل المطروحة من حيث الميزات الإيجابية والعيوب، وبعد ذلك اختيار البديل الأفضل، الأمر الذي يتطلب وجود خبرة ودراسة علمية لدى القائم بهذه العملية، ويتوقف الاختيار الذي نتحدث عنه على وجود عناصر معينة في المدير، مثل الكفاءة والشخصية القوية والثقة بالنفس والقدرة على التصرف الصحيح والسليم. والاستقرار النفسي الذي يشعر به عندما يقوم بعملية الاختيار، هذا بالإضافة إلى الظروف المحيطة بالعمل والضغوط الداخلية والخارجية التي تمارس على المدير الذي يقوم باتخاذ القرار، ونذكر في هذا الصدد وجود أربعة معايير للقيام باختيار أفضل الحلول وهي:

1. المخاطرة: أي أن على المدير الذي يتخذ القرار تقدير مخاطر كل عمل وتصرف، مقابل الاستفادة المتوقعة وإجراء نسبة بين الاستفادة والمخاطر المحتملة ثم الاختيار الأفضل على هذا الأساس.

2. خفض الجهد: أي أن على المدير القيام بتحديد التصرفات التي يحصل منها على أفضل النتائج وبأقل جهد وعمل.

3. الفترة الزمنية: على المدير الذي يقوم باتخاذ القرار أن يراعي الوقت حيث إذا كان هذا الوقت محدداً وعاجلاً فإن عليه أن يتصرف وبصورة عاجلة.

4. قيود الموارد: إن أهم هذه الموارد التي نتحدث عنها هي العنصر البشري الذي سوف يقوم بتنفيذ هذه القرارات، حيث أن مدى كفاءته ومهارته وفهمه هي التي تحدد هل بإمكانه واستطاعته تنفيذ القرار أم لا.

وعليه يمكن القول بأن كل بديل من البدائل التي تطرح أمام المدير متخذ القرار مزايا وعيوب وعلى المدير أن يفكر في كل واحدة منهما ويقوم باختيار الحل أو البديل الأكثر ملاءمة.

6. متابعة القرار وتقييمه: إن مهمة اتخاذ القرار لا تنتهي وتتوقف بعد القيام باختيار أفضل البدائل المتاحة أمام الإدارة وإصدارها القرارات للمسؤولين عن عملية التنفيذ ليقوموا بدورهم ويعملون بالمضمون الذي جاء به القرار، ولكن يجب أن يكتب ويوزع في اقصر وقت حتى يعلم به جميع العاملين المعنيين ثم يشرح لهم شرحاً وافياً، وهذا يدخل في نظام الاتصالات التي هي عنصر هام وحيوي في عملية اتخاذ القرار ونقله. ويدخل أيضاً في نقل الصورة التي يحدثها القرار بعد صدوره للإدارة بصورة مستمرة وإعطاء الإدارة المعلومات التي توضح تصرفاتها، أي أن مسؤولية متخذ القرار تفرض أن يقوم بمتابعة وملاحقة القرار في مواقع التنفيذ حتى يتعرف على مدى صلاحيته وتأديته للمطلوب، والتعرف على جوانب النقص أو الضعف في القرار فتعمل على تعديلها. ويتعرف على العقبات التي من الممكن أن تعترض عملية التنفيذ والمتابعة والتي قد تكون شخصية يقوم بها متخذ القرار نفسه. ومن المكن أن يسير حسب نظام التغذية العكسية، وذلك من خلال التقارير والاتصالات الشفوية بأنواعها التي من خلالها يتعرف على آراء المنفذين للقرار.

أيضاً تساعد المتابعة المرحلية في اكتشاف الخلل عند وقوعه ومعالجته فوراً، وتساعد في اكتشاف بعض الأمور ولجوانب التي لم تؤخذ بالحسبان عند اتخاذ القرار. وفي عملية التقييم النهائي يضع متخذ القرار معايير لمعرفة مدى الإنجاز الفعلي لقراره وليحدد مستوى ومدى النجاح الذي تحقق عند تنفيذ القرار(درويش، 1997؛ عساف، 1982؛ عقبلي 1997؛ سويلم، 1991؛ شيما، 1984؛ حسين، 1998).

ومما يجدر ذكره أن هذه الخطوات تختلف في الوقت الذي تستغرقه في اتخاذ كل قرار حيث يختلف الوضع بالنسبة للقرارات التي تحتاج السرعة، أي أنها من الممكن أن لا تحتاج إلا إلى دقائق معدودة من مدير المدرسة لكي يتخذ القرار المناسب، في الوقت المناسب. في نهاية الأمر نستطيع القول بأن عملية اتخاذ القرار هي: عملية ديناميكية متشابكة ومتواصلة في مراحلها المختلفة لذا فهي تحتاج إلى الدقة والموضوعية، والرؤية الجدية والحادة من قبل من يقوم باتخاذ القرار خلال مراحل صنعه واتخاذه.

ولقد أجمع الباحثون على أن اتخاذ القرار يحتاج إلى دراسة وتحليل للمشكلة وخصائصها ثم يتم بعد ذلك دراسة جميع البيانات المتعلقة بها واختيار ما هو ضروري وفي صميم الموضوع وغير متحيز، ثم يجب القيام بوضع عدة حلول لها، لأن المشكلة

التي لا يوجد لها حل لا تعتبر بنظر الكثيرين من الباحثين مشكلة، وبعد ذلك يجب اختيار الحل الملائم وهو الحل الذي نراه ملائماً وليس بالضرورة أن يكون ملائماً لوجهة نظر أخرى ونطبقه ونقوم بمتابعته على ارض الواقع ونختبر مدى فاعليته، ولكن يجب أن لا ننسى أن كل هذا يتم من وجهة نظر شخصية، أي أن ما يتحكم في اتخاذ الحل الأمثل للمشكلة هو النظرة الشخصية، فليس بالضرورة ما يراه متخذ القرار الحل الأمثل يكون لمنفذ القرار كذلك.

وهناك الكثير من العوامل التي تؤثر في عملية اتخاذ القرارات أو تؤدي إلى الامتناع أو الابتعاد عن القيام بها، نذكر منها:

1. إقدام مدير المدرسة أو المؤسسة على اتخاذ قرار معين ورغبته الشخصية في ذلك، والتي تعتبر الجانب الإيجابي لعملية اتخاذ القرار.

2. إقدام مدير المدرسة أو المؤسسة على اتخاذ قرار معين ورغبته في ذلك، ولكن توجد ظروف معينة التي من الممكن أن ترجع إلى عدم وضوح اللوائح أو النصوص أو المعلومات، يؤدي إلى عدم اتخاذ المدير القرار في مشكلة معينة، والقرار الذي يتخذه-أو لا يتخذ قراراً-يعتبر قراراً بحد ذاته، لأنه لم يتم بطريقة متسرعة ولا شعورية بل تم نتيجة لدراسة واقتناع.

3. امتناع المدير عن اتخاذ القرار، في الكثير من الحالات يحدث عندما تتوافر لدى المدير المعلومات اللازمة لتقييم البدائل، ولكنه يتردد في الاختيار فيما بينها، أي أنه يمتنع عن اتخاذ قرار. ومن الممكن أن يكون سبب هذا التردد، التهرب من المسؤولية ومحاولة نقلها للغير، أو الابتعاد عن الارتباط بأي عمل قد يؤدي إلى الإضرار بمصالحه، وهذه تعتبر ظاهرة سيئة جداً وتؤثر بمصالح الآخرين، وخصوصاً الطلاب وتقدمهم العلمي والتحصيلي، لأنها تعني عدم استخدام السلطة في الأغراض التي وجدت من أجلها.

إن امتناع المدير أو المؤسسة عن اتخاذ القرارات يرجع إلى الأسباب الآتية:

أ. ضعف كفاءة المدير: وهذا يؤدي إلى حرمانه من القدرة على تحديد البدائل والنتائج التي تترتب على كل منها، سواء كانت إيجابية أو سلبية وبالتالي تقييم البدائل وترتيبها.

ب. خوف المدير أو القائد من اتخاذ القرار، مثل هذا الوضع قد يرجع إلى نشأته أو المحيط الاجتماعي المهني الذي عاش ويعيش فيه، أو إلى عدم الاستقرار في الأنظمة الإدارية أو خوفه من نقد الرأي العام له.

ج. حداثة المدير أو القائد في العمل وعدم وضوح النصوص والاختصاصات والسلطات التي يعمل معها، هذا بالإضافة إلى عدم قدرته على تحمل المسؤولية والوقوع في أخطأ.

إن هذه الأساليب قد تدفع المدير إلى عدم اتخاذ القرار أو نقل عملية اتخاذ القرار على جهة أخرى موازية له أو إلى جهة أدنى مثل العاملين الذين يعملون معه، أو إرجاعها إلى جهة أعلى مثل المسؤولين عنه ليقوموا باتخاذ القرار بدلاً منه.

وسائل الامتناع عن اتخاذ القرار

لقد دلت نتائج التطبيقات العملية في هذا الميدان على وجود بعض الوسائل التي يستعملها المدير أو القائد ويستعين بها في الامتناع عن اتخاذ القرارات...وأهمها:

أ. منع الموضوعات والمشاكل من الوصول إليه:في معظم الأحيان يلجأ المدير إلى ذلك بتعويد المعلمين والموظفين إلى الإمعان في التفصيلات وتحذيرهم باستمرار من الوقوع في الأخطاء، حتى يطبع في أذهانهم أن الإغراق في التفصيلات هو الوسيلة المثلى التي تجنبهم الوقوع في الخطأ وقد يساعد مدير المدرسة أو المؤسسة نفسه من خلال منع وصول المشاكل إليه من خلال ظهوره-كذباً-بمظهر المنهمك في العمل وفي حل المشاكل.

ب. أن يتجنب المدير المشكلة-موضوع القرار-من خلال محاولته التخلص منها نهائياً.

وحتى يستطيع المدير تحقيق إمكانيات الامتناع يلجأ إلى استعمال الوسائل التالية:

أ. يعمل على تجنيد المعلمين والعاملين والموظفين لجمع الإحصائيات والمعلومات والآراء بحجة أن ذلك ضروري ولازم لتحديد المشكلة. ومن الممكن أن يستغرق ذلك أسابيع أو أشهراً، بعدها يكون الموقف قد تغير أو زال نهائياً وتصبح المعلومات والآراء التي تم جمعها غير مقبولة وغير ممكنة.

ب. يعمل على خلق مشكلات جانبية تسمح له بالتخلص من المشكلة الأصلية، فقد يطلب المدير معلومات عن أحد المعلمين أو العاملين لكي يتخذ قراراً بترقيته ولا تصل هذه المعلومات في الوقت المناسب فيحاسب ويعاقب الموظف المسؤول عن عدم تقديمه المعلومات على إهماله، مع أن عدم تقديمه المعلومات ليس جوهر المشكلة، ولكن أحد أعراض المشكلة الأساسية هي عدم وجود نظام دقيق للمعلومات.

ت. إحالة المشكلة إلى لجنة خاصة يراعي المدير عند تشكيلها ضمان عدم وصول أعضائها إلى توصية بشأنها، وحتى إذا ما توصلت فإن المدير قد ينجح في رفع المسؤولية عنه، لأن اللجنة هي التي تتحمل مسؤولية القرار وهذا ما يسعى إليه المدير.

العوامل المؤثرة في اتخاذ القرار وفعاليته

هناك مجموعة من العوامل التي تؤثر في سلوك المدير أو القائد وتجعلهم يخضعون لها أثناء اختيارهم بين البدائل المتاحة لاتخاذ القرار والتي تؤثر في نهاية الأمر على فاعليتها وهي:

أولا: النصوص التشريعية

تعتبر من العوامل التي تشكل نوعاً من القيود المفروضة على المدير بسبب المنصب الرسمي الذي يشغله، لذلك فهي تشكل عقبات رسمية مما يجبر المدير أن يأخذ بالاعتبار عوامل معينة مثل: آراء المسؤولين عنه ومشورتهم في معظم الأشياء، والالتزام بالقوانين، الميزانية، الاعتمادات المالية المخصصة له، أثر القرار على الخطة المرسومة، والرأي العام الذي يمكن أن يقبله أو يهاجمه والاسترشاد بما سبق له اتخاذه من قرارات.

ثانيا: العوامل الإنسانية

وهي تلك العوامل التي تؤثر على سلوك المدير، ترشده وتوجهه نحو اختيار البديل الأفضل من بين البدائل المطروحة وتعمل على مصلحة الطلاب والمدرسة في المقام الأول. وهي إما أن تكون نابعة من شخص المدير أو من سلوك المساعدين الذين يعملون معه.

أ. **المدير متخذ القرار:**

يعتبر عاملاً هاماً يؤثر في فاعلية القرار التي تتأثر بصورة مباشرة في شخصية المدير وعواطفه وقيمه وخبرته في العمل، ونوع الأعمال التي قام بها من قبل، بالإضافة إلى مركزه الاجتماعي والمالي خارج المدرسة أو المؤسسة التي يديرها، كما وتؤثر حالته النفسية تأثيراً كبيراً عند اتخاذ القرار وعلى فاعليته.

ب. **المساعدون والمستشارين الذين يستعين بهم المدير:**

إن جميع أصحاب المناصب الذين يحيطون بالمدير ويعملون معه من خلال الأعمال التي يقومون ويعرضونها بأسلوب وطريقة تؤثر في فاعلية القرار بصورة واضحة، وقد يكون هذا التأثير سلبياً أو إيجابياً وذلك حسب ميول هؤلاء العاملين التي من الممكن أن تكون متوافقة أو متعارضة، لذا فإن المدير الذي يحسن اختيار معاونيه، يمكنه أن يتحكم في نوعية القرارات التي يصدرها، ولهذا عليه أن يختارهم من ذوي الميول المتباينة حتى يخلق جواً مواتياً للأفكار المبدعة.

ج. **المعلمون والعاملون والطلاب الذين يمسهم القرار:**

المعلمون والعاملون والطلاب يشكلون عناصر هامة وأساسية داخل المدرسة ولديهم القدرة الكافية على حل المشاكل والعمل على التطوير والتقدم، ويستطيعون المساهمة في إيجاد الحلول التي يختار من بينها المدير البديل الأفضل، وذلك من خلال آرائهم ووجهات النظر التي يتقدمون بها.

ثالثا:الضغوط

يخضع المديرون عند اتخاذهم القرارات لكثير من الضغوط الداخلية والخارجية التي تؤثر على فاعليتها وتوجيهها، وأهم هذه الضغوط:

أ. **الضغوط والعوامل الخارجية:**

إن هذه الضغوط والعوامل تظهر بصورة واضحة من جانب المسؤولين أو الرؤساء أو السلطات العليا الذين يحاولون بكل الوسائل والطرق فرض سيطرتهم وآرائهم على المدير والمدرسة...والمدير الذي لا يعرف حدود سلطاته، أو الذي لا يعطى سلطة كافية من جانب المسؤولين عنه دائماً يخشى لومهم ولا يتجاوز واجباته، غالباً ما يمتنع عن اتخاذ القرارات القاطعة والمؤثرة. أيضاً تتمثل هذه الضغوط في ضغط الرأي العام والتي تفرض على

المدير لأنه يعتبر عضواً في المجتمع وعليه أن يتعامل معه خصوصاً مع ما يتقدم به الأهل من مطالب، لذلك فالقرار الذي يكون فعالاً في وقت أو في منطقة معينة، قد لا يكون فعالاً في وقت أو في منطقة أخرى، أو لدى مجموعة أخرى من الطلاب.

أيضاً يعلم المدير وبصورة قاطعة أن القرارات التي يتخذها لن تكون فعالة إلا إذا كانت مقبولة لدى المعلمين، فهم ليسوا تابعين فقط للمدير ولكنهم يحددون نطاق السلطة التي يتمتع بها عليهم، ولهذا يجد المدير نفسه مقيداً بالاختيارات التي سوف يقبلها المعلمون الذين يعملون معه. كما ويوجد تأثير على اتخاذ القرار من جانب الزملاء، حيث أن كل قرار يسبقه عدد من القرارات الأخرى التي لها تأثير مباشر أو غير مباشر على المدرسة أو المؤسسة وعلى وحداتها المختلفة. والمدير هو عضو في مجموعة عمل تمثل الهيئة والمصالح التي يقبلها الزملاء، لذا فإن القرار سيواجه المشاكل العديدة.

أيضاً هناك عوامل البيئة الخارجية التي تؤثر بصورة مباشرة أو غير مباشرة على اتخاذ القرارات حيث يتأثر المدير في قراراته بالوقت المتاح أمامه والمنافسة التي تواجهه ودرجة اليقين في تحقيق النتائج في المدرسة التي عمل فيها والقوى الخارجية الأخرى مثل الحكومة والمجتمع المحلي وغيرهما(عاشور 1991).

ب   **الضغوط والعوامل الداخلية:**

تتضمن هذه الضغوط والعوامل القدرة على التفكير والتصور والطاقة والخبرة والاتجاهات والخلفية والقيم.

بالإضافة إلى الطريقة التي يحددون بها المواقف التي تتأثر جزئياً بمراكزهم التنظيمية فكل مدير في التنظيم أو المدرسة يشغل مركزاً له مكان معين يؤثر على الطريقة المختارة بهذه المراكز. فمثلاً المدير العام باعتباره أعلى مكان يرى المواقف بطريقة مختلفة كما يراها المديرون المتخصصون لأن نظرته تكون شاملة للمنظمة أو المدرسة ككل. أما المديرون المتخصصون فينظرون على المواقف من ناحية تخصصاتهم.

كما ويختلف المديرون في نظراتهم للمواقف طبقاً لمراكزهم الاجتماعية والمهنية. فالأدوار التي يقومون بها خارج المدرسة أو المنظمة وطبيعة تأهيلهم

المهني وميولهم الاجتماعية كلها من العوامل التي تلعب دوراً في تحديد الطريقة التي ينظر فيها المديرون إلى المواقف التي تواجههم أثناء اتخاذ القرار بخصوص المدرسة والطلاب وعملية التعليم والتعلم ومستوى التحصيل الذي يصلون إليه.

أي أن أهم الضغوط تأتي من جانب التجمعات غير الرسمية ومراكز القوى التي تخلقها، هذا بالإضافة إلى ضيق الوقت لدى المدير واضطراره إلى اتخاذ القرار تحت ظروف معينة لا تكون فيها الفرصة كافية للحصول على المعلومات الوافية عن البدائل ودراستها. وكذلك الأمر بالنسبة لتعدد الحلول البديلة، إذ كلما تعددت تطلب ذلك جهداً ووقتاً لدراستها.

المشاكل والصعوبات والمعوقات التي تواجه عملية اتخاذ القرارات

إن من أهم ما تريده الإدارة المدرسية أو إدارة المؤسسات من عملية اتخاذ القرارات الإدارية هو الوصول إلى القرارات السليمة التي تؤدي إلى استمرار العمل في المدرسة أو المؤسسة والحصول على أعلى مستوى تحصيلي للموجودين فيها طلاباً ومعلمين وعاملين. لكن من المؤكد وجود بعض المشاكل والمعوقات الإدارية التي لها آثار مهمة على نوع القرارات التي تتخذ:

1. القرارات السليمة:

إن الحاجة لوصول المدير إلى اتخاذ قرارات سليمة تجعل هذه المهمة عبئاً ثقيلاً عليه، فإذا كان القرار أساسياً وهاماً كانت المخاطر كبيرة، لأنه إذا كان خاطئاً يكون من الصعب تقييمه، لذا يلجأ المدير أو الإداري إلى طريقتين لتخفيف العبء عن نفسه لكي يصل إلى اتخاذ القرار السليم وهما:

أولاً: عدم القدرة على تحليل القرارات التي يصل إليها، وهذا لا يعني الاعتماد على الحدس والتخمين. مما يؤدي إلى تحويل الاهتمام من دراسة العقبات في طريق اتخاذ القرارات والتركيز على الوصول إلى النجاح المطلوب في اتخاذ القرار.

ثانياً: افتراض أقصى درجة من المثالية والثقة في القرارات التي يصلون إليها، الأمر الذي يتطلب التقليل من ضرورة الوصول إلى قرار سليم والتركيز على درجة المثالية المطلوبة للوصول إلى قرار سليم لكن أحياناً يكون الشعور بنسبة من الخطأ يرجع إلى الإنسان نفسه. كما أن القرار السليم هو عبارة عن زيادة في درجة التأكد الأمر الذي لا يعتبر ضرورياً بحد ذاته.

2. تؤثر الظروف المادية والتنظيمية التي تحيط اتخاذ القرارات بطبيعتها، لذلك يهتم المديرون بتهيئة الظروف المناسبة التي تؤدي إلى اتخاذ قرارات سليمة كما يجب أن يكون المهم أن تأتي هذه القرارات في الوقت والمكان المناسب، وبوساطة الأفراد المناسبين. كما وترتبط القدرة على اتخاذ القرارات بالسلطة التي يتمتع بها مدير المدرسة أو المؤسسة. حيث إذا كانت السلطة محدودة فإنها تشكل قيداً بالنسبة للمدير وتمنعه من اتخاذ القرارات المناسبة، أما إذا كانت سلطته غير واضحة فإن القدرة على اتخاذ القرارات ستصبح غير مؤكدة أو غير موجودة مما يؤدي إلى بطء شديد في اتخاذ القرارات التي تتسم بالتردد في تحمل المسؤولية مما يؤثر وبصورة مؤكدة على الطلاب والعملية التعليمية والتربوية برمتها.

3. أثر العوامل النفسية في اتخاذ القرارات:

ترتبط المميزات النفسية للإنسان طفلاً كان أو رجلاً باتخاذ القرارات حيث أن العوامل الشخصية التي تؤثر في اتخاذ القرارات تضم المركز والمنصب والذكاء، والطاقة والاتجاهات. أيضاً تتعلق الناحية السلوكية في اتخاذ القرارات بشخصية الإنسان الذي يتخذ هذه القرارات.

ولقد قسم الباحثون في التربية وعلم النفس شخصيات المدراء حسب اتخاذ القرارات إلى عدة أنواع نذكر منها:

أ. النوع المدافع: الذي بطبيعته يعتمد على الغير ويحول المسؤولية لهم، ويوكل سلطاته إلى غيره لأنه يعتقد أن القرارات الصالحة والسليمة لا تأتي إلا من غيره.

ب. النوع المتهور: الذي يعتقد أنه لا يستطيع أن يحصل على ما يريد إلا بالقوة والعنف(ولا حاجة له بموافقة الآخرين على القرارات) ويقوم ببناء هيكل المدرس أو المؤسسة بالاعتماد على أفكار الآخرين.

جـ. النوع المتردد: يعاني من ضعف في الشخصية وعدم الثقة بالنفس، لذلك لا يثق في أفكاره الشخصية بل يثق في كل ما يأتي به الآخرون من أفكار، حتى ولو كانت لا تخدم مصلحة المدرسة والطلاب.

د. النوع الانتهازي: ينظر دائماً إلى الفائدة التي يمكن أن يحصل عليها من خلال تصرفاته على أساس من المعاملات ويقدر قيمتها بالشروط التي يمكن أن يتم التبادل بمقتضاها.

هـ.النوع المنتج: وهذا النوع لديه من ثقة بنفسه وبقدرته على استخدام قدراته الشخصية ويعمل دائماً على تنمية الإمكانيات الموجودة لديه ويستغلها في اتخاذ القرارات المدرسية والتعليمية التربوية المناسبة والمطلوبة في الوقت المناسب.

4. الوقت المناسب لاتخاذ القرارات:

اختيار الوقت المناسب لدراسة المشكلة التي يواجهها مدير المدرسة ويجب عليه اتخاذ قرار بخصوصها أو لتنفيذ القرار الذي يصدر لمعالجتها. وقد تتم دراسة المشكلة والحلول المختلفة لها في ظروف غير مناسبة وقد يصدر القرار ويعد للتنفيذ بعد أن تزول الظروف أو الأسباب التي دعت إلى إصداره. لذلك ينبغي توخي الدقة والحذر في اختيار الوقت المناسب لدراسة وحل وتنفيذ القرار.

أي أن اختيار الوقت المناسب لاتخاذ القرار يتطلب انتهاز الفرصة المناسبة لكي يكون للقرار أثر كبير وواضح من حيث تحقيق الأهداف المرجوة منه. وبالرغم من عدم وجود معايير خاصة لاختيار الوقت المناسب إلا أنه يجب أن تكون فرصة مناسبة لانتهازها وإلا فإنها تفقد صفتها كفرصة. وهناك بعض القرارات التي تصدر في مناسبات معينة لا تكون لها أهمية إذا اتخذت في وقت آخر. أي أن الوقت مهم جداً بالنسبة للمواقف التي تتطلب الحكم السريع. لأن الانتظار قبل إصدار القرار قد يؤدي إلى ضياع الفرصة المناسبة. من ناحية أخرى فإن الإسراع في اتخاذ القرار قد يؤدي إلى نتائج سيئة. وفي حالة اتخاذ القرار قبل الوقت الملائم، فإن ذلك يجعله عرضة للنقد، ويفقده صفة الفورية التي يتصف بها تنفيذه. مما يجعله مجمداً حتى ينفذه، وهذا يفقده قوته ويؤدي إلى التراخي أو البطء في العمل به. لذا فإن التوقيت المناسب يعتمد على القدرة السليمة في استقراء الحوادث، والأخذ بعين الاعتبار الأحداث والظروف المرتبطة بالمدرسة أو المؤسسة.

5. الاتصال السليم في اتخاذ القرارات:

إن عدم الاتصال الواضح في المدرسة أو المؤسسة يؤدي إلى عرقلة عملية صنع القرار الإداري وتنفيذه، مما يؤدي إلى نتائج غير سليمة تترتب عن ذلك. وقد يؤدي في بعض الأحيان إلى وصول القرارات بعد اتخاذها بلغة يصعب فهمها أو بطريقة تثير الكثير من الأسئلة، لذا فإن وضوح القرارات وفهمها ووسيلة الاتصال المستعملة في إيصالها، لها اثر كبير في تنفيذ هذه القرارات.

والقرار السليم هو الذي يتخذ في الوقت المناسب ويصل في الوقت المناسب. وفي حالة تأخر إعلان القرار وتوصيله فإن ذلك يؤدي إلى عدم تمكن الأفراد المتأثرين به الوقوف على المبرر لهذا التأخير، مما يؤدي إلى نتائج غير دقيقة أو نتائج غير مقصودة أو يكون لها أثر سلبي على طلاب المدرسة ومعلميها.

6. الروتين الزائد في اتخاذ القرارات:

اتفق الباحثون في هذا المجال على أن الروتين من ابرز العقبات التي تؤثر في عمليات صنع القرارات الإدارية وتنفيذها ومتابعتها. فالإجراءات الشكلية المعقدة تعتبر من أخطر المعوقات التي تعرقل هذه القرارات وتعطل خطوات تنفيذها، وحتى بعد إصدار القرار وإعلانه للتنفيذ قد يأتي الروتين ويجعله حبراً على ورق.

7. العوامل الشخصية وصنع القرارات:

في معظم المدارس والمؤسسات تتدخل العوامل الشخصية والمصالح الضيقة في عملية اتخاذ القرارات وتنفيذها مما يترتب عليه الحيلولة بين القرارات وأهدافها الأساسية التي اتخذت من أجلها وهي خدمة المصالح العامة. أو تدخل مظاهر سلوك ملتوية وسلوك انحرافي يعطل عملية صنع القرارات.

أنواع القرارات

القرارات بصورة عامة والمدرسية بصورة خاصة تقسم إلى أنواع نذكر منها:

1. القرارات التقليدية: ويتعلق هذا النوع بالمشاكل العادية المتصلة بصورة مباشرة بإجراءات العمل اليومي وتنفيذه وبالنشاط الجاري في المدرسة أو المؤسسة، ويمكن تقسين القرارات من هذا النوع إلى قسمين:

أ. قرارات روتينية : وهي تتعلق بالأمور والمشاكل البسيطة والسهلة المتكررة مثل القرارات التي تتعلق بالحضور والانصراف والإهمال وتوزيع العمل. ويمكن البت في هذا النوع على الفور نتيجة للخبرات والتجارب التي اكتسبها المدير والمعلومات التي توفرت لديه خلال فترة عمله. إن هذا النوع يلعب دوراً هاماً في مدى إقبال الطلاب على المدرسة

والرغبة بالمكوث فيها والاستمرار بالتعلم والوصول إلى مستوى تحصيل مقبول، أو تؤدي هذه القرارات إلى نفور الطلاب من المدرسة وتقوي الرغبة لديهم في تركها حتى في مرحلة مبكرة. وفي مثل هذه القرارات لا يحتاج المدير إلى الكثير من الجهد والبحث وإنما يتم اتخاذ القرار عادة بطريقة فورية تلقائية، كما يحدث في حالة طلب معلم إجازة بسبب ظرف طارئ مرضي أو غير ذلك، في مثل هذه الحالة يقوم المدير بالبت في الطلب من فوره، وبالرغم من بساطة هذه القرارات إلا أنها مهمة لأن كل قرار يتخذ يعتبر سياسة يجب أن تتبع في حالات مماثلة.

ب. القرار المتكرر: إن هذا النوع من القرارات وإن كانت في مستوى أعلى من سابقتها، فهي تتعلق بالمشاكل التي يوكل أمر مواجهتها إلى المسؤولين الفنيين والمتخصصين الموزعين حسب مبدأ تقسيم العمل الذي نادى به العالم التربوي الإداري دوركهايم. فمثلاً في عمل المدارس أو المؤسسات اليومي نجد أن المدير أو رئيس القسم يختص بتصريف الأمور والمشاكل المتعلقة بتقدم العمل وسير خطواته ويبقى للمدير العام توجيه العمل وتنسيق بين الأقسام. والاهتمام بتدريب المسؤولين والمعلمين ورفع كفاءتهم لكي يحسنوا اتخاذ قراراتهم اليومية والعامة.

2. القرارات غير التقليدية (الحيوية):

وهي التي تتعلق بالتخطيط ورسم السياسة التي تسير عليها المدرسة أو المؤسسة وكيفية العمل فيها، كما وتتعلق بالمشاكل التي تعترض الخطط المدرسية والطرق والأساليب التي سوف تستعمل، وهذه القرارات تقسم إلى قسمين هما:

أ. يشمل النوع الأول المشاكل التي يحتاج حلها إلى التفاهم والمناقشة وتبادل الآراء على نطاق واسع بين المسؤولين والقائمين على اتخاذ القرار. حيث يبادر المدير بدعوة وكلائه ومساعديه والمعلمين أصحاب الشأن إلى اجتماع لدراسة المشاكل ويطرح الموضوع للبحث ويعرض أبعاده المختلفة، هكذا يفترض أن يكون ويساهم المجتمعون بآرائهم ومقترحاتهم وخبراتهم في مجال التربية والتعليم والبحث والدراسة. وتناقش المعلومات والآراء والأساليب والإمكانات المتاحة. ويجب إتاحة الفرصة لإشراك جميع الأطراف المشتركة، وعلى المدير أن يتجنب فرض أي رأي من جانبه على الموجودين وأن يعتبر نفسه مجرد فرد منهم وأن يعطي الأعضاء حرية تامة في المناقشة مع توضيح نقاط الضعف والقوة بكل

اقتراح على ضوء الأهداف التي يتوخاها القرار وعلى الجميع الالتزام بالقرار الذي يتم اتخاذه. ولكن يجب أن نقول وللأمانة العلمية أن ما يحدث على أرض الواقع مغاير تماماً لما يفترض أن يكون، حيث يفرض المدير سيطرته على الاجتماع ويحدد ما يجب أن يكون ولا يعطي أي فرصة للآخرين للاعتراض على ما يريد، إلا في الحالات النادرة التي لا يريد أن يتحمل فيها أي مسؤولية. هذا ما دلت عليه نتائج استطلاع قام به الباحث في هذا المجال على عدد كبير من مدراء المدارس في القدس وضواحيها.

ب.   يشمل النوع الثاني من القرارات الحيوية المشاكل ذات الأبعاد المتعددة وتكون على جانب كبير من العمق والتعقيد، ولا يمكن مواجهتها بقرار فوري أو بمجرد اجتماع لمناقشتها، بل يجب البحث فيها بصورة متعمقة ودراسة جميع جوانبها دراسة متخصصة تتناول جميع الفروض والاحتمالات، وغالباً ما تكون هذه المشاكل على مستوى قومي تتصل بتحديد الأهداف وتخطيط السياسة العامة للدولة، أي أنها تتعدى صلاحيات المدير والمعلمين ومصلحة الطلاب، وفي مواجهة هذا النوع من المشاكل لا يستأثر أحد بالرأي وإنما تسخر جميع القوى بكل التخصصات والإمكانات ويستعان بدراسات علماء الاجتماع أو الإحصاء والاقتصاد والنفس والتربية. وهكذا تكون عملية اتخاذ القرارات عملية قائمة على أسس وتوجهات علمية تستعمل فيها المعلومات والبيانات الصحيحة والمناسبة للوصول إلى اتخاذ أفضل القرارات التي تخدم الأهداف والغايات التي وضعت من أجلها (درويش وتكلا 1977).

ويمكن تحسين عملية اتخاذ القرارات التي تحدثنا عنها عن طريق إتباع الأمور الآتية:

1.   يجب أن تتوافر المرونة الذهنية والمنطق التي تساعد على الإلمام بجميع العناصر الملموسة وغير الملموسة والعاطفية والرشيدة التي تساعد على التحليل المنطقي لكل حالة بحد ذاتها ويتطلب ذلك التفرقة بين الحقائق والقيم عند اتخاذ كل قرار.

2.   يجب أن تتوفر القناعة الكافية لاتخاذ القرار وذلك من خلال الدفاع عن أسباب القرار وتفسير أهدافه والظروف التي تقتضي اتخاذه.

3. توفير الوقت الكافي لعملية اتخاذ القرار بحيث لا يكون أكثر أو أقل من اللازم. لأن الوقت القليل يؤدي إلى عدم التعمق في القرار وفحصه من جميع جوانبه. والوقت الأكثر من اللازم يؤدي إلى تعقيد المشاكل التي تتطلب الحاجة اتخاذ هذا القرار.

4. يجب أن يكون لدينا الاستعداد للتغير لأن الظروف والأسباب والمواقف لا تبقى ساكنة كما هي بل تكون في حركة دائمة ومستمرة. لذا فإن على متخذ القرار أن يكون دائماً مستعداً لإجراء التغييرات اللازمة في الوقت والظروف المناسبة حتى تنسق مع نتائج القرار.

أهمية المشاركة في اتخاذ القرارات

لكي نصل إلى اتخاذ القرار الأفضل من الحكمة تبادل الرأي مع المجموعة التي يعينها القرار أو يمس مصالحها، لأن عملية صنع القرار يجب أن لا تقف عند المدير ولا تخرج عن سلطته، بل يجب أن تمتد إلى كل من يهمهم القرار وتكون المشاركة سواء بالاقتراح أو الرأي أو المعلومات اللازمة لإصدار القرار، وفي هذا المجال يحث الدين الإسلامي الحنيف على مبدأ الشورى حيث قال سبحانه وتعالى: "وشاورهم في الأمر" (سورة آل عمران الآية 159). كما قال أيضاً "وأمرهم شورى بينهم" (سورة الشورى الآية 38) وفي الإدارات الديمقراطية نجد أن كل ما يتأثر بالقرار يشترك في عملية إعداده واتخاذه، لأن زيادة الآراء تعني الوصول إلى القرار القريب من الصواب. واشتراك الجماعة في القرار يؤدي إلى فهمها وإدراكها لأهدافه، ويجعلها مؤيدة ومتحمسة لتنفيذه. كما ويعطي الاشتراك في القرار الشعور بالأهمية ويؤدي إلى الإخلاص في العمل والتفاني فيه. ولقد دلت نتائج الدراسات التي أجريت على المشاركة الجماعية في اتخاذ القرارات على الآتية:

أ. قل الاحتكاك والتعارض بين أعضاء هيئة العمل والتدريس عند تطبيق القرارات الجماعية.

ب. انخفضت درجة اعتماد المعلمين والعاملين على المدير.

ج. تبدأ الرغبات الجماعية في الظهور للقيام في نشاط جديد ويكون التجاوب واضحاً جداً.

د. يكون بالإمكان الاستفادة من الوقت في الأعمال المنتجة.

ويجب أن نـذكر أن القرارات الجماعية يكون من الصعب تحديد مسؤولية الجماعة فيها (شيحا، 1984؛ مطاوع، 1989؛ مرسي، 1977؛ درويش، 1977؛ عبد الفتاح، 1980).

ولقد اهتم بالمشاركة في اتخاذ القرارات عدد كبير من علماء الإدارة والتربية والمدارس الإدارية المختلفة، لأن أهمية الموضوع كبيرة وتنعكس على المدرسة أو المؤسسة نفسها وتنعكس في المدارس على المعلمين والمعلمات والإدارة والطلاب الذين تقوم العملية التعليمية برمتها من أجلهم.

تزداد صعوبة عملية اتخاذ القرار على مستوى المدرسة بسبب تعاملها مع الإنسان وهذا يتطلب الحذر والدقة. وحتى يكون بالإمكان تحقيق الإدارة لا بد أن تكون قادرة على اتخاذ القرارات الرشيدة لأنها تنعكس على الطلاب وشخصياتهم لأنهم يشكلون الهدف التربوي الأساسي والهام. ومن هذا المنطلق تأتي الرغبة الكبيرة في مشاركة المعلمين للمديرين في اتخاذ القرارات المدرسية ومما يجدر ذكره وجود فئات من المعلمين تمنع من المشاركة، وفئة مكرهة على القيام بذلك، وفئة لا ترغب بالمشاركة ولا تشارك بها ومن المؤكد أن المشاركة الإيجابية من قبل المعلمين على اختلاف آرائهم وتوجهاتهم ورغباتهم تؤدي إلى اتخاذ القرارات التي تعمل على تحسين عملية التعليم والتحصيل الأكاديمي للطلاب ورفع مستوى المعرفة لديهم، كما أن مشاركة المعلمين في اتخاذ القرارات المدرسية بسبب زيادة مشاكل التعليم اليومية واقتصار دور المعلم على القيام بالتدريس فقط، يؤدي إلى تعقيد الأمور في المدارس، وعدم تحقيق الأهداف التعليمية والتربوية المنشودة، لذلك فإن مشاركة المعلم في اتخاذ القرارات تعطيه الشعور بقيمته وأهميته ومكانته، وعدمها يؤدي إلى عدم اهتمام المعلم بمصير المدرسة وما يحدث فيها وهذا يعني عدم الاهتمام بمصير طلابه.

وهناك آراء وأفكار مختلفة بخصوص تحديد مفهوم المشاركة في اتخاذ القرارات وذلك تبعاً للنظام السياسي والاقتصادي المتبع في الدولة حيث يعرف كل نظام المشاركة حسب آرائه ومعتقداته، وبالرغم من ذلك، يمكن تعريفها بأنها مساهمة المرؤوسين على أنواعهم في اتخاذ القرارات الإدارية بأشكال ودرجات متفاوتة.

وعليه فإن المشاركة في اتخاذ القرارات تعتبر مسؤولية كبيرة على كل مشارك مهما كان دوره أو مكانته، وفي نفس الوقت هي حق من حقوق المعلمين والعاملين وحافز لهم على الإسهام الفعال والحقيقي في عملية المشاركة لأن جماعية القرار تتمثل في تنفيذه وهي وسيلة ناجحة لتقبله والعمل حسب ما جاء به وتخلق الدوافع لدى

المرؤوسين والمعلمين لإنجاح قراراتهم والدفاع عنها وتحمل مسؤوليتها وتقدير الإنسان لذاته والإحساس بالنجاح وإشباع حاجات الإنسان النفسية (الطالب والمعلم والأهل والإدارة).

المشاركة في اتخاذ القرارات ومزاياها وفوائدها

المشاركة في عملية صنع القرارات واتخاذها لها مزايا وفوائد خاصة لدى القائمين على تنظيم العملية التعليمية وإنجازها وتحقيقها للأهداف التي تقوم من أجلها، ويلاحظ ذلك من خلال الاهتمام الكبير الذي يعطى لها من جانب علماء الإدارة وعلم النفس، وذلك لأن نتائجها تؤثر على سير العملية الإدارية في المدارس والمؤسسات التربوية بما في ذلك النتائج التي تتعلق بإشباع حاجات الفرد بالانتماء وتقدير الذات، وتحمل المسؤولية، وخلق الأجواء المناسبة والسليمة البعيدة عن القلق والتوتر في المدارس والمؤسسات، وإتاحة الفرصة أمام المعلمين لإطلاق طاقاتهم التي تكون السبب المباشر لزيادة قدرة الفرد على الابتكار والإبداع.

ولقد أظهرت الدراسة التي أجريت بهذا الخصوص وضمت عدداً كبيراً من المدارس ومعلميها أن استراتيجية صنع القرار واتخاذه تكون وسيلة لتحسين القرارات التي تتعلق بالتعليم والتعلم، لأن المعلم يكون أكثر احتكاكاً بالصفوف والطلاب، وهذا الجانب يعتبر من الجوانب المهمة في عملية المشاركة في اتخاذ القرارات، لأنها تعطي المعلمين فرصة لتحمل المسؤولية من خلال تطبيق قراراتهم التي شاركوا في اتخاذها. أي أن المشاركة تعطيهم فرصة وجود قنوات اتصال مع الإدارة وبين المعلمين أنفسهم لتحقيق أهداف المدرسة المنشودة، وتطور الإدراك المشترك لمشاكل المدرسة وحاجاتها مما يؤدي إلى سيادة منطق الاحترام المتبادل والثقة وتعزيز المهارات الفردية لدى المعلمين.

وعليه نستطيع إجمال مزايا المشاركة في اتخاذ القرار بما يلي:

1. إشراك المعلمين أو الطلاب في وضع الخطط والسياسات في عملية صنع القرارات، يتيح لهم الفرصة للتعبير عن آرائهم، ويجعلهم يشاركون في وضع الحلول للمشاكل الإدارية اليومية والعامة، مما يقوي لديهم الدافع لتقديم الاقتراحات للتحسين والتعديل والحلول الملائمة، مما يؤدي إلى رفع الروح المعنوية لديهم.

2. المشاركة بحد ذاتها تخلق جواً ملائماً لتشجيع التغيير وتقبله في إطار مصلحة الطلاب والمعلمين والمؤسسة التعليمية. وتعمل على تنمية القيادات الإدارية في

الصفوف الدنيا وتحسين طرق ووسائل الاتصال بين المدير والمعلمين والطلاب والعاملين.

3. تؤدي المشاركة إلى تحقيق الثقة المتبادلة بين الطلاب في المدرسة والمؤسسات التعليمية، وإلى إقامة علاقات إنسانية، الأمر الذي يساعد على حل المشكلات الطلابية في أقصر وقت.

4. تؤدي المشاركة في عملية صنع القرارات إلى جعل القرار المتخذ ثابتاً لدرجة كبيرة الأمر الذي يضمن عدم إلغائه أو تعديله فيما بعد.

إي أنه يمكن القول بأن القرارات الجماعية التي تتخذ في المدرسة أو المؤسسة تجعل من الطلاب والمعلمين والعاملين الآخرين يشعرون بأنهم شاركوا المدير في اتخاذها، ووقفوا على ظروف وأسباب اتخاذها ويقبلون على البدء في تنفيذها بنوع من الحماس والرغبة الخاصة التي لم يكن بالإمكان الوصول إليها في حالة عدم إشراكهم، كما وأنهم يشعرون بأن القرار المتخذ هو قرارهم.

عيوب المشاركة في اتخاذ القرارات

إن الأعمال الجماعية دائماً تشتمل على بعض العيوب (حتى ولو كانت تظهر وكأنها إيجابية وميزاتها واضحة) وهذا لا يشكل سبباً كافياً للامتناع عن المشاركة في اتخاذ القرارات لأنها تعتبر حقاً من حقوق المعلمين والعاملين وحتى الطلاب، وهي ضرورة من ضروريات الاستمرارية في الأعمال على كافة الأصعدة الاقتصادية والسياسية والتعليمية وغيرها. كما وأن العيوب التي نتحدث عنها تظهر بصورة واضحة في القرارات التي تتخذ حسب النمط الديمقراطي في الإدارة والتي تستغرق وقتاً طويلاً بالمقارنة مع القرارات التي يتخذها المدير أو الرئيس، وأن اشراك المعلمين والعاملين في مجال معين قد يؤدي إلى زيادة طموح واتساع توقعاتهم للمشاركة في مجالات أخرى لا تناسب طبيعتها إشراكهم فيها، وقد يؤدي ذلك إلى ظهور نزاعات ومشاكل بين المدير والمعلمين والعاملين، وقد تترك انطباعاً بأن المدير عديم الخبرة والثقة بالنفس، لذلك فهو يقوم بإشراكهم في اتخاذ القرارات، وهذا بدوره قد يؤدي إلى انخفاض كفاءة القرار بسبب قلة الخبرة ومهارة المعلمين والعاملين، وفي بعض الأحيان تؤدي المشاركة إلى شيوع المسؤولية لأن القرار المتخذ بشكل جماعي لا يعرف المسؤول عن فشله وعدم فائدته وأحياناً عندما يكون عدد المشاركين في اتخاذ القرار

كبيراً فإن ذلك يؤدي إلى اللجوء لقبول الحل الوسط، مما يؤدي إلى خفض فاعلية القرار في بعض الأحيان.

مجالات المشاركة في اتخاذ القرار

لقد قام الباحثون على اختلاف مجالاتهم التربوية والتعليمية والنفسية بتصنيف المجالات التي يمكن المشاركة فيها عند اتخاذ القرارات ،نذكر منها:

1. مجال التخطيط العام للمدرسة: ويرتبط هذا المجال بصورة مباشرة بالتخطيط للعملية التربوية بصورة عامة في المدرسة، حيث يدخل في تحديد برامج الأنشطة المدرسية والتنظيم الإداري للمدرسة وما يشتمل عليه من تحديد الأنظمة والقوانين التي تخص المعلمين وجدول الدروس وتحديد عدد الطلبة وغير ذلك، ويشمل أيضاً تحديد السياسة التي تساعد على التواصل بين المدرسة والمجتمع المحلي وكيفية استخدام البيئة المحلية كمصدر للتعلم.

2. مجال تخطيط التعليم: يرتبط هذا المجال بالتخطيط العام للتعليم ويضم تخطيط الدروس وطرق وأساليب تنفيذ الخطة، والتشجيع على إثارة العمليات العقلية والذهنية للطلاب، بالإضافة إلى تحديد الأنشطة الصفية وطرق استخدام الوسائل التعليمية خلال الدرس للوصول إلى أفضل تحصيل وأفضل مستوى تعليمي.

3. مجال تطوير الطلاب: ويرتبط هذا المجال بتطوير الجانب الشخصي للطلاب والتركيز على إثارة الإبداع لديهم وبناء الاتجاهات الأساسية المختلفة، بالإضافة إلى التركيز على أساليب التفاعل معهم.

4. مجال التطبيقات الإدارية: يهتم هذا المجال بالجوانب التنفيذية لإدارة المدرسة ويضم متابعة عمل المعلمين وجميع الأمور التي تتعلق بسلوكهم وتصرفاتهم المهنية، والأمور المالية وتحديد مواعيد الاجتماعات المدرسة والمواضيع التي سوف تناقشها.

5. مجال تقييم الطلاب: ويرتبط هذا المجال بعملية تقييم تحصيل الطلاب والأساليب التي تتبع لمثل هذه الغاية لتحديد المستوى التحصيلي والعلمي الذي يصل إليه كل طالب.

6. مجال لجان المدرسة: ويرتبط هذا المجال بتعيين اللجان المدرسة العامة والخاصة بكل صف والأعمال التي تقوم بها في مجالاتها المختلفة وكيفية تحديدها وتشكيلها.

7. مجال المنهاج: ويرتبط هذا المجال بالمنهاج التربوي التعليمي الذي تسير عليه المدرسة بصورة عامة والصف بصورة خاصة، كيفية اختياره، وتسلسل الوحدات التي يتكون منها.

8. مجال المكتبة: ويشتمل هذا المجال على ما يتعلق بالمكتبة من عدد الكتب الواجب توفيرها، وعدد الكتب المستخدمة لكل طالب.

9. مجال الوظائف البيتية: ويتعلق هذا المجال في الوظائف البيتية التي تعطى للطلاب والأبحاث والتقارير التي يقدمونها وتحديد موعد إعادتها للمعلمين (هذا ما يجب أن يكون وليس المتبع في المدارس والذي يختلف اختلافاً واضحاً عما نتحدث عنه ويرجع سببه إلى الإدارة والبيئة والمعلمين).

إن جميع التصنيفات التي ذكرناها والتي تتعلق في مجالات اتخاذ القرارات المدرسية من الواضح أنها تؤكد على اتخاذ القرارات المتعلقة بالطلاب والمعلمين وهما فئتان مهمتان في عملية المشاركة في اتخاذ القرارات لأن نتائج هذه العملية تؤثر عليهما بصورة مباشرة.

المعلم واتخاذ القرارات

إن مشاركة المعلم في عملية صنع القرارات واتخاذها تعتبر مشاركة رئيسية، وأهم مشاركة في عملية التعلم والتعليم، فالمعلم الجيد هو الذي يهتم بإدارة صفه وتنظيمه بالشكل الذي يضمن حدوث عملية التعليم والتعلم بأفضل شكل ممكن واستفادة الطلاب منها الاستفادة الكاملة ووصولهم إلى أعلى مستوى تحصيلي ممكن، وذلك من خلال اعتماده على ممارسته للمهمات التي تتضمنها هذه العملية بأساليب وطرق ديمقراطية، بالاعتماد على مبادئ العمل التعاوني والجماعي بين المعلم والطلاب أثناء أداء هذه المهمات، وجميع هذه الجوانب تتم من خلال القرارات التي يصنعها ويتخذها المعلم لإدارة الصف الذي يعمل فيه والتي تبرز وتظهر واضحة في القرارات التي ترتبط بعملية التخطيط وعملية التنفيذ وهي:

أ.   القرارات المرتبطة بالتخطيط:

ويقصد بها تلك القرارات التي يتم اتخاذها حتى يكون بالإمكان وضع التدابير المسبقة حتى يكون بالإمكان الوصول إلى أهداف التعليم التي يسعى المعلم والمدرسة للوصول إليها من خلال القيام بالعملية التعليمية ويضم التخطيط الأمور الآتية:

- صياغة الأهداف التعليمية بدقة متناهية وتحديدها تحديداً دقيقاً لا مجال للبس فيه.

- تحديد الطرق والأساليب التي سيتبعها المعلمون خلال عملية التدريس والأنشطة التي تمارس حتى يكون بالإمكان الوصول لتحقيق الهدف.

- إشراك الطلاب في وضع الأهداف وممارسة الأنشطة ما أمكن ذلك.

- اختلاف الوسائل التعليمية التي يستخدمها المعلم أثناء الدرس باختلاف الموضوع والمستوى والقدرات.

- وسائل وأساليب التقييم التي يستخدمها المعلم أنواعها ومستواها ومدى تقييمها للطلاب وتحصيلهم بصورة دقيقة.

من الملاحظ والواضح في هذه العملية أن بعضها يتم داخل غرفة الصف وبعضها الآخر خارجها وحتى يستطيع المعلم النجاح في العملية التعليمية التربوية، وإدارة الصف المسؤول عنه، لا بد أن تكون الأهداف التي وضعها ويعمل من أجل تحقيقها واضحة تماماً، وكلما كانت واضحة في ذهنه أو ذهن طلابه فإن ذلك يؤدي إلى حدوث التعليم الذي يقوم به بصورة أجدى ويكون طلابه أقدر ولديهم رغبة وشوق كبير للدرس والمتابعة، أيضاً عندما تكون الأهداف واضحة فإن المعلم يصبح بمقدوره القيام بتصميم الأنشطة الصفية التي يجب عليه أن يمارسها داخل الصف وتنظيم هذه الأنشطة بحيث تركز جميعها على الوصول لتحقيق الأهداف المخطط لها.

أيضاً يؤدي إشراك المعلم للطلاب في التخطيط للدرس إلى إثارة اهتمامهم وزيادة رغباتهم للدرس وما يحدث فيه وانتباههم إليه، كما ويعمل على رفع روحهم المعنوية وينمي قدراتهم على الإبداع والابتكار، ولكن يجب أن يكون كل ذلك في حدود واضحة وأن لا يفهم المعلم أنه يستطيع إعطاء الطلاب أمر التخطيط للدرس كلياً، لكي يعفي نفسه من القيام بهذه المسؤولية. لذا يحب على المعلم عندما يقوم بالتحضير أن يراعي الأمور الآتية:

1. أن يحتوي الخطط التحضيرية ومعلومات على إجراءات تنسيقية حتى يكون بالإمكان القيام بتنظيم العلاقات الاجتماعية في الصف.

2. أن تنبع الخطط التي يضعها المعلم من خطط المادة ووحدتها التدريسية.

3. أن تكون هذه الخطط مرنة وقابلة للتعديل والتقييم والتغير في محتواها وتسلسل حدوثها.

4. أن تكون معرفة المعلم الطلاب من ناحية قدراتهم ومستوياتهم وخصائصهم أفراداً وجماعات واسعة جداً حتى يستطيع أن يخطط لهم التخطيط الملائم ويتعامل معهم بالطرق والأساليب المناسبة.

5. أن يضم أنشطة ووسائل تعليمية مشوقة تساعد الطلاب على التركيز والانتباه والشعور بأهمية المادة في حياتهم اليومية والمستقبلية.

6. أن تضم الخطة اقتراحات وإرشادات عملية دقيقة وواضحة حتى يكون بالإمكان توجيه جميع الأعمال التي يقوم بها الطلاب بصورة فردية أو جماعية.

7. أن يكون واضحاً بالخطة الفترة الزمنية لكل فقرة أو مرحلة من الدرس بالإضافة إلى تحديد الزمن المناسب لحدوث الأنشطة الرئيسية فيها.

ب. القرارات التنفيذية

تتضمن هذه القرارات الأمور التالية:

– إثارة الدافعية لدى طلاب الصف الواحد والعمل على تشويقهم للدرس والتعلم.

– استخدام أسلوب التدريس والتعليم المناسب لكل صف ومرحلة تعليمية مع مراعاة ما يستجد على الموقف التعليمي وإحداث التعديل المطلوب على أسلوب التعليم المتبع.

– مناقشة الطلاب في جميع الأمور التعليمية والاجتماعية وإدارة هذه المناقشات بصورة مناسبة تمكنهم من التوصل إلى نتائج معينة.

– العمل على تنظيم عملية التفاعل الصفي في الأمور التعليمية بين المعلم والطلاب، والطلاب أنفسهم لأن التفاعل بين الطلاب يعتبر من أفضل أنواع التعلم.

ويقصد بإثارة الدافعية للتعلم عند الطلاب العمل على إيجاد الرغبة في التعلم وتحفيزهم عليه بالوسائل والأساليب المناسبة في الوقت المناسب، وتشير الدراسات إلى وجود مؤشرات عديدة تدل على وجود الدافعية للتعلم لدى الطلاب من أبرزها وأهمها مستوى المشاركة الإيجابي من قبل الطلاب في المواقف التعليمية المختلفة، أي أن توفر الدافعية يؤدي إلى خفض ظهور المشاكل المتعلقة بالنظام والضبط الصفي، وحدوث تعلم عميق فعال يتم تحقيقه في أقل وقت ومجهود ويكون له أثر بعيد المدى والفعالية.

ولقد أجمعت نتائج معظم الدراسات والأبحاث في هذا المجال "التربوية والنفسية منها" على مدى أهمية إثارة الدافعية لدى المعلم والمتعلم، حتى يكون بالإمكان الوصول إلى أفضل مستوى تعليمي وتحصيلي لذا فقد ظهر بصورة واضحة اهتمام المربون والباحثون بموضوع إعطاء التعزيز المناسب ومكانته في العملية التعليمية التعلمية. ولكي يكون بالإمكان إثارة الدافعية للتعليم يجب استعمال الطرق والأساليب المناسبة المتعددة مثل:

1. عندما يحضر المعلم الدرس عليه أن يربط بين أهداف الدرس والحاجات النفسية والعقلية والاجتماعية للطلاب والتي تلعب دوراً هاماً في حدوث التعلم والاستفادة من التعليم.
2. على المعلم أن يجعل النشاط التعليمي الذي يقوم به داخل الصف مناسباً لقدرات الطلاب.
3. على المعلم أن يتبع الأساليب والأنشطة التعليمية المشوقة والفعالة أثناء الدرس.
4. على المعلم مشاركة الطلاب في التخطيط لعملية التعلم والتعليم لأن ذلك يجعلهم يقومون بجميع ما يطلب منهم بجد واجتهاد، بحيوية ونشاط.
5. على المعلم مراعاة الفروق الفردية بين الطلاب داخل الصف الواحد لما لذلك من أهمية في جعل الطلاب يشتركون في الدرس برغبة واهتمام.

لذلك فإن استخدام أساليب تعليم مختلفة يعتبر من المهمات والقرارات التي يتطلب من المعلم اتخاذها لأن لها أهمية كبيرة في إدارة الصف وتقديم المعرفة بأساليب متعددة. كذلك الأمر بالنسبة لمشاركة الطلاب في النقاش وإدارته، الذي يعتبر أمراً هاماً وضرورياً لأن المعلم يثير فيه أسئلة تتطلب تقديم الآراء والمقترحات والتفكير فيها. أي

أن تنظيم عملية التفاعل الصفي يعتبر من أهم القرارات التي يتخذها المعلم لإدارة صفة وضبطه.

ث.   قرارات الإشراف والمتابعة

إن هذا النوع من القرارات يشتمل على الأمور التالية:

−   الضبط والمحافظة على النظام داخل الصف والمدرسة، لكي تتم العملية بسهولة ودون أي إزعاج أو تشويش.

−   مراقبة حضور الطلاب إلى المدرسة وغيابهم عنها لما في ذلك من أثر على نجاح العملية التعليمية وتأثير على مستوى التحصيل الدراسي لدى الطلاب.

−   توجيه الطلاب وإرشادهم تربوياً وتعليمياً حتى يسلكوا الطريق الصحيح ويصلوا على المستوى المناسب.

ويعتبر الضبط من أهم الشروط التي يجب توفرها داخل غرفة الصف، وهذا الانضباط يقسم إلى قسمين:

1.   انضباط داخلي: وينبع من الطالب نفسه حيث يعمل على المحافظة على الهدوء والنظام الداخلي داخل الصف، بسبب اتجاه الطلاب ورغبتهم في العمل وانهماكهم فيه وتقبله لرفاقه ومعلميه.

2.   انضباط خارجي: في هذا النوع من الضبط والانضباط يقوم الطالب بالمحافظة على النظام داخل الصف باستخدام وسائل خارجية مثل الثواب والعقاب. التي تؤثر تأثيراً واضحاً على عملية التعليم والتعلم ومستوى المعرفة والتحصيل العلمي.

وبقدر ما يكون المعلم قادراً على قيادة الصف وإدارته فإن ذلك يؤثر في انضباط الطلاب بالمقدار الكافي، وكذلك الأمر بالنسبة للعلاقة السائدة بين المعلم وطلابه والتي لها الأثر الكبير والواضح في ضبط الطلاب، وتنظيم النشاطات التعليمية داخل غرفة الصف.

ولكي تؤدي قرارات المعلم إلى التغيير المطلوب خصوصاً القرارات التي تعتبر أساسية في التعليم، فإن على المعلم أن يعرف معرفة جيدة أسليب وطرق تدريس بديلة، لأن عدم معرفة هذه الطرق والأساليب يؤدي إلى عدم مقدرة المعلم على وضع أي قرارات بهذا الصدد، بل يميل إلى الانشغال والاهتمام بخطة واحدة من الممكن أن تكون جامدة، لذا فإن درسه يكون مملاً وخالياً من الحوافز والدوافع. وتنشأ الحاجة إلى التغير عندما يلاحظ المعلم أنماطاً سلوكية لدى الطلاب توضح أنهم لم يعودوا مهتمين بما يجري داخل غرفة الصف، لأن الاستمرار بنفس الأسلوب والتكرار وانعدام التنوع يؤديان إلى التشبع والملل. وعلامات التشبع والملل تظهر من خلال ما يحدث في الصف مثل التجوال النظري في غرفة الصف، وتكرار النظر إلى الباب والنوافذ واستمراره مدة طويلة، وإزعاج الزملاء، وهذه الأنماط السلوكية لها آثار في فاعلية التعليم والتعلم من جهة، وفي الوضع المسيطر في غرفة الصف الذي يصبح بحاجة إلى إجراءات إدارية من قبل المعلم. وفي مثل هذا الوضع يجب إجراء تغييرات بهدف جذب انتباه الطلاب والعمل على تشويقهم واستثارة دوافعهم وحثهم على المزيد من المشاركة. من ناحية أخرى على المعلم أن يتخذ القرارات الصارمة والسريعة عند ظهور هذه الأنماط السلوكية عند الطلاب. يقوم بعلاج الوضع بصورة سريعة وقبل أن يصل إلى وضع يصعب معه اتخاذ أي إجراءات لأنها لن تجدي نفعاً، لأن الضرر قد لحق بالطلاب وتعلمهم ومستوى تحصيلهم الدراسي.

في نهاية الأمر يمكن القول بأن عملية اتخاذ القرارات تعتبر عملية علمية تقوم على أساس ومبادئ يجب مراعاتها والالتزام بها، لأن صنع القرار يكون دائماً بحاجة إلى الإدارة الرشيدة التي هي أساس نجاح أي مؤسسة خاصة مثل المدرسة، لأنها تؤثر على مستقبل الطلاب التعليمي الأكاديمي والاجتماعي، مما يجعل اتخاذ القرار على مستوى المدرسة أكثر صعوبة بسبب تعاملها مع الطلاب وسعيها إلى تحقيق أهداف الإدارة، لذا لا بد أن تكون قادرة على اتخاذ القرارات الرشيدة لكونها تنعكس على شخصيات الطلاب الذين يشكلون الهدف التربوي الأول والأخير، والمشاركة الإيجابية في اتخاذ القرارات المدرسية تؤدي إلى تحسين عملية التعلم والتحصيل التعلمي العلمي للطلاب في معظم الحالات، وأن تجاهل مشاركة المعلمين في اتخاذ القرارات المدرسة يؤدي إلى زيادة في حدوث مشاكل التعلم واقتصار دور المعلم على القيام بالتدريس فقط مما يؤدي إلى تعقيد الأمور وعدم تحقيق الأهداف التربوية المنشودة، لذلك فمشاركة المعلم في وضع واتخاذ القرارات تعطيه الشعور بأهميته وقيمته وقدرته وهذا بدوره يدفعه إلى العمل والعطاء المستمر، وعدمها يؤدي إلى إهمال المعلم لعملية التعليم وعدم

الاهتمام بمصير المدرسة وخصوصاً الطلاب. أي أن المعلم يلعب دورا أساسياً ورئيسياً في مستقبل الطالب، لأن القرارات التي يتخذها تجاه طلابه لها أثرها الواضح عليهم حيث تؤثر على المدى القريب والبعيد على مستقبلهم وعلى نفسياتهم.

الباب الرابع

العوامل النفسية وتأثيرها على التحصيل الدراسي

الفصل الأول: القلق وأثره على التحصيل الدراسي

الفصل الثالث: تأثير الثواب والعقاب على التحصيل الدراسي

الفصل الرابع: تأثير التسرب من المدرسة على التحصيل الدراسي

الفصل الأول
القلق وأثره في التحصيل الدراسي

مدخـل

يعدّ القلق إحدى الظواهر النفسية التي تؤثر تاثيراً واضحاً في شخصية الإنسان بصورة عامة، وفي شخصية الطالب بصورة خاصة، حينما تنعكس على أدائه ومستوى تحصيله العلمي والمعرفي في المدرسة، والذي يكون له الأثر الأكبر على ما سيكون عليه في المستقبل. ولقد عرف الباحثون القلق، وقاموا بربطه مباشرة بمستوى التحصيل التعليمي الذي يصل إليه الطالب والذي يتأثر إيجابياً وسلبياً، لأن المرحلة التعليمية التي يمر بها الطالب تشكل نقطة بداية هامة في حياته، والتغلب على هذه الظاهرة ومعرفة أسبابها واكتشاف دوافعها تعدّ نقطة مركزية وأساسية في عملية تصويب الأوضاع التعليمية لديه.

لقد اهتم الباحثون والعلماء بدراسة ظاهرة القلق لمعرفة أسبابها ودوافعها؛ لأن خطورتها أخذت تمتد إلى حالة من المرض النفسي الذي يصعب على الفرد المصاب به أن يقوم بإنجاز ما يطلب منه بصورة مناسبة، هذا بالإضافة الى عدم مقدرته على التفاعل مع الآخرين التفاعل السليم، الذي يؤدي إلى حصوله على مكانة اجتماعية مقبولة. وتتفاوت هذه الحالة بين التوتر وحالة الاضطراب الشديد التي قد تصل إلى درجة الاكتئاب بدرجاته المختلفة، مما يدفع الفرد إلى الانسحاب من المجتمع والتقوقع داخل عالمه الخاص. مما يكون له الأثر الاكبر على التحصيل الدراسي الذي يرتبط بصورة مباشرة بالخبرات المؤلمة التي يمر بها في المدرسة الابتدائية، وحتى في مرحلة الطفولة المبكرة التي تؤثر فيها حياة الأسرة وأسلوب تعاملها مع الطفل على درجة القلق والتوتر والاضطراب التي يصاب بها أو درجة الهدوء والراحة النفسية التي يمر بها.

تعريف القلق:

لقد اختلف الباحثون وعلماء النفس في تعريفهم للقلق وتنوعت وتعددت تفسيراتهم لهذه الظاهرة، التي تصيب الأطفال، والشباب والكبار في جميع مراحل العمر. ولكنهم اتفقوا على أن القلق هو بداية الأمراض النفسية والعقلية. وتكون بدايته

حينما يشعر الفرد أو الطفل بالاكتئاب والاحساس بالضياع وعدم الراحة، وهذا ينتج عن الانفعالات والاضطرابات التي تحدث من حول الطفل فتؤدي إلى إزعاجه، حينما يشعر بالخوف والرعب من خلال المواقف اليومية التي بصورة عامة لا تقلق الآخرين، ويمكن أن يتطور القلق إلى حد كبير جداً، يجعل من الفرد أو الطفل يعاني من المرض النفسي فيما بعد.

وبما أن القلق يكون في معظم الحالات اضطرابات نفسية وعقلية، إلا أن حالة الخوف قد تغلب فتصبح هي نفسها الاضطراب النفسي.

ويعدّ مفهوم القلق من أكثر المفاهيم المستعملة والمتناولة في الصحة النفسية، ويعدّ فرويد من أوائل الباحثين والعلماء الذين تحدثوا عن القلق، ويرى بعضهم أن هذا المفهوم لم يظهر وينتشر إلا عندما شاع في مؤلفات وأبحاث وكتابات فرويد. ومن أبرز العلماء الذين عرفوا القلق نذكر: فرويد الذي يرى أن القلق هو عبارة عن "رد فعل لحالة خطر تواجه الفرد"، وكارن هورني التي ترى أن القلق هو عبارة عن "استجابات انفعالية لخطر يهدد الشخصية". أما مي: فترى أن القلق عبارة عن "حالة من التوتر الشامل الذي ينشأ خلال صراعات الدوافع ومحاولات الفرد الوصول إلى التكيف الشخصي والاجتماعي. وعليه يمكن أن نقول إن القلق عبارة عن "التوتر الشامل والمستمر الذي يحدث نتيجة لتوقع تهديد وخطر فعلي قد يحدث، ويصحبه خوف أو أعراض نفسية".

والقلق عبارة عن حالة توتر يسعى الإنسان للهروب منها والابتعاد عنها، ويمثل نداء الضمير صورة من الشعور بالذنب كما يعتبر مصدراً للشعور بالقلق عند البعض من الأفراد ويكون في معظم الأحيان أقوى وأكبر من التهديدات التي تصدر عن السلطة الخارجية.

ويعرف هلجرد القلق على أنه حالة من ترقب أو توقع الشر أو عدم الراحة والاستقرار التي ترتبط بالشعور بالخوف.

أما القلق العصابي فهو عبارة عن رد فعل للتهديد الذي يشعر به الفرد ويتسم أو يتصف بعدم التناسب مع الخطر الحقيقي والذي يتضمن الكبت وبعض الصراعات التي لا يستطيع الشخص العصابي فهمها.

كما ويعد مرض القلق من أكثر أمراض العصر انتشاراً بين جميع الفئات الاجتماعية، وبين مختلف المراحل العمرية. أي أن القلق هو مرض العصر المخيف

الذي لا يفرق بين الصغير والكبير بصورة عامة ويصعب وضع خط فاصل بين القلق العادي والقلق المرضي (أبو فرحة، 2000)

كما يعرف القلق على أنه عبارة عن ظاهرة طبيعية تصيبنا كلما كنا بحاجة إلى الأمن أو شعرنا بالتهديد والمخاطر، أو كان هناك من الشر الذي نترقب أو نتوقع حدوثه، والقلق نوعان داخلي المنشأ Egdogenous anxiety وخارجي المنشأ Exogenous أو المستثار Prevoked anxiety أي الذي يستثيره سبب من خارج الفرد الذي يعاني ويشكو من القلق. والقلق الخارجي مرتبط بأسباب ووقت معين ومحدد.

والقلق هو تلك الظاهرة المميزة لعصرنا والتي يصاب بها الأفراد نتيجة لظروف الحياة المختلفة التي يعيشونها، وتتباين شدته تبعاً لأهدافه وأوضاعه الخاصة والعامة ويتأثر بعدة عوامل منها بيئية ووراثية، ولقد عرف العلماء القلق تعريفات مختلفة وميزوا بين ثلاثة أنواع من القلق نجملها فيما يلي:

1- القلق وخطر الظاهرة (القلق الواعي):

هو عبارة عن حالة نفسية تحدث عندما يشعر الفرد بوجود خطر يداهمه ويكون مصحوباً بتوتر انفعالي واضطرابات فسيولوجية مختلفة (الرفاعي، 1987). بينما يرى أوتوفينقل أنه إدراك الفرد للتهديد الذي يكون موجهاً نحو صفة يعدّها الفرد المصاب بالقلق أساسية في وجوده وكيانه كفرد. بمعنى آخر الفرد الذي يكون مصاباً بهذا النوع من القلق يكون مدركاً تمام الإدراك لما يحدث معه وللأخطار التي تواجهه أي أنه ببعض الجهود ومحاولات التخلص منه أو الابتعاد عنه يستطيع أن يحافظ على وضعه الشخصي والابتعاد عن كل شيء يمكن أن يؤدي إلى عدم وصوله إلى الهدف أو المستوى المطلوب الوصول اليه، في جميع الأعمال التي يقوم بها.

2- القلق المرضي (دون مثير ظاهر):

يقول زهران (لدى أبو صايمة، 1995) أن القلق عبارة عن مركب انفعالي بسبب الخوف المستمر الذي يعاني منه الطفل أو الفرد والذي يحدث دون وجود مثير ظاهر، وهو ما يعرف لدى جميع الباحثين بحالة القلق المرضي الذي لا يعرف مصدره. أما عبد المؤمن (1986) فقد عرف القلق: بأنه حالة من عدم الارتياح والتوتر الناتج عن خبرة انفعالية غير سارة يعاني منها الفرد المصاب وتشعره بالخطر والخوف والتهديد دون أن يكون لذلك سبب واضح، من ناحي

أخرى فإن فرويد (لدى أبو صايمة، 1995) بين لنا أن القلق عبارة عن رد فعل لحالة خطر، واستجابة قديمة ظهرت لدى الطفل أمام خطر معين (مثل صدمة الميلاد) وهو أيضا كل مرحلة خطر تقابل فترة خاصة في الحياة.

3- القلق عبارة عن إحساس غير محدد (غامض المصدر):

إن هذا النوع من القلق هو عبارة عن حالة من التوتر الشامل الذي ينشأ نتيجة لصراعات الدوافع الموجودة لدى الفرد في الوقت نفسه ومحاولة الطفل أو الفرد التكيف معها قدر الإمكان، وفي هذا المجال يضيف إيريك فروم أن القلق لدى الطفل هو حالة صراع بين ميله إلى الاستقلال وبين ما يقابل به من عدم القبول والرضا، لما يقوم به من أعمال في بعض الأحيان، ويعدّ هذا الصدام الأول بينه وبين الأهل، والذي يضعه دائماً في مواقف صراع تشكل مصادر القلق لديه خلال عمله على تحقيق النجاح الذي يتطلع إليه في جميع مراحل النمو المختلفة التي يمر بها، والتي يكون لإشباع الحاجات الأساسية الدور الاساسي والهام فيها لأنها تؤدي إلى خفض القلق والتوتر والوصول إلى النجاح وتحقيق الرغبات والميول، أو تؤدي إلى زيادة القلق والتوتر الذي يؤدي بدوره إلى الفشل وتدني الإنجاز والتحصيل المعرفي التعليمي وتحقيق الذات.

القلق حالة وسمة نفسية

لقد أكد الباحثون على ضرورة التمييز بين القلق الذي يصيب الفرد وهو سمة من سمات الشخصية الثابتة والمتكاملة نسبيا وبين القلق الذي يحدث كرد فعل مؤقت بسبب وجود الفرد في مواقف معينة ضاغطة تؤثر على سلوكه وتصرفاته في جميع المراحل.

وتميز هذه النظرية التي تعتمد على كون القلق حالة وسمة بين جانبين للقلق، حيث يطلق على الأولى حالة القلق والذي يشير إلى كون القلق حالة انفعالية مؤقتة تحدث لدى الفرد وتتذبذب من وقت لآخر وذلك حسب مشاعر التوتر والخطر التي تدرك شعوريا، وتؤدي هذه المشاعر إلى زيادة معدل نشاط الجهاز العصبي الذاتي، وتؤدي في نهاية الأمر إلى ظهور حالة القلق.

ولكي نستطيع قياس حالة القلق يجب على المصاب فيها أن يشير إلى ما يشعر به في لحظة معينة من الوقت. ومقياس حالة القلق إحدى صور اختبار القلق الذي يعطى للكبار، والجانب الثاني أطلق عليه سمة القلق ويشير إلى الاختلافات الفردية

(التي تكون في العادة ثابتة) في مدى الإصابة بالقلق والتي ترجع إلى الاختلافات الموجودة بين الأفراد في استعدادهم للاستجابة للمواقف المدركة والتي تعدّ مواقف تهدد بارتفاع حالة القلق. وحسب هذه النظرية والتي ترى أن إثارة حالة القلق تم بوساطة مثيرات داخلية أو خارجية تدرك من قبل الفرد كخطر أو تهديد، فإن حالة القلق التي تنتج تؤدي إلى القيام بأساليب سلوكية دفاعية behavior defensive تهدف إلى خفض حالة القلق المؤلمة (البحيري 1985).

يعدّ القلق حالة وجدانية تتأثر من شدة الخشية وترقب وقوع البشر، حيث إن الفرد عندما يتعرض للحرمان والفشل يشعر باضطراب وتوتر، وعندما يزداد الشعور بالاضطراب ويبلغ حدا كبيرا، وعندما يكون الصراع عنيفا ولا شعوريا فإن القلق في هذه الحالة يكون عبارة عن إشارة تنذر بالخطر وتجعل الفرد يحاول الدفاع عن نفسه وكيانه المهدد. والمهدد يقصد به ذلك الشعور المبهم الذي يرتبط بانفعال الخوف، والإحساس بالضياع عندما يكون في موقف شديد الدافعية مع عدم القدرة على التركيز، والعجز عن الوصول إلى حل إيجابي فعال.

في بعض الحالات قد لا يكون للقلق أي سبب واضح لذا يكون من الصعب احتواؤه، ومن المحتمل أننا لن نستطيع شرح وتفسير لماذا يصيبنا هذا النوع من الشعور؟ أو لماذا نكون في حالة خوف من حدوث شيء معين لنا، مما يجعلنا نشعر بنوع من عدم الراحة النفسية ؟

إن القلق والخوف الحقيقي يعدّان أمرا نادرا في المجتمعات التي يستطيع الناس فيها معالجة معظم المواقف المثيرة للقلق والخوف. ثم إن معظم الناس لا يتعرضون لمواقف مقلقة أو مثيرة مثل الحصول على نتائج دراسية منخفضة أو تأخر دراسي بسبب الأوضاع الصعبة التي ترافق العائلة أو بسبب المشاكل التي ترافق الزوجين، مما يؤذي قدرات الطالب التي ترافقه المخاوف وتزيد من القلق لديه وبالتالي يؤثر على تحصيله الدراسي بصورة متواصلة ودون أن يشعر الأهل بذلك (راجح 1973).

وعليه فإن القلق عبارة عن خطر أو ألم أو عقاب يحتمل أن يحدث لكنه غير مؤكد الحدوث، مثل: خوف المجرم أن يكتشف أو خوف المريض من الموت أو خوف الطالب من الرسوب. ولكن هذا الخوف لا يستطيع الفرد أن يتحرر منه بالهرب أو الاختفاء، مثل خوف الطالب قبل الامتحان وبعده حيث إنه لا يستطيع فعل شيء سوى الانتظار والقلق.

والقلق انفعال مكتسب مركب من الخوف والألم وتوقع حدوث الشر، ولكنه يختلف عن الخوف لكون الخوف فعليا أو حقيقيا، مثل الخوف من حية في الملابس والبيت أو مرور سيارة مسرعة، أو الطفل الذي يحصل على نتيجة امتحان متدنية مع معلم في موضوع معين، فإن القلق يسيطر عليه حتى عندما يذكر اسم المعلم أمامه.

القلق : دوافعه وأسبابه

لقد أكد معظم الباحثين على أن دوافع الحب والعدوان والرغبات والميول والاتكالية تعدّ من ابرز وأهم الدوافع التي تساعد على ظهور القلق أو عدم ظهوره، فمثلا عندما يشعر الطفل بالخوف من توبيخ الأهل له وعدم إظهار الحب والرضى وفي بعض الأحيان استعمال العنف والتعنيف بسبب ضعفه التعليمي وتحصيله الدراسي المتدني، فإن مثل هذا الوضع يؤدي إلى ظهور القلق والتوتر لديه والذي يتمثل بالقلق الدائم من النتيجة التعليمية المدرسية. وتختلف أسباب القلق تبعا لاختلاف أنواعه (عبد الهادي 1991) نذكر منها:

1- الاستعداد الوراثي لدى الطفل والذي يعني أن الطفل يحمل الصفات الوراثية والتي أخذها من والديه اللذين توجد لديهما هذه الصفة.

2- التفكك الأسرة: والذي يعني عدم مقدرة الأسرة على العيش كوحدة واحدة مترابطة بسبب المشاكل الحياتية اليومية التي تعلب دورا هاما في عدم مقدرة الأسرة على الاستقرار والعيش المشترك، مما يؤدي إلى عدم استمرارية العيش معاً، وتوجه كل فرد للعيش بمفرده، أو الطلاق في نهاية الأمر.

3- الضعف النفسي الناتج عن الشعور بالتهديد الداخلي الصادر عن الأسرة وعن المحيطين به من الأهل والذي من الممكن أن يكون لأسباب كثيرة اجتماعية، اقتصادية قدرات عقلية أو تحصيل وإنجاز. أو الناتج عن الشعور بالتهديد الخارجي الذي مصدره الظروف البيئية المحيطة به، أو التي يتواجد فيها مثل المدرسة والطلاب والمعلمين وما يصدر عنهم من أعمال وأقوال تؤدي إلى معاناته من وضع نفسي واضطراب وتوتر نفسي شديد نتيجة لتعرضه لصدمات ومخاوف نفسية خلال تفاعلاته الحياتية اليومية.

4- المطالب البيئية الحديثة المتغيرة والمتزايدة والتي يصعب تلبيتها والسير حسبها نتيجة للتفاوت الشخصي والاجتماعي الذي تعيش فيه. لذلك فهي تصبح مقلقة ومليئة بالخوف والحرمان، ومعنى ذلك عدم القدرة على الاستمرار في النمو والتطور

الطبيعي الذي يؤدي بدوره إلى قلق دائم يقف أمام الفرد ويجعله عاجزا لا يقوى على الإنجاز والتحصيل المرغوب.

5- عدم شعور الطفل بالأمان والاطمئنان يعدّ من أهم وأكبر الحاجات والعوامل تأثيرا على شخصية الفرد وشعوره بالراحة النفسية التي إذا انعدمت لا تستطيع القيام بإنجاز أي شيء أو عمل أي شيء.

وأسباب عدم الأمان والاطمئنان كثيرة منها الأسرية، حيث لا تستطيع تلبية هذه الحاجات لعدم مقدرتها على ذلك، أو لأنها لا تدرك أهمية هذه الحاجات، ومنها الخارجية والتي يكون مصدرها عدم الاهتمام وعدم الرغبة في العطاء أو عدم المعرفة بأهمية هذه الحاجات في أنها مركزية وضرورية للطفل، ولكن المعلمين والمدرسة لا يتعاملون معه حق التعامل للأسباب التي ذكرت أو لأن الظروف التي تساعد على ذلك داخل المدرسة والصف على وجه التحديد.

6- مشكلات الطفولة والمراهقة وما لها من أهمية وتأثير على شخصية الطفل وتركه في معظم الوقت في حالة توتر وقلق دائم (يكون إيجابيا أو سلبيا) ولكنه يؤثر بصورة واضحة عليه، وما أكثر مشاكل هذه المراحل، شخصية، أسرية، تحصيلية، اجتماعية، جماعية، مدرسية، عاطفية وانفعالية، ثقة ومحبة، وفهم وتفهم، توجيه وإرشاد، وميول ورغبات، وتفاعلات.

7- تعرض الأطفال للقسوة والتسلط أو التدليل المفرط من جانب الأهل، جميع هذه التوجهات تؤدي في نهاية الأمر إلى وصول الطفل إلى القلق والتوتر وعدم الراحة النفسية وبالتالي تدني الإنجاز والتحصيل الدراسي، لأنه يشعر بعدم التوافق الشخصي بين القدرات الموجودة لديه، وما هو مطلوب منه، أو لأن التدليل الزائد يفقده شخصيته بحيث يصبح ضعيفا ولا يملك القدرة الشخصية على العمل والإنجاز، لأن الأسرة كانت توفر له جميع طلباته دون أن يقوم بأي عمل يذكر.

الأسباب المؤدية للقلق

لقد اتفق الباحثون على اختلاف توجهاتهم التربوية والنفسية على أن للقلق عدة أسباب رئيسية وأساسية تؤدي إلى شعور الطفل أو الفرد به وتجعله يشعر بعدم الراحة والمقدرة على عمل أي شيء، نذكر منها:

1- فقدان الشعور بالأمن والأمان والراحة: إن الطفل الذي يحرم من الشعور بالأمن والأمان والاطمئنان في مرحلة الطفولة المبكرة كنتيجة مباشرة لتصرفات وسلوك

الأهل معه الأمر الذي يجعله يشك في نفسه، وهذا بدوره يجعله يعاني من القلق، وهناك عدة أسباب تؤدي إلى عدم الشعور بالأمن والامان وهي:

أ- التناقض وعدم الانسجام: إن ما يحدث من تناقض بين الوالدين وعدم الانسجام والاتفاق بينهما، وحدوث الخلافات الدائمة التي من الصعب الشعور معها بالراحة أو التغلب عليها تجعل الأبناء فريسة سهلة للوقوع بالقلق، والشعور به بصورة دائمة يجعلهم عرضة للوقوع به ولأعراضه الخطيرة.

ب- اهتمام الأهل بأنفسهم وإهمال الأبناء، يشعر الأبناء بنوع من التوتر والخوف وعدم الأهمية التي قد تصل بهم إلى الشعور بالقلق الدائم من عدم وجود الأهل بجانبهم في المواقف الصعبة والحرجة التي يمرون بها في مراحل حياتهم المختلفة، والتي ودون شك يكونون فيها بحاجة ماسة لمن يقف بجانبهم، ولكن انشغال الأهل بأعمالهم وتطورهم الشخصي يجعلهم بعيدين كل البعد عن الأبناء، وما يحدث معهم من أحداث ومشاكل يكون لها أثرها القريب والبعيد على شخصياتهم، كل ذلك بسبب فقدانهم للشعور بالأمن والأمان من جانب الأهل بالذات.

ج- التوقع الزائد (الكمال) كثيرون هم الآباء الذين يقيمون أبناءهم التقييم الخاطئ حيث يعطونهم أكثر ما يستطيعون، ويعولون عليهم أكثر مما يستطيعون، ويتوقعون من أبناءهم اكثر مما يمكنهم القيام به، لأن طاقاتهم وقدراتهم ومهاراتهم لا تسمح بذلك كونها محدودة، وهذا يؤدي إلى ردود فعل قلقة لدى الأطفال، لأن الطفل وبصورة طبيعية يمكن أن ينجح أو يفشل ولا يتمكن من الوصول إلى الكمال المطلوب في مرحلة الطفولة لأنه قلق وخائف كل الوقت.

د - الإهمال: عندما يعيش الطفل حالة من الإهمال وعدم الاهتمام من جانب الأهل، فإن ذلك يشعره بعدم المكانة والأهمية، مما يجعله يشعر بالقلق والتوتر، كذلك الأمر عندما لا يضع له الأهل حدودا واضحة ومحددة يقف عندها ولا يتعداها، وعندما يقصر الأهل في توجيه طفلهم، فإن ذلك يؤدي في نهاية الأمر الى تلاشي الشعور بالأمن والأمان وفقدان الاطمئنان.

هـ- الانتقادات: هناك كثير من الاهل الذين يتابعون الطفل في مرحلة الطفولة المبكرة في كل شيء يقوم به ويحاسبونه عليه، وخصوصا على الاخطاء التي يرتكبها والتي يعاقب عليها، الأمر الذي يجعله يفقد الثقة بنفسه والقدرة على القيام بأبسط الأعمال أو حتى الوقوف أمام الآخرين والتعامل معهم، أي أنه يشكك في قدراته.

مما يجعله يشعر بالتوتر وعدم الكفاءة وهذا بدوره يجعله لا يستطيع المحاولة مرة أخرى لأنه وجه إليه النقد بسببها (الأخطاء).

و- الثقة الزائدة: إن ثقة الأهل الزائدة بالطفل في سن مبكرة تجعلهم يرتكبون الأخطاء الفادحة حيث يطرحون المشاكل الاجتماعية الصعبة التي تتحدث عن المسؤولية وتحملها وتحمل أعباء الحياة أمام الطفل، مما يشعر الطفل بالعبء الكبير الذي يصعب عليه القيام به أو تحمله، لذا فإنه يكون دائما قلقا ومتوترا لعدم مقدرته على تحمل المسؤولية الكبيرة المطلوبة منه.

2- الشعور بالذنب: إن الأطفال بطبيعتهم يشعرون بالقلق والتوتر عندما يرتكبون خطأ، أو يتصرفون تصرفات سيئة ومرفوضة، أو يقترفون ذنبا، الأمر الذي قد يؤدي لهم عقابا رادعا، أو انتقاما شديدا بسبب أفعالهم السيئة التي يقومون بها. وهذا الشعور يصيبهم نتيجة للخبرة السابقة التي يمرون بها مع الاهل عند قيامهم بأول الأعمال السيئة المرفوضة التي يعاقبون عليها ويحدث ذلك بصورة مستمرة مما يشعرهم بالذنب نتيجة للقيام بهذا السلوك.

3- الاقتداء بالوالدين: إن الوالدين يعدان قدوة الأبناء في جميع الأعمال التي يقومان بها والتصرفات التي تصدر عنهما، لذا فهم يسيرون على خط ونهج والديهم نفسه ويقلدونهم في معظم الاعمال التي يعملونها، فمثلا الآباء القلقون كثيرا ما يزرعون القلق في نفوس أبنائهم دون أن يشعروا بذلك أو يقصدونه، والأبناء بدورهم يقومون بمراقبة آبائهم القلقين ويلاحظون كيفية تعاملهم مع المواقف المختلفة مما يولد فيهم التوتر والقلق والاكتئاب حول المستقبل وما يمكن أن يحدث فيه من الأحداث.

4- الإحباط المستمر: إن فشل الأطفال في مرحلة الطفولة المبكرة وبعدها في تحقيق أهدافهم والوصول إلى غاياتهم من الأعمال التي يقومون بها، وحدوث هذا الفشل وعدم النجاح بصورة متكررة ودائمة يشعرهم بالعجز وعدم القدرة على القيام بأي شيء، وهذا بدوره يقودهم إلى الإحباط المستمر الذي يؤدي بدوره إلى الغضب والقلق واليأس، والشعور بعدم الأهمية والمكانة الاجتماعية.

والذي يقوم بتحليل القلق يصل إلى النتيجة التي تقول بأنه " عبارة عن انفعال مركب من الخوف والتهديد والوقوع في خطر معين". ومن المحتمل أنه يشعر الفرد بحالة من القلق العام الذي لا يرتبط بموضوع محدد وواضح. أيضا من الممكن أن يحس بما يطلق عليه اسم القلق الثانوي وهذا النوع يعدّ أحد أعراض الاضطرابات

النفسية الأخرى، والتي يمكن ملاحظته في جميع الأمراض النفسية التي تصيب الأفراد في المراحل العمرية المختلفة.

واستعدادنا للقلق ليس دليلا على الشذوذ أو الانحراف إنما هو وسيلتنا للتكيف مع المحيط الذي تتواجد فيه حتى نستطيع المحافظة على ذاتنا من الخطر الذي يهددنا، من ناحية أخرى فإن الشذوذ يكون على درجة من الشدة والتطرف، تجعل الشعور بالقلق يؤثر على سلوكنا تأثيرا يجعله مضطربا وغير مناسب ولا يلتزم مع البيئة والمحيط الذي نكون فيه.

ولقد رأى (فرويد) أن في القلق إشارة للأنا تدفعه للقيام بعمل اللازم ضد الخطر الذي يهددنا وفي معظم الحالات يكون المهدد هو الرغبات التي تكبت في مراحل سابقة في اللاشعور، وفي مثل هذا الوضع يجب على الأنا القيام بنشاط معين يساعده في الدفاع عن كيانه عن طريق إبعاد ما يهدده، أو أن القلق يقع حتى يصل إلى مرحلة يكون الأنا فيها فريسة للمرض النفسي.

أما (هورني) فقد رأت أن هناك ثلاثة عناصر أساسية تؤدي إلى حدوث القلق لدى الأفراد في المراحل العمرية المختلفة وهي:

شعور الفرد بالعجز، أو العداوة، أو بالعزلة وذلك عندما يمر بتجربة خاصة يتفاعل فيها مع الآخرين، وعلى حد تعبير هورني فإننا كأفراد لسنا بحاجة إلى تفسير وقائع الميلاد لكي نفهم ميلاد وبداية القلق، لأن شروط الحياة الواقعية التي نعيش فيها كأطفال، وكبار في مراحل النمو المختلفة كفيلة بأن تهتم بالعناصر التي تعمل على تكوين القلق لدى الأطفال والكبار بصورة تدريجية، لأن القلق ينبع من شعور الفرد بعجزه وضعفه وحرمانه، وهذا النوع من الشعور ينمو تدريجيا مع عناصر تربية الأسرة، وعناصر أخرى مصدرها تأثير المحيط الاجتماعي الكبير وتغذيه التناقضات التي تنطوي عليها الحياة الاجتماعية والبيئية. أما السلوكيون فيرون أن القلق هو عبارة عن استجابة مكتسبة قد تنتج عن القلق العادي تحت ظروف معينة، ثم تعمق هذه الاستجابة بعد ذلك، لذا فإن القلق على هذا الأساس يعدّ بمثابة استجابة خوف تستثار بمثيرات ليس من شأنها أن تثير هذه الاستجابة، ولكنها اكتساب القدرة على إثارة هذه الاستجابة نتيجة لعملية تعليم سابقة. وإذا أثيرت هذه الاستجابة عن طريق مثير من شأنه أن يثير الاستجابة، فإن هذه الاستجابة تعدّ خوفا، أما إذا أثار هذه الاستجابة مثير ليس من طبيعته إثارة الخوف، فإن هذه الاستجابة تعدّ قلقا أي أن الخوف والقلق استجابة انفعالية واحدة.

أنواع القلق :

لقد أجمع الباحثون وعلماء النفس على تقسيم القلق إلى عدة أقسام أساسية هي:

1- القلق العادي أو الموضوعي:

إن هذا النوع من القلق يكون قريبا من الخوف لأن مصدره يكون في العادة واضحا ومعروفا وتتناسب شدته مع موضوعه ويتأثر إلى درجة كبيرة بالخبرة السابقة للفرد. وهذا النوع من القلق هو استجابة واقعية للخطر المدرك والناجم عن البيئة التي يعيش فيها الفرد. فالطفل أو الفرد مثلا يشعر بالقلق عندما يقترب الامتحان ويبقى لفترة زمنية معينة، والتي يزول بعدها الخوف وكأنه لم يكن، أي أن قلق الامتحانات هو عبارة عن حالة من التوتر الشامل التي تصيب الفرد وتؤثر في العمليات العقلية مثل الانتباه والتفكير والتركيز والمحاكاة العقلية والتذكر، والتي تعدّ من متطلبات النجاح في الامتحان حيث يستثير موقف الامتحان مشاعر وأحاسيس فردية وذاتية فمشاعر أي طالب تختلف عن مشاعر طالب آخر وأحاسيسه، وقد تكون حافزة لطالب ومحبطة للآخر.

والطالب القلق يظهر عليه بعض الأعراض قبل الامتحان وأثناء تأديته له، منها أعراض فسيولوجية مثل: زيادة سرعة نبضات دقات القلب وتصبب العرق، والشعور بالغثيان، والصداع، وفقدان الشهية، وارتجاف اليدين وبرودتهما وتوتر عضلات البطن والمعدة والتنفس بعمق والشعور بالحاجة إلى التبول أو التبرز.

وهناك أعراض نفسية مثل الشعور بالضيق من الامتحان وشرود الذهن، الذي يصل لدرجة الفزع والعصبية وعدم الارتياح وغيرها. وقد يشعر الفرد بالقلق عندما يريد أن يلقي كلمة أمام الطلاب أو يعمل درسا فيكون متوترا طوال الوقت إلى أن يأتي دوره ويبدأ الكلام وبعدها مباشرة ينخفض الخوف أو ينتهي. إن هذا النوع من القلق يكون خارجيا ويزول بسرعة وبعد وقت قصير.

2- القلق العصابي:

وهو قلق شديد لا يعرف باعثه ولا يعرف سببه، ومن أين جاء، وكل الذي يعرفه الفرد أو المريض هو أنه يشعر بالخوف والقلق حتى لو كان الموقف عاديا.لذلك يرجعه الفرد لأكثر من سبب، وقد يكون حالة من الشعور بالتهديد ترافقه اضطرابات نفسية مثل الهستيريا أو أعراض نفسية جسدية. ورغم أن القلق يكون في معظم الأحيان

عرضا لبعض الاضطرابات النفسية، إلا أنه في هذه الحالة قد تغلب فتصبح هي نفسها اضطرابا.

إن القلق العصابي لا يكون سبب الخوف فيه فقط بل يكون لا شعوريا مكبوتا لذا فإن الفرد يكون فيه حالة خوف لا يعرف له أصلا ولا سببا ولا يستطيع أن يجد له مبررا موضوعيا صريحا فهو خوف لأسباب لا شعورية مكبوتة (راجح، 1973).

3- القلق الأخلاقي :

وهو شعور الفرد بالذنب أو الخزي عندما يخالف المبادئ الأخلاقية أو بمجرد التفكير فيه، وهو قلق داخلي لا يعكس خوفا من أي شيء مهدد في البيئة. ولكن الفرد يشعر بوجوده، فالإنسان لا يخاف فقط من القنابل أو المرض أو فقد عمله ولكنه يخاف أيضا من ضميره إن أخطأ أو اعتزم القيام بعمل غير صالح ويخاف السيطرة على دوافعه المحيطة والمحظورة،الجنسية والعدوانية، حتى تصح بالإشباع، لأن الإنسان لا يستطيع بأي حال من الأحوال الهروب من نفسه لذلك يصاب بالقلق والتوتر.

أعراض القلق :

القلق بصفته خبرة ذاتية تميز " بمشاعر" الخوف من شر مرتقب بالإضافة إلى الشك والعجز التي لا تتعلق بخطر خارجي حقيقي زيادة على الوعي الذاتي بالعديد من التغييرات الفسيولوجية، ويتضمن هذه التغيرات توترا متزايدا في العضلات وتغيرات في الجهاز العصبي مثل: خفقان القلب بسرعة، وإحمرار الوجه خجلا، وتدفق الدم متزايدا في الوجه أو شحوب غير طبيعي فيه، ونبض سريع وتزايد ضغط الدم.

ومن المحتمل أن تكون هناك علامات اخرى مثل: البرودة والتنفس السريع أو غير المنظم، والتبول المتكرر، واضطرابات النوم والنشاط الحركي الزائد، والأزمات العصبية الحركية مثل مص الإبهام، وقضم الأظافر ورمش العين، وعلى المستوى السلوكي نجد سلوك التجنب والتحاشي خاصية مميزة للقلق.

ويجب أن نذكر أن بعض هذه الأعراض قد لا يشعر الشخص بها، مما يؤدي إلى ظهور الجسد وكأنه يعمل لمواجهة الظروف الجدية، وظروف القلق، وذلك عن طريق تعديل خاص يجربه في أجهزة الإفراز الأساسية، فمثلا الغدة الأدرنالية تفرز المزيد من الإفرازات في حالة القلق لتنبه الجهاز العصبي حتى يستطيع القيام بمواجهة الخطر، وإمداد الجسم بمزيد من الطاقة التي تصرف في الحركات المصاحبة للقلق.

أيضا تشمل هذه الأعراض الضعف العام، ونقص الطاقة والحيوية، والنشاط، والمثابرة، والصداع، وتصبب العرق والشعور بضيق الصدر واضطراب النوم والحلم.

ومن الجدير بالذكر أنه يصعب التمييز بين القلق والخوف في كثير من الحالات، وذلك بسبب أوجه التشابه بينهما، ويبدو الشبه واضحا في الجوانب الآتية:

1- في القلق والخوف يشعر الفرد بوجود خطر بتهدده.

2-كل من القلق والخوف حالة انفعالية تنطوي على التوتر والضغط.

3- كل منهما يصاحبه عدد من التغيرات الجسدية.

4-كل منهما يحفز الفرد لبذل الطاقة لحماية نفسه.

ولكن بالرغم من كل ذلك توجد عدة فروق بين القلق والخوف منها:

1- المثير في عدد من أشكال القلق ذاتي وليس له وجود في العالم الخارجي، لذلك يمكن القول إن الإنسان القلق يخاف من شيء مجهول لا يعرف مصدره، المعرفة الكافية، أما الخوف فموضوعه موجود في العالم الخارجي.

2-الخطر في القلق شديد ويهدد كيان الشخصية أما الخوف فيختلف عن ذلك بأنه لا يهدد الشخصية ويكون تأثيره لفترة زمنية معينة يزول بعدها.

3- القلق يعدّ حالة مستمرة قد تصل إلى فترة زمنية طويلة جدا، أما الخوف فيعدّ حالة عابرة مؤقتة يزول وينتهي بعدها.

4- يصعب على الأختصاصيين علاج القلق خصوصا إذا كان عصابيا، بينما الخوف يسهل التخلص منه والقضاء عليه.

القلق وتأثيره على التحصيل الدراسي

إن العلاقة المتشابهة الموجودة بين القلق والخوف، مصدرها كون الخوف أنواعا متعددة، ومن بين هذه الأنواع يوجد شيء نطلق عليه اسم الخوف الغامض المستمر والذي يعني القلق لأنه يتضمن شعورا دائما بالتوقع والارتباك وعدم الراحة لأننا نتوقع بصورة دائمة حدوث أشياء مزعجة أو أن نحس ونشعر بالخيبة واليأس، أو بنوع من الاهتمام الملح بالرفض والفشل وعدم الوفاق (معدي، 1988).

إن جميع هذه الصفات تؤثر على حياة الطالب في الحاضر والمستقبل وتجعله إنسانا وحيدا منعزلا مشغولا بنفسه وبما يحدث له من أحداث ولا يعرف ما يدور

ويحدث من حوله، أي أنه يعيش في عالم آخر يختلف عن عالم الواقع الذي يعيش فيه، وينسى أن عليه أن يكون ملتزماً ويقوم بكل الاعمال والأدوار التي يجب أن يقوم بها لأنها ضرورية بالنسبة له.

وإنسان كهذا يواجه الصعوبات التي تمر عليه فينسى التعليم ولا يقوم به كما يجب، مما يؤدي إلى انخفاض في مستوى تحصيله الدراسي، الأمر الذي يصل به لدرجة الوسواس والتي تمنعه من السيطرة على نفسه وتفقده القدرة على التعقل والتوازن واسترجاع نشاطه التعليمي كما كان عليه في البداية.

ويمكن اعتبار القلق عنصرا أو أداة تدفع الإنسان إلى التحصيل والإنجاز، وهذا يعني أن القلق يعدّ عاملا إيجابيا، إلا أنه يتحول إلى عامل سلبي وخطر على صحة الإنسان النفسية في حالة زيادة شدته وتخطي الحدود الممكن تحملها.

لذا فإن بعض الباحثين يرون بأن القلق في الغالب يقف عائقا أمام التنظيم كما يرى بعضهم الآخر أن القلق يحد من الوظائف العقلية لدى الأطفال ويحد من قدراتهم على الانتباه والتركيز، أي إن جميع جهودهم تتحول إلى مواجهة مشكلاتهم، مما يجعلهم يجدون أنفسهم عاجزين عن التعامل مع واجباتهم الأخرى بنجاح.

كما وجد بعض الباحثين علاقة سلبية بين القلق والذكاء والتحصيل الدراسي وخصوصا في المرحلة الابتدائية، حيث يكون الطلاب أكثر قلقا يقرأون ببطء وبطريقة غير صحيحة بالمقارنة مع غيرهم من الأطفال غير القلقين الذين يكونون في نفس جيلهم والذين يقرأون قراءة جيدة وصحيحة.

ولقد دلت بعض نتائج الدراسات التي أجريت في هذا المجال على حقيقة وجود علاقة إيجابية بين الدرجات والعلامات المرتفعة في التحصيل الدراسي والقلق الذي يكون بمستوى خفيف، أيضا دلت هذه الدراسات على كون الأفراد الذين يعانون من القلق المرتفع يتسمون بالميل إلى العزلة والانطواء على ذاتهم، بالمقارنة مع الأفراد ذوي القلق المنخفض الذين يتميزون بالميل إلى الاجتماع والاشتراك في الأنشطة المختلفة.

أي أن القلق في صوره الشديدة يكون له تأثير سلبي جدا على مستوى تحصيل الطلاب في مراحل التعليم المختلفة ويكون ذلك واضحا عند البنات أكثر وأكبر من الأبناء، ويمكن إرجاع ذلك إلى الحساسية الانفعالية الزائدة التي تتميز بها البنات بالمقارنة مع الأبناء.

وتشير الدراسات إلى أن قلق الطالب وخوفه من الامتحانات والنتائج التي يمكن أن يحصل عليها، تؤدي إلى شعوره بالخوف قبل البدء بها، ويبدأ هذا الخوف بالتزايد والتأثير على الراحة النفسية للطالب كلما اقتربت مواعيد الامتحانات وساعة البدء بها، وهذا بدوره يؤدي إلى حدوث الاضطرابات السلوكية لديه كنتيجة مباشرة لخوفه وقلقه من الامتحانات ونتائجها الإيجابية والسلبية على حد سواء، ومن الفشل الذي قد يصيبه بصورة خاصة، وما يترتب عليه من سلوك من جانب الأهل والذي يكون في معظم الحالات قائما على الشعور بالغضب والإحباط وخيبة الأمل، لذا فإنهم يستعملون التوبيخ في المرحلة الأولى وربما يتعدى ذلك إلى أنواع العقاب المختلفة فيما بعد، هذا بالإضافة إلى توبيخ وعقاب المعلمين ونظرة الأقارب والأصدقاء التي تشعر بها بنوع من الأسى والفشل مما يزيد من شعورهم بالغضب لأن ابنهم فاشل (ولكن في الكثير من الحالات لا يحدث مثل هذا اللوم لعدم اهتمام الاهل بابنهم وما يحدث معه من أحداث).

إن مثل هذا الشعور ورد الفعل يؤدي إلى زيادة إمكانيات تكوين وسائل دفاعية لدى الطالب تساعده في التغلب على القلق والخوف والإحباط مثل تطور الثقة بالنفس والاهتمام الزائد بالمنهج الدراسي والتعلم والاستعداد المناسب للامتحانات وأخذها بالجدية اللازمة. ولكن في معظم الأحيان من الممكن أن تنهار هذه الوسائل والإمكانيات الدفاعية لأن القلق الذي يشعر به الطالب يكون أشد وأقوى من قدرته على التحمل لفترة زمنية طويلة. وعندما يشعر الطالب باضطراب عام يسيطر عليه واضطراب خاص في النفس وزيادة في سرعة خفقان القلب وتوتر عام يجعله غير قادر على القيام بعمل أي شيء أو إنجاز أي فعالية مهما كانت سهلة وبسيطة، فهو يترك كل شيء لأنه يكون شبه عاجز عن القيام بأي شيء. من ناحية أخرى إذا كانت الوسائل والإمكانيات الدفاعية لديه أقوى من القلق خصوصا إذا كان واثقا من نفسه وعزيمته قوية، فإن بإمكانه التغلب على القلق أو تجنب الوقوع فيه.

من ناحية أخرى فقد دلت نتائج الدراسات المختلفة التي أجريت على مجموعات مختلفة من الأطفال أن نسبة الذكاء لديهم تلعب دورا كبيرا في تحديد حجم ومدى القلق لديهم، فقد تبين أن الأطفال الذين لديهم قلق شديد ومرتفع فإن ذلك أدى إلى وصولهم إلى تحصيل دراسي تعليمي ومعرفي أفضل بكثير من الأطفال الذين كان القلق لديهم منخفضا، حيث كان تحصيل هؤلاء متدنيا جدا.

أيضا تبين من الدراسات أن العوامل التي ترتبط بالقلق تساعد الوالدين والمعلمين أثناء قيامهم بالتخطيط للمواقف التي تساعد الأطفال في التغلب على القلق أو تحاشي وقوعهم فيه.

ويعدّ بعض الباحثين القلق عاملا إيجابيا يؤدي إلى رفع مستوى التحصيل الدراسي لدى قسم كبير من الطلاب، في حين قد يكون له تأثير سلبي على قسم آخر، مما يؤدي إلى تدني التحصيل الدراسي والمعرفي والخبرة والتكيف الاجتماعي لديهم. خصوصا في المرحلة الأساسية التي يجد فيها الطلاب صعوبة في التعبير عما يرون به من شعور بالقلق وإذا عرفت درجة القلق لدى الطالب فيمكن التخطيط لحفظها وذلك من خلال العمل على خفض أسبابه والعوامل التي تؤدي إلى الوقوع فيه وزيادته (السيد، 1985، أبو صايمة، 1990).

من ناحية أخرى فقد أشارت الدراسات التي أجريت على القلق إلى وجود علاقة بين حدوث القلق في فترات المراهقة والرشد والتعرض للخبرات المؤلمة في المدرسة الابتدائية، ولقد اتضح أن ذوي القلق المرتفع من المراهقين والراشدين، كانوا قد تعرضوا أكثر من زملائهم ذوي القلق المنخفض للإحباط والفشل الدراسي والتحصيل المتدني، والقسوة في التعليم من المدرسين في المراحل المبكرة من حياتهم، وتلعب هذه الخبرات المؤلمة دورا خاصا في نمو الاستعداد عند الأطفال بحدوث القلق لديهم، وفي هذا المجال أكدت الدراسات على أن الطلاب المتأخرين دراسيا يتقبلون القلق أكثر من الطلاب المتفوقين.

ويلعب القلق دورا هاما في المشكلات المدرسية حيث تؤثر هذه المشكلات بشكل سلبي على الطلاب، وتوجد ثلاثة عوامل رئيسية ترتبط بصورة وثيقة بالقلق، وتعدّ مسؤولة عن الضعف في التحصيل الدراسي لدى جميع الطلاب، وهي:

1- العوامل التربوية المختلفة التي يؤثر كل عامل فيها بصورة أو بأخرى على الطالب وتحصيله، مثل المناهج الدراسية التربوية المستعملة في جميع المدارس الحكومية وحتى الخاصة والتي تكون في العادة محددة وصارمة لا تأخذ بعين الاعتبار الفروق والاتجاهات والرغبات والميول، أي أنها بعيدة عن المرونة والتفاعل الذي يأخذ بالاعتبار الطلاب ومشاكلهم المختلفة والمتعددة.

2- ارتباط القلق لدى الطلاب أو الطلاب بالمدرسة أو بمنهج معين بسبب الخبرات الانفعالية التي يمرون بها أثناء وجودهم داخل المدرسة، فمثلا إذا واجه الطلاب تهديدا أو خوفا من عقاب قد يعاقبون به إذا فشلوا في مادة تعليمية معينة، فإن ذلك

قد يؤدي إلى إصابتهم بالخوف ويسيطر على كيان كل واحد منهم، كلما قابل هذه المادة وتعامل معها، وهذا يعني أنه يعيش في حالة من القلق والصراع والخوف منها والرغبة في تحصيلها.

3- يتأثر قلق الطالب التعليمي بأثر القلق الأسري على دراسة الطالب في المدرسة، خصوصا عندما يقوم الآباء برسم وتخطيط مستويات مختلفة من الطموحات العالية للأبناء ورغبتهم في تفوق أبنائهم في المدرسة ، وذلك كوسيلة دفاعية عن مركزهم الاجتماعي. أي ان الأسرة في المقام الأول تهتم بمكانتها ومركزها الاجتماعي قبل اهتمامها بالطفل وتحصيله الدراسي والتعليمي، لذا فإن قلقها يكون في العادة شديدا وقويا ومؤثرا جدا على الطالب ويضعه في حالة قلق وخوف دائم. وفي كثير من الحالات يكون قلق الأسرة هو السبب في فشل الطالب وتدني تحصيله الدراسي والتعليمي، لأن قدراته لا تتفق مع مطالب الأسرة ورغباتها، أي أنه لا يستطيع تحقيق أحلامها وتصوراتها.

وفي بعض الحالات يعود الفشل في المدرسة إلى العيوب الموجودة في العملية التعليمية، أو يعود إلى ارتباط صعوبات المدرسة بصراع شديد أو قلق متأصل ومزمن لدى الطالب، مما يؤدي إلى ظهور الحاجة للقيام باللعب العلاجي والعلاج النفسي الذي يخفف عنهم القلق، ويخفض الحوافز والدوافع لديهم وعليهم، هذا بدوره يؤدي إلى شعورهم بالحرية في التعلم.

ويكون العلاج التربوي والنفسي مجديا في كثير من الحالات إن لم يكن في معظمها بعد تشخيص جوانب الضعف لدى الطالب وتوفير الطرق والوسائل التي تضمن تخطى مراحل الفشل والوصول إلى النجاح، لأنه يجب أن نذكر أن المشكلات المدرسية التي تحدث من القلق المكتسب لها أهمية خاصة في الصحة النفسية التي يتمتع بها الطالب، والتي تحدث نتيجة للخبرات الأليمة الناتجة عن العقاب الذي يعاقب به الطالب او الطفل بصورة علنية، والسخرية منه ومن قدراته وتحصيله في إحدى المواد الدراسية. وتعد الدافعية والثقة بالنفس وسائل تجعل كثيراً من الطلاب يتقدمون في التحصيل العلمي بالمواد الدراسية دون استعمال التدريس العلاجي، وفي الوقت نفسه يحتاج البعض الآخر من الطلاب إلى مساعدة المدرسين للتغلب على نواحي الضعف والعجز لديهم في مادة معينة عن طريق اللجوء إلى التدريس والتعليم العلاجي المناسب لكل طالب أو لمجموعة معينة من الطلاب الذين لديهم القدرات والمشاكل نفسها.

لقد أجرى الباحثون في هذا المجال دراسات عديدة حاولت أن تفسر وتشرح العلاقة بين القلق وتدني التحصيل العلمي لدى الأطفال والطلاب على اختلاف مراحلهم، ومدى تاثير هذا القلق على نتائج هؤلاء الطلاب. ومن أبرز هذه الدراسات الدراسة التي قام بها (أوتيل) في سنة 1981م وهدفت إلى معرفة العلاقة بين القلق والتحصيل وخلصت إلى النتائج التي تقول إن هناك فروقا جوهرية بين فئات الطلاب، حيث وجد أن مستوى التحصيل الدراسي للطلاب ذوي القلق المنخفض أحسن وأفضل من مستوى التحصيل الدراسي للطلاب ذوي القلق العالي أو المرتفع.

أما الدراسة التي قام بها كمال إبراهيم في سنة 1982م والتي تهدف إلى معرفة مدى العلاقة بين القلق والتحصيل الدراسي لدى طلاب المدارس الابتدائية، فقد توصلت إلى وجود علاقة ارتباط سالبة بين القلق والتحصيل الدراسي في حالة القلق المرتفع أو الزائد.

والدراسة التي قام بها (كاستانيدا) وهدفت إلى معرفة العلاقة بين مستوى القلق وأداء الطلاب في المواقف التعليمية السهلة والصعبة، فقد دلت نتائجها على أن الطلاب ذوي القلق المرتفع كان أداؤهم التعليمي أفضل من الطلاب الذين يعانون من القلق المنخفض في حالات التعلم السهلة، بينما كان أداء الطلاب ذوي القلق المنخفض أفضل من أداء الطلاب ذوي القلق المرتفع في حالات التعليم الصعبة.

أما الدراسة التي قامت بها أمينة محمد في سنة 1973م لمعرفة العلاقة بين مستوى القلق والتحصيل الدراسي لدى طالبات السنة الأولى بإحدى كليات البنات، فقد دلت النتائج التي توصلت إليها على أن تحصيل الطالبات ذوات القلق المرتفع والذكاء الكبير أعلى من تحصيل الطالبات ذوات القلق المنخفض والذكاء الكبير (لدى أبو صايمة، 1995).

ولقد أجرى الباحث الدراسة نفسها على طالبات كلية للبنات في سنة 2001م والتي شملت طالبات السنة الأولى حتى الرابعة وحصل على النتائج نفسها.

وعليه نستطيع أن نقول بصورة واضحة إن للقلق تأثير واضح على التحصيل الدراسي لدى الطلاب في المراحل التعليمية المختلفة، ويتفاوت هذا التأثير تبعا لأسباب وظروف شخصية خارجية ، وعلى المسؤولين أن يأخذوا هذا الجانب بالاعتبار خلال تعاملهم وتعليمهم وحكمهم على الأبناء وتحصيلهم الدراسي المتدني، وكيف بإمكانهم العمل المشترك أو الفردي على تفادي هذه الظاهرة وتأثيرها على الطلاب في كل مرحلة. عن طريق تحديد الأولويات والتوقعات وطرق المعاملة وطرق التدريس

والتوجيه المناسب الصحيح للأطفال الذي يبعث فيهم الراحة النفسية والاطمئنان والأمان ويدفعهم دائما نحو عمل الأفضل والوصول إلى مستوى اعلى من التحصيل الدراسي والتعليمي المعرفي والاجتماعي.

الآثار الإيجابية والسلبية للقلق

القلق يمكن النظر إليه على أنه حالة تقوم بدور إيجابي فعال ومفيد للفرد في الظروف السوية الاعتيادية، أي أنه بمثابة جهاز إنذار مبكر ينشط الكائن الحي ويبعثه على بذل الجهد للتوصل إلى خفض نتائج التهديد الذي ينتج عنه، وحينما يصدر الإنذار عن هذا الجهاز فإن ذلك يساعد في عملية التكيف مع البيئة والمحيط الذي يتواجد فيه الفرد، حيث يصبح الفرد مدركا تماماً للملابسات والظروف التي تحيط به. وتشير نتائج الدراسات الحديثة التي قامت بدراسة الإدراك، بأن للقلق دورا واضحا في إنذار الكائن الحي وتنبيهه إلى وجود خطر معين يهدده كما ويعمل القلق في حالات معينة على وقاية الفرد عن طريق خفض الوعي والتذكر لديه، وفي الوقت نفسه توجد حالات أخرى يعمل فيها القلق على زيادة حساسية الفرد للمنبهات من حوله. ويطلق على آثار القلق هذه اسم الدفاع الإدراكي أو التيقظ الإدراكي. ولقد قام أريكسون بدراسة موضوع الدفاع الادراكي، حيث طلب من عينة البحث والذين كانوا عددا من النزلاء في أحد المستشفيات للأمراض العقلية أن يقوموا بتأليف قصص حول أربع صور من شأنها أن تشير لدى غالبية الناس إلى موضوع العدوانية. وقد اتضح أن المرضى كان سهلا عليهم سرد القصص عن الموضوعات العدوانية بصراحة، في حين أن بعضهم حاول الابتعاد عن القصص العدوانية لدرجة أنهم أخفوا وشوهوا معها القسم العدائي من مضمون الصور، لرغبتهم في تجنب العدوانية. ثم قام أريكسون بدراسة عقبه التعرف الادراكي عن طريق جهاز العرض السريع لبعض الصور العدوانية الكاريكاتورية عند هؤلاء المرضى فاتضح له أن قسما منهم كانت عقبتهم الإدراكية أكثر انخفاضا بالنسبة للصور الكاريكاتورية العدوانية منها، وبالنسبة لبعض الصور المحايدة. بالإضافة إلى أن عقبة التعرف عند المرضى المتجنبين للعدوان على الصور الكاريكاتورية العدوانية كانت أكثر ارتفاعا من غيرهم.

أما الدراسة التي قام بها (ماكيلاند ولبرمان) والتي فحص التيقظ الادراكي حيث قام بعرض بعض الكلمات التي لها علاقة مباشرة بالإنجاز والتحصيل والمتصلة بالشعور بالأمن. ولقد أجريت على عدد من الكلمات التي لها علاقة مباشرة بالإنجاز والتحصيل والمتصلة بالشعور بالأمن، ولقد أجريت على عدد من الأفراد عن طريق

استخدام جهاز العرض السريع للصور، ولقد أكدت النتائج على أن للقلق أثرا فعالا في تيسير التعليم والأداء، وهذا يعني أن المرء يتعلم بسرعة كل نشاط من شأنه أن يفيد في حفظ القلق، من ناحية أخرى فإن القلق يسهل تعلم أنماط السلوك المختلفة الأخرى مثل:

1- الأعمال البسيطة غير المعقدة مثل تعلم المقاطع الصماء التي تكون على درجة منخفضة من التعقيد.

2- التذكر اللفظي الذي تكون فيه على درجة عالية مبدئية من الارتباط بين المنبهات والاستجابات مثلما يحدث عند القيام بتعلم قوائم الكلمات المزدوجة.

3- المادة الدراسية التي لها معنى والتي تم تعلمها من قبل إلى حد زائد مثلما تبين العلامات التي يحصل عليها الطلاب في الكلية. وعلى ما يبدو أن هذا الإضرار قاصر على حالة من القلق التي هي أكثر عمومية ولا ينطبق على حالة القلق المرتبطة بالتقدم للاختبار.

4- الأعمال الادراكية المعقدة التي تتطلب الانتباه الإداري الحذر مثل تحديد موقع شكل خفي مخبأ على شكل لغز.

5- المادة التي تكون متصلة بتكوين المفاهيم خصوصا إذا كان الأشخاص ذوو القلق المرتفع من أصحاب الذكاء المرتفع أيضا، كما يظهر من علاماتهم ودرجاتهم التي يحصلون عليها.

أما بالنسبة للآثار السلبية للقلق فتعدّ من ناحية معينة نتيجة لوجود قدر أكبر مما ينبغي من الأشياء الجيدة، أي أن الآثار السلبية نفسها يكون لها فعل جيد إذا توافرت بقدر معتدل وتصبح ضارة إذا ما توفرت بقدر كبير. وأن أنواع السلوك التي يكون المرء قد تعلمها عن طريق خفض القلق تتجه بدرجة أكبر إلى التخلص من التوتر وتنصرف بدرجة أكبر عن حل المشكلات. كما ويسهل القلق المفرط ظهور طائفة متنوعة واسعة من النشاط العشوائي غير المعقول وغير الموجه الذي يطلق عليه اسم استجابة الفزع.

ثم نجد أن دور القلق الخفيف في عملية الإنذار من الممكن أن يتحول إلى نوع من اليقظة المزعجة والأرق كنتيجة مباشرة للتوتر العنيف.

ويمكن القول إن القلق المرتفع يخفض من مستوى الأداء في اختبارات الذكاء التي يكون لها زمن محدد ولكنه ييسر الأداء في الأعمال التي يفترض القيام بها وجود زمن محدد. والقلق المرتفع عند الأفراد من أصحاب الذكاء المنخفض الذين يطالبون بعمل من نوع تكوين المفاهيم يؤدي إلى تعطيل الأداء.

إن القلق المرتفع يخفض من القدرة على التمييز فيما بين الأشياء المتشابهة في البيئة من حيث عدد الاستجابات التي يستخدمها الفرد في الظروف الجديدة وهكذا يؤدي إلى انخفاض تنوع الاستجابات وأنماطها.

أما القلق المرتفع فإنه يؤدي إلى تعطيل عملية الاتصال والتواصل والفعال بين الأفراد. وهذا يبدو صحيحا بالنسبة للأفراد الذين تواجههم حالة قلق خلال فترة الامتحانات الشفوية التي تضم أسئلة صعبة جداً. وأيضا يتعطل الاتصال الفعال عند الأشخاص الذين يتصفون بالقلق، ويكون واضحا في حالات التأتأة والفأفأة واحتباس الكلام بصورة مختلفة.

الوقاية من القلق

1- حتى يكون الطفل في مأمن من القلق وبعيدا عن الوقوع فيه يجب أن يكون بمقدوره فهم نفسه وفهم الآخرين وما يصدر عنهم من تصرفات وسلوك، وحتى يستطيع الطفل الوصول إلى مثل هذا الوضع على الأهل أن يبذلوا قصارى جهودهم لتوضيح الأمور للأطفال بلغة سهلة وبسيطة، بمقدورهم فهمها واستيعابها في وقت مبكر. خصوصا فيما يتعلق بفهم ومعرفة جسم الإنسان وأجزائه، حيث إن كثيراً من الأطفال يبدون قلقين لأنهم يعرفون عن وظائف الجسم الإنساني شيئاً وإن عرفوا فإن هذه المعلومات قليلة جدا، مما يسبب لهم القلق والتوتر الذي يؤثر بصورة مباشرة على قدرتهم وإمكانية استغلالها في التعلم والمعرفة، لأنها تكون منصبة في اتجاه واحد وهو ما يشعرون به من القلق. لهذا فإن على الأهل أن يكونوا المصدر الأساسي الجيد الذي يساعد الأطفال في التغلب على المشاكل التي تصادفهم وأن يساعدوهم على حلها، كما يجب مساعدتهم على كيفية طرح الأسئلة وإيجاد الحلول الكثيرة المناسبة والصحيحة لها، ويقومون بتنفيذها ويتعلمون المجازفة الأكثر نجاحا. كما ويجب أن نعلم الطفل أن المحاولة مع عدم النجاح أفضل بكثير من عدم المحاولة وبمقدور الطفل تحمل الفشل والتوتر إذا بذل المجهود المطلوب والمناسب.

إن القيام بجميع الجوانب التي ذكرت يؤدي إلى تكوين الثقة بالنفس لدى الطفل، ويجعله يفهم كيفية التعامل مع المشكلات وإيجاد حلول لها، وهذا بدوره يؤدي إلى تعلم الطفل كيف يواجه المشكلة أو عدم تجنبها أو الهروب منها.

وحينما يعبر الطفل عما يشعر به من القلق، يجب على الأهل من حوله أن يظهروا الاهتمام الواضح وأن يساعدوه في الوصول إلى الشعور بالارتياح وإزالة الضغوطات.

2- منذ بداية تطور الطفل وتقدمه المستمر والملحوظ يجب على الأهل الاهتمام والعمل على تطوير وتقوية شعور الثقة بنفسه وشعوره بالأمن والأمان، لأنهما تحددان ما سيكون عليه في المستقبل وكيف ستكون شخصيته وقدرته على مواجهة الآخرين والتعامل معهم في جميع ميادين الحياة.

ويمكن الاستعانة بأنواع الألعاب المختلفة التي يلعبها الأطفال لتحقيق هذه الغاية، لأن الألعاب تكسبهم خبرة في التعامل مع القلق البسيط الذي يرتبط مع اللعب. وعندما يبدأ بالادراك ويملك القدرة على فهم الأمور والأحداث التي تحدث معه ومن حوله بوضوح، عندها يشعر بنوع من الاستمتاع حينما يغيب عنه الآخرون ويعودون إليه، بالمقابل على الأهل عدم ترك الطفل وحده والاختباء منه حتى ولو كان ذلك لفترة قصيرة، لأن مثل هذا العمل يؤدي إلى شعوره بالقلق وعدم الارتياح، ويؤدي إلى نوع من عدم الثقة لديه. لأن ما نسعى إليه هو تقدم الطفل بشكل تدريجي إلى الحالات المثيرة للقلق وليس مرة واحدة، حتى لا تكون له آثار سلبية مباشرة عليه تؤثر بدورها على الثقة بالنفس من خلال فشله في عدة أعمال قام بها او قام الأهل بها ومحاولة حماية الأطفال بصورة دائمة في مرحلة الطفولة المبكرة من المخاطر والتخيلات التي يتخيلونها وتكون في العادة كثيرة جدا في هذه المرحلة.إن الأطفال وبصورة عامة يخافون من التخيلات عن الموت أو الوحوش، أو إيذاء الآخرين لهم وخصوصا الجنس. وينتاب الأطفال الشعور بالقلق والتوتر بسبب هذه الأفكار ، لأنهم يعتقدون ويتصورون أنه من الممكن أن تصبح هذه التطورات واقعا حقيقيا يمرون به. لذلك يجب على الأهل أن يجعلوا أطفالهم بطريقة أو بأخرى يتقبلون هذه التخيلات لأنها طبيعية، حتى لا يستمر بعض الأطفال بالخجل من هذه التخيلات ويشعرون بالأمان والراحة في التحدث وسردها أمام الأهل الذين يستمعون إليهم بنوع من الإصغاء والاهتمام حتى تصبح أمرا طبيعيا، يجعل القلق يزول من حياة الطفل ولا يؤثر على قدراته في التعليم

والتحصيل الدراسي وهو ما زال في مرحلة مبكرة كما يحدث في الآونة الأخيرة مع معظم الأطفال.

من ناحية أخرى يجب على الأهل وكل من يعمل مع الأطفال بصورة مباشرة أن يقوم بتشجيعهم على الاستمرار في استعمال مخيلتهم لأن التخيل يسهم بصورة مباشرة وكبيرة في تحقيق الأهداف ، فمثلا إذا تخيل الطفل أنه بطل أو نجم، فإن هذا يساعده على التفكير في البدائل، مما يدفعه إلى زيادة الدافعية لديه للتحصيل. لذلك يجب العمل دائما على تشجيع التخيلات، وتقبلها دون شعور بالقلق أو الخوف، مما يكون له الأثر الواضح في نمو وتطور الذات لدى الطفل.

علاج القلق

القلق يمكن علاجه عن طريق إزالة الأسباب التي أدت إليه خصوصا والعوامل النفسية والشخصية، والتي يعتمد علاجها على الإيحاء والتشجيع والتوجيه وهناك العلاج الجماعي الذي يعتمد على إبعاد الفرد أو الطفل عن مكان الصراع والمثيرات التي تسبب له الانفعالات الزائدة. وهناك العلاج السلوكي والذي يقوم على تدريب الفرد أو الطفل على الاسترخاء وعرض المثيرات عليه بدرجات متفاوتة في الشدة. وفي بعض الأحيان يستخدم أكثر من أسلوب في الوقت نفسه، أو من الممكن استخدام العقاقير المهدئة أو حتى الصدمات الكهربائية في الحالات الصعبة.

وهناك بعض الطرق والأساليب والجوانب الهامة التي نذكر منها ما يلي:

1- شعور الفرد (الطفل) بالاطمئنان والأمن والأمان :

يحتاج الأطفال القلقون في العادة وبصورة دائمة إلى الشعور بالاطمئنان من جانب الكبار، لذا يجب على الكبار عندما ينفعلون أو يصابون بالذعر الثبات أو التظاهر بالثبات أمام الأطفال حتى لا يروعوا ويصابوا بالخوف والقلق مما يحدث أمامهم مع الكبار والذي يؤدي إلى إصابتهم بالانفعال والانزعاج.

لذلك يجب على الكبار تقبل مشاعر الأطفال دون ان يوجه إليهم النقد أو اللوم، وينبغي أن يكون تقبلهم لهذه المشاعر بصورة عادية وكأنها حالة طبيعية مقبولة، وذلك حتى يشعر الطفل بأنه أمر عادي وممكن وسوف يمر بسلام دون أي تعقيد. ويستطيع الأهل إحاطة الطفل بالطمأنينة والراحة النفسية من خلال إعطائه أشكالا مختلفة من الكلمات والجمل التي تؤكد على أهميته ومكانته وتعزيزه على الأعمال التي يقوم بها، ومن الممكن أن لا تؤدي هذه الاتجاهات في البداية إلى نتيجة وتبقى المشكلة صعبة إلا

أنهم يتغلبون على مثل هذا الشعور ويتخطونه وتسير الأمور في الاتجاه الإيجابي الحسن والمطلوب.

كما يجب على الاهل الانتباه للأطفال وإعطاؤهم الاهتمام الكافي، بحيث يشعرونهم بأنهم أهم شيء بالنسبة لهم ولا يوجد أي شيء أهم منهم، إن هذا الشعور يطمئن الطفل أكثر من أي شيء آخر يقال له. وعندما نناقش الطفل يجب أن نمتنع عن المناقشة الحادة، وفي حالة عدم اقتناعه بما يقال له على الأهل التراجع دون إعطاء أي تفسير في ذلك الوقت، لأنه يجب الاهتمام به وإعطاؤه الشعور أننا معه.

2- تدريب الطفل على الاسترخاء

حينما نتحدث عن الاسترخاء يجب أن نذكر دائما أن هذه الكلمة يصعب تواجدها مع كلمة القلق عند الطفل في الوقت نفسه، لذا يجب على الأهل أو الكبار من حول الطفل القيام بتدريب الأطفال على الاسترخاء، والذي يقصد به إرخاء عضلات الجسم حتى يستطيع التخلص من التوتر. والطفل يستطيع التعلم الاسترخاء عن طريق قيامه بشد أعضاء جسمه المختلفة، مرتين على الأقل في كل يوم ، في فترة الصباح وفترة المساء قبل الذهاب إلى المدرسة أو العمل وقبل النوم. وحتى تكون النتيجة إيجابية يجب أن يشعر الطفل بأن هذه العملية ممتعة له وليست أمرا متعبا.

3- أساليب مختلة لمواجهة القلق

إن عملية الاسترخاء تساعد الطفل على أن يكون أكثر قدرة على تخيل المواقف الإيجابية، مثل تذكيره بالرحلات والسباحة أو جميع الأمور التي تهمه وتجعله سعيدا. وتفيد هذه المواقف إفادة كبيرة في مرحلة تدريب الأطفال على الاسترخاء لأنها تساعدهم على نزع التوتر العضلي الذي يشعرون به ويقف حاجزا أمام تقدمهم وتعلمهم وقدرتهم العلمية التحصيلية.

هذا بالإضافة للأهمية الخاصة الموجودة في عملية التنفس العميق البطيء أي أن تدريب الطفل على كيفية التنفس تنفسا عميقا من خلال الأنف يفيد الطفل إفادة كبيرة على التخلص من التوتر والقلق ويجعله قادرا على التعلم والاستيعاب والوصول إلى المستوى التعليمي المطلوب. كما ويمكن القيام ببعض التمارين الرياضية مثل شد اليدين في اتجاهات مختلفة ولفترة زمنية محددة، فتؤدي إلى صرف الطاقة ويشعر الطفل بعدها بنوع من الاسترخاء والهدوء وهذا بدوره يؤدي إلى إزالة القلق والتوتر، الذي يمكن إزالته أيضا عن طريق استماع الطفل إلى الموسيقى الهادئة، أو قيامه بالاعمال

اليدوية المختلفة مثل الرسم أو تحضير الطعام، والذي يقصد منه إشغال الطفل بأشياء تجعله حرا في تصرفاته وتساعده على إزالة القلق والتوتر أو خفضه بصورة واضحة حتى يستطيع القيام بالمهام والفعاليات التعليمية الأساسية.

4- يجب على الأهل أو الكبار العمل على مساعدة الأطفال وتشجيعهم على الاستقلالية ومحاولة القيام بحل مشاكلهم بدون مساعدة أحد. خصوصا عند قيامهم بأداء الامتحانات المدرسية عندما يقترب موعد هذه الامتحانات التي يشعر الأطفال معها بالتوتر والقلق، في مثل هذه الحالة يجب على الأطفال البدء بإقناع أنفسهم بالهدوء والاسترخاء حتى يتمكنوا من أداء هذه الامتحانات على أفضل ما يكون ويصلوا إلى المستوى التحصيلي الجيد.

5- في كل عائلة يجب على الاهل عقد جلسات خاصة يقوم فيها كل فرد بالتعبير عن ذاته وما يحدث معه من أحداث وما يشعر به من انفعالات وتوتر وقلق، كما يتحدث عن الأفكار التي تدور في خاطره وعن اهتماماته بالإضافة إلى التعبير عن الغضب أو الإحباط الذي يدور في داخله ومن المؤكد أن مثل هذه الاعمال تؤدي إلى خفض شعور القلق لدى كل فرد حسب شخصيته.

كما توجد أنواع كثيرة من الألعاب التي تساعد الأطفال على التعبير عن انفعالاتهم، وتوترهم الذي يقف حائلا أمام تقدمهم العلمي وتحصيلهم الدراسي: ماذا تفعل أثناء وجودك في الصف وانتظار سؤال المعلم لك؟ أو إذا كنت تنتظر سؤال المعلم بينما يقوم بطرح السؤال على طالب آخر؟ أو ماذا تشعر عندما يتشدد المعلمون في معاملاتهم للطلاب؟ من ناحية أخرى تلعب رواية القصص وسردها دورا فعالا في عملية التفريغ الانفعالي حيث يقوم الطفل بعملية سرد القصص والأهل من جانبهم يقومون بنفس العملية، والهدف من ذلك إعطاء الفرصة لأبطال القصة بالتحدث عن مشاعرهم ويتصرفون بفعالية، ويتعلمون كيفية رواية القصة بأسلوب وطريقة مشابهة.

6- في الحالات التي يفشل فيها الأهل في خفض القلق لدى أبنائهم أو مساعدتهم في التخلص منه يجب عليهم التوجه وطلب المساعدة من المتخصصين في هذا المجال والذين بإمكانهم مساعدة الأطفال في التخلص من التوتر والقلق والعودة إلى وضعهم الطبيعي والتوجه إلى الدراسة والتحصيل والوصول إلى أفضل ما يمكن الوصول إليه.

والمتخصص يمكن أن يستخدم أسلوب التغذية الحيوية الزائدة، أو أسلوب التقويم لخفض القلق والوصول إلى الاسترخاء والتقليل من الحساسية بصورة تدريجية، والتي تعدّ شكلا من أشكال المواجهة التدريجية لمواقف القلق والتوتر والإحباط، والتي يتم فيها وصف صور ذهنية تعمل على إبعاد القلق بصورة ملحوظة وواضحة.

الفصل الثاني
الاكتئاب وتدني التحصيل الدراسي

معنى التحصيل الدراسي

يعرف التحصيل الدراسي على أنه مستوى من الإنجاز أو الكفاءة أو الأداء في التعليم والعمل المدرسي أو الجامعي يصل إليه المتعلم خلال العملية التعليمية التي يشترك فيها مجموعة من الطلاب والمعلم، ويجري تقدير هذا التحصيل بواسطة المدرسين بصورة شفوية أو عن طريق استخدام الاختبارات المختلفة المخصصة لذلك (الطيبي، 1999).وقد يكون التحصيل ناتجاً لأداء الطالب لعمل أو مهمة معينة يهم فيها الناحية الكمية والكيفية.

أيضا يعرف التحصيل العلمي على أنه المعدل التراكمي الذي يحصل عليه الطالب في مرحلة تعليمية والذي يعبر عن حصيلة معينة ومحددة من المعلومات ومدى استيعابها من حيث كميتها وكيفيتها، ويتم هذا بعدة طرق وأساليب نذكر منها اختبارات التحصيل المقننة أو بواسطة تقييم المعلمين اليومي الكتابي والشفوي أو إجراء الامتحانات المختلفة (الدباغ، 1981).

كما وعرف التحصيل الدراسي على أنه:المستوى الذي وصل إليه الفرد في تحصيله للمواد الدراسية والذي يقاس بالامتحانات التحصيلية التي تتم في نهاية العام الدراسي، ويعبر عنه بالمجموع الكلي لدرجات الفرد في جميع المواد الدراسية (العنزي، 1993).

وفي رأيي أن التحصيل الدراسي هو عبارة عن النتيجة العامة التي يحصل عليها الطالب في نهاية العام الدراسي والتي تضم جميع النتائج التي حصل عليها في كل يوم وفي كل شهر وكل فصل ونهاية السنة في كل موضوع وموضوع حيث يحدد التحصيل الدراسي للموضوع الواحد مستوى الطالب في هذا الموضوع نقاط الضعف والقوة لديه، والتحصيل الإجمالي الذي يصل إليه الفرد في جميع المواد عن طريق تقييم المعلم الشفهي أو الكتابي اليومي أو الشهري الذي يعتمد على إجراء الاختبارات والامتحانات الخاصة.

تعريف الاكتئاب

كلمة اكتئاب هي عبارة عن وصف لخبرة ذاتية وجدانية يعيشها الفرد وتؤثر على جميع الأعمال التي يقوم بها، وتسمى حالة مزاجية أو انفعالات تدل على اضطراب جسمي أو عقلي أو اجتماعي، ومجموعة من الأمراض المعرفية والنزوعية والسلوكية والفزيولوجية المركبة(مختار، 1999).

كما ويعرف على أنه عصابي خارجي الحدوث، أي أنه يحدث كرد فعل لظروف خارجية، ويرجع إلى عوامل نفسية فردية ويتميز بالحزن والكآبة، والشعور بالذنب، وفي بعض الحيان يكوم عبارة عن حالة عصابية مؤقتة يثيرها فقدان عزيز، والتي تتسم بالقلق وانتقاد الذات والحظ أو استنكارها.

أي أن العامل الخارجي يلعب دوراً هاماً في التأثير على الحياة النفسية للفرد، بمعنى أن الاكتئاب يحدث عندما يدرك الفرد هدفه ويتحقق في نفس الوقت أنه أعجز من أن يصل إليه، أيضاً عندما يعجز الفرد عن تصريف الغضب الذي يسيطر عليه فإنه أيضاً يشعر بالاكتئاب، وبصورة تؤدي إلى العقبات التي يصطدم بها الفرد سواء كان مصدرها الفرد نفسه أو المحيط الذي يعيش فيه وهذا يؤدي إلى فشله في المقدرة على إشباع حاجاته الأساسية والتي يؤدي عدم إشباعها إلى الشعور بعدم التوازن وإصابة الفرد بالإحباط والصراع والقلق.

ولكن الاكتئاب كمرض عصابي يعتبر حالة عابرة ربما تنتهي بعد فترة زمنية معينة، لأنها تحدث نتيجة لبعض الأحداث المؤلمة التي تصيب الفرد والتي يصاحبها نوع من الشعور بانخفاض قيمة الذات وعدم أهميتها مما يشعر الفرد بالعجز وعدم القدرة على القيام بإنجاز أي شيء يطلب منه ، أو العجز في مجاراة الحياة اليومية، وضعف الطاقة، وصعوبة التركيز، وسرعة الإنهاك واضطراب النوم والأرق، أي يمكن القول إن الاكتئاب عبارة عن عصاب يغطيه القلق الممزوج بالتعاسة والأفكار السوداء وغير السارة.

وهناك من يقول إن الاكتئاب هو عبارة عن مرض بحد ذاته ويرجع إلى أسباب وراثية خلقية.

أما فرويد فقد نسب الاكتئاب إلى عوامل شعورية ولا شعورية من شأنها أن تحدث الإحساس بخيبة الأمل والحزن واليأس لدى الفرد. كما ويمكن القول إن الاكتئاب الذي يصيب الفرد في المراحل المتأخرة من العمر في معظم الأحيان هو

بمثابة رجع صدى للاكتئاب الذي يصيب الفرد في المراحل المبكرة من العمر أو نتيجة للخبرات المكتسبة في مرحلة، الطفولة خصوصاً المبكرة.

ويعرف فرويد الاكتئاب على أنه حالة عصابية مؤقتة يثيرها فقدان عزيز وتتسم بالقلق وانتقاد الذات والحط من الذات.

والاكتئاب عصاب يغطيه القلق بمزاج من التعاسة والأفكار غير السارة بالإضافة إلى العجز عن مجاراة الحياة اليومية وضعف الطاقة وصعوبة التركيز وسرعة الإنهاك واضطراب النوم في العادة، إن جميع التعريفات التي وضعها وصاغها الباحثون والعلماء تختلف فيما بينها في بعض الجوانب إلا أنها متفقة فيما بينها على أن الاكتئاب عصابي خارجي يتأثر بعوامل خارجية، تعود إلى عوامل نفسية فردية ويتميز بالحزن والكآبة والشعور بالذنب.

ويعرف الاكتئاب على أنه عبارة عن حالة من الاضطراب النفسي تبدو واضحة بصورة خاصة في الجانب الانفعالي للشخصية. حيث يتميز الفرد المصاب بالاكتئاب بالخوف الشديد واليأس من الحياة ووخز الضمير، وبكاء على شرور لم ترتكبها الشخصية في الغالب، بل هي متوهمة إلى حد بعيد.

وكثيراً ما تصاحب حالات الاكتئاب التي نتحدث عنها هذاءات وهلاوس تسندها وتعمل على تدعيمها. وفي مثل هذه الحالات فإن الاحتمال بأن يقدم المريض على الانتحار يكون كبيراً، لكي يتخلص من الحياة المملوءة بالحزن والهم واليأس والقلق والمخاوف التي تجعله ينام قليلاً ويكون بطيء الحركة ويرفض الطعام مما يؤدي إلى إصابة جسده بالهزل والوهن الشديد(طه، 1979).

وينشأ الاكتئاب في معظم الحالات نتيجة للتعب الانفعالي الذي يعاني منه الأفراد والكآبة في العادة تهاجم بصورة مفاجئة فتكون بدايتها عن طريق الإحساس الجسدي الشديد بالتعب. كما ويمكن أن تكون عن طريق خبرة صعبة ومحطمة يستعصي معها الاعتقاد والإيمان بأن العالم ما زال يوجد فيه مكان طيب وجيد يستطيع الإنسان العيش فيه والتمتع بمباهج الحياة والعمل والإنجاز والوصول إلى أفضل مستويات تحصيلية فردية في الجوانب العلمية والحياتية العملية. وفي الغالب فإن المريض فقط في الحالات النادرة والقليلة يدرك أن الكآبة إنما هي تعبير آخر عن الإرهاق الذي يعاني منه.

وعليه يمكن القول أن الاكتئاب يقصد به حالة من الألم النفسي تؤدي إلى شعور الفرد وإحساسه بالذنب وانخفاض ملحوظ في تقدير الذات، والتحسر على الماضي والتفكير فيه بصورة مستمرة، والبحث في العلل والأسباب والخلل الذي حدث وأدى إلى مثل هذا الشعور بالإضافة إلى التفتيش وراء المجهول ومن الممكن أن يتخذ الاكتئاب أشكالاً متنوعةً ومتعددةً مثل الوجد والمناجاة التي تتسم بالعزلة والانطواء وأنماطاً من الهموم التي تأخذ طابع الدوام والاستمرار(الغزالي لدى موسى، 1993).

كما ويعرف الزيود الاكتئاب على أنه حالة من الألم النفسي الذي قد يصل في الملانخوليا إلى نوع من العذاب الشديد مصحوباً بالإحساس بالذنب شعورياً، وانخفاض ملحوظ في تقدير النفس لذاتها، ونقصان في النشاط العقلي والحركي(الزيود، 1986).

ويمكن القول إن الاكتئاب هو عبارة عن حالة تتميز بالانقباض في المزاج وتكرار التفكير في الأفكار السوداء والمخيفة والهبوط في الوظائف الفسيولوجية، وقد يصحب الاكتئاب المرض النفسي الذي يزيد في بعض الأحيان من صعوبة الموقف والقدرة على التعامل معه أو علاجه.

ويقول ستور(Storr) :أن الاكتئاب هو مفهوم لحالة انفعالية يعاني فيها الفرد في أي مرحلة من مراحل العمر من الحزن وتأخر الاستجابة والميول التشاؤمية، وأحياناً تصل درجة الخطورة في حالات الاكتئاب الصعب إلى درجة الميول الانتحارية(ستور لدى موسى، 1993).

ويمكن تعريف الاكتئاب على أنه حالة خاصة من الحزن الشديد والعميق الذي يستمر لفترة طويلة تنتج عن الظروف المحزنة الأليمة والتي تعبر عن شيء مفقود، وإن كان المصاب بالاكتئاب يعاني منه ولا يدرك ولا يعرف المصدر الحقيقي لذاته.

أعراض الاكتئاب ومظاهره

للاكتئاب أعراض كثيرة سهلة وصعبة قصيرة الأمد وطويلة نذكر منها: هبوط القدرة على التركيز إلى أدنى حد، وانخفاض تقدير الفرد الذي يعاني من الاكتئاب لذاته وثقته بنفسه التي تصبح ضعيفة ومهزوزة وتزداد معاناته من الإحساس والشعور بالذنب وبعدم الأهمية الشخصية، والتشاؤم الدائم وسرعة التعب والانهاك الذي يظهر على الفرد من القيام بأبسط الأشياء أو انعدام القوة والتفكير في إيذاء نفسه من خلال قيامه بإعمال خطيرة وصعبة بما فيه الإقدام على الانتحار بمحاولات عدة، والشعور بالأرق الشديد،والنوم المتقطع الذي يصيب الفرد في معظم الحالات، ثم انعدام الشهية للأكل،

مما يؤدي إلى نقص الوزن وضعف في القوة الجسدية التي تؤدي إلى عدم الاستمرار في القيام بالفعاليات اليومية وإنجازها، ويؤدي بالتالي إلى الإصابة بالأمراض، والاكتئاب يعتبر من أكثر الأمراض النفسية انتشارا مع الاختلاف في شدة درجاته من فرد لآخر، وينتشر في جميع المجتمعات الإنسانية مهما اختلفت طرق تعاملها ومعيشتها، وتشير التقديرات إلى انتشاره في المجتمع الأمريكي بنسبة 1-15 فرداً يعانون من وجود أعراض الاكتئاب لديهم لأسباب عديدة وكثيرة يصعب تحديدها والوقوف عليها. أما بالنسبة للأطفال فإن الاكتئاب ينتشر بينهم بنسبة 10-20% وهم موجودون في عيادات الإرشاد والطب النفسي (الشربيني، 1994).

ومن أهم مظاهر الاكتئاب التي تظهر لدى الأطفال، المظهر الحزين، البائس سلوك الأطفال سلوك غير سوي مثل الصراخ واللامبالاة والانسحاب الاجتماعي وفتور قوته والشكاوى الجدية المتكررة والمتزايدة والشعور بالألم بسبب اضطرابات النوم التي تحدث لديهم أيضاً الاضطرابات في الأكل، وتتلخص أعراض هذه المظاهر بما يلي: رفض المدرسة، أعراض نفسية فسيولوجية، العدوانية الزائدة، مشاكل في التعليم، نقص في النشاط أو الزيادة فيه بشكل واضح.

وهناك عدة أعراض تكون واضحة لدى الإنسان الذي يعاني من الاكتئاب نذكر منها:

- عامل المزاج المصحوب بأحاسيس فقدان الأمل والحماس أو انخفاضه .
- عامل اتهام الذات الذي يتمثل في مفهوم عقاب الذات والإحساس بالذنب.
- العامل الجسمي الذي يتضمن العديد من الشكاوى الجسمية واضطراب النوم.

أما بالنسبة للاستجابات الاكتئابية فإنها تتميز بالأعراض الرياسية الآتية:

1. الاكتئاب أو الإنهباط (depression) :الذي يشعر فيه المريض بالحزن والإحباط وكأنه بلا قلب وبلا أمل، ويستمر الاكتئاب قائما حتى في المواقف الهزلية أو المرحة، ويمتاز المريض بعدم قدرته على الاهتمام بأي شيء مما حوله، (ويكون لهذا النوع تأثير واضح في عملية التعليم والتعلم والتحصيل الدراسي بصورة عامة).

2. التأخر الحركي (psychomotor-retardate):إن الفرد المريض لا يميل ولا يرغب في الانخراط بأي نشاط، وهو بحاجة إلى بذل المجهود الخاص حتى يستطيع القيام بعمل ما، ويعمل ببطء شديد وينعزل عن المجتمع.

3. صعوبة التفكير (difficulty in thinking):إن الفرد الذي يعاني من الاكتئاب تتأخر عمليات تفكيره بدرجة كبيرة عما يجب أن يكون قد وصل إليه وهو يبذل جهداً يفكر أو يحاول حل مشكلة أو أي صعوبة تواجهه.

إن هذه الأعراض الرئيسية التي ذكرت تؤدي إلى حدوث سلوك متميز لدى المريض، فمثلاً يميل إلى الجلوس في نفس المكان لفترات طويلة، كلامه بطيء، ويلزمه للقيام بأي عمل أو مهام وقت أطول من المعتاد واللازم.

4. التوهمات (delusions) إن المحتوى العام للتفكير يتميز بأفكار الذنب، حيث أنه يذم نفسه ويقلل من التقييم الذاتي لنفسه ويتهم نفسه دائماً، ويشعر بالإثم على الأخطاء التي يراها الآخرون تافهة.

5. الهلوسات (hallucinations):إن المريض بالاكتئاب قد يسمع في بعض الأحيان أصواتاً تتهمه بارتكاب الجرائم وعمل الأعمال السيئة، أو تناديه بأسماء معينة وهذا يحدث في حالات الاكتئاب الشديد.

6. فقدان الدافع الشخصي وزيادة الدافعية بالاعتماد على الآخرين ومحاولة تجنب الآخرين والابتعاد عنهم، وفقدان القدرة على اتخاذ القرارات.

7. الجوانب الجسدية:تحدث لدى المصاب بالاكتئاب الكثير من الأمراض الجسدية المؤثرة مثل فقدان الشهية واضطراب النوم، هذا بالإضافة إلى المشي المتثاقل، والعينين بلا بريق، والتعبير الوجهي الحزين، ونقص فاعلية المعدة الذي يؤدي إلى الاكتئاب الحاد، ونقص وزن المريض لأنه لا يأكل، وتغيير ضغط الدم حيث يكون مرتفعاً ومنخفضاً (الدسوقي، 1974).

أعراض الاكتئاب

ومن الأعراض البارزة والواضحة، علامات هبوط النشاط العقلي، والكآبة والغم dejection وعدم وجود المزاج، وسيطرة الشعور بالخوف والقلق. وفي بعض الحالات يخف الشعور بالقلق إذا ارتبط بالاهتمام بمن حوله، أو يزيد حدة لدى كبار السن، والمظهر الخارجي للفرد المصاب بالاكتئاب يكون متميزاً، فمثلاً الوجه يحمل

طابع الخبرات المكدرة، ونوعاً من التعبير عن توقع القلق، أو الحزن والأسى العميقين. الأخبار الحسنة تسوء أكثر مما تسر مما يزيد من الإحساس والشعور بالبؤس، وقد يصل إلى حد عدم المقدرة على الكلام عن مرضه أو الحديث عن خبراته الذاتية.

بالإضافة إلى ما ذكرنا من أعراض فإن المريض بالاكتئاب يتحرك بصعوبة وحينما يجيب عن الأسئلة التي تطرح عليه فإنه يفعل ذلك بجهد واضح وفي بعض الأحيان يصل إلى وضع يكون فيه لا حول له ولا قوة على مغادرة الفراش أو الاغتسال أو حتى المقدرة على الأكل بنفسه، وتعرف هذه الحالة باسم الذهول أو الركود الاكتئابي Stupor.

وفي بعض الحالات تظهر على المصاب بالاكتئاب تأوهات إذلال النفس Self- abasement واتهام الذات، والسبب في ذلك يعود في الأغلب إلى مشاعر الدونية والإحساس بالذنب لعدم القدرة على القيام بإنجاز ما يطلب منه أو لفشله في تحقيق أهداف أساسية. مما يجعلهم يشكون من فقدان الحب لأقاربهم، وهذا النوع من الاكتئاب لا يخلو من تسلط الأفكار obsession والهذيانات التي تتسلط عليه ويعتبر المصاب نفسه عبئاً على المجتمع والأسرة، ويكثر من التأمل في تفاهة الحياة، لذلك تنتابه في أوقات كثيرة أفكار انتحارية ومن الممكن أن يشرع في الانتحار.

الاكتئاب تصنيفاته وأنواعه

الاكتئاب يصنف إلى عدة تصنيفات نذكر منها:

1)الاكتئاب الخفيف، 2)البسيط، 3)المعتدل، 4)الحاد، 5)المزمن، 6)خارجي وداخلي المنشأ، 7)التفاعلي أو الموقفي أو العصابي (وهو من الأمراض النفسية).

إن هذه الأنواع تختلف فيما بينها، فهي ليست محددة بدقة ويوجد في بعض الأحيان تداخل بينها وفقط يكون الاختلاف في الشدة التي تظهر فيها، فمثلاً الاكتئاب الداخلي والخارجي المنشأ يكون الفرق بينهما في كون الخارجي يشير إلى الاكتئاب الذي يأتي نتيجة للتغيرات البيئية التي تحدث مع الفرد مثل فقدان صديق عزيز، أما الداخلي المنشأ فيشير إلى الاكتئاب الذي ينتج عن عوامل فسيولوجية داخلية أو تغييرات كيميائية لدى الفرد.

وهناك تصنيف آخر للاكتئاب الذي يشمل ثلاثة أنماط: الحاد والمزمن والمموه، والتي تشمل على بعض الأعراض الإكلينيكية مثل الابتعاد عن التحصيل الدراسي وعدم

التكيف الاجتماعي، والاضطراب في الشهية والنوم والشعور باليأس وعدم الراحة والسعادة وقلة الحيوية والنشاط (القيساوي، 1995).

وعلى هذا الأساس واعتماداً على الخبرة الذاتية في مجال التربية والتعليم فإنني أقولها وبكل صراحة أن نسبة عالية من طلاب المدارس يعانون من الاكتئاب نتيجة للفشل الدراسي الذي يتعرضون له بسبب المستوى التحصيلي السيئ والمتدني جداً الذي يحصلون عليه وذلك كنتيجة مباشرة لما يحدث داخل الأسرة من أحداث تؤثر على نفسية الطالب وثقته بنفسه وللمعاملة التي يعامل بها من جانب المعلم المربي وباقي المعلمين والإدارة والتي ودون أدنـى شك تؤدي إلى الشعور بالإحباط والقلق والاكتئاب والابتعاد عن كل شيء له علاقة بالتعلم والمدرسة، ويحدث ذلك في جميع المستويات الاجتماعية وهكذا نرى أن التحصيل الدراسي يكون دائماً في أدنى مستوى له لأن الاكتئاب بوصفه انفعالاً سلبياً له آثار سلبية وهذه الآثار نراها في المستوى التحصيلي المتدني.

ومن أنواع الاكتئاب نذكر الآتية:

1. **الاكتئاب المدرسي:** ويقصد به ذلك الاكتئاب الذي ينشأ كنتيجة مباشرة لفشل الطالب في إقامة علاقات مع زملائه الطلاب والمعلمين أو فشله في الحصول على علامات عالية تؤهله للانتقال إلى المرحلة الدراسية اللاحقة. وذلك كنتيجة لمعاملة أصدقائه له بنوع من القسوة وعدم القبول والرفض أو معاملة بعض المعلمين التي تقوم على استخدام القسوة والتأنيب والسخرية أمام زملائه في غرف الصف أو خارجها، والتي تترك الأثر السيئ على نفسية الطالب وشخصيته وتؤدي إلى شعوره بعدم الثقة بالنفس والانسحاب من المشاركة الفعالة داخل الصف الدراسي خوفاً من التعرض لمواقف محرجة تنعكس سلباً على أداء الطالب وتحصيله الدراسي.
2. **الاكتئاب الأسري:** ويقصد به ذلك النوع من الاكتئاب الذي يكتسبه الطالب من أسرته بسبب اكتئاب أحد الوالدين أو كليهما، نتيجة لظروف نفسية أو اجتماعية أو خبرات مؤلمة أو عدم القدرة على مواجهة مشكلات الحياة والتصدي لها، مما يؤثر تأثيراً مباشراً على سلوك الطالب وينتقل في فكره وسلوكه إلى داخل المدرسة وينتج عنه الاكتئاب المدرسي، الذي يرتبط ارتباطاً سلبياً بالتحصيل الدراسي، ويؤدي إلى سوء التوافق لدى الطالب، وبما أن شخصية الطالب تنتج عن البناء الأسري الذي يعيش فيه فإن أساليب التنشئة التي تشجع على طلب

العلم والمعرفة والتحصيل الدراسي بين أبنائها يمكن أن تكون الدعامة الأساسية التي تستعمل في مواجهة الاضطرابات النفسية مثل القلق والاكتئاب لدى طلاب المدرسة، ويفترض أنه كلما زادت درجة الوعي والمعرفة الأسرية بأهمية التحصيل الدراسي، وتعاونت الأسرة مع أبنائها في التصدي للمشكلات التي تحدث معهم في المدرسة فإن ذلك يؤدي إلى خفض درجة تعرضهم للاضطرابات النفسية .

كما وتوجد أنواع أخرى للاكتئاب نذكر منها:

1. اكتئاب تفاعلي: في هذا النوع من الاكتئاب تكون أعراض الحالة الاكتئابية الحزن الشديد واليأس والإحباط والتي يستجيب فيها الفرد لظرف بيئي يدعوه للاكتئاب، وكأنه استجابة أو رد فعل لهذا الظرف والذي بزواله تزول حالة الاضطراب التي يعاني منها الفرد.
2. اكتئاب ذهاني: وهذا النوع من الاكتئاب يكون مصحوباً بأعراض ذهانية مثل الهذاءات والهلاوس وعدم الاستبصار والهياج والإحساس بالعظمة والاضطهاد من قبل الآخرين.
3. اكتئب عصابي: وهذا النوع من الاكتئاب يطلق عليه في بعض الأحيان الاستجابة الاكتئابية وتسيطر على المريض حالة من الهم والحزن والانصراف عن كل شيء من حوله .
4. اكتئاب الذهان الوظيفي: وهو عبارة عن حالة من الاضطراب النفسي يبدو بصورة واضحة في الجانب الانفعالي لشخصية المريض، حيث يتميز بالحزن الشديد واليأس من الحياة وعذاب الضمير(طه، 1979).

كما وأن الخصائص الرئيسية والأساسية التي تميز الاكتئاب الذهاني هي القنوط المسيطر والبطء الشديد في العمليات الجسدية والعقلية ومشاعر الإثم. وتضاف على هذه الخصائص مجموعة أخرى من الأعراض الجانبية مثل فقدان الشهية، والأرق، والبكاء المتكرر.

أي أن الصورة المسيطرة تكون قريبة جداً من حالات الحداد. ولكن يجدر بنا أن نذكر أن في حالات الاكتئاب الذهاني لم تقع أي حادثة وفاة مباشرة بين أفراد الأسرة أو الأصدقاء، وفي الحالات التي قد نجد فيها واقعة وفاة فإن الاكتئاب هذا يمتد ويطول إلى فترات أطول بكثير من فترات الحداد العادية.

وعندما ينشأ الاكتئاب نجد أن البلادة الجسدية قد أضيفت إلى البلادة العقلية، وأن المريض قد أصبح عاجزاً عن الاهتمام بأي نشاط أو عن الاستمرار في حياته. أي أن الإنهاك والتعب الجسدي والعقلي معاً يمكن اعتبارها الخصائص والصفات المميزة للاكتئاب الذهاني.

وهاتان الصفتان هما أساسيتين في العملية التعليمية والتحصيلية وبدونهما لا يستطيع الطفل أو الطالب الوصول إلى أي إنجاز وسوف يبقى تحصيله متدنياً جداً ولا يمكنه من الوصول إلى أي شيء مجدٍ في الحياة المستقبلية.

وكلما ازدادت مشاعر اليأس والضعف والإحباط، فإن ذلك يؤدي إلى نمو وتطور الهذاءات لدى الفرد وشعوره بأنه عديم النفع ولا يستطيع القيام بأي شيء مهما كان نوعه. وهذه الهذاءات في حقيقة الأمر تمثل مشاعر الإثم والخطيئة التي تفاقمت وتجاوزت كل الحدود طوال الفترة الزمنية التي يهمل فيها الطفل أو الطالب من جانب الأهل والعائلة. والفرد المصاب بالاكتئاب يعتقد أنه قد ارتكب الآثام والأخطاء التي لا يمكن التكفير عنها، لذلك فإنه يصل إلى الشعور بأن تعاسته ومشاكله هي عبارة عن نوع من العقاب الذي يعاقب به على جميع الأعمال التي ارتكبها وقام بها. والفرد المكتئب يبقى على ما يعتقده أو يشعر به بالرغم من جميع الأعذار والحجج التي يقدمها الأهل والأصدقاء إليه ويحاولون إقناعه بأن مثل هذه الأفكار والمعتقدات لا أساس لها من الصحة.

تأثير الاكتئاب على التحصيل الدراسي

من المؤكد أن الحالة النفسية التي يمر بها الطالب (الفرد) بسبب ما يتعرض له من ضغط أسري اجتماعي أو مدرسي تلعب دوراً أساسياً هاماً في العملية الدراسية التي يكون جزءاً منها خلال فترة أو فترات زمنية مختلفة. ومن المكن أن يؤدي سوء الحالة النفسية التي يتعرض لها الطالب إلى إصابته بالاكتئاب والذي يكون بدوره سبباً رئيساً لتدني التحصيل الدراسي الذي يصل إليه مثل هذا الطالب، لأنه يصبح مشتت التفكير ولا يستطيع أن يركز أفكاره في ما يتعلمه، وفقط يفكر ويقضي الوقت الطويل في التفكير في الأمور التي يجب أن يفعلها ولا يستطيع عمل ذلك أو يحاول جاهداً نسيان حادثة معينة حدثت له ولكن لا يستطيع ذلك لأنها تبقى في خياله تسيطر عليه.

إن مثل هذا الطالب يصبح لا مبالياً لما يحدث من أحداث حوله، حتى أنه لا يتذكر أن عليه واجبات يجب القيام بها، وأنه ما زال يتعلم في غرفة الصف، فيبدأ بالخروج من الحصص في بعض الأحيان وفي الأحيان الأخرى لا يأتي إلى المدرسة أو

إلى الصف، حيث يذهب إلى الأماكن التي تخلو من الناس لكي يخلو بنفسه ويفكر فيما يمر به ويحدث له من أحداث.

وهناك نوع آخر من الطلاب المصابين بالاكتئاب الذين يبقون على اتصال مع البيئة المحيطة ويكون هذا الاتصال عن طريق تواجدهم جسديا في نفس المكان أي أنهم لا ينتبهون إلى الدروس وما يقوم المعلم بتعليمه لهم وهم بذلك لا يختلفون عن الطلاب اللذين لا يحضرون بصورة نهائية إلى المدرسة.

وداخل غرفة الصف نستطيع أن نلاحظ ونتعرف على الطالب المكتئب من تصرفاته والأعمال التي يقوم بها، فمثلاً نرى أن الطالب أصبح لا مبالياً لما يطلب منه من قبل المعلم أو أنه لا يقوم بحل الوظائف التي تعطى له ولا يشترك في الصف، وكل الوقت يكون في حالة سرحان يفكر بأمور خارجية تتعلق بوضعه، أو من خلال ابتعاده عن أصدقائه والمقربين له في المحيط المدرسي التعليمي.

في مثل هذا الوضع يجب على المعلمين الانتباه إلى طلابهم ومعرفة ما يحدث معهم من أحداث. والتقرب إليهم والتحدث معهم بصورة دائمة من أجل إبعادهم عن خطر الاكتئاب ومساعدتهم في الابتعاد عن المصاعب التي تواجههم في جميع مجالات الحياة سواء الاجتماعية أو التربوية أو العاطفية الانفعالية.

ويجب على المعلمين الانتباه بشكل خاص إلى الطلاب أو الأفراد الذين يتواجدون في بداية جيل المراهقة أو الذين ما زالوا في جيل المراهقة، لأن هذا الجيل تحدث فيه أحداث كثيرة ويطلق عليه بجيل العواصف التي لا نعرف متى تبدأ ولا كيف تنتهي، من هنا ضرورة معرفة المعلم لكل شيء يحدث مع الطالب حتى يساعده في تحاشي الوقوع بالاكتئاب الذي يؤثر على جميع ما يقوم به من أعمال، خصوصاً التحصيل الدراسي.

وفي هذا السياق (التحصيل الدراسي) تدل بعض الدراسات على أن موضوع التحصيل الدراسي يعتبر من الموضوعات التي لها علاقة مباشرة ووثيقة بحياة الطالب خلال مراحل الدراسة المختلفة التي يمر بها، ويقوم فيها بأداء الامتحانات المدرسية التي يتوقف على نجاحه أو فشله فيها ماذا يكون وضعه الشخصي في المستقبل ومدى تكيفه وتوافقه الدراسي.

والتحصيل الدراسي الذي نتحدث عنه يتأثر بمدى الاستقرار النفسي الذي يشعر به الطالب ويترتب عليه الحصول على تحصيل دراسي مرتفع أو متدنٍ. من ناحية

أخرى كلما تعرض الطالب إلى سوء توافق أسري وبيئي أدى ذلك إلى انخفاض في تحصيله الدراسي.

ولقد دلت الدراسات على أن هناك عوامل وجدانية تؤثر تأثيراً واضحاً وكبيراً في انخفاض التحصيل الدراسي، ومن بين هذه العوامل الوجدانية أو الانفعالية والعدوانية التي تسيطر على سلوك وتصرفات الطلاب، حيث أكد الباحثون على أن الطلاب الذين يعانون من تحصيل منخفض يوجد لديهم توجه عدواني تجاه الآخرين، وخصوصاً ممثلي السلطة والإدارة، وهم يشعرون بالاكتئاب الدائم، ومن الصفات المميزة للطلاب منخفضي التحصيل، خاضع، دفاعي سهل الانقياد والتبعية، حذر ومتواضع، متمرد، حساس، منبسط، بسيط مغترب، عدواني سلبي، مكفوف الوجدان، مكتئب قلق (زلزلة، 1994).

وتشير بعض الدراسات إلى وجود علاقة عكسية بين الأعراض الاكتئابية والأداء الدراسي لدى الإناث والذكور معا لكنها تنطبق على الإناث أكثر (دبواني، 1975). كما وتقول دراسة أخرى أن هناك ارتباطاً موجباً بين الاكتئاب والسلوك العدواني، وارتباطاً سالباً بالنسبة للنشاط الاجتماعي، وأن المشاكل التحصيلية يمكن أن تحدث في الحالات التي تنبذ فيها الأمهات الأبناء، وأن الانخفاض في الأداء الدراسي والاجتماعي له علاقة بمشاعر الاكتئاب لدى الطالب أو الفرد (القوصي، 1961).

ولقد ذكر زهران أن الطلاب المتأخرين دراسياً يتعرضون إلى الشعور باليأس والعجز وانعدام الثقة في النفس، الأمر الذي يجعلهم عرضة للاكتئاب، أما فيما يخص تفوق الطالبات في التحصيل الدراسي على الطلاب فإن ذلك يرجع في معظم الحالات إلى الارتفاع في دافعية الإناث وقدرتهن على التحصيل والمثابرة والإنجاز، حتى يكون بالامكان تحقيق مكانة اجتماعية أفضل، وإثبات أنهن لسن أقل كفاءة من الذكور (زهران، 1983).

ولقد ذكر لنا أبو حطب (1980) أنه من الضروري أن ننتبه إلى أهمية معرفة الوسائل المناسبة التي تعمل على الحد من معوقات التحصيل الدراسي، مثل الاضطراب النفسي، والاكتئاب، لأن الاكتئاب يعتبر من العوامل المشتتة للتفكير والتي تؤدي إلى عدم التركيز، وضعف الانتباه، والعلاقة الاجتماعية السلبية داخل غرفة الصف والمدرسة بين الطلاب أنفسهم، وبينهم وبين المعلمين، والإدارة المدرسية، وهذه جميعها عوامل ذات أهمية خاصة في حياة الطلاب العامة والخاصة وتساعد على حدوث الاكتئاب وبالتالي إلى تدني التحصيل الدراسي والإنجاز المدرسي.

ولكي نرفع المستوى التعليمي والتحصيلي يجب العمل على تحسين مستوى أداء المعلمين، والقيام بمساعدة الطلاب على الوقوف أمام المشاكل التي تواجههم عن طريق بث الثقة بالنفس لديهم من خلال برامج سيكولوجية تربوية تعد وتقدم لهم خصيصاً، هذا بالإضافة إلى ابتعاد المعلمين عن استعمال الأساليب الخاطئة مثل السخرية أو التهكم أو الاستهزاء أو التقليل من شأن الطالب أمام زملائه.

أي أننا نستطيع أن نقول إن الاكتئاب من الحالات المرضية التي إذا أصيب بها الإنسان تؤثر عليه من جميع النواحي والجوانب الحياتية الحاضرة والمستقبلية، وتحد من نشاطه في جميع المجالات، والطالب في المراحل التعليمية المختلفة، أهم وأكثر ما يتأثر لديه هو تحصيله الدراسي، حيث يبدأ هذا التحصيل بالتراجع والتدني كما يظهر من العلامات والنتائج التي يتوصل إليها حيث تكون هذه العلامات هابطة إلى حدٍ كبير، والطالب يهمل التعليم والدروس ولا يذهب إليها ولا يفكر في المستقبل، لأنه لا يستطيع القيام بذلك، بل يدور تفكيره حول الأمور السيئة وإيذاء النفس كنتيجة مباشرة لضعفه وعجزه عن الوقوف أمام المشاكل والصعاب.

ولقد دلت نتائج الأبحاث والدراسات التي أجريت بخصوص الفروق بين طلاب الجامعة المتفوقين والضعفاء دراسياً ومدى تأثرهم بالأمراض العصابية وخصوصاً الاكتئاب النفسي، دلت وبصورة قاطعة أن الطلاب المتفوقين دراسياً لا يعانون من الإصابة بالأعراض العصابية (إلا في حالات نادرة) لأنهم يكونون بعيدين عن التوتر والقلق بسبب الأوضاع الاجتماعية التي تقلق غيرهم وذلك على العكس من الطلاب الضعفاء الذين يعانون منها وبصورة شبه دائمة.

إن هذه النتائج قد تكون منطقية لأن النجاح الذي يحققه الطالب المتفوق يجعله يحقق إشباعاً مباشراً وأكيداً لرغباته وميوله وأهدافه ويشعره بنوع من الرضا عن النفس والقدرات العقلية الموجودة لديه، أيضاً يؤدي هذا النجاح إلى تبديد وإزالة العديد من المخاوف والقلق الدائم الذي يشعر به حول مستقبله وحياته المقبلة بصفة عامة، كما أن المدح الذي يحصل عليه المتفوق وما يحاط به من ثناء يحقق له قدراً كبيراً من الثقة والاعتماد على النفس والتفاؤل، وكل ذلك من شأنه أن يخفض إلى درجة عالية إمكانية تعرضه لأي أعراض عصابية واضحة أو أن يتعرض لها بقدر أقل من غيره من الأفراد. أي أن المتفوق في أي نوع أو تخصص علمي يتأثر بمقدار معين بالأمراض العصابية، ولكن الطالب الضعيف بالمقابل يميل إلى عدم الاتزان الانفعالي، مما يعوقه عن القيام بعملية الاستذكار على أفضل وجه وأكمله ويؤدي به إلى طريق الرسوب

والبقاء في نفس المستوى والفشل، كما وتبين عدم وجود فروق ذات دلالة إحصائية بين الذكور والإناث عامة متفوقين أو ضعفاء.

ومما يجدر ذكره أن الطالب المصاب بالاكتئاب يبدأ بإهمال دراسته ويصل إلى تدني تحصيله الدراسي لأسباب عديدة منها:

1. عدم وجود الدافعية الكافية والمحركة لدى الطالب نحو التعليم والدراسة نفسها.
2. عدم توافق التعليم والتعلم مع ميول ورغبات وقدرات الطالب العقلية، وأهدافه وسيمات شخصيته.
3. من الممكن أن يكون الطالب مجبراً على الالتحاق بالتعليم والمدرسة، وهو يرفض القيام بذلك ولكن يفعل ذلك بسبب بعض الضغوط التي يتعرض لها.
4. من المحتمل أن الطالب لا يجد أثناء التعلم المناخ البيئي الملائم والمناسب والصحي للقيام بالتعلم.
5. قد يعاني الطالب من كثرة المشاكل التي تثقل كاهله فيتعذر عليه أن يتعلم ويصل إلى التفوق.
6. قد يفتقد الطالب المثل الأعلى الذي يحتذي به والقدوة الحسنة التي يقتدي بها، مما يجعله يشعر بعدم أهمية التعليم أو الجدوى منه.
7. من الممكن أن يكون الطالب قد وصل إلى اللامبالاة واعتاد عليها، وعدم الاهتمام بالدراسة منذ السنوات الأولى التي بدأ فيها التعليم.
8. قد يفتقر الطالب إلى الإمكانات النفسية التي تعينه على مواصلة الدراسة والتحصيل المتفوق، كأن يكون في حاجة إلى الثقة بالنفس أو تحمل المسؤولية، أو الاعتماد على النفس، أو حتى المثابرة.
9. من الممكن أن لا يكون لدى الطالب أسلوب استذكار أو تحصيل أمثل يساعده على التعلم والتحصيل الصحيح.
10. قد يكون الطالب يعاني من الإصابة بنوع من اضطرابات الشخصية خصوصاً الشخصية الهستيرية، أو الفوبية، الصرعية، أو أن يكون لديه مستوى عالٍ من قلق الاختبار أو الامتحان أو فوبيا Test Anxiety

الامتحانات، أو من الممكن أن يصاب بحالة نسيان للمعلومات التي درسها أثناء وجوده في الامتحان ومن المحتمل أن تصيبه حالة من الشرود والتشتت الذهني المتبوعة بعدم القدرة على التركيز والانتباه.. إن جميع هذه العوامل تعمل على إعاقة الطلاب عن التحصيل والتفوق الدراسي بسبب الإصابة بالاكتئاب (عبد اللطيف1990).

القلق والاكتئاب وتأثيرهما على التحصيل الدراسي

يعد القلق من أكثر أنواع الاضطرابات الانفعالية الشائعة في المجتمع، ويعتبر سمة رئيسية في معظم الاضطرابات ويكون مرافقاً للمواقف المتأزمة ومصاحباً للاضطرابات النفسية والعقلية الأخرى، والقلق ممكن أن يكون انفعالاً إيجابياً، مثل أي انفعال آخر لأنه يساعد على الدفع والتعلم واستباق حدوث الخطر، وبالتالي الاستعداد له، وهو يعتبر إيجابياً كل الوقت الذي يكون فيه تحت السيطرة والقدرة الضابطة، ولكنه في بعض الأحيان ينفجر ويتحول إلى عصاب شامل، يضع الطالب في حالة حيرة دائمة تجعله يلهو عن عمل الوظائف المدرسية والوصول إلى الرسوب أو تأخر دراسي ملحوظ وواضح. وذلك من خلال المشاكل التي يعيشها الفرد، بيئية، اجتماعية أو نفسية، التي تعطي الإنسان الإحساس والشعور المتزايد بعدم الرغبة في الحياة واللذة والتكيف لأن القلق من عدم إشباع الاضطرابات النفسية التي يمر بها الطالب يفقده الانفعال العصابي التي له أسبابه الكثيرة منها الشقاء والتعاسة لأن القلق والاكتئاب يتميزان بالخوف والعجز عن التفاعل الاجتماعي والتكلف والبناء.

والشكل الانفعالي الغالب في حالات الاكتئاب هو الحزن الشديد، والحزن يعتبر استجابة إنسانية مقبولة في المواقف الانفعالية الصعبة، ولا يوجد أي فرد إلا انتابه الخوف والأسى، على اثر فقدان إنسان أو مكان عزيز على نفسه، فإن هذا الشعور يسيطر في بعض الأحيان على بعض الأشخاص بصورة أقوى أو أطول من المعتاد. لهذا نسمي هؤلاء الأشخاص باسم المكتئبين. وهم في العادة لا يستطيعون القيام بعمل أي شيء يتطلب منهم التفكير والعمل المستمر. مثل الدراسة والتعلم لأنهم لا يستطيعون التركيز المستمر لشعورهم بالعجز واليأس والذنب ولشعورهم المتزايد بانعدام الثقة بالنفس والمكتئب يرجع دائماً إلى الماضي ويبحث عن الحزن على ما فات، مما يزيد من ضعفه وعجزه عن القيام بالفعاليات والمهام التعليمية التي تطلب منه يومياً (إبراهيم 1987).

الوقاية من الاكتئاب

إن عملية الوقاية من الاكتئاب والابتعاد عنه تتطلب القيام بالأمور والفعاليات الآتية:

1. **العمل على تشجيع الاتصال والتعبير عن المشاعر:** إن القبول لدى الأطفال يقوى عن طريق شعورهم بالاحترام والإصغاء إليهم، والاهتمام بهم والاستماع للمشاكل التي يعانون منها، ومن ثم تفهم آرائهم.

إن إقامة الاتصال مع الأطفال تعتبر من الوسائل الهامة التي تحميهم من الاكتئاب وعند الاتصال بالأطفال والتحدث معهم علينا أن:

أ   نكون واضحين ومحددين وإيجابيين.

ب   نهتم بالأفعال أكثر من الأقوال.

ج   نكون أمينين وعادلين ومهذبين وبنائيين.

د   لا نلجأ إلى أسلوب إلقاء المحاضرة واختلاق الأعذار.

2. **زيادة القدرة والكفاءة**

إن الأطفال والأفراد الذين لا يوجد لديهم أي شعور بالعجز والضعف لا يصابون بالاكتئاب، لذا فإنه من الضروري العمل على رفع الشعور بالفعالية والكفاءة والاستقلالية عند الأطفال، من ناحية أخرى فإن القيام بتعليم الأطفال وسائل وأساليب تساعدهم على حل المشاكل ضروري جداً بالإضافة إلى اكتساب الشعور بالرضا عن النفس الذي يقيهم من الشعور بالعجز، كما ويجب أن نقوم بإشعار الأطفال بأهميتهم ومكانتهم في البيت وذلك عن طريق الاستماع إلى الاقتراحات التي يقدمونها، وتقدير آرائهم وتشجيعهم على التعبير عن النفس.

3. **اعتبار الذات ودعمها**

يجب علينا العمل على تنويع وتطوير وزيادة المصادر التي ترفع من اعتبار الطفل لذاته وتقديره لنفسه، لأن اعتماد الطفل على مصادر معينة من الممكن أن يؤدي إلى إصابته بالاكتئاب إذا فقد هذا المصدر.

4. **المرونة والتفاؤل**

إن الآباء والأمهات بتصرفاتهم وأعمالهم وتوجهاتهم ومعالجتهم للقضايا والمشاكل التي تواجههم، قد يعلمون الأبناء التفاؤل أو التشاؤم، لأن الأطفال في المراحل المبكرة من حياتهم يقتدون بالكبار ويقومون بتقليد جميع الأعمال التي يعملونها، فالآباء أو الأمهات الذين يركزون على المشاكل والمصاعب التي تواجههم فإن لأبنائهم سوف تكون نفس المشاكل في الوقت نفسه أو فيما بعد، لذلك وحتى نساعد الأبناء على التوجه الإيجابي فيجب التركيز على الإيجابيات الاجتماعية فيما يقومون به من أعمال والنظر إلى المستقبل بعين الأمل والتفاؤل والعمل على تطوير المواقف القائمة على التفاؤل، حتى يستطيع الأطفال التغلب على أي توجه من شأنه أن يؤثر عليهم نفسياً أو جسدياً، ويجعلهم غير قادرين على القيام بأي عمل من الأعمال.

5. <u>الانتباه للإرشادات التحذيرية التي تصدر عن الأطفال</u>

يجب على الأهل والمعلمين وكل من له علاقة قريبة أو بعيدة مع الأطفال في أي مجال الانتباه لما يحدث معهم من أحداث حتى يستطيعوا معرفة كل إشارة أو علامة تصدر عن الطفل وتوحي أنه يعاني من العجز والاكتئاب، فمثلاً يجب الاهتمام بشكوى الطفل إذا اشتكى من موضوع معين، والاهتمام بتعليقاته على ما يدور حوله أو يحدث معه من أحداث لأن الطفل قد يلجأ إلى إيذاء نفسه لكي يستطيع جذب انتباه الكبار أو الآخرين من حوله إذا لم نهتم به من البداية.

إن التغيير المفاجئ الذي يحدث في السلوك عند الأطفال يعتبر إشارة تحذيرية يجب أن تؤخذ بالاعتبار والاهتمام، ومحاولة فهمها وإدراك القصد منها حتى نعمل على حماية الطفل مما قد يحدثه لنفسه، أو يحدث له (حواشين، 1989).

أسباب الاكتئاب

للاكتئاب أسباب عديدة تؤثر بصورة مباشرة وغير مباشرة على الفرد المصاب به وتحدد قدرته وإمكانياته على القيام بعمليات ضرورية وأساسية لها أثر على تطوره وتقدمه مثل اتخاذ القرارات والتعلم والتحصيل الدراسي المطلوب.

الأسباب الفسيولوجية

إن الأسباب الفسيولوجية لها أهميتها الخاصة وتأثيرها المباشر على الفرد المصاب بالاكتئاب لذلك يجب أن تؤخذ بالاعتبار عندما تظهر حالات الاكتئاب عند الأطفال خصوصاً إذا كانوا في البداية في حالة تكيف جيدة ثم تحدث لهم استجابات اكتئابية بصورة مفاجئة أو تدريجية، ويقول بعض الباحثين أن مرض الاكتئاب يحدث ويتم بالوراثة بواسطة الجينات المتعددة، وظهور الاكتئاب في مرحلة مبكرة يعني أنه متأثر بالعامل الوراثي.

إن بعض الأسباب الجسدية قد تؤدي إلى الاكتئاب، مثل عدم توازن الهرمونات، فقر الدم، الفيروسات وعدم انتظام السكر في الدم (حواشين، 1989).

أسباب الاكتئاب النفسية

1. **تدني مفهوم الذات**:تؤكد الدراسات على وجود علاقة بين الاكتئاب ومفهوم الذات عند الأطفال في المدرسة، حيث وجد أن لدى الأطفال الذين يعانون من الاكتئاب اعتبار متدن للذات بالمقارنة مع الأطفال العاديين، وتكون الإناث أكثر تأثراً من الذكور.

2. **الشعور بالذنب:**

إن الأطفال الذين يعانون من الشعور بالنقص وأنهم فاسدون أو سيئون يرون أنهم يستحقون العقاب بسبب سلوكهم السيئ، وتزداد المشكلة في التعقيد عندما يشعرون أن حب الآخرين لهم يقل فإن ذلك يشعرهم بالذنب وقلة التقدير لذاتهم الذي ينتج عن الحرمان المبكر في الطفولة وانعدام الحب والاهتمام في الصغر، مما يشعرهم بأنهم ليسوا أهلاً للسعادة، وهذا بدوره يؤدي إلى حزنهم واكتئابهم.

3. **الضغوط النفسية المدرسية**

إن النظام المدرسي الذي يقوم على العقاب والقسوة، والضرب والتوبيخ يؤدي إلى شعور الطفل بالخوف من المدرسة وفقدان الثقة بالمعلمين والكبار ويجعلهم يصابون بالاكتئاب، لأن العقاب غير العادل الذي يعاقب به الكبار الصغار، يؤدي إلى الشعور بالإحباط والاكتئاب، وهذا بدوره يبعدهم عن المدرسة ويجعلهم لا يقدرون على الوصول إلى المستوى المطلوب.

4. **الغضب والإحباط**

إن الأطفال الذين يشعرون بظلم الآخرين لهم يحسون بالغضب، وفي بعض الأحيان يبنى هذا الشعور على أمور حقيقية وفي بعض الأحيان الأخرى على الخيال والمبالغة، وبما أنهم لا يميلون للتعبير المباشر عن مشاعرهم للكبار لأن معظمهم لا يحبذون تعبير الأطفال عن أنفسهم فإنهم يحولون غضبهم على أنفسهم ويبدأون بالتفكير بإيذاء أنفسهم بسبب الاكتئاب الذي يعانون منه.

5. **الشعور بالعجز**

إن شعور الأطفال بالعجز وعدم المقدرة على التعامل مع المشاكل التي تواجههم يؤدي في بعض الأحيان إلى الانتحار، لأنهم يعيشون دون امتلاك البدائل وعدم القدرة على السيطرة على المواقف التي تواجههم وشعورهم بأن سلوكهم لا يؤثر على الآخرين بأي شيء، وأنهم لا يحصلون على الاعتراف والتقدير من الآخرين ولا يستطيعون التغلب على معاناتهم، فإن كل ذلك يدفعهم إلى اليأس والعجز وبالتالي إلى الاكتئاب والانسحاب من المجتمع.

6. **فقدان الوالدين أو أحداهما أو الشعور بخسارة فادحة**

إن فقدان الطفل لشخص يحبه ويقدره ويعتمد عليه قد يسبب له الاكتئاب، لأن هذا الفقدان يعتبر كارثة بالنسبة للطفل التي تسبب رد فعل انفعالياً كبيراً، ومن الممكن أن تجعله عاجزاً عن القيام بالنشاطات اليومية التي تزيد من تشاؤمه وعدم قدرته على إنجاز أي شيء أو القيام بأي عمل، فمثلاً يرى فرويد أن فقدان الأهل أو أحداهما يؤدي إلى حالة من الحزن الشديد الذي يتطور إلى الاكتئاب المرضي، حيث أن الطفل عندما يشعر بأن موضوع الحب قد اختفى من حياته فإن ذلك يؤدي إلى شعوره بالحزن والاكتئاب خصوصاً إذا كان المفقود يعتبر بالنسبة للطفل الأنا الأعلى، مما يجعله يكره ذاته ويحقد عليها ويميل إلى العمل على تحطيمها وتدميرها. أيضاً يؤدي الطلاق أو الانفصال إلى شعور الأطفال بالإهمال والضياع وعدم الأهمية والمكانة، الأمر الذي ينعكس عليهم بصورة سلبية ويجعلهم عاجزين عن القيام بأي شيء ويكرهون كل شيء.

7. **رغبة الأطفال بالاهتمام والحب والانتباه والعطف أو الانتقام**

إن الأطفال في الكثير من الحالات يعبرون عن شعورهم بقصد جذب الانتباه من الآخرين وكسب ثقتهم، خصوصاً عندما لا يظهر هؤلاء الآخرين أي اهتمام بهم، لذا فإن الأطفال لا يجدون أي وسيلة لجذب انتباههم.

وفي بعض الأحيان قد يؤذي الطفل نفسه لكي يحصل على حب وتعاطف الآخرين لأنهم يتجاهلونه ويهملونه، تماماً كما يحدث مع الطفل في المدرسة حينما يعاقبه المعلم على ذنب معين، أمام جميع الطلاب ثم يعود مرة أخرى للقيام بنفس الذنب ويعاقب عليه وعندما يسأله المعلم لماذا يفعل ذلك؟ فإنه يجب لكي يحصل على اهتمام المعلم ويكون في مركز الأحداث والاهتمام من جانب المعلم والطلاب، ويحصل على الحب والحنان، الذي لا يستطيع الحصول عليه إذا لم يقوم بعمل أعمال تغضب المعلم

من ناحية أخرى فإن الطفل يلجأ إلى الاستجابة الاكتئابية للانتقام من الكبار، لأنهم يصبحون شديدي الغضب عندما يشعرون بأنهم لا يحصلون على الحب الكافي من الكبار، فيقومون بعقابهم من خلال استجاباتهم الاكتئابية، وقد يأخذ الانتقام أشكالاً متعددة مثل ترك المدرسة وعدم الاهتمام بالتعليم والتعلم والحصول على علاقات متدنية أو الانحراف وتعاطي الممنوعات على أنواعها.

8. التخلص من التوتر

قد يكون الاكتئاب وسيلة للتخلص من التوتر، عندما لا يتمكن الأطفال من السيطرة على ذلك بطريقة مناسبة، والتوتر هو شعور داخلي بعدم الراحة نتيجة لخلاف أو عداوة بين الأفراد، ويكون في العادة مصحوباً بمؤشرات بدنية بسبب الانفعال مثل العرق وشدّ العضلات، ومن عوارضه أن بعض الأطفال يلجأون إلى شد شعرهم أو خدش أنفسهم، وعندما يفشل الطفل في التغلب على التوتر يصاب بالاكتئاب، وإن التفكير بالانتحار يأتي من محاولات البحث عن نهاية للتوتر المستمر.

9. الاكتئاب العائلي

في الكثير من الحالات يكون سبب الاكتئاب الذي يصاب به الأطفال أن آبائهم مكتئبون، أي أن التعرض للاكتئاب يعتبر من الخواص والصفات الموروثة، فالأبناء يقلدون آبائهم في كل شيء حتى في اكتئابهم...والآباء المكتئبون لا

يفتحون قنوات وطرق اتصال مع أبنائهم الأمر الذي يجعلهم منعزلين، وعاجزين عن القيام بأي عمل. هذا بالإضافة إلى أن الصراعات العائلية تولد شعوراً بالاكتئاب عند الأبناء.

الأسباب الاجتماعية للاكتئاب

إن هذه الأسباب في معظم الحالات تكون ناتجة عن تأثير البيئة التي يعيش فيها الفرد ويتفاعل مع الآخرين الكبار والصغار أفراد الأسرة أو أفراد المجتمع، ونتيجة لهذا التفاعل يتأثر الفرد في الجوانب الأخلاقية، أو التربوية، أو النفسية، أو الاقتصادية.

ومن المؤكد أن حالات الاضطراب النفسي أو العقلي الوظيفية التي قد تحدث للفرد، ترجع في الأساس للاختلاف الذي يحدث في التوازن القائم بين الفرد والمجتمع، وبين علاقات الفرد بالآخرين، وذلك بسبب ارتباط الفرد في المجتمع بعلاقات اجتماعية لها الأهمية والمكانة الخاصة لديه، الإيجابية والسلبية. فمثلاً له علاقته مع أصدقائه وزملائه ومعارفه، هذا بالإضافة لكونه عضواً هاماً يعيش داخل الأسرة. وكلما كانت دوائر اتصاله وعلاقته مع البيئة أكبر، فإن ذلك يمكنه من النجاح في حياته بصورة كبيرة وواضحة، وهنا نستطيع القول أن الاتزان العقلي والنجاح في الحياة يتناسب تناسباً طردياً مع اتزان علاقة الفرد بمجتمعه وأسرته وأصدقائه ومعارفه، لأن الإنسان عندما يقع في اختلالات قوية أو مستمرة فإن ذلك سيؤدي إلى أن يكون مريضا نفسياً وربما عقلياً.

وعليه نستطيع أن نقول أن هناك أسباباً عديدة تؤدي إلى حدوث الاكتئاب الاجتماعي لدى الأطفال وأفراد المجتمع على اختلاف أجيالهم وأعمالهم ونذكر منها ما يلي:

1. <u>علاقة الطفل بالأم</u>

منذ اللحظة الأولى لولادة الطفل يكون انطباعاته الأولى عن الحياة، وما سيكون فيها وكيف ستكون، صالحة وسعيدة، أم فاشلة وتعيسة، وعلى هذا الأساس فإن العلاقة التي تربطه بالأم تعتبر أساسية وحاسمة في تقرير مصيره، لأن الطفل لا يحصل من الأم على الغذاء فقط بل على الاهتمام به والقيام بتلبية حاجاته الأساسية، أو أنها مهملة ولا تعطيه أي انتباه ولا تهتم به الاهتمام الكافي، فإذا كانت الأم تهتم به فإن انطباعه عن الحياة ستكون فرحة ومليئة بالسعادة، أما إذا

لم تهتم به فإن ذلك يدفعه للشعور بأن الحياة قاسية ومليئة بالألم تماماً مثل أمه، وتكون هذه بداية زرع البذور الأولى في شخصيته ككائن بشري حي.

2. طريقة التنشئة الأسرية

إن للأهل دوراً مهماً في تنشئة وتربية أطفالهم والأطفال في العادة يكتسبون المعتقدات، والأفكار، والاتجاهات الثقافية التي يؤمن بها الأهل. والأطفال أيضاً يتقمصون أسلوب الوالدين في مواجهة المشاكل التي تواجههم، والأزمات التي يمرون بها، فإذا تعلم من الأهل القيم والمثل الفاضلة وتربى على الحب والاحترام، واستطاع أن يرى أمامه والديه يقفان بشجاعة وقوة وإيمان وهدوء في المواقف الصعبة فإنه بالتأكيد سيفعل مثلهما ويسير على نفس المنهج والطريق ويصمد أمام تيارات الحياة. أي أن على الأهل تعليم أولادهم كيفية الاعتماد على قدراتهم في التعامل مع الحياة المملوءة بجميع أنوع المشاكل والمصاعب بالإضافة لحبهم المحتوم له. أما إذا تربى الطفل على الشر والكراهية والحقد والدلال فإنه سوف يواجه مشاكل عديدة في المستقبل ومن المؤكد سينضم إلى المنحرفين أو المرضى نفسياً. وفي هذا المجال أكدت معظم الدراسات على وجود علاقة بين الرفض من قبل الوالدين في مرحلة الطفولة المبكرة والإصابة بالاكتئاب لكل من الآباء والأبناء، كما أن الأمهات ليس بمقدورهن التحكم في الأطفال الذين توجد لديهم مشاكل سلوكية، هذا بالإضافة إلى أن قسوة الأم في التعامل مع الطفل تساعد على زيادة الاكتئاب عند الأطفال (العفيفي، 1990).

3. التفكك الأسري:

إن الأسرة المتفككة والمتنافرة، التي تعاني من عدم الانسجام بين الوالدين، يكون الأب ضعيف الحيلة، ولا يستطيع التصرف، والأم غير متكيفة معه تؤدي إلى جعل الطفل عاجزاً وضعيفاً لا يستطيع عمل أي شيء. إن مثله يتحول إلى راشد سيئ التكيف. هذا بالإضافة إلى كون الصراعات الأسرية المتكررة والشديدة تؤدي إلى شعور الطفل بالاكتئاب المستمر الذي يؤدي إلى شعور الطفل بالعجز عن القيام بإنجاز أي شيء مهما كان سهلاً وبسيطاً ومهماً، كان ذا أهمية خاصة بالنسبة له.

ولقد أكدت الدراسات العديدة على أن الاكتئاب ينتقل من الأم إلى أطفالها، حيث توجد علاقة وثيقة بين اكتئاب الأم والمشاكل السلوكية عند الأطفال، حيث بينت

الدراسات أن أطفال الأمهات المكتئبات يختلفون عن أطفال الأمهات العاديات، حيث تعجز المكتئبات عن تقديم الأمن للطفل، مما يولد لديه نوعاً من الشعور بالعجز والاكتئاب، الذي ينخفض إذا توفر التعاطف بين الأم والطفل.

4. التقليد

تشير الدراسات التي أجريت على موضوع الاكتئاب أن أكثر من نصف آباء الأطفال المكتئبين هم مكتئبون أيضاً، لأن الاستعداد للاكتئاب يعبر من الصفات الموروثة، ويتحول إلى واقع من خلال عيش هؤلاء الأطفال مع آباء مكتئبين، لأن الأطفال في العادة وفي المرحلة المبكرة يقومون بتقليد سلوك آبائهم وكل ما يصدر عنهم من أعمال لأن الأب يعتبر المثل الأعلى بالنسبة للطفل، حيث أنه يتعلم أن يكون حزيناً ومكتئباً عندما يشاهد أحد والديه أو كليهما مكتئبين.

5. أساليب التنشئة في المدرسة

تعتبر المدرسة المؤسسة الاتصالية الثانية في حياة الطفل بعد الأسرة حيث يمضي فيها فترة لا بأس بها من الزمن يؤثر ويتأثر بها بصورة واضحة، لأنها تعمل على تقوية ما يوجد لديه من صفات وقدرات جاء مزوداً بها من البيت، وفي نفس الوقت تعمل على حذف ومحو بعض الصفات لأنها لا تتلاءم ولا تتناسب مع ما تقوم بعمله مع جميع الطلاب.

فمثلاً تعلم المدرسة الطفل كيف يكون منظماً ومتعاوناً وشجاعاً وقوياً وتعلمه أن يكون قوياً صحياً ونفسياً، وعقلياً، وأخلاقياً وجميعها أسباب تؤدي إلى الاتزان العقلي والنفسي. فإذا قامت المدرسة بواجبها الكامل اتجاه الطفل فإن ذلك يعني أنه تعلم وبصورة مؤكدة القيم الفاضلة، والاتجاهات السلوكية الإيجابية التي تعلمها في البيئة التي يعيش فيها، وإذا فقدت المدرسة وظيفتها فإن ذلك يعني، أنها من الممكن أن تكون عاملاً مساعداً في إضعاف قيم الطفل التي تعلمها من أسرته، لذلك على الأسرة والمدرسة التعاون فيما بينهما على زرع الطمأنينة في قلب الطفل وفي زيادة احتمال نجاحه في الحياة، مما يؤدي إلى ضمان استقراره النفسي.

6. أثر الرفاق على الفرد

إن علاقة الأبناء بالأهل والفرد والأسرة يجب أن تكون قوية ولا تتأثر بالعوامل الخارجية بسرعة، لأن الطفل في المرحلة الأولى من حياته يكتسب التصرفات

والسلوكيات من الأهل وليس من أصدقائه، أي أن عدم وجود علاقة قوية بين الأبناء والأهل تجذبهم لبعضهم، فإن الأولاد سيتجهون إلى مصدر اجتماعي آخر يسقطون شعورهم ورغباتهم الاجتماعية فيه.

إن الأطفال لا يجدون أفضل من المدرسة مكاناً لاستثمار طاقاتهم ونشاطاتهم فيه، لذا فهم ينتمون إلى إحدى جماعات الأصدقاء التي تناسبهم، أو لا تناسبهم، حيث توجد جماعات لا مبالية دراسياً، تتعاطى المخدرات أو منحرفة جنسياً. وفي المجموعة التي ينضم إليها الطفل يشعر بأنه عضو ملتزم وأنه جزء لا يتجزأ منها، وفي نهاية الأمر يعتمد الطفل على أصدقائه، ويتعلم السلوكيات منهم، وتصبح لديه نفس الأفكار والعواطف التي توجد لديهم، فتنعزل هذه المجموعة عن المجموعات الأخرى وعن إطار المدرسة. أي أن العزلة تجعل العضو يشعر بالاغتراب عن المجتمع الذي يعيش فيه، وتبعده عن نظمه وهيئاته، فيشكل مجموعة مضادة من النواحي الفكرية والاجتماعية والعاطفية مع ما هو موجود بالمجتمع الواسع الذي يعيش فيه، ومع مرور الوقت يحدث صراع فكري عقائدي يتحول إلى اضطراب نفسي إذا لم يستطع تحصين نفسه بالقدر الكافي من التوازن الفكري والفلسفي.

7. <u>الفشل العاطفي بسبب الاكتئاب</u>

إن معظم الأفراد الذين يفشلون في علاقاتهم العاطفية يصابون في أغلب الأحيان بالاكتئاب. لأنهم عاشوا تجربة حب عميقة كانوا قد أعطوها الكثير من الأمل والجهد والمثابرة والتضحية، وفجأة تنتهي هذه العلاقة وتموت، فيؤدي ذلك إلى شعورهم بالإحباط، ويفقدون الثقة بالنفس وبالجنس الآخر، ويصعب عليهم البدء بعلاقة جديدة. وإن الأصعب من الفشل في علاقات الحب هو فشل علاقة الزوج، أي الطلاق الذي يحدث بين الأهل، فيعيش كل منهما بأزمة نفسية صعبة، وأثر هذه الظاهرة السلبي يكون أقل بكثير على الرجال منه على النساء المطلقات، وذلك لأن نظرة المجتمع للمرأة قاسية ولا ترحم لأنه يعتبر المرأة المطلقة خارجة عن نطاق العرف والتقاليد والقيم الزوجية.

8. <u>موت عزيز</u>

إن الكثير من الأفراد والأطفال يمرون بفترات صعبة عندما يفقدون شخصاً عزيزاً عليهم كان له مكانة وأهمية كبيرة في حياتهم وتعودوا على تواجده معهم وبينهم، فيبدأون بالتساؤل لماذا تركهم ورحل ولن يعود أبداً؟ كيف يمكن أن نعيش من دونه؟ وإذا استمرت هذه الأسئلة في ذهنه سوف يكون من الصعب

عليه الصمود أمام مشاكل الحياة اليومية، فيتعب ويتألم كثيراً لفقدان الشخص العزيز، وفي نهاية الأمر إما أن يصاب بالاكتئاب أو بمرض جسدي نتيجة للآلام النفسية التي من الممكن أن تنهي حياته.

9. الشعور بالوحدة والعزلة

إن الاعتياد على حياة معينة يؤدي إلى إصابة الأطفال أو الأفراد بحالات مثل الاكتئاب إذا ما انعزلوا عن هذه الحياة لأسباب كثيرة مثل:المرض، الفشل في المدرسة، الطلاق، تغيير مقر العمل أو السجن الذي يؤدي إلى إصابة السجناء بالاكتئاب، لأنهم يبعدون عن أبنائهم وأزواجهم وأسرهم، وأقاربهم، وأصدقائهم، ويضطرون للتعايش مع بيئة جديدة لم يعتادوا عليها من قبل. وإن لم يحدث ذلك فإنهم يصابون بالكآبة وعدم الاتزان مما يجعلهم لا يقدرون على عمل شيء يعود عليهم أو على من حولهم بالفائدة (العفيفي، 1990).

10. البطالة والفقر

إن إحساس الطفل بالفقر وعدم القدرة على إشباع احتياجاته الأساسية بالمقارنة مع الأطفال الآخرين يؤدي إلى شعوره بالاكتئاب، ولقد اتضح من نتائج الدراسات المختلفة في هذا المجال أن انخفاض المستوى الاقتصادي واضطراب العلاقات الاجتماعية بين الناس يعتبر عاملاً أساسياً يساهم في انتشار الاكتئاب والرغبة في الانتحار.

علاج الاكتئاب

توجد عدة أنواع وطرق من العلاج تستعمل في حالات الاكتئاب نذكر منها:

1.العلاج النفس

يهدف هذا النوع من العلاج إلى فهم رد فعل الأعراض الاكتئابية ويركز على إعادة احترام المريض لذاته، وتقديره لها، وفهمها على المستوى المطلوب حتى يصل مرة ثانية إلى الثقة بالنفس ويصبح قادراً على مواجهة كل الصعاب من حوله، وقادراً على القيام بالتعلم والإنجاز.

ويقوم هذا العلاج على استعمال فنيات التحليل النفسي التي تحاول الوصول إلى المشاعر اللاشعورية المرتبطة بالأحداث المكبوتة لدى الفرد وإلى إبعاد هذه المشاعر عن الفرد المصاب والتوقف عن التخوف منها. وفي بعض أشكال

الاكتئاب الحاد فإنه يتعذر استخدام التحليل النفسي، لأن المريض في مثل هذه الحالة ينطوي على نفسه ولا يكون قادراً على رد الفعل ونقل المشاعر إلى الأخصائي النفسي المعالج.

وفي الكثير من الأحيان والحالات يكون ما يلزم الفرد المريض ليس العلاج النفسي في شكله التقليدي بل يحتاج إلى فرصة مناسبة لكي يعبر عن بعض مشاعره المرتبطة بموقف مؤلم مر به، ولم يحصل على أي اهتمام من قبل الآخرين حتى ولو بالاستماع إليه، وهذا يمكن أن يكون مصدر راحة ولم يرجعه إلى ما كان عليه من قبل، ومثل هذا الوضع يحدث كثيراً مع الأطفال سواء في الأسرة أو في المدرسة عندما لا يحصلون على الاهتمام المناسب في الوقت المناسب مما يكون له أثر واضح عليهم وعلى إقبالهم على التعلم والمدرسة.

<u>2.العلاج الاجتماعي</u>

يهدف هذا النوع من العلاج إلى محاولة تغيير الظروف البيئية التي يعيش فيها المريض، لكي تمكنه من التنفس والابتعاد عن كل شيء يؤدي إلى إثارته واضطرابه، ويقدم أفضل وأحسن الخدمات حتى يستريح من كل شيء يؤدي إلى إثارة اضطرابه مرة أخرى، ومهما كان نوع العلاج الذي يقدم للمريض، فإنه لا يعطي نتيجة إيجابية إلا إذا عمل المريض على إعادة تأهيل نفسه لكي يواجه مجتمعه بعد أن يعود إليه مرة أخرى.

ويعتبر العلاج بالعمل الترفيهي والعلاج بالموسيقى من أنواع العلاج الاجتماعي الذي يستخدم في حالات الاكتئاب، والذي يعطي نتائج إيجابية في نسبة عالية من الحالات.

كما ويمكن القيام بعلاج حالات الاكتئاب التي يصاب بها الأطفال بصورة عامة عن طريق استعمال بعض الطرق والأساليب التالية:

<u>3.النقاش المفتوح والصريح</u>

إن التعامل مع الأطفال بجدية والسماح لهم بالقيام بالأعمال التي يريدونها ويقولون ما يريدون ولكن بحذر وجدية، والتأكيد لهم بأن الغضب والاكتئاب أمران مؤقتان، وهناك أمور ضرورية تعطي ثماراً طيبة ونتائج جيدة، كما ونستطيع أن نسأل الأطفال بطريقة ذكية وحذرة إذا ما فكروا يوماً في إيذاء

أنفسهم، لأن مثل هذا السؤال يشعرهم بأهميتهم ويجعلهم يتأكدون أن الكبار لديهم الاستعداد للاستماع ومناقشة مشاعرهم وأنه لا داعي لإخفائها لأنها تؤثر بصورة واضحة على قدرتهم على التركيز والتعلم والقيام بالأعمال الأخرى.

4.تحديد الأهداف وتحقيقها

علينا أن نقوم بتشجيع الأطفال المصابين بالاكتئاب على تحديد أهداف معينة ومساعدتهم على تحقيقها وذلك حتى يزول لديهم الشعور بالعجز ونشعرهم بالنجاح والقدرة على استغلال القدرات والمهارات الموجودة لديهم والتي يستطيعون من خلالها استعمالها والوصول إلى التحصيل العلمي الجيد أو تحقيق النجاح الاجتماعي الذي يسعون إليهم.

5.استعمال الأنشطة الممتعة

من الوظائف الهامة التي يجب على الأهل القيام بها بصورة دائمة، حماية الأطفال من الوقوع بالحزن والأسى، ويمكن القيام بذلك عن طريق تخطيط أنشطة خارجية ممتعة بالنسبة للأطفال، مما يضمن اشتراكهم فيها وإبعادهم عن العلة، كما ويمكن التركيز على الأنشطة المستقبلية، مثل الرحلات بأنواعها وممارسة الرياضة، وزيارة الأقارب والأصدقاء وتناول الطعام في الخارج، كل ذلك مع الأخذ بالاعتبار رغبات وميول الأطفال في المقام الأول.

6.**الحديث الإيجابي عن الذات**

يجب على الأهل التحدث مع الأطفال بعبارات سهلة وواضحة وباستطاعتهم فهمها ومعرفة القصد منها والتعامل معها. وذلك بدل التركيز على السلبيات ونقاط الضعف وإهمال الإيجابيات، لأن ذلك يزيد الأمر سوءاً، لذلك يجب عليهم تجنب الأمور السلبية القاطعة التي تؤكد على عدم الجدوى من أي شيء، مثل أن الأمور لا تتحسن "أو أنا لا أستحق الاهتمام بالسعادة". وبدل ذلك يحب استعمال عبارات مثل "الأمور ستكون إن شاء الله على ما يرام" أي نستعمل الكلمات المبنية على الثقة والتفاؤل والتي تؤكد على وجود القدرة على النجاح وتحقيق الأهداف. إن هذا النوع من الكلمات يأتي بدل كلمات الحزن والتشاؤم، لأن التفكير الإيجابي يقود إلى العمل الإيجابي، القائم على الثقة بالنفس والتمكن من القدرات الشخصية والوصول إلى الهدف المنشود، والحصول على مستوى التحصيل العلمي المرتفع.

7.إنهاء السلوك الضار للنفس

إن إنهاء مثل هذا السلوك والقضاء عليه يتم للأهل وللأخصائيين عن طريق القيام بالأمور الآتية:

أ. التصحيح: يكون في العادة مرتبطاً بالسلوك الخاطئ الذي يصدر عن الفرد، والذي يجب أن يتبعه بصورة مباشرة وأن يستمر لفترة زمنية مناسبة، ليست قصيرة لدرجة أنها لا تؤدي المطلوب وليست طويلة أكثر مما يجب حتى لا تفقد أهميتها، والتصحيح في جوهره يعتبر عقاباً بسيطاً يستعمل ضد الأطفال في الحالات التي تتطلب ذلك، ولقد أثبتت فعاليته في كثير من الحالات وهناك نوع من التصحيح الذي نطلق عليه اسم (التصحيح العادي) ويتمثل باعتذار الطفل عن عمله وتصحيحه وإصلاح الخطأ، أو أن يقوم بعمل آخر جزاء سلوكه الخاطئ.

ب. العزل والمكافأة: يجب على الأهل أو الأفراد الكبار القيام بعزل الأطفال لفترة زمنية قصيرة بعد قيامهم بأعمال يوجد بها أذى لأنفسهم أولاً ولمن حولهم فيما بعد. لأن العزلة المملة تؤدي إلى تعديل السلوك السلبي والتخفيف من السلوك الذي أدى إليها. أيضاً في مثل هذه الحالة يمكن استعمال أسلوب إعطاء الجوائز والتعزيز لعلاج وحل هذه المشكلة التي قام بها الأطفال، حيث يتم هنا تقديم الجوائز والمكافآت للأطفال الذين اعتادوا على إيذاء أنفسهم، عندما يمر الوقت دون أن يسلكوا سلوكاً مؤذياً لهم (حواشين 1989).

ج. استعمال الأدوية والكهرباء: في الحالات التي تفشل فيها الطرق والأساليب والوسائل التي ذكرت، يمكن اللجوء إلى استعمال الأدوية والصدمات الكهربائية، التي يوصي بها أطباء الأطفال المتخصصون والمعالجون النفسيون بشرط أن لا تهمل الطرق السابقة أثناء تناول الأدوية. مثل العقاقير والمهدئات التي لها فاعليتها في خفض الإثارة. أما في حالات الإثارة الحادة فيمكن استعمال الحقن في العضلات بأحد المركبات الطبية المناسبة التي يقرها الأطباء. ولكن يجب أن نأخذ بالاعتبار أنه في نهاية العلاج إذا قلت الجرعات التي تعطى للمريض، قد تنشأ مضاعفة للاكتئاب، لذلك يجب أن يكون إشراف طبي دائم على عملية العلاج (الشربيني، 1994).

أما بالنسبة للعلاج بالصدمات الكهربائية فإن استخدامه قليل جداً، ويستعمل فقط في الحالات التي يعاود المرض الأفراد بصفة دورية والذين يعانون من الخمود الذي يتميز بانعدام الطاقة الحركية وعند استخدام هذا العلاج يجب خفض الأدوية التي يأخذها المريض.

تأثير التحصيل الدراسي على الاكتئاب

إن الاكتئاب النفسي الذي يصيب الأطفال والأفراد في المدارس ومواقع العمل المختلفة، قد يحصل كنتيجة مباشرة لأسباب تعليمية مدرسية أو لسبب يتعلق بمكان العمل. وفيما يحص الأسباب المدرسية فإن الاكتئاب ينتج بسبب المدرسة والتعلم المدرسي وما يحدث فيه من أحداث لها تأثيرها القوي على الأطفال، فالمدرسة تعتبر دائرة الاتصال الاجتماعية الثانية التي لها تأثيرها الخاص ومكانتها الفريدة بالنسبة للأطفال لأنهم يمضون فيها أوقاتاً طويلة يومياً وعلى مر السنين. وهي تأتي في أهميتها بعد الأسـرة التي ينشأ فيها الطفل ويعيش فيها مرحلة حياته الأولى ويتعلم فيها جميع الأشياء الأساسية والضرورية. وفيما يخص المدرسة فإنها إذا استطاعت القيام بوظيفتها كما هو مطلوب فإنها تستطيع أن ترسخ بصورة أكيدة وناجحة جداً القيم الفاضلة والمبادئ والاتجاهات والرغبات السلوكية الإيجابية التي تعلمها الطفل من قبل، خلال مرحلة الطفولة المبكرة التي نشأ فيها بين أفراد أسرته. وبإمكان المدرسة القيام بتعديل السلبيات الموجودة لدى الطفل والتي حدثت أثناء تربية الأسرة له. أما إذا فقدت المدرسة وظيفتها الأساسية كمؤسسة تعليمية تربوية تهتم بتربية الأطفال وتعليمهم وتطويرهم وتقوية شخصياتهم وثقتهم بأنفسهم، فإنها قد تكون عاملاً مساعداً في إضعاف قيم الطفل التي تعلمها من أسرته وبيئته، هذا بالإضافة إلى إمكانية ترسيخ القيم السلبية لديه. وهكذا تكون المدرسة قد أتمت معظم الظروف التي تدفع الطفل إلى الانحراف أو الإصابة بالمرض النفسي. ولذلك فقد أعطت جميع الدول والبلدان في العالم اهتماماً خاصاً للتعليم والتنشئة المدرسية التي يعتبر التعليم فيها بالمرحلة الأولى إلزامياً ومجانياً لجميع الأطفال، لأن تعليم الأطفال كيف يكونون أعضاء نافعين ولهم مكانتهم في مجتمعهم لا تقل عن جعلهم نافعين لأنفسهم في الحاضر والمستقبل. كما أن المدرسة لا تعلم الطفل القراءة والكتابة والمحادثة وكيف يتعامل مع حساب الأرقام والتمييز بين الرسوم المختلفة فحسب بل يقوم بتدعيم جميع القيم والمثل العليا لديه وفي نفس الوقت تقوي انتماءه للمجتمع الذي يعيش فيه والرغبة للدفاع عنه عند الحاجة. إلا أنه في بعض الأحيان قد تؤثر سلبياً من ناحية نفسية على بعض الطلاب الذين توجد لديهم حساسية اجتماعية وميول مرضية نفسية، وذلك من خلال وجود المعلم شخصياً من

ناحية التعامل والأسلوب المستعمل في التعليم. إن هذه الأمور قد تؤدي إلى إرهاق الطالب نفسياً إذا لم يتقبلها ويتعامل معها كما يجب أن يتعامل، فإنها قد تؤدي إلى إصابته بالاكتئاب النفسي والعجز عن القيام بأي دور اجتماعي أو مدرسي أو إنجاز أي مهام وفعاليات تطلب منه من جانب المعلمين والمدرسة. وهذا العجز بدوره يدخله في مشاكل مع المعلمين والإدارة والطلاب هو في غنى عنها ولكنه لا يستطيع في نهاية الأمر عمل أي شيء.

كل هذا يضاف إليه الجو المدرسي الذي يكون في بعض الأحيان (أو معظم الأحيان) غير مريح للطلاب بسبب ما يحدث في المدرسة من أحداث بين الطلاب أنفسهم أو المعلمين أنفسهم أو المعلمين والطلاب، أي أن العلاقات التي تسود بين جميع العناصر في المدرسة بما في ذلك الإدارة، والفشل في التحصيل الدراسي الذي يصل إليه الطالب، والعلاقة التي تجمع بين الطلاب والتي تعتبر من أهم العلامات لديهم في الفترة المدرسية وتلعب دوراً هاماً في حياتهم وحالتهم النفسية، كل ذلك يكون له أثر مباشر على إصابة الطالب بالاكتئاب.

ويرى الباحثون وعلماء النفس أن ظهور حالات المرض النفسي والاكتئاب في المرحلة التعليمية لدى الطلاب تحدث نتيجة لتراكمات نفسية منذ مرحلة الطفولة المبكرة (ولقد أكد ذلك بصورة واضحة فرويد ومدرسة التحليل النفسي) يتعرضون لها مباشرة من البيت ومن خلال المعاملات التي يعاملون بها من قبل الوالدين بالذات وباقي أفراد الأسرة بصورة عامة، وتنفجر بشكل حاد في فترة المدرسة على شكل أمراض نفسية واكتئاب، لأن الطالب لا يستطيع تحمل الضغوط والمطالب أكثر، وفي نفس الوقت لا يستطيع الاستمرار في الكبت وتحمل ما يحدث له من أحداث مع المعلمين والطلاب والأهل.

والاكتئاب يعتبر من أخطر أنواع الأمراض النفسية التي تؤدي في معظم الأحيان إلى إيذاء النفس. ولقد أكدت أبحاث وإحصائيات كثيرة أجريت على طلاب المدارس بخصوص إصابتهم بالاكتئاب والانتحار فوجد أن ذلك كنتيجة مباشرة للتحصيل الدراسي الذي يحصل عليه الطالب ويكون في العادة ضعيفاً جداً أو متدنياً لدرجة لا يستطيع أن يعمل معه شيئاً في المستقبل. وفي نفس السياق تبين من نتائج الدراسات عن الانتحار الذي يحدث بسبب الإصابة بالأمراض النفسية، إن الشروع في الانتحار يكون قليلاً جداً أو نادر الحدوث بين الأفراد الأميين الذين لم يتعلموا من قبل.

وفي نفس الوقت ترتفع نسبته بين الطلاب الذين وصلوا إلى المرحلتين المتوسطة والعالية أو الذين حصلوا على أحد المؤهلات الجامعية.

أما بالنسبة للانتحار الفعلي حسب درجة التعليم والذي يرجع سببه للإصابة بالاكتئاب والتوتر والقلق الشديد فإن النسبة هنا ارتفعت إلى أقصى مداها بين الأفراد الحاصلين على المؤهلات الجامعية العالية، ولك بسبب عدم مقدرتهم على تحمل الأعباء الاجتماعية والجامعية والحياتية. ومن الجدير بالذكر أن نسبة الانتحار والإصابة بالاكتئاب والتوتر والقلق تنخفض بالتدريج كلما هبط مستوى التعليم الذي يصل إليه الفرد، حتى تصبح أدنى نسبة للانتحار بين الأميين، وذلك كنتيجة مباشرة لعدم تأثرهم الفكري مما يحدث من حولهم. ولكن يجب أن نذكر أن لهم مشاكلهم وصعوباتهم الحياتية الخاصة التي يجب أن تأخذ بالاعتبار عندما نتحدث عن هذا الموضوع، والتي قد تؤدي إلى الانتحار في نهاية الأمر، ولكن تظل النسبة لا تذكر (العفيفي، 1990).

علاج الأمراض النفسية كما يراها الإسلام

العلاج النفسي هو عملية تعليم جديدة يتم فيها تبديل الأفكار والمشاعر والعادات والسلوك التي يتعلمها المريض أو يكتسبها بطرق وأساليب خاطئة أو وهمية عن نفسه وعن غيره وعن المجتمع وعن الأمور التي كانت تواجهه في جميع ما يعمل وفي جميع الجوانب والاتجاهات التي يتجه إليها وتسبب له القلق والتعاسة والشقاء وتجعل منه إنساناً ضعيفاً ومريضاً وتكون مهمة المعالج النفسي الذي يتولى علاجه فيما بعد صعبة جداً لأنه يجب عليه القيام بمحاولة تصحيح أفكار المريض لكي يستطيع النظر إلى جميع الأشياء والأمور نظرة واقعية صحيحة تمكنه من مواجهة مشاكله ومحاولة حلها بدلاً من الهرب منها، في حالة صراع نفسي يكون سببه العجز وعدم المقدرة على المواجهة ويصاحب ذلك شعور المريض بالنشاط والحيوية، وبتغيير فعلي في حالاته النفسية، مما يجعله قادراً على أن يعود لممارسة حياته بصورة طبيعية بعيدة عن الاضطراب أو المرض، أو القلق، بل يشعر فيها بالاطمئنان والهدوء والسعادة والرضا.

أما من وجهة النظر الإسلامية فنرى أن المعالج النفسي في مثل هذه الحالة والوضع هو الإيمان وتقوى الله، حيث أن الدين الإسلامية الحنيف علمنا ويعلمنا كيفية مواجهة مشاكلنا والتعامل معها عن طريق الصبر والتقوى، ويحثنا بصورة دائمة على التفاؤل والابتعاد عن القلق والخوف والاكتئاب، ولقد صدق رسول الله عليه الصلاة والسلام حينما قال: "تفاءلوا بالخير تجدوه". لأنه لا توجد طريقة أمثل وأفضل وأشفى

من العلاج بذكر الله بصورة دائمة واستغفاره في جميع الأوقات، لأن ذلك يعد الدواء الشافي للقلوب، فيقول الله عز وجل: "ألا بذكر الله تطمئن القلوب"(الرعد، 28).

ولقد اهتم علماء المسلمين بدراسة الأمراض النفسية المعاصرة وحاولوا تعريفها من منظور إسلامي، فمثلاً عرف الغزالي الاكتئاب على أنه حالة من الألم النفسي التي تؤدي إلى الإحساس والشعور بالذنب، وانخفاض واضح في تقدير المريض نفسياً لذاته، والتحسر على الماضي الذي فات والتفكير والبحث في الأسباب والسعي وراء المجهول، وقد يتخذ الاكتئاب أشكالاً وأنواعاً متعددة مثل أشكال الوجد واللوعة، والمناجاة التي تتسم بالعزلة والانطواء، وأنماطاً من الهموم التي تأخذ طابع الدوام والاستمرار (الغزالي، الرابع).

كما وينظر إلى الاكتئاب من وجهة نظر إسلامية على أنه: ذلك المرض الذي يصيب الفرد أو الأفراد نتيجة للشعور بالإثم إثر ذنب فردي أو جماعي قام به الأفراد أو الجماعات. والدين من جانبه يوفر للفرد وسيلة لزيادة الشعور بالإثم أو التخفيف منه في نفس الوقت وبالتبادل فزيادة الإثم تأتي عن طريق تبني الفرد لقواعد سلوكية سامية تشعره بأنه تجاوزها وتعدى عليها (كمال، 1994).

أيضاً الأعراض الاكتئابية التي تظهر على الفرد أو الأفراد في المراحل المختلفة تعتبر نوعاً من الاستجابات غير السوية لضمير الفرد بسبب ما تعرض له ويتعرض من إهمال وعدم اهتمام من قبل الآخرين القريبين إليه أو أصحاب الشأن في المجالات المختلفة. أو هو نتيجة لقيامه بسلوك يتضمن نوعاً من التحدي السافر لتعاليم الدين ومبادئه.

أما بالنسبة لمرض القلق، فإنه ينشأ عن الحسد والمنافسة الشديدة، والتكالب على الحياة، والأنانية، والطمع والجشع، والغيرة، والتجبر والتعالي على الآخرين، ولقد حارب الإسلام جميع هذه الفئات والصفات والأعمال من لحظة ظهوره وانتشاره في العالم، هذا بالإضافة إلى حرصه على إيجاد الفرد المسلم القوي والأمين والشجاع الذي لا يجاف في الله والدين لومة لائم. لذا فإن تعاليم الإسلام ومبادئه تؤدي إلى خلق الإنسان السوي نفسياً واجتماعياً وانفعالياً وعقلياً وفكرياً. لذلك فإن الإيمان الحق والصادق بالله والإخلاص له في العمل والقول والعبادات جميعها لكفيل بوقاية المسلم من جميع أشكال التوتر والقلق. كذلك الأمر بالنسبة للشعور بالاطمئنان والأمان والاستقرار النفسي لهو قرين الإخلاص في العبادة، وهو بمثابة الجائزة التي يمنحها الله عز وجل للمخلصين. وإن كل مسلم صادق العمل والقول ومخلص في العبادة يقيه الله

شر الخوف والتوتر والاكتئاب. وإن مما يجدر ذكره أن الإيمان يغسل ما في النفس من نوازع الشر ويطهرها تطهيراً.

من ناحية أخرى فإن الناس يصابون بالقلق لأنهم يسعون وراء أغراض دنيوية ومادية، والخوف والخشية الدائمة والمستمرة من وقع أحداث مخيفة ومهلكة وغامضة، وننسى دائماً أنه لا يمكن أن تحدث مصيبة من المصائب إلا وقد كتبها الله لنا والتأكيد على ذلك يأتي في سورة التغابن الآية 11 "ما أصاب من مصيبة إلا بإذن الله ومن يؤمن بالله يهد قلبهُ والله بكل شيء عليم" صدق الله العظيم.

ويعتقد كل مسلم اعتقاداً غير قابل للجدل ولا مجال للشك فيه أن النفس البشرية، خلقها الله عز وجل في أحس وأفضل وأبهى صورة، وهو بارئها وهو قابضها في الوقت المحدد الذي ينتهي فيه الأجل.

وفي هذه الأفكار والمعتقدات لا يوجد لدى المسلم الحق أدنى شك، لذا فإن المريض نفسياً لا يصل به التفكير بالانتحار أو الشروع في ذلك، وهذه الفكرة تعتبر بمثابة العامل الأساسي الذي يفرق المسلم المؤمن إيماناً قوياً راسخاً عن غير المؤمن (الإمارة، 2002).

وفي هذا السياق لا بد لنا من أن نذكر آراء بعض علماء النفس غير المسلمين الذين يؤكدون على أهمية الإيمان والدين في العلاج النفسي. فنذكر على سبيل المثال ما قاله وليم جيمس الأمريكي الأصل: "إن أعظم علاج للقلق، ودون أدنى شك هو الإيمان. والإيمان يعتبر من القوى التي لا بد من توافرها لمعاونة المرء على العيش. وفقده يعتبر نذيراً بالعجز عن معاناة الحياة. إن بيننا وبين الله تعالى _رابطة لا تنفصم، فإذا نحن أخضعنا أنفسنا لإشرافه تعالى_ تحققت كل أمنياتنا وآمالنا" (الزبن، 1991). ويعطي جيمس مثالاً حسياً على أهمية الإيمان بالنسبة للإنسان فيقول "إن أمواج المحيط المصطخبة والمتقلبة لا تعكر هدوء القاع العميق ولا تقلق أمنه. والإنسان المؤمن بالله ومن تعمق قلبه بحب الله والإيمان من الصعب جداً أن تعكر صفوة وطمأنينته التقلبات السطحية العابرة في هدوء الحياة المليئة بالمتاعب والمشاكل والصعاب ولكن المرء المؤمن إيماناً راسخاً ينتصر دائماً على قلقه ومخاوفه ودائماً يكون مستعداً لمواجهة أي شيء مهما كان قوياً ويمكن أن يؤثر على حياته.

وفي هذا الصدد يرى العالم النفسي الشهير يونج أن الكثير من مظاهر القلق وعدم الاستقرار والإيذاء التي يتصف بها الإنسان، تنجم في معظم الحالات عن واقع طاقته النفسية التي لم تعد تسري في رموز دينية (كمال، 1994).

وعليه يمكن الاستنتاج وبصورة قاطعة أن الإيمان هو السلاح الفعال الذي يمكن استعماله أمام الأمراض النفسية التي يصاب بها الأفراد والجماعات البشرية، والإيمان هو الذي يمكن الإنسان من الصبر والتحمل بشجاعة ويساعده دائماً عن طريقة القناعة والرضا والأمان والسكينة، كما وأن الإيمان بجعل الإنسان يتملك مناعة ضد القلق أو الاكتئاب، والحق تبارك يقوم في كتابه الكريم "الذين آمنوا ولم يلبسوا إيمانهم بظلم أولئك لهم الأمن وهم مهتدون" (الأنعام، 82).

دور الإسلام في علاج الأمراض النفسية

يعرف الدين الإسلامي على أنه دين متكامل المنهج والأصول والجوانب، ويصلح لكل زمان ومكان ويضم جميع الأجناس البشرية وأصولهم العرقية ويهتم بالمجتمع ككل وبالأفراد بصورة خاصة، كما ويهتم بمكونات تفاعلها الفردية والجماعية وانعكاسات ذلك على السلوك بشكل مباشر، لذلك يعتبر الدين الإسلامي شريعة تملأ الحية في عباداته ومعاملاته وأحواله الشخصية.

ولقد كان وما زال حتى الآن له الأثر الأعظم والفعالية الخاصة في السلوك الإنساني، وللمسلمين أمجاد وتاريخ عريق في بناء الحضارة الإسلامية العالمية ولهم دورهم الواضح في معظم الدراسات وخاصة الاجتماعية منها، فمثلاً ابن سينا وبحوثه في مجال النفس الإنسانية وتشخيص وعلاج مرض الاكتئاب، كما عرف عنه معالجة الأمراض النفسية.

ولقد كان أهم أسلوب في علاج مرض الاكتئاب وأكثر فعالية وتأثيراً على المريض، هو الإيمان والعقيدة التي يسير الفرد حسبها، وفي هذا المجال يرى الإمام الشيرازي (صاحب كتاب الاجتماع) أن الإيمان بالله هو العامل الوحيد الذي يمكن بوساطته تعديل الصفات والعواطف والأعمال، كما ويعتبر العامل المعنوي القوي والمحرك للمسلم المؤمن، والمعنويات دائماً تحتاج إلى قوة الإرادة، والتي تعتبر بدورها المحرك الأساسي للإيمان وقوته، أي أن الإرادة تعتبر إيماناً يتطور من خلال سلوك المسلم أثناء الجهاد الأكبر، أي معالجة النفس والتغلب على صفاتها السيئة وانتزاع غرائزها المتحكمة فيها والمطبوعة عليها. ولقد عُرف عن المؤمنين بأنهم أهل حلم وصبر وتواضع وتسامح، قال تعالى: (وعباد الرحمن الذين يمشون على الأرض هوناً، وإذا خاطبهم الجاهلون قاولا سلاماً" (الفرقان الآية 63).

ولكن الحياة التي نحياها بكل تعقيداتها ومصاعبها ومواجهاتها وضغوطاتها تجعل الإنسان مهما كان قوياً يتقهقر أو تتدهور حالته الصحية رغماً عنه، لأن قدراته

العقلية والجسدية تضعف ولا تقوى على المواجهة والتصدي للأهوال والمصاعب التي تواجهه يومياً ولا يستطيع الوقوف أمامها وحده، مما يجبره على طلب العون والمساعدة من الآخرين، ولكن إذا بقي الإيمان بداخله قوياً فإن ذلك يعتبر سنداً له في المصاعب والمحن التي يمر بها. والسؤال في هذا الوضع إلى أي مدى يؤثر الإيمان على المؤمن في مجابهة حالة التدهور النفسي والعقلي عند مريض الاكتئاب؟

إن مجاهدة النفس والعمل الخالص والصادق لإيقافها عن رغباتها وغيها وميولها وتعتبر من المسلمات الأولى التي تدل على قوة الإيمان لدى الفرد المؤمن بالله إيماناً يجعله لا ينحدر ويتدهور إلى أسفل السافلين لأنه يكون أقوى من أي مغريات أو تحديات اجتماعية، حيث تصل حالات الاكتئاب الشديدة التي قد يمر بها الفرد إلى الانتحار وإنهاء الحياة المؤلمة التي يعيشها، خصوصاً وأن الإنسان المكتئب يرى الحياة بأنها عديمة الجدوى ولا معنى لها، وأنها عبارة عن كفاح طويل وعقيم، إلا أن قوة الإيمان لدى الإنسان المسلم المؤمن المدعوم بثباته على دينه يستطيع أن يجاهد ويعمل المستحيل حتى يقف تدهور حالته النفسية والعقلية عندما يكون مصاباً بمرض الاكتئاب، حيث أنه لا يتجه بعدوانه نحو ذاته، وإنما يتسامى ويعلو بإيمانه وصلاته وقراءة القرآن، جميع هذه الأعمال تؤدي به إلى التخفيف من شدة الضغط الداخلي، فيتحول هذا إلى أسلوب من أساليب التعامل مع الضغوط النفسية المؤدية إلى التدهور الشخصي والوصول إلى وضع يصعب التعامل معه فيما بعد (الأمارة، 2002).

وعليه يمكن القول بشكل لا مجال للشك فيه أن العلاج الديني الروحي يلعب دوراً هاماً وحاسماً في نقل الإنسان من حالة المرض والتدهور في متاهات التفكير والمشاكل على اختلاف أنواعها وأشكالها والتي يكون تأثيرها على أداء الفرد في جميع مجالات الحياة وضاحاً، والعلاج الديني يصل بالفرد إلى طريق الهداية والعودة بالعقل إلى الاستغفار والتوبة من خلال ذكر الله سواء عن طريق الصلاة والعبادة اليومية أو الدعاء الدائم والمستمر في كل الأوقات، مما يؤدي بالمريض إلى الشعور بالانتماء وهذه بدوره يساعده على مواجهة مشاكله الواقعية وحل صراعاته النفسية التي تعذر عليه حلها من قبل.

الإسلام وتحقيق الصحة النفسية

إن المنهج الإسلامي يعمل على تحقيق أركان الصحة النفسية لدى الفرد عن طريق بناء شخصية الإنسان المسلم وذلك باستعمال الطرق والأساليب والوسائل التي تعمل على تنمية صفات أساسية فيه وهي:

أولاً: الصلة القوية بالله

وتعتبر من الأمور والجوانب الأساسية التي يجب أن تكون في مقدمة العمل على بناء المسلم وشخصيته في المراحل الأولى من عمره حتى تكون حياته خالية وبعيدة عن الشعور بالقلق أو الوقوع في توتر الأعصاب والاضطرابات النفسية التي تقعد الإنسان عن الاستمرار بالقيام بواجباته اليومية الحياتية لشعوره بالعجز وقلة الحيلة. وتتم تقوية الصلة والعلاقة بالله سبحانه وتعالى من خلال تنفيذ الفرد لما جاء في وصية الرسول صلى الله عليه وسلم، "يا غلام إني أعلمك كلمات: احفظ الله يحفظك، احفظ الله تجده تجاهك، إذا سألت فاسأل الله، وإذا استعنت فاستعن بالله واعمل أن الأمة لو اجتمعت على أن ينفعوك بشيء لم ينفعوك إلا بشيء قد كتبه الله لك. وإن اجتمعوا على أن يضروك بشيء لم يضروك إلا بشيء قد كتبه الله عليك، رفعت الأقلام وجفت الصحف" رواه الترمذي. إن الفرد الذي يعمل بجميع الوصية ويسير عليها فإن ذلك يؤكد على قوة الصلة والعلاقة التي تربطه بالله سبحانه وتعالى وإن هذه العلاقة الخالصة سوف تحفظه من الوقوع في أي مكروه وتساعده في الخروج منه إذا قدر ووقع فيه. ولذلك يحب على المخلوق أن لا يعصي الخالق في أي شيء مهما كان صغيراً، وإن طلب أي شيء فيجب أن لا يطلب ذلك إلا من رب العباد وليس من العباد لأنه هو الذي يعطي ويمنح ولا مانع لما يعطي ولا معطي لما يمنع.

ثانياً: التوازن والثبات الانفعالي

إن المسلم الحق الذي يؤمن إيماناً صادقاً وقوياً فإن ذلك يؤدي إلى شعوره بالطمأنينة والأمان والثبات والاتزان في أي مكان وزمان وفي أي عمل يقوم به، ويحفظ المسلم من عوامل القلق والخوف والاضطراب على أنواعها، والتي يكون لها تأثير واضح على الفرد في جميع الأعمال التي يقوم بها، هذا إن استطاع أن يقوم بأي عمل. قال تعالى "يثبت الله الذين آمنوا بالقول الثابت في الحيوة الدنيا وفي الآخرة ويضل الله الظالمين ويفعل الله ما يشاء" (إبراهيم 27) "بلى من أسلم وجهه لله وهو محسنٌ فله أجره عند ربه ولا خوف عليهم ولا هم يحزنون" (البقرة 112).

إن ثبات الإنسان على إيمانه بالله وأن الله هو القادر على كل شيء يحفظه ويحميه من جميع التأثيرات الاجتماعية الحياتية التي يعيشها في كل لحظة من حياته ويستطيع الخروج منها فقط إذا كان على جانب كبير من الإيمان وعمل الأعمال التي تتطلب الاتزان وعدم التسرع والسير حسب الانفعالات المختلفة التي قد تصيبه في الحياة اليومية.

ثالثاً: الصبر على الشدائد والمصاعب

إن أسس ومبادئ الدين الإسلامي تعمل على تربية الفرد المسلم التربية الصحيحة التي تقوم على تقوية روح الصبر عند البلاء والوقوع في الشدائد والمصاعب، وما أكثر وقوع الإنسان في مثل هذه الجوانب في هذا الزمن لكثرة المشاكل الاجتماعية التي يعاني منها أبناء البشر والتي لم يعد صبر الفرد العادي يكفي لتحملها إلا من تربى على مبادئ الإسلام التربية الحقة ووصل إلى قدرة واضحة على الصبر عند البلاء عندما يتذكر قول الله تعالى: "والصابرين في البأساء والضراء وحين البأس، وأولئك الذين صدقوا وأولئك هم المتقون" (البقرة، 177). هذا ما يوصينا به الإسلام حتى نستطيع التغلب على الصعاب والمشاكل التي قد نقع فيها ولكن هيهات أن نجد اليوم من يتحلى بهذه الصفة ويعمل بها.

رابعاً: المرونة في مواجهة الواقع

إن هذه الصفة تعتبر من أهم الصفات التي تساعد الإنسان المسلم على التحصن من القلق والاضطراب والاكتئاب والتي تؤدي بالفرد الذي يصاب بها إلى الضعف وعدم المقدرة على عمل وإنجاز أي شيء يفترض مقدرته على القيام به. إن الإنسان يتحصن من الوقوع في القلق والاضطراب والاكتئاب عندما يتذكر قول الله تعالى: "كتب عليكم القتال وهو كره لكم وعسى أن تكرهوا شيئاً وهو خير لكم وعسى أن تحبوا شيئاً وهو شر لكم والله يعلم وأنتم لا تعلمون" (البقرة 216).

إن تمتع الإنسان المسلم بصفة المرونة يساعده مساعده كبيرة في مواجهة المواقف المختلفة قبولها وتكيفه معها، وهذا بدوره يساعده على حفظ نفسه من الاضطرابات التي مصدرها القلق والخوف والتوتر والاكتئاب التي ترجع إلى صعوبة الحياة ومواجهة ما يحدث فيها من أحداث.

خامساً: التفاؤل وعدم اليأس

إن المؤمن إيماناً قاطعاً يكون دائماً متفائلاً ولا يدع اليأس يصل إلى نفسه ويؤثر عليه أو يتمكن منه ولا يدعه يقدر على عمل أي شيء، أي يشعره أنه عاجز عن القيام بأي شيء، ولقد قال الله تعالى: "وإذا سألك عبادي عني فإني قريب أجيب دعوة الداعي إذا دعان، فليستجيبوا لي وليؤمنوا بي لعلهم يرشدون" (البقرة 186). إن هذه الصفة تعتبر صفة إيجابية يجب على الإنسان المسلم أن يتحلى بها مهما كانت الصعاب والمشاكل التي تسيطر على هذا العصر والتي تجعل الإنسان عاجزاً عن القيام بأي

شيء، لأنها تشعره باليأس والعجز والضعف، وتفقده التفاؤل الذي يعتبر أحد الدوافع الهامة التي تدفع الإنسان إلى الاستمرار في العمل والعيش في هذه الحياة.

سادساً: التوافق مع النفس

إن الإسلام قد انفرد في جعل سن التكيف هي سن البلوغ للمسلم وهذه السن تأتي قبل الوصول إلى سن الرشد الاجتماعي الذي تقرره وتسير عليه جميع النظم الاجتماعية الوضيعة، وهكذا يبدأ المسلم حياته العملية وهو يحمل رصيداً مناسباً من الأسس النفسية السليمة، التي تمكنه من التحكم والسيطرة على نزعاته وغرائزه ورغباته وميوله، وتمنحه درجة عالية من الرضا عن نفسه، والفضل في ذلك يعود إلى الإيمان الموجود لديه، والذي يسيره دائماً في الاتجاه الصحيح، والتربية الدينية الصحيحة التي تربى عليها، فأدت إلى إيقاظ ضميره وتقوية صلته بالله، وجعلته يتصرف التصرف المفضل، ويسلك الطريق الصحيح الذي يجعله في حالة توافق مع نفسه، يملك القدرة على الاستمرار في العيش دون الوقوع في الاضطرابات التي تعجزه عن أداء واجبه وعمله في المجتمع.

سابعاً: توافق المسلم مع الآخرين

إن المبادئ الإسلامية تحث على أن تكون الحياة بين المسلمين حياة تعاونية تقوم على البر والتقوى، والتسامح وهو الطريق الذي يؤدي إلى زيادة المودة والتراحم بينهم ويبعد البغضاء والكراهية، عنهم وبينهم، والتي قد تحدث لأبسط الأسباب، ويكون من الصعب التغلب عليها بعد أن تمكنت من قلوبهم وعقولهم. وإن كظم الغيظ والعفو عن الناس يعتبر دليلاً قاطعاً على إيمانه بالله ومدى التقوى والتوازن النفسي لديه وابتعاده عن الاضطرابات والقلق والخوف والاكتئاب، التي تشل حركته بصورة تامة ولا تدعه يقوى على القيام بأي شيء.

وفي النهاية نقول: حتى نستطيع تحقيق هذه الصفات جميعها يجب علينا أن نعرف حق المعرفة طرق وأساليب العلاج الصحيحة التي نستطيع الوصول بواسطتها إلى الأمان والطمأنينة في حياتنا.

طرق وأساليب العلاج النفسي الإسلامية

إن أكثر أنواع طرق وأساليب العلاج نفعاً وتأثيراً وإيجابية وفعالية والتي تعمل على توجيه النفس الإنسانية إلى أسمى وأفضل درجات السمو القرآن الكريم الذي يطهر النفس ويزكيها ويبعدها عن كل مكروه يصيبها في أي وقت من الأوقات. إن للقرآن

أثراً بالغاً جداً في التحكم بانفعالات الإنسان والحرص على توجيه الناس إلى التحكم بانفعالاتهم والسيطرة عليها للفوائد الكبيرة التي تعود عليهم من هذا التحكم. أيضاً نجد في القرآن الكريم زاداً لنفوسنا، وتربية قويمة وسليمة لهذه النفوس، خصوصاً في مجال السيطرة على الانفعالات التي تحدث في أي أمر من الأمور السارة والمفرحة منها أو الحزينة_الجريئة أو الخوف أو حب الأبناء وجمع الأموال، ونجد في القرآن الكريم توجيهات ونصائح وإرشاداً للأشياء التي فيها خير للإنسان، وإن في قوة الإيمان التي توجد لدى الناس، وتصديقنا وقبولنا لكل ما جاء به القرآن والسنة النبوية الشريفة تقوية لنفوسنا تجعلنا قادرين على السيطرة والتحكم في انفعالاتنا التي تتأثر بكل ما يحدث لنا ومعنا. والمؤمن الصادق لا تصيبه الانفعالات الضارة ولا تؤثر عليه، لأنه يستطيع أن يكظم غيظه أو غضبه تجاه الناس الآخرين، ولكنه يغضب الله تعالى والله لم يغضبه. ويجدر بالفرد المسلم أن يستفيد من التوجيهات القرآنية الواردة في كل خصوص حتى نستطيع السيطرة على انفعالات نفسه وتأثرها، وإلا فإنه سوف يعيش في قلق وخوف واضطراب ما قد يوصله إلى الضياع (الزبن، 1991).

أما الأسلوب الآخر والمفضل استعماله في علاج الاضطرابات التي تصيبنا ويعمل على شفائنا من القلق الدائم الذي قد يصيبنا فهو الدعاء الذي يتمثل بطلب المغفرة والعون من رب العالمين وحده في الكثير من الحالات، وذكر الله تعالى في جميع الأوقات وجميع المناسبات وفي أوقات الكرب والشدة والضيق. أن الدعاء يجعل الإنسان يشعر بالأمان والسكينة والاستقرار، ويشعر أنه قريب من الله وأنه يحب الله والله يحبه.

أما بالنسبة للصلاة فإنها تعتبر من أهم وأعظم أنواع العلاج التي تستعمل للتخلص من كل هموم ومشاكل القلق، ومتاعب النفس، وعندما نقوم بتكرارها بأوقاتها المحددة في الليل والنهار، فإنها تغسل نفوسنا من كل خوف أو قلق. والصلاة لمفهومها الحقيقي هي الدعاء الذي يكون خالصاً لوجه الله تعالى وهي أيضاً العبادة التي تعطينا المنفعة والخير، فيقول الله عز وجل "وإذا سألك عبادي عني فإني قريب أجيب دعوة الداعي إذا دعان فليستجيبوا لي وليؤمنوا بي لعلهم يرشدون" (البقرة 186).

والمسلمون في كل مكان عندما تواجههم مشكلة في حياتهم اليومية يتوجهون إلى الله في الدعاء وحتى يكون هذا الدعاء قريباً إلى الله لا بد أن تحتويه الصلاة التي هي خير وسيلة للتقرب من الله، وهذا يعني أن المؤمن يوكل الأمر إلى الله تعالى بدعائه وصلاته، والله خير مجيب. وهذا بدوره يعطي الإنسان الأمل بالاستجابة وتمتلئ نفسه

بالثقة بالله العزيز الحكيم، والرسول الأعظم، كان يلجأ إلى الصلاة كلما أحزنه أمر أو اعترضته مشكلة وجعلته يشعر بالهم. فعن حذيفة قال "كان النبي صلى الله عليه وسلم إذا أحزنه أمر صلى" وكان يقول لبلال عندما يحين وقت الصلاة "يا بلال أرحنا بالصلاة" (الزبن، 1991).

كما وأن الصلاة تبعث في النفس الهدوء والطمأنينة، وتخلص الإنسان من الشعور بالذنب، وتقضي على الخوف والقلق مما يجعلنا أكثر هدوءاً وقدرة على التعامل مع أي شيء يعترضنا في الحياة اليومية والعملية، في الحياة المدرسة والاستمرار في تحقيق الأهداف التربوية المطلوبة، التي تجعلنا في تعلمنا نصل إلى المستوى التحصيلي المطلوب. كما وتمد الصلاة الإنسان بطاقة روحية هائلة تساعد على شفائه من أمراضه البدنية والنفسية. وتزود الإنسان بالحيوية والنشاط اللذين يعتبران من الجوانب المهمة جداً في العمل على تحقيق ما يسعى إلى تحقيقه من أهداف تعليمية أو حياتية. وبالنسبة للإنسان المؤمن حق الإيمان فإن مجرد قراءة القرآن والاستماع إليه بقلب خاشع مؤمن ونفس مطمئنة، تجعل الإنسان يشعر بالراحة والسكينة وزوال التوتر والقلق وتجعله يشعر بالقدرة على العمل المجدي والتحصيل المرتفع، لأن في القرآن سر الهداية ومفاتيح شفاء النفس، والتي لا يستطيع الوصول إليها أي إنسان، بل يصل إليها ويدركها فقط من فتح الله عليه وهداه إلى طريق الإيمان الحق، الذي تشعر القلوب معه بالطمأنينة والأمان والهدوء والراحة النفسية والاستقرار النفسي، الذي يعتبر من أهم الأشياء التي يجب أن تتوفر حتى يحدث التعلم، في جميع مراحل التعلم والحياة.

الفصل الثالث

تأثير الثواب والعقاب على التحصيل الدراسي

من المألوف والمعروف لدى جميع العاملين والمسؤولين في مجال التربية والتعليم في المراحل المختلفة أن جوانب السلوك المتعددة التي تصدر عن الفرد تقوم بتثبيت السلوك الصحيح أو المرغوب فيه والتأكيد عليه، وفي نفس الوقت تعاقب على السلوك الخاطئ المرفوض وغير المرغوب فيه الذي يصدر عن الطفل أو الفرد. ونقصد من وراء ذلك القيام بتكرار الأفعال والاستجابات المرغوب فيها والعمل على إزالة الاستجابات والأفعال غير المرغوب فيها في المستقبل، في جميع مجالات الحياة وخصوصاً في إطار الأسرة والمدرسة في مرحلة الطفولة المبكرة التي يكون فيها الطفل في حاجة ماسة إلى التعزيز الذي يؤدي لتثبيت أو إزالة الأفعال المرغوب فيها أو غير المرغوب فيها، بالذات في هذه المرحلة لأننا نعمل بها على صقل شخصية الطفل وتكاملها.

بمعنى آخر فإن تقديم المكافآت أو المديح أو الهدايا يعمل كباعث قوي على التعلم، عندما تقدم كتعزيزات ونتيجة مباشرة للنجاح نفسه، ومعنى هذا أن المكافآت يجب أن ترتبط ارتباطاً مباشراً بالعمل وبذل الجهد والنجاح. ومهم جداً أن يكون للمكافأة معنى وقيمة خاصة في نظر التلميذ وإلا فلا يكون لها أي تأثير، وهذه القيمة تختلف باختلاف شخصية الفرد التي تقدم إليه. فمثلاً الطفل الذي يهاب timid أو يخاف من الآخرين وثقته بنفسه معدومة، يتحرك ويتأثر بصورة واضحة إذا أعطي الثناء، ويكون التأثير عليه أكثر من غيره من الأطفال الذين يتمتعون بالثقة النفسية self-confident child.

وعليه فإن الآباء والمعلمين يهتمون بصورة خاصة بمدى تأثير العقاب وقيمته وهل يؤثر أكثر من الثواب في دفع الأطفال والطلاب إلى التعلم وهل يعتبر العقاب من أدوات التعزيز التي تعقب بعض الاستجابات وتؤدي إلى تأييدها.

لقد دلت التجارب والأبحاث التي أجريت في هذا الصدد على أن العقاب يؤدي إلى سرعة التعلم، وذلك عن طريق إجبار المتعلم على حذف الاستجابات التي تؤدي به إلى أن يعاقب بسرعة، وتجعله يقبل أكثر الاستجابات التي تقود به إلى العقاب. ولكن

يجب أن نتذكر أن الناس يميلون إلى التعلم السريع عندما تعزز الاستجابات بالثواب والمكافآت، أكثر منه في حالة الاستجابات الخاطئة التي يتبعها العقاب.

لقد وجد أن العقاب الصارم الشديد القاسي أو العقاب الدائم المستمر يعمل على عرقلة قدرة الطفل أو الطالب على التعلم ويُعيق قدرته على الاستغراق في المادة الدراسية، ويؤدي إلى خفض مستوى التحصيل الذي يصل إليه

أيضاً وجد أن الطفل يتعلم عن طريق الاستجابة لموقف معين والعقاب يُعيق قدرة الطفل على الاستجابة لمثل هذه المواقف، لأنه يؤدي إلى توقف الدافعية للتعلم والإنجاز لديه.

أي أن هذا النوع من العقاب يعمل على صرف انتباه الطالب من المادة المراد تعلمها إلى علاقته الشخصية بالمعلم أو بالشخص الذي ينزل به العقاب. والعقاب يجعل الطفل يشعر بالقلق مما يؤدي في المستقبل إلى عدم تحقيق الوظائف التي تستهدفها التربية على الرغم من أنه قد يفيد في عملية الضبط وفرض النظام بين التلاميذ في المدرسة وداخل غرفة الصف.

لكن بالرغم من فائدة العقاب في عملية الضبط وفرض النظام في المدرسة وغرفة الصف إلا أن الأبحاث تؤكد على أن المعلمين في معظم الحالات لا يستخدمونه من أجل مصلحة التلاميذ وإنما يستخدمه بعض المعلمين لإشباع رغباتهم هم أنفسهم وليس كأداة من الأدوات التربوية ويقصد بذلك إشباع السادية sadistic عند المدرسين في إنزال الأذى بالتلاميذ(أبو حطب 1990).

معنى الثواب والعقاب في التعلم والتحصيل

يعرف الثواب reward على أنه الأثر الذي يأتي مباشرة بعد الأداء الذي يقوم به الطفل أو الطالب أو أي فرد في أي مجال من مجالات الحياة وخصوصاً مجال التعلم أو الاستجابات التي يستجيبها الطفل كرد فعل لمثير معين يعطى له، ويؤدي إلى الشعور(بالرضا أو الارتياح) (وتظهر حالة الرضا أو الارتياح في محاولة المتعلم الدائمة الحصول على هذا المثير أو الاحتفاظ به.

أما العقاب punishment فيمكن تعريفه على أنه الأثر الذي يعطى بصورة مباشرة للأداء الذي يقوم به الطفل أو الطالب أو فرد معين في أي مجال من مجالات الحياة وخصوصاً في مجال التعلم أو الاستجابات التي يستجيبها الطفل أو الطالب كرد فعل لمثير معين يعطى له ويؤدي إلى الشعور بعدم الرضا وبعدم الارتياح وتظهر هذه

الحالة بصورة واضحة في سعي المتعلم الدائم لعدم الحصول على هذا المثير أو الاحتفاظ به.

ويستخدم الثواب مع العقاب كأسلوبين في عملية تربية الأطفال وتدريبهم على اكتساب سلوك معين في إطار الأسرة أو المدرسة التي تعتبر المؤسسات الأولى والهامة جداً في حياة الطفل، ويستعمل هذا الأسلوب في الحالات المناسبة لكل نوع حتى نتمكن من مساعدة الطفل على تكوين شخصيته، والسير في الاتجاه الصحيح والمناسب كما تراه هذه المؤسسات فمثلاً التعاون مع الآخرين ومشاركتهم بإنجاز المهام والفعاليات على أنواعها أو اللعب معهم في وقت الفراغ أو أثناء اللعب الهادف المؤدي إلى التعلم، يحصل الأطفال على مكافأة الوالدين إذا قاموا بسلوك مقبول. والاستجابات التي تؤدي إلى حصول الأطفال على مكافآت بعد قيامهم بها تؤدي إلى الاستحسان والتكرار إلى أن تقوى وتصبح عادات سلوكية ثابتة نسبياً لدى الأطفال (الحفني 1995).

أما الاستجابات التي نعاقب الأطفال أو الأفراد الذين يقومون بها، فتختفي بصورة تدريجية أو فورية.

الثواب والعقاب يسيطر أثرهما على الشخصية فتتكون بسببها عادات سلوكية عامة، اتجاهات أو سمات أو قيم تصبح جزءاً من شخصية الطفل أو الفرد في المستقبل ولكن يجب أن نتذكر أن الثواب والعقاب وحدهما لا يكفيان لتفسير اكتساب الطفل للعادات والدوافع وسمات الشخصية.

حتى تكون جميع المصطلحات واضحة يتوجب علينا أن نميز بين العقاب والعقوبة، الثواب والمثوبة أو المكافأة.

في حقيقة الأمر فإن الثواب والعقاب يرتبطان بالنواتج التي تتعلق بالنجاح والفشل في عملية التعلم، لأنها نوع من الآثار التي تأتي بعد الفعل، والقيام بإنجاز المهام التي تطلب من التلاميذ في الأسرة والبيت.

أما بالنسبة للمثوبة(المكافأة) والعقوبة (الجزاء) فهما نوع من النواتج التي تشير إلى توابع الأداء أو الاستجابة التي تتميز بأنها مادية خارجية صريحة ومن المؤكد أن جميع نواتج التعلم وتوابعه ليست من هذا النوع، وتأخذ بالتحرر التدريجي والمتفاوت من الخصائص المادية الخارجية الصارمة.

يستعمل التعزيز القائم على مبدأ الثواب والعقاب في جميع مجالات الحياة والعمل اليومي، وخصوصاً في مجال التعليم والتعلم، ويهمنا بالذات هذا المجال في

مراحله المتعددة لأن ما نثاب عليه نحاول تكراره واستعماله بصورة دائمة، والشيء الذي نعاقب عليه، و نهدد بالمعاقبة عليه، نفر منه ونبتعد عنه، ويتعلق هذا المبدأ بمفهومنا للصواب والخطأ.

يختلف تقويمنا للنشاط أو السلوك الذي نثاب أو نعاقب عليه وذلك حسب الأحوال والظروف، ومن المحتمل إن لم يكن من المؤكد أن سلوكاً معيناً الذي نثاب عليه يعاقب عليه في ثقافات ومجتمعات أخرى.

أيضاً يعرف العقاب على أنه العمل أو المثير الذي يؤدي إلى إضعاف أو إنهاء بعض الأنماط السلوكية، وذلك بتطبيق مثيرات تكون منفردة بطبيعتها وغير مرغوب فيها على هذه الأنماط أو بحذف مثيرات مرغوب فيها من السلوك نفسه، بحيث يتحول هذا السلوك من موضع الاهتمام إلى الاندثار.

نرى من هذا التعريف بأن الثواب والعقاب يعرف بآثاره على السلوك فالحادث أو المثير الذي يؤدي إلى توقف الاستجابة يعتبر عقاباً وعلى نحو شبيه بالثواب.

يقسم العقاب إلى إيجابي و سلبي حيث يكون الإيجابي عند حدوث مثيرات غير مرغوب فيها على أنماط سلوكية معينة مثل التعرض للصدمة الكهربائية أو الضرب.

أما السلبي فيحدث عندما نقوم بتتبع مثيرات غير منفرة من السياق التعليمي تعمل كمعززات إيجابية مثل منع الطعام أو الراحة أو النوم، والذي ينتج عنها الشعور بالحرمان والألم. ونستطيع أن نحدد كون المثير معززاً إيجابياً أو عقاباً سلبياً، إذا أدى إلى تقوية السلوك الذي نرغب في استعماله كمعزز إيجابي، أما في حالة حذفه، فإذا أدى إلى توقف السلوك الذي لا نرغب به اعتبر عقاباً سلبياً كذلك يحدد العقاب إذا كان إيجابياً أو سلبياً عن طريق ما ينجم عنه من آثار سلوكية لاحقة.

تقسم المثيرات العقابية إلى مثيرات أولية وثانوية، حيث تكون الأولية المثيرات والحوادث التي تحدث أثراً في السلوك، وتكون دون سابق إنذار، مثل الضرب أو الحرمان من الطعام والشراب والراحة، أما الثانوية فهي مثيرات وحوادث تحدث دون أن يكون لنا حكم عليها بسبب طبيعة كونها تنهي السلوك أو تزيله، وهذه القدرة تكتسب بسبب ارتباطها المتكرر بالمثيرات العقابية الأولية.

وفي الحالات التي يكون فيها ارتباط بين مثير عقلي أولي إيجابي، ومثير عقابي ثانوي ينتج عن ذلك مثير عقابي ثانوي إيجابي، مثل ارتباط الضوء بالصدمة الكهربائية.

أما عندما يرتبط المثير العقابي الثانوي بمثير عقابي سلبي يكون المثير العقابي سلبياً لأن الحرمان من الطعام أو الشراب يعتبر عقاب أولياً سلبياً.

المواقف العقابية لها طرفان أحدهما يعاقب والآخر واقع عليه العقاب، لأنه قام بالعمل الذي من الممكن أن يضر بالأول. وقد يكون العقاب متعلقاً بموقف مؤلم، أو خبرة غير سارة أو عن طريق فرض عمل لا يريده الآخر أو لا يجب أن يؤديه أو عن طريق الحرمان من شيء أو فعل شيء نريده أو نحب أن نقوم به.

العقاب يمكن أن يكون رسمياً formal وهو الذي تصدر به أحكام وتقوم على تنفيذه جهات رسمية. ومنه العقاب غير الرسمي. informal وهو كل ممارسات العقاب بين الأفراد بعضهم البعض في معاملاتهم اليومية، أو بين الطلاب والمعلمين، والعقاب يمكن أن يكون بدنياً physical, corporal يوجه للجسم وأعضائه كعقوبة الضرب والجلد، ومنه المعنوي وأوجاعه تكون لها تأثيرات عقلية ونفسية، مثل نظرة عدم الرضا التي يواجه بها الأب ابنه أو المعلم الذي ينظر إلى تلميذه نظرة عدم الرضا أو الاحتقار، والتي تفوق نتائجها الضرب الموجع.

يؤكد علماء التحليل النفسي أن مشاعر الذنب وما تجره على صاحبها من اضطرابات نفسية تعتبر عقاباً ذاتياً الذي ينزله الفرد بنفسه بدوافع داخلية تصدر من ذاته.

التربية في هذا المجال تهدف إلى جعل العقاب ذاتياً من داخل التلاميذ والطلاب، أي العقاب نفسياً، بحيث يكون الرادع عن القيام بالأعمال والأفعال اللاأخلاقية نابعاً من الضمير وليس من الخوف من العقاب الرسمي أو البدني أو الاجتماعي.

أيضاً من الممكن أن يفيد الحزم في مجالات التربية المختلفة أكثر من اتباع القسوة، وأن يكون العقاب فورياً وبدون انفعال ولا تناقض. والمبالغة في استعمال العقاب في التربية كأسلوب دائم قد يولد القلق عند الطفل ويؤثر على تكوين شخصيته واتجاهاته المعرفية، وقد ينفره ويبعده عن التعلم والتعليم على أنواعه المختلفة ويكون سبباً في فشله، ومن الممكن أن تزيد المبالغة في استخدام العقاب من مستوى الطموح لدى الطفل بشكل لا يناسب قدراته ويدفعه إلى مواقف حرجة ومن الممكن أن يؤدي إلى فشل آخر يصبح جزءاً من شخصيته. ومن ناحية أخرى فإن العقاب يدفع الطفل إلى التركيز في الانتباه والاستمرار في العمل ومحاولة التعويض.

ينهى علماء التحليل النفسي عن العقاب البدني بالنسبة للأطفال، والعقاب الذي من شأنه تحقير الطفل. ويرجعون ما يطلق عليه اسم محو الذات self-effacement إلى خبرات العقاب الصارمة والصعبة التي تؤدي إلى انسحاب الطفل وانطوائه على نفسه، وبالتالي توقف نمو الشخصية بالشكل الصحيح وهذا بدوره يؤدي إلى محو ذاته حينما يتواجد مع الآخرين.

يرتبط مبدأ الثواب والعقاب في المبدأ السيكولوجي الذي يمكن أن يكون الأكثر عوناً للمعلم في تعليمه ويرتبط بقانون ثورندايك المسمى بقانون الأثر، ولقد تطور هذا المبدأ في الآونة الأخيرة في شكل مبدأ التعزيز ويفضل علماء النفس استخدام هذا المصطلح لوصف هذه العملية والتعبير عنها، لأنه يؤدي إلى خفض التوتر وإشباع الحاجة الملحة والضرورية (الحفني 1995).

يقسم التعزيز إلى الإيجابي بالمكافآت الذي يقوم على إتيان وإعطاء الاستجابة الصحيحة والمطلوبة أو السلوك المرغوب فيه، والتعزيز السلبي بالعقاب على صدور الاستجابة الخاطئة أو السلوك المرفوض. أي أن المكافأة الإيجابية هي التي تسير مع التعزيز الموجب، الذي تتأصل به الاستجابة وتثبت، والمفروض أن المكافأة من حيث هي كذلك تكون إيجابية، فإن التعزيز السلبي بالعقاب أو الحرمان من المكافأة يطلق عليه اسم المكافأة السلبية.

من الممكن أن تكون للمكافأة أو الإثابة نتائج وجدانية ومعرفية سارة من حيث أنها تقوي من الدوافع على العمل، وعلى التعلم وتنشيطهما، مثل المكافأة المشجعة والتي تثبت على النشاط بمقداره وفي نفس الوقت، والتي تحث على الاستفادة مما نتعلم. لذا فإن الإثابة الفارقة والتي تميز بين الدوافع عند المتعلم أو العامل تؤدي إلى تقوية بعض الدوافع بتعزيزها بصورة متفاوتة، مما يؤدي إلى زيادة الثقة بالنفس والتشجيع على المحاولة الدائمة والابتكار والمثابرة، وتزيد من جاذبية ما نحصل منه على الثواب وتعطينا العلم بمدى استجاباتنا وسلوكنا وتجعل للتعلم معنى بالربط بين الاستجابات والأهداف.

الاعتقاد السائد والتجربة والخبرة الشخصية تؤكد على أن نسبة لا بأس بها من المعلمين بصورة عامة والمبتدئين بصورة خاصة لا يستعملون هذا المبدأ ولا يعرفون أهمية الدافعية وتأثيرها في عملية التعلم الصفي. ومن الممكن أن يكون سبب عدم استعمال واستغلال هذا المبدأ بصورة صحيحة ومناسبة، فشل المعلمين في الأخذ بعين

الاعتبار الخصائص والمميزات النوعية التي تتصف بها عملية التعزيز والتي يمكن تلخيصها كالآتي:

1. من المحتمل أن تختلف حاجات الأطفال والتلاميذ وأهدافهم اختلافاً كبيراً واضحاً عن الحاجات التي يراها ويدركها المعلم.

2. بصورة عامة تكون حاجات الطفل والتلميذ خاصة لأن كل طفل له شخصيته ويختلف عن الآخرين في أمور عدة، وهذا يعني أن ما يجده طفل معين معززاً للسلوك الذي يصدر عنه، من المحتمل أن لا يكون كذلك عند طفل آخر، وفي الكثير من الأحيان يرى قسم معين من الأطفال في توبيخ وعقاب المعلم لهم تعزيزاً لما يصدر عنهم من أفعال وسلوك. خصوصاً في الحالات التي يعتبر فيها مثل هذا السلوك الذي لا يقبل به المعلم مقبولاً لدى طلاب الصف.

3. يرى الكثير من الباحثين أن العقاب أو الأحداث والنتائج المؤلمة لا تعمل كمعززات مضادة. بمعنى أنها لا تؤدي إلى إضعاف الاستجابات المرفوضة بنفس الطريقة التي تؤدي بها النتائج السارة إلى تقوية الاستجابة المرغوبة.

4. تأثير التعزيز السابق ينتقل إلى المواقف التعليمية الجديدة فيؤثر فيها وفي كيفية حدوث النشاط الحالي.

5. على المعلم أو الأهل القيام بتعزيز الاستجابة المرغوبة بشكل سريع وأن لا نؤجل التعزيز لفترة زمنية طويلة وبذلك نضمن فعالية مثل هذا التعزيز خصوصاً في المرحلة التعليمية الأولى.

6. يجب أن يحافظ المعلم على مبدأ الثبات في إعطاء التعزيز لاستجابة أو نشاط معين، أي يتوجب على معطي التعزيز أن لا يكافئ على عمل معين وفي وقت معين، ويعاقب على نفس العمل في وقت آخر.

أنواع الثواب والعقاب وتأثيرها

قال سبحانه وتعالى في كتابه العزيز:"ولكم في القصاص حياة يا أُولي الألباب لعلكم تتقون" (البقرة، 187) صدق الله العظيم، في هذه الآية الكريمة بين الله سبحانه وتعالى أن العقاب في الحياة الدنيا أمر لا مفر منه، وأنه أسلوب ممكن اتباعه في عملية تأديب وتربية أولادنا، فمثلما أن الثواب يعتبر محفزاً لنا ولأولادنا على القيام بالسلوك الذي نرضى عنه فإننا نستعمل العقاب ونوقعه حتى نستطيع منع السلوك المرفوض.

يتوجب علينا أن نأخذ في الحساب والاعتبار أن كلاً من العقاب والثواب نقوم بهما كنتيجة مباشرة لعمل قام به أو يقوم به الفرد في المواقع الاجتماعية والحياتية المختلفة التي نمر بها.

أما في الحالات التي يكون فيها العقاب طبيعياً فإن تأثيره سيكون أكثر فاعلية، لكننا لا نستطيع أن نعاقب الطفل عقاباً طبيعياً على كل ذنب يقترفه، فمثلاً لا نسمح للطفل أن يجرب الاحتراق بالنار لكي يعرف معنى النار والحرارة، مثل هذه الصعوبة أجبرت المجتمعات الإنسانية التفتيش عن أنواع وألوان متعددة ومختلفة من العقاب تستعمل بدلاً من العقاب الطبيعي.

وفيما يلي نتحدث عن بعض هذه الضروب والأشكال المتلونة:

1. العقاب البدني

يعني إحداث الألم الجسدي لدى الطفل أو الطالب أو الفرد المعاقب بعد ضربه إما باليد أو بوسائل أخرى وهو مستعمل ومنتشر لدى الأهل والمدارس في جميع المجتمعات بصور متفاوتة، ويستعمل كوسيلة من وسائل الإصلاح التي استخدمها الإنسان منذ القدم والتي تظهر نتيجتها بصورة فورية إذ تبدو على المعاقَب علامات الندم بعدها، وهذا النوع من العقاب لا يدوم تأثيره طويلاً لأنه يفقد قيمته ومعناه ويخطئ الهدف الأساسي منه إذا استعمل كثيراً.

أضف إلى ذلك أنه يجعل من المعاقِب وحشاً ضاراً قاسي القلب لا يرحم، والمعاقَب إلى حيواناً ضعيفاً لا حول له ولا قوة في حينه، ولكن على المدى البعيد يكون ضعيف الشخصية جبان أو على عكس ذلك تماماً لأنه لا يأتي بنتيجة إيجابية، بل يفقد الطالب ثقته بنفسه ويجعله يشعر بالنقص مما يقوي لديه الشعور بالنقمة على الآخرين

فيما بعد، ويدفعه إلى محاولة الابتعاد عن المواقف التي تؤدي إلى عقابه فإذا كانت المدرسة والتحصيل الدراسي فإنه يهرب منها حتى لا يعاقب.

في نهاية الأمر نستطيع القول أن هذا النوع من العقاب غير مستحب ومرفوض رفضاً تاماً ويعاقب عليه القانون، لذا يجب الامتناع عن القيام به قدر الإمكان، وفي حالات الاضطرار إليه يجب أن يكون في أضيق نطاق ممكن، بحيث لا يترك آثاراً جسدية أو نفسية، بل يهدف تنبيه الطالب إلى الواجبات التي يجب عليه القيام بها وإنجازها لكي يحصل على التحصيل الدراسي المقبول.

2. الحرمان

ونقصد به منع الطفل المذنب من الاستمرار في الحصول على كل ما كان يحصل عليه من أشياء نافعة في السابق، أو الحرمان من حق كان يمارسه أو يحصل عليه، فجاءت العقوبة لتسلبه هذا الحق أو العطاء، وهو لا يقل في تأثيره عن العقاب البدني، ويؤدي في نهاية الأمر إلى عدم الاستقرار النفسي لدى المعاقب ويجعله يتألم إذا استمر لفترة طويلة لأن هذا الشيء يسعى للحصول عليه كل طفل وكل طالب وحرمانه منه ربما يؤدي إلى تعلمه الأخطاء التي يقع فيها، ويدفعه للعمل المتواصل الذي يؤدي إلى تحقيق الأهداف التعليمية والوصول إلى المستوى التحصيلي المطلوب.

وفي بعض الأحيان تتطور عداوة صامتة بين الطالب والمعلم، تظهر بصورة واضحة في الشعور حيناً وتختفي في اللاشعور بعض الأحيان. حيث يقوم المعلم بمعاقبة الطالب عندما يرتكب خطأ معيناً مقصوداً أو غير مقصود لاعتقاده أن عقابه له سيجعله يتعلم من هذا الخطأ، وهذا قد يحدث بنسبة لا بأس بها من الحالات، حيث نرى أن العقاب أدى إلى تغير في سلوك الطالب بصورة ملحوظة، من ناحية أخرى قد يؤدي إلى استمرار الطالب في الوقوع بالأخطاء والسلوك المرفوض.

3. العزل والإبعاد

المقصود بهذا النوع من العقاب اقتلاع الطفل أو الطالب أو الفرد من مجتمعه أو من البيئة التي يعيش فيها إلى مكان بعيد لأن وجوده في ذلك المجتمع أو المكان يشكل خطرا عليه، وكون الإنسان مخلوقاً اجتماعياً بطبيعته، فإن مثل هذا العقاب يؤدي إلى فقدانه لجوانب كثيرة من إنسانيته ويزيد من ميله إلى العنف انتقاما ممن عزله وأبعده. من ناحية أخرى قد يؤدي في بعض الحالات إلى نتائج إيجابية تظهر بصورة واضحة في سلوك الطالب وتعلمه.

ويعتبر هذا النوع من هذا العقاب إشعاراً للمذنب بأن الجماعة لا تؤيد سلوكه الخاطئ ولا تقبله لذا فهو حكم يصدر عن الجماعة وليس حكماً يصدر عن المعلم وحده، ويهدف إلى حماية الطالب والمجتمع في نفس الوقت.

4. الزجر والتوبيخ

ويستعمل هذا النوع من العقاب في الكثير من الأوقات والحالات، وعند وقوع الطفل أو الطالب في أبسط الأخطاء متناسين وقعه وتأثيره الذي يؤدي إلى حدوث نتائج عكسية في معظم الحالات، لأن الكلام الجارح والسخرية وإشارات التهكم تشعر الفرد بالنقص وعدم الأهمية، مما قد يؤدي إلى حقده على المجتمع بصورة عامة وعلى من هم من حوله بصورة خاصة. وقد يؤدي به إلى الانحراف اجتماعيا وخلقيا حيث يميل إلى الكذب والسرقة. إذا استعمل بصورة دائمة ودون توقف. أي أنه يجب على المعاقب عدم الاستمرار بهذا النوع من العقاب إذا أراد الحصول على نتائج إيجابية من جانب الطالب المعاقب.

5. الإشارة

وهي عبارة عن علامات وإشارات تصدر عن المعلم بالوجه أو اليد تعبر عن عدم القبول والرضا عن سلوك معين يصدر عن الفرد، الأمر الذي يستنتج ويستشف منه الطفل أو الطالب بأن عليه تغير سلوكه أو الامتناع عنه وإذا كانت الإشارة لطيفة ومؤيدة كان لها تأثير إيجابي محبب ومقبول على المعلم أو من هو بعلاقة مع الطفل أو الفرد. لكن هذه الإشارات حينما تستعمل من قبل الطلاب مع بعضهم من وراء المعلم فإن هذا يؤدي إلى غضب المعلم وقيامه بمعاقبة هؤلاء الطلاب عقاباً آخر أشد.

أيضا لقد ظهرت عدة تصنيفات لأنواع العقاب والثواب لدى الكثير من الباحثين التربويين والنفسين، ونذكر منها تصنيف أوزوبل وروبيسون والذي كان على النحو التالي:

1. المكافأة أو المثوبة التي تتخذ بصورة واضحة طابعا ماديا خارجيا صريحا والتي يقدم فيها شيئاً ملموساً وواضحاً يدعى المكافأة reward أو المعزز الموجب positive reinforce والتي تؤدي إلى إشباع دافع معين لدى المتعلم نذكر منها على سبيل المثال الجوائز المالية المادية والمدح اللفظي الذي يجعل الطفل يشعر بالرضا أو الارتياح ويدفع الطالب إلى الاجتهاد والإنجاز.

2. إزالة الاستثارة المنفرة Aversive والتي من خلالها يشعر الفرد بأن أخطاءه تتناقص أو تزول جزئيا، وذلك من خلال تعليقات المربي التي تشعره بالرضا والارتياح. وتدفعه لمواصلة التعلم والتحصيل.

3. التغذية الراجعة المدعمة Confirming Feedback والتي من خلالها يعلم الطفل أن استجابته صحيحة، وبالتالي تؤدي إلى حصوله على قدر من الرضا من تدعيم هذه الاستجابة الصحيحة. ولكن هذا الرضا لا يكون بنفس المستوى والقوة لما يحصل عليه من مكافأة من المعلم أو الأهل.

4. التجاهل أو الإهمال: في مثل هذا الوضع لا يحصل الطفل على أي نوع من اللوم، أو المدح، أو أنه يلاحظ ما يوجه للأطفال الآخرين من مدح أو لوم، وقد يلاحظ عدم تقديم أي معلومات له، لذا فهو لا يعلم كيف يكون أداؤه. أي أن هذا النوع من العقاب قد يكون تأثيره سلبياً على تحصيل الطالب واستمراره في التعلم.

5. التغذية الراجعة التصحيحية: يقصد منها معرفة الطفل أو الفرد أو الطالب أن استجابته خاطئة لما يحدث معه من أحداث أثناء إنجازه لفعاليات معينة تتطلب رد فعل من الآخرين، ومن المؤكد أنها تؤدي إلى الشعور بالتوتر ثم الشعور بالحاجة إلى الابتعاد عن هذه الاستجابة قدر الإمكان.

6. إزالة المكافأة المنتظمة: في مثل هذا الوضع من المحتمل أن يظهر الطفل أو الطالب الإهمال أو يقع في الأخطاء، مما يؤدي إلى عدم قبوله من قبل الآخرين (المعلم أو الطلاب) أو حتى عدم حصوله على ملاحظاتهم وتعليقاتهم الإيجابية على استجاباته، ويأتي هذا كنتيجة مباشرة لتعرضه لخبرات متتابعة من المكافأة.

7. التعبير الصريح عن عدم الموافقة: فعندما يكون سلوك الطفل أو الطالب من النوع غير المتوقع من جانب الوالد أو المعلم على نحو لا يرجع إلى المصادقة، فإنه من الممكن أن يرفض أو يعترض أو لا يوافق كأن يقول له "إنك تستطيع أن تؤدي أفضل مما فعلت أو قمت به من أعمال" مما يؤدي بالطفل إلى الشعور بالخجل والعار وخاصة عند أولئك الذين لديهم دافع انتمائي قوي.

8. التلميح بالفشل: ويحدث مثل هذا العقاب عندما يستمر الطفل أو الطالب في الأداء والتحصيل المعرفي والتعليمي المنخفض والمتدني، فإن مثل هذا الوضع

قد يصل إلى الحد الذي يخبره فيه المعلم بأن استمرار عمله في مثل هذا المستوى قد يؤدي به إلى الفشل وبالتالي يؤدي بالطفل إلى الشعور بالخوف منه، مما يجعله يبذل المزيد من الجهد ومحاولة الوصول إلى الأداء المرضي.

9. الفشل الفعلي والحقيقي: في الحالات التي يستمر فيها الطفل بالقيام في الأداء الضعيف وغير المرضي والسيىء فإن الوالد أو المعلم يحكم عليه بالفشل، وهذا يعني حدوث خبرة الفشل الحقيقية لدى الطفل.

10. ملاحظة الطالب أو الطفل لما يعطى للآخرين من مدح أو مكافأة في الوقت الذي لا يحصل هو عليها. ويعتبر هذا النوع من العقاب من أشد أنواع العقاب لأن الطفل يشعر بأنه عديم الأهمية والمكانة وعليه العمل بصورة جدية أكثر ليحصل على المدح والثناء من المعلم.

11. التعبير الصريح عن الموقف: عندما يكون السلوك الذي يصدر من الطالب أو الطفل من النوع الذي يتوقعه الوالد أو المعلم فهذا يعني أنه قد يظهر الموافقة أو التقبل مما يؤدي بالطفل إلى الشعور بالثقة بالنفس والقدرة على التحصيل وإنجاز المهام التي تعطى له.

12. التلميح بالنجاح: مثل هذا الوضع يحدث عندما يقوم المعلم بإشعار الطالب أو الطفل بأن الأداء الذي يقوم به يدل على تقدمه، وإذا استمر في هذا الاتجاه فإنه سوف يحقق النجاح الفعلي.

آثار وأهداف الثواب والعقاب التعليمية

إن معظم المؤسسات التربوية والاجتماعية التي تهتم بما يحدث مع الطفل والفرد من أحداث يومية، ترى بأن العقاب يعتبر إحدى الطرق التي تعمل على تعزيز وتثبيت السلوك المرغوب فيه لدى الأفراد على اختلاف مستوياتهم العقلية وأعمارهم، أو العمل على حذف ذلك النوع من السلوك غير المرغوب فيه، والذي يدخل صاحبه في مشاكل ومتاهات لا حاجة له بها.

وحتى نستطيع أن نحدد السلوك المرغوب والسلوك المرفوض يتوجب علينا أن نتعرف على الظروف التي يكون فيها العقاب فعالاً ومناسباً. وفي هذا المجال يرى ثورندايك وسكنر بأن العقاب لا يكون بالضرورة فعالاً، أي أن العقاب لا يؤدي إلى حذف سلوك معين بل على العكس من ذلك فهم يرون بأن التعزيز يكون أكثر فعالية ويؤدي إلى تغيير السلوك أو تعديله. وفي معظم الحالات ينجح في تعديله دون أن تكون

حاجة ماسة للتغيير، وخاصة إذا كان السلوك غير المرغوب فيه حديثاً ولم يمر عليه الوقت الطويل الذي يجعله جزءاً من سلوك الفرد وشخصيته.

ولقد أكد سكنر بأن آثار العقاب في السلوكيات على اختلاف أنواعها تكون مؤقتة أو لا تدوم طويلاً ومن الممكن أن تعود إلى طبيعتها ووضعها السابق والحقيقي، إذا ما قيست بمعدل حدوثها أو تكرارها. وهو يختلف هنا مع الباحثين الآخرين الذين يعتقدون بأن دراسات سكنر ليست مطلقة بسبب وجود استجابات تحذف بشكل مطلق ونهائي، إذا طبقت شروط عقابية معينة يجب أن تتوفر حتى يصبح العقاب فعالاً.

ومن خلال التحدث عن آثار العقاب وتغيير السلوك الذي يصدر عن الأفراد أو تعديله يتوجب علينا أن نتذكر دائما أن الهدف المنشود من العقاب يظهر بصورة واضحة فيما يلي:

1. إن الغرض من العقاب أولا وقبل كل شيء هو تصحيح سلوك غير مقبول لدى الطلاب أو الأطفال، أي أنه ليس هدفاً بحد ذاته.

2. إن الأسلوب والروح اللذين يؤدي بهما العقاب هامان جداً إذ يجب ألا نجعل الطلاب أو الأطفال المعاقبين يشعرون بأن الهدف الانتقام منهم، أو أن من يعاقبهم هو بمثابة عدوهم، وإنما ينبغي أن يبدل العقاب بالرأفة والرحمة وإشعارهم بأننا نقوم بالعقاب من واقع حرصنا على الطلاب أنفسهم، ومن واقع مصلحتهم التي تهمنا أكثر مما يهمنا عقابهم.

3. حتى لا يشعر الطالب بالظلم يجب بل يحتم علينا أن يُناسب نوع العقاب الذي نعاقب به نوع الخطأ الذي ارتكبه دون زيادة أو نقصان قدر المستطاع، لأن الفرد إذا أحس بأنه عوقب أكثر مما يجب فإنه قد يشعر بالظلم والاضطهاد. مما قد يولد لديه روحاً عدائية للجماعة، وبالتالي يصبح تقبله لما تقوله أو تفرضه أمرا موضع تساؤل. ومن ناحية أخرى فإن الطالب أو الطفل الذي يشعر بأن العقاب الذي أنزل به كان تافها بالمقارنة مع الذنب الذي ارتكبه فإن هذا يشعره بعدم الجدية والهزل وأن الجماعة تهتم بالمظهر دون الجوهر، وهذا يعني أن العقاب لا معنى له وقد يدفع الطالب إلى الاستمرار في ارتكاب الأخطاء مما قد يؤدي به إلى الانحراف في النهاية.لأنه يصبح ضعيف التحصيل والقدرة على التعلم.

4. حينما نقوم بالعقاب يتوجب علينا أن نأخذ في الاعتبار الفروق الفردية لأنها تلعب دوراً أساسياً في تحديد سلوك الطفل الذي يصدر عنه في مواقف مختلفة، والأخطاء التي يقوم بها، ولأن أحد الطلاب قد يكون معتادا على ارتكاب الأخطاء بينما الآخر يرتكبها لأول مرة، أو أن طالباً يختلف عن زميله في ظروفه الاجتماعية أو النفسية أو الاقتصادية والتوجه إلى التعلم والاهتمام بالتحصيل المدرسي الذي يحصل عليه.

5. عند إنزال العقاب من المفضل والمفيد أن يشعر الجميع أنه عقاب عادل، وأنه قد جاء في موضعه تماما، وليس الطالب المعاقب وحده هو الذي يشعر بذلك وإنما الصف كله.

6. في الحالات التي يستقر فيها رأي المعلم على أن العقاب أمر لا مفر منه وأنه واجب لتصحيح سلوك الطالب، أو الفرد لصالح الجماعة، يجب أن يكون ذلك العقاب حاسماً وأكيداً وفوراً ودون تردد حتى لا يصبح مثيراً للسخرية، ومن المؤكد أن المعلم لا يوقع عقاباً ظالماً حتى لا يشعر بالذنب وحتى لا يشعر الطالب بالظلم. لذا يتوجب عليه أن يتأكد من خطأ الطالب.

7. من الجوانب التي يتوجب أن تكون لدى المعلم بعد أن ينال المخطئ جزاءه، يجب أن تنتهي المشكلة أو قضية العقاب بإنهاء الموقف، فلا يصح أن نذكره بها أو بالخطأ الذي ارتكبه أو بالعقوبة التي نالته، وذلك حتى يستطيع نسيانها والسير في الطريق الصحيح.

ومن المفضل أن يلتقي المعلم بعد الانتهاء من اتخاذ القرار وحسم الموقف الذي يعتبر مشكلة مع الطالب المخطئ، وأن يقوم بمناقشة الموقف معه بصورة هادئة حتى يطمئن الطالب ولا يشعره أنه يتعامل معه مثل السجين المجرم الذي يقف أمام شرطي يهمه أن يقوم بعقابه والانصراف عنه إلى شؤونه وأعماله الخاصة الأخرى. بل يجب أن يشعره أنه مهتم به وبتعلمه وتحصيله الدراسي.

كما ويتوجب على المعلم أن لا يجتمع خلال لقائه مع الطلاب مع أكثر من طالب واحد على انفراد مع الطلاب المخطئين، فالاجتماع مع أكثر من طالب واحد منهم في نفس الوقت يؤدي إلى إثارة المشاكل ويسبب الحساسيات الزائدة، ولأن الاجتماع مع واحد فقط يشعره بأنه موضع الاهتمام الخاص من المعلم،

وهذا بدوره يلعب دورا هاما في تغيير وتعديل سلوكه، ونظرته للتعلم والمدرسة.

خلاصة القول أن استخدام العقاب والثواب كوسيلة للتنشئة يعتبر من الوسائل المدمرة لنفوس الأطفال أو إلى تدعيم وتقوية الثقة بالنفس، فهو بهذا المعنى سلاح ذو حدين، قاس يحطم حياتهم ويهدد مستقبلهم بالفشل، ويؤدي بهم في النهاية إلى الكراهية والحقد والرغبة في الانتقام ويعلمهم الكذب والعدوانية، والفشل التعليمي الدراسي بسبب كرههم للمدرسة والمعلمين أو الهرب من البيت والمدرسة أو الإصابة بالأمراض النفسية أو العقلية التي تؤدي إلى تغيير نمط حياتهم تغيراً واضحاً. أما إذا كانت التنشئة تعتمد في معظم مراحلها ومجالاتها على الثواب والتفهم وإعطاء الدعم والإصغاء للطفل المذنب ومحاولة إصلاحه فإن ذلك سيؤدي إلى عكس النتائج التي نتوصل إليها من استعمال العقاب. لأن العقاب البدني وما يترتب عليه من آثار لا يعتبر ذا فاعلية في المدى البعيد كوسيلة لاستبعاد السلوك الذي يسبب في عقاب الطفل.

أضف إلى ذلك كون العقاب يترك آثاراً سلبيةً مثل تهديد أمن الطفل واستقراره النفسي، لأنه من الممكن أن يصاب بالخوف والقلق والاكتئاب أو الصداع أو التبول اللاإرادي، وصعوبات النطق وضعف الذاكرة وعدم القدرة على التركيز والانحراف السلوكي وغير ذلك من الأمراض التي تشكل خطراً على تطوره ومستقبله.

العوامل المؤثرة في فاعلية العقاب

لقد تبين من الدراسات التي أجريت في مجال الثواب والعقاب بأن الاستجابات الختامية التي تصدر عن الطفل أو المتعلم تكون أكثر عرضةً للتأثر بالعقاب من الاستجابات المتعلمة وذلك بالمقارنة مع معدل تكرار الاستجابات. فالمعلمة التي تستعمل أسلوب العقاب عندما تعطي أي شيء ملموس كتعزيز أولي فإن هذا الشيء يفقد أهميته مهما كان خاصاً وضرورياً بالنسبة للطالب لأن المعلمة تستخدم أسلوب العقاب بصورة دائمة تغطي على أي تعزيز يعطى منها. والعقاب على هذا الأساس، يتوقف الأثر الذي يتركه على أربعة عوامل رئيسية وهي:

1. **قسوة العقاب وشدته:**

إن فاعلية العقاب الذي نتحدث عنه مرتبطة بصورة مباشرة مع قسوته وهذه القسوة تحدد بعاملين أساسيين هما:شدة الألم الذي ينتج عن تطبيق المثير العقلي واستمرارية هذا الألم وفترته، لأن التوقف عن القيام بسلوك معين يتباين مع قسوة

العقاب وذلك لوجود علاقة عكسية بين الاستجابة وشدة المثير العقابي واستمراريته. ولكي نؤدي إلى توقف الطلاب عن القيام بأعمال معينة يتوجب على المعلم أن يكون حكيماً وذكياً في تعامله معهم وعقابهم، لأن العقاب يجب أن يبلغ مستوى معيناً حتى تكون نتائجه إيجابية ويكون فعالاً ويؤدي إلى التغير المطلوب في السلوك.

2. الزمن الفاصل بين العقاب والاستجابة

يرى بعض الباحثين أن الفاصل الزمني لا يؤثر في فعالية العقاب، ويفسر أثر العقاب في السلوك بتزايد الحالة الانفعالية للعضوية التي تنجم عن تطبيق المثيرات المؤلمة أو غير المرغوب فيها وليس باقتران الاستجابة بالمثير العقابي(نشواتي- 1996).

وهناك بعض الآراء الأخرى التي تشير إلى أن الزمن يلعب دوراً هاماً في فعالية العقاب، وأن هذه الفعالية لا تعود بالضرورة إلى الحالة الإنفعالية التي تنتج من القيام بالعقاب بصورة فعلية، بل تعود إلى العلاقة الزمنية بين المثير غير المرغوب فيه والاستجابة وتعتبر العلاقة علاقة عكسية، أي أن قصر الفترة الزمنية بين تقديم السلوك غير المرغوب فيه والاستجابة يجعل لهذا المثير أثراً وفعالية في حذف أو توقف الاستجابة.

3. العقاب السابق

لقد اختلفت الآراء في هذا الموضوع، حيث يقولون أن الخبرة السابقة العضوية المرتبطة بالمثيرات غير المرغوب فيها أو المؤلمة تؤدي إلى خفض مستوى فعالية العقاب، بالمقابل هناك من يقول بأن هذه الخبرة تزيد من فعالية العقاب. والحقيقة أن أثر العقاب السابق يختلف باختلاف قسوة العقاب اللاحق، فإذا كانت القسوة شديدة فإن الخبرة السابقة تقل أهميتها على اثر العقاب اللاحق أو تخفض من فعاليته، وفي الحالات التي تكون فيها القسوة معتدلة فإن الخبرة العقابية السابقة تؤدي إلى زيادة فعالية العقاب اللاحق.

4. وجود الاستجابة البديلة

إن عدم قدرة الطالب أو المتعلم في المراحل المختلفة على ضبط المثيرات العقابية يؤدي إلى عدم توافر الاستجابات البديلة وهذا بدوره يؤدي إلى ما نطلق عليه اسم العجز التعليمي وذلك لأن الطالب أو الفرد الذي يكون في وضع منفر ولا يستطيع التنبؤ بالمثيرات المزعجة والمؤلمة أو لا يستطيع أن يوقفها عندما تحدث، فإن هذا

الأمر يؤدي إلى عدم تعلمه وأدائه على نحو أفضل في إنهاء الحالة العقابية عن طريق تعلم استجابات مقبولة وغير منفرة، وهكذا يكون بالإمكان التخلص من السلوك غير المرغوب وتعلم أنماط وأشكال سلوكية مرغوب فيها.

وهناك بعض الأسس والقواعد العامة التي توجه إجراءات استخدم العقاب في تعديل بعض الأنماط المنفرة عند المتعلمين وهذا بدوره لا يعني الدفاع عن استعمال العقاب أو تأييده ولا يعني استعماله بدل التعزيز الإيجابي لكن هناك اعتقاداً سائداً يقول:(بأن العقاب أداة فعالة جداً في ضبط سلوك معين وهذا يعني أن علينا أن نتعلم شروط استخدام العقاب في الحالات التي يكون لا بد من استعماله لكي نصل إلى نتائج ناجحة في مجال توقف أو حذف سلوك معين).

وفي حالة استخدام العقاب لا بد من الاهتمام بالتالية:

1. يجب أن يكون المثير العقابي على مستوى عال من الشدة وأن تكون الفترة الزمنية التي يتعرض فيها لهذا المثير معقولة وذلك حتى ينتج الألم والإزعاج الذي يؤدي إلى توقف السلوك غير المرغوب فيه أو حذفه.

2. يجب أن يكون المثير العقابي مرة واحدة وليس على مراحل وأن تزيد قسوته بصورة متواصلة لأن العقاب المتفرق لا يفيد.

3. العقاب يجب أن يكون مباشرة بعد حدوث المثير، لأنه بهذه الطريقة يكون أكثر فائدة من العقاب المؤجل، لأن قصر الفترة الزمنية بين الاستجابة والعقاب يؤدي إلى فعالية العقاب ونجاحه.

4. يجب أن لا نستخدم العقاب بصورة متكررة حيث يصبح عادة أو أسلوباً متبعاً لأن العقاب المتكرر يسمح بظهور الاستجابة المعاقَب عليها حتى وجود العقاب.

5. يجب أن لا نستخدم المعززات التي تؤدي إلى تمكن المتعلم من أدائها لتجنب العقاب لأن ذلك يؤدي إلى تعلم استجابات مرغوب فيها. وفي مثل هذا الوضع من المفضل استخدام العقاب السلبي أي الحرمان من المعززات الإيجابية وذلك عن طريق دراسة الشخص ومعرفة المعززات التي يعتبرها إيجابية، (السابق).

الثواب والعقاب من منظار نفسي

يشير معظم علماء النفس إلى أن الثواب في جميع مجالات ومراحل الحياة إذا كان في الوقت والمكان المناسب والصحيح فإنه يؤدي إلى الارتياح والاطمئنان والأمن والأمان وشعور الفرد بالثقة بالنفس والتشجيع على الاستمرار في مثل هذا السلوك الذي صدر عنه. وعلى هذا المبدأ إذا قمنا بمعاقبة الطفل لقيامه بذنب ما، يجب أن يؤدي هذا العقاب إلى عدم الارتياح والشعور بالقلق والتوتر النفسي والاجتماعي الصعب. الأمر الذي يكون له التأثير الكبير على قدرة الطالب على التركيز والتعلم والقدرة على الوصول إلى مستوى جيد من التحصيل المعرفي.

ويجب أن نذكر أن ما يعتبر مكافأة للطفل قد لا يكون كذلك من وجهة نظره. كذلك الأمر بالنسبة للعقاب. فالعقاب قد لا يكون أكثر تعقيداً من أن يتضمن استثارة منفرة أو غير مقبولة. فنحن نعاقب أنفسنا في بعض الأحيان عندما نشعر بالذنب إذا قمنا بارتكاب مخالفة معينة أو نعمل عملاً يضر بالآخرين أو يؤدي إلى عقابهم دون أي ذنب منهم أو لأننا لم نعمل ما هو مطلوب منا في موضوع معين قد يضر مصلحتنا أو مصلحة الآخرين وقد نعاقب الآخرين لأننا نشعر في لحظة معينة بالإحباط والعدوان بسبب ظروف أو مشاكل شخصية نمر بها، الشيء الذي يؤدي إلى استثارة هذه المشاعر لدينا، والتي عندما نقوم بها ربما نشعر بنوع من الراحة أو اللذة، تماما كما يحدث مع المعلمين أو الطلاب حينما يعاقبون أو يكونون ضحية للآخرين، فيعاقبون وهذه الظاهرة 0منتشرة بنسبة عالية جدا في معظم المدارس ولدى نسبة عالية من المعلمين والطلاب،(أبو حطب-1990).

ولكن صور وأشكال العقاب تصبح معقدة ومن الصعب التعامل معها أو فهمها عندما نعلم أن ما نعتبره عقابا من الممكن أن يكون مصدرا للسرور والشعور بالراحة والفخر لدى الطفل حينما يعتبر تحمله والصبر عليه علامة تدل على قوة المعقب، ومن ناحية أخرى قد يتوهم بعض الأطفال العقاب نتيجة لاعتمادهم على خيالهم الواسع، بينما لم يقصد إليه أحد بصورة فعالة.

من ناحية أخرى فإن زيادة مقدار الثواب والعقاب المستعمل في الحالات المختلفة التي تواجه المثيب والمثاب، أو المعاقِب والمعاقَب، فإن هذا يؤدي إلى زيادة أثره في تعليم الطفل أو الفرد إلا أننا يجب أن نلاحظ أنه عندما يكون مقدار الثواب والعقاب كبيراً فإن هذا يؤدي إلى قلة كفاية التعلم نسبياً لدى نسبة معينة من الأطفال والأفراد.

وحينما نقوم بعقاب أي طفل أو فرد من الأفراد، أو نكافئه على الأعمال الإيجابية والفعالة التي يقوم بها أثناء التعلم أو العمل على إنجاز فعالية أو مهمة معينة. يجب أن يتبع هذا العقاب أو الثواب الاستجابة التي تصدر من الطفل مباشرة، لأنه كلما اقترب زمنيا من الاستجابة زاد ذلك من احتمال الارتباط بها، لأن الثواب والعقاب يتضمنان عنصرا من عناصر التعزيز الذي يعتبر من العناصر الحساسة جدا للتوقيت الزمني. وإلا فإن الأمر يتطلب من الطفل أو الفرد جهدا عقليا معرفيا خاصا لإدراك العلاقة بين السلوك الذي يصدر عنه وما يتبعه من ردود فعل عندما يكون الفاصل الزمني كبيرا. ولكن طول الفترة الزمنية بين الاستجابة والثواب والعقاب تختلف باختلاف قدرة الطفل على الربط بينهما، أي أن الفروق الفردية تلعب هنا دوراً أساسياً وفعالا في مدى تأثير الثواب والعقاب (السابق).

وفي بعض الأحيان قد تؤدي الظروف المشتتة إلى إضعاف آثار الثواب والعقاب كما أثبت من تجارب التعلم الشرطي الكلاسيكي. والذي نجد فيه أن أساس تكوين الارتباط هو عزل المثير والاستجابة حتى يمكن إشراط استجابة معينة لمثير واحد دون الآخر.

وعليه فإن الثواب والعقاب يقدمان للمفحوص على استجابة معينة تصدر عنه دون عزل المثير عن غيره من المثيرات، التي تحيط بالطفل أو عزل الاستجابة عن غيرها من الاستجابات التي تصدر عنه، فهذا يعني عدم وجود أي ضمان لحدوث الارتباط المقصود وبالتالي قد لا يكون للعقاب والثواب الفعالية المقصودة، التي يهدف إليها من يقوم بها.

وبالإضافة إلى ما ذكر إن عدم الانتظام في عملية الثواب والعقاب، أي القيام بتقديمها للطفل بصورة متقطعة فإن ذلك يكون أكثر فعالية من انتظامها بصورة مستمرة، وهذا يتفق مع النتائج التي توصل إليها سكنر والتي أكدت أن إعطاء التعزيزات بصورة متقطعة يؤدي إلى استمرار حدوث السلوك بنفس الصورة والشكل لفترة زمنية طويلة.

أما التحليل النفسي فيرى أن مشاعر الذنب تجر صاحبها إلى الاضطرابات النفسية والتي تعتبر عقاباً ذاتياً للفرد Self Punishment يعاقب الفرد به نفسه بدوافع داخلية. أيضا يضيف أنصار التحليل النفسي قائلين بأن الإنسان دائماً بحاجة إلى العقاب For Punishment Need وذلك بسب تأثير تكوينه النفسي، حيث ينفرد الإنسان بالضمير أو الأنا العليا، الذي يجعله حساساً لكل شيء يفعله أو يشعر به أو يفكر فيه، فإذا قام

بمخالفة القوانين والعرف والأخلاق والشرائع المتبعة شعر بالذنب على ما فعل، مما يجعله يسلك السلوك الذي يكفر به عن هذه الرغبات أو المشاعر أو الأفعال، وذلك عن طريق عقاب نفسه بما يسمى بالعقاب التكفيري Expiatory Punishment وكأنه يقوم بتعويض الآخرين عن شعوره تجاههم أو ما لحقهم من أذى.

والتربية بنظرياتها تهدف إلى جعل العقاب ذاتيا نابعا من داخل الفرد أي عقابا نفسيا، والذي يكون هو الرادع عن القيام بالأعمال اللاأخلاقية وذلك بوازع من الضمير أو الأنا العليا وليس خوفا من العقاب الرسمي أو الجسدي أو الاجتماعي.

العقاب رفضه وفوائده

تلعب الأسرة دوراً أساسياً في حياة الطفل، وتؤثر بصورة بالغة في شخصيته، لكونه يعيش السنوات الأولى الحساسة والمميزة من عمره بين أفراد أسرته. حيث يتفاعل معهم ويتعلم منهم ويتأثر بهم في جميع الجوانب والمجالات، مما سيؤثر بصورة مباشرة على نمو وتطور قدراته المختلفة والسلوك الذي يصدر عنه في جميع المراحل.

من هنا نجد أن الأسرة إذا كانت واعية ومدركة لطبيعة الطفل وحاجاته وتعمل على مساعدته لبناء شخصية سليمة خالية من الاضطرابات. أما الأسرة التي تتصف وتمتاز بالاضطرابات والمعاملة السيئة لأبنائها يظهر ذلك واضحاً في سلوك أبنائهم، إما باستعمال الخوف أو العدوانية أو الجنوح، وبالتالي الفشل في بناء شخصية متزنة خالية من الاضطرابات، من ناحية أخرى فإن الاطمئنان الذي يحظى به الطفل داخل الأسرة، أفضل من الحرمان، وقبول الطفل والعناية به أفضل من نبذه، والمسايرة أفضل من الضغط والإكراه، أي التعامل مع الطفل بالنصح والإرشاد والمعاملة الحسنة تكون أفضل من العقاب على أنواعه وخصوصاً البدني لأنه يشعر الطفل بالأهمية والمكانة ويدفعه إلى العمل المستمر للتعلم والتحصيل التعليمي والتقدم في الحصول على درجات جيدة في المواضيع المختلفة.

فإذا كان الأب يعتدل في تعامله ومعاملته لأبنائه فإن هذا أفضل من استعمال الشدة والإهمال، لأن الأبناء بحاجة دائمة إلى العطف، والصداقة والتوجيه. واستعمال الشدة المفرطة المستمرة، وعدم السماح للأبناء بعمل ما يرغبون به، إذا كان مخالفا لرغبة الأهل يؤثر على حياتهم في المستقبل، لشعورهم بتحقيق رغبات غيرهم وليس رغباتهم هم، وهذا يعني أن على الآباء ترك القسوة والشدة في معاملة الأبناء، واستمرار الحزم في معاملتهم. ومن واجب الآباء أن يفهموا مدى تأثير معاملتهم على

أبنائهم. فعندما يخوف الأهل الطفل من أشياء مثل: الموت، الغول، المعلم.. فإن هذا يؤثر بصورة سلبية على شخصية الطفل في المستقبل. حيث تظهر مخاوف الطفل في أخلاقه وتصرفاته المزعجة والمرفوضة، وانعدام ثقته بنفسه، وتأخره الملحوظ في الدراسة، والتوجه إلى الكذب في معاملاته مع الآخرين.

والأسرة تقوم باستخدام العقاب بأنواعه بهدف تغيير السلوك غير المرغوب فيه، الذي يصدر عن الأطفال، مثل السلوك الجنسي، والعدوان، والاتكال، والتراخي، ولكن ليس بحاجة إلى استعمال العقاب في كل الحالات، لأن الطفل الذي تعود على العقاب من جانب الأهل حينما يصدر منه سلوك معين، يتوقع عقابا معينا، إذا فعل مخالفة سبق له وعوقب على مخالفة مشابهة لها. وهكذا تكون المخالفة أو السلوك المرتكب نتيجتان مؤلمتان: العقاب الذي يعاقب به الطفل من الأهل أو الكبار، والتوقع المخيف لهذا العقاب، أي القلق الذي يعيش فيه، والذي يأتي بمجرد ظهور فكرة احتمال صدور المخالفة أو السلوك المرفوض، أو وجوده بموقف مشابه يكون كافيا لإثارة توقع العقاب. ويصبح من الصعب معرفة وتحديد المثيرات الخاصة المسؤولة عن حدوث القلق لدى الطفل أو حتى الكبار. وتكرره الكثير يؤدي إلى أن يصبح الفرد خائفا من نفسه وبصورة دائمة.

بالإضافة إلى تأثير الأسرة الكبير في شخصية الفرد وتطورها، تؤثر التنشئة الخاطئة سلبيا على صحة الطفل النفسية. حيث أن التسلط والسيطرة وكثرة العقاب الجسمي يؤدي إلى وصول الطفل أو الفرد إلى حالة عدم الاستسلام، والخضوع أو التمرد وعدم الشعور بالكفاءة، وعدم القدرة على المبادرة والاعتماد السلبي على الآخرين في جميع الأعمال والمهام والفعاليات.

ومن الأفضل للأسرة أن تتفهم سلوك أطفالها في مرحلة الطفولة، ونموهم في الجوانب المختلفة، الجسدية والعقلية، الانفعالية، والاجتماعية، والتي هي أساس تكوين وتطوير شخصيته وتفاعله مع الأسرة والآخرين.

لذا يتوجب على الأسرة عدم الإفراط في العقاب، لأن زيادته تؤدي إلى حدوث السلوك السلبي لدى الطفل، والذي يوصله إلى الجنوح، لأن العقاب يؤدي إلى الخوف، والخوف يؤدي إلى رد فعل دفاعي يؤدي بدوره إلى العقاب مرة أخرى.

ويجب أن نذكر أن انفعال الخوف يؤثر في وظائف الأعضاء التي يتحكم فيها الجهاز العصبي الذاتي. والذي بدوره يؤدي إلى حدوث الأمراض النفسية والجسمية، ويؤثر على التفكير فيعوقه. وفي الحركة فيؤدي إلى اضطرابها. وتؤدي القسوة والتربية

الضاغطة المتزمتة إلى العدوانية المتمردة والتي تكون موجهة ضد الأسرة، والمدرسة، والسلطة، وتؤدي إلى الانحرافات الجنسية، والعناد... أما أسلوب التسلط فيؤدي إلى الانطواء والاكتئاب والتردد والخجل والشعور بالنقص.

ومن الجدير ذكره أن العقاب يعتبر وسيلة للتربية ولكن من المفضل أن لا تستخدم هذه الوسيلة وحدها لتغيير السلوك غير المرغوب فيه، لأن الاستجابة كما يقول Estes، هيلجارد وبادر، لا يمكن أن تظهر من ذخيرة الكائن السلوكية بفعل العقاب وحده. أي أن الطفل أو الفرد الذي عوقب بسبب قيامه بعمل شيء مرفوض اجتماعيا، يقوم هذا الفعل إذا ما توقف العقاب. ولكن يجب تعلم الاستجابة الاجتماعية المقبولة حتى يتوقف الفرد عن فعل الاستجابة الخاطئة، وإذا لم يحاول المربي إفهام الطفل لماذا عوقب، يؤدي العقاب إلى نتائج سلبية مثل الخوف. ويكون العقاب أحيانا لا يتناسب مع الذنب، وبالتالي لا يساعد على النمو السوي للطفل أو الفرد.

وفي هذا المجال أكد سكنر في إحدى تجاربه على أن استعمال العقاب يؤدي إلى الآتية:-

1. كبت السلوك المعاقب أو قمعه، وليس إلى محوه أو إطفائه.
2. من الصعب التنبؤ بنتائج العقاب، فإذا كان الثواب يقول للطفل كرر ما فعلت فإن العقاب يعني له التوقف عمّا يفعله، ويفشل في أن يحدد للطفل ما يفعله.
3. بانتهاء الحالة الانفعالية المرتبطة بالعقاب قد تظهر الاستجابات التي عوقبت من قبل بنفس قوتها السابقة، ما لم تحل محلها استجابات جديدة تم تثبيتها.
4. قد يؤدي العقاب في بعض الأحوال إلى تثبيت السلوك لا إلى حذفه كما هو الحال في بعض السلوك العصابي.
5. قد تكون النتائج الجانبية للعقاب سيئة للغاية، لأنه من المعتاد أن يؤدي إلى كراهية مصدر العقاب وكراهية العمل الذي يؤدي إلى العقاب.
6. قد يترتب على استخدام العقاب بصورة مستمرة وجود عدد من الأخطاء، فالمعلم أو الوالد الذي يعتمد على العقاب قد يكون مضطربا انفعاليا، وقد يعبر عن عدوان مكبوت لديه فيعاقب طفلاً أو شخصاً آخر لا صلة له

بما يحدث ومن المحتمل أن يؤدي مثل هذا إلى صدور سلوك يثير غضب الكبار من الطفل العدواني.

لكن يجب أن نذكر دائما وجود الظلم الذي ينجم عن العقاب الدائم، والأطفال توجد لديهم حساسية خاصة للظلم ويؤثر عليهم بصورة واضحة.

أيضا توصل العلماء والباحثون إلى:-

1. أن الثواب أقوى وأبقى أثرا من العقاب في عملية التعلم وأن المدح أقوى أثرا من الذم بصورة عامة، وأثر العقاب مؤقت لا يدوم خصوصاً عندما نتحدث عن التحصيل الدراسي والمستوى الذي يستطيع الوصول إليه كل طالب.

2. إن الجمع بين الثواب والعقاب أفضل في كثير من الأحوال من القيام بكل واحد منهما على حدة- فالعقاب يستخدم لإيقاف السلوك السّيىء حتى يتوقف ويصبح مجدي ويثاب عليه الفرد-أي أن العقاب عبارة عن ألم مؤقت حتى نحصل على لذة دائمة.

3. إن أثر الثواب إيجابي في حين أثر العقاب سلبي، لأن العقاب يحذر الفرد من أن يسلك سلوكا معينا في موقف معين يجلب له الأذى والألم أو لأنه يخيف الفرد من شيء معين وذلك دون أن يرشده إلى ما يجب عليه أن يعمله.

4. أن الجزاء إذا كان ثوابا أو عقاب يصل إلى أقصى درجة له عندما يأتي مباشرة بعد السلوك- وتأثيره يضعف إذا امتدت الفترة الزمنية بينه وبين السلوك. لذا يجب أن يكون الجزاء بصورة عاجلة ومباشرة أو على الأقل أن لا يتأخر تأخراً كبيراً وخصوصاً مع الأطفال-وذلك ليكون الجزاء مثمر وفعال.

5. أن العقاب المعتدل والمعقول يتطلب منا الحيطة والحذر والابتعاد عن الأخطاء وهذا بعكس العقاب الذي يكون على شكل توبيخ علني أو الذي يجرح كبرياء وشعور الطفل أو الفرد، هذا النوع ضار ويؤدي إلى الكراهية وفقدان الثقة بالنفس.

6. أن الأطفال الموهوبين وذوي الشخصيات المنبسطة يضاعفون جهودهم بعد اللوم وهذا يعتبر مجدياً في التعليم-أما الأطفال المنطوون فإن إنتاجهم يضطرب بعد اللوم وإعطاء الثناء يؤدي إلى تحفز التعلم أكثر من النقد.

7. يجب مراعاة الفرق بين الأفراد عندما نقوم بالعقاب- ومن الممكن أن يكون ما يعتقده الكبار عقابا عند الأطفال ثوابا.

فوائد العقاب

يساعد العقاب على تحديد المشكلة في صورة لها معنى وتحديد اتجاه النشاط وإعطاء معلومات عن مدى التقدم نحو الهدف. وهذا يعني أن النواتج غير المادية للنشاط تؤدي إلى الابتعاد أو التجنب أو الانسحاب أو تغيير الاستجابة بدلا من تكرارها، ويتعلم الطفل أن الاستجابات تؤدي إلى العقاب فيبتعد عنها.

وعلى المدى البعيد يؤدي العقاب إلى إضعاف الدافع الذي أدى إلى تنشيط وتوجيه السلوك الذي يعاقب عليه الطفل أو الفرد، بل من الممكن أن يؤدي إلى الإضعاف المختلف لبعض الدوافع في المجالات المختلفة، وعلى المدى القريب أو القصير يؤدي العقاب إلى نقص نسبة احتمال حدوث الاستجابة التي تؤدي إليه، والأبحاث في هذا المجال تشير إلى أن هذا الدور يعتبر أكثر تحققا في تعلم مواد الحفظ. أما في التعلم الذي يعتمد على المعنى فإن نقصان نسبة احتمال حدوث الاستجابات المعاقبة قليل وغير مؤكد.

كما ويؤدي العقاب إلى تجنب الطفل للفشل في التعلم اللاحق، عن طريق زيادة التركيز والانتباه وبذل مقدار أكبر من الجهد والمثابرة، وهذه الآثار التسهيلية للاستثارة المنفردة قد تفوق الآثار السلبية للعقاب ذاته.

العقوبة المدرسية

لقد أثار موضوع العقوبة المدرسية، والغرض منها الجدل الطويل بين الباحثين ورجال التربية، حيث يرى قسم كبير منهم أن العقوبة المدرسية لم توضع للقصاص ولا تهدف للانتقام من الطالب، بل وضعت لإصلاح الطالب المعاقب، وفي نفس الوقت حماية للطلاب الآخرين من الأخطاء التي يرتكبها، فمثلا الطفل الذي لا يحافظ على النظام المتبع في غرفة الصف، يجب على المعلم أن يعمل على حماية الطلاب من شره بوضعه بعيدا عنهم لعدم احترامه حقوق الجماعة ورعايته لمصلحتها.

وهنا يتوجب علينا ذكر أن العقاب البدني لعلاج مثل هذه المشاكل، قد يكون سببا لزيادة المشكلة وتعقيدها، وفي المقابل فإن العقاب الأدبي يؤثر في الطالب تأثيرا كبيرا لا يصل إليه أي عقاب بدني، فمثلا الطالب الذي نختاره ليكون مسؤولاً عن غرفة الصف ومراقبة ما يحدث فيها، ثم يقوم هو بنفسه بأعمال لا تتفق مع قوانين المدرسة ومطالبها، ونتيجة لذلك يفصل، ونقوم باختيار طالب آخر مكانه فإن ذلك يؤثر فيه تأثيرا نفسيا شديدا، ويحاول استعادة ثقة زملائه فيه.

وهذا يعني أن على المربي أن يتذكر دائما أن هناك فرقاً بين الأطفال والطلاب في طباعهم وميولهم وأخلاقهم وحاجاتهم، وعليه أن يعرف طلابه معرفة جيدة، وأن يعامل كل واحد منهم المعاملة التي تتناسب مع شخصيته ومكوناتها، فهناك الطالب الذي تكفيه الإشارة، ومنهم من لا يخاف ولا يفزع مما نقول له، ومنهم من يتألم إذا عوقب بالحرمان والحجز حتى نهاية اليوم الدراسي، ومنهم من يجد حسرة وألم من الحرمان والحجز، ومنهم من يكون حزنه كبيراً إذا طرد حتى ليوم واحد من المدرسة، ومنهم من يفرح ويسر لغيابه وابتعاده عن المدرسة. في نهاية الأمر تؤثر العقوبة المدروسة بصورة واضحة على مدى استعداد الطالب ورغبته في التعلم والتحصيل المدرسي الذي قد يصل إلى أدنى مستوى له.

هذا يعني أن كل طالب له شخصيته المميزة وقضية مستقلة وقائمة بذاتها، والتي تتطلب أن ننظر إليه نظرة خاصة، وهذا بدوره يعني أن ما يلائم هذا الطالب أو الطفل من أنواع العقاب ربما لا يلائم آخر ولا يجدي معه نفعا.

وعليه فإذا أراد المعلمون النجاح في عملهم التربوي والتعليمي يتوجب عليهم أن يفكروا في كل طالب وعقابه أو إثابته بما يناسبه، بعد أن يزنوا ذنبه ويتعرفوا على

الحوافز التي أدت إليه، وإذا شعر الطالب المخطئ بذنبه وكان على ثقة ويقين بأن المعلمين والمدرسة سوف يتفهمونه ويعطفون عليه، سوف يمد يده طالبا تنفيذ العقوبة مع شعوره بالعدالة، متلمسا الرحمة ومصمما على التوبة وعدم العودة إلى ما فعل.

وهذا يعني تحقيق الهدف والوصول إلى الغرض من العقوبة، وهو الإصلاح ودفع الطالب إلى تعديل سلوكه والعمل على الوصول إلى أعلى مستوى تعليمي.

يجب أن يعمل المعلمون بصورة جدية على عدم مس نوع العقوبة بكرامة الطفل أو الطالب، وأن لا يكون فيها إهانة له، مثل عدم ذكر نوع العمل الذي قام به أمام الطلاب مثل سرقة كذا... لأن الطفل أو الطالب شخصية يتوجب علينا أن نراعيها، وكرامة يجب أن نحافظ عليها. الأمر الذي لا يحدث في معظم الحالات حيث يتعمد المعلمون إهانة الطالب أمام الجميع وبصورة صعبة ومؤثرة جدا تؤدي إلى نتائج عكسية ومتطرفة في جميع الحالات، مثل ترك المدرسة أو التغيب عنها لفترات طويلة، وكره المعلم والحقد عليه، وعلى جميع الطلاب، وكلٍ من المدرسة والتعلم والمواد التي يعلمها المعلم المعاقب، والفشل فيها وعدم الرغبة في التواجد في الصف.

أيضا في الكثير من الحالات يخطئ المربون الغرض من العقوبة فضلو السبيل، ظناً منهم أن الشدة على البنين والبنات قد تحقق ما يريدون من الأهداف، وذلك بسبب جهلهم بالحقيقة المؤلمة، التي تقول أن الشدة تؤدي إلى الكثير من المصائب، التي ولدت بعض المشاكل الاجتماعية التي يتألم منها المجتمع الإنساني فجعلت الطفل كائنا ضعيف النفس والإرادة نحيف الجسم، مضطرب الأعصاب خائر العزيمة، قليل النشاط والحيوية.

مما يجدر ذكره أن الأطفال والطلاب يقومون بتقليد الكبار والمعلمين، بالرغم من وجود نزاع مستمر من الرغبات والميول والأذواق بين هؤلاء وأولئك وقد أدى هذا النزاع إلى كثير من الظلم الذي قاساه الأطفال والطلاب في البيت والمدرسة والمجتمع.

قد يعاقب المعلم الطالب بالضرب، فيدافع عن نفسه بالرد على المعلم بالعض أو الضرب كما يحدث اليوم في معظم المؤسسات والمدارس وعلى مدار السنة. فمثلا من الممكن أن يعاقب فصلاً كاملاً، عدد طلابه 40 طالبا لأنهم أخطأوا في تهجئة كلمة، حيث يقوم المعلم بضربهم جميعا مما يثير غضبهم أو غضب واحد منهم فيقوم بضرب المعلم أو عضه، مما يزيد من عقوبته على يد المعلم والمدرسة، ومثل هذه المشاكل تحدث يومياً في معظم المدارس ومع معظم المعلمين، وفي جميع المراحل التعليمية،

الأمر الذي يتطلب منا التفكير من جديد في وسائل وطرق التدريس والتربية والعقاب والثواب المستعمل، ومدى فاعليته وتأثيره على مستوى تحصيل الطلاب الدراسي.

في اعتقادي وحسب خبرتي الطويلة في مجال التربية والعمل مع المدارس والمعلمين على اختلاف مستوياتهم ومراحل العمل التي يعملون فيها. أن العقوبة البدنية يجب أن تكون الوسيلة الأخيرة التي يلجأ إليها المربي، إذا لم تنجح جميع الوسائل الأخرى لإصلاح الطفل أو الطالب(ومن المفضل عدم استعمال هذه الوسيلة بأي حال من الأحوال لما فيها من خطورة جسدية ونفسية على الطالب وخطورة على مستقبل المعلم المعاقب). وكذلك يجب أن يشعر المعلم الطالب بذنبه الذي عوقب عليه ويقر له العقوبة، وأن لا يعاقب المعلم الطالب وهو في حالة غضب بل عليه أن ينتظر حتى يهدأ، وأن تعطى للمعلم والطالب المخطئ فرصة للتفكير.

من المعروف بل من المؤكد أن عقوبة الضرب لا تزيد البليد إلا تبلدا وجمودا، وإذا وجد الطفل من يعامله بالراحة واللين ويستميله إلى العمل فلن تكون هناك حاجة لمثل هذه العقوبات، أما إذا كان الهدف من عقاب الطفل أو الطالب الإصلاح فإننا من المؤكد لا نصيب الهدف لأن الضرب ليس الوسيلة التي تساعد على الإصلاح، وإنما التفاهم مع الطفل أو الطالب هو الذي يؤدي إلى نتيجة إيجابية، أفضل من النتيجة التي نحصل عليها من العصا والسوط.

أيضا يتوجب على المعلمين في جميع مراحل التعليم وعلى اختلاف مستوياتها الامتناع عن تهديد الطفل أو الطالب بنوع من العقاب الذي يقوم بتنفيذه. لأن الطفل يكره مثل هذا لكونه يفقد معناه ويصبح لا قيمة له ويتعلم الطفل عدم الخوف من المعلم أو الثقة بما يقوله أو يهدد فيه، وبدل ذلك على المعلم استعمال الحزام في معاملة الطفل أو الطالب، وأن لا يقول له شيئا لا يستطيع تنفيذه.

وفي هذا الصدد يجب على المعلم أن يتذكر دائماً أن الضرب ممنوع قانونيا ومن يستعمله يعرض نفسه للقضاء، وربما تكون له عواقب وخيمة عليه. وحتى لو لم يتدخل القانون فإن استعمال المعلم للضرب الجسدي قد يؤدي إلى أضرار يعاقب عليها الأهل والمجتمع، لأنه من الممكن أن يؤدي إلى حدوث العاهات الدائمة لدى المعاقب، الأمر الذي يكون له عواقب وخيمة على المعاقب نفسياً، اجتماعياً ومهنياً.

وهناك ثلاثة مستويات للأثر الذي يتركه العقاب على استجابة الفرد:-

1. عقاب خفيف يصاحبه قلق خفيف يصعب معرفة وجوده.

2. عقاب مؤلم لحد ما وهنا يعمل القلق كقوة دافعة لكف السلوك والانسحاب.

3. عقاب قاسٍ يتبعه قلق شديد، يسيطر على انتباه الفرد إلى استجابة مذعورة طائشة.

وبالنسبة لجو الأسرة المصدر الأول للعطف والحنان والمحبة للطفل، وفي حال حرمانه منها في البيت، لا يمكن أن يجدها في المدرسة أو المجتمع، ومن الملاحظ أن الأبناء الذين يتعرضون للقسوة في البيت لا يلجأون في حل مشاكلهم إلى آبائهم لعدم وجود التفاهم والطمأنينة.

أما بالنسبة لدور المعلم فمن شأن العقاب أن يؤدي إلى الخصام بين المعلم والطالب مما يؤدي إلى توتر عاطفي وعرقلة لعملية التعلم. لأن المعلم لا يقوم فقط بتوصيل المعرفة والمهارة وإنما يعمل على تشكيل الاتجاهات والدوافع والقيم. بحيث يكون العضو المؤثر والفعال في المجتمعات وتفاعلها، وعليه أن يعمل على معالجة المشاكل التربوية بروح الحوار الهادئ، وليس بالضرورة انفعالية، كما يفعل بعض المعلمين الذين يميلون إلى استخدام الضرب في علاج المشاكل التربوية.

المعلم الناجح هو ذلك المعلم الذي يتصف بالحزم والثبات دون أن يكون صعباً ومستبداً، وهو المعلم القادر على فهم حياة الطالب الانفعالية والغريزية، وهو الذي يستطيع التأثير والاقناع والتوجيه والقيادة. أما بالنسبة للدور الذي يقوم به مدير المدرسة، فيجب عليه أن يجمع بين الحزم في التنفيذ وبين الرفق في طريقة التنفيذ، بحيث لا يجعل المكافأة نوعاً من التفضيل، ولا يتجه العقاب نحو البغض والانتقام، ويتوجب عليه كمدير أن يقوم بمعالجة جميع المشاكل التربوية وفق المعايير الخلقية، والقوانين المتبعة والتي تعمل على حفظ حقوق الطالب والمعلم وجميع العاملين داخل المؤسسات المدرسية على أنواعها.

يجب أن يعلم دائما أن التعامل مع الأطفال ينطوي على صعوبة كبيرة تتطلب من القائمين على عملية التربية والتعليم أن يتصفوا بالصبر والمعرفة والقدرات الخاصة على التعامل مع الأطفال والطلاب.

أثر الثواب في التعليم والتحصيل المدرسي

من الآثار الهامة والفعالة التي يثيرها الثواب في المتعلم حالات الانفعال السائدة، حيث أنه يؤدي إلى شعور الطفل أو الطالب باللذة والسرور والرضا عن النفس لقيامه بفعاليات ومهام خاصة. بالإضافة لكونه يعمل على تقوية الدوافع التي تؤدي إلى تنشيط وتوجيه السلوك الذي يصدر منه لفترة زمنية طويلة. تماما كما يحدث عندما نثيب الدافع المعرفي في الأطر المدرسية فإن هذا يؤدي إلى زيادة مستمرة في قوته. وفي نفس الوقت فإن الثواب المختلف في المواد التعليمية من المحتمل أن يؤدي إلى تخفيض الدافع المعرفي، وعلى هذا الأساس نفسر دوافع التعلم المختلفة في المواضيع المختلفة. وهذه الآثار تعتبر طويلة الأمد ومن الممكن أن تمتد إلى مجموعة أخرى من الأعمال والمهام. ومن المحتمل أن يكون للثواب آثار قصيرة المدى تحدث داخل الأعمال على وجه الخصوص، مثل الأثر الوجداني الذي يؤثر في الحالة الدافعية التي ينتج عنها وظائف المتغيرات الدافعية بصورة عامة.

من الآثار قصيرة الأمد للثواب، أن وعي الطفل بالنجاح والذي يشبع بعض دوافعه يؤدي إلى تنشيط جهود التعلم اللاحقة التي يقوم بها، وذلك بسبب زيادة ثقة الطفل بنفسه، وتشجيعه على المثابرة والمحاولة، كما ويؤدي الثواب إلى زيادة دافعية الطفل للاستفادة مما تعلم بالفعل.

من ناحية أخرى فإن للثواب آثاراً معرفية فإن من طبيعته أن يخبر الطفل بمدى ملاءمة استجاباته وأنشطته. لأن الثواب يعمل على توضيح طبيعة العمل كما يجعل للتعلم معنى عن طريق الربط بين مجموعة من الاستجابات وأهداف معينة. وبدون هذا الربط بهدف معين يصبح السلوك غير موجه، وفي نفس الوقت فإن إعطاء معلومات عن نجاح الاستجابات أو نقصان الأخطاء الحاسمة للاستثارات اللغوية، يؤدي إلى التركيز على نقاط حاسمة للاستجابات المرغوبة والصحيحة ثم يساعد على التمييز بين المثيرات المرتبطة وغير المرتبطة.

وتشير الأبحاث التربوية المختلفة إلى مدى فعالية الثواب في التربية، إلا أننا نتحفظ منها لاستخدامها الثواب بأسلوب تربوي ثابت، خصوصا عندما يكون على شكل مكافأة خارجية مادية صريحة.

ونرى ذلك فيما يلي:-

1. الثواب الذي يكون بشكل مكافأة يعطيها الكبار ترتبط بصورة مباشرة بالنشاط الذي يعطي للصغار ويعملون على إنجازه. وهذه المكافأة من الممكن أن تعتبر رشوة إذا استعملت بصورة مبالغ فيها. ومن الممكن أن تؤدي إلى الانقياد وتقبل السلطة بدل الابتكار أو النشاط الشخصي. كما وأنها من الممكن أن تؤدي إلى تكوين اتجاهات نفسية لدى الطفل، على ماذا سنحصل من قيامنا بهذا العمل، بمعنى آخر يكون للنشاط أهمية إذا كان متبوعا بمكافأة.
2. عندما يتخذ الثواب صورة مكافأة يكون تنافسيا في مضمونه وطابعه بمعنى آخر في الوقت الذي نجد فردا أو عدة أفراد تشبعهم المكافأة التي يحصلون عليها فإن كثيرين من الممكن أن لم يكن مؤكدا يتعرضون للإحباط.

أثر العقاب في التعلم والتحصيل المدرسي

في العقود الخمسة الماضية كان الاتجاه لدى علماء النفس أن أهمية وقيمة العقاب في التربية قليلة. وتكمن أسباب ذلك فيما يلي:-

1. عدم ضرورة وأهمية العقاب وكونه جانبا تسلطيا ورجعيا، لذا فهو مرفوض، لأن التربية يجب أن تكون خبرة سعيدة وسارة وبعيدة عن القلق وتعتمد على التعزيز الإيجابي وحده، لأن الطفل يجب أن يكون محور التربية في مراحلها المتعددة.
2. أكدت نتائج الأبحاث التي قام بها ثورندايك وسكنر من بعده في هذا المجال على عدم استخدام العقاب في تربية الأطفال، وسكنر من جانبه يرى أن التعزيز الإيجابي هو المفتاح الخاص والهام لكل مشكلات التعلم.

في وقتنا الحاضر أصبح الاهتمام في التربية يتناول استخدام العقاب بالقدر الذي يسهم في تقدم تعلم الطفل وتحسنه.

هذا يعني أن علينا الاهتمام في بعض المبادئ عندما نستخدم العقاب وهي: -

1. يتوجب علينا أن نعرف أن العقاب لا قيمة له إلا إذا أدى بصورة مباشرة إلى تغيير استجابة المعاقب، لأنه يؤدي إلى إجبار الطفل على التوقف عن القيام بالأعمال والأفعال التي يقوم بها ويحاول عمل شيء جديد. وإذا لم يساعد على التحول فهو إذا محدود القيمة أو معدومها. أي يتوجب علينا أن نشجع الطفل على القيام بالاستجابات الصحيحة والمرغوبة والابتعاد عن الاستجابة الخاطئة.

2. يتوجب علينا أن نميز بين العقاب كعدم مكافأة أو تهديد نتيجة للفشل في التعلم وبين معناه كعقوبة على الخروج عن القواعد الأخلاقية. وفي حالات انتقاد أداء الطفل من جانب المعلم عندما يفشل في التعلم، فإن هذا يعتبر عقابا ضروريا للتعلم، ويعتبر من المكونات الأساسية لتقييم العملية التربوية.

3. من الممكن أن يكون العقاب إخباريا، أي نحصل منه على معلومات معينة مثل تصحيح الأخطاء التي يقع فيها الطلاب من الجوانب التعليمية المختلفة ويصححها المعلم ويعطي عليها درجة تعتبر كعقاباً للطالب.

المقدار المعقول من هذا العقاب يكون فعالا مثل المقدار الكبير أو حتى أكثر فاعلية. ومن الممكن أن يعيد توجيه السلوك ويؤدي إلى تثبيت السلوك الجديد وهو من أنواع العقاب المفضلة لأنه يحدد للطفل المسموح أو المقبول أو ما هو الصحيح وعكس ذلك.

4. من الممكن أن يكون الطفل بحاجة إلى العقاب عندما يحاول"اجتياز الحدود" لكي يتحقق من المدى المسموح به من السلوك وغير المسموح به. وفي مثل هذه الحالة يفضل استعمال النظام الحازم وليس القاسي. ويجب تنفيذه في الحال وبدون تناقض أو انفعال.

5. يجب الابتعاد عن المبالغة في استعمال العقاب واستخدامه كأسلوب وطريقة مستمرة في تربية الطفل. لأن ذلك يؤدي إلى زيادة القلق عند الطفل وبالتالي يكون أشد ضررا من الفشل في التعلم. لأنه قد يعيق استمرارية التعلم حتى في مجالات وميادين أخرى. بالإضافة إلى الضرر والإعاقة في تكوين المفاهيم الأخرى عن الذات والتعلم.

هنا نقول وبصورة واضحة أن الحل لا يكون بتحريم استخدام العقاب في التربية على أنواعها ومراحلها المتعددة. وإنما استخدام العقاب في حدود معقولة، وفي اعتدال وتوازن مع استخدام الدوافع الإيجابية وأشكال التعزيز الإيجابي حتى نستطيع أن نجعل من التعلم أكثر نجاحا لدى جميع الأطفال.

كما ونستطيع أن نقول أن العقاب بصفة عامة يقوم بالأدوار العكسية للأدوار التي يقوم بها الثواب على النحو التالي:-

1. العقاب يعمل ويساعد على تحديد المشكلة في شكل له معنى، وتحديد اتجاه النشاط وإعطاء معلومات عن مدى التقدم نحو تحقيق الهدف، في ضوء ما يجب تجنبه من أنشطة غير سارة تؤدي إلى الانسحاب أو تغيير الاستجابة بدلا من تكرارها.

2. العقاب يؤدي على المدى الطويل إلى إضعاف الدافع الذي يؤدي إلى تنشيط وتوجيه السلوك الذي يعاقب الطفل عليه.

3. العقاب على المدى القصير يؤدي إلى نقصان في احتمال حدوث الاستجابة التي تؤدي إليه، فنحن نعاقب الطفل لكي يتوقف عن القيام بأعمال لا نرضاها، والعقاب من هذا النوع نطلق عليه اسم المعزز المنفر Aversive.

4. العقاب يقود إلى اندفاع الطفل إلى تجنب الفشل في التعلم اللاحق، وذلك بتركيز الانتباه وبذل مقدار أكبر من الجهد والمثابرة. وفي حالة استمرار العقاب أو في الحالة التي تسود فيها خبرة الفشل أو حين يفشل التعزيز المنفر في تجنب الفشل، فإن الآثار السلبية من الممكن أن يحدث التوازن بينها وبين الآثار التسهيلية، ومن الممكن أن تتفوق عليها، مما يؤدي إلى ظهور الآثار الضارة.

في نهاية الأمر يجب أن نذكر أن العقاب يخبرُ أن هناك استجابة أخرى يجب أن تصدر عنه، ولكنه لا يخبره ماذا يتوجب عليه أن يفعله. أما الثواب فإنه يعطي وبصورة واضحة أن على الطفل أو يقوم بتكرار نفس الاستجابة التي صدرت عنه نتيجة لتعرضه لموقف معين يحصل فيه على الثواب لقيامه بفعالية معينة.

مبادئ استخدام الثواب والعقاب

1. الثواب الذي يحصل عليه الطفل يجب أن يؤدي إلى الارتياح والشعور بالثقة والمقدرة، والعقاب الذي يعاقب به والذي هو نتيجة للاستجابة أو السلوك الذي يصدر عنه في موقف معين، إلى عدم الارتياح.

2. إذا زاد مقدار الثواب الذي يعطى للطفل، أو العقاب الذي يعاقب به أدى ذلك إلى زيادة أثره في تعلم الطفل. لكن يجب أن نذكر أنه في الحالات التي لا يكون فيها مقدار الثواب والعقاب كبير فإن هذا يؤدي إلى قلة كفاية التعلم.

3. أكثر آثار الثواب والعقاب تحدث عندما يتبعان الاستجابة مباشرة، لأنه من الضروري أن يكون ربط بين الثواب والعقاب والاستجابة حتى ينتج الأثر والتقارب الزمني من الاستجابة يؤدي إلى زيادة احتمال الارتباط. أيضا يتضمن الثواب والعقاب عنصرا تعزيزياً على درجة عالية من الإحساس للتوقيت. وحتى يتم التعزيز يجب أن يتبع الاستجابة مباشرة، أو بعدها بقليل خصوصا عندما نريد إحداث أثر فوري لتعزيز وإن لم يحدث ذلك فإن الأمر يتطلب من الطفل جهدا عقليا معرفيا لإدراك العلاقة بين السلوك وتوابعه عندما يكون الفاصل الزمني بينهما كبيراً. يجب أن نذكر أن اختلاف طول الفترة الزمنية بين الاستجابة والثواب والعقاب يختلف باختلاف قدرة الطفل على الربط بينهما.

4. من الممكن أن تؤدي الظروف المشتتة إلى إضعاف آثار الثواب والعقاب.

5. عدم الانتظام في تقديم الثواب والعقاب. أي تقديمهما بصورة متقطعة يكون أكثر فاعلية من انتظامهما على نحو مستمر، لأن تقطع التعزيز يؤدي إلى استمرار السلوك وهذا يعني استمرار حدوث السلوك في حالة الثواب واستمرار توقفه عن الصدور في حالة العقاب. أي أنه في حالة التوقف عن تقديم التعزيز الموجب المنفر بصورة كلية، فإن السلوك يستمر على نفس النمو لفترة زمنية أطول (نصر الله, 2001).

إن الثواب والعقاب يعتبران من العناصر الأساسية التي تلعب دوراً هاماً في مدى رغبة الطالب في التوجه إلى التعلم والإقبال عليه، وبذل كل جهوده على التعلم والتحصيل العلمي والمدرسي. أي أن الثواب والعقاب يمكن اعتبارهم سلاحاً ذا حدين حيث يمكن أن يكون كل واحد منهما إيجابياً أو سلبياً إذا لم يستعمل الاستعمال الصحيح والمناسب في الوقت المناسب.

الفصل الرابع

تأثير التسرب من المدرسة على التحصيل الدراسي

مدخــل

ظاهرة التسرب ليست بالظاهرة الجديدة التي تعاني منها التربية والتعلم والمدارس، ولا تقتصر على جنس دون الآخر أو على طبقة اجتماعية أو اقتصادية دون الأخرى أو على منطقة دون الأخرى أو على دولة معينة من بين الدول، أو على مرحلة تعليمية دون الأخرى. إن هذه الظاهرة منتشرة بصورة مخيفة بين جميع أوساط الطلاب وفي مختلف المراحل التعليمية، إنها بمثابة الوباء التربوي الذي يفتك بالفرد والمجتمع على اختلاف أوساطه وفئاته. أي أن التسرب هو عدم انتماء والتحاق الفرد حينما يكون في سن الدراسة بالمدرسة. أو الانقطاع عن الدراسة وعدم إنهاء المرحلة التعليمية التي التحق بها الطالب.

أيضا تعتبر ظاهرة تسرب الطلاب من المدارس في المراحل التعليمية المختلفة إحدى المشاكل الأساسية التي تؤدي إلى ظهور مصاعب إضافية زيادة على الموجودة في المدرسة وطلابها. لأن مجال وإمكانيات العمل المفتوحة أمام الطالب المتسرب من المدرسة قليلة إن لم تكن معدومة، وذلك لأن المهن أو مجالات العمل التي لا يطلب فيها درجة تعليم قليلة ومحدودة وآخذه بالنقصان المستمر، فأغلب أماكن العمل والمهن تطلب من الشخص المتقدم للوظيفة أو المهنة، أن يكون ذا خبرة ومتعلماً لفترة معينة ويجيد القراءة والكتابة حتى يستطيع القيام بأداء وإنجاز المهنة التي يريد العمل فيها، بصورة جيدة ومضمونة وبعيدة عن الأخطار والوقوع بالمشاكل، حتى ولو كان سائق باص أو ناقلة عمومية.

كما ويعني التسرب خروج فرد أو مجموعة من إطار المدرسة والتعليم أو إطار تنظيمي كان ينتمي إليه، مثل حزب سياسي أو مكان عمل على أنواعه، أو أطر اجتماعية مختلفة. وهذا يعني أن أحد الطرفين: الفرد أو التنظيم غير راضٍ من هذا الانقطاع أو التسرب، وعادة يؤدي الانقطاع إلى نوع من الشعور المتبادل بالفشل أو النفور بين الطرفين.

ويجب أن نفرق بين التسرب الذي يكون فيها الطالب مجبرا على ترك المدرسة لأسباب وعوامل تتعلق بالأسرة والواقع الاجتماعي أو التربوي والاقتصادي أو السياسي الذي يعيش فيه، أو بسبب المدرسة وما يحدث فيها من أحداث وتصرفات من المعلمين والطلاب. وفي معظم الحالات يلقي المتسرب أو المسرب المسؤولية أحدهما على الآخر أو على طرف ثالث (وذلك لكي يبعد المسؤولية عن نفسه أو يقنع نفسه أنه لم يكن السبب فيما حدث ولم يكن يريد ذلك ولكنه أجبر عليه)، كما ويعزى التسرب في بعض الأحيان للوضع الاجتماعي العام المسيطر على الدولة، أو الانتماء إلى أقلية قومية معينة، أو أي عامل خارجي آخر، وفي الكثير من الحالات يرافق عملية التسرب نوع من الشعور بالراحة والتسهيل والرضا لأحد الطرفين المتسرب والمسرب أو لكليهما في نفس الوقت. أي أن الطرفين يشعران بالراحة مما حدث حتى ولو كان تأثيره سلبيا على المدى القريب والبعيد. تأثيره سلبي على المتسرب لأنه سوف يؤثر على مستقبله وحياته القادمة، وعلى المدرسة لأنه يؤثر اقتصاديا واجتماعيا على توجه طلاب جدد وبالتالي تكون نظرة المسؤولين عنها وعما ما يحدث فيها سلبية.

وعملية منع التسرب أو خفضه تعتبر أحد أسس التوجه التربوي في البلاد. ووزارة التربية والتعليم تعزي هذه الظاهرة وانتشارها للمدارس وما يحدث فيها من أحداث تتعلق بالإدارة أو المعلمين وما يصدر عنهم من سلوك وتصرفات، أي أنها تلقي المسؤولية على المسؤولين من معلمين ومدراء واستعمالهم لأساليب تدريس وتعامل لا يستطيع الطلاب قبولها والتفاعل والعيش معها. وهنا تأتي أهمية الحد منها أو منعها بصورة نهائية، الأمر الذي لا يمكن الوصول إليه. بالإضافة إلى تحديد نوع التسرب، إذا كان مخفياً أم ظاهراً لأنها تضع المسؤولية على سلطات التعليم المحلية حيث يجب أن تقوم بفحص جميع الأولاد المجبرين بالتعلم والتواجد في المدرسة حسب قانون التعليم الإلزامي، إذا هم يتعلمون في المدرسة والعمل على إرجاعهم إلى التعليم إذا هم خارج المدرسة ولا يحضرون بانتظام.

وعندما نتحدث عن ظاهرة التسرب يتوجب علينا أن نميز بين التسرب المخفي والذي يداوم الطالب فيه بانتظام في المدرسة. وهؤلاء الطلاب مرشحون لترك المدرسة والدراسة بعد أن عجزت إدارة المدرسة عن تقديم المواد التي تجذبهم وتشجعهم على اتخاذ قرار واضح للبقاء بين جدران المدرسة، أمثال هؤلاء الطلاب موجودون في قوائم طلاب المدرسة ولكن غيابهم كثير ومتكرر وتحصيلهم متدنٍ بسبب تسربهم من المدرسة وانتماءهم للمدرسة ضعيف، وأيضا مهملون في واجباتهم. بمعنى أخر يذهب هؤلاء الطلاب للمدرسة بصورة منتظمة، يتواجدون في صفوفهم، ولكن على مر الوقت،

وبصورة تدريجية يتحول حضورهم إلى المدرسة لا فائدة وقيمة له، لأنهم يذهبون إلى المدرسة ولا يتعلمون شيئاً. وهكذا تتكون فجوة بين خبراتهم ومستواهم بالمقارنة مع باقي الطلاب، وهذا الوضع يأخذ بالازدياد حتى يصبح سببا آخر يؤدي إلى عدم الانتظام في دوام الطالب، مما يؤدي إلى تسرب الطالب من المدرسة وانقطاعه عنها بصورة كلية في نهاية الأمر، لأنهم لا يستطيعون الحصول على أي تحصيل تعليمي إيجابي يدفعهم للاستمرار في الحضور إلى المدرسة

أما بالنسبة للتسرب الظاهري فيقصد به تغيب الطلاب الذكور والإناث عن المدرسة لمدة ساعات، أيام، أو فترة طويلة، ولكن دون ترك المدرسة نهائيا في المرحلة الأولى، ولكن فيما بعد يترك الطالب المدرسة بعد أن قضى فيها فترة زمنية لا بأس بها، ولكن لم يوفِ جميع الطلبات الملزم بها، لكي ينهي تعليمه. وترك الطالب للمدرسة في مثل هذا الوضع، يأتي لأسباب معينة ودون أن ينقل لمدرسة أخرى أهمها عدم قدرته على التحصيل الدراسي المطلوب الذي يؤهله للاستمرار في التعلم والبقاء في المدرسة

مفهوم التسرب وتعريفاته

إن معظم الطلاب المتسربين من المدارس في المراحل المختلفة هم من ذوي المشكلات السلوكية الأكاديمية التعليمية المعرفية أي أنهم في معظم الحالات يكونون من فئة الطلاب متدني التحصيل الدراسي حيث يكونون دائما كثيري التغيب. ويمكن القول بأن الطلاب المتسربين هم في الكثير من الحالات من بطيئي التعلم أو غير الراغبين في التعلم، وأن تحصيلهم يكون دائما أقل من مستوى تحصيل الطلاب العاديين، وهذا لا يعني بالضرورة أن قدرتهم متدنية بل يأتي التحصيل المتدني كنتيجة مباشرة للغياب وعدم الرغبة في التواجد داخل المدرسة.

كما وأن مفهوم التسرب في جوهره يختلف من مجتمع لآخر ومن نظام تعليمي لآخر، وهذا الاختلاف يمتد إلى جميع شعوب الأرض، وذلك تبعا للقوانين والأنظمة التعليمية والسياسية المتبعة في كل دولة، والتي تتفق وتختلف في عدة جوانب، لذلك فإن مفهوم التسرب في دولة معينة قد يعني ترك الطالب للمدرسة قبل إنهاء المرحلة الابتدائية الإلزامية ولا يعتبر ضمن هذا المفهوم متسربا إذا ترك المدرسة بعد نهاية هذه المرحلة، وفي الوقت نفسه وحسب أنظمة دولة أخرى يعتبر متسربا من المدرسة والتعليم، لأنه لم ينهِ المرحلة التعليمية الأساسية والثانوية التي على أساسها تبنى خطوات حياته المستقبلية.

وعليه يمكن تعريف التسرب "أنه ظاهرة ترك المراهقين والأطفال للمدرسة، أو انقطاعهم عنها لعدة فترات طويلة أو بصورة نهائية قبل وصولهم إلى نهاية المرحلة التعليمية التي يتواجدون فيها".

ويمكن تعريف التسرب، على أنه انقطاع الطالب عن المدرسة انقطاعا نهائيا قبل أن يتم المرحلة الإلزامية. ولقد أصبحت هذه الظاهرة في السنوات الأخيرة منتشرة جدا في الوسط العربي، بالرغم من محاولة جميع السلطات التربوية والمنظمات المختلفة التي تهتم بأمور التربية والتعليم والتي تحاول جاهدة القضاء على هذه الظاهرة أو التقليل منها وزيادة كفاءة التعليم ورفع المستوى المحلي.

وعليه فالمتسرب هو الطالب أو المتعلم الذي يترك المدرسة والدراسة لسبب من الأسباب الكثيرة وخصوصاً تدني التحصيل الدراسي التي من الممكن أن يصطدم بها خلال المرحلة التعليمية وقبل نهاية هذه المرحلة، أي أنه يترك المدرسة قبل الأوان أو الوقت المحدد لإنهاء وإتمام المرحلة التعليمية بنجاح، أو بأي شكل من الأشكال.

وعلى هذا الأساس نستطيع القول بأن أعدادا معينة ولا بأس بها من الطلاب تترك المدرسة في كل سنة قبل إنهاء مرحلة تعلمهم فيها، وتخرج إلى مجالات وميادين الحياة العملية المختلفة. ويختلف المتسربون عن بعضهم من حيث المهارات والمعلومات والقدرات والصفات التي يخرجون بها من المدرسة، حيث يكون القسم منهم قادرا على القراءة والكتابة والاستفادة من هذه المعلومات والمهارات في إدارة شؤون حياته اليومية، أو وصل إلى حد أدنى من المعلومات والمفاهيم والمعرفة والتحصيل العلمي التي تفيده في مراحل حياته كعضو من أعضاء المجتمع. والبعض الآخر والذي يشكل نسبة لا يستهان بها في الآونة الأخيرة والذي يعاني من الأمية والجهل وعدم المعرفة أو امتلاك أي مهارات، خاصة إذا ترك المدرسة في بداية المرحلة الابتدائية والتي تعتبر مرحلة أساسية هامة تساعد الطالب على التكيف مع الحياة الاجتماعية. وهذا يعني أنه أضاع الوقت والجهد والمال دون أي فائدة.

ويمكن القول أن ظاهرة التسرب من المدارس هي ظاهرة اجتماعية خطيرة تؤثر على الفرد في المقام الأول وعلى الأسرة والمجتمع الذي يعيش فيه، وخاصة لدى المجتمعات النامية، إذ تحرم فئة كبيرة من الطلاب من إتمام تحصيلهم العلمي، وبالتالي تحرم المجتمع الذي يعيشون فيه عطاءهم المتوقع لصالح وفائدة هذا المجتمع.

وتشير بعض الأبحاث التي أجريت في جميع المناطق والمدارس العربية في هذا المجال على أن نسبة وجود هذه الظاهرة تبلغ حوالي 50% وخصوصا بين الصفوف السادس والعاشر ويتراوح جيل الطلاب المتسربين بين 12-17 سنة.

ونذكر على سبيل المثال أن في إحدى المدارس كان عدد الطلاب في أحد صفوف المرحلة الابتدائية 20 من الذكور و 18 من البنات أنهوا جميعهم المرحلة الابتدائية. أما في المرحلة الإعدادية فقد تسرب أربعة طلاب من الذكور و8 طالبات. وأما في المرحلة الثانوية فقد تسرب ستة من الذكور وتسع فتيات، أي أن عدد الفتيات اللواتي يتركن المدرسة دائما أكثر من عدد الأولاد الذكور.

مؤشرات التسرب من المدرسة

من خلال التجربة الميدانية الفعلية لمراقبة وملاحظة وفحص ظاهرة التسرب في المدارس المختلفة تبين عدم وجود مفاجآت خاصة بالنسبة لموضوع التسرب. أي أننا نستطيع أن نجزم ونقول دون أي تردد بأن لكل ظاهرة أو حالة تسرب طالب من المدرسة والدراسة كانت مؤشراتها المسبقة الواضحة. والمقصود هنا تلك الفترة الزمنية الأولى التي بدأت تظهر فيها عند الطالب تصرفات ومؤشرات تدل على أن شيئا ما يحدث لديه في حياته اليومية، خصوصاً إذا كان تحصيله الدراسي متدنياً والذي يجب الانتباه له وإعطاؤه الأهمية والاهتمام المناسب، لأنه من الممكن إن لم يكن المؤكد سوف يؤدي إلى تغير في مجرى حياته الحالية والمستقبلية.

وهذه المؤشرات ممكن أن تكون "عدم التنسيق بين الإطار التعليمي الذي يتواجد فيها الطالب، والطالب نفسه ومتطلباته. وعدم شعوره بالاكتفاء من وجوده داخل هذا الإطار. والتقصير في أداء الواجبات التي تطلب منه والبدء بانقطاعات وتأخيرات متباعدة عن المدرسة... طبقا لهذه الجوانب والأمور، يجب أن تكون بمثابة منبه أو مؤشر بأن الطالب موجود في الخطوات الأولى من طريقه إلى التسرب النهائي من الإطار المدرسي الذي يوجد فيه.

ومن الجوانب الهامة والخاصة التي يجب أن نذكرها ونؤكد عليها، أن مدى شعور الطالب بالانتماء للإطار التنظيمي والتعليمي الموجود فيه وشعوره بالراحة والأمان في هذا الإطار يعتبر عاملاً هاماً جدا في تحديد مدى الاستمرارية في التفاعل داخل هذا التنظيم التعليمي التربوي والقيام بالأداء الوظيفي بشكل مقبول ويؤدي في نهاية المرحلة إلى الحصول على التحصيل العملي المناسب. فمثلا في الإطار التعليمي واضح ومعروف مسبقا أن على الطالب البقاء عدداً من السنوات والمرور بمراحل تعليم

مختلفة لها متطلباتها الخاصة والمميزة ثم يستمر بعد ذلك في إطار آخر ومراحل أخرى. لذا فإن أي انقطاع عن المدرسة قبل انتهاء الفترة الزمنية لانتهاء أي مرحلة من مراحل التعلم يعتبر شيئا شاذا ويدل على انقطاع الاستمرارية المتوقعة مسبقا بين الطالب والإطار التعليمي الذي ينتمي إليه.

هذا الانقطاع الذي نتحدث عنه من الممكن أن يحدث نتيجة للتفسير الخاطئ لشعور أحد طرفي العملية التعليمية، الطالب أو المدرسة، لنوعية العلاقة بينهما والأسس التي تقوم عليها، خاصة العلاقة بين المعلم والطالب داخل غرفة الصف والمدرسة بشكل عام. أو النقص في الأطر والمسارات التعليمية البديلة المنظمة وغير المنظمة، والتي تهدف إلى تلبية اهتمامات ورغبات أكبر عدد من الطلاب الذين يتصرفون كمتسربين مخفيين.

كما ويعتبر النقص الشديد في عدم وجود الخدمات التعليمية المكملة، مثل الاستشارة التربوية والخدمات النفسية وغيرها التي يستفيد من وجودها المعلم والطالب والمدرسة بصورة عامة، مؤشرا بارزا وذا أهمية في عدم تمكن الطالب من إنهاء الفترة المحددة له داخل الإطار المدرسي. وتعاني معظم المدارس العربية من وجود هذا المؤشر، أي من عدم وجود المستشارين التربويين والنفسيين بسبب الصراعات الداخلية في المدرسة على السلطة والمكانة، لأن الإدارات تعتبر مثل هؤلاء في صراع معها على الإدارة، بدل الاستفادة من خبراتهم وقدراتهم على التعامل مع الطلاب بأسلوب آخر.

أيضا يجب أن نذكر أحد المؤشرات الهامة التي تؤدي إلى التسرب من المدرسة والتي لا علاقة للطالب فيها ولا ذنب له، بل هو ضحية لظرف عائلي لا حول ولا قوة له فيه. وهو وجود مصاعب اقتصادية في العائلة تؤدي إلى التسرب لأن الأسرة لا تستطيع توفير مطالب واحتياجات أفرادها الأساسية بسبب وضعها الاقتصادي الصعب والمتدني جدا والذي يؤدي بدوره إلى عدم ذهاب الطالب إلى المدرسة وتدني تحصيله الدراسي في نهاية الأمر.

وتؤكد معظم الأبحاث في هذا المجال على أن التسرب من المدرسة تزداد نسبته وبصورة ملحوظة بين أفراد العائلات الفقيرة والسبب هنا واضح ويرجع إلى الأحوال الاقتصادية وعدم تلبية الأسرة لمطالب الأبناء الأساسية الضرورية للحياة اليومية. الأمر الذي يؤثر بصورة واضحة على قدرات الطالب ورغبته في الوصول إلى تحصيل

دراسي ومستوى معرفي جيد(في بعض الحالات يكون الوضع العائلي هو الدافع إلى الوصول للتحصيل الدراسي المرتفع).

وتلعب المؤسسات التعليمية والتربوية دورا هاما وأساسيا في عملية تسرب الطالب من المدرسة، حيث أنها ومنذ بداية المشوار التعليمي، تنظر إلى الطلاب "الضعفاء" تحصيلياً وفي بعض الحالات اقتصادياً بنوع من عدم الرضا والقبول وتعمل كل ما تستطيع عمله من أجل التخلص منهم، وإخراجهم من المدرسة، لاعتقاد الإدارة والمعلمين الذي يصل في بعض الحالات إلى القناعة التامة بأن سلوكهم سيؤثر على المدرسة وطلابها، وتحصيلهم العلمي المتدني يؤثر على سمعة المدرسة واسمها وإقبال الطلاب عليها ونظرة المسؤولين إليها، ولا يزيدها فخرا بهم بل العكس من ذلك، والطاقم في المدرسة يفضل عدم الدخول لأمور غير متوقعة والخوض فيها، بل يهتم بأن يحدث ويمر كل شيء على ما يرام وبدون مفاجآت.

ومن الجوانب الهامة في هذا المجال والمشتركة للمدرسة والطالب المتسرب، عدم ذكر نفس الأسباب التي أدت إلى التسرب من الإطار المدرسي التعليمي، فالطالب يبرر تركه للمدرسة وتسربه منها قبل الوقت المناسب والمحدد بوضع المسؤولية على المدرسة إدارتها ومعلميها والقوانين التي تسير عليها ومطالبها الزائدة، والمدرسة تعلل ذلك بأمور وأسباب تتعلق بالطالب وبيئته، والأعمال والتصرفات المرفوضة التي يقوم بها ولا تتفق مع مطالب المدرسة وسمعتها كما وأن السلوك الذي يصدر عنه يؤثر على الآخرين. وتشير الدلائل على أن نسبة التسرب عالية بصورة خاصة في المدارس التي تدعي أن التسرب يرجع لأمور تتعلق بالطالب نفسه لأن المدرسة تضع"ضعيف" "غير مناسب" أو"غير قادر" للطالب الذي توجد لديه توجهات تعليمية أو سلوكية مختلفة فإنه سوف يتصرف حسب هذه التوقعات ويستغلها في بعض الأحيان، وبالتالي يجد نفسه خارج الإطار الدراسي الذي ربما سعى جاهداً للوصول إليه. ولقد أطلق(Bandura) على هذه الظاهرة"الحتمية المتبادلة" لقناعته بأن القرار الذي اتخذ مسبقاً من قبل المدرسة أو الطالب لم يحدث بطريق الصدفة.

ومن مؤشرات التسرب الهامة تنقل الطالب من مدرسة إلى أخرى سواء كان ذلك بسبب سلوكه ومستواه التحصيلي والتعلمي أو المدرسة مطالبها وقوانينها، أو لوجود أسباب لا علاقة للمدرسة أو الطالب بها، بل ترجع إلى وضع العائلة وتنقلها من مكان لآخر. وتعتبر هذه الظاهرة ذات النسبة العالية والكبرى من بين ظواهر التسرب المختلفة لأنها تؤثر على قدرة الطالب على التركيز والتأقلم.

في جميع الحالات يكون الطالب المتسرب جانياً على نفسه، وهو المتضرر الأكبر على المدى القريب والبعيد وهو الذي سوف يدفع ثمن تسربه من المدرسة وعدم إنهاء مراحل تعلمه التي تؤثر بصورة مباشرة على حياته ومستقبله. لأنه بعد التسرب سيلجأ إلى بدائل لا تناسبه في معظم الحالات، وحتى لو وجد لنفسه عملاً معيناً في سوق العمل، ستبقى لديه مشكلة في عملية الاتصال مع الآخرين وخصوصاً المسؤولين وسوف يتصف بعدم الثبات في تصرفاته، وبالتالي عدم الشعور بالانتماء الاجتماعي ولن يجد نفسه ولن يشعر بالأمان في أي إطار، وهذا بحد ذاته من الأمور الصعبة على الفرد داخل المجتمع.

يجب أن لا ننسى أن هناك حالات يفضل أن ينفصل فيها الطالب عن الإطار الذي يتعلم فيه، حتى نعطيه الفرصة للتوجه إلى أطر أخرى وذلك من أجل مصلحته، لعله يجد نفسه فيها، مما يعود عليه بالفائدة والمنفعة الشخصية.

ظاهرة تسرب الطلاب أسبابها وعواملها

تعتبر هذه الظاهرة من الظواهر التربوية القديمة، التي تحدث على مر العصور، وما زالت حتى يومنا هذا، وهي لا تقتصر على جنس واحد دون الآخر، أو على طبقة اجتماعية أو اقتصادية دون الأخرى، كذلك لا تقتصر على منطقة دون الأخرى، أو على بلد دون الآخر أو على دولة دون غيرها من الدول، أيضاً تقتصر على مرحلة تعليمية دون أخرى، أي أنها ظاهرة منتشرة في جميع المجتمعات والشعوب وبين جميع قطاعات الطلاب، وفي معظم مراحل التعليم، إن هذه الظاهرة تعتبر من أخطر الظواهر التي قد تصيب مجتمع معين لأنها عبارة عن وباء تربوي يفتك بالمجتمع عن طريق الفتك بالأفراد في مستويات التعلم والعمر المختلفة.

أيضاً لظاهرة التسرب في مراحل التعليم المختلفة أسباب عديدة مختلفة، ومتشعبة ومتداخلة فيما بينها وتختلف من بلد لآخر، ومن منطقة لأخرى ومن مدرسة لأخرى، في نفس البلد أو المنطقة، وذلك لاختلاف الأنظمة والقوانين ومدى تطبيقها، ولاختلاف المعاملة التي يعامل بها الطلاب من قبل الإدارة والمسؤولين، والمعاملة التي يعامل بها الطلاب من قبل المعلمين أنفسهم والتي تختلف في جوهرها وتؤثر تأثيراً بالغاً على وضع الطالب التعليمي واستمراره في التواجد والتعلم في المدرسة. ومع ذلك فإن معظم الباحثين ورجال التربية وعلم النفس يرون أن أسباب التسرب وترك المدرسة والانقطاع عنها ترجع إلى عوامل تعليمية وأخرى غير تعليمية، وعوامل اجتماعية وثقافية وعوامل مدرسية.

ومما يجب ذكره أنه في كثير من الحالات والأحيان يصعب إرجاع التسرب إلى سبب واحد بل إلى مجموعة من الأسباب التي تتفاعل مع بعضها البعض، وتؤدي إلى ترك الطالب للمدرسة والتعليم. وفي الكثير من الحالات يصعب حتى معرفة السبب الحقيقي للتسرب، أي يمكن إرجاع التسرب إلى عدة عوامل، اقتصادية وعوامل اجتماعية تتمثل في العادات والتقاليد والمشاكل الأسرية والعائلية، وفقدان أحد الوالدين أو انفصالهما، وحجم الأسرة وواجب استمرار العمل في حرفة العائلة. كذلك الخوف من عدم الزواج خصوصاً للفتيات اللواتي يكبرن بسبب التعليم أو الزواج المبكر أو مساعدة الأم في الأعمال المنزلية والتعليم المختلط وبعد المواصلات، وتدني النظرة الاجتماعية للموظف ومكانته.

أما العوامل التربوية فتتمثل في ضعف الطالب وتأخره ورسوبه وتكرار ذلك، والعامل النفسي المتمثل في القلق والاضطراب وفقدان القدرة على الاعتماد على الذات وعدم الرغبة في الدراسة والاتجاه نحو مهنة معينة والشعور بالدونية أو التميز عن الآخرين في الشكل والحجم وعدم تقبل رفاقه له وعزلته وخجله وخوفه.

العوامل والأسباب الاجتماعية والثقافية

هناك الكثير من العوامل والأسباب الاجتماعية والثقافية التي تؤثر بصورة مباشرة على وضع الطالب التعليمي والنفسي وتؤدي في نهاية الأمر إلى تركه أو انقطاعه عن المدرسة والتعليم، وتتفاوت هذه العوامل في مدى تأثيرها، ولكن تبقى في النهاية الدافع الذي يلعب الدور الأساسي في التسرب من المدرسة والانقطاع عنها، وهي:

1. المنهاج المدرسي المتبع في معظم المدارس العربية يعاني من الجمود وعدم تلاؤمه واهتماماته في قدرات الطالب، وعدم ارتباطه بحاجات المجتمع الأساسية والضرورية، وعدم تلبيته لميول ورغبات وحاجات الأطفال والطلاب وهواياتهم الأساسية والخاصة وتوجهاتهم الشخصية، بالإضافة إلى عدم اهتمام هذه المناهج بالظروف الاقتصادية والاجتماعية السائدة في المجتمع الذي يعيش فيه الطالب والأسرة، مما يؤدي إلى خفض رغبة الأطفال والطلاب ودوافعهم في متابعة التعلم والإقبال على المدرسة والاستمرار في التعلم والوصول إلى مستوى تحصيلي مرتفع.

هذا بالإضافة إلى عدم وجود الأطر التعليمية التربوية التي تقوم بتحديد ورعاية رغبات وقدرات الطلاب وميولهم التعليمية في المراحل الإعدادية والثانوية.

أيضاً عدم مراقبة الحضور المنتظم إلى المدارس الذي يعطي الفرصة للطلاب للتغيب عن المدارس والدراسة لفترات طويلة دون اتخاذ إجراءات حازمة وصارمة للحد من هذه الظاهرة ليشعر الطلاب بعدم اهتمام المسؤولين بهم وبالمدرسة وأن بإمكانهم التغيب أو ترك المدرسة والرجوع إليها في أي وقت يريدون، وهذا يعني عدم الجبرية وعدم أهمية المدرسة والتعليم مما يشعر الطالب بأنه عديم الأهمية والقيمة الذاتية لأنه يحصل على نتائج متدنية بسبب تركه للمدرسة، مما يزيد من هذا الشعور لديه، عدم اهتمام المسؤولين في المدارس بالطلاب ذوي المستويات المتدنية وإهمالهم(بالرغم من كل المحاولات التي تقوم بها المدارس وتهدف فقط للعرض وليس للاستفادة لأن كل شيء يبقى على ما هو في النهاية) وعدم الاهتمام بهم وبتحصيلهم أو إعادتهم إلى المدرسة، ورفض المدارس إعادتهم للتعلم في حالة رغبة الطلاب في ذلك.

2. وضع الأسرة الصحي والثقافي المتدني أو المنخفض، يؤدي إلى عدم استمرار الطالب في الذهاب إلى المدرسة والتعلم. أي أن الطالب ينقطع عن المدرسة لعدم وجود الوعي الكافي عند الأبوين الذي يمكنهم من القيام بإقناعه بالاستمرار بالذهاب إلى المدرسة ومواصلة الدراسة، وفي الكثير من الحالات يكون الوضع الاقتصادي سبباً مباشراً في انقطاع الطالب عن المدرسة، لكي يقوم بمساعدة الأب في العمل على زيادة الدخل المادي حتى يستطيع القيام بأعباء الأسرة وطلباتها الأساسية حتى تتمكن من العيش بكرامة. وفي حالة وفاة الوالد أو مرضه مرضاً مزمناً صعباً يؤدي إلى عجزه وعدم مقدرته على العمل والقيام بواجبات الأسرة، ويتركه بلا دخل، الأمر الذي يجبر الابن على الانقطاع عن المدرسة بصورة جزئية أو كلية، لكي يسد مكان الأب في العمل على توفير مطالبها الأساسية التي تحافظ على استمرار وجودها متكاملة وتعيش بكرامة.

3. وجود بعض المشاكل الاجتماعية أو حدوثها في الأسرة ، التي تؤدي إلى إهمال الطفل أو الأبناء، وعدم رعايتهم الرعاية اللازمة، وفقدانهم للحنان اللازم والضروري بسبب الخلافات بين الأبوين، أو غياب الأب لفترة زمنية طويلة ومتكررة عن الأسرة لسبب من الأسباب، بالإضافة إلى كون الرعاية الزائدة

التي يراعى فيها ويعامل بها الطفل تسبب نوعاً من التساهل بانتظامه في الذهاب إلى المدرسة والدوام فيها، والتزامه بالانضباط المدرسي، مما يساعده على التسرب كلياً أو جزئياً.

4. في الكثير من الأماكن التي توجد فيها المدارس تسود علاقة ضعيفة أو شبه معدومة بين المدرسة والمجتمع، بسبب الإدارة وطاقم التدريس، والعاملين فيها،أو بسبب عدم اهتمام الأهل والمجتمع مما يؤدي إلى عدم التعاون بين المدرسة والأهل بصورة عامة وفي حل مشكلات غياب الطلاب وانقطاعهم عن المدرسة بصورة خاصة.

5. عدم وجود تشريعات قضائية صارمة تعاقب أولياء الأمور الذين يخرجون أبناءهم من المدرسة لأي سبب من الأسباب، أو يهملونهم ولا يعملون على توفير حاجاتهم الأساسية مما يجبرهم على التسرب أو الانقطاع عن المدرسة. وفي الحالات التي توجد فيها مثل هذه التشريعات فهي مهملة وغير معمول بها كما هو مطلوب.

6. حاجة الأسرة والأب للأولاد للعمل في المصنع أو المزرعة وخاصة إذا كانت الأيدي العاملة قليلة أو باهظة التكاليف، ولا يريد الأب استئجار أيدٍ عاملة خارجية لرفع مدخوله. وتنتشر هذه الظاهرة في معظم المناطق والأماكن بنسبة تدعو للقلق، وتختلف في التوقيت الذي تحدث فيه وغالباً تتمشى مع المواسم المختلفة للزراعات المنتشرة ومواسم قطفها. حيث يتغيب الطلاب عن المدرسة لفترة زمنية كافية لحدوث الضرر في التعلم والتحصيل الدراسي لديه. وتؤدي إلى تعطيل الدراسة لكثرتها.

7. الوضع السياسي الذي يسود المنطقة في بعض الأحيان يلعب دوراً أساسياً وهاماً في التأثير على عدم الاستقرار والراحة النفسية لدى الأسرة والطالب والمجتمع بشكل عام. مثل هذا الوضع يؤدي إلى حالة من عدم الاستقرار والهدوء النفسي والقلق والتوتر والخوف، مما يمكن حدوثه. الأمر الذي ينعكس سلباً على الأطفال والأبناء كرد فعل من الآباء والأمهات وما يحدث لديهم من أحداث. يمرون بها يومياً وفي بعض المناطق والأماكن يؤدي حدوث المواجهات والمجابهات التي تحدث بين الطلاب والشرطة أو الجنود، إلى إغلاق المدارس أو التغيب الجماعي الذي يؤثر في نهاية الأمر على التحصيل الدراسي ويمهد الطريق إلى ترك المدرسة. ويجب أن نذكر وجود الارتباط

الوثيق ين التسرب ومستوى الدافعية والإنجاز والتحصيل والطموح والقدرة على التكيف الشخصي والاجتماعي التي يتمتع بها الطالب في مراحل التعلم المختلفة.

كذلك وجود الارتباط بين التسرب والقيم الخاصة التي تحدد الاهتمام والإنجاز الثقافي والعلمي والإخفاق والفشل المدرسي والشعور بالطمأنينة والاستقرار والقبول أو الرفض. وجميع هذه الصفات أساسية وهامة في حياة الفرد وتلعب دوراً أساسياً في حياته اليومية ومدى تعامله مع المجتمع بنجاح وإيجابية. ومن المؤكد أن هذه الجوانب تختلف في مدى وجودها بين الأفراد. وهي التي تؤدي في نهاية الأمر إلى فشل الطالب في التعليم واستمراريته في الذهاب إلى المدرسة والتسرب منها في فترة من الفترات، مما يؤدي إلى ضعف التحصيل الأكاديمي للطالب. لأن التسرب من المدرسة أو الانقطاع عنها يعني ضياع الفرصة أمام الطالب للتعلم كباقي الطلاب وهذا يعني عدم معرفته لقسم كبير من المادة التي تعلم يومياً من قبل المعلمين والفشل في التعليم والتحصيل المنخفض والضعيف يؤدي في نهاية الأمر إلى التسرب النهائي من المدرسة لأن الطالب والأهل يصلون إلى النتيجة الحتمية التي لا مفر منها"إنه لا فائدة ترجى من الذهاب إلى المدرسة وإضاعة الوقت سدى".

8. عملية التغير المستمرة في مكان السكن تؤثر بصورة مباشرة وسلبية على الأولاد بشكل عام وعلى الطلاب بشكل خاص إذا حدثت في فترة التعليم الابتدائي لأنها تؤدي إلى عدم الاستقرار الذي يؤدي بدوره إلى التوتر والقلق والإحباط والاكتئاب وعدم التكيف الاجتماعي في الكثير من الحالات والتي بدورها تنعكس على الطالب وتعلمه وتحصيله في النهاية. لأن تغيير السكن يجبر الأهالي على تغيير المدرسة التي يتعلم بها أولادهم، لذلك عندما يغير الأولاد معلمين وطلاباً اعتادوا عليهم يشعرون باليأس والإحباط، ومثل هذا الوضع يؤثر على تحصيلهم الدراسي وبالتالي يؤدي إلى تسربهم من المدرسة كرد فعل مباشر للمعاناة والضغوطات النفسية التي يمرون بها.

9. خوف الأولاد من المعلمين وأساليب المعاملة المتبعة داخل المدرسة والتي تقوم على العقاب بأنواعه المختلفة لأبسط الأسباب والتي تجعل الطالب في حالة خوف دائم من المعلم وما يقوم به من أعمال تكون بعيدة كل البعد عن التربية في بعض الأحيان، أضف إلى ذلك عدم اهتمام المعلمين بالطلاب وتعلمهم

بصورة شخصية تشعر الطالب بالأمان والأهمية، يؤدي إلى تسرب عدد كبير من الطلاب وخصوصاً في مراحل التعليم الابتدائي.

10. الغياب الكثير والمتكرر للطلاب عن الدوام في المدرسة يساهم بصورة واضحة في تسرب الأعداد الكثيرة من الطلاب وخصوصاً بعد أن يروا بأن الأهل في البيت غير مهتمين بما يحدث معهم من أحداث بل على العكس في بعض الأحيان فإن بعض الأهل يرضون عن ذلك خصوصاً إذا ذهب الولد للعمل وأحضر المال، وفي بعض الأحيان لا يسأل الأهل من أين جاءت هذه الأموال إلا بعد فوات الوقت، ووقوع الولد في مشاكل كبيرة تؤثر بصورة مباشرة على مجرى حياته الحالية والمستقبلية.

11. تغيب المعلمين بسبب عدم الرضا المهني والاقتصادي، حيث في بعض الأحيان لا يكون المعلم المناسب في المكان المناسب ولا يعطى الفرصة للعمل في مجال تخصصه، مما يشعره بعدم الرضا ويدفعه إلى التغيب عن المدرسة، وهذا بالإضافة إلى الوضع الاقتصادي المتدني للمعلمين بصورة عامة، وعدم وصول الرواتب في الوقت المحدد، ودفع العلاوات المستحقة له مما يدفع المعلمين إلى التغيب والإضراب في بعض الأحيان أو التفتيش عن عمل إضافي لكي يضمنوا الدخل المناسب الذي يساعدهم في التغلب على المشاكل الاقتصادية الأسرية، وهذا بدوره يؤدي إلى إهمال الطلاب وعدم الاهتمام بهم، مما يشعر الطلاب بالعجز واللامبالاة وترك المدرسة أو الانقطاع عنها، لأن مستوى تحصيلهم الدراسي يتأثر بصورة كبيرة جداً نتيجة لتصرفات المعلم والأعمال التي يقوم بها التي تحط من قيمه وأهمية التعلم

12. لقد دلت الأبحاث على وجود علاقة بين المستوى التعليمي للأبوين وتسرب الأبناء من المدرسة، كذلك الأمر بالنسبة للبيئة الاجتماعية والتكيف الاجتماعي، والإرشاد التربوي والتسرب نذكر منها الآتية :

أ. إذا كان المستوى التعليمي للأبوين متدنياً، كان له الأثر السلبي الواضح على الطالب تعلمه وتحصيله، وساعده مساعدة كبيرة في تسربه من المدرسة، بسبب عدم مقدرة الأبوين على فهم أهمية التعلم، وعدم مقدرتهم على فهم ومعرفة المناهج التعليمية المقررة، من أجل مساعدة الأبناء على القيام بأداء مطالبهم وواجباتهم المدرسية في جميع المجالات، لأنه من غير الممكن أن يستطيع الأب الجاهل أو المهمل أن يعرف القيم

والأهمية الحقيقية لمواصلة التعلم، ومن الطبيعي أن لا يستطيع مثل هؤلاء الآباء إقناع أبنائهم بالعودة إلى المدرسة والالتزام بها إذا أرادوا تركها.

ب. صعوبة التأقلم مع العائلة، إذا كانت العائلة تعاني من التفكك، والذي يظهر من خلال صراع الأجيال بين الأولاد والآباء، خصوصا أثناء مرحلة المراهقة والاضطرابات الشخصية وما يتبعها من مشاكل، في مثل هذا الوضع تكون نظرة الأسرة إلى الابن على أنه الفاشل الذي يتمرد على سلطة الأسرة، وفي الوقت نفسه ينظر الابن إلى الأهل على أنهم متسلطون ومتخلفون، مما يؤدي في نهاية الأمر إلى التأثير على النشاط الإيجابي لدى الابن في إطار الأسرة والمجتمع، ويدفعه إلى القيام بالإعمال السلبية والتي من خلالها يترك المدرسة.

ج. العامل النفسي: عدم استطاعة المتعلمين والخريجين على اختلاف وتعدد اختصاصاتهم الحصول على وظيفة أو عمل، أدت إلى التساؤل وإعادة الحسابات لدى الكثير من الآباء والأبناء، عن مدى أهمية الاستمرار في التعلم والتحصيل العلمي. الأمر الذي أدى بهم إلى اختصار الطريق من بدايتها، وعدم معارضة أبنائهم في قرار ترك المدرسة ومن المؤكد أن هذا الجانب ينطبق على البنات مثل الأولاد، بالذات البنات، لأن نسبة عالية منهن فقدت فرصة الزواج بسبب الاهتمام والانهماك بالتعلم الذي لم يؤدِ إلى نتيجة مفيدة وملموسة، وعن طريق الحصول على وظيفة في نهاية المطاف. ويجب أن نذكر أيضا أن على البنات القيام بالواجبات والمسؤوليات الأخرى عدا عن مسؤوليات وواجبات المدرسة، مثل العمل البيتي ومساعدة الأم فيه، وهذا يعني عدم الاهتمام بالظروف التعليمية للطالبة وتهيئة الجو الدراسي المناسب لها، أي أنها تعاني من قلة الوقت المطلوب للتعلم والدراسة، وهذا بدوره يؤدي إلى انخفاض مستوى التحصيل والتأخر الدراسي في موضوع معين أو بصورة معينة، مما يؤدي في النهاية إلى الرسوب والتسرب فيما بعد.

د. الإرشاد التربوي: من الخدمات ذات الأهمية والقيمة التربوية الخاصة والمستعملة في جميع المدارس في المجتمعات المتحضرة والمتقدمة، أو التي تدعي ذلك، تقدم خدمات الإرشاد التربوي والنفسي للطلاب، وتعتبر من الخدمات الضرورية جدا بالنسبة لكل طالب، هذه الخدمات لم تجد

طريقها إلى مدارسنا حتى اليوم إلا في بعض المدارس، بالرغم من العلاقة القوية التي تربط بين عملية الإرشاد النفسي والتربوي وعملية التعلم والتحصيل.

من هنا يتوجب على كل مدرسة وإدارة أن تهتم في هذا الجانب وتسعى لتوفيره لطلابها، لأن المعلم هو الذي يملك المعرفة الصحيحة والحقيقية لطبيعة طلابه ومشاكلهم ومطالبهم الضرورية، لأن دور المعلم لم يعد متوقفا فقط على عملية التعليم بل بدأ يأخذ أبعاداً أخرى خارج المدرسة. وبما أن الإرشاد التربوي والنفسي يعمل على مساعدة الطالب على القيام بحل مشاكله التربوية والنفسية ويساعده على الوصول إلى الابتكار والإبداع، والوصول إلى معرفة الطلاب الضعفاء ذوي المستوى التحصيلي المتدني الذي لا يصل إلى المعقول والمقبول أو الذين يعانون من الضعف والتخلف العقلي. وهذا بدوره يساعد على مواجهة مشكلة التسرب والعمل على حلها.

ومما لا شك فيه أن جميع هذه العناصر كان لها دور فاعل وساهمت مساهمة كبيرة في ارتفاع نسبة تسرب الطلاب من المدارس.

تأثير التسرب على التحصيل التعليمي

يعتبر التسرب من المدارس في مختلف المراحل التعليمية من أهم المشاكل التي يواجهها النظام التربوي في معظم دول العالم، ولقد أصبح التسرب من الظواهر التي تعتبر مؤشرا على مدى فعالية النظام التربوي التعليمي ونجاحه، وذلك بالاعتماد على مشكلة النقص التعليمي في المراحل الإعدادية والثانوية وهو من المشاكل الأساسية التي يعاني منها الوطن العربي عامة، من حيث تأثيره على اهتمام المربين والتربويين، من خلال تناوله في المؤتمرات العديدة التي تقام وتنظم لمناقشته والعمل على علاج هذه الظاهرة.

ومن بين العوامل والأسباب التي لها دور هام في التسرب من المدارس، أساليب التقويم والتعليمات التي يعتمدون عليها في جميع المدارس والمؤسسات التعليمية في ترفيع الطلاب وترسيبهم، والتي تترك أثراً خاصاً على الطالب ومجمل العملية التعليمية وخصوصا في مشكلة التسرب من المدارس.

تعتبر عملية تقويم التحصيل التي يقوم بها المعلم خلال السنة الدراسية أحد عناصر المنهاج الهامة، والتي لها دور أساسي في عملية تحديد مصير ومستقبل الطالب، وهي من العمليات المستمرة التي تكمن أهميتها بكونها عملية تشخيصية علاجية تهتم بالجوانب التعليمية والإدارية والإرشادية في العملية التعليمية. ولقد أجمع التربويون على ضرورة إجراء عملية التقويم قبل العملية التعليمية وفي أثنائها وفي نهايتها، لكي يحقق التقويم أهدافه مع مراعاة ضرورة اتصاف أداته بجملة من المعايير والمواصفات التي لا بد منها لكي يتحقق في عملية التقويم الصدق والثبات والموضوعية والإنسانية والعدالة والقدرتان الشخصية والتميزية.

وفي معظم المدارس العربية إن لم يكن جميعها، تهتم بعملية التقويم في المقام الأول في مجال التحصيل الدراسي المعرفي التي توصل إليها الطالب، وذلك عن طريق استخدام الاختبارات والامتحانات بصورة أساسية لكي تعتمد وتستند عليها في عملية اتخاذ القرارات وإصدار الأحكام بالنسبة للطالب سواء بالنجاح أو الفشل والرسوب أو الإكمال، والسؤال هنا هل الامتحانات والاختبارات التي يقوم المعلم بإجرائها للطلاب لمعرفة تحصيلهم وقدراتهم تكفي وحدها للقيام بتقييم تحصيل الطالب، التقييم الصحيح والكامل؟ أيضا هل الامتحانات التي يستعملها المعلم لغرض التقييم التحصيلي مناسبة للمدارس التي تجري فيها؟

وحين الحديث عن هذه الامتحانات والاختبارات يجب أن نتذكر دائما أنها امتحانات تقليدية تعتبر بمثابة الكابوس الذي يلاحق الطلاب والأهل، لأنها تسبب القلق للطلاب وتدفعهم إلى الاستهزاء واللامبالاة بالقيم الأخلاقية، لأنهم يتجهون إلى الغش فيها، لكونها غاية بحد ذاتها وفي معظم الحالات تكون الامتحانات مقالية الأسئلة وتقيس القدرة على الحفظ الغيبي ولا مجال فيها لتحقيق مواصفات الجودة التي تتعلق بالصدق والثبات والموضوعية المرتبطة بالقدرات الشخصية والتميزية.

وبالاعتماد على هذه الامتحانات نكتفي بإصدار القرارات المتعلقة بترفيع وترسيب الطلاب دون الاستفادة من نتائجها في تطوير جميع جوانب العملية التعليمية.

وعلى هذا الأساس نستطيع القول بأن القرارات التي يتخذها المعلمون بحق الطلاب لا زال يخالطها عدم الموضوعية أو الصدق خصوصا بالنسبة للطلاب الضعفاء والذين يعانون من مشاكل عائلية، والمعرضين لترك المدرسة والتسرب في أي مرحلة من مراحل التعلم، لأن تحصيلهم ضعيف أو يرسبون أو يكملون، إن أسلوب التقييم هذا

يتجاهل عوامل عديدة لها تأثيرها المباشر على مستوى تحصيل الطالب، والمتعلقة بالطالب نفسه، والمعلم والمنهاج الدراسي والبيئة المدرسية والمجتمع الذي يعيش فيه.

إن قرارات وأحكم المعلمين التي تصدر بحق الطلاب وتمسهم بصورة مباشرة تؤدي إلى عدم الرغبة لديهم وشعورهم بالإحباط والنفور وانخفاض مستوى الدافعية للتعلم والبقاء في المدرسة، بالإضافة لسوء عملية التكيف التي تدفع الطلاب في نهاية الأمر إلى ترك المدرسة وعدم العودة إليها.

العوامل والأسباب المتعلقة بالمدرسة

المدرسة تعتبر المحطة الثانية في حياة الطفل بعد الأسرة، وتلعب دوراً أساسياً هاماً في تكوين شخصية الطفل وتطويرها التطوير المناسب، وهي التي تحدد ما سيكون عليه في المستقبل. وهي المسؤولة عن تزويده بقيم وأنماط سلوكية جديدة، وإعادة تنظيم وتعديل وبناء الصفات التي يحملها الطالب من الأسرة والمجتمع في جميع الأعمال والتوجهات التي يقوم بها. بالإضافة إلى إيجاد الطرق والوسائل التعليمية والعمل على تطوير مناهج تتمشى مع حاجات الطلاب وتمكنهم من استغلال ما لديهم من قدرات وتكيفهم وتأهيلهم للدراسة كما وأنها تعمل على توفير الاستقرار النفسي لهم ليتفاعلوا داخل الجماعة الصفية والمدرسية. كما وتلعب المدرسة دوراً رئيسياً في استمرار وجود الطلاب أو تسربهم منها والانقطاع عنها في مرحلة من مراحل التعلم المختلفة.

وبالاعتماد على ما ذكر نقول أن المدرسة هي وحدها المسؤولة عن الفشل الذي يصل إليه الطالب في مرحلة معينة لأن المتعلم الذي يفشل في كسب المعرفة والمعلومات وتعلم حل المشاكل، وتعلم طرق التفكير في المدرسة لا يمكن لأي أسرة أن تصلح أمره أو بيئته وإن تجنبه الفشل، والمدرسة تعتبر عاملاً مستمراً في حياة الطالب لأنها تعطيه الفرصة المناسبة للمحبة، والتعاون، والعمل الجماعي، وحب العمل، والمواظبة والاجتهاد، وتمكنه من النجاح في الحياة. إن جميع هذه الأمور تتوافر في المدرسة أكثر من غيرها. وعلى هذا الاعتبار فإن المدرسة التي يستمر فيها فشل الطلاب تعتبر مدرسة فشلت، في تأدية رسالتها، لأنها تؤدي إلى ضعف ثقة الطالب بنفسه، وتؤثر على جميع حوافزه، مما يؤدي إلى عدم قدرته على إشباع حاجاته الأساسية والضرورية باستخدام قدراته العقلية بل عن طرق استخدام عواطفه، وهذا يؤدي به إلى الابتعاد عن الحب ويفضل طريق الجنوح والانسحاب وترك المدرسة.

إن الدور الحقيقي للمدرسة والنظام التعليمي الذي تقوم عليه، وهو العمل على توفير النجاح لجميع الطلاب، لأنه من الصعب أن ينجح في الحياة من لم يستطع النجاح

في جانب مهم من حياته التعليمية ومن ينجح في المدرسة بمراحلها المتعددة سوف تكون أمامه فرص ممتازة وعديدة للنجاح في الحياة. لذا يتوجب على رجال التربية والمفكرين العمل على تطوير نظام دراسي يكون فيه النجاح هو المهم، وبالمقابل التخلي عن القيام بالتصنيفات والدرجات، ووصف الطلاب بالضعيف، المتوسط، والمتفوق. أو الفاشل أو الناجح أو الجيد أو الرديء من خلال نظام تعليمي فاسد يقوم على مبدأ التعلم والحفظ الغيبي للمادة وإعادتها في الامتحان والطالب الذي لم يكن بمقدوره القيام بهذا النوع من الحفظ الغيبي للمادة يصنف على يد المعلم أو المعلمين بأنه طالب فاشل حتى لو كان بمقدوره أن يفكر ويعمل في الحياة اليومية بصورة حسنة وجيدة. أي أن دور المدرس يقوم على أسلوب تزويد الطلاب بالمعرفة وطرق التفكير وكل الأدوات الضرورية للنجاح كلٌ حسب قدراته.

وعليه نقول بأن الطالب الذي يأتي إلى المدرسة وهو متفائل، ويعمل على تحقيق أبسط وأسهل عناصر النجاح، لكي يكون راضياً عن نفسه ويرضى الآخرين عنه، فإذا نجحت المدرسة في إشباع هذه الحاجة فإن هذا يؤدي إلى زيادة حبه للمدرسة، أما إذا كانت المدرسة السبب المباشر لفشله فإن هذا يزيد من اضطراب نموه النفسي وكرهه للمدرسة، لأنها السبب الذي يؤدي إلى اتهامه بالضعف والفشل وتؤدي إلى عدم احترام وتقدير الآخرين له، مما يشعره بأنه غير مرغوب، لذا فهو يترك المدرسة بصورة نهائية.

ويظهر دور المدرسة في الأمور التالية بصورة واضحة:

1. عدم قيام المدرسة بمراقبة الطلاب وحضورهم إلى المدرسة كما يجب، ومتابعة ذلك بصورة مستمرة وفعالة، مما يغري ويشجع البعض منهم، بعدم الانتظام في الدوام، أو التأخر أو التغيب عن المدرسة باستمرار ليقينه بعدم اهتمام المدرسة بمتابعة ما يحدث مع الطلاب.

2. الوضع التعليمي وأساليب التعلم المتبعة في المدارس والتي لا تخدم مصلحة الطلاب وتعلمهم لعدم ملاءمتها لهم، ولقدراتهم، تؤدي إلى الرسوب وتكراره، وهذا بحد ذاته يضعف ثقة الطالب بنفسه ويفقده المتعة من وجوده في المدرسة، والحافز على متابعة الدراسة. وهذا يعني أن الطريق قصيرة أمامهم إلى التسرب والانقطاع عن المدرسة.

3. عدم توفير المناخ المناسب للطلاب، سواء داخل الصف أو خارجه بالإضافة إلى عدم وجود المرافق التعليمية المناسبة مما يؤثر على تحصيل الطالب المدرسي وتدني مستواه العلمي والتحصيلي وبالتالي إلى التسرب وترك المدرسة في مرحلة مبكرة من حياته.

4. عدم توفر الاستقرار المادي والنفسي عند المعلم، يؤدي به إلى إدخال عالمه الخارجي والخاص إلى المدرسة وغرفة الصف، مما يؤدي به إلى إهمال عمله وعدم الاعتناء بالتعليم والتدريس بالشكل الصحيح، ويقلل من رغبته في التدريس وحماسه في العمل والتزامه بالسلوك التربوي المناسب مع الطلاب والزملاء، وهذا بدوره ينعكس سلبيا على الطلاب وعلى تحصيلهم المدرسي، كما أن عدم توافر الاستقرار النفسي يبعده عن المدرسة، لأنه يشعر بنوع من سوء المعاملة حين التوجه إليه من بعض المعلمين أو الطلاب الذين هم أكبر منه سنا.

5. في بعض المدارس التي يكون الدوام بها قصيرا يؤدي إلى إضعاف العلاقة والارتباط بين الطالب والمدرسة، ويقلل من فرص ممارسة الطالب للأنشطة الحرة التي تلبي رغباته واحتياجاته وتعزز ثقته بالمدرسة وحماسه لها، لأنه يشعر بالأمان والثقة والمقدرة على إنجاز المهام والفعاليات التي تهمه ويرغب في إنجازها دون إجبار أو إكراه كما يحدث أثناء الدوام العادي.

6. عدم وجود المعلمين أصحاب القدرات الأكاديمية والسلوك الخاص والمميز الذين يجيدون التعامل مع الطلاب بأفضل الأساليب والطرق التي تجعلهم يشعرون بالفائدة وتعود عليهم من خلال وجودهم في المدرسة بشكل عملي واضح وملموس.

7. أسلوب استخدام العقاب البدني والنفسي في معظم المدارس، بالإضافة إلى زيادة العبء الدراسي والواجبات المدرسية التي يفرضها المعلمون على الطلاب والتي لا تترك لهم وقتا للاعتناء باحتياجاتهم الأخرى والعمل على إنجازها، تلعب دورا هاما في عملية التسرب والانقطاع عن المدرسة.

8. بعض المداس تعاني من عدم توفر الإمكانيات والأماكن التي تساعد الطلاب على التنفيس عن أنفسهم وما يدور في خواطرهم، أو الترويح عن أنفسهم أثناء الدوام أو بعده مثل الملاعب الرياضية بأنواعها والغرف الفنية والتعليمية

الخاصة وقاعات العرض والمختبرات العملية التي تفيد في تعلم وفهم المادة بأسهل وأفضل ما يمكن.

9. معظم المدارس تعاني من عدم توافر الإمكانيات الخاصة والضرورية لتطبيق العلوم النظرية في مختلف المجالات العلمية. مما يؤدي بالطالب إلى الإحباط وعدم الرغبة في الاستمرار بالتواجد في المدرسة، لأنه يشعر بأن قدراته تبقى مدفونة لا تندفع إلى الأمام.

ومن التدقيق في العوامل والأسباب التي تحدثنا عنها حتى الآن، نرى بصورة واضحة وجود ارتباط وثيق بن الوضع والحالة الاجتماعية العامة والتسرب من المدرسة الذي يحدث لدى عدد معين من الطلاب، كما ونصل إلى الاستنتاج الذي يقر بأن التفاعلات الداخلية التي تحدث للأسرة والمجتمع تؤثر تأثيراً فاعلاً وبالغ الأهمية بالعوامل الأخرى والمتغيرات المدرسية والبيئية على نفسيات وإمكانيات الطلاب، الأمر الذي يتطلب منا الدخول في بعض العوامل الاجتماعية والاقتصادية والشخصية للطالب والبحث فيها وفي مدى تأثيرها على سلوك وتصرفات الطالب نفسه، والتي تؤدي إلى زيادة الاستعداد والرغبة النفسية للتسرب وترك المدرسة والتعليم.

وحينما نتعرف على مدى تأثير هذه العوامل والأسباب على سلوك الطالب فإن ذلك يعطينا القدرة والمساعدة على التنبؤ بإمكانية حدوث تسرب لطالب معين في المستقبل، ويعتبر مؤشراً حيويا وهاما للطلاب الذين يتواجدون في نفس الوضع.

وبعض الطلاب يترك المدرسة دون أن تكون له مشاكل مدرسية أو لم يكن يعاني من مشاكل اقتصادية ومادية بل يترك المدرسة لعدم اقتناعه بالدراسة، وما يمكن أن يعود عليه منها.

آثار التسرب الفردية والاجتماعية

تعتبر مشكلة ترك المدرسة والتسرب منها، وهروب أعداد من التلاميذ والطلاب إلى الشارع أو إلى مجالات العمل المختلفة، من المشاكل الاجتماعية والاقتصادية ذات الطابع والأهمية الخاصة لأنها تؤدي إلى فقدان التعليم والقدرة على الوصول للتحصيل الدراسي وإضاعة الطاقات والجهود دون استغلال إيجابي يخدم مصلحة المجتمع الذي ينتمي إليه التلميذ أو الطالب في المراحل التعليمية المختلفة.

أي أن التسرب يؤدي إلى إهدار الطاقات والقدرات والأهداف التربوية ويؤثر تأثيراً كبيراً وواضحاً على جميع نواحي المجتمع وتكوينه، لأنه يؤدي إلى زيادة نسبة

الأمية والبطالة، ويسبب ضعف الاقتصاد والناتج الاجتماعي، ويزيد من اتكالية الفرد واعتماده على غيره من الأفراد، في العمل على توفير الاحتياجات الأساسية، مما يجعل الفرد عالة على غيره من أفراد المجتمع.

أيضا يؤدي التسرب إلى زيادة حجم المشاكل الاجتماعية، وانحراف الأحداث والجنوح وتعاطي المخدرات والسرقة والاعتداء على الآخرين وممتلكاتهم، كما ويؤدي التسرب إلى تحول اهتمام المجتمع من البناء والإعمار والتطور والازدهار إلى الاهتمام بمراكز الإصلاح والعلاج والإرشاد، وزيادة عدد السجون والمستشفيات ونفقاتها ونفقات العناية الصحية العلاجية. وتشير بعض الدراسات إلى أن التسرب يؤدي إلى تحطيم الفرد وإضعاف آماله وطموحاته وتقليصها ويؤدي إلى ضعف تقديره لذاته، الأمر الذي يجعل منه لعبة للآخرين واستغلاله في أعمالهم.

إن هذه المشكلة التربوية الاجتماعية يصطدم بها كل رجل تربية يحاول إصلاح التعليم وتطوير الأنظمة التي يقوم عليها، بالإضافة لكونها تواجه في انعكاساتها رجال الأمن والقانون والإصلاح والتنمية الاجتماعية ورجال التخطيط التربوي والاجتماعي، لأن لها دورا هاما في تحويل بعض أفراد المجتمع إلى أميين غير منتجين، أو إلى منحرفين شواذ ومفسدين، مكونين لعصابات السطو والإجرام التي تزعزع أمن المجتمع ،وتؤدي إلى زيادة في نسبة الجريمة في المجتمع.

ولقد دلت وأكدت الأبحاث والدراسات التربوية والنفسية، التي أجريت في مجال اقتصاديات التربية على أهمية وجود تناسب بين الكفاية الإنتاجية والدخل الاقتصادي المادي، وبين المستوى التعليمي الذي وصل إليه الفرد، لأن التعليم يعتبر بمثابة الاستثمار الأصلي للقوى البشرية التي تعتبر رأس المال والدعامة الحقيقية في مجال التنمية الشاملة.

وعليه فإن طرد الطالب أو تسريبه من المدرسة لا يعتبر قضية أو موضوعاً شخصياً لأن الطفل في مثل هذا الوضع لا يكون بمفرده بل توجد معه ومن حوله الأسرة التي تلح وتصر في بعض الأحيان على أن يواصل ابنها التعليم والدراسة، مؤكدة على ما لنجاحه من أهمية كبيرة في إشباع رغبته ورغباتهم في تحسين وضع الأسرة الاجتماعي والاقتصادي، أو حتى لمجرد التباهي والتفاخر أمام الأسر الأخرى وللاطمئنان على مستقبل ابنها. أي من الجانب الاجتماعي ومكانة الأسرة داخل المجتمع تلعب دوراً أساسياً هاماً في التعامل مع وجود الطفل في المدرسة أو تسربه منها.

أيضا من الناحية الأخرى لا ننسى وجود المدرسة والمدرسين والإدارة الذين يريدون لطلابهم حسن المواظبة والنجاح لما فيه مصلحة الطالب وسمعة المدرسة وتطورها الحالي وفي المستقبل لأن نجاح طلابها يعتبر نجاحها وبالتالي يعود عليها بالفائدة المادية والمعنوية.

بالإضافة لذلك نحن نعيش في مجتمع له قيم وأنماط ثقافية وعادات وتقاليد أعطت التعليم مكانة وأهمية خاصة، لذا لا يرحم من يتقاعس أو يفشل في هذا المجال ولا يصبح ذا شأن ومكانة، لأن المجتمع يحتاج إلى الأفراد المتعلمين والمؤهلين علميا للقيام بمهمة القيادة وتسير الأمور والحاجات.

أيضا يؤدي إلى الاستقرار الأسري، لأن نجاح الابن والاستمرار في تعليمه يعتبران من المؤشرات الحقيقية التي يظهر الأهل من خلالها تقديرهم لأنفسهم وقدراتهم واعتزازهم بأنفسهم، والافتخار بالابن وما توصل إليه من إنجازات وتحقيق أهدافهم وأحلامهم، أما في حالة الفشل وترك المدرسة فإن ذلك يعتبر بمثابة عار ومصدر قلق دائم لهم

وفي بعض الأحيان يؤدي إلى خلق المشاكل الأسرية، والصراعات التي تنشأ بين الأهل، وخصوصا عندما يتهمون بعضهم البعض بالمسؤولية عن هذا الوضع الذي وصلت إليه الأسرة.

ومن ناحية أخرى إن الفشل في المدرسة أو الحصول على نتائج مدرسية ضعيفة والنتائج المدرسية الضعيفة يؤثران بصورة مباشرة على الطالب ويؤديان لتسربه من المدرسة، وهذه التأثيرات تظهر في الكثير من الحالات بصورة اضطرابات نفسية، وجسدية واجتماعية لأن الفشل المدرسي بحد ذاته يزيد من حالات التعب داخل المدرسة وخارجها. كما ومن الممكن أن يؤدي إلى اضطرابات معوية وقلق في النوم ودوخة، أو توجه بصورة مفرطة للأكل أو الإقلال فيه. بالإضافة إلى فقدان الحافز للعمل ويخلق حالات خوف من العقاب، وفي نهاية الأمر الهروب من المدرسة، والتوجه إلى أعمال غير عادية، لكي يعوض عن الفشل الذي وصل إليه أو الذي يبدأ في العادة بعدم الاستقرار والانعزال وفقدان الأصدقاء، وعدم المشاركة في الأنشطة الاجتماعية، والنظر إليه من أقرب أصدقائه بنوع من السخرية والاستهزاء، مما يشعره بالنقص والدونية وعدم المقدرة على الاندماج في مجتمع الطلاب والمدرسة. وتزداد المشكلة تعقيدا حينما يصبح هذا الطالب منبوذا من قبل المعلمين الذين يجعلونه موضع سخرية واحتقار ووسيلة للتسلية والترفيه عن النفس، كل هذا يزيد من ألم الطالب

الداخلي يشعره بعدم الأهمية والمكانة، وفي مثل هذا الوضع يتجه في بعض الأحيان للتعويض عن مشاعر النقص بالتوجه إلى العدوانية الزائدة والتحدي لجميع السلطات التي يتعامل معها. وفي الحالات التي تمارس فيها الأسرة الحرمان والسخرية والقهر ضد مثل هذا الطالب تزداد حالته سوء، مما يؤدي إلى نتائج صعبة مثل الاضطراب النفسي وسوءاً التكيف الاجتماعي بصورة عام.

مسؤولية خفض التسرب من المدارس

تقع مسؤولية منع تسرب التلاميذ في مراحل التعلم المتعددة من المدرسة وترك التعليم على عدة مسؤولين كل واحدة في مجال العمل الذي يقوم به داخل المدرسة والصف وهم:

1. مدير المدرسة

هو المسؤول الأول في المدرسة عن كل ما يدور فيها من أحداث وعلاقات بين جميع المتواجدين والعاملين فيها، وهو المسؤول عن احتضان جميع طلاب المدرسة والتمسك بهم وحضورهم المنتظم. كما يعمل بكل قواه وجهده لكي يتلاءم بين جميع الأطر التربوية والتعليمية التي تعمل من أجل تلبية حاجات التلاميذ، ويقوم بصورة مستمرة بفحص طرق التعليم المقبولة أو الموجودة والمستعملة في المؤسسة أو المدرسة. أيضا يتوجب على المدير أن يقوم بجمع التقارير من معلمي المدرسة عن الطلاب الذين يأخذون جانباً في عملية التربية والتعليم، وعليه أن يهتم بالاجتماعات التي تناقش هذه الحالات وعليه فحص التقارير للحضور والغياب في جميع الصفوف وحث المعلمين على فحص ذلك، وعليه أن يطلب من طاقم المدرسة إبلاغه عن غياب الطلاب. كما وعليه الاهتمام بالطلاب المتأخرين وعدم عقابهم بإرسالهم إلى البيت أو بأنواع أخرى من العقاب الجسدي أو النفسي، وإنما عليه القيام بفحص سبب التأخير مع الأهل بأي طريقة ممكنة أو إعطاء لفت نظر للطالب، وبهذه الطريقة والأسلوب يجد العلاج المناسب للحالة الخاصة للطالب، ويجد الشخص المناسب للمساعدة، ومتابعة العلاج وكيفية تطوره.

2. مربي الصف:

هو المسؤول عن كل ما يدور داخل صفه مع طلابه من أحداث وأعمال، ويتوجب عليه القيام بمراقبة تطور وتقدم الطلاب، بالإضافة لمراقبة ما يصدر

عنهم من سلوك وتصرفات ويحاول إيجاد حلول للمشاكل على أنواعها إن حدثت بين طلابه أو معه أو مع المعلمين الآخرين، وعليه أن يقوم بإبلاغ مدير المدرسة عما يحدث مع هؤلاء الطلاب من أحداث داخلية أيضا يتوجب على مربي الصف العمل على إيجاد الطريقة أو الطرق التعليمية المناسبة لصفه، وعليه أيضا تحمل مسؤولية مراقبة غياب وحضور كل طالب ولفت نظر المسؤولين في حالة تغيب طالب معين فترة طويلة دون إشعار أو إبلاغ مسبق. كما وعليه التحقق من أسباب التسرب المخفي وعدم حضور طالب معين، وتقديم تقرير لمدير المدرسة عن ذلك بعد قيامه بزيارة منزلية لعائلة الطالب للتأكد مما يحدث مع الطالب من أحداث وانقطاع عن المدرسة. وفي حالة وجود تسرب تام من المدرسة على مربي الصف الاجتماع مع الطاقم الملائم والمختص للعمل على حل تلك المشكلة واتخاذ القرارات المناسبة لمثل هذا الوضع.

3. المستشار التربوي

وجود مستشار تربوي في المدرسة هام جدا، ويساعد على حل الكثير من المشاكل، التي من الصعب على مدير المدرسة أو مربي الصف، التوصل إلى أسبابها لعدم وجود الثقة بينهما وبين الطالب، الثقة التي من دونها يصعب معرفة الأسباب الحقيقية ووضع حلول مقبولة وإيجابية لها.

من وظائف المستشار التربوي مساعدة مدير المدرسة، ومربي الصف بالتركيز على الطلاب الذين توجد مؤشرات معينة تشير إلى أنهم معرضون للتسرب أو المتسربون فعلا الذين قاموا بزيارته ولاحظ عليهم إشارة خاصة تدل على المعاناة التي يمرون بها تتطلب التدخل السريع من جانبه وجانب المسؤولين الآخرين مثل العامل الاجتماعي إن وجد أو المستشار النفسي إن وجد. وفي مثل هذا الوضع يقوم المستشار التربوي بتركيز الاستشارة التربوية التي تعطى من جميع الأطراف المشتركة ثم يقوم بالتوجه للخدمات النفسية إن وجدت. وأيضا من وظائفه مساعدة مربي الصف والشرح له عن طرق العمل الخاصة مع النوعيات الخاصة من الطلاب الذين لا يتواجدون في المدرسة بصورة متواصلة، بالإضافة إلى ملاءمة المادة التي تعلم لمستوى هؤلاء الطلاب، وأيضا العمل على توفير الخدمات غير الموجودة في المدرسة للمعلمين مثل الخدمة النفسية أو الاجتماعية، كما ويجب أن يقدم للمدير تلخيصاً كتابياً عن كل حالة من حالات الطلاب المتسربين، أيضا أن يقوم المستشار بوظيفة ممثل المدرسة في

اللجنة التي تقوم بمعالجة حالات الطلاب الذين تسربوا من المدرسة ولم يجدوا مدرسة أخرى للتعلم فيها إذا وجدت حالات كهذه.

المستشار النفسي

من أهم وظائفه داخل المدرسة تلقي توجهات المعلمين الذين يشكون من مشاكل طلاب يشتبه أنها مشاكل على أثر نفسي أو مشاكل تتطلب استشارة وتدخلاً نفسياً وهذه المشاكل تتعلق بنوعية خاصة من الطلاب الذين لا يتواجدون بصورة دائمة ومنتظمة في المدرسة والمهددون بترك المدرسة أو التسرب منها في أي وقت من الأوقات. وبعد قيام المستشار النفسي بمعالجة أوضاعهم وتقديم المساعدة المطلوبة لهم، إذا استمرت نفس الظاهرة فيجب عرضها على طاقم المدرسة لمناقشتها والعمل على اتخاذ القرارات المناسبة لكل حالة من حالات هؤلاء الطلاب.

العامل الاجتماعي

يأخذ العامل الاجتماعي قائمة أسماء الطلاب الذين لا يحضرون بصورة دائمة ومنتظمة للمدرسة أو انقطعوا عن الحضور لفترات زمنية طويلة ثم عادوا إليها، يتلقى العامل الاجتماعي التوجيهات والتعليمات من مربي الصف بوساطة مدير المدرسة لكي يبدأ بعلاج هؤلاء الطلاب الذي يعتقد أو يشك بأن الأسباب التي تؤدي إلى عدم حضورهم المنتظم إلى المدرسة هي أسباب نفسية اجتماعية كما ويجب على العامل الاجتماعي التأكد من وجود أو عدم وجود خلفية اجتماعية للطالب في مؤسسات أخرى.

بالإضافة إلى ما ذكر يجب أن تكون للعامل الاجتماعي علاقة خاصة ومتينة مع مربي الصف، ومع عائلة الطالب صاحب المشكلة وذلك حتى يحصل على مساعدتهم ويعرف عن طريقهم حقيقة مشاكل هذا الطالب وحتى يستطيع التعاون معهم في الحصول على أكبر كمية ممكنة من المعلومات عن الطالب والشرح لهم عن عملية العلاج التي يقوم بها مع الطالب، وإذا استمرت المشكلة يجب عليه عرضها على الطاقم المهني الذي يعمل في المدرسة وهو الذي يقرر تحويل الطالب إلى المستشار التربوي أو النفسي إذا كانت حاجة لذلك. أيضا العامل الاجتماعي هو المسؤول عن نقل الطالب إلى الأطر الملائمة له إذا ما دعت الضرورة لذلك، كما ويملك العامل الاجتماعي القدرة على إحضار الخدمات المختلفة التي تهدف لمساعدة الطالب في جميع المجالات الضرورية التي من شأنها خفض ظاهرة التسرب من المدرسة (نصر الله، 2001).

الخاتمـــة

إن قياس مستوى التحصيل الدراسي وتقويمه للطلاب والمدرسة في المراحل التعليمية المختلفة يعتبر من المسائل الأساسية والهامة بالنسبة لعملية التعليم والتعلم، لأنه يتوقف عليها الكثير من القرارات الخاصة والعامة الفردية والجماعية، وهي التي تحدد مدى تحقيق الأهداف والنجاح فيها، أو عدم تحقيقها والفشل فيها. أي أن التقييم يعتبر من المكونات الرئيسية والهامة التي يجب على المدرسة والمعلم القيام بها وبصورة دائمة ومستمرة، حتى يكون بالإمكان تحديد مواطن الضعف ووضع الخطط والبرامج لعلاجها، قبل فوات الأوان، لأنه لا يمكن تحقيق أهداف العملية التعليمية التربوية بدونها. وهناك العديد من المؤثرات التي تؤثر على مستوى التحصيل الدراسي للطلاب، مثل العلاقة بين شخصية المعلم والتحصيل الدراسي لطلابه، والتي تعتبر من أهم المؤثرات. لأن المعلم يعتبر أهم العناصر في العملية التعليمية لكونه يمثل الرمز أو المثل الأعلى للطلاب الذين يقومون بتقليده في معظم الأشياء التي يقولها أو يعملها. لذلك يجب عليه العمل على توفير أنماطاً تعليمية سلوكية محددة، والقيام بها حتى يستطيع إنجاز العمل التعليمي المطلوب منه على أفضل وجه، عن طريق تحديد الأساليب التي يستطيع الطلاب من خلالها اكتساب المعلومات وتحقيق الأهداف التعليمية المرغوب فيها.

ويجمع الكثير من المربين والباحثين على أن المعلم يعتبر المفتاح الرئيسي والأساسي لنجاح العملية التعليمية والتربوية، لأنه هو الذي يستطيع أن يوفر الفرص التي من شأنها أن تقوي ثقة الطالب المتعلم بنفسه أو تدميرها، وهو الذي يعمل على تقوية روح الإبداع أو يقتلها، وهو الذي يطور ويقوي تفكير الأنا لدى الطالب أو يحبطه، وهو الذي يعمل على فتح المجال أمام الطالب للتحصيل والإنجاز أو قد يغلقه. كل ذلك من خلال الأعمال التي يقوم بعملها قبل وأثناء وبعد عملية التدريس.

ومن الحقائق الواضحة والتي لا يوجد عليها أي خلاف أن المعلم وبصورة عامة يريد لطلابه التقدم والنجاح، لأن تقدمهم ونجاحهم يعتبر نجاح خاص به. وهو الذي يعمل على تطوير قدرة كل طالب على التفكير، وهذا يعتبر بالنسبة له هدفاً تربوياً الذي يقف في مقدمة أولوياته. حيث عندما يضع الأهداف التعليمية يعبر من خلالها عن

آماله وتوقعاته في الوصول إلى تنمية استعدادات طلابه حتى يصبحوا قادرين على التعامل بفاعلية مع المشاكل الحياتية الصعبة والمعقدة التي يصطدمون بها، والتي يتوقع أن تصادفهم في مستقبلهم. ولكن هناك فرق بين ما نرغب به وبين الواقع والنتائج الحقيقية للتعلم الذي نتحدث عنه، حيث تشير المعلومات والوقائع الخاصة بهذا الموضوع أنه يتم تخريج أعداد كبيرة من الطلاب الذين تظهر خبراتهم بصورة أساسية في اختزان المعلومات واسترجاعها. ولكنهم من ناحية أخرى يفتقرون وبصورة واضحة للقدرة على استخدام هذه المعلومات في التوصل إلى اختيارات أو قرارات متقدمة ومستنيرة في حل المشاكل غير العادية التي يواجهونها يومياً.

تم بحمد الله

قائمة المراجع

1. القرآن الكريم

2. الأبراشي، محمد عطية.( ). **الاتجاهات الحديثة في التربية**، دار الفكر للنشر، عمان-الأردن.

3. إبراهيم، أحمد.(1998).**الجوانب السلوكية في الإدارة المدرسية**، عمان.

4. إبراهيم، عبد الستار.(1987).**أسس علم النفس**، ط1، دار المريخ للنشر، الرياض.

5. إبراهيم، عبد الستار.(1994).**العلاج النفسي السلوكي المعرفي الحديث**، دار الفجر للنشر والتوزيع، القاهرة.

6. أبو حطب، فؤاد.(1980). **علم النفس التربوي**، ط2، دار الأنجلو المصرية.

7. أبو حطب، فؤاد، صادق آمال.(1990).**علم النفس التربوي**، مكتبة الأنجلو المصرية.

8. أبو صايمة، عايدة.(1995).**القلق والتحصيل الدراسي**، عمان، الأردن.

9. .أبو فرحة، خليل.(2000).**الموسوعة النفسية**، دار أسامة للنشر والتوزيع،عمان- الأردن.

10. أبو عرقوب، إبراهيم.(1993).**الاتصال الإنساني ودوره في التفاعل الاجتماعي**، دار مجدلاوي للنشر، عمان- الأردن.

11. أبو علام، رجاء محمود.(1986).**علم النفس التربوي**، ط4،الكويت، دار القلم.

12. أبو ليلى، يوسف.(1997).**الأسرة العربية**، ط1، منشورات جامعة القدس، عمان- الأردن.

13. أحمد، عبد المجيد،.(1998). **علم نفس الطفولة**، ط1، دار الفكر العربي، القاهرة.

14. أحمد، لطفي بركات،.(1979)**. في مجالات التربية المعاصرة**، مكتبة النهضة المصرية، القاهرة.

15. إسماعيل، سيد،.(1993). **الاكتئاب النفسي**، ط1، الكويت.

16. إسماعيل، محمد عماد الدين وآخرون،. (1982). **كيف نربي أطفالنا**، التنشئة الاجتماعية في **الأسرة العربية**، ط7، دار النهضة العربية، بيروت.

17. إسماعيل، محمد عماد الدين وآخرون،.(1989). **الطفل من الحمل إلى الرشد(الصبي المراهق)**، الجزء الثاني، ط1. دار القلم، الكويت.

18. الأشول، عادل عز الدين،.(1982).**علم النفس النمو**. الأنجلو المصرية، القاهرة.

19. إدريس، محمد عبد الرحيم،.(1995). **واقعنا التربوي إلى أين**، دار الفكر للنشر والتوزيع،ط1، عمان.

20. آدم، سليمان مكي،.(1984).**أساسيات في التربية وعلم النفس وطرق التدريس**، دار الفكر العربي.

21. أبو عميرة، شحادة حسن،.(د.ت).**المعلمون والمتعلمون أنماطهم وسلوكهم وأدوارهم**،مكتبة الدار العربية، مصر.

22. الأغبري، عبد الصمد،.(2000). **الإدارة المدرسية، البعد التخطيطي والتنظيمي المعاصر.**

23. أبو الوفا، عياش،.(1992)**. تسرب التلاميذ من المدرسة أسبابه ومحاولة علاجه**، البيادر السياسي، العدد (1)،481 شباط.

24. الإمارة، سعد،.(2002). **الإيمان ودوره في التخفيف من مرض الاكتئاب**، مقال في الإنترنيت.

25. إلياس، طه،.(1984). **الإدارة التربوية والقيادة**. عمان، مكتبة الأقصى.

26. اوبير، رونية.،(1977). **التربية العامة**، دار العلم للملايين، ط3، بيروت، ترجمة: عبد الله عبد الدايم.

27. بركات، حليم.،(1984). **المجتمع العربي المعاصر**، مركز الدراسات، الوحدة العربية، بيروت.

28. البهواشي، سيد وآخرون.،( ). **إدارة المدرسة الابتدائية**، مكتبة النهضة المصرية، القاهرة.

29. البحيري، عبد الرقيب أحمد.،(1985). **تشخيص القلق باستخدام اختبار رورشاخ**، ط1، دار المعارف، القاهرة.

30. جابر، عبد الحميد جابر.،(1986). **سيكولوجية التعلم ونظريات التعليم**، دار النهضة العربية، بيروت.

31. جلال، سعد.،(1985). **المرجع في علم النفس**.

32. جامعة القدس المفتوحة.،(1999). **علم النفس التربوي**، برنامج التعليم المفتوح، القدس.

33. جلال، سمير.،(1985). **في الصحة النفسية عند الأطفال**، ط1، الإسكندرية.

34. حسان، محمد.،(1993). **هل يشجع المعلمون تلاميذهم على الرسوب والتسرب**، حوار، العدد الأول، ص 5-8.

35. حسين، محمد عبد المؤمن.،(1986). **مشكلات الطفل النفسية**، دار الفكر الجامعي.

36. حسين، منصور، وزيدان، محمد مصطفى.،(1982). **الطفل والمراهق**، ط1، مكتبة النهضة المصرية.

37. الحنفي، عبد المنعم.،(1995). **الموسوعة النفسية في حياتنا اليومية**، مكتبة مدبولي، القاهرة.

38. حمدان، محمد زياد.،(1997). **التربية العلمية الميدانية** مفاهيمها وكفاياتها وتطبيقاتها المدرسية، دار التربية الحديثة، دمشق.

39. حمدان، محمد زياد.،(1985). **ترشيد التدريس بمبادئ واستراتيجيات نفسية حديثة**، دار التربية الحديثة، جبل عمان، الأردن.

40. حمودة، أحمد، وآخرون.،(1997). **المجتمع العربي**، منشورات جامعة القدس المفتوحة، عمان، الأردن.

41. حمودة، أحمد.،(1997). **العلاقات الأسرية**، منشورات جامعة القدس المفتوحة، عمان، الأردن.

42. حواشين، مفيد نجيب، زيدان نجيب.،(1989). **النمو الانفعالي عند الأطفال**، دار الفكر للنشر والتوزيع، عمان.

43. الخروز، وفاء.،(1995). **الفروق بين المعلم الفعال، والمعلم غير الفعال**، في الاستراتيجيات المستخدمة للتعامل مع المشكلات الصفية، الجامعة الأردنية.

44. الخولي، سناء.،(1988). **التغيير الاجتماعي والتحديث**، دار المعرفة الجامعية، الإسكندرية.

45. الخولي، سناء.،(1989). **الأسرة والحياة العائلية**، دار المعرفة الجامعية، الإسكندرية.

46. خير الله، سيد محمد، ممدوح عبد المنعم الكناني.،(   ). **سيكولوجية التعلم**، دار النهضة العربية، بيروت.

47. دانهيل، جيمس.،(1992). **إدارة الصفوف المدرسية**، دار العلم للملايين، بيروت، ترجمة:عبد الرحيم الأمين.

48. دبابنة، ميشيل، وآخرون.،(1984). **سيكولوجية الطفولة**، عمان، دار المستقبل للنشر والتوزيع.

49. دبواني، مصطفى.،(1975). **حياة الطفل في الصحة والمرض في المنزل والمدرسة**، ط9، مكتبة النهضة المصرية، القاهرة.

50. درويش، عبد الكريم، وآخرون.،(1977). **أصول الإدارة العامة**، مكتبة الأنجلو المصرية، القاهرة.

51. الدسوقي، كمال.،(1974). **الطب العقلي والنفسي علم الأمراض النفسية**، دار النهضة العربية للطباعة والنشر، بيروت.

52. الدسوقي، كمال.،(1980). **سيكولوجية إدارة الأعمال**، مكتبة الأنجلو المصرية، القاهرة.

53. دويك، تيسير، وآخرون.،(1992). **أسس الإدارة التربوية والمدرسية والإشراف التربوي**، دار الفكر والنشر والتوزيع، عمان، الأردن.

54. راجح، أحمد عزت.،(1973). **أصول علم النفس**، ط9، المكتب المصري الحديث للطباعة والنشر، الإسكندرية.

55. راشد، علي.،(1993). **مفاهيم ومبادئ تربوية**، دار الفكر العربي، القاهرة، مصر.

56. راشد، علي.،(1993). **شخصية المعلم وأداءه في ضوء التوجهات الإسلامية**، نحو تأصيل إسلامي للتربية. دار الفكر العربي، القاهرة- مصر.

57. الرشدان، عبد الله، جعنيني، نعيم.،(1994). **المدخل إلى التربية والتعليم**، ط1، عمان، دار الشرق.

58. الرفاعي، نعيم.،(1982). **الصحة النفسية**، دراسة في سيكولوجية التكيف، ط6، جامعة دمشق.

59. الرفاعي، نعيم.،(1981). **الصحة النفسية**، دراسة في سيكولوجية النمو، ط4، جامعة دمشق.

60. الرفاعي، نعيم.،(1982). **الصحة النفسية**، دراسة في سيكولوجية النمو،ط 5، عمان.

61. زلزلة، صادق.،(1994). **موسوعة صحة الطفل**، ج 2، ط1، دار الجيل، بيروت.

62. زهران، حامد عبد السلام.،(1981). **التوجه والإرشاد النفسي**، ط2، عالم الكتب، القاهرة.

63. زهران، حامد عبد السلام.،(1982). **الصحة النفسية والعلاج النفسي**، ط2، القاهرة، عالم الكتب.

64. زهران، حامد عبد السلام.،(1983). **علم النفس النمو**، ط3، القاهرة، عالم الكتب.

65. زهران، حامد عبد السلام.،(1983).**علم النفس النمو**، ط4، القاهرة.

66. زهران، حامد عبد السلام.،(1985). **علم النفس النمو**، ط5، القاهرة.

67. زيعور ،محمد.،(1993). **الصحة النفسية للطفل والمراهق**، ط1، عز الدين للطباعة والنشر.

68. الزين، سميح عاطف.،(1991). **علم النفس**، (معرفة النفس الإنسانية في الكتاب والسنة). دار الكتاب اللبناني، بيروت، دار الكتاب المصري، القاهرة.

69. الزين، عباس.،(1986). **مدخل إلى الطب النفسي**، دار الثقافة، بيروت- لبنان.

70. زيور، مصطفى.،(1986). **في النفس**، دار النهضة العربية، بيروت.

71. زايد، نبيل محمد.،(1990). **النمو الشخصي والمهني للمعلم**، ط1، كلية التربية، جامعة الزقازيق، مصر.

72. سرحان، منير المرسي.،(1981). **في اجتماعات التربية**، ط2، دار النهضة العربية للطباعة والنشر، بيروت.

73. سرحان، منير المرسي.،(1981). **في اجتماعات التربية**، ط3، دار النهضة العربية للطباعة والنشر، بيروت.

74. سرحان، منير المرسي.،(1986). **الإدارة المدرسية**، دار النهضة العربية للطباعة والنشر، بيروت.

75. سلمان، محمد.،(2001). **اتجاهات في أصول التدريس**، بمدرسة التعليم الأساسية.

76. سمعان، وهيب، وآخرون.،(1975). **الإدارة المدرسية الحديثة**، عالم الكتب، القاهرة.

77. سمعان، وهيب، وآخرون.،(1979). **الإدارة المدرسية الحديثة**، ط2،عالم الكتب، القاهرة.

78. سويلم، محمد.،(1991). **أساسيات الإدارة**، دار وهدان للطباعة.

79. السييد، محمود.،(1985). **التكيف والصحة النفسية**، الإسكندرية- مصر.

80. شبل، بدران.،(2000). **ديموقراطية التعليم في الفكر التربوي المعاصر**، دار قباء للطباعة والنشر، القاهرة.

81. شحاته، حسن، أبو عميرة محبات.،(1994). **المعلمون والمتعلمون أنماطهم** وسلوكهم وأدوارهم، الدار العربية للكتاب، القاهرة.

82. شحيمي، محمد أيوب.،(1994). **دور علم النفس في الحياة المدرسية**، دار الفكر اللبناني للطباعة والنشر.

83. شربيني، زهير.،(1994). **المشكلات النفسية عند الأطفال**، ط1، الإسكندرية.

84. شربيني،زكريا.،(1994). **المشكلات النفسية عند الأطفال**، ط1، القاهرة.

85. شرف، شريفة.،(2000). **مشكلات التخلف التعليمي**: مجلة حوار: العدد 8، ص58. القدس.

86. شكري، علياء،،(1988). **الاتجاهات المعاصرة في دراسة الأسرة**، دار المعرفة الجامعية، الإسكندرية.

87. الشلبي، إبراهيم مهدي.،(2000). **التعليم الفعال والتعلم الفعال**، دار الأمل للنشر والتوزيع، الأردن.

88. الشويكي، علي.،( ). **المدرسة والتربية وإدارة الصفوف**، منشورات دار مكتبة الحياة، بيروت.

89. شيحا، إبراهيم عبد العزيز.،(1984). **الإدارة العامة**، المكتب العربي الحديث، الإسكندرية- مصر.

90. الشيرازي، الإمام محمد الحسيني.،(1992). **الإجتماع**، ج 1، دار العلوم، بيروت، لبنان.

91. شيفر، شادلر، وهليمان، هوارد.،(1996). **مشكلات الأطفال والمراهقين** وأساليب المساعدة فيها، ط 2منشورات الجامعة الأردنية، عمان، ترجمة داوود، نسيمة، حمدي نزيه.

92. فرج، طه عبد القادر.،(1979). **الشخصية ومبادئ علم النفس**، ط 1، مكتبة الخانجي، القاهرة.

93. الطشاني، عبد الرازق، الصالحين.،(1998). **طرق التدريس العامة**، بنغازي، دار الكتب الوطنية، ط 1، ليبيا.

94. الطيب، عبد الظاهر.محمد ،(1994). **مبادئ الصحة النفسية**، دار المعرفة الجامعية، الإسكندرية.

95. عاشور، أحمد صقر، وآخرون.،(1991). **الإدارة والنظم والعمليات والممارسات**، دار المعرفة الجامعية.

96. عاقل، فاخر.،(1978). **علم النفس التربوي**، دار العلم للملايين، بيروت.

97. عبد الفتاح، محمد سعيد.،(1981). **الإدارة العامة**، ط 4، الدار المصرية الحديثة، الإسكندرية- مصر.

98. عبد الدايم، عبد الله.،(1974). **التربية في البلاد العربية**، حاضرها ومشكلاتها ومستقبلها، بيروت، دار العلم للملايين.

99. عبد اللطيف، مدحت عبد الحميد.،(1990). **الصحة النفسية والتفوق الدراسي**، دار النهضة العربية للطباعة والنشر، بيروت، لبنان.

100. عبد الهادي، نبيل، وآخرون.،(1991). **الهادي إلى النمو الانفعالي عند الأطفال**، عمان.

101. عبود، عبد الغني، وآخرون.،(1994). **إدارة المدرسة الابتدائية**، ط2، مكتبة النهضة المصرية.

102. عثمان، إبراهيم،.(1992). **مبادئ علم الاجتماع**، ط 1، منشورات جامعة القدس المفتوحة، عمان- الأردن.

103. عثمان، إبراهيم، وآخرون،. (1992). **علم الاجتماع التربوي**، ط1، منشورات جامعة القدس المفتوحة، عمان- الأردن.

104. عثمان، إبراهيم،وآخرون،.(2002). **علم الاجتماع التربوي**، ط2، منشورات جامعة القدس المفتوحة، عمان- الأردن.

105. عدس، محمد عبد الرحيم،.(1995). **واقعنا التربوي إلى أين**، ط1، دار الفكر للنشر والتوزيع، الأردن.

106. عدس، محمد عبد الرحيم،.(1996). **المعلم الفاعل والتدريس الفعال**، عمان، دار الفكر للطباعة والنشر.

107. عدس، محمد عبد الرحيم،.(1999). **مع الطالب في صفه**، ، عمان، دار الفكر للطباعة والنشر.

108. عدس، محمد عبد الرحيم،.(2000).**نهج جديد في التعلم والتعليم**، عمان.

109. عدس، عبد الرحمن،.(2000). **المعلم الفاعل والتدريس الفعال**، دار الفكر للطباعة والنشر والتوزيع، ط1، عمان، الأردن.

110. عريفج، سامي،.(2000). **مدخل إلى التربية**، دار الفكر للطباعة والنشر والتوزيع، عمان، الأردن، ط 1.

111. عساف، محمود،.(1982). **أصول الإدارة**، مصر.

112. عفيفي، عبد الله،.(1990). **الاكتئاب والانتحار**، ط 1، دار الطباعة للنشر والتوزيع، القاهرة.

113. عقيلي، عمر وصفي،.(1997). **الإدارة أصول وأسس ومفاهيم**، دار زهران للنشر والتوزيع، عمان، الأردن.

114. علاونه، شفيق،.(1995). **الضبط الصفي وحفظ النظام في مدارس دولة البحرين**، آراء المعلمين والطلاب، دراسات للعلوم والإنسان، مجلد 22أ، العدد 6.

115. علي، محمد حسني.،(1985). **تسرب التلاميذ من المدارس**، هدى الإسلام، العدد الثاني، تشرين أول.

116. العمايرة، محمد حسن.،(1999). **مبادئ الإدارة المدرسية**، ط 1، كلية العلوم التربوية، دار المسرة للتوزيع.

117. العناني، حنان عبد المجيد.،(1997). **الصحة النفسية للطفل**، ط 2، دار الفكر للطباعة والنشر والتوزيع، عمان.

118. العنزي، عويد.،(1993). **الفرق بين الجنسين في نمط الشخصية وعلاقتها بالتحصيل الدراسي**، ط 1، القاهرة.

119. عوض، عباس.،(1995). **التنشئة الاجتماعية والتأخر الدراسي**، دار المعرفة الجامعية، الإسكندرية، ط 1.

120. عبد الرحمن، عبد الله محمد.،(1996). **علم اجتماع المدرسة**، دار المعرفة الجامعية، مصر.

121. عمار، حامد.،(1996). **دراسات في التربية والثقافة في التوظيف الاجتماعي للتعليم**، ط 1، مكتبة الدار العربية للكتاب.

122. غالب، محمد.،(1989). **الشذوذ النفسي في سبيل موسوعة نفسية**، ط 1، بيروت.

123. الغزالي، الإمام أبو حامد.،( ). **إحياء علوم الدين**، المجلد الرابع.

124. غنيم، سيد محمد.،(1982). **سيكولوجية الشخصية**، كلية الآداب، جامعة عين شمس، مصر.

125. فارعة، حسن محمد.،(1991). **المعلم وإدارة الفصل**، مركز الكتاب للنشر.

126. فالوقي، محمد.،(1994). **أسس المناهج التربوية**، منشورات الجامعة المفتوحة، ليبيا، طرابلس.

127. فالوقي، محمد.،(1997). **بناء المناهج التربوية**، المكتب الجامعي الحديث، الإسكندرية.

128. فايد، عبد الحميد.،(1975). **رائد التربية العامة وأصول التدريس**، ط3، دار الكتاب اللبناني، لبنان.

129. الفقي، عبد المؤمن فرج.، (1994). **الإدارة المدرسية المعاصرة**، ط 1، جامعة قاريونس، بنغازي.

130. فوكس، جيمس،هارولد، وآخرون.،(1983). **الإدارة المدرسية مبادئها وعملياتها**، القاهرة، مكتبة النهضة العربية، ط 3، ترجمة سمعان إبراهيم وآخرون.

131. قراعين، خليل.،(1981). **أثر العوامل الشخصية في تسرب التلاميذ في المرحلة الإعدادية والثانوية**، رسالة ماجستير، الجامعة الأردنية، عمان.

132. القيروني، محمد قاسم.، (1989). **مبادئ الإدارة:النظريات والوظائف**، دار المستقبل للنشر والتوزيع، عمان- الأردن.

133. قطامي، يوسف ونايفه.، (1993). **استراتيجيات التدريس**، عمان، الجامعة الأردنية، كلية العلوم والتربية، دار عمار.

134. قطامي، يوسف.،(1998).**سيكولوجية التعلم والتعليم الصفي**، دار الشروق للنشر والتوزيع، عمان- الأردن.

135. قطامي، نايفه.، (1992).**أساسيات علم النفس المدرسي**، دار الشروق للنشر والتوزيع، عمان- الأردن.

136. القوصي، عبد العزيز.،(1969). **أسس الصحة النفسية**، ط 7، القاهرة، مكتبة النهضة المصرية.

137. قيساوي، عبد الرحمن.،(1995). **مشكلات الطفولة والمراهقة أسسها الفسيولوجية والنفسية**، ط 1، القاهرة.

138. الكليني، **الفروع في الكافي**، ج 6.

139. كمال، علي.،(1994). **العلاج النفسي قديماً وحديثاً**، المؤسسة العربية للدراسات والنشر بيروت.

140. كنعان، نواف.،(1998). <u>اتخاذ القرارات الإدارية بين النظرية والتطبيق</u>، ط 5، دار الثقافة للنشر والتوزيع، عمان، الأردن.

141. اللقاني، أحمد حسين.،(1990). <u>التعلم والتعليم الصفي</u>، عمان، دار الثقافة للنشر والتوزيع، الأردن.

142. محمد، نادية عبد العظيم.،(1993). <u>الاحتياجات الفردية للتلميذ وإتقان التعلم</u>، القاهرة- مصر.

143. مختار، وفيق صفوت.،(1999). <u>مشكلات الأطفال السلوكية. الأسباب وطرق العلاج</u>، ط 1، القاهرة.

144. المرسي، محمد عبد العليم.، (1984). <u>المعلم والمناهج وطرق التدريس</u>، كلية العلوم الاجتماعية، جامعة الإمام محمد بن سعود الإسلامية، الرياض- السعودية.

145. مرسي، محمد منير.،(1975). <u>الإدارة التعليمية -أصولها وتطبيقاتها</u>، القاهرة، عالم الكتاب، مصر.

146. مرسي، محمد منير.،(1993). <u>المعلم وميادين التربية</u>، مكتبة الأنجلو المصرية، القاهرة.

147. مرسي، محمد منير.،(1995). <u>الإدارة المدرسية الحديثة</u>، عالم الكتب، القاهرة، مصر.

148. مرعي، توفيق، وآخرون.،(1986). <u>إدارة الصف وتنظيمه</u>، عمان.

149. مصطفى، حسن، وآخرون.،(1998). <u>اتجاهات جديدة في الإدارة المدرسية</u>، ط 4، مكتبة الأنجلو المصرية، القاهرة.

150. مصلح، عدنان عارف، وعدس، عبد الرحيم.،(1980). <u>إدارة الصف والصفوف المجمعة</u>، ط 1، عمان، الأردن.

151. مطاوع، عصمت إبراهيم، وآخرون.،(1989). <u>الأصول الإدارية للتربية</u>، القاهرة.

152. معدي، عباس،.(1998). **الشخصية بين النجاح والفشل**، ط 1، دار الحرف العربي، بيروت.

153. منسي، محمود عبد الحليم،.(1991). **علم النفس التربوي للمعلمين**، ط 1، الإسكندرية، دار المعرفة الجامعية، مصر.

154. موسى، رشاد عبد العزيز، وآخرون،.(1993). **علم النفس الديني**، دار عالم المعرفة للنشر والتوزيع، القاهرة- مصر.

155. موسى، كمال إبراهيم،.(1991). **العلاقة الزوجية والصحة النفسية في الإسلام وعلم النفس**، ط 1، دار القلم للنشر.

156. ميلارية، غاستون،.(1996). **أعباء المعلمين، منشورات عويدات**، بيروت، لبنان.

157. نشواتي، عبد المجيد،.(1985). **علم النفس التربوي**، دار الفرقان، ط 2، عمان، الأردن.

158. نشواتي، عبد المجيد،.(1985). **علم النفس التربوي**، دار الفرقان، ط 3، عمان، الأردن.

159. نشواتي، عبد المجيد،.(1996). **علم النفس التربوي**، ط 4، جامعة اليرموك إربد-الأردن.

160. نصر الله، عمر عبد الرحيم،.(1998). **مشاكل التعليم والتعلم، مشكلة إعداد المعلمين**، مجلة حوار:العدد(6) ص 70، القدس.

161. نصر الله، عمر عبد الرحيم،.(2001). **أساسيات التربية العملية، دار** وائل للطباعة والنشر، عمان، الأردن.

162. نصر الله، عمر عبد الرحيم،.(2001).**مبادئ الاتصال التربوي والإنساني**، دار وائل للطباعة والنشر، عمان- الأردن.

163. نصر الله، عمر عبد الرحيم،.(2001).ديسمبر، مجلة الرسالة، كلية بيت بيرل، **التواصل والاتصال التربوي**.

164. نصر الله، عمر عبد الرحيم.،(2002).**الأطفال ذوو الاحتياجات الخاصة**، ط 1، دار وائل للطباعة والنشر، عمان، الأردن.

165. نصر الله، عمر عبد الرحيم.،(2000).محاضرات-آذار 2000-ورشات عمل، **تدني الإنجاز والتحصيل المدرسي**-جامعة القدس.

166. ناصر، إبراهيم.،(1989). **أسس التربية**، ط 2، دار عمار، عمان، الأردن.

167. النفيش، أحمد علي.،(1991). **استراتيجيات التدريس**، الدار العربية للكتاب، الجماهيرية الليبية.

168. هندي، صالح دياب، عليان، هشام عامر.،(1983). **دراسات في المناهج والأساليب**، ط1، عمان-الأردن.

169. هواري، بهية.،(1999). **النظام أساس النجاح**، مجلة حوار:العدد الأول، ص 12، القدس.

170. الوكيل،حلمي أحمد.،(1977). **تطور المناهج**، ط 1، مكتبة الأنجلو المصرية.

Printed in the United States
by Bookmasters

Printed in the United States
By Bookmasters